做一个理想的法律人
To be a Volljurist

Europäisches Vertragsrecht
2. Auflage

欧洲合同法
（第2版）

［德］海因·克茨（Hein Kötz） 著

李 琳 张飞虎 译

北京大学出版社
PEKING UNIVERSITY PRESS

著作权合同登记号　图字:01-2017-0512

图书在版编目(CIP)数据

欧洲合同法:第2版/(德)海因·克茨著;李琳,张飞虎译. -- 北京:北京大学出版社,2024.6.
(法律人进阶译丛). --ISBN 978-7-301-35163-5

Ⅰ.D950.36

中国国家版本馆 CIP 数据核字第 2024XN3406 号

Europäisches Vertragsrecht, 2.Aufl., by Hein Kötz
© Mohr Siebeck Tübingen 2015
本书原版由 Mohr Siebeck Tübingen 于 2015 年出版。本书简体中文版由原版权方授权翻译出版。

书　　　名	欧洲合同法(第2版) OUZHOU HETONGFA(DI-ER BAN)
著作责任者	〔德〕海因·克茨(Hein Kötz) 著　李　琳　张飞虎　译
丛书策划	陆建华
责任编辑	陆建华　韦赛楠
特邀编辑	牛志恒
标准书号	ISBN 978-7-301-35163-5
出版发行	北京大学出版社
地　　　址	北京市海淀区成府路 205 号　100871
网　　　址	http://www.pup.cn　http://www.yandayuanzhao.com
电子邮箱	编辑部 yandayuanzhao@pup.cn　总编室 zpup@pup.cn
新浪微博	@北京大学出版社　@北大出版社燕大元照法律图书
电　　　话	邮购部 010-62752015　发行部 010-62750672 编辑部 010-62117788
印　刷　者	涿州市星河印刷有限公司
经　销　者	新华书店
	880 毫米×1230 毫米　A5　17.875 印张　526 千字 2024 年 6 月第 1 版　2024 年 6 月第 1 次印刷
定　　　价	98.00 元

未经许可,不得以任何方式复制或抄袭本书之部分或全部内容。
版权所有,侵权必究
举报电话:010-62752024　电子邮箱:fd@pup.cn
图书如有印装质量问题,请与出版部联系,电话:010-62756370

"法律人进阶译丛"编委会

主 编

李 昊

编委会

（按姓氏音序排列）

班天可	陈大创	季红明	蒋 毅	李 俊
李世刚	刘 颖	陆建华	马强伟	申柳华
孙新宽	唐波涛	唐志威	吴逸越	夏昊晗
徐文海	叶周侠	查云飞	翟远见	章 程
	张焕然	张 静	张 挺	

Europäisches Vertragsrecht
2. Auflage

作者简介

〔德〕海因·克茨（Prof. Dr. Dr. h. c. mult. Hein D.Kötz），1935年生于Schneidemühl（今波兰皮拉）。1962年于汉堡获得博士学位，1970年完成教授资格论文，1971年至1978年执教于德国康斯坦茨大学（Universität Konstanz），其间于1975年至1978年兼任卡尔斯鲁厄州高等法院（OLG Karlsruhe）法官，1981年至1998年执教于汉堡大学（Universität Hamburg）。曾任马克斯·普朗克外国法和国际私法研究所所长（1978年至2000年）、汉堡博锐思法学院（Bocerius Law School）创始院长（2000年至2004年）。克茨教授是德国比较法学的领军人物，除本书外，他的代表作还有《德国合同法》《比较法导论》（与茨威格特教授合著）。

译者简介

李琳，浙江理工大学法政新传学院讲师，德国汉堡大学博士。研究方向为债法、数据法。

张飞虎，中南财经政法大学法学院讲师，硕士生导师，德国康斯坦茨大学法学博士。研究方向为民法理论、竞争法、数据法。

Europäisches Vertragsrecht
2. Auflage

译丛主编简介

李昊，北京大学法学学士、民商法学硕士，清华大学民商法学博士，中国社会科学院法学研究所博士后。现任中南财经政法大学法学院教授、博士生导师，数字法治研究院执行院长，法律硕士"数字治理与合规"方向导师组组长。曾任北京航空航天大学人文社会科学高等研究院副院长、北京航空航天大学法学院教授（院聘）、博士生导师。德国慕尼黑大学、明斯特大学、奥格斯堡大学、奥地利科学院欧洲损害赔偿法研究所访问学者。兼任德国奥格斯堡大学法学院客座教授、中国法学会民法学研究会理事、中国法学会网络与信息法学研究会理事、北京市物权法学研究会副会长、北京中周法律应用研究院副理事长兼秘书长、北京法律谈判研究会常务理事、北京市金融服务法学会理事、湖北省法学会民法学研究会理事、上海法院特聘教授、浙江省检察院咨询专家、苏州仲裁委员会仲裁员。担任《燕大法学教室》（简体版《法学教室》）主编、《月旦法学杂志》副主编、《中德私法研究》和《法治研究》编委。著有《纯经济上损失赔偿制度研究》《交易安全义务论——德国侵权行为法结构变迁的一种解读》《危险责任的动态体系论》《不动产登记程序的制度建构》（合著）、《中国民法典侵权行为编规则》（合著）等多部书稿。在《法学研究》《清华法学》《法学》《比较法研究》《环球法律评论》等期刊和集刊发表论文六十余篇。主持"侵权法与保险法译丛""侵权法人文译丛""外国法学精品译丛""法律人进阶译丛""欧洲法与比较法前沿译丛"等多部法学译丛，联合主编"新坐标法学教科书"系列。

做一个理想的法律人(代译丛序)

近代中国的法学启蒙受自日本,而源于欧陆。无论是法律术语的移植、法典编纂的体例,还是法学教科书的撰写,都烙上了西方法学的深刻印记。即使是中华人民共和国成立后曾兴盛过一段时期的苏俄法学,从概念到体系仍无法脱离西方法学的根基。20世纪70年代末以来,借助我国台湾地区法律书籍的影印及后续的引入,以及诸多西方法学著作的大规模译介,我国重启的法制进程进一步受到西方法学的深刻影响。当代中国的法律体系可谓奠基于西方法学的概念和体系之上。

自20世纪90年代开始的大规模的法律译介,无论是江平先生挂帅的"外国法律文库""美国法律文库",抑或是舒国滢先生等领衔的"西方法哲学文库",以及北京大学出版社的"世界法学译丛"、上海人民出版社的"世界法学名著译丛",诸多种种,均注重于西方法哲学思想尤其英美法学的引入,自有启蒙之功效。不过,或许囿于当时西欧小语种法律人才的稀缺,这些译丛相对忽略了以法律概念和体系建构见长的欧陆法学。弥补这一缺憾的重要转变,应当说始自米健教授主持的"当代德国法学名著"丛书和吴越教授主持的"德国法学教科书译丛"。以梅迪库斯教授的《德国民法总论》为开篇,德国法学擅长的体系建构之术和鞭辟入里的教义分析方法进入了中国法学的视野,辅以崇尚德国法学的我国台湾地区法学教科书和专著的引入,德国法学在中国当前的法学教育和法学研究中日益受到尊崇。然而,"当代德国法学名著"丛书虽然遴选了德国当代法学著述中的上乘之作,但囿于撷取名著的局限及外国专家的视角,丛书采用了学科分类的标准,而未区分注重体系层次的基础教科书与偏重思辨分析的学术专著,与戛然而止的"德国法学教科书译丛"一样,在基础教科书书目的选择上尚未能充分体现当代德国法学教育的整体面貌，是为缺憾。

职是之故，自2009年始，我在中国人民大学出版社策划了现今的"外国法学教科书精品译丛"，自2012年出版的德国畅销的布洛克斯和瓦尔克的《德国民法总论（第33版）》始，相继推出了韦斯特曼的《德国民法基本概念（第16版）（增订版）》、罗歇尔德斯的《德国债法总论（第7版）》、多伊奇和阿伦斯的《德国侵权法（第5版）》、慕斯拉克和豪的《德国民法概论（第14版）》，并将继续推出一系列德国主流的教科书，涵盖了德国民商法的大部分领域。该译丛最初计划完整选取德国、法国、意大利、日本诸国的民商法基础教科书，以反映当今世界大陆法系主要国家的民商法教学的全貌，可惜译者人才梯队不足，目前仅纳入"日本侵权行为法"和"日本民法的争点"两个选题。

系统译介民商法之外的体系教科书的愿望在结识季红明、查云飞、蒋毅、陈大创、葛平亮、夏昊晗等诸多留德小友后得以实现，而凝聚之力源自对"法律人共同体"的共同推崇，以及对案例教学的热爱。德国法学教育最值得我国法学教育借鉴之处，当首推其"完全法律人"的培养理念，以及建立在法教义学基础上的以案例研习为主要内容的教学模式。这种法学教育模式将所学用于实践，在民法、公法和刑法三大领域通过模拟的案例分析培养学生体系化的法律思维方式，并体现在德国第一次国家司法考试中，进而借助第二次国家司法考试之前的法律实训，使学生能够贯通理论和实践，形成稳定的"法律人共同体"。德国国际合作机构（GIZ）和中国国家法官学院合作的《法律适用方法》（涉及刑法、合同法、物权法、侵权法、劳动合同法、公司法、知识产权法等领域，由中国法制出版社出版）即是德国案例分析方法中国化的一种尝试。

基于共同创业的驱动，我们相继组建了中德法教义学QQ群，推出了"中德法教义学苑"微信公众号，并在《北航法律评论》2015年第1辑策划了"法教义学与法学教育"专题，发表了我们共同的行动纲领：《实践指向的法律人教育与案例分析——比较、反思、行动》（季红明、蒋毅、查云飞执笔）。2015年暑期，在谢立斌院长的积极推动下，中国政法大学中德法学院与德国国际合作机构法律咨询项目合作,邀请民法、公法和刑法三个领域的德国教授授课,成功地举办了第一届"德国法案例分析暑期班"并延续至今。2016年暑期,季红明和夏昊晗也积极策划并参与了由西南政法大学黄家镇副教授牵头、民商法学院举办的"请求权基础案例分析法课程暑期培训班"。2017年暑期,加盟中南财经政法大学法学院的"中德法教义学苑"团队,成功举办了"案例分析暑期培训班",系统地在民法、公法和刑法三个领域以德国的鉴定式模式开展了案例分析教学。

中国法治的昌明端赖高素质法律人才的培养。如中国诸多深耕法学教育的启蒙者所认识的那样,理想的法学教育应当能够实现法科生法律知识的体系化,培养其运用法律技能解决实践问题的能力。基于对德国奠基于法教义学基础上的法学教育模式的赞同,本译丛期望通过德国基础法学教程尤其是案例研习方法的系统引入,循序渐进地从大学阶段培养法科学生的法律思维,训练其法律适用的技能,因此取名"法律人进阶译丛"。

本译丛从法律人培养的阶段划分入手,细分为五个子系列:

——法学启蒙。本子系列主要引介关于法律学习方法的工具书,旨在引导学生有效地进行法学入门学习,成为一名合格的法科生,并对未来的法律职场有一个初步的认识。

——法学基础。本子系列对应于德国法学教育的基础阶段,注重民法、刑法、公法三大部门法基础教程的引入,让学生在三大部门法领域中能够建立起系统的知识体系,同时也注重扩大学生在法理学、法律史和法学方法等基础学科上的知识储备。

——法学拓展。本子系列对应于德国法学教育的重点阶段,旨在让学生能够在三大部门法的基础上对法学的交叉领域和前沿领域,诸如诉讼法、公司法、劳动法、医疗法、网络法、工程法、金融法、欧盟法、比较法等有进一步的知识拓展。

——案例研习。本子系列与法学基础和法学拓展子系列相配套,通过引入德国的鉴定式案例分析方法,引导学生运用基础的法学知识,解决模拟案例,由此养成良好的法律思维模式,为步入法律职场奠定基础。

——经典阅读。本子系列着重遴选法学领域的经典著作和大型教科书(Grosse Lehrbücher),旨在培养学生深入思考法学基本问题及辨法析理之能力。

我们希望本译丛能够为中国未来法学教育的转型提供一种可行的思路,期冀更多法律人共同参与,培养具有严谨法律思维和较强法律适用能力的新一代法律人,建构法律人共同体。

虽然本译丛先期以择取的德国法学教程和著述为代表,但是并不以德国法独尊,而是注重以全球化的视角,实现对主要法治国家法律基础教科书和经典著作的系统引入,包括日本法、意大利法、法国法、荷兰法、英美法等,使之能够在同一舞台上进行自我展示和竞争。这也是引介本译丛的另一个初衷:通过不同法系的比较,取法各家,吸其所长。也希望借助本译丛的出版,展示近二十年来中国留学海外的法学人才梯队的更新,并借助新生力量,在既有译丛积累的丰富经验基础上,逐步实现对外国法专有术语译法的相对统一。

本译丛的开启和推动离不开诸多青年法律人的共同努力,在这个翻译难以纳入学术评价体系的时代,没有诸多富有热情的年轻译者的加入和投入,译丛自然无法顺利完成。在此,要特别感谢积极参与本译丛策划的诸位年轻学友和才俊,他们是:留德的季红明、查云飞、蒋毅、陈大创、黄河、葛平亮、杜如益、王剑一、申柳华、薛启明、曾见、姜龙、朱军、汤葆青、刘志阳、杜志浩、金健、胡强芝、孙文、唐志威,留日的王冷然、张挺、班天可、章程、徐文海、王融擎,留意的翟远见、李俊、肖俊、张晓勇,留法的李世刚、金伏海、刘骏,留荷的张静,等等。还要特别感谢德国奥格斯堡大学法学院的托马斯·M. J. 默勒斯(Thomas M. J. Möllers)教授慨然应允并资助其著作的出版。

本译丛的出版还要感谢北京大学出版社学科副总编辑蒋浩先生和策划编辑陆建华先生,没有他们的大力支持和努力,本译丛众多选题的通过和版权的取得将无法达成。同时,本译丛部分图书得到中南财经政法大学法学院徐涤宇院长大力资助。

回顾日本的法治发展路径,在系统引介西方法律的法典化进程之后,将是一个立足于本土化、将理论与实务相结合的新时代。在这个时代中,中国法律人不仅需要怀抱法治理想,还需要具备专业化的法律实践能力,能够直面本土问题,发挥专业素养,推动中国的法治实践。这也是中国未来的"法律人共同体"面临的历史重任。本译丛能预此大流,当幸甚焉。

李　昊

2018 年 12 月

前　言

当一个作者声称其著作的主题"难以理解"时,这通常——正如萨维尼所言——是对自己作品的"初步讴歌"。[1] 不过,也许"欧洲合同法"仍然可以说是一门"艰深"的学科。"合同法"的含义或许还比较明确,但当谈到"欧洲合同法"时,人们不免会产生困惑,到底什么是"欧洲合同法"呢？

"欧洲合同法"指的是那些在欧洲国家的法律体系中共同的合同法规则。在这个领域,是否存在着共同的欧洲法律结构？是否有普遍被接受的规则？如何来表述这些规则？当然,本书也不能忽视各个国家的法律体系,但会将它们视为一个统一的欧洲主题的地方变体。通过这种方式,我们将看到各国的实际解决方案是否有共同点或者是否非常相似,以至于可以谈论一个共同的欧洲合同法。当然,这样的法律不在任何地方"生效",没有任何欧洲法院能够"适用"它,因此可以说它只是一种虚拟的存在。尽管如此,对欧洲合同法的描述可以在统一国际法的制定、解释、国家法律制度改革以及在培养年轻的欧洲法律专业人员方面发挥重要作用。正是因为最后一个原因,本书不能过于厚重。因此,它只涉及合同法的主要特征,而没有涉及那些虽然也属于合同法的一部分,但重要性不及其他领域的问题,比如法律行为能力、抵销或时效等。本书的脚注也仅限于简要的参考文献,有兴趣进一步阅读的读者可以利用脚注查阅更多的文献和判例。

---

[1] *Friedrich Carl v. Savigny*, Das Recht des Besitzes (6. Aufl. 1837) 1 f.

本书首次出版于 1996 年，现已被翻译为多种语言。[2] 由于当时尚不完整，因此一直有人要求将其更新和完善。本书在此次出版中完成了这一工作，包括了之前未涵盖的章节——主要涉及合同的履行、合同的解除以及因不履行合同而产生的损害赔偿请求权。这些问题本来应该由 Axel Flessner 编写为本书的第二卷。但他现在计划更全面地阐述这些问题从而作为独立的作品出版，该作品也将由 Mohr Siebeck 出版社出版。

这本书之所以"困难重重"，是因为在其编辑过程中出现了许多不常见的技术问题。如果不是 Angelika Okotokro 女士和 Andrea Jahnke 女士在电子数据处理过程中技术娴熟，引导我克服各种困难，我是不可能完成这些工作的。在此对她们表示衷心的感谢。

海因·克茨

德国汉堡　2014 年 11 月

---

[2] 参见 European Contract Law (*Tony Weir* 翻译), Oxford: Clarendon Press (1997); Diritto europeo dei contratti (*Salvatore Patti* 修订, *Sabine Buchberger* 翻译), Mailand: Giuffré (2006); 日文版翻译：*Kunihiro Nakata, Yoshio Shiomi, Hisakazu Matsuoka*, Tokio: Horitsubunka - Sha (1999); 中文版翻译：*Zhonghai Zhou, Juqian Li, Liyun Gong*, Beijing: Falü chubanshe (2001).

简　目

第一章　欧洲合同的发展 …………………………………… 001

第一部分　合同的订立、效力和内容

第二章　合同磋商与合同订立 …………………………… 023
第三章　合同内容的确定性 ……………………………… 056
第四章　确定性认定标准 ………………………………… 065
第五章　形式规定 ………………………………………… 101
第六章　合同解释 ………………………………………… 125
第七章　违反法律和善良风俗的合同 …………………… 150
第八章　不合理合同条款的控制 ………………………… 181
第九章　错误 ……………………………………………… 206
第十章　欺诈与胁迫 ……………………………………… 241
第十一章　撤销权 ………………………………………… 267

第二部分　合同的法律救济

第十二章　实际履行请求权 ……………………………… 277
第十三章　解除合同 ……………………………………… 303
第十四章　损害赔偿 ……………………………………… 339
第十五章　嗣后情势变更下的责任免除 ………………… 391

第三部分　第三人参与合同

第十六章　代理 ……………………………………………… 411

第十七章　利益第三人合同 ………………………………… 449

第十八章　让与 ……………………………………………… 474

缩略语 …………………………………………………………… 503

案例索引(普通法系国家法院) ………………………………… 519

关键词索引 ……………………………………………………… 531

目 录

第一章 欧洲合同的发展 ·· 001
  一、基本理论 ·· 001
  二、合同法与经济秩序 ·· 007
  三、欧盟合同法 ·· 011
  四、一部《欧洲合同法》? ·· 014

第一部分 合同的订立、效力和内容

第二章 合同磋商与合同订立 ··· 023
  一、当事人合意 ·· 023
  二、要约 ·· 025
    (一)要约的确定性 ·· 026
    (二)要约人受要约约束之意思 ································ 027
    (三)要约的生效 ·· 028
    (四)要约的失效 ·· 029
  三、承诺 ·· 034
    (一)承诺表示 ··· 034
    (二)以行为表示承诺 ··· 037
    (三)被修改的承诺 ·· 041
    (四)迟到的承诺 ·· 044
  四、中断合同磋商的责任 ··· 046
第三章 合同内容的确定性 ·· 056

一、导论 ·· 056
二、案例群组 ······································ 058

第四章　确定性认定标准 ·························· 065
一、概述 ·· 065
二、作为有效要件的"原因" ······················· 069
三、赠与 ·· 073
　（一）大陆法中的形式要件 ······················ 073
　（二）英美法中的对价学说 ······················ 075
　（三）完成的赠与 ······························ 076
　（四）形式无效赠与承诺的履行 ·················· 078
四、其他无偿交易 ································ 084
　（一）一般保证合同（德：Bürgschaftsverträge） ··· 085
　（二）财产使用合同（德：Gebrauchsüberlassungsverträge） ··· 086
　（三）事务处理合同 ···························· 087
　（四）合同要约 ································ 088
　（五）合同变更 ································ 088
五、受法律约束的意思 ···························· 092
六、小结 ·· 097

第五章　形式规定 ································ 101
一、导论 ·· 101
二、形式的目的 ···································· 104
三、形式的种类 ···································· 106
四、处罚 ·· 108
　（一）证人证言的排除 ·························· 108
　（二）无效性 ·································· 111
　（三）其他处罚 ································ 117
五、格式无效合同的维持 ·························· 118

第六章　合同解释 ································ 125
一、导论 ·· 125

二、"意思主义"与"表示主义" ………………………… 126
　三、客观解释 …………………………………………… 129
　四、解释的准则 ………………………………………… 136
　五、补充的合同解释 …………………………………… 139

第七章　违反法律和善良风俗的合同 ……………………… 150
　一、导论 ………………………………………………… 150
　二、给付与对待给付不等价 …………………………… 153
　三、对个人和经济行动自由的限制 …………………… 163
　四、违反法律规定 ……………………………………… 169
　五、给付的返还请求 …………………………………… 173

第八章　不合理合同条款的控制 …………………………… 181
　一、问题 ………………………………………………… 181
　二、法院对不合理合同条款的控制 …………………… 185
　三、立法者的选择 ……………………………………… 189
　四、预防性控制 ………………………………………… 201

第九章　错误 ………………………………………………… 206
　一、导论 ………………………………………………… 207
　二、因错误而撤销的适用范围 ………………………… 210
　　（一）因错误而撤销不得脱离合同而单独存在 …… 210
　　（二）因错误撤销与合同责任 ……………………… 211
　三、因错误而撤销合同的构成要件 …………………… 215
　　（一）历史沿革 ……………………………………… 215
　　（二）关于物之特性或人之身份的错误 …………… 217
　　（三）被诱发的错误 ………………………………… 227
　　（四）可识别的错误 ………………………………… 229
　　（五）共同错误 ……………………………………… 231
　　（六）一部欧洲错误法？ …………………………… 233
　四、因错误而撤销的法律后果 ………………………… 239

第十章　欺诈与胁迫 ………………………………………… 241

一、欺诈 ………………………………………………………… 241
　(一)构成要件 ………………………………………………… 241
　(二)通过必要披露的不作为进行欺诈 ……………………… 245
　(三)第三人欺诈行为 ………………………………………… 255
　(四)损害赔偿 ………………………………………………… 258
二、胁迫 ………………………………………………………… 259
　(一)胁迫与乘人之危 ………………………………………… 259
　(二)胁迫的构成要件 ………………………………………… 260
　(三)第三人胁迫 ……………………………………………… 265

第十一章　撤销权 ……………………………………………… 267
一、导论 ………………………………………………………… 267
二、撤销权的要件和理由 ……………………………………… 268
三、撤销的后果 ………………………………………………… 272

第二部分　合同的法律救济

第十二章　实际履行请求权 …………………………………… 277
一、导论 ………………………………………………………… 277
二、各国法律制度的解决方案 ………………………………… 278
　(一)大陆法系 ………………………………………………… 278
　(二)普通法系 ………………………………………………… 284
三、欧洲的统一规定 …………………………………………… 288
　(一)实际履行请求权 ………………………………………… 288
　(二)补充履行请求权 ………………………………………… 294
四、有效违约(德：Der effiziente Vertragsbruch) …………… 299

第十三章　解除合同 …………………………………………… 303
一、导论 ………………………………………………………… 303
二、利益状况 …………………………………………………… 305
三、不同模式的解决方案 ……………………………………… 307

| 四、前提条件 | 316 |
| 五、合同的清算 | 334 |

第十四章　损害赔偿　339
一、不履行合同	341
二、归责	343
三、不履行与损害之间的相互关系	362
四、损害赔偿的种类与范围	371

第十五章　嗣后情势变更下的责任免除　391
一、导论	391
二、解决方案	393
三、国际规则	404

第三部分　第三人参与合同

第十六章　代理　411
一、历史沿革与经济意义	411
二、法定代理	416
三、代理权的授予、权限和消灭	418
（一）代理权之授予	419
（二）代理权之默示授予	420
（三）代理权授予的形式	421
（四）代理权的权限	423
（五）代理人的自我交易	426
（六）代理权的消灭	428
（七）代理权的不可撤回性	430
四、无权代理	432
（一）委托人的追认	432
（二）表见代理	434
（三）代理人的责任	438

五、代理的效果······································ 439
　　　（一）显名代理··································· 440
　　　（二）隐名代理··································· 442

第十七章　利益第三人合同······························· 449
　一、历史沿革与经济意义································ 449
　二、利益第三人合同的成立要件·························· 455
　　　（一）双方当事人的意思····························· 455
　　　（二）保护第三人合同······························· 459
　　　（三）第三人基于其他基础的合同请求权··············· 462
　　　（四）有利于第三人的责任限制······················· 467
　三、利益第三人合同的效果······························ 470
　　　（一）受约人的权利································· 470
　　　（二）承诺人的抗辩································· 470
　　　（三）第三人权利的事后撤销或变更··················· 471

第十八章　让与··· 474
　一、历史沿革与经济意义································ 474
　二、有效让与的前提条件································ 479
　　　（一）债权让与的实质有效性························· 480
　　　（二）不可让与债权································· 481
　　　（三）形式规定····································· 490
　　　（四）优先权冲突··································· 493
　三、让与之效果·· 496
　　　（一）让与人与受让人之关系························· 496
　　　（二）债务人保护··································· 498

缩略语··· 503

案例索引（普通法系国家法院）··························· 519

关键词索引··· 531

译后记··· 543

第一章　欧洲合同的发展

一、基本理论 …………………………………………………………… 001
二、合同法与经济秩序 ………………………………………………… 007
三、欧盟合同法 ………………………………………………………… 011
四、一部《欧洲合同法》？ …………………………………………… 014

一、基本理论

现今欧洲各国都制定了自己的合同法。一个合同是否生效，或者因错误、欺诈、胁迫而可撤销；或当一方当事人未履行或者没有正确履行合同时，另一方合同当事人是否可以要求损害赔偿——这些问题都需要根据本国的合同法来解决。例如，在法国遵循法国合同法，在意大利遵循意大利合同法，在英国则遵循英国合同法。因此，从严格意义上来讲，一部真正的《欧洲合同法》并不存在。虽然欧盟颁布了很多指令，使合同法的部分问题，尤其是有关消费者保护的内容在欧盟各成员国达成了立法上的统一[1]，然而这些指令只有通过成员国被转化为其国内法的一部分时，才能彻底起到作用，因此欧盟指令的存在仍然无法消除这样的事实，即在欧洲，和我们密切相关的仍然是国内合同法。欧洲议会早在 25

---

[1] 更为详细的内容参见本章第二部分，第 8 页及以下（对本书内容的引用所列页码均指原版页码，即中文版页边码。下文同。——译者注）欧盟所有成员国中对某一问题统一适用的法律规则也可称为《欧洲合同法》（与本书中的用法不同），因为它们以统一的**欧洲**原则为基础，即以《欧洲联盟条约》《欧洲联盟运行条约》、欧盟条例和指令以及欧洲法院判决发展而来的共同法律原则为基础。更为详细的内容参见 Karl Riesenhuber, EU‑Vertragsrecht (2013)，以及 Bettina Heiderhoff, Europäisches Privatrecht (3.Aufl. 2012)。

2　年前就作出"开始正式为制定一部共同的民法典进行必要准备"的决议,因为一个共同的内部市场(德:ein gemeinsamer Binnenmarkt)——这是当时的叫法——只有通过"欧洲私法各领域的统一"(德:Vereinheitlichung umfassender Bereiche des Privatrechts)才能建立起来。[2] 在当时对于一些人来说,统一欧洲私法更像一个无法实现的梦。事实上,直到今天制定一部《欧洲民法典》或者一部统一的《欧洲合同法》仍是空想。但是欧洲议会对于制定统一民法典是认真作出过决议的,即使它清晰地认识到,决议的实现要花费较长时间。为了支持欧洲议会的这一决议,人们指出:迄今为止,欧盟指令仅仅使一些零碎的个别法律问题达成统一;成员国的法律,包括合同法,已经变成了五颜六色打满补丁的拼凑之物,与欧洲统一的法律规定相互重合,难以区分;另外,它们建立在不同的法律价值上。一直以来,法学界持有这样一种观点,认为可以通过制定一部统一的《欧洲合同法》来解决这些法律困境。欧洲议会的决议正与这一在法律界长久以来就存在的观点紧密相合,所以才会得到理解。因此,被普遍接受的观点是,促进法学、法学文献和法学课程的欧洲化,以及"欧洲私法典"的逐渐形成是比较法的一项新的重要任务。

3　这为比较法创造了新的任务。它一直以对获得新见解的兴趣为导向,试图通过法律比较和观察,提出更好地理解某项国内法规或者填补其法律漏洞的建议,从而为此法规在国内的发展作出贡献;它一直注重对法律基本理论的解释,没有统一的原理,法律统一的个体工程就很难实现[3];另外,比较法也需要特别关注法学教育的需求。当然,比较法的这些使命不仅在过去很重要,现在亦然。[4] 除此之外,比较法现在还肩负

---

〔2〕 欧洲议会于 1989 年 5 月 26 日作出《关于采取行动统一成员国私法的决议》(on action to bring into line the private law of the Member States; ABl. C 158/89, 400),载于 RabelsZ 56 (1992) 320。Dazu *W. Tilmann*, Entschließung des Europäischen Parlaments über die Angleichung des Privatrechts der Mitgliedsstaaten, ZEuP 1993, 6.欧洲议会在此期间多次重申了他们的需求。

〔3〕 国际买卖公约的统一就是一个重要例子。该领域的立法成果是《联合国国际货物销售合同公约》(CISG),在全球 80 多个国家适用。如果不是对各国买卖法进行彻底的法律比较从而得出共同的法律原则,就不可能有这个成功的立法。

〔4〕 关于法律比较的目的,详细内容参见 *K. Zweigert/H. Kötz*, Einführung in die Rechtsvergleichung (3.Aufl. 1996) 12 ff.。

着通过法律原理的融合来发展出一个欧洲共同的法律体系的使命,对于一些法律学科——不仅是合同法,还应该包括侵权法、信贷担保法(德:Kreditsicherungsrecht)、公司法以及家庭和继承法——应该说明在欧洲是否有着被普遍接受的法律原理、得出这种结论的理由、这些具体的原理是什么,以及它们在欧洲各国的发展水平是相近的还是截然不同的。

如今显而易见的是,经济和政治是在欧洲范围内运行的,欧盟的存在和成功也恰恰说明了这一点。这为法律遵循这一规律,从而寻求确定欧洲私法发展的基础提供了较好的、实用的依据。不应忘记的是,长期以来**法律史**(德:Rechtsgeschichte)将欧洲私法作为一个合法且有吸引力的研究主题。因此,构建一部《欧洲私法》绝对不是毫无基础的。在很大程度上更像是将已经短暂忘却的东西重新唤醒,重新挖掘出欧洲法在罗马法、教会法、**共同法**(拉:ius commune)、**"罗马法的现代运用"**(拉:usus modernus)、**"天赋人权"**以及 18 世纪在欧洲各国进行的启蒙运动所产生的法律思想的影响下形成的那种内部统一。若仔细观察不难发现,欧洲法的这些内在核心并没有随着各国民法典的出现而消失。[5] 早在 1947 年,保罗·科沙克尔(*Paul Koschaker*)就在其具有影响力的《欧洲和罗马法》(Europa und das römische Recht)一书中指明了私法的欧洲性,从而打开了一扇法律研究的新大门——国界不应该再成为欧洲法发展的障碍。海尔穆特·科因(*Helmut Coing*)通过其著作《欧洲私法》(Europäischen Privatrecht)对早期"欧洲共同法"的发展(1985 年第 1 版)以及各国立法(1989 年第 2 版)

---

[5] 关于文中指出的欧洲私法法源的意义,可以参考概述论文,载 HWB des Europäischen Privatrechts (2009): *R. Zimmermann*, Römisches Recht (S.1310); *A. Thier*, Kanonisches Recht (S.920); *N.Jansen*, Ius commune (Gemeines Recht) (S.916); *K. Luig*, Usus Modernus (S.1591); *J. Liebrecht*, Naturrecht (S.1099)。也可参考法律融合和法律发展史的关系,参见 *R. Zimmermann*, Das römisch-kanonische ius commune als Grundlage europäischer Rechtseinheit, JZ 1992, 8; *ders.*, Roman Law and the Harmonization of Private Law in Europe, in: A. Hartkamp u.a. (Hrsg.), Towards a European Civil Code (4.Aufl., 2011) 27; *H. Kötz*, Vom Beitrag der Rechtsgeschichte zu den modernen Aufgaben der Rechtsvergleichung, in: P. Caroni/G. Dilcher (Hrsg.), Norm und Tradition, Welche Geschichtlichkeit für die Rechtsgeschichte? (1998) 153; *ders.*, Was erwartet die Rechtsvergleichung von der Rechtsgeschichte?, JZ 1992, 20; *A. Flessner*, Die Rechtsvergleichung als Kundin der Rechtsgeschichte, ZEuP 1999, 513。

从欧洲私法的角度作出了论据充分的综述。[6] 赖因哈德·齐默尔曼（Reinhard Zimmermann）在1990年出版了《债法:市民传统的罗马根源》（The Law of Obligations, Roman Foundations of the Civilian Tradition）一书。该本著作论述的重点虽然是罗马债法，但也涉及了罗马法规则在早期以及近现代欧洲共同法的规定路径，描述这些规则如何为大陆法系国家的民法典所继受，最后阐述了德国、法国以及英国截至到现在根据这些规则作出的司法判决。无论是材料选择还是论述风格，这本书无处不表达了作者坚定的信念——罗马法、宗教法和共同法"提供知识和理论框架，使有朝一日新的欧洲法律统一成为可能"。[7] 这里阐述的也只是比较法通过不同的路径对推动《欧洲共同民法典》（eines gemeineuropäischen Zivilrechts）的形成所作的贡献中的一小部分。[8]

朝着实现这一目标迈出的第一步——后来被证实是非常重要的一步——是根据丹麦奥列·兰杜（Ole Lando）教授提出的个人倡议，"欧洲合同法委员会"（Kommission für Europäisches Vertragsrecht）于1982年开始的工作。该委员会由来自欧洲各国的法学家组成，其任务是通过总结各国合同法的核心内容，从而起草出《欧洲合同法》（Europäischen Vertragsrechts）的基本规则。[9] 委员会的工作成果——《欧洲合同法原则》（Principles of European Contract Law，简称"PECL"）已经出版。[10] 《欧洲合同法原则》并不具有法律效力，而且它并不包括许多欧盟指令的法律规

---

[6] 对此，参见 H. Coing, Europäisierung der Rechtswissenschaft, NJW 1990, 937。Die Herausbildung einer europäischen Rechtstradition, die sich aus gemeinsamen Quellen, Regeln und Begriffen gespeist hat, bildet auch den Gegenstand des Buches von Harold J. Berman, Law and Revolution: The Formation of the Western Legal Tradition (1983)，此书的主题是"共同的来源、法规和概念形成了欧洲法律传统"。

[7] Zimmermann 出处同上，S.X。关于法律史对欧洲私法发展的意义，参见 J. Liebrecht, Rechtsgeschichte, in: HWB des Europäischen Privatrechts (2009) 1245 mit ausführlichen Nachweisen。

[8] Vgl. H. Kötz, Gemeineuropäisches Zivilrecht, Festschrift Zweigert (1981) 481.

[9] 详细内容参见 R. Zimmermann, Principles of European Contract Law, in: HWB des Europäischen Privatrechts (2009) 1177。

[10] Ole Lando/Hugh Beale (Hrsg.), Principles of European Contract Law (Parts I and II, 2000); Ole Lando/Eric Clive/André Prüm/Reinhard Zimmermann (Hrsg.), Principles of European Contract Law (Part III, 2003).

定(多指生效后的),尤其是以保护消费者为目的而颁布的指令。但是这并不排除合同当事人在出现争议时可以适用《欧洲合同法原则》的规定。[11] 当合同当事人约定法律争议适用"一般法律原则"或在商业贸易中的"商事习惯法"时,法院也可以决定是否适用《欧洲合同法原则》。[12]《欧洲合同法原则》最重要的实际作用是在另一个方面:当立法、法院判决和法学研究致力于欧盟法律的统一时,《欧洲合同法原则》可以为国内合同法的发展、补充、解释提供指引。这种例子并不在少数。[13]

虽然《欧洲合同法原则》的内容为欧洲合同法,但实际上其与《国际商事合同通则》(Principles of International Commercial Contracts,简称"PICC")并没有根本性区别。《国际商事合同通则》由国际统一私法协会(UNIDROIT)[14]编纂,它吸取了各国合同法通用的基本原则且仅适用于国际商事合同。[15] 尽

---

[11] 参见《欧洲合同法原则》第1:101条。但是只有在管辖法院的国际私法承认可以参照非国家法律的情况下,法院才能遵守这种"法律选择协议"。通常国际私法对此是禁止的,尤其是按照《罗马条例I》第3条的规定。但是在仲裁庭,这种法律规范的自由选择往往是被允许的。值得注意的是,《欧洲合同法原则》属于非强制性法律规范,当与国内强制性法律规范发生冲突时,即使按照国际私法,可以适用《欧洲合同法原则》,国内法仍然得以优先适用。

[12] 参见《欧洲合同法原则》第1:101条第3款。

[13] 例如,J. Basedow (Hrsg.), Europäisches Vertragsrechtsvereinheitlichung und deutsches Recht(2000); C. Prieto (Hrsg.), Regards croisés sur les Principes du Droit Européen du Contrat et sur le droit français (2003); D. Busch/E. Hondius/H. van Kooten/H. Schelhaas/W. Schrama, The PECl and Dutch Law: A Commentary (Band I 2002, Band II 2006); D. Busch, The PECL before the Supreme Court of the Netherlands, ZEuP 2008, 549; L. Antoniolli/A. Veneziano, The PECL and Italian Law (2005); C. Vendrell Cervantes, The Application of the PECL by Spanish Courts, ZEuP 2008, 534。更多内容参见 A. Hartkamp u.a. (Hrsg.) (前注5):在这本论文集中,涉及合同法内容的论文都以《欧洲合同法原则》作为灵感源泉,认为在国内法律欧洲化过程中的立法、司法和法学研究都应参考《欧洲合同法原则》。[另外一个显著的例子是2016年法国合同法的改革就受到了《欧洲合同法原则》和其他欧洲法源的广泛影响。可参见 F Ancel, B Fauvarque-Cosson, and J Gest, Aux sources de la réforme du droit des contrats (2017)。——译者注]

[14] Vgl. dazu H. Kronke, UNIDROIT, in: HWB des Europäischen Privatrechts (2009), 1542.

[15] Vgl. UNIDROIT (Hrsg.), UNIDROIT Principles of International Commercial Contracts (2010). 对《国际商事合同通则》规定更为详尽的论述,可参见 S. Vogenauer/J. Kleinheisterkamp (Hrsg.), Commentary on the UNIDROIT Principles of International Commercial Contracts (2009)。并参见 J. Kleinheisterkamp, UNIDROIT Principles of International Commercial Contracts, in: HWB des Europäischen Privatrechts (2009) 1547; R. Zimmermann, Die Unidroit-Grundregeln der internationalen Handelsverträge in vergleichender Perspektive, ZEuP 2005, 264; S. Vogenauer, Die UNIDROIT Grundregeln der internationalen Handelsverträge 2010, ZEuP 2013, 7。

管如此,两部法律就同一问题往往会得出一致或相似的法律结果。这可能是基于欧洲合同法对非欧洲国家也有很大的影响,或者进一步说,不考虑消费者保护这些特殊的规则,一般合同法和商事合同法的区别并没有我们有时想象得那么大。无论如何,《欧洲合同法原则》和《国际商事合同通则》这两部国际法律规范,以及在 2002 年由吉由斯佩·甘道尔菲(Giuseppe Gandolfi)以欧洲私法学者协会(Akademie Europäischer Privatrechtswissenschaftler)名义出版的《欧洲合同法初稿》(Vorentwurf eines Europäischen Vertragsgesetzbuchs) [16] 以及《(欧洲私法)共同参考框架草案》(Draft Common Frame of Reference,简称"DCFR")[17] 会在本书中时常被提及。

在今天,"欧洲私法典"这一概念已成为人们谈论的焦点。[18] "欧洲合同法委员会"的方法为其他法律领域(如侵权法、不当得利法、保险合同法、信托法、家庭法、民事诉讼法)的统一工作提供了借鉴。[19] 越来越多的学者用法学比较的方法,以"欧洲视角"来研究合同法以及其他法律学科。在此期间,出现了集中研究欧洲私法的杂志。[20] 最后,在这里不得不提的是由马克斯·普朗克外国法和国际私法研究所,简称"马普所"

---

[16] Vgl. *Accademia dei Giurisprivatisti Europei* (Koordinator Giuseppe Gandolfi), Code Européen des Contrats, Avant-projet (2002), besprochen von *E. Kramer*, RabelsZ 66 (2002) 781. 这篇文章的草稿被翻译为德语刊登于 ZEuP 2002, 139 und 165。Vgl. dazu ferner *G. Gandolfi*, Der Vorentwurf eines Europäischen Vertragsgesetzbuches, ZEuP 2002, 1 sowie *R. Zimmermann*, Der »Codice Gandolfi« als Modell eines einheitlichen Vertragsrechts für Europa?, in: Festschrift Jayme (Band II 2004) 1401 und (mit ausführlichen Hinweisen) *K. Siehr*, Code Européen des Contrats (Avant-projet), in: HWB des Europäischen Privatrechts (2009) 260.

[17] 对此还可参见第 14 页。

[18] 更为详细的内容参见 *R. Zimmermann*, Die Europäisierung des Privatrechts und die Rechtsvergleichung (2006)。

[19] Vgl. *W. Wurmnest*, Common Core, Grundregeln, Kodifikationsentwürfe, Acquis-Grundsätze, Ansätze internationaler Wissenschaftlergruppen zur Privatrechtsvereinheitlichung in Europa, ZEuP 2003, 714 und insbesondere die Überblicke und Literaturnachweise im HWB für Europäisches Privatrecht (2009): *U. Magnus*, Principles of European Tort Law (S. 1189); *S.Meier*, Bereicherung (S. 182); *H. Heiss*, Principles of European Insurance Contract Law (S. 1183); *R. Kulms*, Trust und Treuhand (S. 1501); *W. Pintens*, Principles of European Family Law (S. 1180); *V. Brandt*, Prozessrechtsharmonisierung (S. 1211).

[20] 例如,Zeitschrift für Europäisches Privatrecht (ZEuP), European Review of Private Law (Eur.Rev.P.L.),两本德国的法学期刊都始于 1993 年。

(Max-Planck-Institut für ausländisches und internationales Privatrecht)出版的两卷本《欧洲私法词典》(2009)(Handwörterbuch des Europäischen Privatrechts),其目的是"从历史发展的角度……,重点提出国际法律统一和欧洲各领域私法融合的趋势"。[21]

二、合同法与经济秩序

比较法研究最先应用于欧洲**合同法**(德:Vertragsrecht)。这可能与欧盟从一开始就试图建立一个"共同市场"(德:Binnenmarkt)有关。根据主流观点,若要实现这一目标,无论如何都需要一部欧洲共同的合同法。但是,仅以此理由仍然无法解释为什么合同法的研究水平遥遥领先,法律成果数倍于其他法律学科——至少与侵权法、不当得利法或家庭法相比如此,而且合同法研究不止局限于基本法律原则,在具体法律问题上也达成了很多共识。这又如何解释呢?

经济秩序和合同法之间存在着紧密的联系。经济秩序一旦确立了某项原则,合同法迟早也会发展出与此经济秩序原则相一致的规则。在欧洲,合同法在相当长的一段时间处于不发达的状态,商品和服务的交换取决于人们那些从出生就具有并伴随其直到死亡的家庭、氏族、职业、等级等身份关系。封臣为他的领主、门客为他的恩主、奴隶为他的奴隶主、学徒为他的雇主必须提供一定的服务,同样地,他们可以期待得到一些报酬。但是这些权利和义务的产生并不是基于合同协议,而是由社会经济秩序中典型的身份关系所决定的,权利义务的内容源于惯例和风俗习惯。合同真正被需要在法律上得到承认是在人们认识到分工可以带来的巨大利益时。专门生产粮食的农民、售卖商品的商人、制作衣服的裁缝,或者那些提供特别服务的人,如运输者、放债者、建筑者、老师或者医生,他们需要签订合同,用他们的产品或者服务换取货币,然后再用货币换取他们生存所必需的货物或服务。一个社

---

[21] So die Herausgeber J. Basedow/K.J. Hopt/R. Zimmermann in: Vorwort zum HWB des Europäischen Privatrechts (2009) VI.

会,劳动分工的原则贯彻得越充分,则越多的个体关系就不再由生来就具有的身份关系所决定,而是取决于他们自由订立的、以商品买卖和服务交换为内容的合同。正如亨利·梅因爵士(Sir Henry Maine)那句被多次引用的名言所说:"迄今为止,所有进步社会的运动都是一个从身份到契约的运动。"[22]

18—19世纪,随着封建主义、教会和政治束缚的消除,自由主义(德:Liberalismus)开始形成。自由主义认为"个人自治"(德:Autonomie des Einzelnen)具有极为重要的价值,因此,倡导每个人都应当有自由依其自身的法则去创设自己的生活关系,实现他们所认为正确的目标,当然,这样做不能损害他人类似的自由,国家也必须通过保障其公民的信仰、言论、贸易和职业自由来尊重其公民的这种自由。契约自由原则也由此而来——公民完全可以自己决定是否签订合同以及合同的内容,是否协议交换商品或者服务。[23]

在19世纪,所有的欧洲国家或早或晚都接受了自由主义,普遍制定了在很大程度上满足自由主义要求的合同法。当然,合同自由也被设置了诸多限制。任何一方当事人不得以其做了一个糟糕的交易——给付和对待给付不等值,或者对待给付就像英格兰人常说的就值一颗"胡椒籽"(英:peppercorn),指微不足道之事物——为由主张合同无效。[24] 但是,当合同一方当事人与另一方当事人达成协议时存在**程序**(德:Verfahren)瑕疵,这种瑕疵使得其承担意思表示的法律后果并不合理时,当事人

---

[22] Maine, Ancient Law (1864) 165.

[23] 参见 H. Unberath, Vertragsfreiheit, in: HWB des Europäischen Privatrechts (2009) 1692。毫无疑问,很多人认为契约自由的丧钟已经敲响。对于欧洲合同法,也有人认为只要是为了保护穷人免受富人侵害、保护弱者免受强者侵害、确保收入和财富的公平分配以及反对非法歧视所必需,就必须放弃合同自由。例如,参见 Study Group on Social Justice in European Private Law (Hrsg.), Social Justice in European Contract Law: A Manifesto, European Law Journal 10 (2004) 653。[A Kronman,'Contract Law and Distributive Justice',(1980)89 Yale LJ 472; H Collins,'Distributive Justice Trough Contracts' (1992) 45 Curr Leg Probl 49。的确,如果大自然赋予某人更优的才干,或者如果他的父母给他提供更多的资源或者更好的教育,又或者幸运女神更频繁地向他微笑,那么他的确会发展地更好。但是,以公平和正义的标准对人们的收入、财富、运气进行调整,无疑应是税法以及税法提供的社会服务的使命,而非合同法的使命。——译者注]

[24] 参见 Treitel (-Peel) no. 3-013 ff.,关于"给付和对待给付的不对等"(Inäquivalenz von Leistung und Gegenleistung)、"公平价格"(拉:iustum pretium)和"非常损失"(拉:laesio enormis),参见第七章第二节,第161页及以下。

有权主张合同无效。[25] 例如,在签订合同时,一方当事人并不具备必要的判断能力,即他并不具有相应的法律行为能力,或者他被另一方当事人欺诈或胁迫。程序瑕疵也可能出现在,当一方当事人在自己的家门口、私人住所、工作单位或者在大街上、公共交通工具上被另一方当事人说服确定某项交易的时候,尤其是对缺少商业经验的人来说存在这种风险——对方突然说服其签订合同,而他没有经过充分的考虑,也没有机会去比较价格。如果一方当事人接受了对其不利的合同条款,只是因为在当时的情况下,不值得花费精力去审查合同条款(通常是另一方当事人制定的"格式条款"中的一个条款)、协商修改该条款或者拒绝签订合同而从另一家供应商购买商品,那么程序上也是有瑕疵的。[26] 国家对合同自由的限制还体现在,立法者认为某些类别的合同当事人——如雇员、租户或消费者——需要受到特别保护,因此规定了一些不可协商的强制性条款。最后,当合同当事人没有合理理由而损害了第三人或者公共利益,违反善良风俗、法律法规、"公共秩序"或"公共政策"时,合同无效。

尽管如此,所有欧洲法律规定都承认"契约自由原则",只有在出现特殊事由时才可以存在例外,这是正确的做法。根据这条共同的准则,"任意扩展合同因违反公共政策无效的法律规则"是不明智的,"因为公共政策最大的要求是,一个成年且有足够理解力的人应该有最大的自由去订立他想订立的合同,这是神圣不可侵犯的,应由法院予以保护"。[27] 这种发展的动力在于,人在一定范围内的自由应得到保障,在这个范围内他不必向国家或者第三人说明其决定的理由。然而,我们也可以站在功利主义的立场上宣称,自由缔结交换商品或服务的合同之所以到处盛行,是因

---

[25] 关于经常被讨论的合同程序瑕疵和内容瑕疵的不同,可参见 Unberath (前注 24) 1693 f.; M. Trebilcock, The Limits of Freedom of Contract (1993); M. Eisenberg, The Bargain Principle and Its Limits, Harv. L. Rev. 94 (1982) 323; J. Gordley, Equality in Exchange, Cal. L. Rev. 69 (1981) 1587; P. Atiyah, Contract and Fair Exchange, U. Tor. L. Rev. 35 (1985) 1 = Essays on Contract Law (1988) 329。

[26] 参见第八章,第 191 页及以下。

[27] Sir George Jessel M.R. in Printing and Numerical Registering Co. v. Sampson (1875) L. R. 19 Eq. 462, 465.

为它使人们能够在一个资源稀缺的世界里最大限度地满足自己的需求。事实上,有充分的理由说明,按照固定的身份关系来分配商品或者服务,或者就像已经基本消失的社会主义计划经济秩序那样——按照国家计划机构的指令来分配,都不如合同起到的作用大。[28]

"契约自由原则"被广泛接受,极大地促进了跨越国家界限的共同合同法规则的发展。这些规则很多是非强制性的,仅仅是备用条款,作为"补充条款"(法:règles supplétives)、"隐含条款"(英:implied terms)或"默示规则"(英:default rules),仅在当事人没有作出其他约定时适用。[29] 例如,在欧洲大多数法律制度中都发展出这样一条规则,即合同当事人只有在一方根本违约的前提下才能解除合同。[30] 这条规则是非强制性的,合同中有其他不同约定时并不适用。当事人可以约定,即使买方只比约定的时间晚一天付款,卖方也可解除合同,只要他们关于付款期限的约定是有效的,且买方没有遵守这一期限,卖方就可以解除合同,尽管他的利益并未因买方迟延而受损,而且"真正"的解除理由可能并非如此。这些非强制性法律规则在英美法系主要是由判例发展而来。大陆法系的这些规则在民法典中被系统地规定下来,且按照合同类型进行区分;但当立法者对此表述不明确时,可通过**判例**(德:Rechtsprechung)来进一步完善和发展这些规则。立法者和通过判例制定和发展这些非强制性法律规则的指导原则是什么呢?通常是指这些规则体现的利益状况符合"假设的当事人意愿",而且规则内容还应该体现当事人会达成的合意,假设他们真诚地对合同风险的分担进行了协商并一致作出对双方最有利的解决方案。一般情况下,当一方当事人可以用比另一方更低的成本来避免风险或者降低风险出现的可能性,或通过预防措施,例如,购置保险来抵抗风险出现的后果,则潜在的合同风险由该方当事人承担。这符合经济学原理或者人们更喜欢说的——常识,即

---

[28] 合同具有增强社会福利的功能是法经济学的研究对象,为此已经发展出一套特别的概念和方法。相关研究参见 H.B. Schäfer/C. Ott, Lehrbuch der ökonomischen Analyse des Zivilrechts (5.Aufl. 2012) 423 ff., 449 f.。

[29] 并进一步参见第六章第五节,第 146 页及以下。

[30] 对此参见第十三章第四节,第 329 页及以下。

根据事情本身作出利益衡量,而不受国界限制,这就使得各国的合同法在寻找正确的"任意法"的过程中向着同一个方向发展。[31]

三、欧盟合同法

30年以来,欧盟的法律规范对其成员国的合同法产生了强烈的影响。这种影响首先体现在一系列的欧盟指令上,这些指令旨在确保一个大致统一的最低消费者保护水准在各成员国法律中得到遵守。[32] 这些指令中有些涉及一定的销售方式,如上门销售[33](德:Haustürgeschäfte)和远程销售(德:Fernabsatzgeschäfte)。[34] 指令还规定了其他合同类型,如包价旅游合同[35](德:Pauschalreiseverträge)、分时使用合同[36](德:Teilzeitnutzungsverträge)、消费者信贷合同[37](德:Verbraucherkreditverträge)和消费者购买合同[38](德:Verbraucherkaufverträge)。1993年4月5日发布的《欧共体关于消费者合同中不公平条款的指令》属于一个特殊的类别:它允许法官在认为消费者合同中事先拟定的条款"不公平"的情况下,将其撤销。

这些指令采用不同的手段,以确保对消费者权益的保护。例如,有些情况下消费者被赋予有期限的**撤销权**(德:Widerrufsrecht),不需要为此提

---

[31] Vgl. dazu näher H. Kötz, Dispositives Recht und ergänzende Vertragsauslegung, JuS 2013, 289 und (rechtsvergleichend) R. Zimmermann, »Heard melodies are sweet, but those unheard are sweeter …«: Condictio tacita, implied condition und die Fortbildung des europäischen Vertragsrechts, AcP 193 (1993) 121.

[32] 这不涉及欧盟法律中与私法某些特殊领域——如竞争法、公司法、劳动法和国际私法——的规则。一些指令仅涉及公司之间的交易,例如,1986年12月18日发布的《独立商业代理人的权利指令》和2000年6月29日发布的《打击延迟付款指令》;这里并不打算详细讨论那些禁止以性别、种族、民族而歧视他人的指令。

[33] 参见1985年12月20日发布的《上门直销指令》,涉及不在营业场所签订的合同,该条指令已被废止,被纳入2011年10月25日发布的《消费者权利指令》(2011/83/EU)。

[34] 参见1997年5月20日发布的《远程销售指令》,现也被纳入2011年11月25日的《消费者权利指令》。

[35] 1990年6月13日发布的《一揽子旅游指令》。

[36] 2009年6月14日发布的《分时指令》,对"分时合同"和"长期度假产品合同"作了规定。

[37] 2008年4月23日发布的《消费者信用指令》。

[38] 1999年5月25日发布的《消费者买卖指令》。

供任何特别的理由。[39] 此外,商家还负有**信息告知义务**(德:Informationspflichten),这个义务大多必须在合同签订之前,偶尔也会在合同签订之后履行,需让消费者**能够**知道或者至少能够知道合同的具体内容以及如何行使他们的合同权利。[40] 最后,在合同风险负担的分配上常存在有利于消费者的**强制性**(德:zwingend)规定,这些规定尤其体现在消费者作为买家收到瑕疵货品时的权利救济上。

显而易见的是,这些指令只涵盖某些选定的个别问题,因此具有很强的"碎片化"和"点状"的特点。毫无疑问,指令可以促使各成员国合同法更加统一,但是这种统一的效果是有限的,因为它并不包括国内合同法中的一些重要规则:如合同的成立、解释,在错误、欺诈或者胁迫下的合同撤销、或一方违约时的责任承担。此外,指令规定的内容在各国合同法中也无法达到统一,因为各国对它的转化以及法院的适用并不相同,而且指令只规定了最低的消费者保护水平,只要欧盟各国国内法对消费者的保护水平不低于欧盟指令,国内法就继续有效。

基于这些原因,人们已经作了很多尝试去建立统一的法规,从而使目前的消费者保护法从"零散"的特性中摆脱出来。最初,一群法律学者承担了总结**欧盟既有法**(法:acquis communautaire)的任务,即那些已经生效的欧盟共同体法律规则——消除矛盾和分歧,然后对其进行扩展,从而形成欧洲合同法的基础。[41] 2003年欧盟委员会制定了一项"行动计划",该

---

[39] 详见第十一章,第279页及以下。

[40] Vgl. dazu näher *B. Heiderhoff*, Informationspflichten (Verbraucherverträge), in: HWB des Europäischen Privatrechts (2009) 858.

[41] 工作小组的学术成果于2007年发表,参见 *Research Group on the Existing EC Private Law (Acquis Group)*, Principles of the Existing EC Contract Law (Acquis Principles), Part I (2007), 德语翻译版本载 ZEuP 2007, 896 und 1152。Vgl. dazu *R. Schulze*, Die »Acquis-Grundregeln« und der Gemeinsame Referenzrahmen, ZEuP 2007, 731; *H.C. Grigoleit/L. Tomasic*, Acquis Principles, in: HWB des Europäischen Privatrechts (2009) 12. 基本规则的修订版本在书名不变的情况下作为第二部分在2010年出版,德语版本载 ZEuP 2012, 377。在这些工作成果的基础上,欧盟委员会提议制定一个关于消费者权益的综合性指令,指令以"完全融合"(德:Vollharmonisierung)为原则,取消对各国可以制定比指令规定的消费者保护水平更高的法律保留。很多成员国不能接受这一规定,因此在2011年10月25日仅仅颁布了《消费者权利指令》[über die Rechte der Verbraucher,此指令仅纳入了《上门直销指令》和《远程销售指令》;此外根据"最低融合原则"(德:Mindestharmonisierung)],消费者合同中所有的商家都需要承担信息告知义务,详细内容参见 *O. Unger*, Die Richtlinie über die Rechte der Verbraucher, ZEuP 2012, 270。

计划称要制定一个《(欧洲私法)共同参考框架草案》,为《欧洲共同合同法》作准备,草案中不仅包括**欧盟既有法**(法:acquis communautaire),而且还应考虑**欧盟共同法**(法:acquis commun),同时还具备那些国内合同法都具有的规定,尤其是《欧洲合同法原则》中的规定。[42] 一群专家被委托参与《(欧洲私法)共同参考框架草案》的起草。其中一部分是负责总结**欧盟既有法**的小组成员,另一部分是"欧洲民法典研究小组"(Study Group on a European Civil Code)的成员。[43] 该小组认为自己是"欧洲合同法委员会"的继任者,自1999年以来在克里斯蒂安·冯巴(C. von Bar)的领导下,继欧洲合同法委员会制定了《欧洲合同法原则》之后,该小组已为自己设定了一个全面的任务——除了欧洲合同法的基本原则,还要编撰整个债法以及物权法的部分内容。该小组工作的成果为《(欧洲私法)共同参考框架草案》。[44]

欧盟委员会对《(欧洲私法)共同参考框架草案》的适用范围持保留态度。很明显的是,制定一部《欧洲民法典》如今并不在日程上,而且对以后制定的欧洲法律规定来说,《(欧洲私法)共同参考框架草案》只是起到了"灵感源泉"的作用。[45] 不过,欧盟委员会也迈出了重要的一步——在此期间它提交了《欧洲共同买卖法》*(Common European Sales Law)。[46]

14

〔42〕 参见欧洲委员会于2003年2月12日发布的《更为协调的欧洲合同法,一项行动计划》,(KOM 2003, 68 endg.)。

〔43〕 详细内容参见 M. Schmidt-Kessel, Study Group on a European Civil Code, in: HWB des Europäischen Privatrechts (2009)1453。

〔44〕 Vgl. C. von Bar/E. Clive/H. Schulte-Nölke (Hrsg.), Principles, Definitions and Model Rules of European Private Law, Draft Common Frame of Reference (DCFR), Interim Outline Edition (2008).《(欧洲私法)共同参考框架草案》包括合同法总则、买卖、租赁、雇佣、工作、商事采购、担保合同,还包括侵权法和不当得利,以及无权代理,最后还包括物权法的一些内容。《(欧洲私法)共同参考框架草案》的完整版本包括从比较法的角度对个别规则的分析阐述,出版于2009年,一共六卷。Vgl. dazu R. Zimmermann, Draft Common Frame of Reference, in: HWB des Europäischen Privatrechts (2009) 276.

〔45〕 欧盟理事会于2004年4月18日发布的决议,载于ZEuP 2008, 880。

* 2011年10月11日欧盟委员会作出制定一部《欧洲共同买卖法》的立法提案,适用于欧盟内部的跨境交易。2014年12月16日欧盟委员会将《欧洲共同买卖法》列入修改名单,2019年10月21日欧盟议会正式撤回此决案。虽然此决案在欧盟并未生效,但是其对推动欧洲私法统一建设具有重要的意义。——译者注

〔46〕 KOM 2011, 635 endg.

这部法律适用于涉及货物销售、数字产品提供以及相关服务的跨境合同。该法首先适用于消费者合同,而经营者之间的合同只在至少有一方合同当事人是"中小型"企业时才适用,例如,年销售额不超过五千万欧元。更为关键的是,《欧洲共同买卖法》是一部"可选择性法律"(德：optionales Instrument)：当事人签订的跨境合同首先适用根据国际私法规则确定的法律,在欧盟境内则适用根据《罗马条例 I》(Rom I-VO)确定的法律。在法律适用确定的情况下,合同当事人也有权利自由地达成明确的协议来适用《欧洲共同买卖法》。《欧洲共同买卖法》是否能够生效目前尚无定论；其适用的范围是否应当比欧盟委员会目前所建议的范围更窄,也尚无定论。无论如何,《欧洲共同买卖法》对本书所研究的问题都有一定意义,因为它不止规定了买卖法的内容,也对包括整个合同法都很关键的问题作了规定,例如,合同的订立和解释、在错误、欺诈、胁迫下的撤销,以及对格式条款的公平限制、合同解除和违约方责任。此外,还接纳并扩展了欧盟现行指令中关于消费者保护的内容。

四、一部《欧洲合同法》？

任何人都无法指望欧盟在不久的将来会制定一部《欧洲民法典》或者《欧洲合同法》,因为不仅缺少明确的权限基础,更为重要的是,成员国也没有建立这种基础以及通过批准建立这种基础的法律行动的政治意愿。然而,这并不影响大家对这一问题的讨论：即实践中的强烈需要是否可以证明制定一部统一的法律是合理正确的,在哪些领域、什么基础上以及通过何种程序可以实现这一目的。

20 年前,《欧洲合同法原则》的颁布广受赞誉,以至于使人们相信《欧洲合同法》的出台并不需要太长时间。1995 年,亚瑟·哈特坎普(A. Hartkamp)出版的《迈向欧洲民法典》(Towards a European Civil Code)一书基于这样一种理念：不仅是欧洲合同法,欧洲私法的其他领域也能找到统一的方法,或许在不久的将来以某种形式得以编纂成法。[47] 这也是"欧洲民法典研究小组"自 1999 年以来为自己设立制定欧洲私法基本原则这一真正全面的任务并在此期间还完成了《(欧洲私法)共同参考框架草案》的动力所在。

当然,批评之声也不绝于耳。[48] 有观点认为,每个国家的法律都根植于这个国家特有的传统、价值以及先入之见,每一次法律融合或者统一成文法的尝试都是妄想。[49] 还有人略带激情地表达了这样的观点:在欧盟,没有一个国家有义务将自己已经成熟的法律传统向欧洲法律统一这个圣坛献祭,尤其是当其牺牲所带来的优势和利益还是无足轻重之时。[50] 欧盟委员会总是不厌其烦地强调,法律统一的优势在于可以节省合同订立时产生的"交易成本"。这些成本是在跨境交易中,各方当事人(有时在律师的帮助下)查阅不同的可适用的欧盟国内法律内容时产生的,当事人从

---

[47] 参见 A. Hartkamp et al., Towards a European Civil Code (4. Aufl. 2011). E. Hondius 的开篇文章《迈向欧洲民法典》,该文章介绍了此书中的 40 多篇论文,参考了大量有关此主题的文献,并就一般合同法得出"是时候编纂一部《合同法》"的结论(第 13 页)。

[48] 有关批判理由的全面概述(连同丰富的参考文献),参见 Zimmermann, Codification, The Civilian Experience Reconsidered on the Eve of a Common European Sales Law, ERCL 2012, 367。以及参见 J.M. Smits, Law Making in the European Union: On Globalization and Contract Law in Divergent Legal Cultures, La. L. Rev. 67 (2007) 1181; ders ., European Private Law: A Plea for a Spontaneous Legal Order, in: D. Curtin/J.M. Smits/A. Klip/J. McCahery, European Integration and Law (2006) 55. [英国的律师们也反对进一步协调或统一欧洲合同法。例如,参见 E McKendrick, 'Harmonisation of European Contract Law:The State We Are In' in S Vogenauer and S Weatherill (eds), The Harmonisation of European Contract Law (2006)5。——译者注]

[49] 着重参见 P. Legrand, European Legal Systems Are Not Converging, Int. Comp. L. Q. 45 (1996) 52; ders ., Against a European Civil Code, Mod. L. Rev. 60 (1997) 44. 并参见 T. Weir, Die Sprachen des Europäischen Rechts, Eine skeptische Betrachtung, ZEuP 1995, 368。特别是 Legrand 认为大陆法系和英美法系的差异是无法消除的。不同意见参见 R. Zimmermann, Der europäische Charakter des englischen Rechts, Historische Verbindungen zwischen civil law und common law, ZEuP 1993, 4; ders., Die Europäisierung des Privatrechts und die Rechtsvergleichung (2006) 32 ff.。

[50] 例如, G. Cornu, Un Code civil n'est pas un instrument communautaire, D. 2002, 351; Y. Lequette, Le Code européen est de retour, R. D. C. 2011, 1028; T. Genicon, Commission européenne et droit des contrats, R.D.C. 2011, 1050. 其他不同的意见参见 C. Witz, Plaidoyer pour un Code européen des obligations, D. 2000, 79; B. Fauvarque-Cosson, Faut-il un Code civil européen?, Rev. trim. civ. 2002, 463。

17　中选出对其最有利的法律,还需要和另一方当事人协商适用这个法律,当这些成本的花费并不值得时,他甚至可能放弃签订合同。[51] 对此的反对意见是,跨境交易的困难主要来自**其他**(德:andere)障碍,例如,不同的语言、税收和行政法规以及执法程序;其他的反对意见还有,在实践中很多合同当事人对适用的法律根本不感兴趣,他们通过其他标准考察交易伙伴的可靠性,如果让他们失望,他们从一开始就会放弃这项交易。即使所谓的"交易成本"确实产生了,适用仍然停留在纸上、还未经司法判决检验的欧洲统一法规的成本可能会大大超越这些成本,而且令人忧虑的是,各国法院对统一的法律的解释可能并不相同。另外需要注意的是,对于跨境交易中最重要的合同类型——国际货物买卖合同——当事人可以选择适用《联合国国际货物销售合同公约》,进一步讲,即使当事人对自己签订的合同应适用何种法律并不清楚,也应相信无论如何根据《罗马条例 I》第 6 条的规定,都会适用其所居住的国家颁布的有利于消费者保护的强制性规定。[52]

　　普遍承认的是,成员国之间的法律差异并不能为欧洲法律统一这一举措提供充分合理的理由。确切地说,这一举措需要秉承的目的是消除成员国之间的法律差异,从而促进欧盟内部市场的建立和运行。[53] 然而有时令人疑惑的是,欧洲联盟的机构是否已经足够认真地去对待这一问

18　题,而不是从一开始就认为法律差异是有失体统的,使他们无法接受。事实上人们可以证明,虽然很多国家施行的法律规定完全不同,但是没有人会对运作良好的内部市场存在的合理性产生怀疑。美国和加拿大就是最

---

　　〔51〕 参见《欧洲共同买卖法》(CESL,前注 46)理由部分:这里对交易成本这一理由有着广泛的阐述,并得出结论——不同国家合同法中的差异阻碍了消费者和经营者从统一市场中获利。如果当事人无论在哪里都可以适用同一部合同法,则将大大减少这些与合同法有关的障碍(序言第 6 条)。

　　〔52〕 然而,消费者保护法因国家而异,因为通常欧盟指令只是最低程度的法律融合。这就给希望在全欧洲以相同合同条件提供商品或服务的企业带来了困难。如果他能够和消费者达成协议适用《欧洲共同买卖法》,那些困难就可以被避免了,因为只需要适用《欧洲共同买卖法》中的消费者保护条款即可。

　　〔53〕 So EuGH R. C-376/98, Slg. 2000, I-8419 (*Deutschland v. Parlament/Rat*, »Tabakwerberichtlinie«,参见该判决边码 84 的内容)。这个判决也涉及《欧洲经济共同体条约》第 95 条,现已被《欧洲联盟运行条约》第 114 条所取代。

好的例子——美国50个独立州和加拿大11个"省"都有各自的民法(当然也包括合同法),所以路易斯安那州和马萨诸塞州的合同法是不同的,魁北克省和安大略省的合同法也不同。英格兰和苏格兰的合同法也有不同之处,但并不影响大不列颠王国有一个运行完美的内部市场。当然,如果这些国家内部适用由中央立法者颁布的统一的法律,或独立州或者省按照所建议的统一法律模板立法也是可行的。但是这种法律的统一只有在有令人信服的政治或经济理由的支撑下才可以实现,起码要比欧洲现有的条件更严格。[54] 事实上,美国认为自己的法律体系具有优越性——将整个国家作为"法律政策实验室"(英:Laboratorium),任何一个州都可以通过立法或司法决定其发展的方向,在此过程中积累经验、收集案件见解、促进法律政策讨论,而通过与其他州"竞争",在竞争中成为学习的典范或者反面教材。[55] 因此有充分的理由建议欧洲在一定领域内制定统一的法律,但除统一法律外,各国合同法也继续有效,以便于当事人在各国和欧洲法律的"竞争"中选择优先适用的法律。[56] 这也是提议制定一部《欧洲共同买卖法》所选择的路径。

[54] 更为详细的内容参见 H. Kötz, Contract Law in Europe and the United States: Legal Unification in the Civil Law and Common Law, Tulane Eur. & Civil Law Forum 27 (2012) 1; R. Hyland, American Private Legislatures and the Process Discussion, in: A. Hartkamp et al. (Hrsg.), Towards a European Civil Code (4.Aufl. 2011) 71。有反对意见认为,美国各州的法律都是基于普通法,因此彼此之间的相似程度远远超过欧盟成员国的法律。另外,美国所有的法律工作人员都说同样的语言,而且"法律文化因素"(如全国统一的法律教育)产生了强大的统一效应。所有这些说法都是正确的,但这也提出了一个问题:尽管各州之间的合同法有相似之处,为什么在美国没有人要求统一合同法,甚至没有人建议制定相应的"示范法"(德:Modellgesetz)。也可以说,欧洲所需要的不应该是匆忙的统一立法,而是"法律文化"的协调,例如,迫切需要在整个欧洲范围内开展律师培训和学术讨论的欧洲化。

[55] "监管竞争"(英:regulatory competition)也是欧洲热门话题,参见 E.M. Kieninger, Wettbewerb der Rechtsordnungen, in: HWB des Europäischen Privatrechts (2009) 1771; dies ., Wettbewerb der Privatrechtsordnungen im europäischen Binnemarkt (2002) sowie die Aufsätze in C. Ott/H. B. Schäfer (Hrsg.), Vereinheitlichung und Diversität des Zivilrechts in transnationalen Wirtschaftsräumen (2002) und H. Eidenmüller, Recht als Produkt, JZ 2009, 641。

[56] 每一成员国都应该可以自由地通过立法或者司法根据新的需要或情况对其法律作出调整,从而增加其吸引力和提高其在"竞争"中获胜的机会。不应忘记的是,在这一过程中,各成员国的反应要比欧盟更快,因为修改欧盟法律需要付出巨大的努力,尤其是需要其他成员国的参与。因此,欧洲的法律处于"石化"(德:Versteinerung)的危险之中。

另外值得关注的是有关**消费者保护**(德:Verbraucherschutzes)的规则,这些规则是现有**欧盟既有法**的基础,并已被《(欧洲私法)共同参考框架草案》和《欧洲共同买卖法》所采纳。人们普遍认为,这些规则可能还需要这样或那样的补充,以及消除前后不一致之处,但是作为欧洲法律统一中最安全的一个存在,无须再进行一次彻底的审查。但这是一个谬误[57],根据现有的**欧盟既有法**的规定,即使在实际上缺乏必要的令人信服的理由的情况下,消费者也有撤销合同的权利。[58] 同样令人怀疑的是,企业在消费者合同中应该履行的信息义务的范围是否过于广泛。当然,当法官认为合同条款不合理时,可以判决撤销此条款。但是这样做的理由并不是基于**欧盟既有法**中不断强调的消费者是"弱者",必须通过法律规范来进行"保护",而是因为消费者经常处于这样一种境地,他出于一些绝对合理的理由没有检查合同条款,因此无法以负责任的方式作出深思熟虑的决定。[59]

在接下来的章节中会反复提到这些思考:首先要考虑欧洲国家的合同法以及这样一个问题,即是否可以从中推导出《欧洲合同法》的一般原则以及这些原则的内容有哪些。这与《欧洲合同法原则》以及其他国际法律文件的目的相同,因此我们也应予以考虑。所以,本书以各国合同法的法律规定为出发点,因为这符合启蒙运动中产生的、长期以来被搁置的古老规则,即所有的法律都应当以立法文本——包括欧洲的法律——为基础。另外,法律也产生在法律工作者的头脑中,因此,只有当赫尔穆特·科因多年前所说的"在我们各国的法律工作者中形成共识、形成共同的思维传统,使统一的标准得到公正执行并确保其统一适用"时,欧洲合同法才会有生命力。[60] 不幸的是,现在欧洲大多数法学院仍然只教授其所在

---

[57] 对此参见 H. Eidenmüller/F. Faust/H.C. Grigoleit/N.Jansen/G. Wagner/R. Zimmermann, Revision des Verbraucher-acquis (2011); N.Jansen, Revision des Acquis communautaire, ZEuP 2012, 741。

[58] 对此参见第十一章,第279页及以下。

[59] 对此参见第八章第三节,第200页及以下。

[60] H. Coing, Ius Commune, nationale Kodifikation und Internationale Abkommen: Drei historische Formen der Rechtsvereinheitlichung, in: Le nuove frontiere del diritto eil problema dell' unificazione, Atti del Congreso Internazionale di Bari I (1979) 171, 192.

国家的国内法。这让人感到遗憾。但正是出于这个原因,以国内法律规定为出发点并以它们为基础来寻求对该问题在欧洲范围的理解是有意义的。事实上,很多事情即使是通过立法者最严格的规定仍然无法实现,尤其是当其提出的规则——这是不可避免的——在重要问题上仅用通用公式和模糊术语来表达时。立法机关——无论是成员国立法机关还是欧洲立法机关——无法或者只能非常不完美地实现的是法律工作者的传统思维方式、工作风格、法律解释的方法、价值偏好以及依照其国家传统判决案件的程序。培养这些法律直觉并不容易,但是可以在成员国法律规定中找到其基础。我们必须把成员国法律规定作为出发点,因为最终提供制定欧洲合同法的实质内容的正是它们。

第一部分

合同的订立、效力和内容

第二章 合同磋商与合同订立

一、当事人合意 …………………………………………… 023
二、要约 …………………………………………………… 025
　（一）要约的确定性 …………………………………… 026
　（二）要约人受要约约束之意思 ……………………… 027
　（三）要约的生效 ……………………………………… 028
　（四）要约的失效 ……………………………………… 029
　　1.拒绝要约或对要约未承诺 ………………………… 029
　　2.承诺期限届满 ……………………………………… 030
　　3.要约的撤销 ………………………………………… 030
　　4.死亡或丧失民事行为能力 ………………………… 033
三、承诺 …………………………………………………… 034
　（一）承诺表示 ………………………………………… 034
　　1.承诺人有受约束的意思 …………………………… 034
　　2.承诺生效 …………………………………………… 035
　（二）以行为表示承诺 ………………………………… 037
　　1.通过开始履行合同作出的承诺 …………………… 037
　　2.以沉默作出的承诺 ………………………………… 038
　（三）被修改的承诺 …………………………………… 041
　（四）迟到的承诺 ……………………………………… 044
四、中断合同磋商的责任 ………………………………… 046

一、当事人合意

法学生在大学第一学期会学习到合同合意是由两个意思表示组成

的，即一方当事人对另一方当事人发出**要约**(德：Angebot)，另一方当事人以**承诺**(德：Annahme)的方式接受要约。但是这绝对不意味着，合同只能由要约和承诺构成。在合同订立中起决定作用的是当事人之间的合意：当事人一方可以通过承诺的方式接受要约，也可以通过其他行为，只要这个行为能充分表明其受合同约束的意图。长期以来，正如历史发展所展现出来的那样，当事人一般是当面签订合同的，合同合意并没有套用"要约"和"承诺"模式的实际需要。这个规则一直持续到近代。在罗马，在很长一段时间内一项合同义务主要是通过要式口约(拉：stipulatio)，即当事人必须亲自且同时到场才能成立。即使是在后来，只要合同是当事人面对面订立的，不要式的合意也具有合同约束力。因此，罗马法学家从未认为合同合意一定需要由当事人分别给出意思表示，即所谓的"要约"和"承诺"才能构成。[1]

而这种需要产生的契机，是可靠运作的邮政业务的出现和发展，使得"远程合同"的签订成为可能并普遍起来。"远程合同"是指合同双方当事人在不同的地方、通过通信进行谈判和订立的合同；这种表示按顺序一个接一个地给出，需要一定的时间才能到达收件人。因此，关于"远程合同"就产生了这样的问题：当事人的合意是如何、何时、何地达成的，要约和承诺的表示在多长时间内可以撤回以及撤回何时生效。

现代法律制度中与合同成立有关的条款主要源于18世纪。它们给人的印象是要约和承诺对合同的成立而言**总是**(德：stets)必要的。[2] 但这是错误的。在很多情形下，虽然合同业已订立是毫无疑问的，但是区分判断一方当事人作出的行为是否为要约，另一方当事人的行为是否为承诺，却是不可能的、不切合实际的，或者说是武断的。例如，当事人同时在

---

[1] 对此参见 Zimmermann 563 f.。

[2] 参见《德国民法典》第145条以下，《瑞士债法》第3条以下，《荷兰民法典》第6:217条以下，《希腊民法典》第185条以下，这些民法典都只提到合同是通过要约和承诺形成的。不同的是，《国际商事合同通则》第2.1.1条规定："合同可以通过接受要约成立，也可以通过一方足以表明其接受要约意图的行为成立。"有相似规定的是《欧洲合同法原则》第2.211条。参见 Jansen/Zimmermann, Vertragsschluss und Irrtum im europäischen Vertragsrecht, AcP 210 (2010) 196, 225 (Fn.154)。

一份由公证员出具的《土地购买协议》上签字,在这种情况下,很难说一方当事人对另一方当事人发出"要约",另一方当事人作了"承诺"。同理,当一个人拿着现金购买一包香烟时,当事人的合意是确定的;人们将事实情况分解成"要约"和"承诺",以及争论要约到底是卖家将烟放在商店桌子上还是买家将现金放在桌子上,只是为了锻炼法律的敏锐度。更为重要的是,"要约"与"承诺"这种普洛克路斯忒斯之床(德:Prokrustesbett)式的规则不能强加于当事人经过长时间的合同谈判,交换大量的建议和反建议(德:Gegenvorschläge)才最终就缔结合同达成合意的情况。在这种情况下,通常无法准确地判断一个具有约束力的合同到底是从哪个时刻开始存在的。"合同是基于要约被接受而成立"的观念对这种情况也无济于事。

因此,下面的阐述最初只涉及一种特殊情况,但这种情况在实践中非常重要,即当事人的合意体现在不同的表示之中,这些表示分别可以被视为要约、要约撤回、反要约、承诺或承诺撤回。

在比较法律文献中特别深入地讨论了合同通过要约和承诺订立的规则。[3] 对于以动产为标的的国际货物买卖合同而言,这些规则已经实现了国际上的统一。《联合国国际货物销售合同公约》在第14—24条对"合同的订立"作了规定,有必要在下文的阐述中予以特别重视。

二、要约

要约必须具有这样的性质,即通过接受要约可以订立合同。由此可见,一个有效的要约——如《联合国国际货物销售合同公约》第14条规定的那样——必须"足够确定"[见下文(一)],除此之外,"要约人应该表

---

[3] *Schlesinger*, Formation of Contract, A Study of the Common Core of Legal Systems, 2 Bände (1968). 此外,关于比较法上的阐述参见 *A. von Mehren*, in: Int.Enc.Comp.L. VII/1, Kap.9-19 ff., 50 ff., 112 ff. (1991); *F. Ranieri*, Europäisches Obligationenrecht (3.Aufl. 2009) Kap.2-4; *R. Sacco*, in: Hartkamp et al. (Hg.), Towards a European Civil Code (3.Aufl. 2004) 353 ff.; *J. Schmidt*, Der Vertragsschluss, Ein Vergleich zwischen dem dt., fr. und engl. Recht (2013)。

明,经受要约人承诺,要约人即受该意思表示的约束"[见下文(二)]。另外很重要的是,要约在何时生效[见下文(三)]以及在何种条件下要约失效[见下文(四)]。

(一)要约的确定性[4]

如果一方当事人通知另一方当事人,他已经作好准备签订一个合同或者对此进行磋商,这还不是要约,因为要约必须是"确定的",即对交易要点的说明足够具体,以至于接收人只要接受了这个要约,一个有效的合同就成立了。[5]一个要缔结合同的要约应该包括标的物及其价格时才是"确定的"。[6]但是,如果合同的基本要点是"可确定的",即一个理智的接收人根据具体情况,例如,按照相关行业的交易习惯或双方当事人过去交易的经验,可以得出买卖货物的价格、数量以及其他的重要条件,那么要约也可以成立。

即使价格不确定且根据当下情形仍无法确定时,一个有效的买卖合同仍可能是存在的,这与上述内容并不矛盾。[7]当然,这种情况存在的前提是双方当事人已经达成一致——合同价格暂时不确定,但合同仍然有效。这种一致必须来自合同双方相互谈判的全部内容,无关紧要的是,在谈判的某个阶段一方当事人是否声明因为没有说明货物的确定价格从而使得"要约"是无效的。对合同成立至关重要的是合同当事人的合意,然而这种合意也可能产生于与"要约"和"承诺"完全不同的情形中。[8]

---

[4] 有关比较法的详细叙述,参见 *Schlesinger* (前注 3) 84 ff., 431 ff.。

[5] 更详细的论证,例如,*Ghestin* no. 291 ff.; *Schmidt*, Négociation et conclusion de contrats (Paris 1982) no. 72 ff.; *Larroumet* no. 246; *Larenz* AT 517 f.; *Bork* Rn. 704, 711 f.。

[6] 参见《联合国国际货物销售合同公约》第 14 条第 1 款第 2 项,《欧洲合同法原则》第 2:201 条第 1 款,《国际商事合同通则》第 2.1.2 条。

[7] 《联合国国际货物销售合同公约》第 55 条。在这种情况下,"推定合同双方当事人已经默示引用合同订立时此类货物在有关贸易的类似情况下的销售价格"。

[8] 对此第 24 页已述及。对《联合国国际货物销售合同公约》第 14 条和第 55 条之间(所谓)的矛盾,详细且准确的观点参见: Bucher, Preisvereinbarung als Voraussetzung der Vertragsgültigkeit beim Kauf: Mélanges Piotet (Bern 1990) 371 = Bucher (Hrsg.), Wiener Kaufrecht (1991) 53;对此参见 *Schlechtriem/Schwenzer*, Kommentar zum CISG (5. Aufl. 2008) Art. 14 Rn. 19 ff.。

(二) 要约人受要约约束之意思[9]

合同成立的前提是,合同双方当事人愿意接受合同约束并明确地表示出这种意愿。推而论之,如果合同是通过要约和承诺的方式订立的,那么要约人必须在要约中明确表示,一旦要约被接受,其愿意受合同约束。如果没有接受约束的意思,则不存在法律意义上的要约,而通常仅是对接收人发出的一种邀请,希望接收人作出要约,或向接收人表明其已经准备好进行磋商,这可以称作"要约邀请"(法:invitatio ad offerendum)、"谈判邀请"(英:invitation to treat)或者"商谈邀请"(法:offre de pourparlers)。

当通知明确表示其本身是"具有约束力的要约",或者"可随时更改的""无义务""不受约束的""没有义务""以协议为准",或其他相似的说法时,区分要约和要约邀请并不困难。[10] 在没有这种说明的情况下,则取决于处于接收人同等情况下的一个理智的人如何理解这一通知,特别是他是否可以意识到,通知人有法律保护的利益,以至于在其收到肯定性的答复时亦不受合同的约束。例如,情况可能是这样,即该接收人知道这一通知不仅发给了他,还在同一时间发给了其他许多人。在这种情况下,这个通知就不是法律意义上的要约,否则,每个受要约人都可以通过承诺订立合同,而发出通知的人由于没有足够的交付或履行能力同时履行这些合同,那么就可能因为违约而承担赔偿责任。因此,邮寄的价目表和商品目录,或以打印或电子形式发布的广告,这些所有的针对不特定人群的表示,大体上都不是要约。[11]

---

[9] 比较法上的详细阐述参见 *Schlesinger* (前注 3),77 ff., 325 ff., 645 ff.。

[10] 参见德国联邦最高法院指导性的判决 BGH 8. März 1984, NJW 1984, 1885:应原告的询问,被告提出以一定的价格出租一架飞机,"价格会根据其供应情况的变化而变化"。鉴于本案的特殊情况,法院认为被告的声明不是一个要约邀请,而是一个要约,当然这个要约中包含了被告保留其撤销要约权利的附带条件。撤销是否需在承诺到达之前作出,或者也可以在之后作出,可以不再考虑这个问题,因为即使在后一种情况下,也必须在收到承诺之后立即宣布撤销。但被告并没有这么做。如果没有像本案的被告一样保留了撤销权,要约原则上是不可以被撤销的,这在一些法律——尤其是德国法——中得到了承认,但是这项规则在很长的时间里并未被欧洲所有的国家承认。对此另参见第 330 页及以下。

[11] 参见《联合国国际货物销售合同公约》第 14 条第 2 款。

然而,这一原则亦有一些例外。法国的判例在一类案件中所采取的观点就有所不同。在此类案件中,某人在报纸上发出销售货物的广告,在这种情况下,当第一个潜在买家宣布按规定条件接受要约时,合同即告成立。[12] 但是,如果通过广告或通知公开表示愿意订立合同的人对于根据合同对方当事人的个人特征,如偿付能力或可信度来决定是否订立合同具有合理利益时,则上述规则不适用。[13] 在一家英国报纸上可以看到这样一则被视为法律意义上要约的广告,在这则广告中,"石炭烟球"的生产者承诺,对于那些吸入了烟球的蒸汽仍然患流感的读者,他们承诺赔付100英镑。[14] 不确定的情形还有零售商在营业场所——例如,在橱窗里——展示商品并标有价格标签,通常这被视为一种要约邀请。但是,《瑞士债法》第7条第3款规定:"标有价格的商品展示一般被视为要约。"《欧洲合同法原则》也在第2:201条第3款规定,当商家在公开的广告、商品目录或者商品展示中表示,支付一定的价款就可以交付商品时,此表示可被视为一项要约。但前提是,商品的库存充足且对于商家来说,这个由顾客通过承诺成立的合同是能够被履行的。但是,商家不能以其认为顾客没有支付能力、不可信赖或其他理由而拒绝订立合同。[15]

(三) 要约的生效

一旦受要约人在受领要约后能通过承诺订立一个合同,那么要约就是

---

[12] Civ. 28. Nov. 1968, J.C.P. 1969.II.15797; Civ. 13. Juni 1972, Bull.cass. 1972.III. no. 392. 也参见 Ghestin no. 297; Schmidt (前注5) no. 120 ff.。

[13] 参见 Nîmes 13. Mai 1932, D.H. 1932, 404: 一家报纸公布了其广告费用后,就不得因广告客户拒付更高的广告费而拒绝为其做广告,但它可以因为对广告内容有合理的保留意见而拒绝刊登广告。也参见 Mazeaud (-Chabas) no. 133。

[14] Carlill v. Carbolic Smoke Ball Co. [1892] 2 Q.B. 484; 1 Q.B. 256. 制造商受约束的意向可以从具体情况中推断出来,其在广告中称,"为表明自己的诚意",他们在一家银行存入1000英镑。对此判决也可参考一篇富有启发意义且有趣的文章: A.W.B. Simpson, Quackery and Contract Law, The Case of the Carbolic Smoke Ball, J.Leg.Stud. 14 (1985) 345 = ders., Leading Cases in the Common Law (1995) 259 ff.。在这篇文章中,作者详细介绍了案件的具体情况及其有趣的文化,以及经济和历史背景。

[15] 参见 H. Köhler, Das Verfahren des Vertragsschlusses, in: J. Basedow (Hrsg.), Europäische Vertragsrechtsvereinheitlichung und deutsches Recht (2000) 33, 36 ff.。另参见 Treitel (-Peel) no. 2-006 ff.。

有效的。要约的生效发生在要约"到达"受要约人时。以口头或者电话方式作出的要约,在受要约人获悉描述要约的话语时视为要约到达;以其他方式传达给特定受要约人的要约,在要约进入其控制区域,使其有知悉要约的可能时视为要约到达。[16] 因此,邮寄的要约在要约被放入受要约人的信箱,或者交付给获得受要约人授权代表其收信的人的手中时,视为要约到达。

此外,人们普遍认为,虽然要约是不可撤销的,但是如果要约人撤回要约的通知在要约到达受要约人之前或同时到达的,要约无效。[17]

(四) 要约的失效

当要约不再可以被承诺以订立合同时,要约失效。

1. 拒绝要约或对要约未承诺

当受要约人拒绝要约且拒绝到达要约人时,要约失效。[18] 这也适用于,当要约人设置了接受要约的期限,但要约的拒绝发生在期限届满之前。

口头商谈阶段作出的要约如没有立即或者在谈话结束前的任一阶段被接受,那么要约失效,除非要约人同意要约在以后被接受亦可。[19]

---

〔16〕 参见《联合国国际货物销售合同公约》第 15 条第 1 款和第 24 条,《德国民法典》第 130 条,《荷兰民法典》第 3:37 条第 3 款,《希腊民法典》第 167 条,《葡萄牙民法典》第 224 条,《波兰民法典》第 61 条第 1 款,《匈牙利民法典》第 214 条第 1 款,《国际商事合同通则》第 1.10 条第 2 款和第 3 款、第 2.1.3 条第 1 款,《欧洲合同法原则》第 1:303 条。详细内容参见 M. Hennemann, Zugang von Erklärungen im europäischen Vertragsrecht, ZEuP 2013, 565。

〔17〕 参见《联合国国际货物销售合同公约》第 15 条第 2 款,《德国民法典》第 130 条第 1 款第 2 句,(参见现《法国民法典》第 1115 条。——译者注),《国际商事合同通则》第 2.1.3 条第 2 款, Ghestin no. 303; Schmidt (前注 5) no. 126; Mazeaud (-Chabas) no. 134;《荷兰民法典》第 3:37 条第 5 款,《瑞典合同法》第 7 条,《葡萄牙民法典》第 230 条第 2 款,《波兰民法典》第 61 条第 2 句,《匈牙利民法典》第 214 条第 2 款。但是根据《瑞士债法》第 9 条第 1 款,如果受要约人在知悉要约之前就获悉了要约撤回声明,那么虽然要约撤回声明迟于要约到达受要约人,要约也被视为已撤回。

〔18〕 参见《联合国国际货物销售合同公约》第 17 条,《国际商事合同通则》第 2.1.5 条, Treitel (-Peel) no. 2-062,《德国民法典》第 146 条,《希腊民法典》第 187 条,《荷兰民法典》第 6:221 条第 2 款,《瑞典合同法》第 5 条,《欧洲共同买卖法》第 33 条。

〔19〕 参见《联合国国际货物销售合同公约》第 18 条第 2 款第 3 项,《国际商事合同通则》第 2.1.7 条第 2 句,《德国民法典》第 147 条第 1 款,《奥地利普通民法典》第 862 条第 2 句,《瑞士债法》第 6 条,《瑞典合同法》第 3 条第 2 款。

2. 承诺期限届满

承诺期限届满,受要约人未作出承诺的,要约失效。

此期限由要约人规定,若要约人未规定,则要约在一段"合理的"期限后失效。[20] 合理期限的长度取决于双方当事人利益衡量的结果。一个**短的**(德:kurzen)要约期限有利于要约人,因为在此期限内他对要约标的的自由处分权受到限制,例如,他不能将货物卖给第三人。此外,当他的要约是以固定的价格买卖货物时,在此期限内他要承担市场价格波动的风险。相反,受要约人对**长的**(德:langen)要约期限具有利益,因为期限越长,他可以越仔细地决定是否接受要约,以及从市场的波动中获益。因此,在确定期限的"合理性"时,不仅要考虑要约和承诺以要约人所选择的方式一般要多久到达,还应该考虑交易的所有情况,特别是当提供的商品或者服务的价格处于波动的情况下,必须缩短受要约人考虑的时间,以免其投机从而损害要约人的利益。

3. 要约的撤销[21]

存在疑问的是,在要约被拒绝或者承诺期限届满之前,要约是否可以通过要约人的**撤销**(德:widerruft)而无效。

在英国法中,要约原则上是可以撤销的:一项要约在其被承诺前可以随时撤销,即便是在要约中指定了承诺期限的,也是如此。[22] 这一规则主要来源于普通法中的对价原则。根据这一原则,只有在受要约人提供或者承诺对价时,或者在一个特殊的契据(英:deed)中表示接受约束时

---

[20] 《联合国国际货物销售合同公约》第18条第2款第2项,《国际商事合同通则》第2.1.7条第1句,Ramsgate Victoria Hotel Co. Ltd. v. Montefiore (1866) L.R. 1 Ex. 109 und *Treitel (-Peel)* no. 2-064 f.; *Ghestin* no. 315; *Schmidt* (前注5) no. 130;《德国民法典》第147条第2款,《奥地利普通民法典》第862条第2句,《瑞士债法》第5条,《希腊民法典》第189条第2句,《荷兰民法典》第6:221条第1款,《瑞典合同法》第3条第1款,《意大利民法典》第1326条第2款,《波兰民法典》第66条第2款第2项,《匈牙利民法典》第211条第2款第3项。

[21] 相关的比较法研究可参考 *von Mehren* Int.Enc.Comp.L. Vol.VII Ch. 9 s. 134 ff.。

[22] *Dickinson v. Dodds* (1876) 2 Ch.D. 463 (C.A.)。一个这样的期限只是意味着要约在此期限届满后无效,而不是在此期限内不可撤销。参见 *Routledge v. Grant* (1828) 4 Bing 653, 130 Eng.Rep. 920; *Byrne v. Leon van Tienhoven & Co.* (1880) 5 C.P.D. 344:"毫无疑问,要约在被接受之前是可以被撤销的,而要约中是否确定了承诺期限并不重要"[林德利法官(Lindley),出处同上,S. 347)]。另参见 *Treitel (-Peel)* no. 2-058。

(参见第四章),要约人才会受到合同的有效约束。要约不可撤销的情况仅存在于要约人因为一个有偿的合同而有义务维持要约的有效性(通常只在一定的时间内),受要约人在这种情况下就有了通常所说的"选择权"(德:Option)。在很多情况下,这种昂贵且繁琐的程序——如设立一个特别的文书那样——出于实际原因是不被考虑的。当受要约人在承诺的期限届满前采取行动的,比如,建筑承包人参加招标的报价是按照他的分包商在要约中提出的价格计算得出的,要约人撤销要约会导致不公平的结果。要约人在一定期限内受要约约束的意思表示不足以对他产生约束力,而约束力只在签订有偿的"选择合同"(德:Optionsvertrages)时才产生的情况,即使在英国也受到了批评。英国的判例只在一点上照顾到了受要约人的利益:他们认为,通过信函或者电报作出的承诺并非到达要约人时才生效,而是在去往要约人的路上就生效了,例如,放进邮箱或者以交给邮局进行邮寄["邮箱规则"(英:mailbox rule)]。[23] 然而,它并未阐明为何承诺应该提前生效,而不是像其他表示——例如,要约的接收规则一样(参见第29页)。另一方面,"邮箱规则"的优点在于它缩短了要约可以撤销的期限,因为承诺在送到邮局时就已经生效(合同也因此成立),这时候要约人撤销要约的通知到达受要约人就太迟了。

在法国法中,要约具有更强的约束力。[24] 尽管判例依据的原则是要约可以在受要约人接受前的任何时间被撤销,但是如果滥用要约撤销权导致受要约人的合理期待落空时,则撤销就是不法的、需要负责任的行为,那么根据《法国民法典》第1382条以下(现《法国民法典》第1240条以下)的规定会产生损害赔偿责任。撤销权滥用是指要约人在其所确定的承诺期限到达前撤销要约(现《法国民法典》第1116条第1款规定,要约在要约人设立的承诺期限届满前不得撤销),或者虽然没有规定承诺期限,但是可以

---

[23] *Adams* v. *Lindsell* (1818) B. & Ald. 681, 106 Eng.Rep. 250 以及对此详见 Treitel (-Peel) no. 2-027 ff. und Evans, The Anglo-American Mailing Rule, Int.Comp.L.Q. 15 (1966) 553。另参见 *Entores Ld.* v. *Miles Far East Corp.* [1955] 2 Q.B. 327 und *Brinkibon Ltd.* v. *Stahag Stahl* [1983] 2 A.C. 34: 如果承诺是通过电传作出的,那么合同不是在发出电传的地方,而是在收到的地方成立。

[24] 以下详细论述参见 *Ghestin* no. 303 ff. und *Schmidt* (前注5) no. 223 ff.。

从具体情况或者交易习惯中推断出应该保留一个"合理承诺期限"(法：délai raisonnable)。[25] 如果要约在要约人设立的期限或者合理期限前被撤销的，那么受要约人无法通过承诺订立合同，其可以请求的损害赔偿仅限于其基于对要约存在的信赖所遭受的损失。[26] 但是法院有时也会以假设合同已经成立的状态来判决被告对原告的损害进行赔偿。[27]

在德国法、瑞士法和奥地利法中，要约有着最强的效力：要约一旦到达受要约人，要约人便受到"约束"。这意味着，要约人在其设置的承诺期限内，或者虽然没有承诺期限，但在"合理的"期限内不得撤销要约，即使撤销要约，也是无效的。[28] 要约人也可以通过说明要约是无约束力的（德：freibleibend）来排除这种约束，通过此种或者类似的方式要约人可以保留撤销权。在这样的情况下，如果承诺已经到达要约人（合同因此成立）时，要约人是否还有要约撤销权则取决于对保留权的解释。甚至可能会产生这种结果，即"无约束力"的要约实际上根本不是要约，而应该只是要约邀请（拉：invitatio ad offerendum）。[29]

上述三项制度显然是从不同的原理出发，但是在实践中所得到的结果并未相差甚远，当然，除了英国法的这一规则——要约人可以完全享有

33

---

〔25〕 参见 Civ. 17.12.1958, D. 1959.1.33 und Colmar 4. Feb. 1936, D.H. 1936, 187: 受要约人根据要约参加了一个招标并且中标后，一个供应商撤销了其要约。法院认为，"当通过明示或者默示的方式作出的要约是无可争议之时"，要约就是具有约束力的。在本案中，当事人并未达成此种协议，即供应商并不知道受要约人会以他的要约为基础参加竞标。在意大利法中，当受要约人是"善意的且在得知要约撤销前已经着手准备履行合同的"，则有权要求损害赔偿请求权（《意大利民法典》第1328条以下）。

〔26〕 So z.B. Bordeaux 17.Jan. 1870, S. 1870.2.219; Civ. 10.Maí 1968, Bull.cass. 1968.III. no. 209; Civ. 8.Okt. 1958, Bull.cass. 1958.I. no. 413.

〔27〕 Paris 5. Feb. 1910, D. 1913.2.1 mit Anm. Valéry; Civ. 17.Dez. 1958, D. 1959, 33; Soc. 22.März 1972, D.S. 1972, 468.

〔28〕 《德国民法典》第145条，《瑞士债法》第3条和第5条，《奥地利普通法典》第862条第3句，《希腊民法典》第185条以下，《葡萄牙民法典》第230条。在欧洲普通法中，要约撤销是被允许的，但受要约人——就像现在的法国法一样——被赋予了损害赔偿请求权；例如，参见 Windscheid, Lehrbuch des Pandektenrechts II (1865) 307。《德国民法典》的起草者却认为，"商业应被平稳而快速地处理，因为经验表明，损害赔偿的提及会导致诉讼的结果不确定，且对贸易有不良的影响"。参见 Motive zu dem Entwurfe eines BGB I S. 166。

〔29〕 参见 BGH 8.März 1984（前注10）。并参见《荷兰民法典》第6:219条第2款第2句：一项"没有约束力"的要约在承诺之后仍可撤销，不过撤销必须在承诺到达后毫不迟延地作出。

要约的撤销权,即使他以书面方式表示在一定的承诺期限内受约束也不例外。然而,是像德国法那样从承诺原则出发,但认为"无约束力的"要约可以随时被撤销,还是像法国法那样认为要约原则上是可被撤销的,但应对任何使另一方当事人合理期望落空的撤销予以制裁并规定支付赔偿的义务,这在实践中并没有太大的区别。正因如此,在起草统一的买卖法时达成了合理的妥协。《联合国国际货物销售合同公约》第16条第1款从"要约是可撤销的"这一原则出发,但是这种撤销的自由必须具备一定的条件,就像"邮箱规则"那样,撤销要约的通知必须在承诺发出之前到达受要约人。但按照《联合国国际货物销售合同公约》第16条第2款的规定,当要约"通过确定承诺的期限或者通过其他方式表明是不可撤销的"[30],或者受要约人有合理的理由相信要约是不可撤销的且基于信赖采取行动"[31],则上述规则不适用。

4. 死亡或丧失民事行为能力

如果要约人在发出要约后死亡,就会产生这样一个问题,即要约仍是可以被接受的吗?要约发出后受要约人死亡的,也会产生同样的问题。这种情况下,合同是否能够通过受要约人之继承人的承诺订立?类似的情况还有,如要约人或受要约人在承诺生效之前丧失了民事行为能力。

一些法律制度秉持的原则是,尽管发生了死亡或丧失民事行为能力的情况,要约仍是可被承诺的。[32] 其他法律制度则持相反的观点,即除

---

[30] 《国际商事合同通则》第2.1.4条第2款a项,《欧洲合同法原则》第2:202条第3款a项和b项,《欧洲共同买卖法》第32条第3款。需要注意的是,单纯为要约规定承诺期限并不会导致要约不可撤销,要约必须表明是"不可撤销"的时,才会产生要约不可撤销的效果。要约人,尤其是来自普通法系国家的要约人,需要证明他设定一个期限是让受要约人知道要约何时失效,而不是在期限届满前要约不可撤销。对此参见 Schlechtriem/Schwenzer(前注8)Art. 16 Rn. 9。

[31] 类似规定:《国际商事合同原则》第2.1.4条第2款b项,《欧洲合同法原则》第2:202条第3款c项,《意大利民法典》第1328条第1款和1329条第1款以及《荷兰民法典》第6:219条。

[32] 《奥地利普通民法典》第862条第4句,《荷兰民法典》第6:222条,《希腊民法典》第188条以及《德国民法典》第130条第2款和第153条,以上法律规定了要约人死亡或者丧失民事行为能力的情况。但学理上也将这些规定用于要约**受领人**死亡或丧失民事行为能力的情形;参见 Kramer in Münchener Kommentar (6. Aufl. 2012) § 153 BGB Rn. 7。以及《葡萄牙民法典》第231条第1款,《波兰民法典》第62条,这些对要约人死亡或丧失民事行为能力的规定相似。不同的是《葡萄牙民法典》第231条第2款的规定,当受要约人死亡或者丧失民事行为能力时,要约失效。

非有特别的理由,只要有一方当事人死亡或者丧失民事行为能力,要约都会失效。根据意大利法,当要约人死亡或者丧失民事行为能力时,只有在要约中明确规定承诺期限的,要约才可以被承诺。这同样适用于像经营者那样的要约人在其商业活动的过程中提出的要约,受要约人确定要约是可被承诺的情形。[33] 英国法比较倾向于认为,在受要约人知悉要约人死亡之前,要约都是可以被承诺的。[34] 普遍被认可的观点是,在有疑问时能否适用这些规则最终取决于具体案例的特殊情况,例如,一些合同是否成立取决于合同当事人的特性,比如,在雇佣合同中,画家发出以特定金额的报酬为受要约人画画像的要约,一旦画家或者肖像人死亡,这种情况很难让人认为合同通过承诺而成立。

三、承诺

要约一经承诺,合同即告成立。通常而言,承诺在承诺表示(德:Annahmeerklärung)到达要约人时生效[见下文(一)]。不过,有时只需要通过行动表现出接受意愿即可;在特殊情况下,甚至沉默或不作为也被视为承诺[见下文(二)]。原则上来讲,一个有效的承诺必须及时到达要约人,且内容应当与要约内容一致。但在特定条件下一个修改的承诺[见下文(三)]或者迟到的承诺[见下文(四)]也可能会使合同成立。

(一)承诺表示

1. 承诺人有受约束的意思

只有当承诺人明确表示他愿意接受以要约条款为内容的合同约束

---

[33] 参见《意大利民法典》第 1329 条和第 1330 条。在法国法中,学理上认为这种情况下要约失效;参见 Larroumet no. 241; Schmidt(前注 5) no. 133;相反观点参见 Ghestin no. 316。判例并不统一,一种观点参见 Civ. 9.Nov. 1983, Bull.cass. 1983.III. no. 222;另一种观点参见 Civ. 10.Mai 1989, Bull.cass. 1989. III. no. 108。(现《法国民法典》第 1117 条第 2 款明确规定,在要约人死亡或者丧失民事行为能力时,要约失效。——译者注)

[34] Vgl. Treitel (-Peel) no. 2-067 ff.

时,承诺才得以产生。如果仅是确认已收到要约或对要约进行了修改,或者对表示的解释表明表意人虽然有接受要约的意思,但合同义务只有在其他条件得到满足时才成立,例如,当表意人作出进一步的——此时具有约束力的——表示时,则不构成承诺。

2. 承诺生效

如今,承诺何时生效的问题越发失去了其实际的意义,当发送人和接收人的位置相距甚远时,信息传输的现代技术使得信息的发送和接收越发频繁地在同一时间发生。只有当承诺是通过信函或者电报发出的,那么它是在发出之时还是到达之时生效便成了问题。如果是到达之时生效,那么就会出现撤回承诺的通知在承诺到达要约人之前到达或者同时到达的情况。另外需要考虑的是,在承诺生效时,要约必须是可以被承诺的,合同才得以成立。如果要约被撤销或者承诺期限届满,则承诺不产生效力。

大多数法律制度[35],包括《联合国国际货物销售合同公约》第18条第2款和第24条认为,承诺如要约一样,当其到达要约人时,也就是说进入要约人的控制范围以使其随时有获悉的可能性时,承诺才得以生效。[36] 由此可见,承诺正如要约一样,撤回承诺的通知只有不晚于承诺到达要约人时才得以生效。[37] 同时也说明,承诺通知必须在承诺期限届满之前到达要约人。

当然,根据"邮箱规则",以信件或者电报作出的承诺在邮寄出时合同

---

[35] 参见《德国民法典》第130条,《希腊民法典》第167条和第192条,《瑞典合同法》第2条和第3条,《荷兰民法典》第3:37条第3款,《波兰民法典》第61条第1句和第70条第1款,《匈牙利民法典》第213条,《国际商事合同原则》第2.1.6条第2款,《欧洲合同法原则》第2:105条第1款,《联合国国际货物销售合同公约》第18条第2款。同时参见《瑞士债法》第10条第1款:当承诺发出时,合同成立。但是这与第9条第2款相矛盾。根据此规定,承诺撤回的声明先于承诺到达,合同(根据《瑞士债法》第10条第1款已经生效的)失效。

[36] 这与《联合国国际货物销售合同公约》第16条第1款的规定,即撤销要约的通知应在承诺**发出**之前到达受要约人,并不矛盾。因为合同何时成立,与要约人何时撤销要约并不相关。

[37] 参见《联合国国际货物销售合同公约》第22条和第24条,《德国民法典》第130条第1款第2句,《意大利民法典》第1328条第2款,《荷兰民法典》第3:37条第5款,《瑞典合同法》第7条,《葡萄牙民法典》第235条第2款,《波兰民法典》第61条第2句,《匈牙利民法典》第214条第2款。但是根据《瑞士债法》第9条第2款的规定:即使撤回承诺的通知晚于承诺到达要约人,只要在要约人知悉承诺之前,撤销也生效。

成立。[38] 但是英国的判例表明，这一原则的实际效果是存在限制的。这主要表现在，当要约撤销的通知在受要约人已经发出承诺后才到达的，则该撤销无效。[39] 另一方面，也没有任何判决从"邮箱规则"中得出——这本身就"符合逻辑"——这样的结论，即已经发出的承诺不因撤销承诺的通知先到达要约人而无效。[40] 如果承诺虽在期限届满前发出，但是到达要约人时期限已届满的，根据要约的解释规则，承诺视为迟延。[41] 因为当要约人设置了承诺的期限，通常情况下就意味着，只有承诺在此期限届满前到达才算是及时的。

在法国，这个问题极具有争议性。法国最高法院的许多旧判决认为，问题的关键在于承诺的发出["发出理论"（法:théorie de l'expédition）]，而另一些判决则认为是承诺的到达["到达理论"（法:théorie de la réception）]。然而，这些判决在今天并没有太多说服力，因为它们关注的并不是合同成立的**时间点**（德:Zeitpunkt），而是合同缔结的**地点**（德:Ort），根据以往的法律，这关系到法院的管辖权问题。如今的学说理论，用盖斯旦（*Ghestin*）的话来说就是，"解决办法不能从抽象的分析中推断出来，而要从公平的利益平衡中推断出来"[42]。因此，对于承诺生效的时间问题，不应该寻求一个一刀切的解决方案，而需要根据实际问题区别对待。盖斯旦认为，承诺一旦**发出**（德:Absendung），就应该排除要约撤销的可能性（同《联合国国际货物销售合同公约》第16条第1款）。另一方面，承诺也应该能通过先于它到达要约人的撤销承诺的通知被取消。[43] 实践中特别重要的一个问题是，要约人设置的承诺期限是按照及时发出的时间还是按照及时到达的时间来计算。法国最高法院一项相对较新的判决认为，除非要约

---

[38] 参见前注23。
[39] 正如《联合国国际货物销售合同公约》第16条第1款。
[40] 对此参见 Treitel (–Peel) no. 2-029 ff.。
[41] Household Fire & Carriage Acc. Ins. Co. Ltd. v. Grant (1879) 41 L.T. 298:此案件肯定了"邮箱规则"，但同时又明确指出，"如果让一个要约人自己选择，他肯定倾向于选择合同的成立取决于承诺真正到达他的时间"（出处同上，S.304）。
[42] *Ghestin* no. 353.
[43] Vgl. *Ghestin* no. 355 f.

人另有约定,否则承诺及时发出后,当它在期限届满之后才到达要约人或者在邮寄的路上丢失,从而根本未到达要约人的,合同仍成立。[44]

该判决并没有说服力。当一个按期发出的承诺在邮寄途中丢失或者延迟到达时,根据该判决,要约人仍会受合同所约束,尽管由于他设定的期限届满,他不知道且也不应该知道合同已经成立。如果受要约人提出承诺已经按时到达(德:Zugang),那么他应对此负有证明责任。这并非不合理的,因为他能够确定自己发出通知的方式和到达的时间,如果他在明知承诺期限的情况下仍选择特别危险的发件方式,可以采取预防措施来确定到达是可以被证明的,例如,他可以邮寄挂号信,邮局会寄回收件人的确认("签收回执")。因此,《联合国国际货物销售合同公约》第18条第2款第1项的解决方式值得优先考虑。

(二) 以行为表示承诺

1. 通过开始履行合同作出的承诺

接受要约的方式不一定是一个特别的通知,一般而言,受要约人的行为也可被视为对要约的承诺。[45] 当然,前提是这个行为要足够清楚地表明接受要约的意愿,而且在具体情况下,通过向接收人作出特别声明的方式表达接受的意愿也并非必要。

受要约人能够表达接受要约意思的行为最常发生在他开始按照要约的内容履行合同之时。[46] 例如,某人向一个商人发出要约,想要购买他

---

[44] Com. 7.Jan. 1981, Bull.cass. 1981.IV. no. 11:原告成功地根据合同提起诉讼,因为她以书面的形式对被告附期限的要约进行了承诺(信件在邮寄途中丢失),但是她可以证明,她在期限届满前已将承诺寄出。对此 Ghestin no. 359 und Schmidt (前注 5) no. 181 ff.。

[45] 参见《联合国国际货物销售合同公约》第18条第3款,《国际商事合同通则》第2.1.6条,《欧洲合同法原则》第2:204条,《德国民法典》第151条,《奥地利普通民法典》第864条,《希腊民法典》第193条,《意大利民法典》第1327条第1款,《葡萄牙民法典》第234条,《波兰民法典》第69条;并参见 Ghestin no. 397 ff.; Schmidt (前注 5) no. 166 f.; Mazeaud (-Chabas) no. 136; Treitel (-Peel) no. 2-015 f.。

[46] 在一些情况下,受要约人使用了要约人提供的合同标的。例如,要约人将其提议受约人购买的货物寄给受要约人后,受要约人使用、消费或者以其他方式像一个所有人一样处分此货物。

的货物,那么当商人发出货物时即视为接受要约;如他尚需购买这批货物,因此与第三方签订了购买协议,或者他将与要约一起寄到的支票从银行兑现时,也视为接受要约。反过来说,当一个人向他的客户发出**出售**(德:Verkauf)货物的要约时,客户向其付款或者向他开具信用证的,构成承诺。根据两个课堂案例,当旅馆老板收到一封订房的信件后,将发信人记入其房间名单,或者当有人坐进了在街边等客的出租车时,也是如此。

在所有这些案例中,只有根据情况确定接受要约的承诺并不一定要以通知的方式作出时,合同才得以成立。即受要约人即使没有对要约人以通知的方式作出承诺,但是要约人还是知道或者可以知道合同成立了,这常常出现在要约人完全同意合同在其不知情的情况下也可以成立的情形。这不仅存在于要约人通过明示或者默示的方式放弃承诺通知,从而可以请求受要约人"尽可能以最快的速度发货",而且也存在于通过交易习惯、商业惯例或者当事人之间以往的交易形成的习惯可以得出,一个特别的通知对于承诺来说并不被视为必要的情况。

2. 以沉默作出的承诺

普遍被认可的原则是,仅沉默本身是不构成对要约的承诺的[47],除非要约人在要约中大胆地表示,沉默也可被视为承诺。同样被认可的是,当出现特殊的情况,使得沉默也可以例外地被评判为承诺时,受要约人的沉默视为承诺。有时法律也会规定这样的特殊情况,例如,《法国保险法》第 L 112-2 条规定,如果被保险人通过挂号信申请修改或者延长已经存在的保险合同的,那么如若保险人在收到要约后的 10 日内未予以拒绝,则视为已接受此要约。[48] 根据《德国商法典》第 362 条的规定,如承运人、仓库管理员或者代理人代替他人处理商业交易的,应对签订相应的合同

---

[47] 《联合国国际货物销售合同公约》第 18 条第 1 款第 2 项,《欧洲合同法原则》第 2:204 条第 2 款,《国际商事合同通则》第 2.1.6 条第 1 款,《欧洲共同买卖法》第 34 条第 2 款明确作了规定。同时参见 Treitel (-Peel) no. 2-041; Terré/Simler/Lequette no. 124; Owsia, Silence: Efficacy in Contract Formation, A Comparative Review of French and English Law, Int.Comp.L.Q. 40 (1991) 784。

[48] 这项规定不适用于人身保险合同。《德国强制性保险法》第 5 条第 3 款第 1 项为相似条款(该规定仅适用于机动车强制责任保险)。

的要约进行回应;如果他未回应,则沉默被视为接受。[49] 但这只适用于"受要约人和要约人存在商业关系"(德:mit dem er in Geschäftsverbindung steht)的情况下。

当事人之间现有的合同或者商业关系也可能表明,在要约面前保持沉默视为承诺;类似的情况是,要约是应另一方的特别要求或在合同谈判过程中提出的。例如,A 请求 B 为其提供一个购买货物的要约并且提出一个确定的建议价格,他将在 14 日内对此要约进行答复。如果 A 收到要约后在此期限内没有回应,那么根据法国最高法院的判决,买卖合同会按照 B 提出的价格成立。[50] 在合同谈判过程中,一方提出一个明确的建议价格,另一方拒绝并给出反向报价,如对方无异议时,只要当事人是商人且反向报价"以一种足以引起注意的方式"(法:d'une manière qui suffisait à éveiller son attention)使谈判方知悉的,则视为接受。[51] 在德国联邦最高法院判决的一起案件中,卖方已经设定货物价格为 4850 马克,四个月后发货,但是附有但书——四个月后,当卖方发货时,如果工资和运费上涨,那么货物的价格也要相应上涨。四个月过后,卖方于 9 月 11 日写信告知买方他已准备好发货,但价格为 6845 马克。对此买方并未回应,且对于卖方的再次询问仍保持沉默。卖方发货同时要求买方付款的诉求得到了支持,卖方于 9 月 11 日发出的信件为要约,买方的沉默构成承诺。

在商业交易中,沉默通常不被视为对合同要约的同意。但是根据诚实信用原则,受要约人的反对为必要时,沉默则被视为同意。当

---

[49] 参见《瑞士债法》第 395 条,当委托人以要约的方式授权被委托人处理商事活动,"如委托没有当即被拒绝,对被委托人具有合法资格管理的事务,与被委托人从事的专业相符的事务或者被委托人为之公开提供其服务的事务,视为接受委托"。并参见 Com. 9. Jan 1956, Bull.cass. 1956.III. no. 17;被告商事代理人对原告订购货物的要约未答复。根据商事贸易的规则,"接到一项明确的订货要约却未在 24 小时以内以电报的形式确认,视为承诺订货",合同仍成立。

[50] Civ. 12. Jan. 1988, Bull.cass. 1988.I. no. 8 und dazu Mestre Rev.trim.civ. 89 (1988) 521.

[51] Com. 21. Mai 1951, Bull.cass. 1951.II. no. 168. 类似判决 Civ. 6. Juli 1966, Bull. cass. 1966.II. no. 737(沉默视为确认订货)。

41 双方当事人之间已经存在商业关系或者是当双方当事人之间的合同还未终止时,这种反对尤为必要,就像在本案中,受要约人应该知道要约人需要他尽快答复。[52]

但是如果当事人之间**已经存在**(德:bereits zustandegekommen)一个合同,一方当事人在缔约后向另一方当事人——通常与货物一起——发送账单或者送货单,倘若单据中包含了额外的规定,则情况就不同了。在这种情况下,原合同条款的修改构成了订立新合同的要约,但是,不能仅仅因为账单或送货单的收件人保持沉默,就认为该要约已被接受。在合同订立前,当事人通常会仔细阅读确定合同内容的文件,因此,相比于在订立合同之后才向他们发送此类文件,在这种情况下他们的沉默才可以被理解为同意。另外能证明这一点的情况是,账单或送货单通常是送到公司的会计部门,而不是送到能决定合同的内容和签订的人的手上。[53] 但是也存在不同的情况,比如,当相关的条款在同一当事人以前的交易合同中存在过,任何一方不想使此条款继续有效的话,那就有必要说明,即使在缔约后他才意识到这一点也一样。

与此不同的是,在德国判例中起着很大作用的"商事确认书"(德:kaufmännische Bestätigungsschreiben)。其出现在合同双方当事人对合同条款进行协商从而订立合同或者准备订立合同时:如一方向另一方发送"确认书",对协议的内容作出更为精确的总结,使其更明确或者对某些个别

42 点进行补充,那么当另一方认为确认书的内容从他的角度看并未正确呈现出他们达成的协议,则需要毫不迟延地表示反对,如果他沉默,之后他

---

〔52〕 BGH 4.April 1951, BGHZ 1, 353, 355 f. 并参见 BGH 14. Feb. 1995, NJW 1995, 1281; BGH 2.Nov. 1995, NJW 1996, 919。

〔53〕 参见 BG 25.Nov. 1986, BGE 112 II 500; Ghestin no. 426 ff.; *Schmidt* (前注 5) no. 202 ff.; *Mazeaud (-Chabas)* no. 137,这些都参考了法国的判例。在英国,缔约后作出尝试修改合同条款的协议通常是不成功的,因为缔约后的协议——原则上**任何**协议若想有效,都需要经过合同另一方当事人的同意。即使当账单的收件人同意了(可能通过默示的方式)发票开具方修改合同的建议,那么建议中的条款只有在受益人,也就是发票开具方提供或者承诺对价时才有效。通常这是缺乏的。对于合同修改时的"对价"要求另参见第 93 页及以下。

不能再提出合同的内容不正确或者合同根本未缔结。[54]

这一规则显然鼓励一方当事人在确认书中写入有利于他的条款,而这些条款是未经协商的或者与协商的并不一致,并且希望受领人不会提出异议,从而使这些条款成为合同的一部分。因此瑞士联邦法院认为,确认书要想达到所谓的效果,"发件人应能使人确信,确认书仅仅是对口头协商的总结"。[55]但是,对于法院而言,明白他人心中所想实属难事。因此,更为可行的是设置其他的限制,即当确认书的内容与先前商定的文件的实质内容不同,以致发件人无法合理地期望得到受领人的同意时,那么不发生无异议接受确认书的后果。因此,即使受领人没有对确认书中包含的仲裁条款或者合同处罚条款提出反对,只要他能证明在合同协商的范围内从未提及以上条款且根据相关行业的商业惯例也难以预料到这些条款时,他就不受此条款约束。[56]

(三) 被修改的承诺

当明确提出的承诺内容与要约完全一致时,合同成立;反之,如果承

---

[54] 如果当事人是商人或者像商人一样参与商业活动,德国判例在判决时会持此种观点。参见 BGH 24. Sept. 1952, BGHZ 7, 187; BGH 26.Juni 1963, BGHZ 40, 42; BGH 9.Juli 1970, BGHZ 54, 236; BGH 30.Jan. 1985, BGHZ 93, 338。参见 BG 25. Sept. 1945, BGE 71 II 223 und BG 8. Feb. 1974, BGE 100 II 18。奥地利的判决对此有所保留。只有当对商业确认书保持沉默或者与现在达成的协议一致,或者在不损害受领人实质利益的情况下对其进行修改或补充时,判例才将对商业确认书的沉默视为同意。参见 OGH 26.Juni 1974, JBl. 1975, 89 und OGH 16.Juni 1976, JBl. 1977, 593.– Ghestin no. 424 f.是对法国判例规则进行的归纳,"在商业领域,对接收的商业书表示沉默视为接受"。他参考的这些判决通常与对"修改的承诺"保持沉默相关(对此见第43页及以下)。参见 Req. 22.März 1920, S. 1920.1.208: 合同通过电话通话订立后,一方将它的内容通过"清晰明了的,写于当日的确认书"予以确定,另一方的沉默视为同意,因为根据交易习惯需明确表示反对意见。德国法中关于"商业确认书"的规定没有被纳入《联合国国际货物销售合同公约》中,但是《欧洲合同法原则》第2:210条规定"确认书含有附加的或者不同的条款,这些条款构成合同的组成部分,除非:(1)这些条款实质地变更了原合同条款;或(2)受领人未毫不迟延地表示反对"。《国际商事合同通则》第2.1.12条也对此作了规定,"如在订立合同后的一段合理时间内发出的确认合同的书面文件载有添加或不同条件,除非所载的添加或不同条件在实质上更改了合同,或者收受人在没有不当迟延的期间内,以口头或书面通知有出入之处表示异议外,构成合同的一部分"。对此参见 Köhler (前注15) 48 ff.。

[55] BG 25. Sept. 1945 (上注) 224。类似可见 BGH 26.Juni 1963 (上注): 确认信的发件人应当对其辅助人员代他协商并且故意误导他造成相关结果的恶意行为负责任。

[56] 参见 BGH 24. Sept. 1952 (前注 54) 192 f. (仲裁条款); OGH 26.Juni 1974 (前注 54) (违约金条款)。

诺是对要约有所扩大、限制或者补充的,则合同不成立。普遍的观点认为,这样一个被"修改"的承诺是对原要约的拒绝,同时也被视为一项新的要约(即反要约)。[57]

也有不同的情况——当要约人向受要约人发出购买 50 件的要约,受要约人表示他想要 80 件,那么这便是意思解释的问题了,受要约人是否接受了 50 件的要约并提出缔结一个 30 件的新合同,还是他拒绝了 50 件的要约而提出了 80 件的新要约。这个要约表示也可能意味着,尽管他提出了反要约,但他并不拒绝原始要约,而是希望在其反要约被拒绝的情况下,保持返回该原始要约的可能性。

有时承诺表示只在"不重要"(德:unwesentlich)的内容上与要约有差别。这里存在这样的风险,即要约人刚开始对此保持沉默,只有在他发现合同对他不利时,他会因为承诺和要约之间细微的偏差声称这是反要约,并对此予以拒绝。这便是为什么《联合国国际货物销售合同公约》第 19 条第 2 款,《欧洲共同买卖法》第 38 条,《欧洲合同法原则》第 2:208 条,《国际商事合同通则》第 2.1.11 条第 2 款规定,如果承诺表示只是在不重要的内容上与要约不同,合同成立且以承诺条款为准,除非要约人毫不迟延地予以拒绝。不重要的修改是指不能对要约人带来明显的不利益,且一个理智的人会接受并对此表示同意。当承诺表示在"实质的"内容上与要约不同而被看作反要约时,那么合同只有在反要约被接受时才得以成立。这里也出现了这一问题,即在什么条件下一个完全的沉默被视为承诺。典型的情况是,一方以确定的价格订购货物或者服务且另一方接受了该预订,但是在他的"确认通知书"(法:lettre de confirmation,英:confirmation note)中指出,合同应基于其格式条款(德:AGB)成立。当要约人没有明确的表示且已经开始履行合同时,尤其是当他对要约中的货物或者服务无异议地接受时,此行为是否构成对反向要约的承诺呢?当合同

---

[57] 《联合国国际货物销售合同公约》第 19 条第 1 款,《欧洲共同买卖法》第 38 条第 1 款,《德国民法典》第 150 条第 2 款,《希腊民法典》第 191 条第 2 句,《意大利民法典》第 1326 条第 5 款,《荷兰民法典》第 6:225 条第 1 款,《瑞典合同法》第 6 条第 1 款,《葡萄牙民法典》第 233 条,《波兰民法典》第 68 条,《匈牙利民法典》第 213 条第 2 款。Ebenso Com. 17.Juli 1967, Bull.cass. 1967.III. no. 299 mit Anm. *Chevallier* in Rev.trim.civ. 66 (1968) 707; OGH 2.Juli 1969, SZ 42 Nr. 103 (S. 323 f.); *Treitel* (*-Peel*) no. 2-018.

是在商人之间订立的且格式条款满足要件从而成为合同的一部分时,这个问题通常能得到肯定的回答(对此参见第 195 页及以下)。[58]

如果要约人和受要约人都表示合同受各自(不同)的格式条款的约束,就会出现特别的难题。根据《荷兰民法典》第 6:225 条第 3 款的规定,在这种情况下要约人的一般条款优先,除非受要约人在承诺表示中通过所说的"抗辩条款"(德:Abwehrklausel)明确地拒绝。但是这并不能解决问题,因为"抗辩条款"现在太普遍了。根据上述基本原则,在本争议["形式之战"(英:battle of the forms)]中发出"最后一枪"(德:letzten Schuß)的占有优势,即恰在另一方当事人开始履行合同之前坚持使用自己一方的一般条款的当事人获胜。并没有令人信服的理由来说明这是一个让人满意的解决办法。通常它有利于卖方,因为一般是买方先开启交易。买方在自己的要约中表明使用自己的格式条款,但卖方通常会在订货确认书中指定自己的格式条款为决定性条款,当买方未加以反对就接收货物时,卖方的条款得以有效。尤其是德国的判例拒绝"最后言辞"的理论(德:Theorie des letzten Wortes),它们主张双方当事人的格式条款被拒绝的,都不能构成合同的一部分;由此产生的漏洞应该通过任意法来填补。[59]

---

[58] 参见 Civ. 6.Mai 1954, Bull.cass. 1954.II. no. 165; Com. 17.Okt. 1961, D. 1962, 106; Civ. 6. Juli 1966, Bull.cass. 1966.II. no. 737 und *Ghestin* no. 424 f.; *Treitel (-Peel)* no. 2-018; BGH 29. Sept. 1955, BGHZ 18, 212, 215:根据这些判例,构成承诺的不是沉默本身,而是合同的开始履行。

[59] Vgl. BGH 26. Sept. 1973, BGHZ 61, 282, 287 ff.; OLG Köln 19.März 1980, BB 1980, 1237; BGH 20. März 1985, NJW 1985, 1838, 1839; BGH 9.Jan. 2002, NJW 2002, 1651.《联合国国际货物销售合同公约》第 39 条,《欧洲合同法原则》第 2:209 条以及《国际商事合同通则》第 2.1.22 条:"合同当事人使用一般条款,他们对一般条款之外的条款都达成了合意,那么除非一方当事人事先明确表示或者事后毫不迟延地通知另一方他不打算接受这样的合同,合同则根据约定的条款和一般条款中实质上相同的部分生效"。英国判决根据的是"最后言辞"的原则,参见 B.R.S. v. Arthur V. Crutchley Ltd. [1968] 1 W.L.R. 811; *Butler Machine Tool Co. Ltd. v. Ex-Cell-O Corp. (England) Ltd.* [1979] 1 W.L.R. 401 以及对此 *Treitel (-Peel)* no. 2-019 f.。——而美国对这一问题的处理依据是《美国统一商法典》(u.c.c.)第 2-207 条(对此参见 *Farnsworth* § 3.21),《联合国国际货物销售合同公约》的起草者们对这一难题并未达成一致的解决办法;参见 *Schlechtriem/Schwenzer* (前注 8) Art. 19 Rn. 19 ff.。比较法上对这一问题的见解参见:*v. Mehren, The* »Battle of the Forms«: A Comparative View, Am.J.Comp.L. 38 (1990) 265; *ders.*, Int.Enc.Comp.L. Vol.VII Ch. 9 s. 157 ff; *Ernst Kramer*, »Battle of the Forms«, in: P. Tercier u.a. (Hg.), *Gauchs Welt*, FS Gauch (2004) 493; *Gisela Rühl*, The Battle of the Forms, U.Pa.J. of Int'l Economic Law 24 (2003) 189. 并参见《欧洲合同法原则》第 2:209 条,《国际商事合同通则》第 2.1.22 条,《(欧洲私法)共同参考框架草案》第 II.-4:209 条,《欧洲共同买卖法》第 39 条。

这一解决方案值得赞同。"最后言辞"理论只有在上面提到的示例中,即买方毫无异议地接受货物从而被视为同意卖方的格式条款的情况下才有适用的可能。但是实际上这是不可能的,因为在上述情况下,买方别无选择。对买方而言,可能的选择包括拒绝接受货物,聘请律师找出其格式条款与卖方格式条款之间的差异并试图就这些差异进行谈判。但这很难发生,因为这种做法产生的成本(用经济学的术语就是"交易成本")或许远远高于他通过与卖方协商而达成对他有利的条款所能得到的微薄利益。所以出于这个原因,买方的行为并不应被视为承诺,他并不是真正地同意适用卖方的格式条款。所以用来填补漏洞的规则应该是,根据这一规则,假如双方当事人无须考虑时间和金钱方面的代价进行谈判,他们或许可以达成一致。这可能是任意法中的规定,或者当缺少任意法规范时,则需要对合同进行补充解释。[60]

(四)迟到的承诺

原则上,合同并不能通过一个迟到的承诺成立,因为承诺只有在要约人设定的期限内或者根据实际情况得出的合理期限内到达才生效。但是也存在例外情况:首先是这种情况,即要约人以通知或者其他行为,比如发货,向另一方当事人表明他愿意将迟到的承诺视为按时到达。从法律的角度可以这样理解,即一个迟到的承诺,正如一个被修改的承诺一样,应视为一项"新的"要约,另一方的接受则适用以上[见上文(一)和(二)]所阐述的一般规则[61];除此之外还有一种情况,即要约人无迟延地通知另一方,他将承诺视为及时到达且合同成立。[62] 后一种解决方案具有优势,因为根据这一方案,合同不是在一方当事人对"新"要约发出回复后才成立的,而是符合当事人的想法,即在承诺表示到达(虽迟到但是被

---

[60] 对此另参见第146页及以下。
[61] 参见《德国民法典》第150条第1款,《希腊民法典》第191条第1句,《瑞典合同法》第4条第1款,《(欧洲私法)共同参考框架草案》第37条第1款亦同。
[62] 《联合国国际货物销售合同公约》第21条,《欧洲合同法原则》第2:207条第1款,《国际商事合同通则》第2.1.9条第1款,《意大利民法典》第1326条第3款,《荷兰民法典》第6:223条第1款,《葡萄牙民法典》第229条第2款。

视为按时)时生效。

不管承诺表示是轻微还是严重迟延,这些规则都可以适用。当承诺严重迟延且市场在此期间发生巨大的变化时,如果要约人此时通知另一方他将承诺视为按时到达,这对要约人非常有利,但是,这看起来并不合理。但另一方面,迟延的风险应该由能用较少的支出来避免或者减少这种风险的一方当事人来承担。这应该是承诺方,因为他可以决定何时以及以何种方式将承诺通知给另一方当事人。换言之,想以固定的价格购买或者出售货物的一方在得知市场波动的时候仍选择通过信件来传输信息的,应当承担信件迟延但是要约人仍认为它有效的风险。

另一个问题是,当要约人收到了迟到的承诺但不作为时,合同是否成立。原则上对该问题的回答是否定的,要约人可以将迟到的承诺视为未生效且不需要特别通知承诺人。但例外的情况是,某种情况下要约人负有通知的义务,当他未履行时,合同视为已经缔结,这种已经普遍认可的情况是,承诺表示在期限届满前发送,未按时到达要约人是因为运输延迟,那么当要约人知道迟延时应当毫不迟延地通知另一方当事人承诺迟到,如果他未通知,承诺视为按时到达。[63]

德国的判例甚至更进一步,在一些承诺因其他原因迟延的案件中偶尔使要约人负担这种通知义务(因此沉默视为承诺)。当然只有在特殊条件下他才负担此义务,即要约人并未设定完全准确的期限,在此期间承诺人很难确定什么是"合理的"期限;或者轻微迟延且承诺人不知道在期限届满后有新的情况出现。[64] 实际上,在这些例外事件中,一个理性的人可以预料到他只需要花费有限的力气就可以使另一方知道合同并未(德:nicht)像他预料地一样成立。那些没有作出这些努力的人势必就要承担

---

〔63〕 参见《联合国国际货物销售合同公约》第21条第2款,《国际商事合同通则》第2.1.9条第2款,《欧洲合同法原则》第2:207条第2款,《欧洲共同买卖法》第37条第2款,《德国民法典》第149条,《奥地利普通民法典》第862a条第2句,《瑞士债法》第5条第3款,《希腊民法典》第190条,《荷兰民法典》第6:223条第2款,《瑞典合同法》第4条第2款,《葡萄牙民法典》第229条第1款,《波兰民法典》第67条,《匈牙利民法典》第214条第4款。

〔64〕 Vgl. RG 7.Okt. 1921, RGZ 103, 11, 13; BGH 31.Jan. 1951, LM § 150 BGB Nr. 1 (zu Leitsatz c).

承诺视为按时到达的后果。

四、中断合同磋商的责任

48 合同磋商并非没有代价。谈判收购他人公司的人往往会委托一个审计公司对此公司的价值进行评估,想作为承包商参与建筑项目招标的人通常都必须投入大量资金来计算他的报价。其他产生费用的例子还有,在磋商过程中的商务旅行、获取信息、请律师提供法律咨询或者起草合同草案。屡见不鲜的是,合同谈判结果虽仍悬而未决,但是在一方当事人看来,合同的成功缔结指日可待,基于对合同成立的信赖,他进行了一系列处置,如拒绝了第三方优惠的合同要约、解除了一个现有的合同或者与第三方签订了一个新合同。在这些例子中,一旦合同磋商失败,则会产生损失,因为当事人的支出以及他所做的处置都被证明是无用的,那么他可以因此向谈判的另一方要求赔偿吗?在这种情况下,他是否可以提出,虽然合同没有成立,但是他仍然可以像合同已经成立那样,向另一方请求合同得以履行时他可获得的利益?[65]

一致的观点认为,原则上每个人应自己承担支出,即他需为自己希望、却最终缔结失败的合同进行的投资负责。因为与之相左的意见违背了合同自由原则,根据此原则,每个人都可以自由决定是否缔结合同,以

49 及**不想**(德:nicht)缔结合同而终止已经开始的合同磋商。假如合同磋商只能以补偿另一方所产生的支出为代价才能终止,那么合同自由在一定

---

[65] 概论参见: van Erp, The Pre-Contractual Stage, in: A. Hartkamp u.a. (Hrsg.), Towards a European Civil Code (4.Aufl. 2011) 493; *von Mehren* Int.Enc.Comp.L. Vol.VII Ch. 9 s. 112 ff.; Cohen, Pre-contractual Duties and Good Faith in Contract Law, in: Beatson/Friedmann (Hrsg.), Good Faith and Fault in Contract Law (1995) 25. 除损害赔偿请求外,还需要考虑不当得利,磋商一方在合同谈判阶段先履行了合同的义务,但事后合同未成立,如果不存在法律根据,那么另一方应恢复原状,如果恢复原状是不可能的,则应赔偿客观的价值(不是所设定的合同价格),参见 *British Steel Corp. v. Cleveland Bridge and Engineering Co. Ltd.* [1984] 1 All E.R. 504。同样适用的是在谈判中一方向另一方披露了技术信息,合同磋商失败,但另一方从此技术信息获利的情况,参见 *Seager v. Copydex Ltd.* [1967] 1 W.L.R. 923。

程度上会被强制缔约所取代。

另一方面,在合同磋商中也必须遵守相应义务,违反义务会导致相应的经济惩罚。同时,磋商一方也需要如一个理性的人在相同的情况下那样,以适当的方式顾及另一方的利益。毫无异议的是,在合同磋商中一方不得恶意欺骗另一方,例如,如果从一开始就决定拒绝对方的要约,那么就不应该邀请对方发出要约,因为准备要约会产生费用。[66] 还有更为复杂的情况是:在磋商中,一方当事人给人的印象是合同能够缔结,但是其实他知道或者应当知道,合同是否能够缔结并不确定。如果他未将这种不确定性告知另一方,而另一方基于合同能够成立的信赖进行了一些处置,会产生怎样的后果呢?通常来说,磋商可以无理由终止。但是,如果磋商已经进行了很长时间,另一方因此已经支出了非常多的费用且期望合同能够成立,在这种情况下,合同磋商的终止是否需要一个特别的正当理由呢?

在合同磋商时,应该遵守的义务有不同的法律依据。首先,它可能源于磋商双方以明示或者默示的方式达成的**合同约定**(德:vertraglichen Vereinbarung)。但这种义务也可以从这样一种假设中产生,即随着合同谈判的进行,当事人之间产生了一种特殊的信赖关系,这种信赖关系使他们承担考虑彼此利益的义务:这就是由鲁道夫·冯·耶林(*Rudolf von Jhering*)提出的**"缔约过失"**(拉:culpa in contrahendo)责任理论,德国和瑞士的判例尤其喜欢将其适用于本部分涉及的案例中。最后,合同谈判失败的责任基础也可以在违反一般注意义务,即**侵权法**(德:Deliktsrecht)中找到。[67] 尤其是法国和英国的判例选择了这一解决路径。当然,它们有很

---

[66] 一个同类案件参见 BG 6.Juni 1951, BGE 77 II 135。

[67] 根据《德国民法典》第 311 条第 2 款第 1 项,"债的关系"不仅可以由合同产生,也可以基于"合同磋商"成立,结果就是磋商双方有义务"考虑另一方的权利、权益和利益"(《德国民法典》第 241 条第 2 款)。如果违反此义务且无免责的证据,根据《德国民法典》第 280 条第 1 款应"赔偿由此产生的损失"。"缔约过失"被称为责任(德:Haftung),也适用于瑞士和奥地利。参见 E. *Bucher* in: Honsell/Vogt/Wiegand (Hrsg.), Basler Kommentar, Obligationenrecht I (5.Aufl. 2012) Art. 1 OR Rn. 78 ff.; P. *Apathy*/A. *Riedler* in: Schwimann (Hrsg.), AGBG-Praxiskommentar (3.Aufl. 2006) § 878 Rn. 10 ff.。同样地,在意大利和希腊也适用,即当事人在合同磋商阶段负有遵守诚实信用原则的义务,参见《意大利民法典》第 1337 条以下和《希腊民法典》第 197 条以下。参见 *Zimmermann*, 第 244 页,关于缔约过失责任的历史发展以及所给的启示。

大的不同。法国法遵循的原则是当事人可以自由地决定他们是否采取磋商的方式、如何进行磋商以及何时想要停止磋商,但是他们的行为应该符合诚实信用原则的规定,如果按照诚实信用原则,磋商不可终止(对此另参见第 55 页),则基于《法国民法典》第 1382 条(现《法国民法典》第 1240 条)产生一般侵权责任。[68] 英国法的规定则不同。英国法中没有任何一个一般原则规定,当事人在合同磋商阶段必须遵守诚信原则,即使在未经询问的情况下也要相互披露重要信息,或以其他方式考虑另一方当事人的特殊利益。当然,磋商阶段也可能产生责任,但是它产生的依据要么是当事人订立了一项合同,其中表明他们在就所寻求的"主合同"(德:Hauptvertrag)进行谈判时需要履行哪些义务,要么是因为一方当事人在磋商期间构成了侵权——他**欺骗**(法:deceit)了另一方磋商人,则需承担由此产生的损害赔偿责任;或他表达了一些不正确的内容,如果这个表达违反了磋商方的"注意义务"(英:duty of care),那么他可能要对**虚假陈述**(英:misrepresentation)[69]或者**疏忽大意**(英:negligence)负责。[70]

首先,我们来看实际合同(下文称为"主合同")订立前的**合同协议**(德:vertraglichen Vereinbarungen)。它与主合同的内容不同且产生不同的法律效果。当事人双方对主合同的要点达成协议的,可以就此签订一个"预合同"(德:Vorvertrag),根据此合同,双方有签订主合同的义务。在这种情形下,如一方拒绝签订主合同或者终止磋商,则产生违约责任,守约方可以要求对方签订主合同或者赔偿因主合同未缔结而产生的损失。当然,前提是当事人希望双方之间产生真正的合同约束且预合同足够具体地确定了主合同的重要内容,而且未确定的合同条款涉及的是不重要的、

---

[68] 欧共体的冲突法将合同成立前磋商产生的责任归入侵权法,且规定适用哪国法律,根据《罗马条例Ⅱ》中关于"适用非合同义务的法律"的规定进行确定(参见《罗马条例Ⅱ》第 12 条)。

[69] 对此参见第 239 页及以下。

[70] 比较法参见 B. Fauvarque‑Cosson/Cartwright in: Cartwright/Vogenauer/Whittaker (Hrsg.), Reforming the French Law of Obligations (2009) 33 ff. und 55 ff.。

法院通过任意法的规定或者扩张解释[71]可以确定的问题。

相较而言,"**基本协议**"(德:Grundsatzvereinbarung)(即"备忘书"或"意向书")的法律效力更弱。[72] 它们的效力是,当事人在将来只能基于特定的原因才能终止磋商;或者没有正当理由,不管另一方是否知悉,都不得与第三方开始磋商;或者在合同磋商失败的情况下,偿还另一方为进一步准备签订合同而投入的费用。但难以确定的是,双方当事人在协议中的意向,特别是意向是否足够准确以使法院可以由此得出法律后果并进行宣判,而且可以监督判决的执行,这些难题只能通过解释已经达成一致的内容来回答。[73]

即使没有明确的协议,也可能从具体情况中得出,即某人希望在合同磋商期间为了另一方的利益而有义务遵守某些行为规则。英国上诉法院对一个案件进行了审理,在这起案件中,被告市政府希望颁发使用机场组织观光飞行的特许权,因此邀请包括原告在内的几家航空运动俱乐部以一定的形式在指定的日期之前匿名提交标书。虽然原告及时提交了投标书,但被告错误地将其视为迟交,因此没有得到客观的审查。最终,原告损害赔偿的请求得到了支持,因为根据招标的性质,默示被告负有客观审

52

---

[71] 关于"补充合同解释"(德:ergänzenden Vertragsauslegung),还可详见第146页及以下内容。

[72] 对此参见 Fontaine, Les lettres d'intention dans la négociation des contrats internationaux, Dr.prat.com.int.1977, 105; Oppetit, L'engagement d'honneur: D. 1979, Chron. 107; *Lutter*, Der Letter of Intent (1982); Ghestin no. 343 ff.; *Schmidt*, La période précontractuelle en droit français, Rev.int.dr.comp. 42 (1990) 545, 555 ff.; *Treitel (-Peel)* no. 4-013; *Farnsworth* § 3.26b; *ders.*, Negotiation of Contracts and Precontractual Liability: General Report, in: Kollision und Vereinheitlichung, Mélanges en l'honneur d'Alfred von Overbeck (Fribourg 1990) 657。

[73] 类似的问题出现在发出"安慰函"(德:Patronatserklärungen,英:Letters of Comfort)的情况下。例如,如果一家母公司对其子公司的磋商对象声明,根据其业务政策对子公司的债务负责;或者银行对其客户的谈判方声明,其客户具有履行合同所需的财产资源,那么问题就出现了。严格上来讲,母公司或者银行并没有签订担保合同,但是,在作出声明时子公司或银行客户已经丧失或者事后丧失偿还能力的,母公司或银行是否要对他们所作的声明承担责任呢?参见 Com. 21.Dez. 1987, J.C.P. 1988.II.21113 mit Schlussanträgen *Montanier;* Com. 4.Okt. 1994, Bull. cass. 1994. IV. no. 276; Com. 15.Okt. 1996, D. 1997, 330; Com. 9. Juli 2002, D. 2002, 3332; *Kleinwort Benson Ltd.* v. *Malaysia Mining Corp. Ltd.* [1988] 1 All E.R. 714; [1989] 1 All E.R. 785 (C.A.) und *Treitel (-Peel)* no. 4-013; OLG Düsseldorf 26.Jan. 1989, NJW-RR 1989, 1116; BGH 30.Nov. 1992, NJW 1992, 2093。

查所有按时提交的标书的**合同**(德:vertragliche)义务。[74] 德国联邦最高法院判决的一起案件与之相似,在该案中,原告为一名建筑师,他参加了被告举办的建筑竞赛,在此竞赛中提交的最佳作品将获得22000马克的奖金。原告的作品也被错误地视为迟交而被拒绝,其诉求的依据是被告违反了须遵守公平竞争程序的合同义务。[75] 在另一起案件中,原告是一家荷兰建筑承包商,应莱茵市政府的邀请参与了建造室内游泳池的招标。但是在招标时由于资金并未到位,且后来政府也没有筹措好必要的款项,以至于到开标时刻未能选出中标者。直到几个月后,地方当局才得到一笔来源于振兴经济的特殊项目的资金,但此资金只能流向国内的建筑公司,所以原告空手而归。原告要求政府偿还他为准备要约而投入的费用。杜塞尔多夫高等法院支持了他的观点:政府不是因为合同,而是因为合同磋商所成立的信赖关系而负有义务,向原告"以必要的方式明确表明,它没有可用于建造室内游泳池的资金,并且在招标期内也无法确定能获得资金"。[76]

在合同磋商时,行为有错误的一方必须使另一方置于假设错误未发生的情形之下,所以他负担的是信赖利益的赔偿,又称"消极利益"(英:reliance interest),而不是履行利益,又称"积极利益"(英:expectation interest)。在上述案例中,如果地方政府向原告提供了必要的信息,就像法院所证实的那样,原告就不会参加投标,因此可以节省为此支出的费用。也有可能的是,如果不是因为被告的错误,合同可能通过磋商已经缔结,虽然这样还是需要赔偿信赖利益的损失,但是在这种特殊案件中损失可能

---

　[74]　*Blackpool Aero Club* v. *Blackpool Borough Council* [1990] 3 All E.R. 25 (C.A.)以及*Treitel* (-Peel) no. 2-012, 4-021)。同时参见 *Wiliam Lacey (Hounslow) Ltd.* v. *Davis* [1957] 1 W.L.R. 932——在原告———个建筑承包人——从被告处得知他的标书报价最低后,在等待建筑合同缔结的过程中,原告经被告的要求做了进一步设计工作。但是合同并未缔结,因为被告将土地卖给了第三人。法院判决被告应对原告提供的所有服务支付合理的补偿。(出处同上,第940页)。

　[75]　BGH 23. Sept. 1982, NJW 1983, 442.合同关系成立的依据为《德国民法典》第661条:有奖竞赛就是《德国民法典》第661条意义上的悬赏广告。损害赔偿的范围以全部奖金为限,前提是建筑师提供足够的证据证明他能赢得比赛,如果证明失败,那么他就得不到任何赔偿。这是没有道理的,更合理的是,计算此建筑师得奖的概率,以及和此概率相符的奖金比例。参见 *H. Kötz/H.B. Schäfer, Judex oeconomicus* (2003) 266 ff.;以及参见第392页及以下关于机会价值损失的一般赔偿责任。

　[76]　OLG Düsseldorf 27.Jan. 1976, NJW 1977, 1064, 1065.

相当于期待利益的损失。荷兰最高法院对 Plas v. Valburg 一案[77] 的判决就是这种情况:原告参加了法尔堡政府组织的招标活动且其投标价为最低价,正好在政府可支配的资金范围内。市议会的批准是授予合同所必需的要求,但是对大多数参与者来说,这只是一个形式,在市议会批准之前,另一个公司给了市议会的一名成员更低的报价,且市议会最终接受了这个公司的投标。荷兰最高法院认为市政府的行为违反了诚实信用原则,如果磋商已经进入到了如此深入的阶段,并且已经接近签订合同的程度,原告有权获得履行利益的损害赔偿。德国联邦最高法院也认为,市政当局由于不适当的招标程序而没有考虑原告的投标书,那么如果原告能够证明假如招标程序正当,他或许可以中标,市政当局则要为自己的缔约过失承担对方履行利益损害的赔偿责任。[78]

其他情况下也可能产生合同磋商错误,例如,信贷磋商(德:Kreditverhandlungen),经典案例是 Box v. Midland Bank 一案。[79] 在该案中,被告银行的一名雇员告知原告,其贷款申请满足某些条件就可以获得银行批准;其实根据雇员的专业知识可以知道难以满足这些条件,但是他并未告知原告,他也很清楚,原告基于对银行对其放贷的信任而作出相关的处分行为。在由德国联邦最高法院判决的另一起案例中,原告与被告银行正在进行信用证的磋商,原告需要在很短的时间内用1200万美元来购买一油轮煤油。由于时间紧迫,原告询问银行负责此项工作的职员,是否能够及时开出信用证;虽然该职员知道此事尚未确定,但是他还是告知原告无须担心。所以原告并未去其他地方申请信用证。[80] 最后,还有一个瑞士联邦法院的判例:一家银行支行的行长使他的顾客相信合同磋商能够成功,尽管他知道合同还需要总行的批准且批准结果并不确定,而且如果不

---

[77] HR 18.Juni 1982, Ned.Jur. 1983, 723. Vgl. dazu van Dunné, The Prelude to Contract, the Threshold of Tort, in: Hondius/Steenhoff (Hrsg.), The Law on Precontractual Dealings in the Netherlands: Netherlands Reports to the XIIIth Congress of the International Academy of Comparative Law (1991) 71. 对此并参见 HR 23.Okt. 1987, Ned. Jur. 1988, 1017 und HR 31.Mai 1991, Ned.Jur. 1991, 647。

[78] BGH 25.Nov. 1992, BGHZ 120, 281.

[79] [1979]2 Lloyd's Rep.391.

[80] BGH 17.Okt. 1983, NJW 1984, 866.

告诉客户实情,客户会按照磋商成功的假设去作相应准备。[81]

在以上三个案件中,被告银行都被判处承担赔偿损失的责任。[82] 当然,在这三个案件中,审查诉讼请求并对其进行支持的法律依据并不相同。在德国和瑞士的两个案件中,银行的行为被认为是缔约过失,违反了合同进入磋商阶段后的注意义务;而英国法官认为银行构成"疏忽大意"(英:negligence)的侵权,其构成需要满足的要件是——正如在此案当中——专业人员因疏忽作出错误的表示,而表示接受者因对表示准确性的信任而按照磋商成功的假设去作准备,从而造成了"纯粹的经济损失"(德:reiner Vermögensschaden)。[83] 当然,在这些案件中,虽然依据的法律并不相同,但是实质上并未产生截然不同的结果。

德国和奥地利法院也接受这样的基本原则,即任何人"在任何时间都可以以任何理由——主意改变、情况变化、有更好的交易选择——或者无任何理由的"结束磋商。[84] 然而,当一方当事人使磋商的另一方相信合同会成立,甚至可能使对方认为合同的订立似乎是确定的,或者未提醒另一方注意自己知道而对方不知道的合同障碍,或者他可以以更低的成本知悉的合同障碍时,他终止磋商的自由也必须受到限制。在这种情况下,任何人没有合理和正当的理由,而只以毫不相干的借口,托辞性理由或者无任何理由终止磋商的,都是违反义务的。[85] 法国判例对此也持

---

[81] BG 6. Feb. 1979, BGE 105 II 75.并参见 BG 6.Juni 1951, BGE 77 II 135。

[82] 在 BGH 17.Okt. 1983 (前注 80)一案中,卖家因信用证没有及时开出而解除了煤油买卖合同。德国联邦最高法院认为,如果原告能够证明他在其他银行可以及时申请下来信用证,银行就应该赔偿其煤油买卖合同的可得利益。

[83] 英国上议院关于扩大过失侵权外延的典型案例参见:Hedley Byrne & Co. v. Heller & Partners [1964] A.C. 465 Vgl. dazu S. 91 f.。

[84] Farnsworth, Mélanges v. Overbeck (前注 72) 659。

[85] 例如,参见 BGH 8.Juni 1978, BGHZ 71, 386, 395 f.; BGH 7. Feb. 1980, BGHZ 76, 343, 348 f.; BGH 29.März 1996, NJW 1996, 1884。奥地利类似判决参见 OGH 6.Juli 1976, JBl. 1977, 315; OGH 30.Mai 1979, JBl. 1980, 33,相关参见 Ostheim, Zur Haftung für culpa in contrahendo bei grundloser Ablehnung des Vertragsabschlusses, JBl. 1980, 522 und 570。——参见《欧洲合同法原则》第 2:301 条:"当事人具有磋商自由,对未达成合意不负责任。但是如果当事人所谓磋商或者终止磋商有悖于诚实信用原则,则要为对方遭受的损失负责;一方当事人在没有与对方达成合意的真实意图情况下从事磋商或者继续进行磋商则有悖于诚实信用原则。"也参见《国际商事合同通则》第 2.1.15 条,《(欧洲私法)共同参考框架草案》第 II.-3:301 条。

类似的观点：当磋商已经进入即将订立合同的阶段且原告支付了相当多的费用时，如果被告"无正当理由、粗暴地单方面"（法：sans raison légitime, brutalement et unilatéralement)停止磋商，便是对其义务的违反。[86] 这在很大程度上取决于案件的具体情况，例如，鉴于磋商的持续时间和强度，即使一个理性的第三人在处于和原告相同的情形下也会相信合同的订立，这种情况下还需考量的是，这种对订立合同的信任是否或者应当由被告的行为引起；被告是否知道或者应当知道原告基于对合同能够订立的信任而作出大量的准备，且一个理性的第三人在处于与原告相同的情形下也会作这样的准备。责任一般产生于"粗暴地""肆意地"或"恶意地"终止磋商的情形中。但从法律的视角来看，损害赔偿是基于"不正当地中断磋商"（法：rupture abusive des pourparlers）而构成的侵权行为产生的［《法国民法典》第 1382 条（现《法国民法典》第 1240 条）］。这与其他国家根据缔约过失原则不同，但是二者法律判决的后果差异并不明显。法国最高法院一般认为，损害赔偿以原告在（中断的）合同磋商中所投入的金钱和时间为限。[87] 除了"消极利益"损失的赔偿，原告也可以要求被告赔偿因为对被告的信任而拒绝接受第三人提出的要约所造成的损失。然而，不确定的是，在一定的条件下原告是否可以要求被告赔偿由于谈判破裂、他被剥夺了订立合同的"机会"所造成的损失。[88] *

---

〔86〕 Com. 20. März 1972, J.C.P. 1973.II.17543 mit Anm. Schmidt. Vgl. auch Com. 7.Jan. und 22.April 1997, D.1998, 45 mit Anm. Chauvel, Com. 26.Nov. 2003, D. 2004, 869 mit Anm. A.-S. Dupré- Dallemagne = RDC 2004, 257 mit Anm. D. Mazeaud. 以及参见意大利最高法院于 1993 年 3 月 12 日作出的判决 Foro it. 1993 I 956 (no. 2973)。

〔87〕 例如，Com. 26.Nov. 2003（上注）；Civ. 28.Juni 2006, Bull. cass. 2006.III.no.68 = D. 2006, 2963 mit Anm. D. Mazeaud。

〔88〕 根据《泰雷改革草案》，这种情况下责任产生的前提是一方终止磋商的行为存在"过错"。所谓"过错"是指当事人虽并不真正地想缔结合同，但仍开始或继续磋商。《泰雷改革草案》第 24 条第 3 款规定了责任范围，当然这绝对不是对"未订立合同的预期可得利益的损失"（法：la perte des bénéfices attendus du contrat non conclu）的补偿，相关内容参见 Aubert de Vincelles in: Terré (Hrsg.), Pour une réforme du droit des contrats (2009) 119, 133 ff.。对此另参见第 54 页及以下。

* 经过修订，现《法国民法典》第 1112 条规定，订立合同前的磋商需遵循诚实信用原则，违反者应承担损害赔偿责任，但无须赔偿另一方当事人因未订立合同而落空的可期待利益。——译者注当然,英国判例法在这个问题上似乎有着更为严格的立场。在 Walford v. Miles 一案[89]中,被告从 1987 年 1 月起开始与原告磋商,要将其公司卖于原告,磋商时约定最终按照合同的规定["受合同约束"(英:subject to contract)]。双方初步达成协议,确定购买价格为 200 万英镑且原告应确保在收购公司后的第一年获得 30 万英镑的营业利润。在 1987 年 3 月 17 日,双方还另外约定,被告应终止与其他收购方的谈判且不可以接受第三人的要约。[90] 然而,被告在几天后将公司卖与第三方。随后,原告要求被告赔偿其因此而产生的损失——被告公司的实际估值为 300 万英镑,他无法再以 200 万英镑买到一个这样的公司。原告在诉讼理由中首先指出,根据 1987 年 3 月 17 日的协议,被告应承担"与原告善意磋商"(英:to negotiate in good faith with the plaintiff)的义务,但是其终止磋商违反了这一义务。上诉法院驳回了这一诉求,因为约定的"善意磋商义务"与任意一方可以终止磋商,或者可以在合适的时机告知另一方终止磋商的权利相冲突。无论是磋商的另一方还是后面诉讼中的管辖法院,都无法确定是否存在终止磋商的合理理由:

> 供应商如何才能知道他有权退出进一步的谈判?法院是如何监督这样一个"协议"的?善意磋商义务在实践中是行不通的,因为这与谈判的立场本质上是不一致的,而这就是不确定性所在。在我的判决中,只要谈判仍在进行,任何一方都有权利在任何时候因任何理由退出谈判。他们没有义务要继续磋商直到一个'合适的理由'出现才能终止,因此,仅仅关于磋商的协议是没有法律实质内容的。[91]

这些说法过于笼统和荒谬,无法令人信服。欧洲大陆法院审判的经验表明,最关键的问题是关于信赖利益还是履行利益的赔偿;另外首先需

---

[89] [1992] 2 A.C. 128.
[90] 这个协议并不是因缺少"对价"而无效,因为原告已经提供了对待给付,即向被告承诺提供其银行的"安慰函"(英:letter of comfort)(对此参见前注 73)。
[91] Lord Ackner in Walford v. Miles (前注 89) 138。该判决被众多评论所批评,例如 von McKendrick no. 4.1, 12.10 und A. Berg, Promises to Negotiate in Good Faith, L.Q.R. 119 (2003) 357。但 Treitel (-Peel) no. 2-106 持不同观点。

要考察的是,在具体案件中是否有可行的和合理的标准来区分合同磋商中的守约和违约行为。

事实上,这一诉求可能也会被法国法院或者德国法院驳回。德国法官或许会提出,在这一案件中原告不是对支出提出的赔偿请求,而是基于对合同能够订立的信任,确切地说,他要求的是履行利益的赔偿。然而,履行利益的赔偿只能在特殊情况下被考虑,即磋商的终止使一方对合同可以订立的合理期望落空。[92] 在上述案件中,当事人在1987年3月17日进行的磋商约定了最终"受合同的约束",由此可见,双方当事人并未(德:nicht)想订立一个预合同。法国法院的判决或许是,被告有合理的理由终止磋商,因此他的行为不能算是有"过错的"。他可以辩称,从1987年3月17日起,他开始怀疑原告可能并不赞成他的商业行为模式,因此他担心,出于此理由收购后,原告会解聘被告公司的员工且无法保证营业利润达标。而且鉴于自己年事已高以及身体状况并不良好,他不知道自己是否可以履行为收购方提供一年咨询服务的义务。

---

[92] 对此参见上文脚注79。

第三章　合同内容的确定性

一、导论 ………………………………………………………… 056
二、案例群组 …………………………………………………… 058
　1. 未来磋商保留 …………………………………………… 058
　2. 单方定价 ………………………………………………… 061

一、导论

若当事人的协议内容尚不"确定"时,一个有约束力的合同并未成立。当然,经常发生的是,某些问题在合同中未作约定从而导致合同处于不完整状态;或者合同中的约定非常模糊,必须通过解释才能明确其中的具体含义,例如,很多买卖合同没有约定何时、何地、以何种方式交货。尽管如此,此类合同并不因缺乏"确定性"而无效。相反,这些缺失的内容可以被法律中专门针对这种情况所规定的规则所取代。例如,"在一个合理的期间内"(德:innerhalb einer vernünftigen Zeit)、"在被告的营业地"(德:am Sitz der gewerblichen Niederlassung des Verkäufers)交货,不应该有"隐藏的缺陷"(德:versteckten Mängel),从而使其"不适合其预期的用途"[德:zu dem Gebrauch, für den sie bestimmt ist, ungeeignet machen(《法国民法典》第1641条)]。如果没有此类法律规定,则可适用这些商品在贸易中形成的商业习惯。如果按照"通常的付款方式"(德:zu den üblichen Zahlungsbedingungen)出售100吨柴油,则意味着按照石油买卖的交易习惯,买方应该开设银行信用证,在出示商业交易惯用的文件后发货。[1] 如果木材进口商购买一批"规格合理"(英:of fair specification)的杉木,买方作出的规格限制则可按照木材交易的惯例来确定。[2]

一个合同也不会因为未约定合同履行的方式(德:Modalitäten)而"不确定"。在未约定的情况下,应适用有关行业的习惯、当事人以往的交易关系、任意法规则或(补充的)合同解释的结果。[3] 即使没有明确约定主**合同义务**(德:Hauptleistung),也是如此,只要当事人双方愿意受合同的约束。例如,在合同中当事人未确定价款,而仅仅约定按照"一般的"或者"合理的"价格。通常,在这种情况下按照法律的规定确定价格。在大多数情况下,证券交易所,或市场价格,或卖方通常要求的价格,或"合理"价格对合同价款的确定就有决定性作用。[4] 就承揽合同、服务合同或者其他合同而言,未约定价格的,也适用类似的规则。[5]

所有这些规则适用的前提是,双方当事人显然想订立具有法律约束力的合同。如果未对要履行的义务种类进行约定或者约定模糊,这可能表明他们缺乏受合同约束的意愿,当然,如果涉及的仅是无关紧要的事情除外。《瑞士债法》第 2 条第 1 款就规定,"当事人对合同要点达成一致的……对次要问题的保留不应影响合同的约束效力";《德国民法典》第 155 条的规定也涉及此部分内容——合同当事人订立了合同,但是没有意识到他们事实上未对一些事项达成协议,只要已经达成的协议有效,则推定即使没有就未决部分达成协议,双方也希望受合同的约束。在协议不

60

---
〔1〕 OLG Frankfurt 27. April 1976, NJW 1977, 1015.
〔2〕 *Hillas & Co v. Arcos Ltd.* (1932) 147 L.T. 503.
〔3〕 对此参见第 146 页及以下。
〔4〕 例如,参见《荷兰民法典》第 7:4 条,《英国 1970 年货物销售法》第 8 条,《意大利民法典》第 1474 条,《瑞士债法》第 212 条,《葡萄牙民法典》第 883 条。另参见《欧洲合同法原则》第 6:104 条,《国际商事合同通则》第 5.1.7 条第 1 款,《(欧洲私法)共同参考框架草案》第 II.-9:104 条。《联合国国际货物销售合同公约》第 55 条规定,"如果一个有效订立的合同没有明示或默示地规定标的价格或规定如何确定价格,在没有任何相反表示的情况下,双方当事人应被视为已默示地引用订立合同时此种货物在有关贸易的类似情况下通常的销售价格"。
〔5〕 例如,参见《德国民法典》第 612 条和第 632 条,《意大利民法典》第 1657 条、第 1709 条、第 1733 条、第 1740 条,《英国 1982 年货物和服务供应法》第 15 条。

完整或者不确定时,最为关键的始终是当事人是否仍**愿意**(德:wollten)受合同约束。如果当事人已经达成一项协议,但是他们并未有真正地建立法律关系的意图(英:intention of creating legal relations,法:de produire des effets juridiques,德:Rechtsbindungswillen),则合同就没有约束力。[6]

二、案例群组

当被告声称他与原告达成的协议因不完整或者不够确定而无效,法官若还想支持原告的诉求,则需要对两个问题进行检查和肯定:第一,虽然协议不完整或者不确定,但是当事人还是**愿意**受此协议的约束;第二,通过已经达成的协议以及案件的具体情形是否可以得到足够多的标准来完善协议或者对不确定的地方进行详细说明,从而在此基础上支持原告的诉求?[7] 在实践中,这两个问题往往没有被明确区分开,因为在很多案件中只对其中一个问题有争议或者两个问题都取决于同样的考虑因素。[8] 然而,正如对下面案例的探讨所显示的那样,对这两个问题进行区分是有意义的。

1. 未来磋商保留

当事人在磋商时,有意将一些合同问题保留到以后再商议,并对此达成协议,这种情况并不少见。例如,商品在一年后才交付或者房屋在五年后才交付给承租者,那么商品或者租金的定价推迟到交货或者交付房屋时再确定,那时当事人才能知晓市场形势在多大程度上发生了变化或者

---

[6] 对此进一步参见第 97 页及以下。

[7] 参见《国际商事合同通则》第 2.1.14 条规定,如果当事人将一项条款留待进一步谈判,那么合同成立需满足两个要件:第一个要件是,当事人**意在**订立一项合同;另一个要件是,"考虑到各方当事人的意图,在具体情况下存在一种可选择的合理方法来确定此条款"。

[8] 参见 Scammel v. Ouston [1941] A.C. 251。在此案件中,当事人对机动车的部分款项约定为"两年分期付款",怀特勋爵(Lord Wright)认为此合同无效,首要原因是"这些用语无论如何宽泛地、从非技术性的角度考虑其所有可能的含义,法院都无法明确其确切的含义从而进行判决";"但是我认为,另一个原因,即双方从未在意图上甚至在表面上达成协议,这才是法院驳回其诉讼的主要原因"(出处同上,第 268 页及以下)。

货币购买力下降到何种程度。届时会产生当事人是否愿意受此约束的问题，进一步地，如果他们愿意，那么在双方当事人无法找到协商一致的解决方案的情况下，如何解决这一未决问题？通常这两个问题会在当事人明知道有未决事项但仍开始履行合同时找到答案。类似的情形是，当事人在合同无效的情形下"无法律根据"地履行了合同义务。已经履行的需要恢复原状，如果无法恢复，则需要按照其同等价值进行返还，但是法院总是有足够的理由回避此类问题。在 *British Bank for Foreign Trade v. Novinex Ltd.* 一案[9]中，原告安排被告和第三方交易，被告向原告承诺，若原告告知其第三方的名字并且被告和第三方的合作能够达成，则会支付原告"代理佣金"(英：an agreed commission)。尽管原告告知了被告第三方的名字，且被告和第三方签订了合同，被告却并不愿意向原告支付佣金了。通过上诉法院的判决，人们无法得知若在合同履行前当事人对合同的有效性产生争议时该怎么解决。在本案中，原告告知了被告第三方的名字并履行了他承诺的义务，因此合同应视为有效，法院认定他们确定的佣金是合理的，判决被告予以支付。判决考量如下(出处同上，第158页)：

> 从这些案件中推论出来的原则是，如果有尚未达成一致的实质性条款，且没有解决这些问题的明示或默示的方案，那么从法律的角度来说，并未成立一个有约束力的合同。考虑是否有默示的解决方案时，一项双方都可履行的协议与一方已经履行的协议是有区别的。通常情况下，如果一个协议是按照"双方同意的价格"交付货物或者提供服务，在协议可履行的情形下，也可能不存在具有约束力的合同。但是，如果一方在未达成协议的情况下履行了合同，那么依法应该认为双方当事人的行为必然形成一个默示合同条款，即使没有达成协议，另一方也应该支付合理数额的价款。

---

[9] [1949] 1 All E.R. 155 (C.A.).

63　　德国法院采取同样的立场。如果一个人加入合伙企业并以实物作为出资，即使合伙人延迟评估出资物的价值并对此无法达成协议，合伙合同仍成立。[10] 当某人解除了供电合同，但是同时他还在继续用电，则形成一个新的合同，即使当事人对价格有争议，也不影响合同的成立。如果他们最终对价格仍不能达成一致，根据《德国民法典》第315—316条的规定，供电方可单独确定供电价格，消费者可请求法院审查此价格是否"合理"（德：billigem Ermessen），如果情况并非如此，则应在买方的要求下，由法院根据该标准确定价格。[11] 这同样适用于房屋连同家具一起出售并交付给买方，但是对家具价格未达成协议的情形。在这种情况下，法院认为家具买卖合同成立，家具应以"合理的"价格出售。如若双方无法达成协议，则由法院决定。[12]

　　如果关于（不完整）合同有效性的争议发生在任何一方尚未履行合同的时候，情况会更加棘手。这时，法院倾向于认为合同无效。尤其是当未决事项对当事人而言非常重要，而当事人却推迟到将来再达成有关该事项的协议，或者没有理由表明法院可以以自己的规定取代未达成的协议，那么情况就更是如此。如果在签订的租赁协议中约定在租期到期后，租赁协议将"按照约定的租金"继续履行，也会产生此类问题。在德国联邦最高法院受理的一个案件中，一方当事人出租一块地给影院，租期为16年，当事人约定期满后可就续租问题进行协商，若协商未果则由工商协会商会指定的专家作出有约束力的决定。法院认为此协议无效，因为双方未就任何具体事项甚至是可确定的要素达成一致，而根据《德国民法64　典》第317条，专家可以据此作出决定并由法院进行审查。[13] 与之相反

---

[10] BGH 23.Nov. 1959, NJW 1960, 430.进一步参见 BGH 24. Feb. 1983, NJW 1983, 1727, BGH 30. Sept. 1992, BGHZ 119, 283, 288 und J. Busche in Münchener Kommentar (6.Aufl. 2002) § 154 Nr. 5。

[11] BGH 19.Jan. 1983, NJW 1983, 1777. 从《德国民法典》第315—319条可以得出，根据达成的协议，合同价格由一方当事人或者第三方确定的，如有疑问则按照"公平裁量原则"确定，当法院认为仍无法确定的，法院可予另行确定价格。

[12] OLG Hamm 24.Okt. 1975, NJW 1976, 1212.

[13] BGH 27.Jan. 1971, BGHZ 55, 248.

的是,在 *Brown v. Gould* 一案[14]中,一项协议被认为是有效的,根据该协议,承租人可以要求将租期再延长 21 年,"租金根据行使该选择权时房屋的市场价值确定。"与德国案例的不同之处是,双方就确定租金的基准达成了一致,尽管这个基准并不是非常精确。更重要的是,在 *Brown v. Gould* 一案中,发生争议的只是租期延长 21 年的问题,而在德国案例中,不仅租金,连**租赁期限**(德:Pachtdauer)都要由专家酌情决定。

如果承租人被授予获得租赁物所有权的选择权时,会如何呢? 在 *Sudbrook Trading Estate Ltd. v. Eggleton* 一案[15]中,虽然当事人仅约定在行使选择权时支付"合理价格",但一个有效的买卖合同也成立了。问题在于,如果价格不是由当事人双方自己确定,而是由他们任命的两名专家确定,如果他们不能就此达成一致,则由他们选择的第三方确定,是否会有所不同。上议院对这个问题的回答是否定的:委托专家确定价格的行为已经表示出当事人认为专家估算的价格是合理的,应按照此价格付款。

2. 单方定价

双方当事人通常约定,未来交付货物的价格不是由双方协商确定,而是由**单方**(德:einseitig)——通常为卖方——确定。当卖方以这样的方式出售他的货物时,尤其会发生这种情况,即他向所有客户收取相同的价格,且不时根据市场变化以及他的成本进行调整。[16]例如,某人购买了一辆稍后交付的汽车,则通常需按照汽车经销商或者生产商确定的价格支付价款。同样的情况发生在餐馆或加油站的经营者承诺多年内仅从特定的酿酒厂或石油公司获得饮料或燃料订立的合同;通过特许经营合同

---

[14] [1971] 2 All E.R. 1505.

[15] [1982] 3 All E.R. 1 (H.L.).并参见 *Queensland Electricity Generating Board v. New Hope Collieries Ltd.* [1989] 1 Lloyd's L.Rep. 205, 210:"目前,在当事人就仲裁或估价条款达成足够广泛的协议的案件中,法院充分重视其建立持续法律关系的明显意图。援引所谓的不确定性,或指称法院可用于使合同权利生效的机制不足的论点,其吸引力微乎其微。"

[16] 在签订长期贷款合同时,信贷机构也经常保留单方面随时调整利率的权利。这种约定在英国和德国不会被反对。参见 *Lombard Tricity Finance Ltd. v. Paton* [1989] 1 All E.R. 918 (C.A.)以及 BGH 14.April 1992, BGHZ 118, 126。

或者电话公司与其客户订立的合同,情况也同样如此。这些合同限制了竞争,因为合同另一方只能从单一的供应商处获取所需货物或服务。因此,这种合同可能因违反了竞争法,或者由于长期过分限制了客户的经济独立和行为自由,则这些合同可能全部或部分无效。[17] 同样地,消费者无条件地承担按照发货之日价目表支付价款义务的消费合同条款也是不妥的。德国判例认为这种"每日价格条款"有效的前提是,若当日价格在很大程度上超过合同订立时的价格,且涨价幅度超过人们对一般生活费用增加的预期时,消费者有解除合同的权利。[18] 但是,在商人之间的交易中,此类条款则无可指摘,因为"经验表明,市场机制意味着单个供应商一般不能向市场强加与市场行情不符的过高价格";此外,与消费者不同,商人在必要情况下可以根据《德国民法典》第 315 条,承担证明销售者的定价高于公平价格的艰难责任。[19]

法国的判例处理此类案件的出发点与德国并不相同。根据《法国民法典》第 1108 条和第 1129 条(现《法国民法典》第 1128 条和第 1163 条),合同的有效性主要取决于其是否以"确定对象"(法:objet certain)为基础。卖家承诺在买家付款时交付货物或者提供服务,那么只有在价格确定或者最少是可确定时,合同才有"确定性"。针对在何种条件下价格是"可确定的",早期的一个判决给出了非常狭隘的答案:判决认为,如果价格的确定取决于未来的协议,则是不具有"确定性"的,更不用说如果一

---

〔17〕 对此参见第七章第三节。

〔18〕 参见 BGH 7.Okt. 1981, BGHZ 82, 21; BGH 1. Feb. 1984, BGHZ 90, 69。这与 1993 年 4 月 5 日颁布的《欧共体关于消费者合同中不公平条款的指令》第 3 条第 3 款中向成员国法院所建议的内容一致,即如果根据一项合同条款,当最终价格相对于订立合同时所采用的价格"过高"时,卖方可以在不给予消费者撤销权的情况下确定或提高价格,那么该条款无效。

〔19〕 BGH 27. Sept. 1984, BGHZ 92, 200, 204 f. 并参见《欧洲合同法原则》第 6:105 条和第 6:106 条,《(欧洲私法)共同参考框架草案》第 II.–9:105 条和第 106 条,《欧洲合同法典》第 31 条第 2 款和第 3 款,《欧洲共同买卖法》第 74 条和第 75 条。如果合同约定,一方当事人或者第三人可以确定标的价格或者合同的其他条件,当被确定的价格或其他合同条件"明显不合理"时,可以由法官确定一个"合理的"价格或"合理的"条件。类似规定参见《国际商事合同通则》第 5.1.7 条第 2 款和第 3 款,但只限于当事人或第三人对价格的确定。

方当事人有决定价格的**单方权利**的情况了。[20] 这导致的结果是,对价款予以保留的长期合同是无效的,例如,合同约定供应商对酒馆老板、加油站运营商、加盟商或者电话用户等负有交付货物或者提供服务的义务,但是客户是按照每次收货或者收到服务后的合适价格来支付价款的。那么对于这类合同,价格是否合理或者是否符合市场的惯例并不重要,因为当客户对价款有异议,或者其对价格政策根本没有意见,但是由于其他各种原因想摆脱合同的束缚时,可随时主张合同无效。因此该判决一次又一次地被猛烈抨击;另外,它与欧洲国家适用的法律规定以及国际法规承认的规则相矛盾(参见前注 19)。最终法国最高法院改变了自己的态度,这通过一个案例可以看出:一家名为 GST-Alcatel 的电话公司租给其客户一个电话设备,合同保留了客户更改系统的权利,更改后按照"现行市场价格"支付费用。法国最高法院裁定,根据电话公司现有的价目表,确定价格就是《法国民法典》第 1129 条(现《法国民法典》第 1163 条)所指的"可以确定的"价格。因此合同是有效的。除非客户可以证明:"GST-Alcatel 电话公司滥用其特许经营权,抬高价格以非法牟利,因此违背了其诚实信用履行合同的义务。"[21]

事实上这一判决可谓是"法院判例戏剧性的转折"。[22] 当然,关于新规则确切的适用范围仍存在争议:它适用于所有合同还是仅适用于一方承诺提供经常性或分阶段履行的合同? 如果双方约定,一方当事人不仅可以单方面确定价格,还可以单方面决定合同的其他条款,是否也适用? 各版的法国合同法改革草案对此看法并不一致,《泰雷改革草案》对此的态度最为宽容:只要"决定的条件已由合同明确规定且以合理的方式行使

---

[20] 参见 Req. 7.Jan. 1925, D.H. 1925, 57。只有在相关时间价格具有可确定性时,价格才可以被确定——"合同规定的条件是否成立不再依赖于任何一方当事人的意志。"

[21] Com. 29.Nov. 1994, J.C.P. 1995 II.22371 mit Anm. *J. Ghestin* = D. 1995,122 mit Anm. *L. Aynès*. 法国最高法院全体委员会也采取同样的立场,参见 Ass. plén. 1.Dez. 1995, D. 1996, 13 mit Anm. *L. Aynès* = J.C.P. 1996 II. 22565 mit Anm. *J. Ghestin*。

[22] So *J. Ghestin* J.C.P. 1995. II. 22371.

该权利",一方当事人甚至可以单方面确定合同的标的物。[23]*

---

〔23〕 参见《泰雷改革草案》第60条第3款。《卡特拉改革草案》则不同:根据《卡特拉改革草案》第1124条第4款:单方面决定权只能针对给付的价格,而且只适用于长期或者分阶段履行的合同。

* 与之相比,现《法国民法典》中的新规则对此则显得毫无兴趣。现《法国民法典》第1164条规定,在框架协议中[根据现《法国民法典》第1111条规定,框架合同是指当事人就未来合同关系的基本特征达成合意。奇怪的是,并没有相应规则规范那些一方或双方约定在较长时间内按各部分履行完的合同。(持续履行的合同受现《法国民法典》第1111条第2款的规范)],一方可获得对价款的单方决定权。但若决定权的行使者有违诚实信用原则,另一方可提起诉讼请求损害赔偿或者解除合同。根据现《法国民法典》第1165条,在一方请求服务且价格并未被一方确定时,该请求方可自行确定价款,但若滥用价格确定权,应承担损害赔偿责任。(法国的这些规定还是没有解决已经被很多欧洲法律规范,包括《欧洲合同法原则》第6:104—6:108条,《国际商事合同原则》第2.1.14条和第5.1.7条所解决的问题:现《法国民法典》第1164条以下未涵盖的合同应适用哪条规定?根据合同的约定,定价权交给第三人会发生什么?如果有待确定的内容并非价款,而是其他应由当事人或者第三人确定的合同条款,会怎么样?对此大量的讨论可参见 J Kleinschmidt and D Gross,'La réforme du droit des contrats:perspective allemande sur la balance délicate entre liberté contractuelle et pouvoirs du juge' [2015] RDC 674, 678ff.。)——译者注

第四章　确定性认定标准

一、概述 ··· 065
二、作为有效要件的"原因" ·· 069
三、赠与 ··· 073
　（一）大陆法中的形式要件 ··· 073
　（二）英美法中的对价学说 ··· 075
　（三）完成的赠与 ·· 076
　（四）形式无效赠与承诺的履行 ··· 078
　　1.捐赠承诺（德：Spendenzusagen） ···································· 079
　　2.赡养费（德：Unterhaltsversprechen） ······························· 080
　　3.已履行给付的报酬（德：Vergütung bereits erbrachter Leistangen） ··· 083
四、其他无偿交易 ··· 084
　（一）一般保证合同（德：Bürgschaftsverträge） ···················· 085
　（二）财产使用合同（德：Gebrauchsüberlassungsverträge） ···· 086
　（三）事务处理合同 ··· 087
　（四）合同要约 ··· 088
　（五）合同变更 ··· 088
五、受法律约束的意思 ·· 092
六、小结 ··· 097

一、概述

每种法律制度都面临这样一个问题，即当事人之间的合同是否足以确立可执行的履约请求权或者因不履行而主张损害赔偿的请求权。当然,通过欺诈或者胁迫获得允诺而成立的合同,或者当事人的约定违反法律、行政法规时,这样的请求权并不存在。但仅仅是这样就足够了吗?难道不应该要求允诺人认真作出受法律约束的真实意思表示,或者有一个对一个理性的人来说合情合理的理由作为作出法律承诺的动机吗?是否需要承诺者以庄严的形式作出表示?或者还是有其他标准说明其承诺意思的严肃性?

在罗马法和早期共同法中无须考虑这些问题,因为那时只有非常确定的允诺才被认为是可履行的,即那些从一开始允诺人就毫无疑问地已经仔细考虑并愿意受其约束的承诺。

根据罗马法,这些可履行的允诺包括受严格形式约束的**要式口约**(拉:stipulatio),此外,还包括交付物品的情况,例如,向他人提供贷款或向他人转让物品占有,同时让另一方承诺还款或者交还物品。在这种情况下,最重要的是"双方达成合意的合同"(德:Konsensualverträge),一个可诉的履行请求权的产生并不需要特殊的形式,也不需要物品的交付,而只需要当事人双方达成合意就可以了。用德国罗马法学家卡塞尔(Kaser)的话来说,"'双方达成合意的合同'是罗马法中最伟大、最富有成效的发明之一,在此方面胜过希腊和德国的法律"。[1] 当然,这类合同的数量是很有限的,例如,买卖合同、租赁合同、承揽合同和服务合同,只有在这些合同中,每一方都承诺履行自己的义务,以换取对价。而其他的合同仍不受法律保护:"无原因的合同无义务。"(拉:Nuda pactio obligationem non parit)[2] 后来,执政官也允许对其他一些合同进行诉讼,但这并不能改变罗马法给中世纪法学家留下的是一个并不明确的遗产的事实,即被视为可诉的合同请求权是杂乱的拼凑之物。

直至17世纪,欧洲大陆各国法律才普遍承认,原则上每一个以履行或者相互履行为目的的严肃的合同都应该有法律约束力。这符合经济发

---

 [1] *Kaser*, Das römische Privatrecht I (2.Aufl. 1971) 526.
 [2] *Ulpian* D. 2.14.7.4.后来人们将其表述为"无原因的口头合同不产生诉权"。任何起诉都不能仅以简约(拉:pactum)为依据,但是可以以此进行抗辩。例如,买方可以主张在他和卖方之间存在延期付款协议(拉:pactum de non petendo)。

展的需求。事实上,在中世纪末期的商业交易中,罗马法中"无约因的合约"不可诉的定律已经不被认真对待了。[3] 持同样态度的还有教会法:它视承诺为有效的,不论这个承诺是否属于可诉的合同类型,违反承诺都应该受到道德谴责。由托马斯·冯·阿奎因(Thomas von Aquin)和西班牙晚期经院哲学传授的亚里士多德的德性伦理学在这方面有了发展。[4] 最终,荷兰自然法学派学者在17世纪将这一发展推向了高潮,并提出了一个在整个欧洲大陆都被接受的规则,即每一项严肃的合同履行承诺都应得到法律保护。

在普通法中,合同请求权最初也只有在符合如罗马法,只有符合某些**诉讼类型**[令状(英:writs)]时才能提起诉讼。例如,那些在密封的合同文件中承担义务的人可以在**契约令状**(英:writ of covenant)的帮助下要求履行义务,承诺偿还贷款的人可以在**债务令状**(英:writ of debt)的帮助下偿还贷款。对违约损害赔偿的诉讼是从侵权的根源发展而来的,即从**非法侵入令状**(英:writ of trespass)发展而来。最初,只有当某人以暴力或破坏和平的方式对他人的财产或人身造成伤害时,才可提起诉讼。但后来,被告可能因为其职业,例如,作为医生、铁匠或摆渡人,从而对公众承担某些义务:如果医生没有治好原告的病,反而伤害了他;如果铁匠给原告的马匹钉蹄铁时出错,导致马匹死亡;粗暴野蛮地给马匹钉蹄铁,致使马惨死;如果摆渡人没有将货物运到对岸,而是把货物掉入了河里,那么原告可以根据损害赔偿(拉:assumpist)提起诉讼,要求赔偿其损失。这种诉讼范围逐渐扩展到所有瑕疵履行的案件。最终,大约从16世纪中期开始,即使原告的损失不是因为被告的瑕疵履行,而是因为被告根本没有履行其义务产生的,原告也可以提起损害赔偿之诉。当一方当事人不履行或者不适当履行其合同义务时,另一方都可以请求损害赔偿这一法律规定也被普通法所接受。[5]

---

[3] 对此以及下面的问题参见 Zimmermann 540 ff.; Coing I 399 f.。

[4] 对此 Gordley, The Philosophical Origins of Modern Contract Doctrine (1991)。

[5] 对这一发展的描述可参见 Simpson, A History of the Common Law of Contract, The Rise of the Action of Assumpsit (1975) 199 ff.。

所以在欧洲被普遍认可的基本原则是,合同承诺原则上具有法律上的约束力。但是这立即产生了另一个问题,即这个法律原则的适用范围是否太过宽泛——当具有民事法律行为能力的当事人达成合意时,只要不存在误解、欺诈或胁迫的情形,是不是这些协议都能产生或引起可履行的义务呢?答案当然是否定的,人们普遍承认的是,某些承诺只有在具有某些**额外的**(德:zusätzliche)原因时才是有效的或可履行的。这些额外的原因有哪些呢?

在法国,源于罗马法和教会法的"因果关系"(法:causa)的概念得到了支持。[6] 虽然"条约必须遵守"的原理是可适用的,如果合同没有特定的原因,就像案件中没有合理或适当的动机。波蒂埃(Pothier)因此要求:"任何承诺都必须有一个诚实的原因(法:out engagement doit avoir une cause honnête)。"[7] 最后,由此产生的《法国民法典》第 1131 条(现《法国民法典》第 1162 条*)规定:"没有原因的义务或是建立在虚假原因上的义务都不具有任何效力。"

英国法院发展出了一个类似的规则:只要被告的允诺是基于合理的动机,即具有"良好的""充分的"或"适当的对价"时,因违约而提起的**损害赔偿**之诉(英:assumpsit-Klage)才能胜诉。[8]

许多法律制度还进一步规定,某些合同允诺有效或可履行的前提是,除了有合理的动机外,还需以某一特定的**形式**(德:Form)作出。[9] 具有同样作用的是,法院在一些案件中审查允诺是否真的具有法律约束力,是否基于"建立法律关系的意图"或基于承诺人"其行为具有法律效力"的意愿。[10] 所有这些法律技术,其目的是相同的,即将具有法律约束力和可诉的允诺与法院不予保护的允诺区分开来。即使它们在一定程度上源于相同的历史渊源,但在现行的欧洲法律制度中却具有截然不同的

---

〔6〕 对此参见 Coing I 402 f.。
〔7〕 Traité des obligations no. 42.
* 该条在法国债法改革中已被废止。——译者注
〔8〕 详细阐述参见 Simpson (前注 5) 316 ff.。
〔9〕 对此参见第五章。
〔10〕 BGH 22.Juni 1956, BGHZ 21, 102, 106.对此详见第 97 页及以下。

实践意义,并呈现出截然不同的法律特征。这就是我们现在要讨论的问题。

二、作为有效要件的"原因"

《法国民法典》《意大利民法典》以及《西班牙民法典》中合同的有效性取决于它基于"原因"或"因果关系"的事实。[11] 这一概念在欧洲大陆其他国家以及在英美法系中都是不为人知的,这就致使他国学者认为"原因"是法国合同法中非常重要的特征,就如同英国法中的对价理论一样,将合同区分为可履行与不可履行。[12] 但这并不严谨,根据《法国民法典》第1108条(现《法国民法典》第1128条),一个有效的合同需要双方当事人的合意、当事人的法律行为能力、合同标的的确定性以及一个"原因"。正如《法国民法典》第1131条(现《法国民法典》第1162条,已被废止)所规定的那样,"无原因的债、基于错误原因或不法原因的债,不发生任何效力"。但是在法国,学者们倾注了全部的笔墨来阐释对"原因"的正式理解,其结果是"原因的概念,由于一个世纪以来各种别出心裁或者毫无意义的解释相继出现而格外令人费解"[13],但是,如果人们要考察"原因"在当代法国判例中的作用,就会发现它有时被理解为这个意思,有时又被理解为那个意思,而且在某些情况下,这个概念是不可或缺的,但在另一些情况下,它对解决实际的利益冲突又没有任何

---

[11] 参见《法国民法典》第1108条和第1131条(现《法国民法典》第1128条和第1162条,已被废止),《意大利民法典》第1325条、第1343条和第1418条,《西班牙民法典》第1274条以下。

[12] 例如,参见 Lorenzen, Causa and Consideration in Contracts, Yale L.J. 28 (1919) 621; David, Cause et considération: Mélanges Maury II (1960) 111; Markesinis, Cause and Consideration, A Study in Parallel, Camb.L.J. 37 (1978) 53。

[13] 参见 Rouast, A propos d'un livre sur la cause des obligations, Rev.trim.civ. 2 (1923) 395。以及参见 Bénabent, Droit civil, Les obligations (12.Aufl. 2010) no. 178:"作为一个在民法典中被明确写入的概念,合同中所谓的理由是一个很难把握的概念,曾引起无休止的争论,通常主要是原理上的争论。"

帮助。*

在法国,当一个合同违背公序良俗或者法律时,会被称为合同是基于"非法原因"(法:cause illicite)成立的,即"法律禁止"(法:prohibée par la loi)或者"违反良好的道德或公共秩序"。[14] 这里的"原因"是指在具体案件中,当事人在订立合同时所追求的全部目标和意图。德国和英国的法官在案件中也会考察这种目标和意图。不同的是,德国和英国考察的是合同本身,而法国则是考察"原因"的违法性或不道德性。但是得出的结论都是合同是无效的。"原因"的概念在这一方面显得多余。[15]

在双务合同因"缺少原因"而被视为无效的情形下,"原因"一词在这里具有不同的意义,它指的是合同一方当事人对另一方当事人所承诺的对待给付。如若对待给付不存在或缺少任何可能的经济价值,那么合同的另一方当事人可以主张合同因"缺少原因"(法:absence de cause)而无效,他也不需要再履行其所承担的给付。例如,某人希望驾校的持有人将经营该学校的执照转让给他,为此承诺了一笔款项。但是当他发现这个执照没有经济价值,因为相关执照只能通过向有关机关申请并在符合正常要求的条件下才能够得到,那么这个承诺就是无效的。[16] 又例如,一个物业经理与他人签订合同,承诺如果另一方给他一些钱,物业经理就会将他作为其"接班人"介绍给业主们。这一合同由于"缺少原因"而被视为无效,因为物业经理没有任何权利指使业主任命他所指定的继

---

* 法国在债法改革之时曾激烈讨论"原因"这一概念是否要被留下来[原因理论的支持者包括 J Ghestin,Cause de l' engagement et validité du contrat (2006);J Rochfeld,' A Future for "la cause"? Observations of a French Jurist' in J Cartwright,S Vogenauer,and S Whittaker (eds),Reforming the French Law of Obligations (2009)73。For a contrary view, B Fauvarque-Cosson,' La réforme du droit français des contrats:? Perspective comparative' [2009] RDC 183, 198ff; R Seffon-Green,' La cause or the Length of the French Judiciary' s Foot' in J Cartwright, S Vogenauer, and S Whittaker (eds), Reforming the French Law of Obligations (2009) 101],因为"原因"在不同的语境中有不同的含义,它在很多案件中是无关紧要的,对利益冲突的解决也难以起到合理的助益之用。——译者注

[14] 《法国民法典》第 1133 条(现《法国民法典》第 1162 条),《意大利民法典》第 1343 条亦同:"与强制性规范、公序或良俗相抵触的,即为不法原因。"
[15] 对此并参见第七章第一节。
[16] Civ. 4.Mai 1983, J.C.P. 1983.IV.214.

任者。[17] 但是这里还应当有所区别：如果物业经理恶意地使另一方认为，通过这个"介绍"，他可以成为物业经理的接班人，那么这个合同就因欺诈而无效；如果双方当事人都错误地认为是这种情况，则合同可能由于共同错误而无效；但是如果双方当事人都知道，这个"介绍"仅仅是能成为接班人的一个机会，这个合同就是有效的，一方当事人购买了作为机会的"介绍"，也要承担会失败的风险。但法院的观点是，这种相当不受欢迎的具有官僚作风的交易，可能因违反公共政策而无效。**这些**（德：Diese）考虑对于解决案件非常重要。

这同样适用于合同因"缺少原因"而被判决无效的案件。专门从事血缘关系调查的家谱学家（法：généalogiste）向合同另一方当事人承诺，其可提供证据证明他与富有的留有遗产者有亲属关系，另一方从而有权获得一部分遗产，家谱学家也可因此获得报酬，报酬额度通常是合同另一方当事人所获遗产的一定比例。但是如果可以证明，这些证据即使不经调查也迟早会到达合同另一方当事人，那么家谱学家的调查毫无经济价值，他就不可以要求报酬。[18] 这里出现了一个问题：在一些案例中，合同无效的真正原因是对于其服务的价值，家谱学家作为专家欺骗了毫无戒心的合同另一方当事人，或恶意利用了另一方当事人毫无经验；也许当事人存在一个"共同错误"，即认为必要的信息被隐藏起来，只能通过特别的搜查工作来揭露；或许对合同中的搜查信息扩大解释，即如果委托人可以证明，无论如何他都可以访问这些信息，因此没有什么"可寻找的"，那么他就有权解除合同。由此可发现，对合同缺少"原因"的说明仅是结论性的，是一种对于得出结论的正当理由没有多大帮助的法律公式。

在备受讨论的 *Chronopost* 一案的判决中，一位承运人在合同中承诺在短时间内将客户的货物运送给收件人，但是在合同截止日期前货物未送达。面对客户提出的损害赔偿的要求，承运人以责任限制条款作为抗

---

[17] Civ. 20. Feb. 1973, D.S. 1974, 37 mit Anm. *Malaurie* .

[18] Civ. 18.April 1953, D. 1953, 403; Civ. 3.Nov. 1960, J.C.P. 1960.II.11884; Rouen 9. Feb. 1981, Gaz.Pal. 1981.2. Somm. 245; Paris 17.Mai 1985, Gaz.Pal. 1985.2.431.

辩，声称在这种情况下，他只需要偿还运输费用。上诉法院认为此条款无效：如果承运人在此条款的帮助下几乎完全逃避违反"根本合同义务"的责任，那么它就缺乏足够的"原因"。这一判决当然是合理的，然而，人们绝不能忽视这样一个事实，即责任限制条款即使涉及违反"根本合同义务"，也可能有其存在的充分理由。因此，需要在每个个案中对其利弊进行权衡。在英国法律中，根据《英国 1977 年不公平合同条款法》第 2 条第 2 款的规定，企业希望排除或限制其对因疏忽造成的经济损失的责任限制条款，如果法官认为是"不合理的"，则该条款无效；根据德国法，责任限制条款通常是作为合同格式条款的一部分，根据《德国民法典》第 307 条的规定，如果它"因违反诚实信用原则而被认为不合理"时，则该条款就是无效的。这同样适用于合同双方都是商人的情形。[19]

当合同所追求的商业目的无法实现时，法国最高法院有时会判决整个合同无效。某人从一个公司租了 200 盒录像带，租期 8 个月。目的就如他们在合同中所约定的那样，在拥有 1315 名居民的村庄建立并经营一个"视频俱乐部"。上诉法院认为，这个合同因缺少"原因"而无效[20]，然而在判决书中却无法找到该判决的理由。比较可能的理由是，法官根据案件的具体情况，发现录像带出租人恶意地利用其客户缺乏经验的情况，从而获得相当大的优势，签订合同时他知道他为客户施加了风险，而且在任何情况下这种风险都会对客户造成损害。[21]

一言以蔽之，根据《法国民法典》，双方之间的合同协议只有在基于"原因"的情况下才有效，当然，协议不得违反善良风俗或者公共秩序。"原因"并没有特定的构成要件。如果合同一方承诺的义务对另一方没

---

[19] 事实上，诉诸"原因"理论的一个原因可能是，直至今天，法国仍然缺乏一项一般规则，即允许法官在商人之间的关系中审查一般格式条款的合理性。具体参见第 200 页及以下。

[20] Civ. 3.Juli 1996, D. 1997, 499 mit Anm. P. Reigné; 不同但相似的案例参见 Com 27. März 2007, J.C.P. 2007. II. 10119 mit Anm. Y.-M. Serinet = RDC 2008, 231 mit Anm. D. Mazeaud。

[21] 根据《德国民法典》第 138 条、《欧洲合同法原则》第 4:109 条以及《国际商事合同通则》第 3.10 条，会作出此种判决。对此另参见第 206 页及以下。

有实际经济价值,或者如果它包含一项条款,根据该条款,一方当事人不应对违反根本合同义务承担责任,那么这个合同就是缺乏"原因"的。也有很多人主张放弃"原因"要件,取而代之的是审查每个具体案例,合同是否因为欺诈、胁迫或者共同错误而被解除;或者是否因为非恶意一方的巨大优势而无效;或者根据案件的具体情况,责任限制条款是否可以被视为"合理"的。国际法规一般都反对将"原因"作为合同有效性的特殊要求。[22] 其实,在法国合同法改革过程中,对于是否仍保留"原因"条款也存在争议。[23]

三、赠与

一般而言,某人之所以向他人承诺履行一定的义务,是因为他想从他人处得到对待给付,这就是互易(拉:Do ut des)。因此十分不寻常的是,一方承诺一项给付,而另一方却未给予或承诺给予对待给付。这种情形下法律专家会立刻提出,当事人是否为经过深思熟虑后认真地想作出这个不利己的行为,以至于可以承认其法律约束力。赠与的有效性需要满足哪些严格的认定标准呢?

(一) 大陆法中的形式要件

在欧洲大陆的法律制度中,赠与承诺一般需要经过公证才有效,如若

---

〔22〕 参见《欧洲合同法原则》第2:201条第1款,《国际商事合同通则》第3.1.2条,《欧洲共同买卖法》第30条。

〔23〕 对此参见 W. Doralt, Der Wegfall der Geschäftsgrundlage, RabelsZ 76 (2012) 761, 773 ff.。在《卡特拉改革草案》第1124条以及其后几条中,保留"原因条款"得到了肯定;与之态度相反的是《泰雷改革草案》。表示支持保留"原因条款"的文献有: J. Ghestin, Cause de l'engagement et validité du contract (2006); J. Rochfeld, A Future for la cause? Observations of a French Jurist, in: Cartwright/Vogenauer/Whittaker (Hrsg.), Reforming the French Law of Obligations (2009) 73 ff.。表示反对的文献有: B. Fauvarque-Cosson, La Réforme du droit français des contrats: Perspective comparative, RDC 2006, 147, 152 ff.; D. Houtcieff in: F. Terré (Hrsg.), Pour une réforme du droit des contrats (2009) 183, 198 ff.; R. Sefton-Green, La cause or the Length of the French Judiciary's Foot, in: Cartwright/Vogenauer/Whittaker (Hrsg.), Reforming the French Law of Obligations (2009) 101 ff.。

未遵守此形式,则赠与无效。[24] 这样就避免了赠与人是出于粗心大意的慷慨、轻率、判断力差,或者是因为他人空洞的承诺或者流下鳄鱼的眼泪而作出赠与决定的风险。公证的作用是,赠与人将赠与意愿清楚明确地以书面的形式确定下来,在这个过程中专家可以告知其赠与的法律效果。这种告知在欧洲大陆显得尤其重要,因为在那里,赠与和遗产分配有着密切的联系。例如,如果受赠人是赠与人的一位亲属,赠与物可以被视作一个预期的继承。在这种情况下,经常出现的问题是,在赠与人去世后,受赠人是否必须将赠与物记入其遗产份额。与普通法系不同的是,大陆法系——尤其是在罗马法系国家——赋予了死者近亲属不可撤销的紧急继承权或取得遗产中合法保留份额的权利。因此,这些法律必须采取预防措施,防止有人在去世前将其资产的大部分赠与他人,从而剥夺了其近亲属受法律保护的遗产份额或保留份额。[25] 而公证人还必须就此向当事人作出说明。

赠与和遗产处分之间的密切联系或许可以解释,为什么在大陆法系中,只有在无偿处分"物""权利"或"资产"时[26],或"从其资产中"给予受赠人某些东西时[27],才被称为"赠与"。因此只有在以下情况下才存在赠与,即某人在没有产生任何对价的情况下向另一个人承诺,他将向其转让土地或物品、替其付款、转让债权或其他权利、或放弃债务。与之相反,当某人向另一方承诺,无偿地为其提供服务,例如,提供信息或咨询、照看其利益、保管物品或者为他经营其他业务,则不是赠与。[28]

---

〔24〕《德国民法典》第 518 条,《奥地利普通民法典》第 943 条,《法国民法典》第 931 条,《意大利民法典》第 782 条,《希腊民法典》第 498 条第 1 款。有时,只有针对土地赠与要求公证形式,而对于其他捐赠,书面形式被认为是足够的:《瑞士债法》第 243 条,《西班牙民法典》第 632 条和第 633 条,《葡萄牙民法典》第 497 条。

〔25〕例如,参见《法国民法典》第 913 条以下;《德国民法典》第 2325 条以下。对此,参见 urd zum folgenden *Dawson, Gifts and Promises, Continental and American Law Compared* (1980).

〔26〕参见《法国民法典》第 894 条,《奥地利普通民法典》第 943 条("物"),《意大利民法典》第 769 条("权利"),《希腊民法典》第 498 条("资产")。

〔27〕《德国民法典》第 516 条,《瑞士债法》第 239 条。

〔28〕对此可进一步参见第 88 页及以下。

(二)英美法中的对价学说

普通法中的情况则不相同。其合同法受"对价学说"的支配,其原则是,合同承诺只有在以"契约"(英:deed)的特殊形式作出[29]或者承诺人是在承诺相对人给付对价的情况下作出承诺时,才具有约束力和可履行。因此,不仅在某人承诺赠与特定资产的情况下需要**对价**(英:consideration),而且在他承诺免费提供其他给付的情况下,例如,获取信息、运输或储存货物或完成其他业务等,也需要**对价**。由此可见,原告以被告作出的合同承诺为依据提起诉讼时,不仅需要证明被告作出了承诺,如果承诺不是以"契约"的特殊形式作出的,还需要证明被告的承诺是他获得法律上的利益或者遭受法律上的不利的"代价"。在一个买卖合同中,利益和不利益一般都是对等的。例如,卖家的交货承诺之所以是可执行的,是因为从买家不利益的角度看,买家有支付价款的承诺,或者从自己利益的角度看,他可以向买家要求支付价款。但是,承诺只针对受承诺人的不利益而作出也是足够的。例如,当某人向银行承诺,他会为银行发放给第三人的贷款负责,这个承诺是可执行的,即使他从这个承诺中不会得到任何利益,但是受承诺人,即银行将贷款授予第三人而处于不利地位。我们可以看到对价理论在某些情况下会导致何种后果,有时是非常令人惊讶的后果。但它的基本思想很明确:只有在承诺是作为交换条件作出的,即为了承诺人感兴趣的对价并且承诺人希望受承诺人履行该对价的,才有充分的理由为履行承诺提供司法保护。如果缺少这一点,则承诺就是不可履行的。无论承诺人有多么仔细的考虑,有多少值得称赞的动机,有多么好的道德理由,基于这些,承诺人都应当遵守承诺。但普通法系提出了更多要求。它要求,双方达成了一项交易(英:bargain),而且承诺的履行是该交易的一部分。

商人之间不存在将东西赠与他人的情况。因而对于一个商人来说,当法律对承诺人出于纯粹的慷慨而作出的承诺在司法上具有可执行

---

[29] 关于"契约"(英:deed)的形式,参见第112页及以下。

性产生某种怀疑时,就很容易理解。因此,将这种怀疑提升为一项原则的对价学说在英国盛行也许并非巧合,因为这个国家的合同法是为商人,而不是为农民制定的。[30]

就上述意义上的"赠与"而言,对价理论的基本思想在欧洲大陆也被接受了。因为任何人如果向他人承诺支付一笔款项、转让一件物品或一块土地的所有权或让与一项权利,并且没有要求对方支付任何对待给付作为回报,那么只有在遵守一定形式,从而表明其严肃性时,欧洲大陆的法院才能强迫其履行承诺。诚然,公证文件和"契约"有很大区别,但是基本思想是一样的,尽管它们在实际应用中也可能导致各种各样的困难。

(三) 完成的赠与

当赠与人不是承诺将来作出赠与,而是立刻履行义务,将物品交给受赠人、将款项以现金或通过银行转账的方式支付给受赠人,或者指示其银行将以前为他开立的证券账户转变为归受赠人所有时,会怎么样呢?如果一个人采取的行为使他最终丧失了对某一物品的处分权,那么他通常知道自己在做什么,因此,他不需要再通过形式要求来审查他的决定。在一些法律制度中,这种特定的形式一般只针对赠与**承诺**(德:Schenkungsversprechen)[31]或者适用于"没有实际交付"(德:ohne wirkliche Übergabe)的赠与。[32] 对价学说也仅涉及"承诺"(英:promises)。如若承诺人自愿履行了承诺并将承诺物(同时遵守为实现此目的而规定的形式)交给受赠人,则视为一个完成的赠与(英:perfected gift),其有效性毋庸置疑。事实上,《法国民法典》第 931 条要求"所有的生前赠与"(法:tous actes portant donation entre vifs)都需要公证,但是它也承认,"亲手赠与"(法:don manuel)只要能根据情况确定捐赠者已不可撤销地放弃了对赠与

---

[30] 参见 Kahn-Freund/Lévy/Rudden, A Source-book of French Law (1979) 318:"看起来英国合同法是为商人设计的。若如此看,大陆法系的律师可能会说法国的合同法体系是为农民而制定的。"

[31] 《德国民法典》第 518 条,《瑞士债法》第 243 条第 1 款。

[32] 《奥地利普通民法典》第 943 条。

物品的任意处置权,就不需要遵守特定的形式了。[33] 但是这种放弃须发生在赠与人在世的时候。如果赠与人想在自己在世的时候享有物品的处分权,在其死后再将物品送给受赠与人,那么这是遗嘱处置,其有效性需要以遵守遗嘱的格式为前提。

如果赠与承诺已被履行,赠与人以后不能以未以所需形式作出承诺为由撤回赠与。因此《德国民法典》第518条规定,形式的缺失可以"通过承诺的履行加以补救"。[34] 根据对价学说也会得到同样的结果,因为没有以"**契约**"形式作出的承诺仅是不可执行的,并非无效,因此,这样的承诺构成了受赠者有权保留礼物的理由。在法国,这个问题是存在疑问的,因为《法国民法典》第1340条(现《法国民法典》第931-1条)规定,在自愿履行赠与承诺的情形下,只有在承诺人的**继承人**(德:Erben)履行了承诺的情况下,形式上的缺失才不再是问题。但是判例认为,在自愿履行赠与承诺后,即存在一个有效的**亲手赠**与时,只要赠与者是自愿且有赠与意愿的,则形式上的缺陷便无关紧要。[35]

在特定条件下,大陆法系允许赠与人拒绝履行自己的承诺,或者虽然他已经履行了,仍可以要求受赠人返还。例如,当"受赠人对赠与人或赠

---

〔33〕参见《法国民法典》第894条。如果对是否存在亲手赠与存在争议,则参考《法国民法典》第1341条(现《法国民法典》第1359条)(参见第114页及以下)。在标的物价值超过800欧元的返还之诉中,如果被告以原告赠与其物品为由为自己辩护,倘若能够以"书证的端绪"的方式证明赠与的发生,那么他就可以提交文书或证人证言等证据。同样也适用于,如果赠与人的遗产继承人根据《法国民法典》第843条要求作为共同继承人的被告将赠与从其继承份额中抵销,而被告声称该物品不是赠与,而是出售的,前述规则同样适用。

〔34〕另见《瑞士债法》第243条第3款:"如果承诺已履行,则视为实际赠与。"《希腊民法典》第498条第2款也有类似规定。

〔35〕Dijon 26. April 1932, D.H. 1932, 339. 法国判例认为"隐藏"赠与(法:donation déguisée)即使不具有法定形式,也是有效的,这进一步严重限制了《法国民法典》第931条的适用范围。一个"变相"赠与是指,当事人双方明知且自愿以合同的形式掩盖其赠与的真实目的。如果卖方在虚构据中向买方确认收到"购买价格"或者买卖价格滑稽得低至1法郎,就构成"变相"赠与(So Civ. 29. Mai 1980, D.S. 1981, 273 mit Anm. Najjar)。这个判决显然规避了《法国民法典》第931条。文献中对这种做法进行了论证,其合理之处在于,恰恰是各方为隐瞒交易所做的努力说明了捐赠者承担义务的意图的严肃性。对此参见 Thomas-Debenest, J.Cl. Art. 931 Code civil (Donations entre vifs, Fasc. 20) no. 32:"捐赠者必须努力隐瞒自己的自由意图,并在有价证券合同的幌子下掩盖捐赠,这表明交易是经过仔细考虑的。"

与人的近亲属忘恩负义,作出严重的不当行为"[36];此外,在赠与使得赠与人或其近亲属的生活陷入困难时,也是如此。[37] 普通法系没有这些法律规定,也许是因为普通法希望省去法院在确定赠与人的"贫穷"或受赠人的"忘恩负义"是否严重到在特定情况下足以产生撤销权或返还请求权的麻烦。[38]

(四)形式无效赠与承诺的履行

当赠与承诺没有被公证或者未以"契约"的形式作出,则这个承诺就是无效的或者不可履行的。即使受赠人能提供证据证明承诺人是经过深思熟虑作出表示且愿意承担其法律约束力时,也是如此。这是因为遵守规定形式的意义正是为了从根源上避免收集和评估此类证据带来的不确定性。较为复杂的情况是,尽管形式缺失,但有理由认为,将赠与承诺视为有效或可履行看起来是公平的或可取的。这种理由出现在当承诺所追求的是一个相当合理的、值得赞扬的,或被认可的目的时,在这种情况下,承诺人(或其继承人)不应该仅仅通过援引形式瑕疵来逃避赠与。另外,信赖保护的想法也支持承诺的可履行性:如果根据个案的具体情况,受赠人可以信赖承诺的有效性,并基于此作出处分,使自己处于不利的境况,那么他的信赖值得被保护,至少在承诺人应该意识到他的承诺会被认真对待的情况下是这样的。

各国的判例也倾向于认为,在这些特殊情况下,承诺人应该遵守他所

---

[36] 参见《德国民法典》第 530 条,《奥地利普通民法典》第 948 条,《瑞士债法》第 249 条第 1 款和第 2 款、第 250 条第 1 款,《希腊民法典》第 505 条和第 506 条,《法国民法典》第 953 条和第 955 条,《意大利民法典》第 800 条和第 801 条,《西班牙民法典》第 648 条,《葡萄牙民法典》第 970 条和第 974 条。

[37] 《德国民法典》第 519 条及第 528 条以下,《奥地利普通民法典》第 947 条和第 954 条,《瑞士债法》第 250 条第 2 款和第 3 款。早在罗马法中就规定,如果没有孩子的赠与人在赠与后孩子出生,则可以撤销其赠与;参见《法国民法典》第 960 条以下条款,《意大利民法典》第 803 条,《西班牙民法典》第 644 条,《希腊民法典》第 508 条。

[38] 对此参见 Eisenberg, Donative Promises, U. Chi. L. Rev. 47 (1991) 1, 15 f.:"或许大陆法系的裁判方式适合此种类型的调查,但这对普通法系的法庭却没有多少吸引力,因为在传统上,它们都是侧重调查人的行为,而不是人的品质。"

作出的(缺少形式的)承诺,但相关的决定性理由却很少被提及。英国法官要尽力寻找对价,即使不存在当事人双方通过真正的"讨价还价"相互达成的协议。在德国和法国,在这种情况下,只要仔细审查就会发现承诺不是"无偿的"(德:unentgeltlich,法:à titre gratuit),那么缺少形式也是有效的。

1. 捐赠承诺(德:Spendenzusagen)

如果承诺是以慈善或者公益为目的,法院会很乐意确认承诺的有效性,法国判例对此贡献了很多案例。例如,在1914年,南锡市(Nancy)呼吁大家为参加战争的士兵的亲属捐款,巴伊(Bailly)先生承诺他会捐献100万法郎,但事后他改变了主意,声称他的承诺并未经过公证,但法院还是判决他履行自己的承诺。法院认为这不是一项赠与,而是一份交换合同(法:contrat commutatif)。该城市的"对待给付"包括:出于对承诺的信任用市里的财政预付善款,且为此目的成立组织机构,并公开表彰捐赠人的"慷慨侠义之举"(法:de la façon la plus flatteuse)。[39] 在其他一些案例中,法院也判决捐赠者应该坚守其承诺,因为他们也在争取一定的,往往是无形的优势,例如,因表现出来的慷慨之举提高其社会声誉。[40] 在德国,如果一个捐赠者书面声明他将会为修建一座火葬场而向殡葬协会捐款50000马克时,此承诺也被认定为有效,因为该协会想在市政土地上建造火葬场,所以对协会来说,火葬场并不属于它,它仅仅是经手捐赠者的钱,最终并没有增加其财产。[41] 但是,这为什么取决于城市或者协会是否会获得火葬场的所有权呢?本案的判决或许并不正确,因为该协会已经开始了建筑工作,即在信任捐助者承诺的情况下作出了处置行为。

根据英国的法律,捐赠承诺是否可执行取决于捐赠人的承诺是否诱使受赠人作出了某种行为,这种符合预期的行为就构成了一个对价。Re

---

[39] Nancy 17.März 1920, D.P. 1920.2.65; bestätigt durch Civ. 5. Feb. 1923, D.P. 1923.1.20.

[40] 例如,参见 Req. 14.April 1863, D.P. 1863.1.402; Civ. 19.Juli 1894, D.P. 1895.1.125; Aix 30.Jan. 1882, D.P. 1883.2.245 und dazu die Darstellung bei *Dawson*(前注25)。

[41] RG 6. Feb. 1905, RGZ 62, 386.

Soames 一案就是这样的案例[42]:某人承诺捐赠 3000 英镑来修建一所学校,并清楚表明他要参与学校的管理并对学校应该收取多少学费拥有发言权。在校董事会作出回应并修建学校之后,他可以要求其履行承诺。教区在得到一笔在教区内修建小教堂的资金的承诺后,应当促使捐赠者提出以其名字命名小教堂或为其竖立纪念碑的要求[43];否则,教区就必须坚持,捐赠承诺应以"契约"的形式作出。实际上,草拟一份契约是一个相当简单的手续,而且是在这种情况下通常采用的形式[44],因此,不能说对价原则对慈善事业在英国的开展设置了任何严重障碍。

2. 赡养费(德:Unterhaltsversprechen)

不同的是,当某人向其家庭成员、非婚姻关系的伴侣或已经离婚的配偶承诺支付赡养费时,虽然此类承诺经常以书面形式作出,但是起草一份公证书或者请律师准备一个"契约"在家庭实务中并不常见。那么,这种承诺有效吗?

根据当时的情况,当承诺人愿意受此约束并且承诺是建立在合理和值得尊敬的理由之上的,并且承认这种理由涉及公共利益,那么承诺就是有效的。例如,一个男人为了与他没有结婚但育有子女的女人分开而承诺支付赡养费,就是这种情况。对于英国法官来说,此承诺的可履行性取决于女方是否提供了对价。而从 Ward v. Byham 一案可以看出,法官在此类案件上是多么的有创造力[45]:本案中,一非婚生子的父亲为了孩子的利益承诺向孩子母亲支付赡养费,"但需要证明孩子是被良好地照顾且是幸福的"。该母亲得到了法院的支持,丹宁勋爵(Lord Denning)认为,虽

---

[42] (1897) 13 T.L.R. 439 und dazu Treitel (-Peel) no. 3-011.

[43] Vgl. Re Hudson (1885) 54 L.J.Ch. 811; Re Cory (1912) 29 T.L.R. 18.

[44] 在美国并非如此,大多数州已经废除了通用格式。实际上,法院在实践中已经找到了其他解决办法:法院认为,只要承诺的接受者基于对承诺的信任对自己的财产作出了处置,且承诺人能预料到,或者应该预料到此情况,则承诺就是可执行的(这就是允许禁反言,英:promissory estoppel)。参见《合同法重述(第二版)》第 90 条以及下文脚注 79,根据第 90 条第 2 款规定,在捐赠承诺("慈善捐款",charitable subscription)的情况下,甚至不需要承诺的接受者实际进行处置,只要捐赠者能预见到此种处置情况即可。参见 Farnsworth § 2.19。

[45] [1956] 2 All E.R. 318 (C.A.).

然母亲抚养孩子是法定的义务,但在该案中,对此义务的履行可以被看作是一种"足够的对价"[46],而本案其他两名法官也指出,本案的母亲不仅要抚养孩子,还要承诺认真地照顾他并使其幸福。在 Williams v. Williams 一案[47]中,虽然妻子无理由地离开了丈夫,且丈夫对妻子并未有任何义务,他还是承诺要支付妻子赡养费。这个承诺也被判决为可履行的,因为妻子承诺过不再改嫁,不承担丈夫的任何债务,同时也不会因赡养费向其提出诉讼。[48]

在法国和德国的法院,这种承诺更容易被裁决为可履行。在法国,一位父亲为"履行良心义务"(法:accomplissement d'un devoir de conscience)或者出于"承认自己的风流债"(法:reconnaissance d'une dette naturelle)从而承诺抚养其非婚生且未被承认的子女,构成无须任何形式的赠与。[49]在德国,赠与则要求当事人就交易的无偿性质达成一致。如果"赠与人主观上将赠与作为对受赠人将要给予或已给予的给付——无论是金钱利益还是其他任何利益——的补偿",则不存在这种约定。[50] 如果非婚生子女的父亲承诺支付抚养费,而该非婚生子女由其母亲抚养并且今后也由

---

[46] 这一观点是非正统的。如果接受承诺的人基于法律或者合同等理由有义务作出履行,则许诺就没有相应的对价。对此并参见第 93 页。

[47] [1957] 1 All E.R. 305 (C.A.).但另参见 Coombe v. Coombe [1951] 1 All E.R. 767 (C.A.)。

[48] 如果某人不是承诺支付金钱,而是无偿转让**土地**(德:Grundstück)或者**土地权益**(德:Grundstücksrecht),而这种声明没有遵守规定的形式,则英国法律会采取不同的做法。在这种情况下,受许诺人出于对承诺的信任对财产作出了处置,那么他可以根据"财产禁反言(英:proprietary estoppel)"原则要求承诺者实际履行或者以货币补偿。对此见第 124 页及以下。

[49] Civ. 14. Mai 1862, D.P. 1862.1.208; Civ. 15. Jan. 1873, D.P. 1873.1.180; Civ. 8. Dez. 1959, D. 1960, 241. Paris 25.April 1932, Sem.jur. 1932, 607 亦同(一个兄长承诺给他贫困的妹妹一笔钱,因为他们的父亲将财产都给了他,而未给妹妹分毫)。并参见 BG 29.Juni 1927, BGE 53 II 198: *Stähelin* 先生向监护部门口头承诺,他会将失去双亲的侄女带回家,当作亲生女儿抚养。后来他将抚养花费记在账上,声称这是赠与所需的格式。瑞士联邦法院并不这样认为:"如果赠与人认为他在履行道德上的义务就足够了,正如本案中的 *Stähelin*,即使这种义务不是被普遍认可的。在一个这样的案例中,赠与人缺少赠与的意图或者其承诺没有得到对待履行都不构成赠与未成立的理由。因此其与原告的无偿抚养协议符合合同不要求特殊形式的一般原则,*Stähelin* 和监护部门的口头协议就足够了。"(出处同上,第 199 页及以下)。

[50] RG 13.Nov. 1916, JW 1917, 103.

其母亲抚养,就属于这种情况[51]:双方都不认为此承诺是纯粹的慷慨行为,而是履行债务,虽然这种债务在法律上可能无法强制履行,但一个正直的人会认为这种债务是存在的。因此,一名骑兵军官的承诺也是有效的,他向和自己在一起多年的情妇———一名服务员——和他们的三个子女承诺,如果他娶了另一个"门当户对"(德:standesgemäß)的女人,会向他们支付 15000 马克。[52] 这同样适用于一个已婚男子向愿意嫁已怀着他孩子的情妇的男人承诺,会付给他 3000 马克作为其情妇的"嫁妆"(德:Mitgift)。[53] 上述两个案例会引发一个疑问,即承诺是否因违反公序良俗而无效。法院给出了否定的答案,也同样否定这是赠与承诺。因为在这两个案例中,从赠与者的角度来讲,"(承诺的给付)缺少纯粹慷慨行为的意愿,而受赠人一方也不认为承诺是无偿的"。[54]

Thomas v. Thomas 一案[55]的判决非常具有教育意义:约翰·托马斯(John Thomas)临终前在床上表达了他的意愿,根据他的遗嘱执行人所听到的话,他的妻子艾莉诺(Eleanor)将获得他的房子,但是"作为对这一遗愿的对价",艾莉诺应与他签订协议,根据协议,她对房子有终生居住的权利,另一方面,她必须每年支付 1 英镑并且需要保持房子的良好状况。在一个遗嘱执行人死后,另一个遗嘱执行人对合同提出了异议,但艾莉诺赢得了诉讼。遗嘱执行人希望考虑遗嘱人的意愿,这确实是一个非常值得尊敬的动机,但不足以作为遗嘱执行的对价,此案合同的对价应是艾莉诺支付 1 英镑并承担房屋维护的义务。很明显的是,艾莉诺的义务与房屋转让的价值不成比例,但这并不是问题的关键。当对价"不足"(英:inadequate),甚至仅是"名义上的"(英:nominal)要求时,起决定性作用的是双方当事人是否明确表示要认真达成具有约束力的交易,不仅是在他们达成一个"交易"(英:bargain)时,也包括他们有意地将他们的事务以"交

---

[51] RG 13.Nov. 1916 (上注); BGH 13.April 1952, BGHZ 5, 302。
[52] RG 23. Feb. 1920, RGZ 98, 176. 同样的结果参见 Civ. 6.Okt. 1959, D. 1960, 515。
[53] RG 11.Jan. 1906, RGZ 62, 273.
[54] RG 11.Jan. 1906 (上注) 277。
[55] (1842) 2 Q.B. 851.

易"的外部形式作出:"故意使用名义上的对价可被视为达成无偿承诺约束的一种形式。"[56]

3. 已履行给付的报酬(德:Vergütung bereits erbrachter Leistangen)

根据英国法,如果付款承诺是就一项受允诺人先前已向承诺人履行完毕的对待给付作出的,那么承诺就不可履行。该承诺缺少对价,因为它既不是为了使受允诺人承诺将来提供服务,也不是为了使受允诺人在没有承诺的情况下在未来实际提供这种服务。如果租户通过自费的建设措施改善了一块土地后,土地的继承者承诺补偿其花费,那么此种承诺是不可执行的。因为即使把它看作是继承人对其工作的"报酬",但是这项工作已经完成,那么对这个现在才作出的承诺就不存在所谓的对价。[57] 然而如果承诺是在对方履行对待给付之后才作出的,但是两个行为之间有着密切的联系,则不能过分严格地处理这个问题。正如上述案例,如果承租人是按照土地继承人的意愿采取的建设措施且在开始之前双方已经达成一致,承租人在将来可以以某种方式获得报酬,那么这个付款承诺就存在足够的**对价**(英:consideration),即使承诺是在建设工作完成之后才作出的。[58] 当雇员在雇佣关系结束时被雇主许诺给予津贴或退休金时,也会出现类似的问题。这样的一个承诺可履行的前提是雇员提供了对价,即雇员在雇主的要求下接受某种不利条件或者让雇主获得了利益。例如,在约定的雇佣关系终止日期**前**离职,雇员放弃合同剩余的期限,又或者雇员承诺在离职后不与雇主竞争。[59] 然而在这种情况下,雇主承诺的津贴或养老金实际上是额外奖励雇员先前已经提供的服务,因此,仅凭这一点并不足以使承诺具有可履行性——无论雇主的意图多么合理和严肃。因为一个"交易"(英:bargain)只有在雇员也为津贴或退休金牺牲了

---

〔56〕 *Treitel (-Peel)* no. 3 - 014. 类似的论证可参见法国的"变相赠与"(donation déguisée),这被认为是当事人认真的交易,参见前注 35。

〔57〕 *Re McArdle* [1951] Ch. 669. 另一个问题是,继承人是否不需要归还"应得的报酬"(拉:quantum meruit),以及其通过施工所获的不当得利部分。

〔58〕 Vgl. *Re Casey's Patents* [1892] 1 Ch. 104 (C.A.); *Pao On v. Lau Yiu Long* [1980] A.C. 614 (P.C.); *Treitel (-Peel)* no. 3-018 ff.

〔59〕 *Wyatt v. Kreglinger* [1933] 1 K.B. 793.

一些东西的情况下才存在。

  法国和德国法院不需要考虑这些因素。诚然,他们也需要考虑是否存在一个赠与承诺。但是,如果情况表明当事人视其为履行义务而不是纯粹的慷慨赠与,那么可以认为这并不是赠与。判断的因素为:提供的是什么类型的服务、提供了多长时间以及他们如何获得报酬、受允诺人会从中得到什么利益。在法国最高法院判决的一个案件中,一名管家的雇主在私人文件中停发了她的终身养老金,管家起诉后,法院判决雇主的继承人继续履行。因为法院发现,多年来,在雇主经常不在家的情况下,管家一直负责任地管理着他的财产。在此情形下,雇主的承诺不是"捐赠"(英:donation),而是对一种"普遍义务"(法:obligation ordinaire)的履行,因此即使没有公证,也是有效的。[60] 德国法院认为,重要的是承诺人是否因过去提供的服务而产生了感激之情,并希望通过慷慨赠与来表达这种感激之情;本案中存在赠与承诺。

  但是,如果已经提供的服务使一方产生了真正债务的感觉,或在另一方引起了真正债权的感觉,(而且)如果所提供的服务是在假定债务将因此得到清偿、服务将因此得到偿付的情况给予或接受的,那么就并不存在关于赠与的无偿性的协议,因此也就不存在赠与。[61]

四、其他无偿交易

  在大陆法系中,赠与是指某人将"自己财产"中的某些东西赠送给他人,或者为其支付一笔款项,转让一个物或者权利。因此,赠与都是一项无偿的交易。但并不是所有的无偿交易都是赠与,例如,某人承诺他人在一段时间内无偿使用他的房子、发放无息贷款、免费提供信息或者为他人

---

[60] Civ. 3. Feb. 1846, D.P. 1846.1.159. 对此,参见 Civ. 21.April 1959, Bull.cass. 1959.I. no. 205; Orléans 17.Jan. 1977, D.S. 1977 I.R. 279; 如果承诺被认为是一种"纯粹自由的行为",则是另一种情况,参见 Req. 7.Jan. 1862, S. 1862.1.599。

[61] RG 7. Feb. 1919, RGZ 94, 322; ebenso RG 22.Nov. 1909, RGZ 72, 188; BAG 19.Juni 1956, NJW 1959, 1746.

做其他业务,也包括某人在他人未提供对待给付的情形下向债权人承诺,他愿意为第三方的债务负责。这些事务可能会给承诺人带来严重的经济损失和风险,但是它们不是赠与,所以不适用大陆法系中所规定的形式要件的限制,然而这些要件是用以确认承诺意愿的严肃性的。

在普通法系中,情况有所不同。根据对价学说,如果受允诺人没有作出对待给付,则任何承诺都是不可履行的。因此,某人是否承诺赠与他人房子或者只是允许其使用并没有什么区别:在这两种情形下,承诺只有以"契约"的形式作出或者受允诺方承诺了对待给付,或者(虽然没有承诺,但是应承诺者的要求)实际上已经履行的情况下,才是可执行的。这也适用于一般保证合同、服务合同以及一些其他的合同约定,令大陆法系的法学家惊讶的是,因为对价原则,这些合同的可履行性存在困难,即使可履行,也很勉强或者需要大量矫揉造作的论证。

(一) 一般保证合同(德: Bürgschaftsverträge)

为了避免一般保证人仓促作出决定,因此法律普遍要求其保证声明须以特定的形式作出。[62] 如果这一点被遵守,那么一般保证人就要接受法律上的约束。但在英国并非如此,虽然 1677 年颁布的《英国 1677 年反欺诈法》(英: Statute of Frauds)规定,一般保证人的一般保证声明应以书面形式作出(《英国 1677 年反欺诈法》第 4 句),但是,只有在债权人提供一个对价时,这个书面的一般保证声明才是可履行的,承诺以契约的形式作出的除外。[63] 如果一般保证合同旨在为今后的贷款债权作担保,倘若债权人承诺发放贷款,或者一旦他实际向债务人发放贷款,则需满足对价要求。更为复杂的情况是,为已经存在的债权作担保,在这种情况下,当债权人承诺他不会通过诉讼程序强制执行其对债务人的债权或撤回已提起的诉讼、延长偿还期限、同意降低利率时,则视为其提供了对价。但是,虽然债权人没有对以上措施作出承诺,但是他(应一般保证人明示地

---

[62] 对此详见第 118 页及以下。
[63] 接下来参见 Chitty (-Whittaker), The Law of Contracts II (31.Aufl. 2012) no. 44-022 ff.。

或者暗示地要求)实际上采取了措施的,也足够了。虽然一般保证人本人无法从债权人承诺的或者提供的对价中获得利益,但是债权人因此受到不利益,这种不利益对债权人来说在经济上或许并不重要,但是已经是有效的对价了。人们当然会怀疑债权人将债务人的还款期限再延长一个月的声明是否能被称为一般保证人承担担保责任的"对待给付"?一般保证合同真的可以被视为债权人和担保人之间的"交易"(英:bargain)吗?

(二)财产使用合同(德:Gebrauchsüberlassungsverträge)

对大陆法系的法学者来说,合同一方当事人承诺将其物品给另一方当事人无偿使用时,并不构成赠与,但根据对价学说,这种情况和赠与并无区别,这看起来不无道理。某人将他还有 6 年使用寿命的汽车送给他人或者无偿给他人用 3 年,唯一的区别是汽车全部的使用价值和其一半的使用价值。从经济学角度看,两种情况都是"赠与",但从大陆法系的法学角度看,只有第一种情况属于"赠与"。

某人让他人无偿使用其财产的时间越长,越接近赠与。在德国联邦最高法院判决的一个案例[64]中,合同一方当事人将房子给另一方当事人"终生免费使用"。法院认为,"为防止草率地作出赠与承诺而规定的形式要件看起来也适用于借用合同",特别是当合同对受益人终生适用的情况,出借人因此丧失了未来很多年的机会,例如,可以自己使用房屋或者将房屋租给第三方。尽管如此,法院还是判决,虽然没有一个像赠与承诺所需要的公证文书,但是此合同还是有效的。事实上《德国民法典》第598条的规定可以很明确地说明这一点——某人同意他人无偿使用其财产的借用合同的有效性并不取决于遵守特殊的格式或者时间限制。[65]

借用合同成立后,合同双方当事人都有合同上的损害赔偿请求权,例如,借用人返还的汽车处于毁损状态,或者出借人出借的汽车不适合上路,借用人因此遭遇事故。在上述情形中,只要当事人存在过失,根据英

---

[64] BGH 11.Dez. 1981, BGHZ 82, 354. BGH 20.Juni 1984, NJW 1985, 1553 类似。

[65] 《法国民法典》第 1875 条和第 1876 条,《意大利民法典》第 1803 条亦同。

美法系的规定,另一方可以请求损害赔偿,但是这并不是基于违约,而是基于侵权。不同的是,根据英美法系的侵权法,当事人如果仅是主张经济损失,例如,借用人归还汽车迟延,或者借用人没有接受有缺陷的汽车,而是租了一辆车替代,因此要求出借人补偿他为此支出的费用等,这些都无法得到保护;而在大陆法系,却可以得到合同救济。当然,出借人的责任会因合同的无偿性而减轻,只有在其故意或重大过失导致损害发生,或者他恶意隐瞒了出借物存在的缺陷而导致损害的情形下才承担责任。[66]

(三) 事务处理合同

当某人承诺无偿为他人处理某些事情,也适用同样的规则,诸如为受允诺人提供信息、建议或帮助、为其保管或运送物品、帮其购买保险、促进其与第三方签订合同以及为其执行其他的委托。在大陆法系,毫无疑问的是,关于上述事项,没有遵守特定的格式也能成立有效的合同。[67] 因此,如果基于承诺人的疏忽造成受允诺人的损害,则要承担违约赔偿责任;通常在这种情况下,他甚至不能像借用合同中那样主张减轻责任。[68]

通过英国法中的侵权之诉也常常会得到相同的结果。这不仅适用于由于被告在处理事务时的错误导致原告人身和财产受损的情况;对于过失侵权下的损害赔偿而言,原告基于对被告不正确或者有误导性的陈述的信任而遭受财产损失时,也可以以被告违反(侵权法上的)"注意义务"(英:duty of care)为由请求其赔偿金钱损失。这种"注意义务"只存在于当事人之间存在"特别近的关系"时(英: a special relationship of proximity),在这种情况下,被告在处理事务的过程中依靠特别的专业知

---

[66] 参见《德国民法典》第 599 条和第 600 条,《法国民法典》1891 条,《意大利民法典》第 1812 条。

[67] 这通常由法律直接规定,参见《德国民法典》第 662 条,《瑞士债法》第 394 条,《奥地利普通民法典》第 1004 条,《意大利民法典》第 1709 条,《法国民法典》第 1986 条规定:"如无异议,委托管理是无偿的。"

[68] 参见《德国民法典》第 690 条:无偿为他人保管物品的人应该尽到像"为自己管理事务时"一样谨慎的态度。

识而且可理性地认识到原告在收到信息后会信赖其准确性。[69] 欧洲大陆国家的法官在考察某人是否承担了无偿提供准确信息的**合同**(德：vertragliche)义务,并因此在信息不准确的情况下承担违约责任时,也会考虑这些因素。[70]

(四)合同要约

某人对另外一个人作出合同要约并声明,他愿意在一定的时限内受要约的约束,但根据英国法,他可以在要约被接受前随时撤销。从对价学说中也可以推导出这一结论。在这种情况下,要约人承诺他在期限到来前不会撤销要约,这个承诺只有在以"契约"的形式作出或者受要约人提供对价的情况下才受法律的约束,而不论对价如何微不足道。

关于这个问题,在大陆法系适用不同的规则。有些法律虽然也如英国法那样认为要约是随时可撤销的,但是在一定的条件下,受要约人可以要求要约人赔偿因撤销要约产生的损害。在另一些法律制度中,要约是不可撤销的。当然,在这种情况下,法官会认真地审查要约人的表示是否为真正的法律意义上的要约,他是否想保留撤销权,或者只是想发出一个要约邀请。[71]

(五)合同变更

在没有对价的情况下,有一种承诺也是不可履行的,即受允诺人虽然承诺了对待给付,但是即使没有承诺,根据其他的法律理由,他也有履行这一给付的义务。这是因为他所承诺的是他之前就必须履行的义务,所

---

[69] *Hedley Byrne & Co. Ltd. v. Heller & Partners Ltd.* [1964] A.C. 465; *Smith v. Eric S. Bush* [1990] 1 A.C. 831; *Caparo Industries Plc v. Dickman* [1990] 2 A.C. 605.

[70] 在 *Hedley Byrne* 一案(见上注)中,被告银行告知原告的关于第三人信用情况的信息是错误的,但是根据合同法,银行并不承担责任,因为银行未就这个信息寻求对价。但是根据侵权法,银行就要承担责任。德夫林勋爵(*Lord Devlin*)描述这种解决问题的方式为"对价学说的副作用,如果被告对其提供的信息收取了原告名义上的费用,那么问题就不存在了。在英美法中,如果可能没有对价而成立一个合同,那么问题会是,不是根据案件事实存在一个特殊的关系(在侵权行为中引起注意义务),而是根据案件事实是否存在合同"(第525页)。

[71] 对此参见第31页及以下。

以只是对已有义务的重申,并没有创设新的义务,因此也没为自己带来新的不利益,即未对收到的承诺提供对价。

因此,如果对价是受允诺人依法无论如何也要承担的,那么承诺就是不可诉的。[72] 一酒馆老板承诺一黑社会成员,只要他不破坏他的酒馆,老板就会给他钱,如果此黑社会成员起诉要求酒馆老板支付,老板就可抗辩,根据法律规定,此黑社会成员负有不毁坏他人财物的义务,因此他的不作为并非酒馆老板支付的有效对价。没有人会否认酒馆老板无义务付钱,但是更令人信服的理由是,若不如此,法律制度将鼓励敲诈勒索的伎俩,法院也将被作为催收机构给勒索者提供机会,因此承诺因违反了公共秩序而无效。[73] 类似的是警察局或者其他国家机关得到为他们所提供的公务支付费用的承诺,这种承诺也因违反公共秩序而无效,因为国家服务应该提供给那些在法律上有权请求服务的人,而不是仅仅提供给准备支付费用的人。而且在任何情况下,如果国家需要为它所提供的公务收费,也必须满足法律的规定。对价原则在上述情形中不仅是多余的,甚至是有害的,因为它使得法庭判决理由的获取变得更加困难。

在对已经存在的合同进行有利于一方当事人的修改或者补充的情形下,上述规则有着更大的实践意义。例如,卖家声明将货物运输至买家比预期更困难,因此为了保证合同的正常履行,买家应承诺支付额外费用。根据对价原则,买家可在收到货物后拒绝支付额外费用,因为作为回报,卖方仅承诺了准时交货,而这是他根据合同必须向买方履行的义务。

在某些案件中可能会有合理的理由来支撑这一结论,但被多次引用的 Stilk v. Myrick [74] 一案是否能体现这一点值得怀疑。在本案中,一艘

---

[72] 关于此类案件参见 Treitel (-Peel) no. 3-018 ff.。另参见 Ward v. Byham (前注45)和前注 44。

[73] 参见 Patterson, An Apology for Consideration, Col.L.Rev. 58 (1958) 929, 938:"如果 D 承诺不谋杀 C 以换取 500 美元,那么这项交易就充满了敲诈和勒索的味道,人们就没有必要诉诸对价这种毫无色彩的理论。"

[74] (1809) 2 Camp. 317, 170 Eng.Rep. 1168.但在 6 Esp. 129, 170 Eng.Rep. 851 中对这一判决作了截然不同的报告。两个报告均可见于 Beale/Bishop/Furmston, Contract, Cases and Materials (3.Aufl. 1995) 105 f.。

英国的船只到达俄罗斯港口后,两名船员逃走,船长因找不到增补船员而允诺给留下的船员增发工资,但返回英国后,他又不想再支付此额外费用了。法院对此予以支持:船员无论如何都负有尽自己最大力量去抵抗航海风险的义务,其中也包括因其他船员的缺席而多负担的部分。如果我们假设船员们故意利用船长的困境而要求其支付额外费用,并威胁说他们可能会效仿另外两名船员的做法,从而提高其要求的分量,那么这一结果就明白易懂了。没有人会怀疑在这种情况下作出的承诺是不可履行的。但这并不是因为对价原则。即使船员承诺了微不足道的"对待给付",例如,为了额外费用而放弃茶歇或者朗姆酒,判决结果也不会有什么不同,即支付额外费用的承诺是无效的,因为这是船员通过威胁这一非法手段得来的。[75] 当然,合同一方当事人可以对另一方当事人施压从而作出对自己有利的合同变更,毕竟没有人会要求商人要为合同另一方考虑。但是这种施压方式必须是合法的,而不是利用自己的优势使对方陷入困境,例如,被施压人因为不可预见的情况或者由于他为履行合同而发生了费用或承担了义务而陷入困境,他只能付出相当大的代价来扭转这种困境,或者以损害赔偿为由与施压人清算,那么这种施压方式就是不被允许的。这种情形在大陆法系被称作"不法胁迫",在英国也被一致地认为不适用对价原则,而是用"经济胁迫"(英:economic duress)规则加以解决。[76]

对价学说的重要性也被"允诺禁反言"(英:doctrine of promissory estoppel)规则所限制,这一规则首先是在丹宁(Denning)法官于 1947 年所作的著名判决中得以确定的[77]:在整栋公寓大楼租赁合同签订三年后,出租人同意将承租人的房租减半,因为世界大战的爆发,承租人无法

---

[75] 同样的判决见 Harris v. Watson (1791) Peake 102, 170 Eng.Rep. 94。在这个判决中,船长因为船只陷于恶劣天气而承诺奖金以此激励船员作出特别的努力。同样地,法院驳回了船员的诉讼请求,不是因为没有有效的对价,而是如凯尼恩勋爵(Lord Kenyon)所说:"如果这种行为得到支持,那将实质地影响到英国的航运业——如果在危急时刻船员都坚持索要额外的报酬,那么在很多情况下,除非船长向船员支付他们认为应该支付的额外报酬,否则他们会让船只沉没。"相似论述参见 Gilmore, The Death of Contract (1974) 22-28。

[76] 参见 Treitel (-Peel) no. 3-051 并另见第 272 页及以下。

[77] Central London Property Trust Ltd. v. High Trees House Ltd. [1947] K.B. 130.也参见 Hughes v. Metropolitan Railway (1877) 2 App.Cas. 439 (H.L.)。

将大部分的公寓出租出去，因此也无法支付最初所约定的租金。在战争结束后，出租人要求承租人支付全部的租金。对此，丹宁法官认为，出租人若只想在战争期间公寓无法出租的情况下减租，其要求对方在1945年后支付全部的房租是成立的。但是在本案中，出租人要求承租人全额支付整个租赁期间的房租，他的依据是承租人并未对减租向出租人提供任何对价。此理由并不能成立，因为这涉及，"其中作出了一项旨在建立法律关系的承诺，据作出承诺的人所知，该承诺将由作出承诺的人履行，而事实上该承诺也是如此履行的"。[78] 一方当事人对合同作出了有利于另一方当事人的变更，即使对方没有对此提供对价，只要当事人知晓另一方当事人希望作出此变更且他自己也实际上作出了此变更，那么此种情形下如果他还能恢复到原来签订合同的情形的话，就是不合理的。[79]

在 Williams v. Roffey Brothers & Nicholls (Contractors) Ltd. 一案[80]中，对价学说又一次遭受到了打击，当然，这一打击并不致命。在本案中，原告是一名木匠，与被告签订了对27套房屋进行室内装修的合同，但在其完成9套房屋的装修后，便陷入了财务危机。被告担心一旦原告不能准时完成装修，其就得向客户支付高昂的违约金，因此向原告承诺，只要原告能按时完成装修，他将会在原合同价款的基础上，每套房屋再加575英镑的额外奖金给原告。原告对被告的承诺作出回应，又完成了8套房屋的装修，之后停止了工作。他的诉讼请求不仅包括已经完成装修的17套房屋的装修费用，还包括8套房屋的额外奖金。此案的

---

[78] Central London Property (上注) 134。

[79] 这一规则也以类似的形式适用于缔约一方单方面"放弃"(waiver) 自己权利的情况。例如，推迟交货时间、更改支付方式或者同意缔约另一方不充分履行。参见 Alan & Co. Ltd. v. El Nasr Export and Import Co. [1972] 2 All E.R. 127 (C.A.) 和 Treitel (-Peel) no. 3-089 ff.; McKendrick no. 5.24。但是，在英国，只有当被告在反对以最初约定的方式履行合同而进行抗辩时，他才能援引这一规则，而不适用于原告寻求从修改后的合同获得索赔的情况。对此参见 Coombe v. Coombe (前注47)。相对而言，"允诺禁反言"原则在美国已经扩展成为保护信赖的一项合同法原则，参见《合同法重述（第二版）》第90条："若允诺人可合理预见其允诺会引致受诺人或第三人作为或不作为，且其允诺引致了此种作为或不作为，则唯有强制执行该允诺方可避免不公正时，该允诺具有拘束力。"详见 Farnsworth §2.19。

[80] [1991] 1 Q.B. 1 (C.A.).

关键问题是,后来达成的协议不是因原告不法胁迫或者欺诈作出,而是基于被告深思熟虑的建议,并且协议的内容合理地考虑了双方的商业利益。这也是大陆法系法官在审查合同变更的有效性时所考虑的因素。然而在 Williams v. Roffey 一案中,法官的判决还是遵从了对价学说:他们认为,被告通过向原告承诺支付每套已完工公寓额外奖金 575 英磅获得了利益:他获得了"实际利益"(英:practical benefits),因为原告没有扔掉工具,而是继续工作,从而为他节约了费用,否则为了避免向客户支付违约金,他将不得不花钱去请其他公司。这些考量是合理的,它们说明了出于何种商业原因当事人应认真对待其交易,因此可被视为具有约束力。但不得不说,这些考量如果是取决于**对价**,那就不怎么具有说服力,只能说明对价学说实际上已经不是合同变更确定性的认定标准了。[81]

五、受法律约束的意思

合同有效的前提是当事人在订立合同时有"创设法律关系的意向"(英:intention of creating legal relations)[82]、"为了产生法律效力"(法:en vue de produire des effets juridiques)[83]行事或者承诺人的意愿是"他的行为应该在法律上有效……,且受承诺人也能知悉其意愿"。[84] 如果此条

---

[81] 对此参见 McKendrick no. 5.11-14; B. Coote, Consideration and Variations: A Different Solution, L.Q.Rev. 120 (2004) 19。同样的考量因素也可适用于债权人接受了少于其债权的给付并宣布其债权已得到清偿的情况——在 Foakes v. Beer (1884) 9 App.Cas. 605 一案中适用的规则是,债权人事后仍可要求债务人偿还剩余的欠款,因为他未提供对价。但在今天,这一规则的适用受到了严格的限制,在 Treitel (-Peel) no. 3-101 看来,这一规则应当被一原则所取代,即上述协议只有在债务人非法利用债权人的困境(经济困难)时才无效:"如果法律对部分清偿债务的案件采取了(与 Williams v. Roffey 一案)同样的处理方式,则法律在实际应用中会有更强的持续性,也会更令人满意。于此处讨论这类协议,除非存在胁迫,否则就是有约束力的。"也参见 McKendrick no. 5.15。

[82] Treitel (-Peel) no. 4-001.

[83] Ghestin no. 10.

[84] BGH 22. Juni 1956 (前注 10) 106。

件未被满足,即使这是一个正直的人完全有理由遵守的协议,没有错误、欺诈或者胁迫,仍不能产生有约束力的义务。如一个在所有国家都出现过的教科书般的例子——某人请他人吃晚餐,约定的时间到来之时迎接客人的只有紧闭的大门,尽管如此,客人也无法起诉邀请者,要求其赔偿其所支付的打车费用。

上述公式的关键在于当事人是否"想要"受法律约束,但是如果我们仔细研究一下判例,很快就会发现,法院往往将基于其他原因看似合理的东西纳入当事人的"意愿"之中。尽管在这种情形下当事人**明确地**(德:ausdrücklich)否定了约定的法律约束力,就此而言,他们的意愿确实起了关键性作用。[85] 但通常他们不会浪费时间考虑他们的协议是否有法律后果,因此,如果法院在此类案件中将当事人的"意愿"作为衡量标准,那么这在大多数情况下都是虚构的。所以德国联邦最高法院在提及允诺人受法律约束的意思时都会立即补充说,这不是当事人"内心想法"的问题,而是"受允诺人在当时的情形下,根据诚实信用原则和交易习惯,是否从允诺人的行为中推断出他有这种意愿",而能否得出这种结论,还是要取决于客观的情况,如该事项对有关各方的经济重要性,以及当一方当事人不正确履行或者完全不履行义务时对另一方当事人所产生的明确不利因素的严重程度。[86]

首先需要区分产生争议的协议是否为在商人之间作出的。如果是,一方当事人承诺给予另一方当事人酬金,则没有一个理性的人会怀疑此交易缺少"受法律约束的意思";若当事人有紧密的社会关系,尤其是夫妻或者亲属关系的时候,则完全不同,法院并不会支持他们的协议,因为当事人对此并不"想要"受法律的约束,但真正的原因却是法律并不想用

---

[85] 在 *Rose & Frank Co. v. Crompton & Bros. Ltd.* [1925] A.C. 445, [1924] All E.R. 245 (C.A.)一案中,当事人签订了如下合同:"本协议不是作为正式的或者法律协议签订……它只是有关三方的目的和意向的明确表述和记录,三方对此均作了庄严承诺。"这也包括当事人通过"以合同为准"的方式签订的协议或者仅将其称为"意向书"(letter of intent)、"框架性协议"(accord de principe)、"君子协定"(gentlemen's agreement)或者"安慰函"(comfort letter)的情况。对此参见第 51 页及以下。

[86] 参见 BGH 22.Juni 1956 (前注 10) 106 und 107。

粗糙的方法草率地介入家庭关系中。例如，一名父亲对其子承诺，如果其修剪草坪则可获得报酬，但是父亲没有遵守自己的承诺，那么这个孩子可以拒绝吃饭或以在学校取得差的分数来反击，但是不能到法院起诉其父亲支付报酬。当然，这里也有例外，例如，一个女儿起诉其父亲的继承人支付其照顾父亲的报酬的诉讼请求被里昂上诉法院驳回，理由是"受抚养的女儿照顾其父亲不应该获得报酬"。但是法国最高法院裁定撤销了上诉法院的判决，发回一审法院重审，要求法官详细审查是否存在具有法律约束力的劳动合同。[87]

在 Balfour v. Balfour 一案[88]中，一名锡兰的殖民地官员及其妻子到英国探亲，在假期结束后其妻子按照医生的建议需要继续待在英国，此官员在返回锡兰时口头承诺在他离开的这段时间内每个月向妻子支付30英镑。在他们离婚后，丈夫停止了支付，妻子因此诉上法庭。无法确定的是原告是否为其丈夫的承诺提供了对价，但是此案被驳回的关键在于当事人承诺时并没有受法律约束的意思，这才是整个案件的核心——上述案件中的协议"完全不属于合同的范畴，普通法并未规定夫妻间协议的形式。他们的允诺既没有盖章也没有蜡封，而允诺想要得到的对价是自然的爱和感情，这些在冰冷的法庭上根本不重要……这些家庭的承诺都是国王法令所鞭长莫及的领域"。[89] 当然，这些考量仅适用于夫妻之间的协议，他们有足够的动力去履行，若不履行也会受到失去或无法得到"自然的爱和感情"的惩罚。但在夫妻之间也经常存在完全商业性的协议，比如这些协议是在夫妻关系已经破裂，彼此分居甚至是离婚的情况下达成的。[90] 商业性协议也存在于非婚生活伴侣之间，一旦他们的关系破裂，他们会足够现实地去达成一方支付或交付另一方金钱的协议。当然，这种协议可能无效，但并不是因为当事人缺少受法律约束的意思，而

---

[87] Civ. 19.März 1975, Bull.cass. 1975.I. no. 117 (troisième moyen).
[88] [1919] 2 K.B. 571. Vgl. auch Jones v. Padavatton [1969] 2 All E.R. 616 (C.A.).
[89] 出处同上，S.579。
[90] Vgl. Merrit v. Merritt [1970] 2 All E.R. 760 (C.A.).

是协议的内容违反了公序良俗或公共秩序。[91]

在欧洲大陆法院的判例中可以发现很多案例,其中对受法律约束的意愿表示怀疑的原因在于——一方当事人无偿履行其义务仅是出于"自我满足"或者"出于礼貌"。[92] 在英国,此类案例大多是因为缺少对价而不具有法律约束力。大陆法系法官未选择此路径,但是这并不意味着他们对对价原则所依据的基本思想感到陌生,而是以另一种方法来践行这一思想,即非常认真地审查这一无偿的交易,当事人允诺时是否"愿意受法律约束"。[93] 法国最高法院曾审理过这样一起案件,一名画家将一个装有画的文件夹交予一个旅馆的伙计保管,在文件夹丢失后画家以旅馆违反保管合同为由提起诉讼,要求旅馆对其损害进行赔偿。法国最高法院驳回了这一起诉,因为旅馆伙计是"出于好意"(法:par pure complaisance)保管文件夹,因此并未成立一个有约束力的合同。[94] 当一个公司出于好意,"宽容地"(法:par simple tolérance)允许他人将汽车停在其公司区域,也并未成立一个"默示的保管合同"(法:contrat de dépôt ou de garde

---

[91] 详见第七章第一节。在 BGH 17. April 1986, BGHZ 97, 372 一案中,一个 18 岁的女子向其配偶口头承诺会服用避孕药,但是她最后并未服用且怀孕生下一个孩子。男方以违反合同约定为由起诉女方,要求解除其对婴儿的抚养关系作为损害赔偿。法院裁定男方的起诉理由不成立。因为女方声明,她要吃避孕药的陈述"并没有要受法律约束的意思"(S. 377)。但是即使女方以主的名义起誓或以书面的形式写下,甚至去公证,判决也不会有什么不同,因为一个女子不能通过合同剥夺自己自由地决定是否生孩子的权利。另外,如果母亲不得不解除孩子父亲的抚养义务并独立承担全部的费用,孩子将受到极大的损害(so auch BGH aaO S. 379 f.)。

[92] 参见 *Viandier, La complaisance,* J.C.P. 1980.I.2987 und *Willoweit, Die Rechtsprechung zum Gefälligkeitshandeln,* JuS 1986, 96。——令人产生疑问的是,当多人共同乘坐一辆出租车并约定分担由此产生的费用时,是否成立一个有效的合同,或者这只是一个纯粹的情谊行为。法国判例认为,当事人之间的损害赔偿不得以合同法为依据,而需在侵权法中寻找;如果事故发生在外国,则需要根据冲突法规则来确定适用哪国的侵权法(Civ. 6.April 1994, Rev. trim.civ. 1994, 866 mit Anm. *Jourdain*)。而德国法院更倾向于适用合同法 (参见 BGH 20.Dez. 1966, NJW 1967, 558; BGH 14.Nov. 1991, NJW 1992, 498, 499)。此外可参见 *Coward v. Motor Insurers' Bureau* [1963] 1 Q.B.- 259; *Albert v. Motor Insurers' Bureau* [1972] A.C. 301。比较法:*A. Fötschl,* Hilfeleistungsabreden und contrat d'assistance (2005)。

[93] *Petit,* J.Cl. Art. 1109 Code civil Fasc. 2-1, no. 10.

[94] Com. 25. Sept. 1984, Bull.cass. 1984.IV. no. 242. Anders RG 4.Dez. 1922, LZ 1923, 275,这个案件中,存放者是旅店客人。

même tacite)。[95] 当巴黎一家夜总会的员工接管了顾客的车钥匙并且承诺为其找到一个停车位时,在他们之间并未成立车辆的保管合同,而这仅仅是夜总会的"附加服务"。[96] 与之相反的是,现行判例认为饭店不仅要为顾客提供可口的饭菜,而且根据他们的合同,也需照看好顾客的随身物品,否则会因违反了"附随义务"而对顾客的损失负责。[97]

如果几个人商定共同投注某匹马获胜并分享赌注,可能会出现这样的问题:如果去押注的人不小心押错了马或者根本就忘记了约定,那么押注的人是否要赔偿其他人正确下注时可得到的奖金呢?在英国,对这个问题的回答大概是否定的,因为虽然被委托的人承诺了去押注,但是对此他并未得到任何对价。德国联邦最高法院也驳回了当事人的诉讼,但是理由却是基于对当事人的利益进行衡量后,双方之间并未成立有约束力的合同义务。[98] 因为这种情况意味着被委托人承担了一种风险,尽管发生的概率很低,但这种风险可能会达到非常严重的程度,足以使其经济破产。而对于另一方来说,空手而归是正常的,因为他们的投入有限,且获奖的机会微乎其微。但是,当协议是在商业背景下达成的,判决结果会有所不同:例如,一个经营者获取佣金为顾客下注,"或者当几个商人有计划地做投机买卖且下了很大赌注。但是,如果像本案中这样的情况并不存在,那么存在法律义务的结论通常就与当事人的意图相矛盾。如果他们确有此意,则需要就此特别约定"。[99] 因此,即使承诺的给付是无偿的或者出于"好意",只要属于承诺人正常经营的范围且其能认识到无误地履行对受允诺人有着重大的经济意义,则合同约定就是有法律约束力的。有这样一个案例,承运商 A 接到一个紧急的运输委托,在他唯一的司机遭

---

[95] Civ. 29.März 1978, Bull.cass. 1978.I. no. 126. OLG Köln 5.Okt. 1971, OLGZ 1972, 213 亦同。

[96] Paris 14.Jan. 1988, Gaz.Pal. 1988.I.269.

[97] Paris 20. März 1987, D.S. 1987 I.R. 115; Civ. 13.Okt. 1987, Bull.cass. 1987.I. no. 262; Paris 3.Dez. 1987, D.S. 1988 I.R. 28.

[98] BGH 16.Mai 1974, NJW 1974, 1705 (在博彩中约定特定的号码)。如果是博彩团体能得到奖金,但成员对奖金分配产生了争议,德国联邦最高法院则会给出不同的判决。参见 Simpkins v. Pays [1955] 1 W.L.R. 975。

[99] BGH (上注) 1707。

受了致命的事故之后，A 从 B 承运商处借来一个司机，由于司机缺乏足够的驾驶经验，给 A 提供的运输车辆造成损害。针对 A 要求损害赔偿的诉讼请求，B 辩称，他是在 A 陷入困境之时对其进行帮助，因此"仅是出于同情心，而没有作出法律承诺的意图"。但是他的抗辩并未得到法院的认可。[100] 当然，提供免费信息的银行不能因为是出于"好意"而不承担违约责任："银行提供信息时，当银行的工作人员知悉咨询人将这一信息看得十分重要，而且将它作为重要的投资决策的依据时，咨询人和银行之间成立合同或者准合同关系。"[101]

六、小结

根据上文可以得出的结论是，当事人的合意一直是成立一个有约束力的合同的必备要件，但是在一些情况下，仅有合意还是不够的。在什么条件下提出附加要求以及这些要求如何达成并未有统一的答案。英美法系的对价学说给出了一个特别全面且野心勃勃的回答。诚然，同样的案件在同一区域也能得到相同的判决，但是大陆法系并没有可以直接与对价学说相比的原则。对于对价学说，英国人有不同的结论——有人认为它是英国合同法不可或缺的标志，正如同皇冠上最美的珍珠；也有批判学派指出，大陆法系未适用对价学说也能很好地发展，英国也可以做到。所以赖特勋爵（Lord Wright）写道，其在上议院担任法官以及枢密院工作时，经常不得不适用苏格兰和南非的法律：

> 在这些司法管辖区域内，以及法国、意大利、西班牙、德国、瑞士和日本法域内，对价原则没有适用的余地。这是所有具有高度发达法律制度的文明国家的现状。那怎样才能将普通法中的对价原则视

103

---

[100]　BGH 22.Juni 1956 (前注 10)。
[101]　BGH 12. Feb. 1979, NJW 1979, 1595, 1597. BGH 4. März 1987, BGHZ 100, 117, 118 f. 亦现："有偿协议并不是信贷机构和顾客之间成立一个有效合同的必备要件。"在英国，银行虽然并不存在合同上的违约责任（缺少对价），但需承担侵权责任。对此参见脚注 69 的内容。

为任何法典中通用的或者不可或缺的一种规则呢?[102]

他将其结论归纳如下:

> 当我在脑海中回顾我文章里那些分散的论点和例证时,我无法抗拒这样一个结论——对价学说仅仅是一种陈词滥调。在我看来,一个科学或合乎逻辑的合同理论将作为对合同意图的检验,它回答了一个压倒一切的问题:是否有一个有意识且严肃认真的意图,没有违法、违背道德、错误、欺诈或胁迫,来订立一个有约束力的合同。这在每一个案件中都必须是一个事实问题。[103]

另一位作者得出如下结论:

> 如果对价学说被废除,英国法可能也不会有任何的损失……大陆法系已经发展出了一个没有对价原则的完全适当的法律。因此,如果要采纳统一法律的想法,认真地说,对价原则必须被废除。以其目前的形式,其对英国法没有任何贡献,另外它与大陆法格格不入,在一个日益扩大的欧洲法领域,对价原则毫无用途。[104]

104　　这些话都很有分量。但是人们经过仔细研究会发现,批评家们所批判的并非指向这一学说所包含的基本思想,而是随着时间的流逝,它一直被用于谋求和其原本的使命完全不同的目的。[105] 很少有人会认同这样的一个事实,即在对价原则的帮助下,当合同变更后有利于一方当事人,或者其只需履行比合同最初约定的要少的义务时,合同的有效性会受

---

[102] *Wright*, Ought the Doctrine of Consideration to be Abolished from the Common Law?, Harv.L.Rev. 49 (1936) 1225, 1226.

[103] 出处同上,第 1251 页。

[104] *Chloros*, The Doctrine of Consideration and the Reform of the Law of Contract,A Comparative Analysis, Int.Comp.L.Q. 17 (1968) 137, 164 f.另参见批评意见: *Pound*, Promise or Bargain, Tul.L.Rev. 33 (1959) 455; 惋惜的观点参见: *Patterson*, An Apology for Consideration (前注 73); 讽刺改革的观点参见: *Gordon*, A Dialogue about the Doctrine of Consideration, Cornell L. Rev. 75 (1990) 1987。P. Atiyah 认为对价学说面临的根本问题是,法庭在具体案件中是否可以找到"充分的理由"认为承诺可执行;参见 *Atiyah*, Consideration: A Restatement, in: ders., Essays on Contract (1986) 179。并参见 *McKendrick* no. 5.29。

[105] 类似的批判参见 Dawson (前注 25) 207 ff.; Gilmore (前注 75) 21 ff.。

到质疑。[106] 事实上,"对价学说的附属物已经做了很多让它名誉扫地的事情"。[107] 而且严格按照对价学说的逻辑推导,当一个商人清楚明确地声明他在一定的时间内受他的提议约束,但是只要提议未被接受,他当然可以在期限届满之前撤销。如今,在英国进一步达成一致的是,对价学说在上述领域内已经不具有权威性,是时候冷静地从这些领域退出了。另外,根据国际法规得出的结论是,合同变更或解除只需要当事人之间的"合意"就够了,并不需要**原因**(英:cause)和**对价**(英:consideration)所要求的"进一步的条件"。[108]

赠与承诺(德:Schenkungsversprechen,英:gift promises),即无偿允诺一项给付,以致承诺人的财产持续地减少、受承诺人的财产持续地增加,则情况完全不同。这种承诺无论是在英国还是在欧洲大陆,只有以一定的形式——以"契约"或者公证书——作出才有效。在这一问题上,欧洲各国的法律是一致的,而且有充分的理由:这种形式要件提供了具有说服力的证据来证明允诺人认真地想要受其允诺的约束。当然,在有些案件中,深思熟虑的允诺是口头作出的,又或者是在私人或商业信函中作出的。但是,如果因此放弃允诺的形式要件,从而迫使法官考察每一个具体案件中口头或书面的声明是不是基于"审慎严肃的意图"作出,那这就是为法律的不确定性打开了一扇门。

而对于其他的无偿交易而言,普通法系和大陆法系的态度有着根深蒂固、无法逾越的差异,因为没有一个英国法学家会承认,当一个人无偿转让物品的使用权、提供信息或者事务管理时,会成立一个有约束力的合同。对于这种差异,只有在其导致实践中的判决结果具有重大差异时才会是糟糕的,但是有疑问的是,是否有证据对此予以证明。大陆法系的法

---

[106] 对此参见脚注 72 以下的内容。《联合国国际货物销售合同公约》第 29 条第 1 款规定,"当事人仅通过约定就可以变更或者解除合同",这在大陆法系看来是不言而喻的。
[107] Patterson(前注 73)936。
[108] 参见《欧洲合同法原则》第 2:101 条第 1 款(和《欧洲合同法原则》第 1:107 条),《国际商事合同通则》第 3.1.2 条,《(欧洲私法)共同参考框架草案》第 II.-4:101 条和第 III.-1:108 条,《欧洲共同买卖法》第 30 条。

官在一些案件中会假设允诺人并不想受法律约束[109],而英国法官则会像变戏法一样迅速拿出对价学说。最为重要的是,在实践中,当承诺未正确履行时,几乎所有的案件中允诺人都被要求赔偿损失,而不是履行承诺,在大陆法系以合同违约请求损害赔偿,而在英国则是以侵权为由提起诉讼。[110]

---

[109] 参见脚注97以下的内容。
[110] 参见脚注91以下的内容。

第五章 形式规定

一、导论 …………………………………………………… 101
二、形式的目的 …………………………………………… 104
三、形式的种类 …………………………………………… 106
四、处罚 …………………………………………………… 108
　（一）证人证言的排除 ………………………………… 108
　（二）无效性 …………………………………………… 111
　（三）其他处罚 ………………………………………… 117
五、格式无效合同的维持 ………………………………… 118

一、导论

在欧洲,所有国家的法律中都有这样的规定,即某些合同的有效性取决于当事人在订立合同时是否遵守了某种形式。当然,这种规定一般被视为"形式自由"这一原则的例外规定。大多数的民法典明确规定了这一原则。[1]《法国民法典》虽然对这一问题保持了沉默,但是形式自由也是其基本原则,这从《法国民法典》第 1108 条(现《法国民法典》第 1128 条)就可以推断出来。从提纲挈领的视角来说,该条包含四个主要要件——合意(法:consentement)、行为能力(法:capacité)、标的物的确定性(法:ob-

---

[1]《瑞士债法》第 11 条,《奥地利普通民法典》第 883 条,《德国民法典》第 125 条第 1 句,《希腊民法典》第 158 条,《意大利普通民法典》第 1325 条第 4 项,《荷兰民法典》第 3:39 条,《西班牙民法典》第 1278 条,《葡萄牙民法典》第 219 条,《匈牙利民法典》第 216 条,《波兰民法典》第 73 条,即如此。

jet certain)和合法的原因(法:cause licite)。其中并未提及对形式的遵守。

今天不言而喻的是,合同的有效性并不需要特定的形式,即使当事人双方口头达成一致,合同也是有效的。但是需要记住的是,形式自由原则并不是一直为人们所接受的观点。回溯历史,越往前追溯,外部形式的遵守对法律行为有效性的影响就越大。最初,人们甚至认为,**只有**(德:nur)通过特定形式的行为才能产生法律约束力。而古老的罗马法为此提供了很多范例。〔2〕 对于**要式买卖**(拉:mancipatio),即通过现金支付获得某个物品的所有权的交易方式——要求受让人在让与人和公正的"持称人"(德:Waagehalter)的见证下,用手抓住该物品并在至少5名证人面前背诵一段规定内容的格言。对此种交易方式而言,当事人内心的意愿并不重要,而是要式行为本身致使所有权发生转移,即使在当事人对标的认识错误,实际上并不想要的情形下亦是如此。〔3〕

这些古老的形式在法律发展过程中逐渐被简化,被其他不那么繁琐的形式所取代,甚至被完全放弃了,经济越繁荣,这些繁琐的形式越让人觉得累赘。虽然最初可诉的履约承诺只能通过严格的**要式口约**(拉:stipulatio)来证明其合理性,但后来"合意合同"也被赋予了同样的效力。因此,在某些情形下,当事人之间即使没有达到任何形式的合意也可以产生可履行的债权。传统的形式越来越多地被公证书所取代,这些公证书通常由公证员起草,有时必须有证人在旁证明或在当局登记。随之而来的观点是,在当事人达成共识的前提下,形式的遵守只是合同有效的**附加**(德:zusätzliches)要件,而作出形式规定总是需要特殊理由。其中一个原因是阻止诉讼欺诈,或者使诉讼欺诈更加困难。只要司法程序仍然受繁琐的证据规则的约束,并在容易被误导的陪审员面前进行,原告就有可能在法庭上对只是口头订立的合同提供虚假证据,作伪证或让收

---

〔2〕 更为详细的内容参见 *Zimmermann* 68 ff., 82 ff.。

〔3〕 为了说明这一问题,人们常会讲述《圣经》中的一则故事:拉班答应仆人雅各,同意雅各娶他美丽的女儿拉结为妻,作为对雅各7年辛勤劳动的回报。但在举行婚礼仪式时,拉班采用欺诈的方式以拉结丑陋的、遮盖严实的姐姐代替拉结嫁给了雅各。每个人都能理解,第二天早晨雅各会非常失望,但他是否怀疑这桩形式正当的婚姻的有效性,无论是《圣经》还是 *Thomas Mann*(《约瑟夫和他的兄弟》,参见:雅各布的故事,第六部分)都没有提及。

买来的证人作证。因此,早在1566年,法国在《MOULINS法令》(der Ordonnance de Moulins)第54条[《法国民法典》第1341条(现《法国民法典》第1359条)]就规定,如果对合同的签订存在争议且价款超过100英镑,证人的证言就要被排除。英国在1677年颁布的《英国1677年反欺诈法》的立法目的是——正如其序言所讲——"防止通过伪证或者教唆伪证进行的欺诈行为",因此该法规定,一些声明和合同只有遵守特定的形式才是可履行的。[4]

如今这些原因已不复存在。然而,如果认为形式要求在现代法律制度中不再有意义,那就大错特错了。情况恰恰相反,特别是在消费者保护的名义下,今天到处都在制定形式要求的条款,以至于法国开始了关于"形式主义复兴"的广泛讨论。[5] 但法学家们仍坚持形式自由原则,至于这一原则是否符合现实生活,则是另一个问题了。现在,特定形式的合同数量正在上升,这一规则和事实并不能很好地吻合,街上的人们普遍不会认为口头成立的合同是有效的:"口头合同在法律上毫无价值。"[6]这种观点也是完全可以理解的,因为现如今,口头合同主要发生在我们日常生活的交易中,由当事人双方当场完成。其他合同则需通过一定的形式完成,采用手写,或者机器写完后打印出来进行补充,然后由当事人双方签字。今天,书面合同成为一种规则是有双重原因的:一方面,它是商业交易合理化所必需的,经营者以书面形式达成每一项交易,通过书面记录可以检查公司的库存、制造、采购、包装、发货或以其他方式提供应向客户履行的义务,记录债务,检查收到的付款;另一方面,每个经营者都会感兴趣的是,根据自己制定的合同条款去做生意。要做到这一点,就必须实现在拟定的合同文本中规定这些条件,然后由客户在合同文本上签字。出于这些原因,书面形式在实践中已经占据主

---

〔4〕 参见 Rabel, The Statute of Frauds and Comparative Legal History, L.Q.Rev. 63 (1947) 174。对此的批评观点见 Simpson, A History of the Common Law of Contract (1975) 599 ff.。
〔5〕 对此参见 Ghestin no. 373 及参考文献。
〔6〕 参见 Samuel Goldwyn 的格言,转引自 Beale/Bishop/Furmston: Contract, Cases and Materials (3.Aufl. 1995) 139. 并参见 Cheshire/Fifoot (-Furmston) no. 7.4:"对英国法律最普遍的误解可能是合同需要以书面形式签订。"

导地位,但这也产生了这样一个问题,即如果立法者以保护消费者的名义规定越来越多的合同需要采用书面形式,这是否真的会产生不同的效果?

二、形式的目的

对形式要件的遵守需要花费时间和精力,因为必须制定文本,以纸质的方式呈现,且参与者需要签字。因此,立法者只有在追求某一特定目的的情况下,才会提出形式要求。

首先是**证明目的**(德:Beweiszweck)。如果当事人仅达成口头协议,则很容易在日后就是否、在何时以及以何种内容签订了有效合同产生争议。如果当事人将其声明或者协商以书面的形式记录下来,诸如此类的争议虽然不会完全消除,但是会在很大程度上减少。

有些形式要求(替代证明目的或在证明目的之外)具有**警示目的**(德:Warnzweck)。通过形式要求,会让那些要作出具有法律意义声明的人有最后的机会再慎重考虑,尤其是在作出有重大意义的交易或者提供没有对价的给付时,从而防止当事人作出轻率的慷慨或者鲁莽的决定。因此,各国都要求,赠与承诺和一般担保声明都必须遵守一定的形式。诚然,一般担保声明可以在很短时间内起草并签署,因此,强制的书面形式并未起到延迟决定时间和使行为人再慎重考虑的作用。但是,对于外行人而言,书面形式意味着无约束力的谈判阶段已经结束,现在的问题是他是否愿意承担一种交易性质的、在法律上可强制履行的义务。

形式要件条款偶尔也起到在合同磋商和合同订立阶段明确**分界线**(德:Trennungslinie)的作用。尤其是那些经过长期谈判和准备的合同,很容易引起的纠纷是在合同磋商的哪个阶段双方达成合意,合同成立。如果合同需要以书面形式订立或者甚至需要公证,那么这个问题就很明确——每个磋商的当事人都明白,在磋商过程中口头的或者书面的声明都不具有法律效力;他们也知道,自己可以随时终止磋商而不负担赔偿义务;而且他们也懂得,如果声明未以规定的形式写入文本,他就不能信赖另一方所作的这些声明。

尤其是现代的立法越来越多地规定,与需要受到保护的当事人签订合同时,必须遵守书面缔约的方式。这其实更像为立法者打开的大门,因为这种合同总是以书面的形式订立。实际上,重要的不是书面形式本身的遵守情况,而是在订立合同之前或订立合同时以书面形式向更需要保护的合同当事人提供了某些信息。那么,在这种情况下,书面形式的首要目的是信息目的(德:Informationszweck)。例如,在信贷合同中,必须向消费者提供法律明确规定的大量信息,特别是关于"年费率百分比"。[7] 上门推销实际上可以通过口头方式成交,尽管这不经常发生。但无论如何都应该书面告知消费者,他可以在一定的期限内撤销合同,以及他可向谁提出撤销。法国立法者在创设高度详细的信息义务方面尤其突出。[8] 有时简直过于详细。例如,保险合同不仅需要以书面的形式呈现,除此之外,保单提ู必须"醒目"且具体,而法律中规定的某些条款必须"非常醒目"。[9] 这些用心良苦的规定是否总是有效是值得怀疑的。[10] 一个急需用钱的消费者不可能因为在签订合同时需要面对形形色色的指示而放弃贷款。至少他不能事后说不知道自己在做什么。物极必反,因为人们自我处理信息的能力是有限的;另外,这种温情主义立法的代价有时是难以估计的。这些代价不仅包括纸张和印刷费用,还包括因此导致的法律的不确定性——法院必须一次次地解释说明在违反上述信息义务的情况下应施加的处罚,尤其让人无从得知的是,被保护的合同一方解除合同是仅因为另一方违反信息义务,还是出于其他原因解除合同。

---

〔7〕 1986年12月22日欧共体颁布的《消费者信贷指令》第4条第2款和第3款(ABl. EG 1987 L 42/48)。

〔8〕 具体描述参见 Ghestin no. 443; Starck/Roland/Boyer no. 197 ff.; Terré/Simler/Lequette no. 139 ff.。

〔9〕《法国保险法》第 L 112-3 条、第 112-4 条、第 113-15 条。

〔10〕 参见 Starck/Roland/Boyer no. 210:"不能肯定这些繁琐的争论会得到……阅读如此冗长的文件简直是一种受罪。可以肯定的是,这些与实际格格不入的细节性规定,一定会产生纠纷。"更为激烈的批评,参见 Terré/Simler/Lequette no. 256。

三、形式的种类

在某些声明或者合同必须以特定的形式来表示的情况下,这种形式在如今总是指书面形式。[11] 通常通过起草一份载有声明或合同文本的文件来遵守这种形式,并由声明人或缔约方签署。[12] 当然,偶尔会需要更多的要求。例如,"汇票"或"支票"有效的前提是在文件中用了"汇票"或"支票"字样。[13] 有时,也要求声明全部或部分由声明人亲笔书写。在一些法律制度中,一般担保合同的生效,除了要求一般担保人签名外,还需要他亲笔在合同中写上债权人可向其追索的最高金额。[14] 在另一些情形中,要求合同一方当事人以书面形式向其交易对象提供某些信息。[15] 最后,"合格的"书面格式有多种不同的形式。

其中之一便是英国的"契约"。根据英国法,通常对书面形式的要求是通过"某种书面备忘录或者记录并由对此负责任的一方签字予以满足"(《英国1677年反欺诈法》第4条)。但是,如果要使无对价的承诺有效,承

---

〔11〕 英美法的对价学说也可能导致特别的"形式"产生。因为根据此原则,一方的承诺只有在另一方也履行了或者承诺了对待给付(对价)时才有效,由此构成了一个"名义上的对价"。如果某人向他人提供购买房屋的要约且承诺他将在一定的时间内保持对价的开放性,这样就给了对方选择权,例如,以1英镑的价格购买,或仅承诺极低的价格。这种"象征性"地提出的价值有限的对待给付的允诺仅是"形式"的,但是对允诺人却意味着,他想要具有法律约束力的交易。对此参见第80页(注35)和第85页以下。

〔12〕 参见《德国民法典》第126条,《瑞士债法》第13—15条,《希腊民法典》第160条,《法国民法典》第1325条(现《法国民法典》第1375条),《意大利民法典》第2702条,《波兰民法典》第78条。在有些情况下,书面形式也可通过有关声明不是由其作者手写签名,而是提供"合格的电子签名"这一事实而得到履行。确定此种"电子签名"条件的法律条文是2000年6月8日欧共体颁布的《电子商务指令》(ABl. L 178 S. 1)。此外参见《德国民法典》第126a条。

〔13〕 参见批准1930/31年颁布《关于汇票和支票日内瓦公约》的国家关于汇票和支票的立法;也可参见英国1882年颁布的《英国汇票法》第3条第1款。

〔14〕 《法国民法典》第1325条(现《法国民法典》第1375条),以及参考第118页及以下。

〔15〕 有时,特别是在与消费者进行交易的情况下,由于商家必须以书面形式向客户发送必要的文本,因此他更容易履行他承担的信息义务,但是,例如,根据《德国民法典》第126b条的规定,商家可以不用书写签名,而是以邮件代替就足够了。

诺人的声明必须以**契约**的形式作出。这是一种由声明人签署的书面声明，必须表明其意图是制定**契约**。声明还需要一名证人签名，以此来确认声明人的签名是其本人所签。早前还需要对此文件进行密封，当然，这已经成了一种空洞的形式，在文书上预先印上字母"L.S."（代蜡封，意：loco sigilli）或单词"seal"（密封），或者如果声明人（或其律师）在文书上贴上了带有相应标志的红纸印章，则就足够了。在英国，很长一段时间以来，密封的要求被认为是多余的，当威尔伯福斯勋爵（Wilberforce）指出，"我们完全可以消除这种神秘的崇拜物，使我们自己和其他大多数文明国家站在一起"后[16]，英国议会最终作出了让步，接受法律委员会的建议，于1989年废除了"有效的**契约**需要密封"的规定。[17] 然而，在法律实践中，这种在声明和合同上坚持"密封"的习惯仍然存在。当然，这是另一回事了。

另一种具有重要实践意义的"合格"的书面形式只存在于欧洲大陆国家之中。它就是"公证文件"（德：notarielle Urkunde[18]，法：acte authentique[19]）。想作出表示或者签订合同的当事人必须在一个公证人——一个独立的、经过法律培训的、国家为公证目的任命的公职人员面前——作出表示。然后由公证人制定公证文件并对当事人宣读，当事人同意后，公证人员和当事人在文本上签字。这个过程既耗时，成本也高，因为公证人员不是免费提供服务的。但是，公证也有很大的优点：首先，公证人作为专门从事公证的专业人员，可以确保文本清晰明确地表达有关各方的意愿；其次，通过当事人在公证人安排的会议上作出表示，公证也很好地满足了很多形式条款所追求的警示目的。最重要的是，公证人必须确保当事人能清楚地了解相关交易的法律后果，消除疑虑，解决疑问，并确保没有经验和不熟练的当事人不会处于不利地位。英国、爱尔兰和北欧国家没有这种

---

[16] Parliamentary Debates, House of Lords, Official Report 1970/71, vol. 315, col. 1213.
[17] 《英国1989年财产法（杂项规定）》第1条。
[18] 参见《德国民法典》第128条，以及1969年8月28日的《德国公证法》。在奥地利，被称为"公证文件"（德：Notariatsakt）（例如，《奥地利普通民法典》第1278条第2款）；在瑞士，被称为"官方文书"（德：öffentlicher Urkunde）（参见《瑞士民法典》第55条）。
[19] 《法国民法典》第1317条（现《法国民法典》第1369条），《意大利民法典》第2699条，《西班牙民法典》第1216条，《葡萄牙民法典》第369条。

公证文件[20],也许这种形式要求对这些国家的一些法律人来说似乎有点家长式作风。但是在欧洲大陆根本不可能废除公证制度,人们最多会争论,需要公证文件才能生效的交易范围是否过于宽泛,是否应当对其进行调整。

四、处罚

如果要求以书面形式订立的合同却以口头形式订立,那么法律上应视其为无效或"是不可履行的"[见下文(二)];在其他情形下,合同虽然被视为有效,但是会有其他惩罚[见下文(三)],尤其需要提及的是,未遵守书面形式时的举证问题。这是我们首先要讨论的问题:

(一)证人证言的排除

《法国民法典》第1341条(现《法国民法典》第1359条)规定,所有标的在1500欧元以上的合同,都必须采用书面形式或者公证形式,如果违反书面规定,证人证言也是无效的。[21] 尽管在《法国民法典》和其他法律中都有很多关于特定合同需要遵守书面形式的规定,但这些条款通常被理解为仅仅是对《法国民法典》第1341条(现《法国民法典》第1359条)的援引,除非它们规定了公证形式或者明确要求书面形式。

因此,如果原告提起合同诉讼,但无法出示合同文件,而只能依靠证人来证明合同是成立的,诉讼应当驳回,法官不需要听取证人证言。但这不适用于被告对原告主张的合同成立没有异议的情形。此外,也不适用于被告放弃《法国民法典》第1341条(现《法国民法典》第1359条)的权利的情形。因为这一条规定并不是强制性的,并不属于人们在法国所说的

---

[20] 虽然在英国和北欧诸国,存在"公共公证人",但是他们的主要职责是根据外国法律起草在国外使用的法律文书。参见 Brooke (-Charlesworth), Treatise on the Office and Practice of a Notary of England (9.Aufl. 1985)。

[21] 为了便于根据货币购买力的变化调整价格限额,《法国民法典》第1341条(现《法国民法典》第1359条)可以通过政府法令确定价格限额。从2005年1月1日起,价格限额为1500欧元。参见《比利时民法典》第1341条,《意大利民法典》第2721条,《西班牙民法典》第1280条第2款。

"公共秩序"(法:ordre public),法官不得自行运用。因此,如果被告没有对原告指定的证人进行询问提出抗议,或者他本人也参与了询问的,或声称他们的陈述不可信,则视为"默示地"放弃了《法国民法典》第1341条(现《法国民法典》第1359条)的权利。

因此可以看出,只要是对标的超过1500欧元的合同的成立产生争议,就必须通过文本加以证明。然而这种外表具有欺骗性,因为《法国民法典》第1341条(现《法国民法典》第1359条)的适用有很多的限制条件。

如果原告提起诉讼的交易对被告而言是一种商事交易,则该条不适用。[22] 例如,原告要求被告根据他们之间的口头借款协议(被告对此提出异议)还款,如果此合同是在被告商事交易的业务范围内订立的,那么法院就必须采纳证人证据。至于原告是以商人身份还是个人身份完成合同谈判的,这并无区别。因此,当有争议的合同标的不超过5000法郎,或者对被告(或合同双方)构成商事交易的,则不需要书面证据。显然,在这两种情况下,立法机关都认为遵守书面形式是不经济的:在第一种情况下,争议标的如此之小,要求书面形式实为不必要;在第二种情况下,对于时间尤其宝贵的商人来说,要求他对每一个口头缔结的商业交易都必须采取书面的合同形式且需要客户签字,会妨碍其做生意。

对于《法国民法典》第1341条(现《法国民法典》第1359条)的另一个重要限制是,原告如果可以提供"书证的端绪"(法:commencement de preuve par écrit),即任何有证明作用的文字证据,则证人证言是可以被采纳的。这里的书证的端绪可以被理解为任何来自被告的文件,可证明合同确实有成立的可能性。[23] 例如,如果这些文件由被告签署,但是并不符合法律规定的书面形式,因为其违反了《法国民法典》第1325条(现《法国民法典》第1375条)的规定——原件的数量应与当事人的数量相同,或者虽然被告签署了担保声明,但是违反了《法国民法典》第1326条(现《法

---

〔22〕《法国民法典》第1341条第2款(现《法国民法典》第1359条)和《法国商法典》第109条。

〔23〕《法国民法典》第1347条(现《法国民法典》第1359条),《意大利民法典》第2724条第1项,《波兰民法典》第74条第2款。

国民法典》第 1376 条)的规定,没有在担保书中亲笔写上最高的担保金额,则这些文件也会被承认。同样地,债权人起诉债务人偿还贷款时,可以出示被告所写的对原告表达感激之情的信;如果通过这封信,根据具体的情况,可以推断出借贷有存在的可能时,尽管有《法国民法典》第 1341 条(现《法国民法典》第 1359 条)的规定,原告还是可以援引所有可以向法院证明贷款确实存在的证据,尤其是证人证言。根据《法国民法典》第 1347 条第 3 款(现《法国民法典》第 1361 条和第 1362 条)的规定,当一方当事人经过法庭传唤仍不出庭,或者即使出庭,但不回答具体的问题或者闪烁其词的,都可以被认为是**书证的端绪**,他在诉讼程序中的实际行为表明了合同的订立。

最后,根据《法国民法典》第 1348 条(现《法国民法典》第 1360 条和第 1379 条)的规定,当合同是以书面形式订立的,但是原告非因自己之过错而无法再出示此文件的,证人证据也可被采纳。这同样也适用于出于现实情况或者"道德"原因使得原告不可能获得这些书面文件之情形。例如,要求夫妻之间、父母与子女之间、雇工和雇主之间签订的合同必须采取严格的证据形式,则可能是不得体、不礼貌或者不现实的,而《法国民法典》规定在这些情况下可援引证人证据,体现了足够通透的处世哲学。

《法国民法典》第 1341 条(现《法国民法典》第 1359 条)令人印象深刻的原则在实践中几乎无用武之地。人们不难发现,当法国的法官根据案件的具体情况认为口头订立合同的主张看起来合理时,总会寻求一种方法让原告援引证人证言。在意大利,法官被明确赋予接受或拒绝证人证言的自由裁量权。《意大利民法典》虽然采纳了《法国民法典》第 1341 条(现《法国民法典》第 1375 条)的规则,但是规定当法官"考虑到当事人的性质、合同的特点以及其他情形"后认为是合理的,则可以接受证人证据(《意大利民法典》第 2721 条第 2 款)。

在法国,人们已经质疑在今天是否仍要遵守《法国民法典》第 1341 条(现《法国民法典》第 1375 条)的规定。[24] 这条规定存在的历史原因(参

---

[24] Vgl. *Carbonnier* 187.

见第 107 页及以下）早已经荡然无存了。如今，它存在的唯一正当理由是鼓励人们在交易中使用书面形式，但是，是否还需要这种鼓励是值得怀疑的，因为该规则只涉及私人之间的合同履行争议的情形，而商人无论如何都会和其客户签订书面合同。对于非商人来说，其签订合同的动因是因为他们认为口头交易无论如何都是无效的，因此，即使删除《法国民法典》第 1341 条（现《法国民法典》第 1375 条）的规定，也不会影响这些动因的存在，而且口头订立的合同还可以援引证人证言。当然，大家都很清楚的是，在实践中很难提出证人证言，所以强烈建议订立书面合同。

（二）无效性

当形式要件被用以保护当事人，使其不必过分匆忙地进行重要和风险较大的交易时，情况就完全不同了。在这种情况下，没有遵守形式规定必然导致需要保护的一方不能被要求履行其口头承诺。对此，可以通过两种不同的方式来实现这一目标。

一种是没有遵守形式规定订立的合同被视为无效，这是大陆法系的选择。一般来说，民法典中都有一项一般规定，即"不符合法律规定形式的法律行为无效"。[25] 但是《法国民法典》没有此一般性规定*，所以对每一项关于形式条款的规定人们都会质疑，违反此规定会有什么处罚。合同无效的情形多是来自违反形式条款"处于无效的处罚"（法：sous peine de nullité）的规定。其他情形，尤其是需要公证时，合同无效取决于合同形式要求所达到的目的。

另一种是英国法选择的路径。根据《英国 1677 年反欺诈法》第 4 句的规定，承诺没有以法律规定的形式作出时，"不应提起诉讼"。通过这个表述，人们认为合同虽然无法执行，但是是有效的。但这实际上和上一种

---

[25]《德国民法典》第 125 条；同见《瑞士债法》第 11 条第 2 款，《荷兰民法典》第 3:39 条，《希腊民法典》第 159 条第 1 款，《意大利民法典》第 1325 条第 4 项，《葡萄牙民法典》第 220 条，《波兰民法典》第 73 条第 1 款，《匈牙利民法典》第 217 条第 1 款。

* 现《法国民法典》第 1172 条第 2 款规定，缺乏法律要求形式的合同无效，除非可能得到修正。——译者注

路径区别并不大,因为一个没有遵守形式的承诺所带来的结果只是,如果它被实际履行,则不可要求返还。[26] 例如,一个担保人没有按照规定的形式作出担保声明,但是他仍然还款给债权人,那么事后他就不能要求债权人返还还款;在英国不能要求返还,因为担保人还款的承诺是有效的;在德国也不能要求返还,因为虽然担保声明是无效的,但是这个无效性通过履行得到了"纠正"[27],"通过履行来纠正"的观念常常也适用于需要遵守形式要求的其他情况,有些在实践中尤其重要,下文将详细阐述。

在形式条款起到警示作用的交易中,首先必须要提的是**赠与承诺**(德:Schenkungsversprechen)(参见第四章第三节)。在大陆法系,如果一方无偿赠与他人财物,只有经过公证后才是有效的;而在英美法系需按照**对价**学说(德:consideration-Doktrin),如果承诺接受方没有提供或承诺提供对价,则**所有**(德:alle)承诺就是不可履行的,但是承诺以**契约**形式作出的除外。

1. 一般保证声明

另一项特别有风险的行为是为他人债务作担保,即担保人承诺,当债务人不履行债务时,他负责承担。经验表明,很多担保人高估了债务人的偿还能力而使自己沉浸在乐观的希望中,相信债务人会及时履行债务。如果担保人因第三人是其配偶或家庭成员而受到道德压力,而这种压力往往是由第三人有意识地制造或加重的,那么其经常无法对担保的风险作一个切合实际的评估。为了使这些担保人清楚地知道这些风险并测试其承诺的严肃性,担保声明通常需以书面形式作出。[28] 但仅凭这一点无

---

[26] Vgl. Treitel (–Peel) no. 5-022.
[27] 《德国民法典》第766条第2句以及《希腊民法典》第849条第2句;《荷兰民法典》第7:859条第2款;《奥地利普通民法典》第1432条规定,"对欠缺形式要件而无效的债务作出的清偿"不得要求返还。瑞士法律则不同,在不知道一般保证合同形式无效的情况下履行担保合同的担保人有权提出返还要求。但这种主张在个别情况下可能会造成权利的滥用。参见BG 17. Okt. 1944, BGE 70 II 271; Giovanoli in Berner Kommentar Art. 493 OR Rn. 12。
[28] 有些法律只规定一般保证人需"明确地"表达其承担担保责任的意旨,参见《意大利民法典》第1937条;《西班牙民法典》第1827条。这意味着一般保证人必须以明示的方式、用清楚无误的术语表明其意旨,但无须采用书面形式。当然,债权人会被建议采用书面形式的担保声明,否则他要承担不允许证人证明的风险。对此即使以正确形式作出的一般担保声明,仍可能**由于其他原因**而无效的问题,参见第166页及以下内容。

济于事,因为人们对书面声明的内容和形式可以提出不同程度的要求;另外某些人也可不被视作需要特殊保护的人,这样担保声明就不需要特殊的形式要求;最后,对形式的违反带来的惩罚并不相同。

大多数法律制度都采用的规定是,一般保证声明需要以书面形式作出并且需由担保人亲笔签名。[29] 而缔约另一方的声明既可以口头形式作出,也可以从他的实际行为中进行推断。当担保人的书面声明表现出担保的重要特征,且足够清晰地表达出声明人愿意为他人债务提供担保、谁是债权人、为何种债务担保时,则视为对形式的遵守。《法国民法典》进一步要求,金额必须由担保人以数字或者文字的方式["数字和字母全称"(法:"en chiffres et en toutes lettres")]亲笔书写在文件中[《法国民法典》第 1326 条(现《法国民法典》第 1376 条)]。

在有些法律制度中,当担保人是精通业务的专业人员时,是不受特别保护的,例如,法国、德国、意大利规定的在自己商业领域内从事担保的商人。[30] 而在瑞士和荷兰,并没有对"商人"(德:Kaufleute)进行特殊规定,而是对担保人是自然人还是法人加以区分。根据《荷兰民法典》第 7:857 条,只有担保人是商业领域或者专业领域以外的自然人时,书面形式才是必需的。当股份公司、有限责任公司的董事会成员或者常务董事为公司"正常经营"范围内的债务提供担保的,一个口头表示就足够了,当然,这只适用于董事会成员或管理层持有大部分股份的情况下。在瑞士,自然人的担保声明应以公证的形式作出(《瑞士债法》第 493 条),但是担保金额不超过 2000 瑞士法郎的,一个由担保人亲笔所写的包括最高担保金额的书面表示就足够了。虽然金额并不需要用"所有的字母"(法:en toutes lettres)表达,但是按照惯例,大家会这样做,因为这样更容易证明声明是自己所写。

所有这些规定都是善意的,但是是否适当值得怀疑。一直争论不休

---

[29] 《英国 1677 年反欺诈法》第 4 条,《德国民法典》第 766 条,《希腊民法典》第 849 条第 1 句,《荷兰民法典》第 7:859 条。

[30] 法国:《法国商法典》第 109 条;德国和奥地利:《德国商法典》第 350 条。不同规定参见《西班牙商法典》第 439 条以下。

120 的不仅是担保人是否为技术意义上的"商人",或者担保人为自然人时是否从事商业或者专门的职业活动;也包括有些"商人"也是需要保护的,就像有些私人的商业熟练度无人能及。因此,许多人支持英国法的做法,即**所有**(德:sämtliche)一般保证声明都需保证人亲笔所写。诚然,在极少数情况下,书面担保会让银行之间或某些其他商业部门间的商业交易更加困难,但是在这种情况下,人们可以相信,一般保证即使是以口头方式作出的,当事人仍然会视其有效,因为如果银行试图以一般保证不具书面形式而逃避履行担保义务,那么其商业信誉会受到严重的损害。另外值得考虑的是,制定一项规定,根据该项规定,担保声明中必须载有保证人承担的最大责任金额。[31] 虽然这势必要求债权人需计算出最高的担保金额,并且要将利息以及相关费用考虑在内,但是债权人这一小小的努力,就可以使一般保证人对其所承担的风险范围有一个很清晰的了解。

当担保人没有按照规定的形式作出声明,则声明就是无效的或"不可强制履行的",债权人的诉求因此会被驳回。但法国判例对此立场并不明确,主要原因是《法国民法典》第1326条(现《法国民法典》第1376条)最初仅是一项举证规则,要求手写责任金额的"数字或字母全称"(法:en chiffres et en toutes lettres),因为这会使伪造文件变得更加困难。最近的判例表明法院已经将《法国民法典》第1326条(现《法国民法典》第1376条)转化为保护担保人的条款,这导致的结果是,如果担保声明未满足《法国民法典》第1326条(现《法国民法典》第1376条)的规定,则是无效的。但是法国最高法院未采纳这一观点。如果担保人手写的声明中根本没有列明担保金额,或者只写了数字而没有用文字表述,那么该担保无效。[32] 但是如果担保被视为是为不确定的债权提供的——例如,为持续性借贷关系(德:einem laufenden Kreditverhältnis)中的债权向银行作出担保——则判例要求从担保人手写的文本中可以推断出其对担保的性质和范围有明确和毫不含糊的了解(法:de façon explicite et non équivoque)时,担保有

---

[31] 《瑞士债法》第493条第1款,《意大利民法典》第1938条。
[32] Com. 29. Okt. 1991, J.C.P. 1992.II.21874 mit Anm. *Legeais*.

效。这一切取决于具体情况,特别是法院不仅要考虑担保书的措辞,也要考虑担保人的行业经验、与债务人的关系以及他对风险的认知程度和处理手段等。[33] 如果担保人为一项持续性借贷关系中的债权向银行作出担保,那么是总经理为其经营的公司的银行债务提供担保[34],还是妻子为其丈夫的银行债务提供担保[35],这两种情况的区别很大。即使当担保声明未满足《法国民法典》第1326条(现《法国民法典》第1376条)的要求,法院仍可将声明认定为**书证的端绪**,并同意证人证明担保人在作出担保声明时是否能够充分认识到他所承担的风险。[36] 这些规则为法院提供了很大的自由裁量空间,但法院是否能够很好地平衡个案公正和预期结果的关系还是值得怀疑的。

2. 土地买卖合同

很多国家的法律都对土地买卖合同有形式要求,但并不容易说清楚原因。当然,这种合同往往涉及巨大的金额。但是,在股票、船舶、飞机以及其他贵重的动产买卖中巨大金额也不罕见。另一方面,或许对于一个中低收入的人来说,土地买卖合同具有非常重要的经济意义,且在其一生发生的次数十分有限,所以特别是对土地买卖合同而言,形式规定是保护消费者的重要手段,尤其是在面对房地产商和房产经纪人富有攻击性的销售策略时。另外,在大多数国家,购买者只有在官方登记簿进行登记才能获得无懈可击的物权。当然,很明显的是,持有登记簿的政府机构无法根据口头合同去做什么,而是需要相关的文书,更可取的是,文书由法律专家一起撰写,以保证内容的清晰明确。在大陆法系中,更是需要公证的方式。[37] 在意大利,书

---

[33] Civ. 22. Feb. 1984, J.C.P. 1985.II.20442 mit Anm. Storck; Civ. 28.Okt. 1991, J.C.P. 1992.II.21874 mit Anm. *Legeais;* Com. 18. Feb. 1992, J.C.P. 1992.IV.1147.

[34] Com. 26.Nov. 1990, J.C.P. 1991.II.21701 mit Anm. *Legeais;* Com. 25.Mai 1993, J.C.P. 1993.IV.1853.

[35] Civ. 10.März 1992, Bull.cass. 1992.I. no. 77.

[36] Com. 26.Juni 1990, Bull.cass. 1990.IV. no. 188 und 189; Civ. 15.Okt. 1991, J.C.P. 1992. II.21923 mit Anm. *Simler;* Civ. 20.Okt. 1992, J.C.P. 1992.IV.3083; Com. 16. März 2002, J.C.P. 2002, 592 mit Anm. *Legais* .

[37] 《德国民法典》第311条b款(以前的《德国民法典》第313条),《瑞士债法》第216条第1款,《葡萄牙民法典》第875条。

面形式就足够了[38],在英国亦是如此:"土地或者其他土地权益的处分合同必须以书面形式订立。"[39]

与之相反的是,在法国,口头订立的土地买卖合同是有效的,其结果是买方在不需要特殊的处分行为(德:Verfügungsgeschäfts)的情况下获得所有权。[40] 合同的成立不需要通过证人的证明[《法国民法典》第1341条(现《法国民法典》第1359条)],但是如果存在书面证据,例如,存在一封卖方通知公证人并请求其为交易起草文书的信函,如果卖方在寄出此信函后死亡,公证行为未发生,但是如果有足够的理由相信当事人已经对买卖标的和价格达成一致的,那么法院认为合同已经成立。[41]

这仅适用于当事人之间的(拉:inter partes)交易,如果卖方将土地再次出卖或抵押给第三人,那么第一个购买者只有在公共登记机关登记了的情况下才可以主张此土地的所有权,而登记的前提是合同必须经过公证。由此可见,购买者得到无懈可击的所有权前提是对合同进行公证[42]:"这实际上使得不动产的出卖需要通过(作成)公证书的方式进行。"[43]

---

[38] 《意大利民法典》第1350条第1—8项。

[39] 《英国1989年财产法(杂项规定)》第2条第1款,之前适用的规定(《英国1925年财产法》第40条),以《英国1677年反欺诈法》为基础,其规定尽管口头订立的土地买卖合同有效,但不可强制执行(对此参见第131页)。需要注意的是,英国和德国对合同和交易行为作了区分,合同履行要求卖方将物权转让给买方,但是交易行为[在英国被称为"产权转让"(conveyance),在德国被称为"让与"(Auflassung)],需要遵守一定的形式,在英国是契约(deed)(《英国1925年财产法》第52条第1款),在德国是公证文书(《德国民法典》第925条)。

[40] 《法国民法典》第1583条。(以及现《法国民法典》第1196条。——译者注)这里导致令人吃惊的结果:买卖土地的口头合同是有效的,但是从家门口小贩手中购买一支牙刷却是无效的(参见第280页及以下)。而且在法国,如果卖方将土地和其还未建造的房屋一起出售的话,也是需要公证文书用以证明的(《法国建筑和住宅法》第L 261-11条);在奥地利,口头订立的土地买卖合同也是有效的,参见《奥地利普通民法典》第883条以及OGH 15. Sept. 1970, JBl. 1971, 305。

[41] Civ. 1. April 1971, J.C.P. 1972.II.16998 mit Anm. *Ghestin*; Civ. 27. Nov. 1990, D. 1992 Somm. 195 mit Anm. *Paisant*.

[42] Vgl. Starck/Roland/Boyer no. 96; *v. Hoffmann, Das Recht des Grundstückskaufs, Eine rechtsvergleichende Untersuchung* (1982) 23 ff., 101 f., 119 f.

[43] Carbonnier 173. (同时,《法国民法典》第1198条第2款规定,如果两人以上向同一人主张他们已经取得此土地或土地上的利益,那么优先顺位发生在先进行不动产公证的人,当然,前提是他必须是善意的。——译者注)

(三) 其他处罚

通常而言,仅仅因为缺乏符合要求的形式要件而认定某项声明或某类合同无效或不可履行,或者排除证人的证据,都是毫无道理的。尤其是在立法者认为合同一方当事人需要保护,因此规定另一方当事人在缔结合同时应以书面的形式告知对其重要的信息时,更是如此。在这种情况下,如果因为未提供信息而认为整个合同无效,其实也损害了受保护一方当事人的利益。因此,立法者应创设其他处罚措施,既能促使当事人遵守提供信息的义务,又可以保障受保护一方的利益。下文将以示例加以说明。

根据《德国民法典》第568条第1款,房屋租赁合同的解除必须以书面的方式进行。如果出租人在解除函中未能说明终止原因,则解除无效。在解除诉讼中,出租人不能援引其在解除函中应该说明但是却未说明的理由来证明其解除的正当性(《德国民法典》第573条第3款)。

还有一些法律规定,向消费者提供贷款或上门销售商品的经营者负有信息告知义务。欧共体指令将违反信息告知义务的处罚交给了成员国自行制定,所以呈现在我们面前的各国的解决方法就是一个奇怪的大杂烩。例如,法国法律规定,贷款人在消费者借贷合同中未说明"有效年利率",合同虽然视为成立,但是贷款人不可向借款人主张利息。[44] 但是根据德国的法律,这种情况下合同首先是无效的,但是如果消费者能收到贷款,合同视为有效(《德国民法典》第494条第2款),利息按照《德国民法典》第246条规定的每年4%计算。而在英国,贷款人对借贷人的索赔需要法院根据具体情况以合理的方式予以确定。[45] 欧共体指令也有类似的规定,在一些合同中消费者必须在签合同时被告知自己有撤销权。当消费者签订了一个上门销售合同,但是并未被告知或者按照规定的方式被告知有撤销权时,法律后果是什么呢?对于这一问题,之前各国之间的

---

[44]《法国消费法典》第L 311-33条。
[45]《英国1974年消费者信贷法》第60条、第61条、第65条和第127条。对此参见 Treitel (-Peel) no. 5-007。

法律规定有很大的不同,但现在情况不同了,因为《上门直销指令》规定成员国在销售者没有履行或者没有完全履行信息告知义务的情况下应该采取"合适的措施保护消费者"。[46] 然后,欧洲法院(以一个对所有成员国有约束力的方式)对此指令进行了解释——未经适当通知的消费者的撤回权在一年后不得到期[47]且消费者因未被通知或者没有被适当地通知而遭受损失的,可以请求销售者进行损害赔偿。[48] 在此期间,2011 年 10 月 25 日颁布的《消费者权利指令》统一规定撤销期限为 14 天,如果消费者未被适当地通知撤销权,撤销期限则延长至 12 个月。

五、格式无效合同的维持

在很多情况下,法律规定,只有当事人双方的协议以某种形式订立时,合同才能有效成立。如果没有遵守形式条款,则合同无效,而不考虑立法者规定该形式的目的在具体情况下能否通过其他方式得以实现。例如,担保人未以规定的形式作出担保声明,即使另一方当事人可以证明担保声明是担保人经过深思熟虑后独自作出的,也还是无效的。

然而有时候,严格适用上述原则会导致令人难以接受的结果。"虽然不破坏遵守形式要件这一原则很重要,但同样重要的是,法律不应如此没有弹性,以致在不符合这一原则时造成令人难以接受的困难。"[49]这又涉及在个案中如何在法律确定性和公平性之间取得合理平衡的问题。

最常见的情况是,某人出于赠送或者有偿转让土地的目的向他人作出承诺,但却未遵守这种承诺有效性所依赖的形式要件。在何种条件下受允诺人仍可要求允诺人履行承诺呢?德国、瑞士和英国有多种判决。

---

[46] 参见 1997 年 5 月 20 日颁布的《远程合同中消费者保护指令》第 4 条第 3 款 (ABl. L 144 S. 19)。

[47] Vgl. EuGH Rs. C 481/99- *Heininger*, Slg. 2001, I-9945 = NJW 2002, 281 und EuGH Rs. C 350/03- *Schulte*, Slg. 2005, I-9215 = NJW 2005, 3551.

[48] 《远程合同中消费者保护指令》第 10 条第 1 款。

[49] Law Commission, Formalities for Contracts for Sale etc. of Land (Law Com. No. 164, 1987) 5.1 (S. 17).

但在法国则不然,对于其原因我们已经清楚,即口头订立的土地买卖合同,只要当事人之间有足够的合意并为此愿意受法律的约束,则合同就是有效的。[50] 如果卖方提出异议,则买方只能在出示证明文件使得其说法可信的前提下,才能援引证人加以证明[《法国民法典》第1341条(现《法国民法典》第1359条)]。找到这种文件并不困难,在有些情况下,它也不是必须要出示的,例如,某人口头表示出卖土地给其配偶或者子女,那么对配偶或者子女来说,坚持让其出示文书或者公证文件"在道义上是不可能的"[《法国民法典》第1348条(现《法国民法典》第1360条和第1379条)]。

对于土地转让义务应以什么形式设定才能有效确立,各国规定并不相同:在德国和瑞士,需要对交易行为进行公证;在英国,土地赠与需要订立一项"契约",有偿的转让合同需要以书面的形式作出。

德国判例认为,如果由于卖方的欺诈行为致使善意的买方认为交易合同有效,卖方后又因土地价格上涨打算终止合同时,卖方不得援引形式要件欠缺作为理由。[51] 但此类案件较为罕见,更常见的情况是,当事人双方都知道或能预料到合同无效,或者误认为合同有效或根本未考虑合同的效力问题。在这些情形中,如果满足了特定条件,合同仍可维持。在德国,"当考虑到当事人之间的关系和该案所有的情况,根据诚实信用原则,当事人不应以欠缺形式要件为由要求对方承担违约责任"时,就会出现这种情况。[52] 这种表述并不包含切实的操作内容,但却清楚地表明,法院重视当事人的行为及其相互间的关系,以及考虑如果一方后来以形式上的错误为由背弃承诺,是不是有违诚信。

126

---

[50] 参见第122页。在法国,口头订立的土地赠与合同也是无效的(《法国民法典》第931条),但是如果允诺人允许受允诺人长期在其土地上生活,通过其行为"故意在后者的心目中制造虚假的希望",则允诺人根据《法国民法典》第1382条(现《法国民法典》第1240条)要承担相关的侵权损害赔偿责任。参见 Aix 11.Jan. 1983, D.S. 1985, 169 mit Anm. *Légier*。

[51] RG 4. Okt. 1919, RGZ 96, 313, 315; BGH 3. Dez. 1958, BGHZ 12, 6.在英国,此种情况下存在以欺骗为由的侵权损害赔偿请求权,但只有在满足财产禁反言的要求(将在下文予以讨论)的情况下,才会提出履约索赔。

[52] 现行判例,例如,参见 BGH 3.Dez. 1958 (上注) 10。

在这方面,英国法院已经形成"财产禁反言"(英:proprietary estoppel)的原则。根据此项原则,当受允诺人已经基于对允诺声明合理的信任对自己的财产进行了处置,从而使自己处于不利的处境时,允诺人被禁止主张合同无效,因为这违反了信赖保护原则。[53]

普遍认为,当一个理性的人在基于受允诺人同样的情况都不会信赖允诺声明时,受允诺人不受保护。例如,当受允诺人知道允诺是无效的,但是因为允诺人对其作出了"绅士的承诺"(德:Edelmannswort)[54]或者以其他方式表明他会受其允诺约束并且不会主张允诺无效而信赖承诺会被履行,就属于这种情况。[55] 同样,若当事人签订了一份关于地产交换的书面原则性协议(英:agreement in principle),任何一方当事人都不应该抱有不合理的期待,认为他们最终一定会签订合同,因而占有该交换的地产,并按照自己的需求对其重建,且让其员工搬进去:当原则性协议明确约定"以合同约定为准"(英:subject to contract)时,当事人则承担合同最终未能成立以及费用损失的风险。[56] 正如一个案件的判决所示,在此案中,房屋购买合同的形式存在欠缺,购买者在住了14年、房屋状态保持良好且支付了全款的情形下提出履行的诉讼请求,但是被法院驳回了,因为法院认为购买者并"不完全相信"卖方会转让房屋,因此在支付价款时承担了"一定的风险"(德:gewisses Risiko)。[57]

在 *Pascoe v. Turner* 一案[58]中,原告在 1973 年口头告知其同居女友,她可将与原告从 1965 年起一直居住的房屋视为自己的财产,但在原告与另外一个女子建立关系后,他在 1976 年要求同居女友搬离这所房

---

[53] Vgl. *Gray*, Elements of Land Law (3. Aufl. 2001) 573 ff.
[54] RG 21. Mai 1927, RGZ 117, 121.
[55] BGH 21. März 1969, NJW 1969, 1167 mit Anm. *Reinicke* .
[56] *Attorney General of Hong Kong v. Humphreys Estate Ltd.* [1987] 2 All E.R. 387 (P. C.), *Cobbe v. Yeoman's Row Management Ltd.* [2008] 1 W.L.R. 1752.相似的判决参见 BGH 25. Feb. 1966, BGHZ 45, 179,在此案中,口头陈述只是笼统的表达,并不代表坚定的承诺。
[57] BGH 22. Juni 1973, NJW 1973, 1455.另一个问题是,受允诺人在这种情况下是否不能请求允诺人承担损害赔偿,或者要求允诺人返还不当得利。
[58] [1979] 2 All E.R. 945.并参见 *Inwards v. Baker* [1965] 2 Q.B. 29, *Crabb v. Arun District Council* [1976] Ch. 179, *Greasley v. Cooke* [1980] 1 W.L.R. 1306。

屋。法院驳回了原告的诉讼请求,并支持了被告的反诉,判决原告将房屋所有权转移给被告。而作出判决的关键之处在于,被告出于对原告的信任,在其同意下将自己的大部分积蓄都用在了房屋的翻新上。受允诺人是否基于对允诺人的信任对自己的财产作出了处置,从而使自己处于不利地位,这对德国法院来说也是判决中需要考量的重要问题。例如,当一个农民承诺其儿子,将来会将农场转交给他,因此他的儿子在很多年的时间里将所有的精力用在农场的经营上,放弃了原有的工作计划,那么这个农民就不得以自己的允诺为口头作出为由而主张无效,然后再把农场交给自己的女儿。[59] 对于在为签订合同(后来失败)进行谈判期间或者签订格式无效的合同后,一方当事人鼓励对方当事人对资产进行重大处置,或知道并同意这种处置的案件,也会作出同样的判决。[60]

瑞士判例与德国一脉相承。法院认为因形式欠缺而主张合同无效是"明显的权利滥用"(《瑞士民法典》第 2 条第 2 款),在合同已由当事人双方完全或者大部分履行的情况下更是如此。[61] 这里并未明确说明的是,是否基于对合同的信赖而对财产作了处置,但是,在当事人长期为对方提供服务的情况下作出的财产处置一般都是基于信赖。1967 年的一个判决就是如此[62]:当事人口头订立了农用土地的买卖合同,同时买方又将土地回租给了卖方。九年后买方要求卖方返还价款,原因是买卖合同无效。法院驳回了买方的诉讼请求,因为买方支付了价款,并以物权人的身份在土地簿中登记[63],且向卖方要求和收取了租金;反过来,卖方也一

---

[59] BGH 16. Feb. 1954, BGHZ 12, 286. BGH 5. Feb. 1957, BGHZ 23, 249 亦如此:"主要取决于受允诺人(德:Versprechensempfänger)是否基于对允诺人(德:Versprechenden)保证的信赖作出了重大的牺牲,特别是放弃了他和他的家庭生活保障"(第 263 页)。

[60] BGH 30. Okt. 1961, WM 1962, 9; BGH 16. April 1962, WM 1962, 786.

[61] 参见 BG 1. Nov. 1966, BGE 92 II 323; BG 21. März 1967, BGE 93 II 97; BG 14. März 1978, BGE 104 II 99; BG 25. März 1986, BGE 112 II 107; BG 24. Sept. 1986, BGE 112 II 330。如果当事人在明知合同无效的情况下履行了合同,但可能其误认为合同是有效的,这一点也适用。

[62] BG 21. März 1967(上注)。

[63] 根据德国法律,此案中合同的无效性已经被"治愈"(《德国民法典》第 313 条第 2 句),但是前提是合同虽然因欠缺形式而无效,但转让行为是有效的,买家通过在土地簿上登记获得绝对的物权。

直以租户的身份管理土地。

在德国,也有受允诺人对财产的处置被排除在考虑之外的判决,取而代之的是根据案件的具体情况考虑,因形式要件主张合同无效是不是对权利的滥用。例如,在一个案件中,被告在1943年将其地产上的多处小块土地租给来此处的移民,其在租赁合同(书面合同,但是未经公证)中承诺,只要租户准时履行自己的合同义务,5年后就将土地的所有权转让给租户。因此,在1952年,一个租户起诉被告,要求其转让土地的所有权。通过案件事实并不能推断出原告是否基于对被告允诺的信任对财产作出了处置,例如,对这块土地的资金投入或丧失了得到其他土地的机会。但诉讼还是得到了法院的支持,因为被告"利用其德高望重的地位"与不懂法律且毫无从商经验的移民做交易,使他们相信自己的法律地位是有保障的;在此种情形下,被告"一直使合同处于不确定的状态,多年来由其保持着可自行决定合同是否履行或者主张合同无效的可能性",这是违背诚实信用原则的。[64]

与此不同的是,在英国判例中,受允诺人是否"信赖"承诺人的声明并作出不利的处分,即发生了双方"位置交换"的结果,具有决定性的意义:"受允诺人必须因信赖允诺或陈述而受到损害。"[65]因此,如果允诺人可以证明,即使没有他的承诺受允诺人也会作出处分,例如,因为他对处分有自己的经济利益[66],或者因为他与允诺人的家庭关系而感到无论如何都有义务作出处分,那么允诺人就没有违反**财产禁反言**(英:proprietary estoppel)。此外还需要满足的条件是,受允诺人基于对允诺的信任对自己的财产进行处分使自己处于不利地位,以至于如果将允诺视为无效则不合理。通常情况下,这种处分包括受允诺人在被允诺的土地上建造或改建房屋,或对房屋进行装修。当然,如果受允诺人因对承诺的信任为允诺人或其家人提供服务,并因此放弃了他的职业或以前的住所,也视为满足

---

〔64〕 BGH 18. Feb. 1955, BGHZ 16, 334, 338.并参见 März BGH 27.Okt. 1967, BGHZ 48, 396 und BGH 29.3.1996, NJW 1996, 1884。

〔65〕 Treitel (-Peel) no. 3-128. 对此参见 Gray (前注53) 793 ff.。

〔66〕 Vgl. Taylors Fashions Ltd. v. Liverpool Victoria Trustees Co. Ltd. [1982] Q.B. 133.

条件。[67]

如果满足了**财产禁反言**的要件,则法官需要衡量应同意受允诺人何种救济,这主要取决于个案的具体情况。有时是准许实际履行的要求,比如,转让承诺土地的所有权[68]或给予终身无偿使用权。[69] 其他案例中也有只允许受允诺人得到金钱赔偿的情况,例如,受允诺人放弃了对土地的占有或者他处置的财产的价值已经远超被承诺的土地的价值。同样,索赔金额取决于具体情况,法官可以根据受允诺人的支出——无论是以现金的方式还是以服务的方式,确定赔偿金额;或者法官也可以根据允诺人以市场价格出售受允诺人在土地上所建房屋或者出售翻新的土地所获的利润来确定赔偿金额。[70]

德国法官也有类似的裁量权。当形式要件欠缺的合同仍然有效时,需满足受允诺人履行合同的诉求。但当法官认为合同无效,也绝不意味着受允诺人会空手而归。相反,他可以向允诺人提起不当得利之诉,即他履行了无效的合同——因此没有法律的理由——向允诺人提供了给付(《德国民法典》第 812 条)。此外,法院可能会准许其根据缔约过失提出损害赔偿请求,当然,这只出现在极少数的案例中,因为形式条款的目的是保证当事人在合同公证之前的决策自由,如果一方当事人破坏了谈判就需要承担赔偿责任,那么形式条款的目的便落空了。[71] 但当具有商业和法律知识的一方在合同磋商过程中使缺少经验的另一方相信合同一定能成立,给另一方他起草的书面文件,使另一方相信通过签名可以获得安全的法律地位,或者还鼓励另一方处分自己的财产,那他就是违反了一个理性的人在同样情形下都需要负担的告知另一方交易风险的义务。[72]

---

[67] 参见 *Grant v. Edwards* [1986] Ch. 638 并详见 *Gray* (前注 53) 796 ff.。
[68] So in *Pascoe v. Turner* (前注 58)。
[69] So in *Inwards v. Baker und Greasley v. Cooke* (前注 58)。
[70] 对此详见 *Treitel (-Peel)* no. 3-138 ff.。
[71] 参见第 122 页以及 BGH 18.Okt. 1974, NJW 1975, 43; BGH 8.Okt. 1982, WM 1982, 1436。
[72] BGH 29. Jan. 1965, NJW 1965, 812; BGH 16. Feb. 1965, WM 1965, 674; BGH 19. April 1967, WM 1967, 798.

131 对于此类案例，另一种解决办法是认定合同有效且准许受允诺人的履行请求。法官选择哪种路径取决于根据具体情况他认为哪种是合理的。如果一个大型的非营利性的住房公司书面承诺转让土地所有权并向缺乏法律经验的买家明确保证一切将如约进行，这种情况下一般可以提起违约损害赔偿之诉。[73]但是，如果一位年事已高的人拿出毕生积蓄购买此房屋并将此作为其退休后的归宿，若只准许其提出损害赔偿之诉，那么他必须去另觅住所，或因此而亡[74]，所以在这种情况下，准许其履行之诉更为合理。

德国和英国的判例对此问题的判决结果可能是一样的，然而人们不应该忽视的是，其中还是存在一定的——或许是特征上的——差异。主要的区别在于，在英国，人们严格遵守"信赖损害"（英：detrimental reliance）的要件；而在德国，当一方当事人向缺乏法律经验的另一方当事人表明交易是完全安全的，但事后又主张合同因欠缺形式要件而无效，法院会因当事人违背诚实信用原则而对此加以禁止。英国法官在这里似乎采取了更为强硬的立场。在 Taylors Fashions 一案[75]中，原告因为没有登记而未获得土地权（德：Grundstücksrecht），诚然，被告也认为并不需要登记，多年来，有争议的权利也一直被视为有利于原告，然而，现在被告主张权利的无效性。奥利弗法官（Oliver）毫不掩饰地表明，被告的态度"不是那种因天大的美德而令人印象深刻的态度，对此案进一步考察也未能使人改变对此的第一印象。但是，如果它们在法律上是正确的，且不存在有助于原告的衡平法，那么将他自己独特的商业道德准则强加给诉讼一方，就不是法官的职责了"[76]。

---

[73] BGH 29. Jan. 1965（上注）。
[74] BGH 21. April 1972, NJW 1972, 1189.
[75] 前注 66。
[76] 出处同上，S.135。

第六章 合同解释

一、导论 ………………………………………………………… 125
二、"意思主义"与"表示主义" ………………………………… 126
三、客观解释 …………………………………………………… 129
四、解释的准则 ………………………………………………… 136
五、补充的合同解释 …………………………………………… 139
    1.通过任意法对合同的补充 ………………………………… 140
    2.补充性合同解释 …………………………………………… 143
    3.合同附随义务 ……………………………………………… 146

一、导论

词语并非总是如人们所想的那样被理解。用言辞所表述意思的含义主要取决于表意人和意思表示受领人的理解。因为每个人的理解都带有其特殊的知识、经验,以及倾向、意图和兴趣的烙印,因此,经常会出现对于同一个表示,收到表示的人与作出表示的人理解不一致的情形。文学以及许多其他人文学科都在研究的现象是,一段特定的文字——例如,一首诗、一篇小说或一篇哲学文章,被作者赋予的意义与被读者赋予的意义不同,读者的理解在过去与现在不同,不同地方的人也有不同的见解。这也是法律人不得不需要反复面对的问题。对其而言,一个特别重要的问题是,他所处理的文本具有法律效力,这或者是因为这些文本是对所有公民适用的**法律规定**(德:Gesetzestexte),或者是因为这些文本是旨在为合同双方建立一个具有约束力的秩序的**合同文本**(德:Vertragstexte)。因此,无论有多么困难,他必须努力赋予文本对所有相关方同样的含义。

133   就合同而言,确定这样一个含义的过程就是**合同解释**(德:Vertragsauslegung)。[1]

二、"意思主义"与"表示主义"

如果当事人承认口头或者书面声明的存在,但是却对声明的含义产生争议时,就需要对合同进行解释。而对合同的解释有两种相互对立的观点:第一种观点是优先考虑当事人的**意愿**(德:Willen),其理由是,根据当事人意思自治原则,法律义务的产生从根本上是由当事人自由意志所创造的,并从当事人身上找到其有效的真正理由:"我们只能将当事人的意思作为唯一重要和有效的东西,即使它是内在的和无形的,我们也需要通过某种标志来确认它。"[2]相反,第二种观点认为**表示**(德:Erklärung)的外部构成是最为关键的,因为出于对交易和信赖的保护,重要的不是当事人想要什么,而是表示如何被理解。

早在罗马法时期,解释方法就在这两种不同的学说之间徘徊。其实在更早之前就存在外部的文字解释。在古罗马法时期,许多法律义务只能通过实施某些特定行为或者使用某些特定的单词或短语来确立:这里很明显的是,法律效果是由行为、单词或句子产生的,而不是由行为人或

134   说话人的意思产生的。然而,慢慢地,当事人的意愿在合同解释中开始发

---

〔1〕 Vgl. *C.-W. Canaris/H.C. Grigoleit*, Interpretation of Contracts, in: A. Hartkamp u.a. (Hrsg.), Towards a European Civil Code (4. Aufl. 2011) 587; *S. Ferreri*, The Interpretation of Contracts from a European Perspective, in: R. Schulze (Hrsg.), Informationspflichten und Vertragsschluss im Acquis communautaire (2003) 117; *N. Kornet*, Contract Interpretation and Gap Filling (2006); *J. H. Herbots*, Interpretation of Contracts, in: J.M. Smits (Hrsg.), Elgar Encyclopedia of Comparative Law (2006) 325; *S. Vogenauer*, Auslegung von Verträgen in: HWB des Europäischen Vertragsrechts (2009) 135; *S. Vogenauer*, Interpretation of Contracts: Concluding Comparative Observations, in: A. Burrows, E. Peel (Hrsg.), Contract Terms (2007) 123; *R. Zimmermann*, Die Auslegung von Verträgen: Textstufen transnationaler Modellregelungen, in: T. Lobinger (Hrsg.), Festschrift für E. Picker (2010) 1353.

〔2〕 *Savigny*, System des heutigen römischen Rechts III (1840) 258.

挥作用——在"向其所愿者请求"[3]（拉：Cum in verbis nulla ambiguitas est, non debet admitti voluntatis quaestio）原则外，"应考虑当事人本意而非其言辞"[4]也成为解释的准则。在罗马帝国后期，由于受希腊伦理学和基督教道德教义的影响，一直遵循外在现象的解释逐渐失去了其合理性，解释从强调外在的事实发展到首先考虑内在的意思。当查士丁尼在公元六世纪下令，将古典法学著作中具有代表性的节选汇编成册作为他打算编纂的罗马法的核心内容时，这种"主观的"解释方法是主流的解释方法。因此专家们认为，许多流传下来的文本在这次事件中被当时新的、被认为具有进步意义的"主观学说"所修改（或者说是"篡改"——德：interpoliert）。[5]

更"主观的"解释和更"客观的"解释——或者之后人们所说的"意思主义"和"表示主义"——之间的紧张关系贯穿了整个欧洲的法律史。在法学文献中，"主观解释"直到19世纪仍处于统治地位，当然，它在法律实践中是否也是如此，并不确定。在《法国民法典》中也可觅得主观解释的踪迹，例如，《法国民法典》第1156条（现《法国民法典》第1383-2条）规定："必须在合同中探寻订约双方的共同意图，而不是停留在条文的字面解释。"的确，后来大部分的民法典都坚持了这一规则，例如，《德国民法典》第133条规定，在解释意思表示的含义时，应"探究真实意图，而不是墨守其字面的意思"。但是，这些规定通常由另一个侧重于所解释内容的"客观"含义的规则来补充，从而让法官在每个个案中解决这一矛盾。在《德国民法典》中，除了第133条，第157条也规定了合同的含义应该"根据交易习惯和诚实信用原则的要求"来解释。《奥地利普通民法典》甚至将两种解释规则规定到同一条款之中：根据《奥地利普通民法典》第914条的规定，一方面，"不应执着于合同字面的意思，而应该探寻当事人的真实意图"；另一方面，"合同的理解应符合公平的交易习惯"。

当事人总是在一种特殊情况下达成一致，即当事人对其选择的表述所

---

[3]　*Paulus* D. 32.25.1.
[4]　*Papinian* D. 50.16.219.
[5]　整体的阐述参见 *Zimmermann* 621 ff.。

135 附加的含义和表述通常的意义不同。在此情形下,采用的是双方当事人共同的意愿,而不是其表述的内容:**误载不害真意**(拉:Falsa demonstratio non nocet)。[6] 例如,合同当事人将合同标的描述为"Haakjöringsköd",即鲨鱼肉,但是当事人的本意为"鲸鱼肉",则合同的标的也是鲸鱼肉,所以当卖家交付的是鲨鱼肉时,买方可以因卖方违约请求损害赔偿。[7] 同样的判决还出现在一桩土地买卖案中,当事人签订土地买卖合同时,因为疏忽错将他们并不想要交易的另一块土地写成了合同的标的。[8] 对此类案件,英美法系也认为当事人的意愿是决定性的,但这并不是基于合同的"解释",而是因为当合同一方能够证明双方当事人在签订合同时有**"持续的共同意图"**(拉:consensus ad idem,英:a continuing common intention),但在合同表述中却没有表达出来时,需要对合同进行**变更**(英:rectification)。[9] 这也适用于合同文本背离了一方当事人的真实意图,另一方当事人在知道这是对方当事人"单方面的错误"的情况下仍签订了合同的情形。[10] 同样的解决方案见于《联合国国际货物销售合同公约》第 8 条,根据此规定,对一方当事人声明的解释——也包括其为订立合同所作出的声明,只要另一方当事人"知晓此意图或者不可能不知晓",解释就以当事人的真实意图为准。《欧洲合同法原则》第 5:101 条也作了类似的规定——合同的解释取决于"当事人的共同意图,即使这与字面表述不符"。这也适用于只有一方当事人对合同的表述赋予了一个特殊的含义,而且他可以证

136 明"在签订合同时,另一方当事人不可能不知道其意图"的情况。[11]

---

[6] 《西班牙民法典》第 1281 条第 2 款和《葡萄牙民法典》第 236 条第 2 款即如此明确规定。

[7] RG 8. Juni 1920, RGZ 99, 147.

[8] BGH 25.März 1983, BGHZ 87,150.

[9] 参见 Craddock v. Hunt [1923] 2 Ch. 136 (C.A.),关于合同"变更"的内容,参见 Treitel (-Peel) no. 8-059 ff.。

[10] 参见 Treitel (-Peel) no. 8-067 ff.。同样见于德国法院判决: BGH 20.Nov. 1992, NJW-RR 1993, 373。

[11] 《欧洲合同法原则》第 5:101 条第 2 款、《国际商事合同通则》第 4.2 条第 1 款,《欧洲合同法典》第 34 条第 2 款,《(欧洲私法)共同参考框架草案》第 II.-8:101 条第 2 款,《欧洲共同买卖法》第 58 条第 2 款以及 BGH 20.Nov. 1992, NJW-RR 1993, 373。

三、客观解释

若当事人疏忽地将他们达成的合意错误地或者模糊地写在合同中时,很少会诉至法庭,因为在此类情况下当事人通常会按照他们之前所想来履行合同。更多的争议产生于,当事人虽然对合同表述达成了一致,但是每个当事人都赋予这一表述不同的含义;或者在合同签订时,他们就有不同的观点(当然,他们并未注意到不同,或者即使注意到,仍然希望这是无关紧要的);又或者当事人后来才有机会考虑确切的履行范围,但是双方得出的结果并不相同。在这些情况下该如何处理呢?

毫无疑问的是,在这些情形中确定当事人的"共同意愿"——尤其是确定当事人在作出声明时的真实意图并不会得出什么结果。另外,人们还一致认为,不能简单地按照表意人或意思表示受领人在合同签订时或问题发生时给出的解释来理解声明。相反,起决定性作用的是一个理性的人在处于意思表示受领人的位置时对声明内容作出的判断,同时考虑声明的措辞以及与声明有关且意思表示受领人可识别的其他所有重要的情况。正如《联合国国际货物销售合同公约》第 8 条的规定:无法确定当事人的共同意愿的(第 1 款)——这经常发生——"应当根据一个在同样情况下的理性的第三人所能理解的意思来解释"声明(第 2 款);在作出解释时,应"考虑到所有的相关情况,尤其是当事人之间的协商、他们之间的交易习惯、当事人的习俗和事后的行为"(第 3 款)。

例如,一个从事出口贸易的商人通过向卖方承诺"见索即付"(德:Zahlung auf erstes Anfordern)为出口交易中的购买价款债权提供担保,那么一旦卖方提出要求,买方就需要按照该规则的意思立即付款,这是外贸领域的惯例;他对付款请求权的任何异议,都只能在随后的追偿程序中提出。即使担保人对此规则的技术性含义一无所知,情况也是这样。不同的情况是,在一个普通担保中,如若担保人是借款人没有担保经验的妻子,那么对"见索即付"的承诺只能按照简单担保解释,此种情形下,担保人可以援引借款人的全部抗辩理由进行抗辩。这也就意味着,她不仅有

137

权将其担保声明理解为简单担保,债权人也必须像一个理性之人一样如此理解。[12]

这些或与之相类似的规则已经得到普遍承认,有时也由法律确定。例如,《匈牙利民法典》第 207 条规定,合同中的声明"应根据另一方在考虑到所用词语公认的含义的情况下所理解的意思来解释;并考虑表意人推定的意图以及案件的具体情形"。尤其需注意的是"交易习惯"以及"诚实信用"原则[13]、"公认的商业习惯"[14]。另外还需要考虑国际法律文件规定的、一贯适用的"重大情况"目录,其中包括合同的类型和目的,当事人在以前订立合同时对争议所作的解释,此外还包括合同签订前双方的磋商,最后也需要考虑的是,合同签订之后能阐明合同含义的行为。[15]

长期以来,英国判例认为书面合同的解释应当取决于一个理性的第三人在相同的情况下对需要解释的合同所赋予的含义:"解释是指确定一个理性的第三人在了解合同签订时的、当事人双方应该掌握的所有背景知识时对文本的理解。"[16]对一个理性的人正确解释合同非常重要的"背景知识"是指当事人签订合同的目的、合同签订的实际情形、交易习惯,以及"任何可以影响一个理性的人理解文本语言的因素"。[17] 由此,人们可能认为,在英国法中合同的解释也需要考虑所有的"重要情形",正如《联合国国际货物销售合同公约》第 8 条第 3 款以及规定更为详细的《欧洲合

---

[12] BGH 12.März 1992, NJW 1992, 1446.
[13] 《德国民法典》第 157 条;《法国民法典》第 1366 条(现《法国民法典》第 1386 条)。
[14] 《奥地利普通民法典》第 914 条。
[15] 参见《欧洲合同法原则》第 5:102 条、《国际商事合同通则》第 4.3 条、《(欧洲私法)共同参考框架草案》第 II.-8:102 条第 1 款、《欧洲共同买卖法》第 59 条。《(欧洲私法)共同参考框架草案》第 II.-8:102 条第 2 款作了例外规定:当第三人信赖并且可以信赖合同的措辞,在这种情形下,赋予合同措辞以外的含义的,只有在第三人知道或者应当知道的范围内才被考虑。对于这一规则是否有必要存在是值得怀疑的,因为一个理性的人对合同解释所考虑的情况,也可能是第三人基于对合同文本的特定含义产生信赖并出于对合同的信任对财产作出了处置。
[16] *Investors Compensation Scheme Ltd. v. West Bromwich Building Society* [1998] 1 W. L.R. 896, 912-913 (*Lord Hoffmann*).
[17] So *Lord Hoffmann* in Investors Compensation Scheme (上注) 913。

同法原则》第 5:102 条所规定的那样。然而事实并非如此。"任何因素"(英:absolutely anything)——如霍夫曼勋爵(Lord Hoffman)在上议院后来的一项判决中所阐明的——并不包括当事人订立**合同前的磋商**(德:vorvertraglichen Verhandlungen)对合同解释产生的影响。[18] 原因是当事人在磋商过程中作出的声明经常只能反映出当事人并不全面的期望,这种期望只是暂时的,后来经常会被放弃,最终被签订的合同所取代。这当然是正确的,但是并不一定导致订立合同前的磋商作为合同解释的手段被完全排除,不过这需要法官非常克制地评价其证明价值。[19]

当根据上述规则对一个书面合同进行解释后得到某种结果,而其中一方当事人主张在合同签订之前或者之时他们达成了**附加**(德:zusätzliche)协议,内容和(被正确解释的)合同文本不同时,这个当事人是否可以提交能证明其主张的文件或者请证人予以证明?法院是否应当核查文件或听取证人证言?在欧洲大陆法系,这些问题得到了肯定的回答,即使在书面合同的完整性和正确性很难被推翻的情形下也是如此;但是在法国,根据《法国民法典》第 1341 条(现《法国民法典》第 1359 条)的规定,询问证人却是不被允许的。[20] 英美法系的态度与大陆法系相反,认为在商业交易中对法律的确定性具有重大意义的是"当事人应当受

[18] Chartbrook Ltd. v. Persimmon Houses Ltd. [2009] 3. W.L.R. 267.——同样地,根据**订立合同后当事人的行为**解释合同也是不可以的。Whitworth Street Estates Ltd. v. James Miller & Partners [1970] A.C. 583 一案对这一规则进行了说明,"可能会出现这样的结果,即合同在签署当天是一个意思,但由于后来发生的事件,一个月或一年后就变成了另一个意思"(Lord Reid auf S. 603)。Schulee v. Wickman Machine Tool Sales Ltd. [1974] A.C. 235 一案亦同。但《欧洲合同法原则》第 5:102 条 b 项,《国际商事合同通则》第 4.3 条 c 项,《欧洲共同买卖法》第 59 条 b 项以及《联合国国际货物销售合同公约》第 8 条第 3 款规定不同。德国判例也不同,例如,参见 BGH 7.12.2006, NJW-RR 2007, 529。判决正确地阐明,只有当一方当事人在合同缔结之后的行为清楚地表明,**在订立合同时**,双方当事人的共同意图已经朝着所主张的方向发展时,该主张才会被视为对合同解释具有重要意义。

[19] 相同观点参见 E. McKendrick, The Interpretation of Contracts: Lord Hoffmann's Restatement, in: S.Worthington (Hrsg.), Commercial Law and Commercial Practice (2003) 139, 155 f.;参见 H. Kötz, Vorvertragliche Verhandlungen und ihre Bedeutung für die Vertragsauslegung, ZEuP 2013, 777。霍夫曼勋爵(Lord Hoffmann)同时还担忧如果合同的解释也要考虑订立合同前的磋商,那么法院和仲裁庭诉讼费用会大大增加;参见 Kötz, 出处同上, 第 783 页以下。

[20] 对此参见第 114 页及以下。

其且仅受其书面合同的约束";因此就有了口头证据法则(英:parol evidence rule),在签订书面合同后排除附加合同磋商的证据。当然,英美法系也承认口头证据法则可能会导致不公平。因此很多案例的判决并未适用此规则,法律委员会建议废除该规则,如今已经被采纳,"口头证据法则在很大程度上不会再阻碍一方当事人提供证据证明本应成为合同一部分的条款的存在"。[21]

迄今为止,提出的法律规则与许多法律制度中的规定并不矛盾。《欧洲合同法原则》第5:101条提出,合同解释的目的是探寻"当事人的共同意愿"。特别是在法国,判例法和学界都认为合同的解释——如《法国民法典》第1156条(现《法国民法典》第1383-2条)所规定——是为了发现"当事人的共同意愿"(法:commune intention des parties contractantes)。*但同样得到公认的是,当一个这样的共同意愿确实不存在时,法官应该去探寻当事人"假设的"(德:hypothetischen)意愿[22]或者在考虑所有的主观和客观的因素后得出当事人合理的意图。[23] 事实上,《法国民法典》不仅在第1156条(现《法国民法典》第1383-2条)规定了当事人的"共同意愿",也如《德国民法典》第157条一样,规定了合同解释需考虑"客观"因

---

[21] So McKendrick (前注19) 185。并参见 Treitel (-Peel) no. 6:012 ff.; Vogenauer, Interpretation of Contracts (前注1) 135 ff.。在国际法律文本中无法找到符合口头证据法则的规定。如果书面合同中规定,通过双方协议(德:Parteivereinbarung),即所谓的"合并条款"(英:merger clause)——合同是"完整的",情况则不同。在这种情况下,证明附加的口头或书面的协商或声明是为了解释书面合同,而不是为了证明对合同的修改或者补充。详细规定参见《欧洲合同法原则》第2:105条、《国际商事合同通则》第2.1.17条、《(欧洲私法)共同参考框架草案》第II.-4:104条、《欧洲共同买卖法》第72条以及 O. Meyer, Die privatautonome Abbedingung der vorvertraglichen Abreden, RabelsZ 72 (2008) 562。

* 现《法国民法典》第1188第2款明确规定,合同的解释可"按照一个理性的人在同等情势下所作的理解"进行。——译者注

[22] So Simler, Interprétation des contrats, in: J.Cl. Art. 1156 à 1164 (Contrats et obligations en général, Fasc. 29 à 36) no. 24.

[23] So Larroumet no. 141.相似观点参见 Rieg, Le rôle de la volonté dans l'acte juridique en droit civil français et allemand (1961) 367:"法国关于合同条文解释的理论如下:首先,需清楚当事人的意思,如果没有结果,应使用民法中制定的客观的解释规则"。里克(Rieg)经过认真仔细地研究认为,尽管德国和法国学者的出发点不同,但两个国家的判决结果大体上是一致的。参见,出处同上,no. 365 und 419。

素,例如,解释不清晰的条款时应考虑"合同的意义"以及"习惯做法"[《法国民法典》第1158—1160条(现《法国民法典》第1385条和第1385-1条)]。《法国民法典》第1135条(现《法国民法典》第1379条)也规定,合同当事人不应该只履行合同明确约定的事项,也需要注意此种合同类型所要求的"公平原则、交易习惯和法律规定"。因为法官很难确认当事人真正的共同意愿,所以在实践中很难避免不去考虑"客观"情形,即去核查根据合同的表述以及具体情形,一个理性的人应当如何理解合同条款。法官凭此得出结果,但将判决理由写为"合同当事人的共同意愿",这其实并不矛盾。[24]

无法确定当事人的共同意愿是常态,在这种情况下,合同的解释取决于"一个与当事人同类型的理性的第三人在相同情况下对合同条款的理解"(《欧洲合同法原则》第5:101条)。这不仅适用于需要解释的合同条款发生歧义的情形,也适用于根据合同的措辞看起来"清晰且毫无歧义"的情形。然而,现在以及以前的法院判决都认为,"当文本的措辞完全清晰、毫无歧义,且对声明的含义毫无疑问"时,并不需要解释。[25] 法国最高法院将合同解释权下放到下级法院,因为这是一个事实问题,但如果初审法官对"明确而简洁的条款"所赋予的含义——也许是参考了双方当事人的共同意愿——与该条款的明确措辞本应赋予的含义不同,则可作为例外情形。[26] 然而,法国最高法院认为,合同条款是否真的"清晰准确"不仅与其措辞有关,也与合同目的以及当事人订立合同时的情况息息相关。因此,"简明条款"规则只是为了说明,如果法国最高法院认为某项判决是以特别严重的错误解释为依据作出的,那么它有权撤销该判决。[27]

---

　　〔24〕　参见 Mazeaud (-Chabas) no. 351:"法官核查合同模糊的或者未明示的条款,公正合理地找出当事人的意图。"
　　〔25〕　So RG 28.Okt. 1911, JW 1912, 69; RG 8.Nov. 1918, JW 1919, 102, 103 亦同。
　　〔26〕　Civ. 15.April 1872, D.P. 1872.1.176; Civ. 14.Dez. 1942, D. 1944.112 mit Anm. Lerebours-Pigeonnière 。以及《卡特拉改革草案》第1138条规定,清晰明确的合同条款不需要进行解释。(现《法国民法典》第1192条规定,清晰和明确的合同条款不应被解释歪曲。——译者注)
　　〔27〕　对此参见 Terré/Simler/Lequette no. 459; Vogenauer (前注1) 132 ff.。

不过,对书面合同的解释必须首先遵守以文本措辞为准的基本原则。德国判例发展出一个公式:如果"考虑到习惯做法,文本的措辞和内部上下文表达了一定的业务内容",那么就推定"书面文件是完整且准确的"。当然,这一推定是可以被反驳的。任何为自己利益而辩称合同表达的是另一种含义的人,可以依靠"文本措辞以外的解释手段",证明当事人例外地约定了一个与合同措辞不一样的含义,当然,这在实践中并不容易。[28]近期的英国判例也遵循这一判决思路,它们还认为,符合常用语言习惯的表达具有决定性的意义。这基于"常识问题,我们并不习惯接受人们犯了语言错误,尤其是在正式文件中。另一方面,如果有人从合同背景得出语言表达一定是有问题的,那么法律也不要求法官把当事人他们显然不可能有的意图强加给他们"。[29]

总而言之,"意思主义"和"表达主义"之争在以前发挥着重要作用,在欧洲大陆比英国更甚。但现在这对合同的解释已经没有实际的意义。一方面,如果当事人没有被合同约束的意思,那么合同也不会成立。另一方面,一方当事人的意思一直是没有结果的,直到它被以另一方当事人知晓的方式表达出来。每一个声明都是社会交往行为,表意人必须对此行为负责,因为他应该知道,另一方会对声明的含义进行解读并基于对声明的信任采取行动——例如,接受声明中的要约并开始履行合同或者作出其他处分行为。因此,对每个人发出的声明的含义的解释都应该符合一个理性的、处于受领人相同的情况下的第三人对声明的理解。这里需要注意的是,表意人所使用的词语的解释应该符合语言的常规用法。当然,一个理性的人也许会思考,是否有什么特殊的原因使得表意人赋予

---

〔28〕 例如,参见 BGH 31. Mai 1995, NJW 1995, 3258; BGH 5. Feb. 1999, NJW 1999, 1702; BGH 11. Sept. 2000, NJW 2001, 144; BGH 7. Feb. 2002, BGHZ 150, 32, 37 ff.。同样的还有瑞士的判决。参见 BG 5.Juli 2001, BGE 127 III 444, 445。

〔29〕 Lord Hoffmann in Investors Compensation Scheme (前注 16) 913。在这个判决中,一项合同条款表达明确,但是法院还是考虑根据当事人各方的利益对其进行解释。同样的情况发生在 Mannai Investment Co. v. Eagle Star Life Assurance Co. [1997] A.C. 749 一案中:一承租人作出的解约声明,根据其明确的措辞,此声明是无效的,但根据一个理性的人在承租人相同情况下的理解,声明是有效的,另外参见: Treitel (-Peel) no. 6-011。

声明与常用的含义不同的解释。若当事人属于一个特定的交易圈时,声明的解释应该符合此交易圈的习惯,这里尤其重要的是对通用的商业条款的解释,这些条款以相同的形式用于许多其他合同中或者通常包含在合同文件中——例如,提单或本票——并在第三人手中,解释时需要保护第三方的信任。[30]

偶尔也会发生的情况是,解释的工作并不会有明确的结果,因为对有些存在争议的合同条款,从理性的第三人的角度来看亦会有不同的含义。这种模棱两可的条款如果涉及的是合同的根本点,那么合同会因缺少当事人的合意而未成立。当然,这是非常罕见的。例如,当事人约定支付"法郎",买方认为是法国法郎,而卖方则理解为瑞士法郎,那么在这个案例中,理性的合同当事人在考察所有相关因素(合同签订地点、银行位置、付款给何人等)后,能得出的结果无非是认为约定的**或者是**(德:entweder)瑞士法郎,**或者是**(德:oder)法国法郎。*Raffles* v. *Wichelhaus* 一案[31]是关于合意欠缺的案件:原告将"来自孟买、由 Peerless 号送达"的 125 包棉花卖给被告。当装载货物的名为 Peerless 的船在 12 月份到达利物浦时,被告拒绝接收。原告在损害赔偿之诉中辩称,他认为——且有人证可以证明——是由另一艘同名的船运送给他货物,此船更早离开孟买且在 10 月份已经到达利物浦。法院认为这个辩护是关键性的,因此允许证人作证。最终法院如何判决并不知晓,但是我们可以假设一下,在采纳证据后如果一个理性的观察者也无法判断双方当事人确定的是两艘名字相同的船中的哪一艘,那么合同则视为未成立。[32]

---

〔30〕 对此前注 15 已有涉及。

〔31〕 (1864) 2 H. & C. 906, 159 Eng.Rep. 375. 参见 *Simpson*, Contracts for Cotton to Arrive: The Case of the Two Ships Peerless, Cardozo L.Rev. 11 (1989) 287 = *ders.*, Leading Cases in the Common Law (1995) 135。在这里,详细介绍了这一著名判决的法律和事实背景。

〔32〕 对此参见 *Treitel (-Peel)* no. 8-042。不同的情况是,如果可以根据合同解释的一般规则确定合意,必须审查新的一方当事人是否因为有不同的理解而以错误为由撤销合同。参见 *D. Smith* v. *Hughes* 以及对此参见第 265 页及以下。

四、解释的准则

在所有法律制度中,都会形成一些经验法则,这些法则应能为法官解释合同提供参考。当然,这些法则的实践价值不是特别大,因为它们通常只是说法官按照常识应当如何行事,这也是《德国民法典》的起草人为什么拒绝编纂这些规则——这是"没有实证内容的思考规则";给予法官"关于实践逻辑的教导"并不是立法者的事情。[33] 与《德国民法典》不同的是《法国民法典》以及其他罗马法体系国家的法典,它们包含大量的解释规则。[34] 例如,《法国民法典》第 1157 条(现《法国民法典》第 1384 条)规定,解释一个含有多重含义的条款应该优先考虑使该条款有效的含义,而非使其不具有效力的含义。[35] 当一个声明模棱两可时,应该选择"最适合合同"的解释[36];或者是合同签订之地的人们对所表述内容的理解。[37] 一个不确定的表达的解释范围应该被限制在当事人真正的意旨之内[38];

---

[33] Mugdan (Hrsg.), Materialien zum BGB I (1899) 436.

[34] 对此参见 Zimmermann 637 f.。

[35] 相似的规定参见《意大利民法典》第 1367 条;《西班牙民法典》第 1284 条;乌尔比安(Ulpian) D. 45.1.80:"当约定存疑时,在任何情况下,通常的做法是接受其中的肯定之意,以便日后提起诉请。"英国法也是持此种观点,参见 Lord Brougham in Langston v. Langston (1834) 2 Cl. & Fin. 194 (243), 6 Eng.Rep. 1128 (1147):"阅读文件有两种模式,一种是否定,另一种是保留,法律以及衡平法规则是……,应倾向于保留的模式,然后再去做一些否定。肯定的采用先于否定的放弃是普通法上的规则和共识……"相似的规定参见《欧洲合同法原则》第 5:106 条;《(欧洲私法)共同参考框架草案》第 II.-8:106 条;《欧洲合同法典》第 40 条;《欧洲共同买卖法》第 63 条。

[36] 《法国民法典》第 1158 条(现《法国民法典》第 1385 条),《意大利民法典》第 1369 条,《西班牙民法典》第 1286 条,尤里安(Julian D. 50.17.67):"当对表达有两种不同看法时,应选择其中更适合该项事务的看法。"

[37] 《法国民法典》第 1159 条(现《法国民法典》第 1385-1 条),《意大利民法典》第 1368 条,乌尔比安(Ulpian D. 50.17.34):"在要式口约和其他契约中,我们总是按照已经确定的规则办事。如果此规则尚未确定,则应遵循契约相关的通常使用的规则。"

[38] 《法国民法典》第 1163 条(现《法国民法典》第 1385-3 条),《意大利民法典》第 1364 条,《西班牙民法典》第 1283 条。

同时在解释个别条款时不应忽略合同的整体性[39],等等。但实际上,准则目录所起的作用并不大——卡尔波尼埃(Carbonnier)就将其称为"记忆术"(德:Eselsbrücke)[40]——法国最高法院也早就指明,上级法院不能仅仅因为下级法院没有遵守上述的某一规则而质疑其判决。[41] 事实上人们对此的印象是,法官只有在为了支持其出于完全不同的理由得出的结果时,才会回过头去寻找支持此结果的解释准则。[42]

目前所提到的解释准则旨在帮助一个理性之人确定不清晰的合同条款的含义,需要与上述规则进行区分的是那些以法律价值**判断**(德:Wertung)为基础并优先考虑最符合该价值判断含义的解释规则。例如,《法国民法典》规定,在对合同有疑问的情况下,应以不利于债权人而有利于债务人的方式进行解释[《法国民法典》第 1162 条(现《法国民法典》第 1385-1 条)];或者在对一个买卖合同有疑问之时,解释应不利于卖方而应有利于买方(《法国民法典》第 1602 条第 2 款)。假如这些规定是基于很广泛但却并不正确的想法作出的,即债权人和卖方总是富有且强大的,而债务人和买方总是贫穷且弱小的,因此在有疑问时要保护他们,那么就没有什么说服力。反之,如果人们认为之所以如此规定,是因为合同条款是债权人或者卖方**拟定的**(德:formuliert),那么这个理由就比较有意义,事实上,罗马法最先确立了这些规定。[43] 可能即使在今天,卖方和债权人在制定合同条款方面往往比买方和债务人更具有优势地位。然而,在很多案例中也有不同的情况。因此,如今此项规定已经溯本求

---

〔39〕 《法国民法典》第 1161 条(现《法国民法典》第 1385-2 条),《意大利民法典》第 1363 条,《西班牙民法典》第 1285 条。Lord Watson in Chamber Colliery Co. Ltd. v. Twyerould [1915] 1 Ch. 268, 272 亦同;并参见《欧洲合同法原则》第 5:105 条,《国际商事合同通则》第 4.4 条,《欧洲共同买卖法》第 60 条。

〔40〕 Carbonnier no. 68.

〔41〕 例如,参见 Com. 19.Jan. 1981, Bull.cass. 1981.I. no. 34。

〔42〕 参见 Megarry 在 L.Q.Rev. 61 (1945) 102 发表的书评:"在英国,关于解释的冷酷现实似乎是法官们已经掌握了几十条'原则',从这些原则中可以作出审慎的选择,从而在每个案件中都实现实质性的公平正义。有时,所有相关的原则都指向同一方向,从而使法官别无选择。但是在大多数真正有争议的案件中,律师的作用在于为法院提供足够的资料,使法官完成筛选的任务。"

〔43〕 详细内容参见 Zimmermann 639 ff.。

源,找到其正确的核心,即认为对不明确的合同条款的解释应该从不利于提出该合同条款的一方进行,因为他本可以更清楚地将合同条款表达出来。事实上,因合同条款含糊不清而产生的风险应由能够以比对方更低的成本避免风险的缔约一方承担。这通常是起草或选择该条款的一方,而不是该条款成品的接受方。

这一"歧义条款规则"(德:Unklarheitenregel)或者"契约疑义优惠对方规则"(拉:contra proferentem rule)只有在能够确定需要解释的合同条款是由一方当事人作出的或者在作出过程中发挥了主导作用时才可以适用。如果不明确条款包含在**格式条款**[德:Allgemeinen Geschäftsbedingungen (AGB)]之中,则始终符合这一要求。《欧共体关于消费者合同中不公平条款的指令》规定,对消费者合同中的格式条款有疑问时,应从"有利于消费者的角度解释"。[44] 在很多法律规定中,"**契约疑义优惠对方**"规则(拉:contra proferentem-Regel)的适用范围更广:此规则适用的前提是不明确条款由一方当事人作出,与适用无关的是此条款是否属于格式条款,或者是否属于"单独商定",或者一方当事人是否为消费者。[45] 国际法律规定也有各种立场。根据《国际商事合同通则》第 4.6 条的规定,"**契约疑义优惠对方**"规则适用于**所有**不明确条款,但根据《欧洲合同法原则》第 5:103 条,此规则只适用于非"单独商定"的条款。[46] 不过,这两部法律都指

---

[44] 《欧共体关于消费者合同中不公平条款的指令》第 5 条第 2 句(93/13/EWG)(ABl. Nr. L 95 S. 29);也参见《法国消费法典》(code de la consommation)第 133 条第 2 句,《荷兰民法典》第 6:238 条第 2 款,《奥地利普通民法典》第 915 条。在德国,这条规则也适用于在商业交易中达成的、商人援引的格式条款。参见《德国民法典》第 305c 条第 2 款、第 310 条以及第 200 页以下。

[45] 法国的判决以《法国民法典》第 1162 条(现《法国民法典》第 1385-1 条)为依据。例如,参见 Colmar 25.Jan. 1963, Gaz. Pal. 1963.1.277; Com. 20.Jan. 1981, Bull. cass. 1981.IV. no. 42。更多内容参见《意大利民法典》第 1370 条,《西班牙法典》第 1288 条。在英国法中,不利解释规则只适用于不明确的合同条款是责任免除或者限制条款时的情况。参见 Treitel (-Peel) no. 7-014 ff.。其他国家的判决也大多和这一规则相关。

[46] 参见 Zimmermann (前注 1) 1360 ff.。以及《(欧洲私法)共同参考框架草案》第 II.-8:103 条;《欧洲合同法典》第 40 条第 3 款。也参见《欧洲共同买卖法》第 64 条 f 项——消费者可以从有利于自己的角度解释不明确的合同条款,而其他合同主体只有在条款不是"单独商定"的情况下才可以作出有利于自己的解释。

出,并非在每种情况下都必须对不明确条款作出不利于条款提出者的解释,而只是"优先"考虑这种解释。

"歧义条款规则"适用的前提——正如其他的解释规则一样,是有争议的合同条款"不明确"。为了保护消费者免受不公平的格式条款的侵害,法院在发现(所谓的)"歧义"方面表现出了惊人的智慧,当法院没有法定权力否决损害客户的不公平的条款时,尤其如此。现在,相关条款已经在大部分欧洲国家适用,因此对"歧义条款规则"的需要已经降低,因为通过对一般条款"公开的内容控制"更能达到目的。[47]

五、补充的合同解释

即使已经能够确定当事人实际表述的意思,也仍有合同解释的余地,因为即使合同已经在履行,当事人之间仍存在没有解决的问题,或者存在他们根本没有预见的问题,或者是他们虽预见但是没有约定的问题。总之,如果合同存在漏洞之时,该如何解释此漏洞呢?有时,在签订合同时,当事人所考虑的只是彼此所承诺的主要义务,因此此时只有属于义务的内容成为协议的重点,从而使得相关协议经常缺少关于什么情况下构成违约以及会造成哪些实际后果的内容。这并不是因为愚蠢或者惰性,而是因为他们认为这样谈判不值得——谈判太难或者花费太多,或会导致合同谈判失败,或有时他们在合同签订前更想表现出履约能力,因此并不愿意谈论如果出现履行障碍应如何处理。特别是在长期合同中,如劳动合同、合伙合同或者长期供应合同,当事人不可能预料到未来在履行合同时遇到的所有"障碍"并对此进行约定。其实,合同不完整的真正原因是经济问题——合同磋商会产生费用(交易费用),这与由此获得的利益不成正比。当风险真正发生的概率为1:100,一旦风险发生,一方当事人遭受的不利因素是500,那么在这种情况下,为了将风险转移到合同另一方而投入大

---

[47] HR 1.Juli 1977, Ned.Jur. 1978, 125 und HR 28. Sept. 1989, Ned.Jur. 1990, 583,即如此明确的判决。详见第195页及以下。

于5并没有什么意义。这也是为什么在实践中,只有起草合同的付出是值得的的时候,才会出现相对"完整"的合同。例如,双方当事人都为合同投入了大量的资金,或者再进一步讲,一方当事人签订了大量的同种类型的合同并为此支付了费用,即使每个合同的价值都很低,他仍需制定一个详细的、"一般条款"(格式条款)形式的条款并建议另一方接受。当然,真正"完整"的合同条款并不存在。经验表明,即使当事人及其法律顾问在制定条款时再认真谨慎,仍然会存在需要法官解决的漏洞。有时,法官会适用立法者或者司法判例用来填补某些类型的合同漏洞的规则,当没有这些规则或者规则不适用时,在大陆法律制度中填补此漏洞的是"补充的合同解释",在英国则是通过"默示性条款"——这种方式——按照英国传统的观点,与合同解释的一般规则无关。然而,在最近的判例中,越来越多的迹象表明"默示性条款"基本上就是正确的合同解释。[48]

148   国际法律文件对此达成一致的是,因合同存在漏洞出现争议之时,应由法官根据当事人的意愿、合同的性质和目的、当事人的交易习惯、商业惯例以及考虑到诚实信用原则的要求来确定当事人对此漏洞可能会作出的协议。相关的法律规定通常可以在(不是关于合同解释,而是)"合同内容"相关的章节找到;它们一般遵循传统的英国观点,允许法官用"默示性条款"补充合同。[49]

1. 通过任意法对合同的补充

在合同存在漏洞的案件中,欧洲大陆法系的法官首先会诉诸法律规

---

[48] 参见 Lord Hoffmann in *Attorney General of Belize v. Belize Telecom Ltd.* [2009] 1 WLR 1988 (PC):"由此可见,当有人说文书中应当隐含某些条款的情况时,法院面临的问题是,这一隐含的规定是否在相关的背景下被表示出来且被合理地理解"(Nr. 21);以及参见 Lord Hoffmann, The Intolerable Wrestle with Words and Meanings, S.Afr. L. J. 114(1997) 656, 662:"事实上,寻找合同的隐藏条款也是合同解释的一种,虽然根据合同解释的定义,谈及没有表达出来的条款有些奇怪,但是,其实当我们寻找隐藏条款时,我们是将合同作为一个整体来进行解释的。"

[49] 参见《欧洲合同法通则》第 6:102 条,《欧洲合同法典》第 32 条第 1 款,《(欧洲私法)共同参考框架草案》第 II.-9:101 条第 2 款,《欧洲共同买卖法》第 68 条。《国际商事合同通则》的规定则两者兼而有之,参见第 4.8 条(解释)和第 5.1.2 条(通过"隐藏性条款"补充)。即使不依赖于此问题的系统分类,在实践中解决漏洞的最好方法仍是将其看作是合同解释的一个特殊问题,在此问题上,法官也必须考虑适用于合同解释的标准。并参见 Zimmermann(前注 1) 1364 f.。

定,如果当事人没有特别约定,对于常见且实际非常重要的合同类型,法官会首先查找民法典和商法典及其他特别法的法律规定。在法国,它们被称为"补充规则"(法:règles supplétives),在德国被称为"任意法"(德:"dispositives" Recht)。[50] 这不仅包括法律规定本身,还包括判例通过这些法律规定所完成的法律续造。例如,在买卖合同中未就卖方对所购买物品隐藏缺陷的责任达成任何协议,则填补此漏洞的是《法国民法典》第1645条,根据该条,知晓隐藏缺陷的卖方必须赔偿买方因此所造成的所有损失。而判例发展形成的规则也同样适用,即经营同类商品的制造商、批发商或零售商应被视为已知晓其货物存在隐藏缺陷。

由立法者规定和判例所形成的任意法的目的是公平地平衡当事人之间的典型利益;同时,也为当事人提供一种激励,使他们相信现有任意性规则的公正性,从而不需要就个别问题达成合同协议,节省谈判成本。

欧洲大陆的法律制度为几种主要的合同类型提供了相当完整的任意法规范,从而产生了一个在英美法中根本没有被讨论的问题,即当事人是否也可以签订其他(德:andere)合同,如果已经签订,如何确定相关的决定性的任意法规定。基于合同自由原则,当事人当然可以签订其他种类的合同;至于法院对相应的任意法的确定,可以通过如下的例子予以说明:在酒店和其客人的合同存在疑问时,如果客人因提供给他的房间状况不佳而提出索赔,可以适用租赁合同的规则;如果将变质的食物送到客人手中或者客人交给酒店保管的一件行李被偷了,则应适用买卖合同或保管合同的法律规定。[51]

在英国,不完整的合同协议也是通过"法律默示条款"(英:terms implied in law)来补充的,即根据为涉诉相关类型的合同发展出来的一般规

---

[50] 例如,参见 *Mazeaud (-Chabas)* no. 347 f.; *Medicus* Rn. 338 ff.; *Bork* Rn. 532 ff.。当然,必须注意的是当事人的协议通常是优先于任意法的,但这也不是一定的,特别是在很多法律制度中可以观察到的趋势是,以格式条款的形式作出的协议若有悖于任意法的相关规定,而此规定又关乎消费者权益保护的,则协议被视为无效。对此并参见第206页及以下。

[51] 关于"无名合同"(法:contrats innomés),参见 *Mazeaud (-Chabas)* no. 111 f.;关于"种类混合型合同"(德:typengemischten Verträgen),参见 *Larenz/Canaris* § 63;关于"混合合同"(英:mixed contracts),参见《(欧洲私法)共同参考框架草案》第II.-1:108条。

则来判断合同,只要合同双方没有作出其他约定,这些规则就"依法"予以适用。尽管具有这种对不完整合同进行补充功能的**法律**(德:gesetzliche)规定相对较少,不过至少在《英国1979年货物买卖法》和《英国1982年货物和服务供应法》中可以找到这样的规则,它们(连同相关的判例法)类似于欧洲大陆民法典中关于买卖合同、承揽合同或劳务合同的任意法的规定。另外,英国法官遵守判例法为销售合同、运输合同、保险合同和其他重要类型的合同制定的规则。如果建筑师在合同中承诺规划必须满足某些要求的建筑物,但是没有关于质量的明示条款,法院则认为这是"事实上的默示条款"(英:term implied in fact),根据此条款,他对此建筑物的适用性承担担保责任,也就是说,即使建筑物的不适用性不能归咎于他,他也应该承担损害赔偿责任。[52] 一个广告商为原告的蔬菜罐头做广告,他用飞机拉着一个"吃巴彻勒豌豆"的横幅飞跃在城市广场上,而此时正值纪念英雄日之际,成千上万的人在那里为英雄默哀一分钟,那么原告可以拒绝继续履行合同:"该合同中必然还隐含一项条款,即在考虑到合同目的的情况下,合同中约定的飞行将以合理的技能和合理的谨慎进行,并且无论隐含的义务是用什么确切的词语表达,它必须是,我认为,足以排除给广告带来仇恨和蔑视的飞行。"[53] 同样的情况是摩托艇的出租者违反"默示条款"所产生的义务,即"出租的船舶应在合理的谨慎和技术范围内适合其合理用途"时,也要承担损害赔偿责任。[54] 当出租的房屋在15楼时,出租者根据"默示条款"应当"采取合理的谨慎措施,将建筑物的公用部分保持在合理的状态";当能证明他没有在当时情况下进行所需的维修,导致电梯和楼梯照明长时间不工作时,应承担损害赔偿责任。[55] 即使劳动合同没有任何相关规定,雇佣者也有义务确保员工在工作场所不会面临不必要的健康风险[56],但雇主没有义务为员工购买责任险,从而

---

[52] Greaves & Co. Ltd. v. Baynham Meikle & Partners [1975] 3 All.E.R 99.
[53] Atkinson, J. in Aerial Advertising Co. v. Batchelors Peas, Ltd. [1938] 2 All E.R. 788, 792.
[54] Reed v. Dean [1949] 1 K.B. 188, 193.
[55] Liverpool City Council v. Irwin [1977] A.C. 239.
[56] Matthews v. Kuwait Bechtel Corp. [1959] 2 Q.B. 57.

保护员工免受因工作而向第三方支付赔偿的风险。[57]

2. 补充性合同解释

任意法律规范和"法律默示条款"通常都是一些原则性的规定,只要当事人没有特殊的约定,就可以适用于某一类型的所有合同。但是,若当事人对一个特别的点未作协商且需要一个"量身定制"的方案时,它们就无法在此情况下适用了。假设两名医生通过合同交换了他们的行医地点,但仅在九个月之后,其中一名医生因不喜欢新的工作地又回到了之前的地方,那就会产生一个问题,即合同中是否含有禁止返回原工作地的条款,从而为另外一名医生进行诉讼提供依据,他可以主张因担忧他的病人都转投到他们信任的前任医生处而请求法院判决此医生不可返回原工作地。在 Moorcock 一案[58]中,被告有义务将其在泰晤士河上的码头提供给原告卸货,当船在退潮之际按计划靠岸时,由于地面不平坦而发生泄漏,根据合同,被告是否有义务告知原告,泰晤士河上的码头地表是不平整的或者他对其特性也一无所知? 在上述两个案例中,都没有可以弥补合同漏洞的任意法律条款或者"法律默示条款"。

在英国,针对这些案例中的不完整的合同,人们会提出是否可以通过"事实上的默示条款"来补充疑问。[59] 如果合同要补充的约定非常明显,以至于如果一个中立的第三方在合同签订时提请合同当事人对此遗漏注意后,当事人会毫不犹豫地将其纳入合同时,这是被允许的。[60] 有时也会考虑是否有必要进行补充,以使"交易具有双方所期待的商业效力"。[61] 在 Moorcook 一案中,答案是肯定的,因为被告比原告更容易获悉其码头前河床的特性:"一方面,码头的所有者及其员工在涨潮和退潮

---

[57] Lister v. Romford Ice & Storage Co. [1957] A.C. 555.相反,在驾校合同中的一个"默示条款"是,驾校有义务通过购买保险保护它的学员免受责任风险;参见 British School of Motoring Ltd. v. Simms [1971] 1 All E.R. 317。

[58] (1889) 14 P.D. 64.

[59] 对此参见 Treitel (-Peel) no. 6-029 ff.; McKendrick no. 9.8; Scally v. Southern Health and Social Services Board [1992] 294, 306 f.。

[60] Vgl. Shirlaw v. Southern Foundries Ltd. [1939] 2 K.B. 206, 227.

[61] Lord Wright in Luxor (Eastbourne) Ltd. v. Cooper [1941] A.C. 108, 137.

时都在那里,如果他们对泊位是否安全存在疑问可以立即去探查;而另一方面,船主却没有办法确定码头的状况。"[62] 对德国法官而言,在这些案件中,重要的问题是协议中的漏洞是否可以通过"补充性合同解释"(德:ergänzende Vertragsauslegung)填补。在此过程中,法官必须——根据判例反复适用的公式——"查明和考虑那些当事人虽然没有作出,但考虑到合同总体目的,当事人对协议中的未决问题进行了约定且在遵守诚实信用原则和交易习惯的情况下本应作出的声明"。[63] 根据这个公式,德国联邦最高法院在审判诊所互换一案时对两名医生之间的合同加入了一个条款,即在 2—3 年的时间里,两名医生都负有不在其以前的诊所附近定居的义务。[64] 公司购买协议也经常通过解释方式补充如下内容,即卖方承诺不会在事后成立自己的公司并与买方竞争,损害转让给买方的业务关系和销售机会。[65] 当某人将自己房子的两个店铺中的其中一间租给一个零售商,那么可以通过对合同进行补充解释的方式进行推定,出租方负有的义务是,不得将另一间空置的店铺出租给经营相同商品范围的其他零售商。[66] 公司章程中的漏洞也经常通过对合同进行补充解释来填补。[67]

即使在判决理由中列明填补合同漏洞是基于"缔约双方的共同意图",但法国法院的判决方式其实和德国如出一辙。例如,如果电台委托作者撰写广播剧,收到稿件并支付约定的费用,且没有提出任何异议,那么法国法官——"因为协议就此规定地不清晰而需作出解释"——得出电

---

[62] *Lord Bowen* in The Moorcock (前注 58) 69。

[63] BGH 18.Dez. 1954, BGHZ 16, 71, 76. 参见 BGH 22.April 1953, BGHZ 9, 273, 278; BGH 29.April 1987, BGHZ 84, 1, 7.以及瑞士和奥地利的判决;参见 BG 23.April 1981, BGE 107 II 144, 149; BG 13.Okt. 1981, BGE 107 II 411, 414; OGH 1. Feb. 1972, JBl. 1973, 309; OGH 31. Mai 1983, JBl. 1983, 592。

[64] BGH 18.Dez. 1954 (上注) 81。

[65] RG 31.Mai 1925, RGZ 117, 176.

[66] Vgl. RG 2. Feb. 1931, RGZ 131, 274.

[67] 例如,参见 BGH 23.Nov. 1978, NJW 1979, 1705; BGH 28.Juni 1982, NJW 1982, 2816。如果存在任意性规范可以填补合同漏洞,但这些规范并未合理地尊重推定的当事人的意愿时,仍可选择合同补充解释这一路径。关于补充解释与任意性规范之间关系的一般内容,参见 Larenz AT § 29 II; Bork Rn. 534 ff.。

台有义务保证制作和播放此广播剧作品,否则要承担违约损害赔偿责任。[68] 对于合同因某一合同条款事后被证明无效而导致合同不完整的案件,法国最高法院作出了类似判决。例如,长期合同的当事人同意应支付的价格应该随着一定的价格指数而上涨或下降,但因为商定的价格指数不存在或不确定,或者由于此类条款无法获得官方批准而致使"价格保护条款"无效,那么对产生的漏洞需要用尽可能接近当事人协商的、同时又能发挥作用或可批准性的条款来填补。[69]

人们可以争论,补充合同解释是否仍与"解释"有关,而不仅仅是由法官确定公平合理地解决争议问题的规则。当然,通常对以上二者的区分是不可能且没有必要的,因为无论如何,法官也不应得出与当事人实际达成的协议相悖的结果,而且他也不能仅仅因为自己认为某个条款合理而将其纳入当事人的合同。同样地,他也不能通过一个当事人在认真咨询后会采纳、但实际上并未作出的协议条款纠正一方当事人所犯的那些粗心大意、鲁莽或过度冒险的错误,从而有利于此当事人而对另一方不利。相反地——应正如里佩尔-布朗热(*Ripert-Boulanger*)的优美措辞所说——法官必须"让合同说话"。[70] 因此,如果合同没有对风险分配达成协议,法官需要对此漏洞进行填补,填补的条款应该是如果双方就风险分配进行了善意的谈判,就会对此条款,即对双方最有利且最"有效"的解决方案达成一致。如果人们愿意,可以称之为基于"双方假设意愿"制定的条款。此条款通常是,承担风险的一方可以用比另一方更小的花费避免或者降低风险出现的可能性,或者通过预防措施——例如,购买保险来对抗风险带来的后果。[71]

---

[68] Civ. 2.April 1974, Bull.cass. 1974.I. no. 109.

[69] Civ. 15. Feb. 1972, D. 1973, 417 mit Anm. *Ghestin*; Com. 7.Jan. 1975, J.C.P. 1975.II.18167 mit Anm. *Ghestin*; Civ. 9.Nov. 1981, Bull.cass. 1981.I. no. 332; Civ. 18.Juli 1985, Bull.cass. 1985.III. no. 113. Ebenso BGH 25.Jan. 1967, NJW 1967, 830; BGH 30.Okt. 1974, BGHZ 63, 132, 136.

[70] *Ripert-Boulanger*, Droit civil II (1957) no. 470:"让合同说话的艺术"(1' art de faire parler le contrat)。

[71] 当涉及格式条款是否"合理"并因此有效与否的问题时,或者对于发生的"特殊"风险,双方在签订合同时没有预料到而因此没有在合同中加以规定时,也要作相同的考虑。(参见第 206 页及以下)。

3. 合同附随义务

目前我们讨论的案例大多是当事人在订立合同时未考虑到的点，而这个点显而易见是需要考虑的，因为它有助于进一步界定合同的**主要义务**(德：Hauptpflichten)。与这类案例相区分的是，在合同中没有约定**附随义务**(德：Nebenpflichten)的案例，例如，当事人是否也有义务在合同履行过程中避免对另一方当事人的生命或身体造成危害，是否有义务小心处理另一方当事人的财产或者是否有义务向其提供信息、建议或警告，从而保护其免受伤害。在此种情况下，德国判例基本不认为合同存在漏洞，需要补充性合同解释，而是认为如果需要法律规定，可直接援引《德国民法典》第 242 条。因此，在确定一方当事人为履行合同需履行的义务时，法官必须遵守《德国民法典》第 157 条规定的相同标准，即在合同解释时必须遵守诚实信用原则和交易习惯。因此，法院经常同时引用这两项法律规定，根据理论上的观点，区分第 157 条和 242 条的适用范围既不可能也不必要。[72] 在法国，判例有时基于"当事人的共同意愿"(法：commune intention des parties)来补充合同的规定，有时也会引用《法国民法典》第 1135 条和第 1160 条(现《法国民法典》第 1194 条)：根据《法国民法典》第 1135 条(现《法国民法典》第 1194 条)的规定，当事人不仅要明确地作出承诺，还应根据"公平、交易习惯或者法律"的要求履行义务；根据《法国民法典》第 1160 条(现《法国民法典》已删除)，"习惯上的条款，虽未载明于契约，解释时应用以补充之"。

所有这些法律规定充其量只是具有一定的提示性作用，没有任何可以适用的实质性内容。因此，在没有明确约定的情况下，将附随义务纳入合同的规则完全是法官法(德：Richterrecht)的内容。在法国，人们将这一法官法诞生的时刻规定在 1911 年 11 月 21 日，即法国最高法院首次判决：根据合同，承运人不仅有义务将乘客运送到目的地，还必须保证承运人安全无虞地到达。[73] 如果有乘客在运输途中受伤，则承运人因违反"安全

---

[72] 例如，参见 Medicus/Lorenz, Schuldrecht I (19. Aufl. 2010) § 16 II 1。

[73] Civ. 21.Nov. 1911, D. 1913.1.249 mit Anm. *Sarrut*.

义务"(法：obligation de sécurité)承担赔偿责任。这意味着，承运人只有在能证明事故是由"外因"(法：cause étrangère)引起的，例如，非承运人引起的意外或者是基于乘客自己的过错，才能免除责任。[74] 这种合同责任比侵权责任更为严格，这也是法国判例为什么认为"安全义务"不仅存在于运输合同中，事实上也存在于所有类型的合同中。在合同履行中，缔约一方将人身或者财产置于一种危险的境地，而该危险是在另一方当事人的控制之下，那么另一方当事人就负有根据情况采取所需的安全预防措施的义务。[75] 法国判例直到今天仍坚持这一立场，尽管侵权法的发展削弱了将"保护义务"(法：obligations de sécurité)视为合同义务的最初理由。[76]

这在德国法律中也不例外。在某些方面，原告提起合同损害赔偿之诉比提起侵权之诉能得到更好的结果，因为法院已经广泛认可一方当事人负有照顾另一方当事人的人身和财产的义务[77]；而且，判例的做法不是基于对当事人实际或推定意愿的确定，而是基于实现风险的合理分配。[78]

同样的发展亦可见于告知、提示、建议以及警告等合同义务["信息及建议义务"(法：obligations de renseignement et de conseil)]。这里的"合同"并不是指将信息告知义务作为主要义务的合同，例如，专家告知画的真假、评估一块土地的价值或者对一场官司的胜诉可能性的评价等。但在这里我们所探讨的是债务人的主要义务为其他类型的合同义务，例如，交付货物、办理某一特定的业务、同意借贷或者通过保险承保风险等；另一方面，债务人也应该将其知道或者应当知道的，且根据情况对另一方

---

[74] 这只适用于"安全义务"(法：obligation de sécurité)——正如运输合同的情况——构成"结果义务"(法：obligations de résultat)的情况。"结果义务"(法：obligations de résultat)与"手段义务"(法：obligations de moyen)的区别参见第364页及以下。

[75] 对此深刻的阐述参见 G. Viney, Les obligations, Responsabilité: conditions (1982) no. 499 f.。

[76] 对此并参见 Viney (上注) no. 501。

[77] 事实上，德国法在两个方面走得比法国法还远：第一，如果损害是在**合同磋商**(德：Vertragsverhandlungen)阶段因违反保护义务而产生的，德国判例会准许合同法上的损害赔偿请求权；在法国，此种情况下可以选择侵权请求权。第二，德国法院认为合同的安全保障义务不仅是对合同另一方当事人而言，而且也可以针对特定的**与合同无关的第三人**(德：vertragsfremden Dritten)。关于第二点，参见第478页及以下。

[78] 参见 Viney (前注 75) no. 515。

当事人具有重要意义的信息或者建议进行告知,在这些情形下,基于特殊的职业技能,债务人比另一方当事人更容易获得这些信息。这尤其适用于卖方——卖方除了交付完好无损的货物,还需要向买方提供他根据情况所需要的信息,以便其能安全使用、正确安装或维护此产品。[79] *

同样,根据英国法,缔约方有义务采取一个理性的人应采取的谨慎措施,以防止对另一方当事人造成损害,这项义务很少被看作是基于"默示条款"所产生的,但在 Moorcock [80] 一案中,被告被裁判为"违反合同"(英:breach of contract),因为他没有警示原告河床是不平坦的。但是,一般情况下,英国法院是根据侵权法处理这类案件的,且主要依据为"疏忽"(英:negligence)导致的侵权。

通常,这在德国也是可能的。如果一个买方因为没有被适当地告知如何使用购买的物品而遭受人身损害,他不仅可以以卖方违反"买卖合同附随义务"(德:kaufvertragsrechtlichen Nebenpflicht)为由提起诉讼,也可以选择"侵权法中避免引起伤害的一般义务"作为诉讼理由。[81] 不过,如果买方遭受的损害只是"纯经济损失"(英:mere pecuniary loss),那么他只能提起违约之诉才能达到目的,因为根据《德国民法典》第 823 条第 1 款的规定,"纯经济损失"原则上不产生侵权责任。在这一点上,法国法有不同的规定,在这类案件中不适用侵权之诉,这不是因为《法国民法典》第 1382 条(现《法国民法典》第 1240 条)以下不适用于此类案件,更多的是根据"非竞合"(拉:non-cumul)原则,存在违反合同中"安全、信息、建议义务"(法:obligation de sécurité, de renseignement ou de conseil)的情况时,侵权之诉就被排除在外了。

综上所述,我们可以得出两个结论:其一,在一个具体的案件中是否

---

〔79〕 例如,参见 Com. 5. Feb. 1973, J.C.P. 1974.II.17791; Com. 16.Okt. 1973, J.C.P. 1974.II. 17846 mit Anm. *Malinvaud;* Civ. 9.Dez. 1975, J.C.P. 1977.II.18588 mit Anm. *Malinvaud;* BGH 5. April 1967, BGHZ 47, 312; BGH 19. Feb. 1975, BGHZ 64, 46。

* 根据现《法国民法典》第 1112 条第 1 款规定,当事人有法定义务提供给另一方当事人与合同内容、当事人品质有"直接"且"必要"关联的那些重要信息。——译者注

〔80〕 前注 58。

〔81〕 BGH 19. Feb. 1975 (前注 79) 49。

存在合同附随义务并不取决于当事人事实的或者推定的意愿,而是正如侵权法的规定,其决定性因素在于为了实现风险的合理分配,接受这种义务是否存在必要;其二,被告的责任是因合同还是因侵权而产生不是一个实质性问题,而是一个技术问题。重要的是,法官所期望的结果在相应法律制度中是采用合同之诉还是侵权之诉更容易得到实现。如果这两种路径都可以,那么明确的区分就无关紧要了。在 *Lister v. Romford* 一案中,争议焦点是,雇员审慎地保管雇主的财产是基于合同的"默示义务"还是侵权法上的义务。拉德克里夫勋爵(Lord Radcliffe)认为,这是一个学术问题,"因为在任何情形下,我们所讨论的义务是通过法律的规定还是默示的方式所产生的,这不是通过当事人之间的明确谈判所能决定的。我倾向于认为,这两个义务产生的来源之间并没有真正的界线"。[82]

---

〔82〕 *Lister v. Romford* (前注 57) 587。

第七章 违反法律和善良风俗的合同

一、导论 ………………………………………………………… 150
二、给付与对待给付不等价 …………………………………… 153
三、对个人和经济行动自由的限制 …………………………… 163
    1.基本原则 …………………………………………………… 163
    2.长期合同 …………………………………………………… 164
    3.竞业禁止 …………………………………………………… 165
    4.部分无效 …………………………………………………… 167
四、违反法律规定 ……………………………………………… 169
五、给付的返还请求 …………………………………………… 173

一、导论

如果有人为了金钱而承诺在法庭上作出有利于其缔约伙伴的虚假证词,那么这可能是双方打算认真履行的合同义务,他们的表示是在深思熟虑后作出的,并且既没有受到错误也没有受到欺诈或胁迫的影响。但如果协议未履行,任何一方都无权要求履行或损害赔偿。诚然,契约自由原则放之四海而皆准,但是,如果一项合同违反法律、违背善良风俗或违反"公共秩序"(英:public policy,法:contraire aux bonnes moeurs ou à l'ordre public),那么,任何法律制度都必须将其视为非法并因此而无效。

对于本章所涉及的领域,立法者只能用非常模糊的条款进行处理,这是由该问题的性质所决定的。[1] 欧洲大陆的民法典通常会区分违反法

---

[1] 对此参见 von Mehren Int.Enc.Comp.L. Vol. VII Ch. 1 s. 37 ff.。

律和违反善良风俗两种情况[2];此外,新的荷兰民法典也对违反公共秩序的行为作出了规定。[3] 法国民法典以及紧随其后的意大利民法典和西班牙民法典将本章所讨论的问题与"原因"(法:cause,意:causa)这一概念联系起来。而根据《法国民法典》第 1131 条(现《法国民法典》第 1162 条),如果合同义务以"一个不法原因"(法:une cause illicite)为基础,那么其不具有法律效力;而根据《法国民法典》第 1133 条(现《法国民法典》第 1162 条),如果债权债务关系"为法律所禁止"或者"违反善良风俗或公共秩序",则构成"不法原因"。[4] 就此而言,"原因"不仅是指决定一方当事人接受合同义务的理由,而且还包括该当事人通过交易所追求的目标以及促使其进行交易的主要动机。但这样一来,法国法官在审查合同有效性时所考察的就是与英国或德国法官相同的因素;尚不清楚的是,为什么"原因"的概念会有助于这种审查,甚至是产生不同的结果。[5]*

作出合同因违反善良风俗、公共秩序或法律规定而无效的法律规定——如德国人所言——构成"一般条款"(德:Generalklauseln),其确切内容只有在借助判例的情况下才能确定。因此,文献中普遍采用的方法是通过构建案例群来组织材料,但文献中也一直强调,这些案例群可能存在重叠,而且不能穷尽所有情形。

因此,人们可能经常会观察到这种情况,即今天被认为是合法的合

---

[2] 参见《德国民法典》第 134 条和第 138 条,《奥地利普通民法典》第 879 条,《瑞士债法》第 20 条第 1 款,《希腊民法典》第 174 条和第 178 条。值得注意的是,瑞士法对违反法律及违背善良风俗的合同(《瑞士债法》第 20 条)与因违反《瑞士民法典》第 27 条第 2 款而无效的合同进行了区分。后者规定,"任何人都不得放弃其自由或者以非法或不道德的方式对其进行限制"。对于这一区分的详细内容,参见 Bucher, Berner Kommentar Bd. I Abt. II 2 (1993) Art. 27 ZGB Rn. 92 und 162 ff.。

[3] 《荷兰民法典》第 3:40 条第 1 款和第 2 款。

[4] 《意大利民法典》第 1343 条和《西班牙民法典》第 1275 条的规定亦同。

[5] 因此,就违法或违背善良风俗的合同而言,荷兰和葡萄牙在重新编纂民法典时不再坚持"原因"要件;参见《荷兰民法典》第 3:40 条第 1 款和第 2 款,《葡萄牙民法典》第 280 条。对于"原因"这一概念还可参见第 72 页及以下的内容。

* 在法国债法改革之后,这一进路被摒弃,现《法国民法典》第 1128 条和 1162 条仅简单地规定合同必须"内容合法"(法:un contenu licite),并且不得违反"公共秩序"(法:l' ordre public)。——译者注

同,在不久前还被认为是有失体统的。对于那些在违反家庭生活或性道德戒律方面存在疑问的合同,尤其如此。例如,非婚同居的一方在合同中向另一方承诺,在关系破裂时向其支付一定数额的金钱,这在以前被认为是完全不合法的。同样地,丈夫向没有与其结婚的女性承诺支付金钱或抚养费的合同也是不合法的。今天,如果法官能够确定承诺是基于可敬的动机,即其目的是在长期关系结束后维持另一方的生计或对其提供的支持或照顾表示感谢,那么此类合同是有效的。[6]

比较法上的观察还显示,同一项合同在某些法律制度中因违反法律而无效(德:ungültig),但在另一些法律制度中则因违背善良风俗或公共秩序中的(不成文)规则而无效。另外,由于上述原因,合同有时也被称为是"无效的"(德:nichtig)或"不发生效力的"(德:unwirksam),有时则被描述为是"不可执行的"(德:undurchsetzbar)。此外,还经常发生这样的情况:一项合同被一种法律制度视为无效,但在其他法律制度中则是有效的,然而在某些条件之下,允许一方当事人事后通过特别表示——例如,因欺诈或胁迫——撤销或终止合同。这两种解决方案也可以在《欧洲合同法原则》中找到。根据《欧洲合同法原则》第 4:109 条第 1 款,如果当事人的缔约相对人故意利用其弱点并因此获得不公平或过度的优势,则该当事人可以终止合同。与此相对,根据《欧洲合同法原则》第 15:101 条,如果一项合同违背了"欧盟成员国法律中公认的基本原则",那么该合同自始无效。根据《欧洲合同法原则》第 15:102 条,如果合同违反了其所适用法律制度中的强制性法律规定,前述规定同样适用。[7]

在下文中,我们首先要处理的是给付与对待给付之间存在明显**不成比例**(德:Missverhältnis)的情形,存在疑问的是,合同是否仅仅因此或者外加其他原因而无效。第二个案例群涉及的问题是,合同是否因为以非法

---

[6] 例如,参见 Civ. 22. Okt. 1980, Bull cass. 1980. I. no. 269; Civ 11. Feb. 1986, Bull. cass. 1986. I. no. 21; BGH 31. März 1970, BGHZ 53, 369; BGH 12. Jan. 1984, NJW 1984, 2150: BG 17. Jan. 1983, BGE 109 II 15。Treitel (-Peel) no. 11-040 中提及的判例也是如此。

[7] 对此参见 H. MacQueen, Illegality and Immorality in Contracts, in: A. Hartkamp u.a. (Hrsg.), Towards a European Civil Code (4. Aufl. 2011) 555。

的方式限制了一方当事人的人身或经济上的**决定自由**(德:Entscheidungsfreiheit)而无效。最后,如果合同的缔结或履行违反了**法律规定**(德:gesetzliche Vorschriften),可能会出现特殊问题。

二、给付与对待给付不等价

合同生效是否以给付与对待给付之间的比例平衡为必要,这个问题在欧洲已经争论了多个世纪。古典罗马法对这个问题的回答是否定的,因此,即使购买价格与货物的真正价值并不相当,买卖合同也是有效的。直到罗马时代晚期——根据《国法大全》(拉:Corpus Iuris)[8]——才颁布了一项法令,赋予土地的卖方在当购买价格低于土地真实价值的一半时享有解除合同的权利。关于该法令是早在公元三世纪就已颁布还是直到公元六世纪才颁布,尚存争议。但很显然,它追求一种社会政治目标:其目的是保护农民,他们因皇帝残酷的税收政策而陷入贫困,因此被迫以极低廉的价格将土地卖给为防止通货膨胀而进行投资的城市资本家。[9]

直到中世纪,每个合同都需要给付与对待给付之间对等才能有效的观点才得到充分发展。托马斯·阿奎那(*Thomas von Aquin*)和其他基督教神学家教导说,合同给付之间必须保持平衡,如果有人接受了合同伙伴的承诺而不支付"公正的价格",即"公平价格"(拉:iustum pretium),那是有罪的。自然法学者也赞成在这种情况下可以以**非常损害**(拉:laesio enormis)为由解除合同;当然,他们没有把这一规则视为基督教道德的戒律,而是视为人类理性的需要。对于如何在实践中应用等价原则(德:Äquivalenzprinzip),存在很多争议。例如,买方是否可以通过随后支付额外款项的方式避免合同被解除,以及是只有土地的卖方还是其他物的卖方也可以因"非常损害"而解除合同,这些都是存在争议的。支付了过高

---

[8] C.4.44.2.
[9] 对此以及下文内容参见 *Zimmermann* 259 ff.的阐述,其中提到关于**非常损害**(拉:laesio enormis)规则发展的大量文献。并参见 *von Mehren* Int.Enc.Comp.L. Vol. VII Ch. 1 s. 83 ff.。

购买价格的**买方**是否也应当享有这种权利？对于租赁和服务合同应当如何决定？更重要的是，如何确定"公平价格"？

19 世纪初欧洲生效的民法典在不同程度上接受了**"非常损害"**学说。在这方面，《奥地利普通民法典》走得最远。该法第 934 条规定，如果给付的价值超过了对待给付的一半以上，缔约双方都有权因"短少逾半"（德：Verkürzung über die Hälfte）而要求撤销合同。但是，如果合同涉及商业交易（德：Handelsgeschäft），则该权利不成立[10]；如果当事人是在完全了解某物真实价值的基础上签订了合同，也是如此。例如，该物有意识地以"友情价"（德：Freundschaftspreis）被出售或者买方表示，他"因特别偏爱而希望以特别价格"购买该物（《奥地利普通民法典》第 935 条）。

《法国民法典》对以**损害**（法：lésion，尤指合同一方当事人因显失公平所遭受的损害）为由解除合同持更加谨慎的态度。根据《法国民法典》第 1118 条（现《法国民法典》第 1168 条）规定，只有在法律明确作出规定的情况下才允许以此为由解除合同，特别是在土地买卖的情况下。* 如果当时的购买价格低于土地真实价值的 7/12，卖方可以在合同签订后两年内解除此类合同（《法国民法典》第 1674 条以下）。如果合同根据个案具体情况涉及"风险交易"，或者卖方因打算对买方作出馈赠而同意以较低价格出售的，则上述规定不适用。卖方享有解除权的，买方可以通过同意支付购买价格和土地当前市场价值之间差价的方式来避免合同被解除。为了使买方在这种情况下也能保留少量利润，《法国民法典》第 1681 条允许其将需要偿还的差额减少到市场价值的 1/10。在实践中，该条款的适用造成了不小的困难。[11]

后来编纂的民法典不再包含此类规则。这些规则不再适合经济生活被明显的自由主义所支配的时代。人们认为，人精通商业，有足够的判断力，能够在以合同自由、营业自由和竞争自由为基础的资产阶级商业社会中

---

[10] 《奥地利商法典》第 351a 条。

* 现《法国民法典》第 1168 条的规定是：除非法律另有规定，否则，即使给付与对待给付之间不平衡，合同原则上仍然是有效的。——译者注

[11] 对此详见 Ghestin no. 555 ff.; Starck/Roland/Boyer no. 806 ff.。

明智地采取行动,并避免对自己造成损害。因此,授权法官解除内容不平衡的合同的规则必然显得有家长作风,并危及法律的确定性。因此,最终《德国民法典》的起草者认为,违反法律和善良风俗的合同无效的一般原则就足以应对(《德国民法典》第 138 条第 1 款)。但不对等合同有效性存疑的想法显然是非常符合正义感的,以至于人们最终不想完全忽略它。因此,《德国民法典》第 138 条增加了第 2 款:根据该款,如果给付与对待给付之间"明显不均衡",并且一方当事人"利用另一方当事人的困境、缺乏经验、缺乏判断力或相当薄弱的意志"来促成合同,则合同无效。

这一解决方案被欧洲大多数民法典所采纳。[12] 只有《意大利民法典》仍然坚持对给付与对待给付之不对等进行精确量化。诚然,利益受损的一方当事人只有在迫于无奈(意:stato di bisogno)而订立合同的情况下才能解除合同,但是,这只适用于其提供的给付的价值超过对待给付价值两倍以上的情形(《意大利民法典》第 1448 条)。[13] 与之相反,《荷兰民法典》完全放弃了给付与对待给付之间不对等的要求。根据《荷兰民法典》第 3:44 条第 4 款,如果某人知道或应当知道另一方合同当事人的困境、依赖或放任,轻率或缺乏经验,而仍然以不正当的方式迫使其缔结合同,则合同因"滥用情势"可以被撤销。[14]

国际法规中要求一方当事人通过合同获得了"过度利益"或"严重不公平的优势",此外还要求——与《德国民法典》第 138 条第 2 款相似——居于不利地位的一方当事人处于特殊的紧急状态或困境,而且其缔约相对人知道或应当知道这种情况,并利用这种情况为自己谋取利益。[15] 但

---

[12] 《奥地利普通民法典》第 879 条第 2 款第 4 项,《瑞士债法》第 21 条,《希腊民法典》第 179 条,北欧国家《合同法》第 31 条,《葡萄牙民法典》第 282 条,《波兰民法典》第 388 条以及《匈牙利民法典》第 201 条第 2 款和第 202 条。

[13] 参见 it. Cass. 28. Juni 1994,节录于 ZEuP 1997, 475 mit Anm. C. Becker。

[14] 参见 Hoge Raad 29. Mai 1964, Ned. Jur. 1965, 104;卖方因年龄原因导致经验不足而被利用,尽管所约定的土地价格合理,但土地买卖合同仍然可以被解除。

[15] 参见《欧洲合同法原则》第 4:109 条,《国际商事合同通则》第 3.2.7 条,《(欧洲私法)共同参考框架草案》第 II.-7:207 条,《欧洲合同法典》第 30 条第 3 款,《欧洲共同买卖法》第 51 条。这些规定的共同点是,在上述条件下,合同并非自始无效,而是下处于不利地位的一方当事人能够解除或撤销合同时无效。

德国判例越来越倾向于这样的观点:给付和对待给付之间的"严重不对等"足以说明合同的无效性。这实际上意味着,古老的"非常损害"学说正被赋予新的生命。就买卖合同而言,如果一件物品的销售价格低于其市场价值的一半或者超过其市场价值的两倍,则认为存在这种"严重不对等"。在这种情况下,即使不存在《德国民法典》第138条第2款要件中要求的对弱势一方困境利用的情形,处于弱势地位的一方仍然可以根据《德国民法典》第138条第1款主张合同无效。尽管这要求受益一方的行为必须是"出于恶意",但即使受益一方对"严重不对等"一无所知,也允许对这种意图进行推定。[16]

《法国民法典》中没有类似于《德国民法典》第138条第2款规定的条款。[17] 然而,通过允许被利用一方以欺诈(法:dol)或暴力胁迫(法:violence)为由撤销合同,法国判例实际上也达到了同样的效果。* 任何人利用缔约相对人高龄、重病、年轻无经验或困境,不给对方冷静思考的时间,或者劝阻对方听取家人或律师的意见,或者淡化或隐瞒合同的效果,都必须容忍以欺诈为由提出的合同撤销。[18] 尽管他并没有通过故意作出虚假事实陈述的方式来误导其合同伙伴,因此没有进行狭义上的恶意欺诈,但根据法国判例,明知他人陷于困境而为了自己的利益加以滥用,即使他人并非因自己的过错而陷入此困境,也构成恶意欺诈。如果一方当事

---

[16] 参见 BGH 19. Jan. 2001, BGHZ 146, 298; BGH 19. Juli 2002, NJW 2002, 3165; BGH 29. Juni 2007, NJW 2007, 2841。受益方可以推翻关于其行为出于"恶意"的推定。例如,他可以证明双方信赖的是专家(错误的)鉴定意见。对判例的批评意见,参见 T. Finkenauer, Zur Renaissance des laesio enormis beim Kaufvertrag, in Festschrift H.P. Westermann (2008) 183; Bork Rn. 1193, 1199。

[17] 《泰雷改革草案》第65条和第66条提出了一项立法建议,根据该规定,虽然给付与对待给付之间的不对等不会构成合同无效的理由,但如果合同另一方当事人利用弱势一方的困境,从而获得"明显不合理的优势",则后者可以要求法官对合同进行调整。

* 现《法国民法典》第1143条规定:若缔约一方当事人利用缔约相对方的依赖状态,强制对方接受本不愿承担的义务,并因此取得明显过度的利益,该滥用行为构成胁迫。——译者注

[18] Civ. 4. Nov. 1913, S. 1914.1.259; Req. 10. Feb. 1926, S. 1926.I.59; Req. 27. Juni 1939, S. 1940.1.39; Paris 22. Jan. 1953, J.C.P. 1953.II.7435; Civ. 20. April 1966, Bull.cass. 1966.I. no. 224; Civ. 13. Jan. 1969, Bull.cass. 1969.I. no. 21.

人利用其经济优势迫使另一方当事人订立对其不利的合同,也被认为构成"经济胁迫"(法:violence économique)。[19] 而且,如果在这种情况下被利用的一方对一个价格表示了同意,而该价格可以被描述为"低的可怜"(法:un véritable scandale)或"极低的价格"(法:prix dérisoire),那么有时法院也会采纳合同因"价格虚幻或微不足道"而无效的观点[《法国民法典》第1591条(现《法国民法典》第1169条)]。[20]

对于一方当事人因其困境或其他谈判障碍被利用所缔结的明显对其不利的合同,英国法中也无法找到任何当事人可以据以解除合同的一般原则。然而,一些零散的规则——尽管条件各不相同——以类似于大陆法系的方式保护被利用的合同一方当事人。比如,在特殊困境中同意对本人不利的合同变更的一方当事人有机会援引"经济胁迫"(英:economic duress),例如,他之所以同意对自己不利的合同变更,是因为其缔约相对人以违约相威胁,而这种胁迫在个案的特定情况下被认为是不允许的。[21] 另外,在许多较早的判例中,其中一些可以追溯到18世纪,对商业事务缺乏经验或陷入经济困境的一方当事人以极低的价格出售有价值的资产或以不利的条件进行抵押的合同被认为是无效的。一个典型的案例是,一个来自富裕家庭但没有个人收入的年轻人,为了支付生活费或赌债,以非常低廉的价格出售了自己的遗产。这样的合同是无效的,而且其条件在善意的情形下也可以适用于今天的情况。这就是 Cresswell v. Potter 一案[22]中发生的情况:在本案中,一位妻子——职业为电话接线员并且没有商业经验——在离婚时将其在夫妻共同购置的不动产中的共同所有权的份额转让给了丈夫,而她从丈夫那里得到的对待给付只是一份免

---

[19] Civ. 30. Mai 2000, Bull cass. 2000. I. no. 169; Civ. 3. April 2002, Bull cass. 2002. I. no. 108.

[20] 参见 Req. 12. Jan. 1931, Gaz.Pal. 1931.1.441; Paris 22. März 1952, Gaz.Pal. 1952.2. 102. 有时,判例也允许被利用的一方以错误(法:erreur)或暴力胁迫(法:violence)为由撤销合同,对此参见 Ghestin no. 513, 579, 586, 588。(在某些此类型的案件中,合同因"欺诈"而被撤销。参见 Civ. 20 April 1966, Bull.cass. 1966.I. no. 224; Civ. 23 Jan. 1969, Bull.cass. 1969.I. no. 21; Civ. 30 May 2000, Bull.cass.2000.I. no. 69; Civ. 3 April 2002, Bull.cass. 2002.I. no. 108.——译者注)

[21] 另参见第275页及以下。

[22] [1978] 1 W.L.R. 255. *Backhouse* v. *Backhouse* [1978] 1 All E.R. 1158 (1165 f.)也类似。

除其对以该不动产为抵押所获贷款的责任的声明。

在这种情况下,英国法的规则具有重要意义。根据这些规则,如果一方当事人能够证明,合同的缔结虽然不是另一方当事人胁迫的结果,但却是在后者以其他方式对其施加了压力或者通过虚假陈述进行误导而实现的,那么合同可以因**不当影响**(英:undue influence)而被解除。但是,如果合同双方当事人之间存在特殊的信赖关系,基于这种信赖关系,合同一方当事人可以相信对方会提供忠实建议和完整的信息,那么证明责任可以被免除。判例将儿童与父母、被监护人与监护人、病人与医生、忏悔者与牧师、客户与律师或其他顾问之间的关系视为这种特殊的信赖关系。如果处于这种信赖关系中的当事人订立了明显不利于信托人的合同,那么不需要任何证据就可以假定该合同的订立是滥用所给予信任的结果,合同因此是无效的。[23] 虽然配偶之间原则上不成立这种特殊的信赖关系,但信赖关系的滥用也并非不可能。因此,判例通过其他方法达成同样的结果:如果妻子——这是实践中最重要的情况——为其丈夫的商业债务向银行提供了担保,或者出于同样的原因,她在其作为所有人或共同所有人的不动产上为银行设定了不动产担保权,只要交易"需要解释"(德:erklärungsbedürftig),即没有明显考虑妻子的利益,就可以推定其是在丈夫不当影响下达成的。尽管银行可以对该推定提出反驳,但为此它必须证明其采取了合理措施,这些措施可以使其确信,妻子是基于自由意志作出的决定。在实际操作中,这意味着银行必须向妻子说明,只有在她提供了律师的书面证明,表明律师已经在其丈夫不在场的情况下充分告知她相

---

〔23〕 在欧洲大陆的法律制度中,人们经常发现有法律规定以类似的方式来抵御利益冲突的风险。例如,父母与监护人在与被监护对象开展业务时充当其法定代理人,因此,与其他所有代理人一样,他们原则上也被禁止进行"自我交易"(德:Insichgeschäfte),对此参见第444页及以下。并参见《法国民法典》第 907 条和第 909 条:根据这些规定,如果病人对主治医生或在他患病期间对其提供帮助的牧师提供了金钱上的好处,倘若交易期间的疾病导致了病人的死亡,那么合同和遗嘱无效。同样地,居住在养老院的人为看护人员的利益所进行的交易也无效,参见《法国民法典》第 1125 条第 1 款(现《法国民法典》第 1151 条)、《法国家庭与社会行为法》第 L 331-4 条和第 L 443-6 条,BGH 9. Feb. 1990, BGHZ 110, 235; BayObLG 28. Juni 1991, NJW 1992, 55. 对此详见 A. P. Bell, Abuse of a Relationship: Undue Influence in English and French Law, Eur.Rev. P.L. 15 (2007) 555。

关交易的影响的条件下,银行才会与其进行交易。[24]

上述介绍的英国法的规则能否合并为一个一般原则,这个问题是存在争议的:根据这些规则,如果合同对一方当事人而言意味着严重不利,而他只是因为在**谈判能力**(英:bargaining power,德:Verhandlungsstärke)方面明显不如对方而同意订立合同,那么合同就总是无效的。丹宁勋爵在 *Lloyd's Bank Ltd. v. Bundy* 一案中就持这种观点。[25] 在本案中,贷款人向其银行解释说,虽然其本人无法提供延长贷款所需的额外担保,但或许其父亲能够提供。于是,一名银行职员在贷款人的陪同下去找他的父亲,后者是一个经营小农场的农民。银行职员设法让父亲用农场——实际上是其全部资产——来为儿子的债务提供抵押,而父亲没有提前获取关于其经济状况的更详细信息或者寻求独立的建议。银行提起的对农场进行强制执行的诉讼被上诉法院驳回。两名法官支持了这一判决结果,理由是**不当影响**规则(英:undue influence),因为父亲——其本人是银行几十年的客户——在本案的特殊情况下需要获得(实际上并没有向其提供的)咨询和信息。丹宁勋爵是第三个得出相同结论的法官,但其结论是基于一般法律原则得出的。在描述了普通法保护合同中较为弱势一方免受不利合同影响的各种方法之后,他说道:

> 综上所述,我认为所有这些情况都贯穿于一条主线。它们的基础是议价能力的不对等。如果一个人由于自己的需求或欲望,或者由于自己的无知或软弱,再加上对方或为了对方的利益而对其施加的不当影响或压力,致使其议价能力严重受损,而他又没有得到独立的咨询意见,就以极不公平的条件签订合同或以严重不足的对价转让财产,那么英国法律应该对这种人给予救济。[26]

今天的英国在讨论,是否有必要用这样的一般原则来取代传统的个

---

[24] *Royal Bank of Scotland v. Etridge* (No 2) [2001] 4 All. E. R. 449,另参见 *Barclays Bank v. O'Brien* [1994] 1 A.C 180 以及 *Treitel (-Peel)* no. 10-013 ff.。

[25] [1975] Q.B. 326 (C.A.).

[26] *Lloyd's Bank Ltd. v. Bundy* (上注) 339。

别规则。迄今为止,上议院对这一提议的态度较为冷淡[27];但相反,其在文献中得到了大量支持。[28]

在法国的判例中,我们也可以看到这样的案例,某些人在没有经过深思熟虑、也没有充分理解其表示含义的情况下,就为家庭成员的债务承担了共同责任。在巴黎上诉法院的一项判决中,一位73岁的寡妇"情况很普通,没有特别指导,对事务也不了解",为其女婿的债务向银行提供了担保。在他所进行的土地投机买卖失败后,银行的索赔金额达到了140万法郎,这个数额是作为被告的寡妇根本无力支付的。法院认为,"孀妇西利(Silly)财产不足的状况与其所承担的巨额担保之间明显不成比例",被告对商业和法律都不熟悉,也不知道自己的处境;法院的结论是,她有权以担保合同的客体和理由存在错误为由撤销合同。[29] 今天,这种情况通常是由《法国消费法典》第341-4条所调整:据此,如果消费者通过担保的方式承担了"与其资产和收入明显不相称"的义务,只要消费者无法履行其义务,银行就不能从该担保中获得任何权利。[30]

---

[27] 参见 National Westminster Bank v. Morgan [1985] 1 All E.R. 821, 830。在该判决中,斯卡曼勋爵(Lord Scarman)提出质疑,"是否有必要在现代法律中建立一个针对议价能力不对等的一般救济规则。议会已经承担了这项任务——而且其在本质上是一项立法任务——制定对合同自由的限制措施,因为它认为这是缓解(此类)危害所必需的"。例如,对于需要保护消费者免遭因缔结信贷合同(参见《英国1974年消费者信贷法》第140A条和第140B条)或不公平的合同条款而对其造成不利影响的情形(参见《英国1977年不公平合同条款法》《英国1999年消费者合同不公平条款规定》以及第206页及以下的内容),都有相应的法律。

[28] 例如,参见 Waddams, Unconscionability in Contracts, Mod.L.Rev. 39 (1976) 369; McKendrick no. 17.4 und 7; Treitel (-Peel) no. 10-046 持怀疑态度。普通法系的其他法律制度显然在朝这个方向发展,比如加拿大、澳大利亚,尤其是美国。《美国统一商法典》第2-302条规定,如果法院认为一项合同或某一条款"不合理",则该合同或条款无效;《合同法重述(第二版)》第208条也如此规定。

[29] Paris 18. Jan. 1978, J.C.P. 1980.II.19318 mit Anm. Simler. 并参见同时刊印的判决Bordeaux 6. Dez. 1977:一名公证员的妻子和岳父母为其债务提供了担保,如果他们不知道公证员贪污行为的严重性,则合同"因原因错误和质性错误"而无效。另参见 Civ. 25. Mai 1964, D.P. 1964, 626; ebenso HR 1. Juni 1990, Ned. Jur. 1991, 3293。[在此类案件中,合同也可能因胁迫而无效(现《法国民法典》第1143条)。——译者注]

[30] 并参见《奥地利消费者保护法》第25条:根据该规定,"在综合考虑所有情况的前提下,如果义务与消费者的偿付能力不对等",法官可以"减轻甚至免除消费者因担保(或其他形式的债务担保)所产生的义务"。法官必须考虑的情况包括消费者从债权人的给付中获得的利益,以及"中间人在债务发生时的轻率、困境、缺乏经验、情绪激动或对债务人的依赖"。

对于这种情况,德国判例以《德国民法典》第 138 条为裁判依据。尽管上文提到的该条第 2 款并不适用,因为在担保合同中,担保人的给付所对应的并不是债权人的对待给付,因此,无法确认给付与对待给付之间存在"明显的不对等"。但可以提出的问题是,担保合同是否因违反善良风俗并根据《德国民法典》第 138 条**第 1 款**而无效?原则上来说,对这个问题的回答是否定的,因为即使没有特别的商业知识,成年人也能认识到与担保相关的巨大风险。[31] 然而,如果银行从债务人的家庭成员,即从其配偶、未婚夫(妻)、父母或子女——那里获得担保,情况就不同了。诚然,即使在这种情况下,如果向债务人发放贷款为担保人本人带来了利益,例如,其会成为用贷款所购买不动产的共同所有人,那么担保也是有效的。但如果不是这种情形,而家庭成员因担保"负担过重",那么根据《德国民法典》第 138 条第 1 款,担保无效;特别是如果可以预见他甚至无法用自己的方法筹集贷款的当期利息,就属于这种情况。在这种情况下可以作出一个几乎无可辩驳的推定,即家庭成员因对债务人的"情感联系"而作出了担保,这一情况被贷款人以不可接受的方式利用,以为其带来好处。[32] 对这一判例也可以提出异议,即它只适用于无财产的担保人,而对于那些拥有自己财产的担保人而言,其绝不会因为担保责任而"负担过重"。然而,该问题的重点是,担保人是否以负责任的方式行使了其决定自由。当然,如果他以债务人家庭成员的身份作出了担保,这一点就非常可疑。但英国法院的判例以一种典范的方式考虑到了这一点:尽管英国判例在这种情况下也作出了担保是通过债务人的"不当影响"而产生的推定,但同时允许贷款人通过证明他是在告知家庭成员需要独立律师的建议并得到律师的相应文件后才接受担保来否定这一推定。在这种

---

[31] 还需要考虑到,一般保证人必须以书面形式作出声明(参见第五章第二节),如果他是在"上门销售"(德:Haustürgeschäft)的情况下作为消费者作出声明的,他也可以事后撤销声明(参见第八章第二节)。

[32] 例如,参见 BGH 18. Sept. 1997, BGHZ 136, 350; BGH 14. Nov. 2000, BGHZ 146, 37; BGH 14. Mai 2002, BGHZ 151,34; BGH 14 Okt. 2003, BGHZ 156, 302; BGH 25. Jan. 2005, NJW 2005, 971 (现行判例)。

情况下,贷款人可以认为担保人的意思形成是深思熟虑和独立的。[33]

违反善良风俗或公共秩序的合同是否总是整体无效,或者法官是否可以主动"调整""限缩"或"重整"合同,然后在修改内容后维持合同,是一个非常有争议的问题。[34] 比如,如果有人向合同一方当事人提出了一个令人无法接受的过高或过低的价格,或者向其提供了一个导致债务人"负担过重"的担保,该如何处理:法官是否可以主动降低或提高购买价格至合理数额呢?他是否可以限制担保的范围,使担保人能够以现有的方式履行由此产生的义务?如果合同一方当事人以对其而言非常明显的方式无视法律许可的限度,那么对该问题的回答必须是否定的。这是因为在这种情况下,合同的无效性(也)具有预防目的,换句话说,所有当事人都应当考虑到合同无效的风险,从而不敢再缔结此类合同。这一目的会随着法官对合同的修改而落空。因为这样一来,"以违反善良风俗的方式利用其缔约伙伴的人可以期望,即使在最坏的情况下也可以通过司法裁

---

〔33〕 N. Jansen, Seriositätskontrollen existentiell belastender Versprechen, in: R. Zimmermann (Hrsg.), Störungen der Willensbildung bei Vertragsschluss (2007) 125(从法律史和比较法的角度阐释了这一问题)。Ebenso G. Wagner, Materialisierung des Schuldrechts unter dem Einfluss von Verfassungsrecht und Europarecht – Was bleibt von der Vertragsfreiheit?, in: U. Blaurock/G. Hager (Hrsg.), Obligationenrecht im 21. Jahrhundert (2010) 13, 30 ff.

〔34〕 如果合同中的约定"过度"限制一方当事人的行为自由,或"过度"侵害其法律地位,或"过度"违反为保护该当事人所颁布的法律规定,也会产生这个问题。所有这些情况都会产生一个问题,即"超出部分"是否可以减少,并在有此附带条款的情况下维持合同。对此参见第176页及以下,第210页及以下。如果可以主张合同无效的一方当事人表示,希望在对合同作出对其有利的变更的情况下维持合同,情况则不同。在这种情况下,国际法规认为对合同作出相应修改是被允许的。参见《欧洲合同法原则》第4:109条第2款:据此,如果一方当事人的弱点被另一方当事人所利用,从而获得了不公平或过度的优势,则该当事人可以要求解除合同。在当事人提出要求的情况下,法官"可以适当地调整合同,以使其符合在遵守诚实信用和公平交易原则下可能达成的协议"。类似条款还有《国际商事合同通则》第3.2.7条第2款和第3款,《(欧洲私法)共同参考框架草案》第II.-7:207条第2款和第3款。即使是那些承认"非常损害"的法律制度也允许维持合同,只要受益方主动同意变更自己的给付,使之与合同利益方当事人的给付相平衡。参见《意大利民法典》第1450条,《法国民法典》第1674条,《奥地利普通民法典》第947条。根据《荷兰民法典》第3:54条第2款,在一方当事人的要求下,法官不应宣布合同因对情势的滥用而无效,而是应当修改合同,使其不利之处得到弥补。在此意义上,参见 BG 26. Juni 1997, BGE 123 III 292 以及 Pichonnaz ZEuP 1999, 140 对该判决所作的比较法上的说明。

决获得可替代的且符合善良风俗的东西"。[35] 然而,在许多情况下,预防目的并不发挥作用。例如,一方当事人通过对其有利的合同规定追求一个本身合理的目标,他有权认为约定有效,因为协议的合法性边界是不确定的。在这种情况下,相比宣布合同无效,可能有很好的理由支持对合同进行改造,至少可以通过对合同进行补充解释的规则认定,当事人在意识到其约定无效时已就某种"改造"版本达成了一致。

三、对个人和经济行动自由的限制

1. 基本原则

如果对人的个人或经济方面的行动自由作出过度限制的合同被视为有效,那么这将不符合自由法律和经济秩序的基本原则。因此,借款人承诺在未经债权人书面同意的情况下不改变其居住或工作场所、不接受其他贷款或不处置其财产的合同约定是无效的。[36] 同样地,如果某人将其财产转让给他人,以至于其因此丧失了处分自己财产的能力,如同对自己宣告了禁治产,这样的交易也是无效的。[37]

这里讨论的案例主要涉及保障经济、职业或艺术活动自由的公共利益。但是,这往往与具体案件中保护经济上较弱势或没有经验的一方免遭对其不利条款的追求是融合在一起的。*Schroeder Music Publishing Co. Ltd. v. Macaulay* 一案就是这种情况[38]:原告是一位词曲作家,在收到50英镑的报酬后,他向作为被告的音乐出版商转让了他今后创作的所有歌

---

[35] BGH 21. März 1977, BGHZ 68, 204, 207; BGH 14. Nov. 2000, BGHZ 146, 37, 47 f.; BGH 17. Okt. 2008, NJW 2009, 1135.

[36] *Horwood v. Millar's Timber and Trading Co.* [1917] 3 K.B. 305.

[37] 参见 BGH 9. Nov. 1955, BGHZ 19, 12:根据该判例,如果银行利用其经济优势,事先将其债务人的全部剩余资产转移给自己,从而"剥夺了建筑承包商独立作出经济和商业决定的全部自由",那么建筑承包商向银行让与承揽报酬债权的合同是无效的(出处同上,第18页)。关于让与未来全部报酬请求权(德:Werklohnforderung)的内容参见第500页及以下内容。

[38] [1974] 3 All E.R. 616 (C.A.). BG 23. Mai 1978, BGE 104 II 108, 116 ff亦同,在该案中,一项非常类似的合同因违反《瑞士民法典》第27条第2款而被认定为无效。

曲的版权,期限为 10 年。上议院裁定,该合同过度限制了原告的艺术表达自由,因此,合同因"不当交易限制"(英:undue restraint of trade)而无效。其依据是,被告不负有发行这些歌曲的义务;进一步的理由是,被告而不是原告可以随时终止合同;但最重要的依据是,原告在签订合同时只有 21 岁,而且之前在艺术方面并不成功,因此在"议价能力"(英:bargaining power)方面明显不如被告。[39] 德国联邦最高法院于 1956 年 12 月 14 日的判决也涉及对艺术活动自由的限制[40]:在该案中,一位作家曾承诺将其未来所有作品都免费供被告出版商出版。尽管在被告拒绝出版或提供的条件不理想的情况下,他有权与其他出版商签约,但法院认为该约定"加重了作家单方面的责任,对其经济和个人自由的限制超过了可以容忍的程度"。因为在这种情况下,即使在相互信任关系破裂的情况下,作家也必须终生将其作品提供给被告;作家与其他出版商签订合同的自由也因被告可以随时挑选其优秀作品并自己出版而受到很大的限制。

2. 长期合同

应其本人要求而加入合同的一方当事人承诺在缔约相对人所经营的业务中投入大量资本,倘若只有在缔约相对人在一个较长的时期内不终止合同的情况下,这些资本的摊提和投资回报才能得到保证,那么就会对这种长期协议作出不同的评价。其中,加油站或餐馆的经营者承诺在数年时间内只从某个石油公司或啤酒厂购买其所需的燃油或饮料的合同就是这方面的典型例子。如果在这种情况下,将长期承诺视为非法,这对缺乏资本的加油站经营者和饭店店主来说没有任何好处,因为其合同伙伴转让经营财产和提供投资贷款的意愿会因此下降。但即使在这种情况下,承诺期限也不得过长。英国上议院认为加油站合同约定 5 年的承诺

---

[39] 特别是蒂普洛克勋爵(*Lord Diplock*)的意见,出处同上,第 623 页。对此的批评性意见,参见 *Trebilcock*, An Economic Approach to the Doctrine of Unconscionability, in: Reiter/Swan (Hrsg.), Studies in Contract Law (1980) 379, 396 ff.。他特别指出,音乐出版商将会因这一判决而不敢签订相应的合同,从而剥夺尚未崭露头角的年轻词曲作家获得经济保障的机会。一个合适的折中方案可能是承认这类合同的效力,但对合同的期限作出限制。

[40] BGHZ 22, 347, 354.

期限是合理的,但认为 21 年的期限过长;[41]德国联邦最高法院认为在任何情况下约定 5 年的承诺期限都是合法的,一个更长的期限也能被接受。[42]另一方面,如果加油站合同在 25 年到期后被经营者所终止,而该合同中约定石油公司有权在合同结束后加入其他公司向经营者提出的要约,那么石油公司不得主张该约定;该约定无效,因为它将"以不可接受的方式限制石油公司合同伙伴的经济独立和职业行动自由"。[43]此外还需要指出的是,此类合同之所以无效,不仅是因为其限制了合同伙伴的行动自由,而且还因为它们以不被允许的方式限制了竞争,因此违反了成员国和欧盟法律(《欧洲经济共同体条约》第 81 条以下,现在的《欧盟运作条约》第 101 条以下)中的竞争规则。

3. 竞业禁止

由于对经济行动自由造成了不可接受的限制,某人承诺不与其合同伙伴竞争的协议也可能是无效的。劳动合同中通常会约定这种竞业禁止。如果雇主不得不考虑其雇员在雇佣关系结束后转向竞争对手的公司或建立自己的公司,然后利用他们在当前工作中获得的客户资源和特殊知识的情况,那么他就会对这方面的内容感兴趣。另一方面,竞业禁止会严重阻碍雇员利用其劳动力——通常是其唯一的收入来源;另外,由于雇主具有强势的议价能力,此类协议往往只会充分考虑他的利益,而不是雇员的利益。因此,在劳动法中,只有在特殊条件下才允许约定竞业禁止。在一些国家中,它们被详细规定在法律或劳资协议规定(德:tarifvertraglichen Bestimmungen)之中。例如,《意大利民法典》第 2125 条规定,竞业禁止条款只有在以书面形式约定,并在范围、期限和地域适用方面有所限制

---

[41] *Esso Petroleum Co. Ltd.* v. *Harper's Garage (Stourport) Ltd.* [1968] A.C. 269.

[42] 参见 BGH 9. Juni 1969, BGHZ 52, 171, 176。对于啤酒供应合同,判例认为 20 年的合同期限是上限。但需要根据个案的情况具体判断,例如,饭店老板的采购义务是涵盖其整个饮料系列,还是只涉及其中一部分,是否约定了最低采购量,以及啤酒厂的投资金额有多高。参见 BGH 14. Juni 1972, NJW 1972, 1459; BGH 17. Jan. 1979, NJW 1979, 865; BG 21. Juni 1988, BGE 114 II 159; OGH 13. Okt. 1983, SZ 56 Nr. 144; OGH 21. März 1991, JBl. 1992, 517。

[43] BGH 31. März 1982, BGHZ 83, 313, 319.

的情况下才有效；此外，还必须以现金形式向雇员支付一笔特别补偿费。[44] 在法国和英国，类似规则是由判例发展而来的。[45]

经常发生的情况是，一家企业的卖方向买方承诺不参与同类业务的竞争。在这种竞业禁止协议中，卖方也拥有利益，因为买方越确定卖方不会与其展开竞争，即卖方不会拉拢其之前的客户并利用其对供货来源和销售机会的特别了解为自己谋取利益，那么买方对企业支付的收购价格可能就越高。这也是评估这种竞业禁止协议有效性最重要的角度：它可以限制卖方的竞争自由，但仅限于将被出售企业及其包含的经济价值（客户、销售机会、供货来源等）转移给买方所必需的范围内。[46] 由此可见，没有任何时间或空间限制的竞业禁止协议只有在非常特殊的情况下才有效。

Nordenfelt v. Maxim Nordenfelt 一案就是这样一个特殊案例[47]：在本案中，一家武器弹药厂的卖方承诺在 25 年内不在世界上任何地方从事类似的商业活动。尽管如此，该竞业禁止协议被视为有效。这是因为，与卖方有业务联系的客户遍布世界各地："他的账簿中几乎记录了世界上所有的君主和国家。"因此，对于卖方不再从事同一行业不作任何地理上的限制，买方具有合理利益。但一般而言，在时间、空间和对象方面作出限制是必要的。例如，德国联邦最高法院曾经审理过这样一个案件，在该案中，一家公司负责业务执行的股东在离开公司时受到一个竞业禁止协议的限制，根据该协议，10 年之内他在公司所在地 25 公里的范围内既不得成立或经营也不得加入类似的公司。法院认为这个期限过长，因为退出的股东从利用其之前商业联系中可以获得的优势会更早流逝，因此，他重新加入竞争不会比

---

[44] 竞业禁止的期限不得超过 3 年，如果是高级管理人员，则不得超过 5 年。相应的规定参见《德国商法典》第 74 条以下，《瑞士债法》第 340 条以下，《意大利民法典》第 2125 条（针对雇员），《德国商法典》第 90a 条，《瑞士债法》第 418d 条，《意大利民法典》第 1751 条（针对商业代理人）。

[45] 参见 Treitel (-Peel) no. 11-056 ff.。

[46] 这里还会出现违反成员国和欧盟竞争法的情况。参见 BGH 3. Nov. 1981, NJW 1982, 2000：本案中，尽管企业并购合同中的竞业禁止符合《德国民法典》第 138 条规定，但它是否违反了《德国反限制竞争法》第 1 条则值得怀疑。

[47] [1894] A.C. 535.

一个新进入市场的经营者所带来的竞争更快地对原公司构成较大威胁。[48]

同样的规则也适用于律师、注册会计师或咨询工程师在离开他作为合伙人或股东的公司后的一段时间内所遵守的竞业禁止协议。一项禁止注册会计师在离开公司后 2 年内与其离职前 3 年内的企业客户进行业务联系的约定是有效的。[49] 如果竞业禁止协议不仅是为了防止侵入客户圈，而且也在总体上排除了承担义务一方的竞争者身份，那么判例会更加严格。因此，根据一项竞业禁止协议，咨询工程师在退出后 5 年内不得在其专业领域提供咨询服务，该竞业禁止不受任何地域限制，如果这名工程师已经 45 岁，而且"他也没有时间再去转行，特别是在工程咨询领域"，那么这样的一份协议就是无效的。[50] 要求一家律师事务所的卖方遵守没有地域和时间限制的竞业禁止就更加不能被接受。[51]

4. 部分无效

本部分所讨论的许多案例的特点是，合同约定的对行动自由的限制超出了允许的范围，即在规模、期限或地域适用范围方面超过了允许的范围。尽管一般认为，这种约定不会导致合同的其余部分无效，但约定是否可以被限缩至其合法的核心内容，还是其整体无效，这一点是存在疑问的。在 Mason v. Provident Clothing & Supply Co. Ltd. 一案中[52]，被告承诺在离职后 3 年内不与原告在"伦敦 25 英里范围内"进行竞争。英国上议院认为，该竞业禁止协议约定的地理半径过大。但由于被告是在他之前

---

[48] BGH 13. März 1979, NJW 1979, 1605. 期限更长的是 Com. 19. Jan. 1981, D.S. 1982 I. R. 204 mit Anm. Serra: 本案中，一家杂货店的卖方承诺未来 20 年内在所售企业所在地 20 公里范围内不与买方竞争的竞业禁止协议被认为是有效的。

[49] BGH 26. März 1984, BGHZ 91, 1, 6 ff., 另参见 BGH 9. Mai 1968, NJW 1968, 1717。Bridge v. Deacons [1984] A.C. 705 (P.C.)亦如此：**律师**(英：solicitor)可以有效地承诺在离开事务所后的 5 年内不向其离职前 3 年内的该事务所的客户提供法律咨询。并参见 Soc. 12. Juni 1986, D.S. 1987 Somm. 264 mit Anm. Serra: 根据该判决，要求受雇于**法律咨询公司**(法：conseil juridique)的律师在离职后 3 年内不得为前雇主的客户提供咨询的竞业禁止协议是有效的。

[50] Paris 7. Feb. 1980, J.C.P. 1981.II.19669 mit Anm. Edwards.

[51] BGH 28. April 1986, NJW 1986, 2944.

[52] [1913] A.C. 724.

为原告工作的同一个伦敦城区开始竞争活动的,因此有关观点认为,应将禁止协议限缩至其可允许的核心,即伦敦的有关城区——然后再准予该不作为之诉。英国上议院不赞同这一观点:

> 在我看来,如果雇主故意以不合理的宽泛要求签订契约,而法院却要帮助他,并通过运用其聪明才智和法律知识,从这个无效的契约中划出雇主可能有效要求的最大范围,这将是一个糟糕的例子……如果雇主能够继续实施不合理的契约,并期望在使雇员承受诉讼的焦虑和费用之后,法院最终会使他们获得通过合理行为可以获得的一切,那么对雇员所造成的困难就会大大增加。[53]

177 毫无疑问,人们也发现了许多法院采取不同立场的判决。例如,德国联邦最高法院维持了一项履行了16年的啤酒供应合同,该合同对饭店老板与啤酒厂的约束期为24年,因此违反了善良风俗,但饭店老板在履行了10年后就不想再继续履行该合同,法院判决饭店老板应支付约定的违约金,即剩余6年内预期实现的啤酒销售额的15%。[54] 在英国的判例中也可以找到法院将竞业禁止限缩到许可范围内的判决。[55] 法国也是如此:一名雇员承诺在离职后10年内不会服务于同行业的任何一个经营

---

[53] 莫尔顿勋爵(*Lord Moulton*)出处同上,第754页。BGH 28. April 1986(前注51)(论证理由相同),BGH 15. März 1989, NJW-RR 1989, 800。不同判例:OLG Zweibrücken 21. Sept. 1989, NJW-RR 1990, 482:在本案中,双方明确约定,在合同条款无效的情况下,应以"尽可能接近无效条款经济意义"的条款取代无效条款。因此,法院将无限期的竞业禁止条款缩短至5年,并准许了该诉讼。

[54] BGH 16./17. Sept. 1974, NJW 1974, 2089. 并参见 BG 5. Okt. 1965, BGE 91 II 372; BG 27. Juli 1970, BGE 96 II 139 und BG 21. Juni 1988(前注42):本案中,一份"永久"(德:auf ewig)啤酒供应合同被缩短为20年的期限,理由是双方当事人"如果意识到永久合同的不可接受性",在本案的情况下会约定20年的期限。如果合同不仅含有过长的约束期限,而且其内容——例如,由于大量无效的格式条款——在许多方面也存在问题,那就会不同,参见 BGH 27. Feb. 1985, NJW 1985, 2693, 2695。

[55] 例如,参见 *Goldsoll v. Goldman* [1915] 1 Ch. 292 (C.A.); *T. Lucas & Co. Ltd. v. Mitchell* [1974] Ch. 129; *Attwood v. Lamont* [1920] 3 K.B. 571 并详见 *Treitel (-Peel)* no. 11-158 ff.。并参见 BGH 26. März 1984 (前注49) 6 f.:本案中,法院认为,就禁止被告进入原告的客户群而言,竞业禁止约定是有效的;但就禁止被告从事一般的竞争活动而言,其约定是无效的。瑞士判例也是如此,参见 BG 5. Okt. 1965, BGE 91 II 372(对一个商业旅行推销员作出时间和地域限制的竞业禁止协议)。

者——这是一段相当长的时间——但如果他在解除雇佣关系的第二天就接受了位于同一城市的竞争对手的工作,那么他必须向其前雇主支付损害赔偿,因为"竞业禁止条款……仅在由于其时间和空间范围以及有关人员活动的性质而侵犯工作自由的情况下才会被取消"。[56]

对自由的限制能否按上述方式限缩至其被允许的范围,往往取决于有异议的部分是否能够与协议的其他部分"相分离",以及在去除不被允许的部分之后,合同是否仍具有当事人在缔结合同时希望达到的给付与对待给付之间的平衡。还有一点也会被经常提及,即法官不能将自己置于当事人的位置上,通过上述操作把一个"新"合同强加给他们。然而,更重要的是,这应取决于禁止限制经济活动自由过度的政策是否更适合通过限缩或废除有争议的协议来实现。比如,如果一方当事人没有认真尝试对竞业禁止条款进行合理限制,而是将明显不可接受的协议强加给对方,那么就有很多理由支持宣布协议无效,因为这是产生威慑效果的唯一途径,而从该政策的利益出发,这种威慑效果至关重要。

四、违反法律规定

到处都可以观察到这样的现象:现代福利国家为了执行其经济、社会和法律政策目标,会制定法律禁止某些特定行为,或者使其合法性取决于官方的许可或批准。这里就涉及这样一个问题,如果合同的缔结或履行与这些法律规定相冲突,那么合同是否无效?

如果法律明确规定了合同无效,那么这一点就是毫无疑问的。例如,《德国反限制竞争法》第 1 条规定,如果企业之间的合同"以防止、限制或扭曲竞争为目的或产生这样的效果",则合同无效。如果法律禁止经营者"缔结和执行保险合同",除非其从主管部门获得经营保险公司的许可,也是这种情况。如果其缔约伙伴向其提出索赔,要求根据其未经许可

---

[56] Soc. 21. Okt. 1960, J.C.P. 1960.II.11886; Soc. 1. Dez. 1982, Bull.cass. 1982.V. no. 668; Soc. 25. Jan. 1984, Bull.cass. 1984.V. no. 31.并参见 *Ghestin* no. 915。

所签订的保险合同支付保险金,那么该起诉必须被驳回。如果原告从未怀疑过合同的有效性,那么这一结果对他而言可能是痛苦的。但法官没有别的选择,因为他不能径直判决被告支付保险金,即"履行"合同,从而使其采取一个立法者明确禁止的行为。[57]

更常见的情况是,法律未明确说明违反禁令所签订的合同是否有效,而只是规定对违反禁令的人进行处罚、撤销许可或者处以其他制裁措施。在这种情况下,法官必须通过对法律进行解释从而说明,根据法律的含义及目的,其是否(也)要求违反禁止性规定所缔结的合同无效。因此,尽管《德国民法典》第134条规定,法律行为——特别是合同——如果违反了法律规定,是无效的,但它有充分的理由补充说明这只适用于"如果法律没有其他规定的情况"。[58]

如果法律的禁止性规定针对的是合同双方当事人,并且双方当事人因缔结合同而违反了禁止性规定,那么一般会得出合同无效的结论。[59] 例如,如果法律规定,卖方和买方都需要得到官方的批准才能完成某些特定商品的交易,那么,在只有卖方得到了批准,而买方未获批准的情况下,合同就是无效的。如果卖方因货物未被受领而起诉要求损害赔偿,那么买方可以提出合同无效的抗辩;他可以这么做,不管这看起来有多难堪,即使他是以欺诈的方式向卖方谎称有必要的授权。[60]《德国

---

[57] Bedford Insurance Co. Ltd. v. Instituto de Resseguros do Brasil [1985] Q.B. 966; Phoenix General Insurance Co. of Greece S.A. v. Halvanon Insurance Co. Ltd. [1988] Q.B. 216.

[58] 《荷兰民法典》第3:40条第2款亦同。

[59] 如果虽然只有一方当事人违反了法律,但另一方当事人知道该情况,也会被认为如此。例如,承运人使用车辆运输重型货物,而法律禁止将车辆用于此目的,如果委托人知道承运人违反了法律,则他在货物受损时无权主张损害赔偿请求权。So Ashmore Benson Peace & Co. Ltd. v. A.V. Dawson Ltd. [1973] 2 All E.R. 856.

[60] Re Mahmoud and Ispahani [1921] 2 K.B. 716 (C.A.):"如果一种行为因公共利益而被法律禁止,法院必须强制执行该禁令,即使违法之人依赖于他自己的违法行为。"(出处同上,第729页)。另一个问题是,在这种情况下,买方是否可以向卖方提出基于欺诈的损害赔偿之诉,或者如果他已经支付了购买价款,是否可以要求返还? 英国上诉法院不需要处理这些问题,因为卖方的诉讼需要由仲裁庭裁决,而仲裁员只是将合同是否有效的问题提交给了国家法院。

反黑工法》(德：das deutsche Gesetz zur Bekämpfung der Schwarzarbeit)[61]对双方都规定了处罚措施，即既处罚未在手工业登记册上登记而独立经营手工业的人，也处罚向"黑工工人"下订单并从中获得可观经济利益的人。由此，判例得出这样的结论：双方都故意违反法律所缔结和履行的合同是无效的，因此，任何一方都不能要求对方履行合同或因不履行合同主张损害赔偿。[62]

常见的情况是，在缔结合同时只有一方当事人违反了法律。这种情况下起决定性作用的是，实施法律本身所规定的制裁措施是否足以实现法律的预期目标，还是除此之外有必要将违反禁令所缔结的合同本身也视为无效：

> 如果法律只是禁止一方当事人签订合同……这并不意味着合同本身是被默示禁止的，从而是非法和无效的。法律是否具有这种效果，取决于根据法律旨在防止的损害，其语言、范围和目的，对无过错一方造成的后果以及结合其他相关情况对公共政策进行的考量。[63]

例如，如果法律禁止法院执行人员为了本人利益从事商业活动，那么对于其违反禁令以经纪人的身份促成的交易，是否有权向委托人主张约定的佣金就是存在疑问的。尽管法律希望阻止法院执行人员为本人利益

---

[61] 31. Mai 1974 (BGBl. 1974 I 1252 立法，修订版 BGBl. 1995 I 165)。并参见法国打击"隐匿劳动"(法：travail dissimulé)的相应规定：《法国劳动法》第 L 8221–1 条以下。这些法律规定的首要目的是防止那些逃避国家监管、不缴纳税款和社会保险费、不遵守事故预防规定、未经授权雇用外国工人的人提供手工服务，他们的要价可以因此低于在手工业登记册上登记的经营者或其他注册的经营者的要价。

[62] BGH 23. Sept. 1982, BGHZ 85, 39. 但这里还有另外一个问题：如果当事人履行了（无效的）合同，其是否可以要求对方返还所交付的给付，或者如果返还不可能，是否可以要求依其价值进行赔偿。另参见下第 182 页及以下的内容。

[63] Kerr, L.J. in *Phoenix General Insurance Co. of Greece S.A.* (前注 57) 176。BGH 23. Okt. 1980, BGHZ 78, 263, 265 类似。这种"灵活的"解决方案也出现在《欧洲合同法原则》第 15:102 条。根据该规定，这首先取决于禁止性规定本身是否包含了合同有效性的明确规则。在没有这种规则的情况下，合同是有效、无效或部分有效的，取决于个案的具体情况，特别是取决于禁止性规定的目的，此外还取决于主张合同无效的一方是否属于禁止性规定所要保护的一类人，以及根据该规定对违反禁止性规定的一方可能施加的其他制裁。《国际商事合同通则》第 3.3.1 条第 3 款和《(欧洲私法)共同参考框架草案》第 II.-7:302 条第 3 款的规定也类似。

开展经营活动,但如果剥夺他们对报酬的请求权,也可能能够实现这一目的。另一方面还必须提出这样的问题,即法律目的是否已经不能通过对法院执行人员进行违纪处分(德:Disziplinarstrafe)来实现。还需要注意的是,违纪处分要与法院执行人员过错的严重程度相当,而且在计算时,可以将其通过被禁止自我经营(德:Eigengeschäft)而获得的利润去除。此外,如果考虑到法律主要是为了保护法院执行人员的"职业尊严",而不是为了保护其合同伙伴,倘若后者不需要为中介服务支付费用,就会得到不应当得到的好处,那么法国最高法院认为合同有效并准许法院执行人员对佣金提出请求权就是可以理解的。[64] 货物承运人[65]或房地产经纪人[66]在未获法律许可的情况下开展经营活动并与第三人签订合同,或税务顾问违反法律规定充当商业经纪人[67],或经营者与仅获得运输自有货物官方许可而不得运输第三方货物的卡车执行运输合同[68],在这些情况下都会作出相同的判决。如果承包商打算以"黑工"形式进行工作,并且已经(部分)实施,但委托人对于其缔约相对人违反法律规定的情况并不了解,那么关于房屋建造的承揽合同也被视为有效。尽管此时委托人不能要求承包商以"黑工"形式完成(尚未履行的)合同义务,但他可以要求由在手工业登记册上登记的承包商来完成合同义务,或者如果承包商拒绝,他就要赔偿委托人因自己安排这种承包商参与工程所遭受的损失。[69]

当然法官也可以得出这样的结论:尽管只有一方合同当事人因缔结和履行合同而违反了法律,但法律的含义和目的仍然要求将合同认定为无效。

---

[64] Civ. 15. Feb. 1961, Bull.cass. 1961.I. no. 105; Civ. 21. Okt. 1968, D.S. 1969, 81.

[65] Com. 11. Mai 1976, J.C.P. 1976.II.18452 mit Anm. Rodière(货物承运人根据合同取得对委托人货物的有效留置权)。

[66] BGH 23. Okt. 1980, BGHZ 78, 269(经纪人可以要求支付约定的佣金)。

[67] BGH 23. Okt. 1980, BGHZ 78, 263(税务顾问可以要求支付约定的佣金)。

[68] Archbolds (Freightage) Ltd. v. S. Spanglett Ltd. [1961] 1 Q.B. 374 (C.A.);如果因运送货物的损失被他人要求作出损害赔偿,承运人不得以运输合同无效为由提出抗辩。反之,他是否可以要求支付约定的运输费用呢? St. John Shipping Corp. v. Joseph Rank Ltd. [1957] 1 Q.B. 267 给出了肯定回答:尽管船长超载并因此受到处罚,但船东要求支付运费的诉讼还是得到了支持。

[69] BGH 19. Jan. 1984, BGHZ 89, 369.

比如，一名建筑设计师向其合同伙伴承诺，如果后者能给他介绍一个客户，他将向其支付佣金，该合同就会被视为无效。尽管只有建筑设计师在签订合同时违反了法律，但其合同伙伴要求支付佣金的诉讼会被驳回。[70]这就是判例的裁判规则，当针对一方当事人的禁止性规定的目的在于保护合同另一方当事人时尤为如此。例如，如果法律规定商业租赁合同只能与获准经营银行业务的企业签订，那么债务人可以主张与一家非银行机构签订的租赁合同无效，因为法律的目的所要保护的"不仅是信贷机构的一般利益，还包括承租人的利益"。[71] 相反，如果法律规定建筑合作社为第一顺位的土地债务提供担保，那么如果有人根据第二顺位的土地抵押向其索赔，其债务人就不能以合同无效为由进行抗辩。这是因为法律旨在保护建筑合作社的债权人及其股东，而不是保护建筑合作社的债务人。[72]

五、给付的返还请求

如果一个合同无效，任何一方合同当事人都不能要求另一方履行合同，也不能从其缔约相对人违反合同义务这一事实中得出成立损害赔偿请求权的结论。然而，一方当事人为履行无效的合同所交付的给付是否能够被要求返还，则是另外一个问题。如果双方都在追求一个有悖于善良风俗的目的，这一点尤其值得怀疑。罗马法资料对这种情况已经提供了丰富的案例。任何用金钱贿赂法官的人[73]或者——在通奸过程中被抓——向发现者支付封口费的人[74]或者为淫乱行为提供报酬的人[75]，都不能要求

---

〔70〕 Amiens 9. Feb. 1976, J.C.P. 1977.IV.45.
〔71〕 Com. 19. Nov. 1991 mit Anm. *Mestre* in Rev.trim.civ. 91 (1992) 381. Civ. 13. Okt. 1982, Bull.cass. 1982.I. no. 286 则不同：在该案中，一家非银行机构提供了 60 万法郎的普通贷款。尽管法律规定，专业信贷合同的缔结需要由被授权的机构完成，但法国最高法院在本案中所持的观点是，贷款人违反法律的行为"只是对银行的一般利益造成了损害……不会导致贷款合同无效"。
〔72〕 *Nash v. Halifax Building Society*〔1979〕2 All E.R. 19.
〔73〕 Paulus D. 12, 5, 3.
〔74〕 Ulpian D. 12, 5, 4 pr.
〔75〕 Ulpian D. 12, 5, 4, 3.

183 返还已经支付的款项:"我曾说过,在因一个给付方和受领方都具有的卑鄙原因而支付了一笔金钱的情况下,不发生请求返还之诉,并且在同样都违法的情形下,占有人处于优势地位。"[76]

这句老话至今仍在流传。在一些国家中,它被写入法律[77];在另一些国家中,它以这样或那样的形式被判例所认可。[78] 然而,在现代条件下,其实际应用已经变得越来越困难。

184 只要我们处理的是参与者违反基本道德规范或密谋实施明显应受惩罚的行为的案件,那么"作为对实施应受谴责想法的惩罚"[79]或作为保护

---

[76] Papinian D. 12, 7, 5 pr. 对此的法律史和比较法上的评注,参见 Zimmermann 863 ff.。

[77] 参见《德国民法典》第817条第2句,《瑞士债法》第66条,《奥地利普通民法典》第1174条,《意大利民法典》第2035条。荷兰法则不同:原则上,基于无效合同所交付的给付可以被要求返还,即使合同因违反法律或善良风俗而无效也是如此。但根据《荷兰民法典》第6:211条的规定,如果符合合理性和公平性要求的情况,法官可以驳回请求返还的诉讼。对此参见 HR 28. Juni 1991, Ned.Jur. 1992, 787。这种解决方案的优点是,它允许法官对支持和反对请求返还的理由进行公开衡量。在英国,也有人已经提出了这样一个灵活的解决方案。在 Tinsley v. Milligan [1992] Ch. 310 (C.A.), [1993] 3 W.L.R. 126 (H.L.)一案中,双方共同出资购买了一栋房屋,并同意他们作为共同所有人各拥有房屋的一半,但原告应登记为唯一所有权人,以便被告可以向社会福利机构谎称自己没有财产而要求更高的福利。双方关系破裂后,原告依据自己的单独所有权,要求被告搬出房屋,被告则通过反诉要求法院下令出售房屋,并将所得的一半不动产价值支付给他。上诉法院和上议院都支持反诉,从而准许了被告对原告提出的交出一半不动产价值的要求,尽管他打算利用交易来欺骗社会福利机构并获得非法利益。在上诉法院,尼科尔斯(Nicholls, L.J)以他所谓的"公众良知测试"(英:public conscience test)支持了这一判决结果:"法院必须权衡或平衡给予救济的不利后果和拒绝救济的不利后果。最终的决定需要进行价值判断……在平衡这些因素后我还不怀疑,在本案中给予救济远不是对公众良知的侮辱,不这样做才是对公众良知的侮辱。思想健全的人不会认为,谴责双方的欺诈行为应当产生允许原告保留被告一半房屋价值的后果。在当前的情况下,这将是对被告的一种不相称的惩罚。"(第319页、第321页)然而上议院并不打算了解这种"公众良知测试",而是以其他理由批准了反诉。具体参见 McKendrick no. 15.18。

[78] 在法国,经常适用的是"谁都不能以自身过失为由为自己辩护"(法:Nemo auditur propriam turpitudinem allegans)的原则。然而,由于其适用过于宽泛,因此引发了法国文献中的一个问题,即主张合同本身的无效性或提出侵权损害赔偿请求权是否不能被排除?参见 Le Tourneau J.Cl. Art. 1131 à 1133 (Règle »nemo auditur«) no. 34 ff.。

[79] 德国判例通常如此,例如,参见 RG 8. Nov. 1922, RGZ 105, 270, 271 und BGH 31. Jan. 1963, BGHZ 39, 87, 91。仅仅因为"惩罚",即排除返还请求权——可能与原告所实施违法行为的严重程度不相当,这种"惩罚理论"就是不合理的,此外,"惩罚"会导致被告的共犯获得不当得利,因为后者可以保留其获得的财物,即使其行为比原告更应当受到谴责,因而也比原告更应当"受到惩罚"。

法院尊严的必要手段,禁止返还请求仍然是有道理的:"没有法院会对一个以不道德或非法行为作为诉讼依据的人提供支持。"[80]在德国也是如此:"为了保护国家的裁判权不被故意违法的人滥用",排除返还请求是必要的[81];拉隆比耶(Larombière)也持相同的意见,他写道,在本案所涉及的那种情况下,"正义在愤慨和厌恶的活动中掩盖了自身"(法:la Justice se voile dans un mouvement d'indignation et de dégoût)。[82]

今天,这种高尚的范式并没有太大用处。因为在当前大多数案例中出现的问题是,交易所违反的禁止性规定具有更多的技术性,即这些规定是为了贯彻国家经济和社会政策的特定目标,有时,一方甚至双方当事人在缔结合同时对这些规定都不了解。在这种情况下——正如我们所看到的——往往会产生疑问,违反法律是否会导致合同本身无效(第171页及以下);如果答案是肯定的,那么排除履行请求或因不履行合同而发生的合同请求权以及要求返还合同已履行部分的请求权的做法是否合理,也同样是存在疑问的。对于这两个问题而言,起决定性作用的是禁止性法律的目的。禁止性法律的目的决定了合同是否有效。如果合同无效,需要再次判断通过将履行合同所产生的给付留给受领人还是将其返还给交付一方才能更好地实现禁止性规定的立法目的。如果合同不是因为违反法律而是因为违反善良风俗或公共政策而无效,情况也是如此。在这种情况下,法官也必须公开审查,关于制止有争议的交易类型的公共利益是否排除了返还请求的权利,在这个过程中,法官在具体案件中还必须考虑两种解决方案会导致何种实践结果。[83]

---

[80] Lord Mansfield in *Holman* v. *Johnson* (1775) 1 Cowp. 341, 98 Eng.Rep. 1120.
[81] Oberster Gerichtshof für die Britische Zone 10. Dez. 1950, OGHZ 4, 57, 60.
[82] Théorie et pratique des obligations I (2. Aufl. 1885) 333,转引自 *Ghestin* no. 931。
[83] *Treitel (-Peel)* no. 11-127持相同看法:尽管"一般规则"是,为履行非法合同所交付的给付不得被收回,但是,"如果法律不采用'一般规则',而是针对每一类违法行为都询问是要求返还还是不要求返还已交付的给付,则更有可能促进禁止性规定目的的实现,那就更好了"。《欧洲合同法原则》第15:104条选择了这一路径。根据该规定,依据无效合同所交付的给付是否必须要求被返还,这取决于对决定合同是否根本无效的相同理由的衡量。《国际商事合同通则》第3.3.2条第2款与此相似。

因此，如果法官在具体案件中必须审查涉及的公共利益是更倾向于允许返还请求还是更倾向于排除返还请求，那么此时就必须询问，判例是否已经形成了更精确的规则和标准来指导其进行审查。其中当然包含这样的规则：如果违反法律或善良风俗的行为主要可归责于被告，而相对而言原告是"无过错的"甚至是值得保护的，那么则允许返还请求。对于这种情况，英国法认为只有在双方当事人"处于平等地位"的情况下，才应当驳回要求返还的诉讼。非"处于平等地位"（因此，有权要求返还其给付）的原告是被告以恶意欺诈的方式对其歪曲了合同的合法性，或者被告利用其困境、经验不足或轻率，抑或其属于禁止性法律所要保护的群体。法国的判例基本上也是基于这样的规则，即只有在当事人有"严重过失"的情况下才能驳回要求返还的诉讼，而如果一方当事人的"过错不及另一方的严重"，则可以要求返还其交付的给付。[84] 德国判例对这一观点也不陌生。判例认为，只有当原告的给付交付是故意行为，即故意违反善良风俗或法律，才可以根据《德国民法典》第817条第2款之规定拒绝其返还请求。例如，如果他处于困境，并且"在这种困境中只能不情愿地屈服于经济实力较强的（被告的）要求"，并且仅仅是出于这一原因而支付了被告所要求的违法的价格，那么就不满足这一要求。[85]

---

[84] 参见 Larroumet no. 581。对于按照"过错程度"进行区分而言，尤其需要了解合同无效的原因不为一方当事人所知悉并因此"无过错"的情况。即使在这种情况下，"有过错"的一方当事人和"无过错"的一方当事人都可以主张合同无效（参见 Civ. 7. Okt. 1998, D. 1998, 563 = J.C.P. 1998.II.10202 mit Anm. *M.H. Maleville* = J.C.P. 1999.I.114 mit Anm. *C. Jamin*）。然而，如果"有过错的一方当事人"主张合同无效，根据"谁都不得以自身过失为由为自己辩护"的原则，其要求返还已交付给付的请求将会被拒绝；此外，根据侵权法的规定，他可能还需要向其合同伙伴作出损害赔偿。

[85] RG 24. Okt. 1919, RGZ 97, 82, 84.因此，原告可以要求返还违反法律的加收价格。BGH 23. Nov. 1959, LM § 817 BGB Nr. 12 亦同：商人可以要求返还为不道德贷款所支付的利息。虽然他因支付过高的利息也违反了善良风俗，因为作为一名商人，他必须告诉自己，他的行为会加速其财务崩溃，并使其他债权人处于不利地位，但是，如果他是在经济困境中接受了贷款，其行为就没有表现出"应受谴责的态度"。并参见 BG 21. Nov. 1950, BGE 76 II 346, 369 ff.：任何实施犯罪行为并支付封口费（德：Schweigegeld）的人，如果其是在受到非法威胁的情况下才决定支付封口费，那么《瑞士债法》第66条不妨碍其要求返还这笔费用；通过援引《瑞士债法》第66条拒绝返还封口费，构成权利滥用（《瑞士民法典》第2条）。

因此，各国的判例都赋予租户要求返还其为了促使房东出租公寓而向后者支付款项的权利，该款项的支付是法律所禁止的。[86] 如果分期付款买卖合同因买方在合同订立时未支付法律所规定的最低首付款而无效，那么即使买方是在"充分了解事实"的情况下签订了合同，即他对违法行为的了解与卖方一样，买方也享有返还请求权。这是因为法律希望保护买方，如果他无法要求返还其根据（无效）合同所交付的给付，那么这个目标就无法实现了。[87] 但他也必须交出他所受领的财物，只要这些财物仍然归其所有。这一点被瑞士联邦最高法院所忽视，在一个案件中，一家银行违反了当时仍然有效的法律，发放了第二笔贷款，尽管之前发放给该客户的一笔贷款尚未被偿还。瑞士联邦最高法院不仅认为第二份贷款协议因违反法律而无效，而且还拒绝了银行要求返还已拨付款项的权利。[88] 法院的判决过于激进。因为法律规定，一旦银行违法，那么需要支付高额罚款；就像没有理由给予银行客户不应有的优待一样，也同样没有理由通过剥夺追偿权对银行进行额外处罚。此外，法律的目的不是为了保护借款人，而是为了抑制经济过热。然而，通过将拨付的款项留给借款人这一做法，法院真正将其置于助长经济过热的位置。

法国文献中经常提及，对于**违反善良风俗的**（德：sittenwidrigen）合同要排除返还请求，但对于一般**违法的**（德：gesetzwidrigen）合同，通常是允许提出返还请求的。[89] 虽然在许多情况下区分"不道德合同"（法：contrat immoral）和"仅违法的合同"（法：contrat seulement illicite）是较为困难

---

[86] RG 10. Jan. 1930, RGZ 127, 276, 279; *Gray* v. *Southouse* [1949] 2 All E.R. 1019; *Kiriri Cotton Co. Ltd.* v. *Dewani* [1960] A.C. 192 (P.C.).

[87] Vgl. Com. 11. Mai 1976, Bull.cass. 1976.IV. no. 162.

[88] BG 21. Dez. 1976, BGE 102 II 401, 411 f.该判决没有说服力。如果银行至少能在约定期限经过后收回第二笔贷款，判决结果会更能让人接受。如果有人以高利贷的条件发放贷款并因此违反善良风俗，德国法院是这样裁决的：在这种情况下，根据《德国民法典》第817条第2句，虽然贷款人在约定的时间内不得收取贷款利息，但在时间经过后可以要求返还贷款本金。参见 RG 30. Juni 1939, RGZ 161, 52, 57 ff.及现行判例。

[89] 例如，参见 Starck/Roland/Boyer no. 937 ff.; Carbonnier no. 49。Aix 28. März 1945, Gaz.Pal. 1945.2.12; Colmar 4. Jan. 1961, Gaz.Pal. 1961.1.304 则明确提及。所有作者都认为这只是一种经验法则（德：Faustregel）。

的,但无论如何,上述规则包含一个正确的核心内容。这是因为一项立法者意图控制和调节经济运行过程的纯粹"技术性"禁止规则的立法目的往往已经充分考虑了如下事实:违反禁止规则所签订的合同被认为是无效的,因此,合同履行请求权或因不履行合同的损害赔偿请求权被排除。与此相对,为此类合同所支付的款项往往被允许要求返还,例如,支付的金额超过了法定的最高价格或法定租金,或者支付的款项是为了使收款人能够进行违反货币法的交易或在未获得必要的国家批准的情况下进行交易。[90] 然而,禁止性法律的立法目的和个案的特殊情况始终是决定性因素。如果原告对违反货币法的情况不了解,而被告滥用了他的这种信任[91],或者禁止性法律仅仅具有技术性特征,而不是那些"由于其内在含义和长期适用已经进入人们的普遍意识,从而通常能够被视为已知的"规定,那么原告的返还请求权就会得到支持。[92] 与此相反,瑞士联邦最高法院驳回了要求被告返还其违反当时有效的法律为原告购买黄金所获得资金的诉讼。尽管由被告保留所获款项这一做法"在道德上是无法令人满意的",但是,只有当参与各方不得不考虑会丧失所有请求权的结果时,才能有效地阻止被禁止交易的达成。[93] 当然也存在不同情况。对于提供"黑工"(德:Scharzarbeit)的合同,如果双方都知道存在违法行为,尽管合同无效[94],但由于"黑工工人"(德:Scharzarbeiter)不享有要求支付约定报酬的权利,而且还要考虑到被罚款和补缴税款的情况,所以在这种情况下已经达到了必要的威慑效果。另一方面,法律的目的并不是让"黑工工

---

〔90〕 Civ. 18.6.1969, J.C.P. 1969.II.16131 mit Anm. *P.L.*;并参见 Angers 2. April 1952, J.C.P. 1952.II.6953。

〔91〕 Shelley v. Paddock [1980] 1 All E.R. 1009 (C.A.). 如果双方都知道拟进行的交易违反了货币法,情况则不同;参见 Bigos v. Bousted [1951] 1 All E.R. 92。

〔92〕 RG 16. Mai 1919, RGZ 95, 347, 349.

〔93〕 只有在被告欺诈原告的情况下,联邦法院才允许存在例外情形。BG 27. Jan. 1948, BGE 74 II 23 就是这种情况。另参见 OLG Hamm 22. Mai 1986, NJW 1986, 2440:在未获得法定官方许可的情况下经营餐饮的人,不能要求返还收款人本应用来诱使真正的许可证持有人不营业的那笔款项,除非后者利用了原告的经济困境或商业上的经验不足,双方因此——正如一位英国法官所言——不存在"平等交易"。

〔94〕 参见脚注 62 的内容。

人"空手而归,委托人从而可以免费获得在无效合同基础上向其交付(且尚未付款)的工作成果。相反,委托人必须对工作成果的客观价值进行补偿,但这个价值会大大低于合同约定的报酬,因为如果"黑工工人"提供的给付有缺陷,委托人无法主张任何合同上的损害赔偿请求权。[95]

英国法承认,在被禁止的交易尚未完全实施时提起请求返还之诉会得到法院的支持。这是基于这样的考虑,即应当给予原告积极悔改的动力,即英国法律语言中所说的"悔改的机会"(拉:locus poenitientiae),鼓励他在不正当交易履行之前仍然可以放弃交易。当然,该规则在实践中的适用并不容易。因为被禁止交易的实施可以进行到何种程度,以及如果交易未进行不是因为原告的良心发现,而是因为被告不愿意再继续交易,或者交易的进行被外部环境所阻止,这些情况是否满足前述条件等都是存在疑问的。[96]

其他的英国判例遵循如下规则:如果原告能够在不涉及被禁止交易的情况下确立其请求权,那么其返还请求就会得到批准。特别是,如果他根据被禁止的协议将其作为所有权人所拥有的物品质押、出租、移交保管或在保留所有权的情况下出卖给被告时,原告就可以实现其要求返还的诉求。在这些情况下,对于返还或损害赔偿请求权的确立而言只需要原告声称,自己是这些物品的所有权人或者被告未经其同意就转让或消费了这些物品。之后,被告会提出抗辩,声称原告是根据被禁止的协议向其交付这些物品的,那么被告的诉求就会被驳回。在这种情况下,判例倾向于支持原告,因为其仅援引自己的所有权,因此看起来是"无过错的"。[97] 法国法院也以类似方式进行论证,例如,其允许将房产出租用于经营妓院的所有权人对租户提出立即搬出的请求,而无须提出其他证据。[98] 在德国,判例也是基于这样的原则:《德国民法典》第817

---

[95] So BGH 31. Mai 1990, BGHZ 111, 308, 312 ff.
[96] 对此参见 Treitel (-Peel) no. 11-136 ff.。
[97] 对此参见 Bowmakers Ltd. v. Barnet Instruments Ltd. [1945] K.B. 65 以及 Treitel (-Peel) no. 11-139 ff.。
[98] 例如,参见 Paris 16. März 1926, S. 1926.2.76; Nancy 8. Juni 1934, D.P. 1935.2.33 mit Anm. *Voirin*。

条第 2 句的规定不能对抗所有权人的返还请求权。[99] 诚然,这些案件的判决也不应取决于原告是否援引其所有权,而应当取决于批准或排除返还请求权是否能更好地实现禁止性法律规定的目的或者制止违背善良风俗交易背后的公共利益。另一方面,原告是否向被告非法出租物品或借出款项不应成为问题的关键,同样,被非法出售的物品的所有权是否已经转移给买方也不是问题的关键。人们普遍认为,妓院的承租人——被起诉要求返还——不得主张出租人也违反了善良风俗。但其中的原因并不是出租人可以依据所有权提起诉讼,而是——正如德国联邦最高法院的正确意见——如果承租人被授予了这种抗辩权,从而使其能够继续以法律制度不赞成的方式使用该房屋,这就相当于"妓院经营的合法化"。[100]

---

[99] 因此,即使所有权人是在违反善良风俗或违法的情况下将其财产让与被告,也可以要求被告赔偿其因财产损害所遭受的损失或对他从财产中获得的客观价值作出补偿;参见 BGH 14. Juni 1951, NJW 1951, 643; BGH 8. Jan. 1975, BGHZ 63, 365, 368 f.。

[100] BGH 20. Mai 1964, BGHZ 41, 341, 343 ff.。同样地,如果原告要求立即偿还为经营妓院所发放的贷款,也必须作出相同的判决。在这种情况下,原告不能从一开始就援引自己的所有权。但此时,其诉求也必须得到支持,因为否则被告可以将贷款继续用于违反善良风俗的目的(甚至不用支付约定的利息)。

第八章　不合理合同条款的控制

一、问题 …………………………………………… 181
二、法院对不合理合同条款的控制 …………………… 185
三、立法者的选择 ………………………………… 189
　1.商人交易中的不公平合同条款 ……………… 189
　2.格式条款与"单独协商的合同条款" ………… 193
　3.何时一个合同条款是"不合理的"? ………… 195
　4.部分无效的合同条款 ………………………… 199
四、预防性控制 …………………………………… 201
　1.刑事制裁 ……………………………………… 202
　2.团体诉讼 ……………………………………… 202
　3.行政控制 ……………………………………… 204

一、问题

一个合同无效可以由多种原因所导致：它可能因违反**形式规定**（德：Formvorschriften，第五章）、违背**善良风俗**（德：die guten Sitten）或**公共秩序**（法：ordre public，第七章）而无效。此外，一方当事人在缔结合同时可能存在错误（第九章）或者可能被缔约相对人恶意欺诈或非法胁迫（第十章），因此他也有权主张合同无效。合同无效的情形还包括，在满足特定要件的情况下，一方当事人可以在事后无须给出任何理由而以**撤销**（德：Widerruf）的方式取消合同（第十一章）。与上述情况不同的是这样一种情形，即尽管合同整体的有效性没有问题，但一方当事人意欲推翻其中的个别合同条款，或者是因为它没有成为合同的一部分，或者是因为其"不当"

"不合理""构成滥用""违背诚实信用原则",或者以其他方式对自己"非常不利"。例如,如果售出的货物没有交付,或没有按时交付,或交付方式与合同约定不符,而买方通常发现他已经同意了一项合同条款,该条款排除或限制了他对损害赔偿、交付无缺陷的替代货物、修理有缺陷货物或解除合同的权利。在这种情况下,买方不会主张整个合同自始无效。因为倘若如此,他就必须返还货物,而他通常无此意愿。相反,他想让卖方遵守合同,并采取只有"免责条款"(德:Freizeichnungsklausel)无效的立场,这样就不会阻碍其主张合同请求权。如果争议条款由于其他原因对买方不利,也会产生同样的问题,例如,因为其禁止债权抵销或者授予卖方随时可以无理由解除合同的权利、事后涨价的权利、通过交付约定以外货物履行合同的权利,或在不受领货物的情况下要求买方支付违约金的权利。

偶尔此类合同条款是双方经过深思熟虑后就合同内容进行谈判的结果。但通常并非如此。在大多数情况下,此类条款是由合同一方当事人单方面"预先拟定的"(德:vorformuliert),双方没有就其内容进行谈判。有时还会发生这样的情况,即由一方当事人"预先拟定"的合同条款只适用于其打算与客户签订的单个合同。但在大多数情况下,他会将该条款作为其今后与客户缔结所有同类交易所签订合同的基础。无论这些条款是被印在寄存衣帽的号牌上、车票上或停车收据上,还是被张贴在洗衣店的营业场所,又或者与其他许多条款一起被列入复杂且精心编制的表格中——无时无处,我们不在与格式条款(德:Allgemeinen Geschäftsbedingungen,法:clauses prérédigées,英:standard terms of business)打交道,它们由一方当事人单方面为同类交易所制定,但只要另一方当事人知道或者能够知道这些条款,并明确表示或者通过合理行为表明同意其有效性时,这些条款也对对方当事人具有约束力。

格式条款是 19 世纪工业革命的产物。标准化商品和服务的批量生产与这些商品或服务在销售中合同条件的标准化相辅相成。因此,格式条款为大规模交易的合理化和开展作出了重要贡献。它为企业和客户节省了费用并避免了麻烦,否则他们将不得不就合同内容进行详细谈判,或者在未进行谈判的情况下,由法院事后通过解释合同或填补漏洞的方式确定合同的内容。因此,格式条款便于企业进行核算,简化了商业交易,从而有助于降低企业成本,同时也降低了其商品定价。

当然,硬币也有其反面。这主要表现在,企业在制定格式条款的时候不仅以简化交易为目标,而且总是意图尽可能地将交易风险转嫁给另一方当事人。诚然,只有当人们知道何为风险的"正确"分配时,才能讨论风险的"转嫁"问题。但是,在合同未作约定的情况下,风险分配通常依据立法者或判例确定的规则进行,并以利益的合理平衡为目标。与此相反,企业仅以自己的利益为导向;正是因为这个原因,企业以格式条款取代那些风险分配规则,单方面保护自己的利益,因此使另一方当事人觉得"不公平"。

今天,人们普遍认为,立法者和判例必须对此类条款的有效性设置一定的边界。但问题是,对格式条款的有效性进行审查的内在原因是什么?仅仅是因为客户通常无异议地接受了对其不利的条款这一事实并不足以说明问题。关键的问题是,客户为什么会做出这样的行为?通常的理由是,这是由双方议价能力的不平等造成的。鉴于企业在经济方面占有优势地位,客户除了"屈从"于其格式条款外没有其他选择。有时,客户面对的是一个拥有垄断地位的企业,仅仅是因为这个原因,他就无须参与合同内容的谈判。即使存在竞争,所有竞争者也通常使用相同的格式条款。经常谈及的还有企业的心理和知识优势。主要在于企业在法律知识和商业经验方面具有巨大优势,这使得客户认为针对对其不利的格式条款的任何抵抗都是徒劳的。因此,正如弗里德里希·凯斯勒(Friedrich Kessler)在 1943 年一篇影响深远且多次被引用的文章中所说,"标准合同尤其可以……成为强大的工商业霸主手中的有效工具,使他们能够将自己创造的新的封建秩序强加于广大的附庸者身上"。[1]

事实证明,对格式条款的有效性进行控制是为了保护弱者和没有经验的人不受强者和精明的人影响的观点在法律政策的讨论中非常有效。

---

〔1〕 *Kessler, Contracts of Adhesion – Some Thoughts About Freedom of Contract,* Col.L.J. 43 (1943) 629, 640.

自现代消费者保护运动以此为运动旗帜后,从20世纪70年代以来,大多数欧洲国家都颁布了法律,尽管这些法律的保护程度不尽相同,但都基于如下考虑:消费者作为"弱势"一方,必须得到保护,以防止企业滥用其经济优势而强加于他合同条款。1993年4月5日颁布的《欧共体关于消费者合同中不公平条款的指令》也是基于这种观念:对格式条款进行控制的决定性理由在于,通过这种方式,纠正企业与消费者关系中常见的"权力滥用"现象。[2]

但这种想法是否触及了问题的核心,是非常值得怀疑的。当然会存在这样的情况,客户希望抵抗对自己不利的合同条款,但由于企业在经济或者其他方面的优势使得就此进行谈判对其而言似乎是徒劳的,所以他选择了放弃。但这并非常态。这表现在预先拟定的合同条款甚至被精通业务的合同当事人毫无阻力地接受,即使是在供应方之间竞争非常激烈的行业,而对后者而言,并不存在所谓的经济优势。即使是商人,也不会就承运人、仓储服务提供商、信贷机构、安保公司或信用情报机构所提交的预先拟定的格式条款的内容进行谈判。如果在所有这些情形中,客户都"屈从"于企业的合同条件,那是因为对其而言,投入时间和金钱在谈判中寻求改变或者寻找其他能够在合同条件上作出对其更有利规定的供应商,是不值得的。任何人——无论是普通人还是商业活动中的商人——在停车场停放机动车、签订运输合同或者购买数据处理设备时,都会不加讨论地接受其合同伙伴提供的合同条款,这不是因为这些条款是"强大的工商业霸主"强加给他的,而是因为他在进行谈判、获得必要信息或者寻求更有利报价方面所付出的努力与其因此获得的利益是不成比例的。客户的这种境况被企业所利用,通过其交易条款将合同风险转嫁给客户,并推测客户由于前述原因既不会抵抗,也不会转向其他供应商。尽管客户表示同意条款的效力,但对其进行法律控制的做法也并不违反合同自由原则。因为该原则要求,只有在每一方都有同等机会影响合同内容时,合同才会得到尊重。在本章这些有趣的案例中,客户没有这样的机会,这并

---

〔2〕 详见该指令的立法理由9(ABl.EG 1993 L 95/29)。

不是因为企业在经济或者其他方面的优势,而是因为利用这样的机会会产生过高的交易成本。[3] 对此下文还会展开讨论。

二、法院对不合理合同条款的控制

判例首先发展出了一些普遍规则,以提供针对不公平合同条款的保护。其中首要的问题是,有争议的条款是否成为合同的一部分? 如果企业在缔结合同前没有给客户一个合理的机会了解条款的内容,那么这一点总是可疑的。如果企业将其条款以小到几乎无法辨认的字体印刷在合同上或张贴在营业场所的隐蔽处或隐藏在只有在合同订立后才会交付给客户的寄存衣帽号牌的背面,那么可以认为,客户对合同肯定的表示并不意味着他也同意这些合同条款。因此,租用沙滩椅并在付款后才得到小票的人,可以对印刷在小票背面的免责条款——如果沙滩椅坍塌,该条款将剥夺他对由此造成的身体伤害主张赔偿的任何权利——主张无效。[4] 在英国的判例法中,人们会发现这样一项规则:合同条款越不同寻常、要求合同对方承担的责任越重,该条款的制定者所必须承担的向对方明确指明且强调该条款的义务也就越高。[5] 当然,没有人确切地知道哪些条

---

[3] 对此参见 Trebilcock/Dewees, Judicial Control of Standard Form Contracts, in: Burrows/Veljanovski (Hrsg.), The Economic Approach to Law (1981) 93; M. Adams, Ökonomische Analyse des Gesetzes zur Regelung des Rechts der AGB, in: H. Neumann (Hrsg.), Ansprüche, Eigentums- und Verfügungsrechte, Schriften des Vereins für Socialpolitik (1983) 655; P. Behrens, Die ökonomischen Grundlagen des Rechts (1986) 155 ff., 170-172; M. Eisenberg, The Limits of Cognition and the Limits of Contract, Stan.L.Rev. 47 (1955) 211, 243; H.B. Schäfer/C. Ott, Lehrbuch der ökonomischen Analyse des Zivilrechts (5. Aufl. 2012) 552 ff; H. Kötz, Der Schutzzweck der AGB-Kontrolle, JuS 2003, 209; G. Wagner, Zwingendes Vertragsrecht, in: H. Eidenmüller/F. Faust/H.C. Grigoleit/N. Jansen/G. Wagner/R. Zimmermann (Hrsg.), Revision des Verbraucher-acquis (2011) 1, 31 ff.; P. Leyens/H.B. Schäfer, Inhaltskontrolle allgemeiner Geschäftsbedingungen, AcP 210 (2010) 771; L. Leuschner, AGB-Kontrolle im unternehmerischen Verkehr, JZ 2010, 875, alle mit weiteren Nachweisen。

[4] Vgl. Chapelton v. Barry Urban District Council [1940] 1 K.B. 532. 其他判决见 Treitel (-Peel) no. 7-003 ff.。

[5] 参见 Interfoto Library Ltd. v. Stiletto Ltd. [1989] 1 Q.B. 433 (C.A.)以及 Bingham L.J. 值得一读(且从比较法角度进行论证)的意见。

款用加粗或大号字体就可以满足要求,或者额外添加一个红色箭头是一种值得推荐的做法,甚至需要一个对方再次签字表示同意的特别协议。但无论如何,客户只有在签订合同之后才有机会了解条款内容的做法并不符合要求。因此,如果酒店经营者将免除自己对贵重物品丢失责任的条款张贴在酒店的房间内,也就是说,客人在签订了酒店合同之后,即在他从酒店接待处领取了房间钥匙之后,才能知道该条款的内容,那么该条款就不会成为合同的一部分。[6] 同样地,如果停车场入口处的自助机在投币后才打印停车票据的,那么印刷在票据背面的免责条款同样不是合同的组成部分。[7]

许多国家都有认定格式条款在何种条件下构成合同内容的法律规定。这种做法肇始于1942年的《意大利民法典》,它是世界上第一部包含"合同一般条款"规则的民法典,其第1341条规定,只有当客户在缔结合同时知道或者作为一个勤勉之人可能知道这些条款时,它们才会成为合同的一部分。特别是其中(第1341条第2款)所列的"危险"条款,要求客户必须"通过特别的书面声明"对其适用表示同意。[8] 而在此之后制定的法律满足于更灵活的规则,没有特别签名这种耗时而且往往也不切实际的形式要求。例如,《德国民法典》第305条第2款规定,只有当企业在缔结合同之时指明格式条款,并给予合同另一方当事人"合理注意到其内容"的机会,格式条款才会成为合同的一部分。即使满足了这一条件,如果法官认为这些条款"非同寻常",以至于客户在当时的情况下"无法预料到这些条款的存在",他仍可以将这些条款视为"未被包含在合同之中"。[9]

---

〔6〕 Olley v. Marlborough Court Ltd. [1949] 1 K.B. 532; 类似案例:Lyon 12. Juni 1950, D. 1951. Somm. 2。详细内容参见 J. Calais-Auloy/H. Temple, Droit de la consommation (8. Aufl. 2010) 162 ff.。

〔7〕 Vgl. Thornton v. Shoe Lane Parking Ltd. [1971] 2 Q.B. 163.

〔8〕 对此参见 it. Cass. 23. Mai 1994 no. 5024 以及 E. M. Kieninger ZEuP 1996, 468。

〔9〕 《德国民法典》第305c条第1款,《奥地利普通民法典》第864a条。F. Ranieri, Europäisches Obligationenrecht (3. Aufl. 2009) 333 ff.中有关于格式条款引入合同的比较法上的介绍。《联合国国际货物销售合同公约》中虽然没有就格式条款的引入作出规定,但判例以其他方式得出了同样的结论。例如,参见 BGH 31. Okt. 2001, NJW 2002, 370 und Ranieri a.a.O. S. 357 ff.。

长期以来，判例针对不合理一般条款提供的另一种保护路径是，首先假设争议条款是含糊或有歧义的，然后重点是在第二步中作出对客户有利的解释，其原理或者是在有疑问的情况下对免责条款进行限缩解释，或者是对歧义条款的解释遵循"契约疑议优惠对方"规则(拉:contra proferentem)，即采取对其制定者不利的解释方法。[10] 这种保护路径被法院在大量案件中所采用。[11] 但反对意见认为，法官实际上并不认为争议条款的内容是不公平的，而只是诉诸解释的技巧，因为一方面他想要保护客户免遭一般条款的侵害，另一方面又不想公开宣布一般条款无效，以避免侵蚀合同自由原则。还有人反对说，这种对不公平合同条款进行司法控制的模式不具有可持续性，因为它会促使企业在法律顾问的帮助下制定出内容相同且表述清楚的条款，对这些条款的处理无法再借助于解释的方法进行。[12]

只有少数几个国家的法院有勇气超越这种被描述为"变相内容控制"的技术，在格式条款的**内容**(德:Inhalt)因没有合理理由过度侵害客户利益而不可接受的情况下，将格式条款视为无效，即使这种做法并没有明确的法律依据。在个别情况下，这种处理方式也会有所助益，例如，当企业因恶意或重大过失[13]而负有责任，但却以免责条款为自己构筑护城河时。在法国，如果合同一方当事人意欲以格式条款来免除自己对违反"基本义务"(法:obligation essentielle)的责任，那么判例也会将该条款视为无效。[14] 法国判例还确定了这样的规则：即缺陷商品的商业经营者被视为已经知

---

〔10〕 对此参见第 145 页以下。

〔11〕 参见英国判例中丹宁勋爵(Lord Denning)在 *George Mitchell (Chesterhall) Ltd.* v. *Finney Lock Seeds Ltd.* [1983] Q.B. 284, 297 (C.A.)富有价值的意见，以及 *Treitel (-Peel)* no. 7-014 ff.。《意大利民法典》第 1370 条，《德国民法典》第 305c 条第 2 款，《葡萄牙 1985 年 10 月 25 日第 446-85 号法案》第 11 条。同时，《欧共体关于消费者合同中不公平条款的指令》(EG-Klauselrichtlinie，前文脚注 2)第 5 条第 2 句规定——但仅适用于与消费者的交易——"如果对条款的含义有疑问，则适用对消费者有利的解释"。

〔12〕 对此参见 Llewellyn Harv.L.Rev. 52 (1938) 700, 702 f.。

〔13〕 参见《意大利民法典》第 1229 条，《瑞士债法》第 100 条。在企业有欺诈或相当于欺诈的重大过失的情况下，法国判例也持相同的观点；例如，参见 Ass. plén. 30. Juni 1998, J.C.P. 1998.II. 10146 mit Anm. Delebeque。(参见现《法国民法典》第 1171 条及下文法国法部分。——译者注)

〔14〕 Com. 22. Okt. 1996, D. 1997, 121 (*Chronopost*)，对此第 74 页已论及。

悉缺陷的存在。但是,对于这种情况来说,《法国民法典》第1643条禁止卖方援引合同中的免责条款,这也就意味着相应的合同条款是无效的,除非买方知道商品存在缺陷或者因为买方本人就是从事具有类似特征的商品交易的商人。[15] 但该判例也仅涉及卖方免除自己对交付的缺陷货物承担责任的合同条款。德国判例是第一个声称有权对**所有**预先制定的合同条款进行"公开的内容控制的"。[16] 其依据为《德国民法典》第242条的规定。但很明显,对这个一般条款的援引仅具有象征意义。这是因为这一条仅仅规定合同义务应由合同当事人"依诚实信用并考虑交易习惯"来履行。实际上,这是最纯粹的法官法,同时也是德国判例的一个非常值得称道的成就,多年来在其他国家一直没有这样的成果。[17]

在此期间,欧洲所有国家都有法律生效,授权法院在某些条件下宣布构成滥用的合同条款无效。[18] 但这些法律之间存在相当大的差异,这些差异并没有随着1993年4月5日颁布的《欧共体关于消费者合同中不公平条款的指令》的生效而消除。[19] 尽管该指令要求欧盟成员国制定相关

---

〔15〕 Vgl. z.B. Civ. 30. Okt. 1978 und Com. 6. Nov. 1978, J.C.P. 1979.II.19178 mit Anm. *Ghestin*.

〔16〕 开创性案例是BGH 29. Okt. 1956, BGHZ 22, 90。

〔17〕 Vgl. immerhin HR 19. Mai 1967, Ned.Jur. 1967, 261 mit Anm. *Scholten*。

〔18〕 瑞士是一个明显的例外。尽管根据瑞士法,如果一方当事人因故意或重大过失给对方造成损害,则其不得援引合同约定的责任免除条款(《瑞士债法》第100条第1款以及前注13)。如果格式条款非常"异常",以至于其对相关方来说不具有可期待性,判例也会例外地将其视为无效(参见BG 5. Aug. 1993, BGE 119 II 443)。但瑞士法中缺少一个一般性的法律规定,允许法院在更广泛的范围内对格式条款的内容进行控制。[于2011年修订的《瑞士反不正当竞争法》第8条规定,如果经营者与消费者所订立合同中的格式条款"违背诚实信用"原则,并导致"双方权利义务严重失衡",那么就构成不正当交易行为。该规定的实践效果还有待观察。参见 EA Kramer, T Probst, and R Perrig, Schweizerisches Recht der AGB (2016)。——译者注]对此参见 *F. Ranieri*(前注9)449 ff.。

〔19〕 该指令目前已被所有欧盟成员国转化为国内法律,尽管形式差异很大。一些国家将指令的规则纳入本国的民法典中,比如,荷兰和(债法现代化后的)德国。其他国家制定了专门的消费者保护法,指令的规定被纳入这些法律中,比如,法国(Code de consommation)和意大利(Codice del Consumo)。在英国,《英国1999年消费者合同不公平条款规定》(对此参见今天的《行政立法性文件集1999/2083》),全盘承袭了指令的规定,未作任何修改。但如何将该法与生效已久的《英国1977年不公平合同条款法》相协调,仍然没有答案。关于该指令不同转化形式的概要,见 J. Basedow, Münchener Kommentar zum BGB (6. Aufl. 2012) vor § 305 BGB Rn. 22—49。

规则,允许法官在一项合同条款"违反诚实信用原则损害消费者利益,导致合同双方的权利和义务出现重大且不合理的不平衡"(第 3 条第 1 款)的情况下,宣布其无效;但该指令——正如其名——仅适用于"消费者合同"(德:Verbraucherverträge)。也就是说,它只适用于企业与"自然人"之间所缔结的合同,合同所追求的目的"不能归于后者的商业或职业活动"(第2b条)。此外,该指令并非适用于所有合同条款,而只适用于那些未经"单独谈判"而"事先拟定"的条款,其后果是消费者"无法影响合同内容"(第 3 条第 1 款和第 2 款)。最后,如果合同条款涉及"合同的主要标的"或者合同给付关系的合理性,只要其内容明确且清晰易懂,就不能认为这些条款构成滥用(第 4 条第 2 款)。对于这些问题,在一些成员国中出现了更进一步的看法,认为应当允许成员国在不违背指令的情况下对其作出安排。特别是"为了确保对消费者提供更高水平的保护",它们可以引入比指令的规定更严格的制度(第 8 条)。成员国尤其可以在指令规范之外的领域采取行动,特别是允许成员国对非"消费者合同",即商人之间签订的合同进行合同条款内容的审查。

三、立法者的选择

想要创建合同条款司法审查权的立法者可以选择不同的方案。

1. 商人交易中的不公平合同条款

首先必须确定的是,这是否只涉及对消费者的保护,还是也包括对作为商人的一类人在其商业活动过程中所订立争议条款的保护。欧洲立法者在这个问题上采取了不同的立场。

即使合同条款被纳入了商人之间所缔结的合同之中,许多欧洲立法者也允许对这些条款进行审查。然而,这里也存在一些差异。

在北欧国家,尽管都已经颁布了转化指令要求的消费者保护法,但北欧国家《合同法》第 36 条的一般条款在这些国家依然适用。该条款以非常笼统的方式规定,如果法官根据具体情况认为合同条款是"不公平的",则可以对其进行修改或不予考虑。尽管根据《合同法》第 36 条第 2

款的规定,在这一过程中法官必须考虑保护有关当事人的需要,特别是其是否作为消费者或因其他原因而"处于劣势地位";但这并不改变这样一个事实,即即使是商人之间在交易中达成的合同条款,也要接受司法审查。长期以来,德国法也持相同的立场。尽管在30年前关于法律规定初稿的讨论中,人们还秉持对格式条款的控制只针对"消费者"的观点,但这一决定很快就被放弃了。主要是因为可以证明,在以前——没有法律依据的情况下——认定格式条款无效的判例中,有相当大一部分是涉及商人之间签订的合同。奥地利、荷兰、一些波罗的海国家和葡萄牙原则上也没有区分与消费者缔结的合同和商人之间缔结的合同。[20] 尽管《英国1977年不公平合同条款法》没有设置一般条款,对于合同一方当事人意图通过合同约定免除或者限制自己责任的做法,该法仅规定了处理此类约定有效性边界的规则。其中一些条款也只涉及商人在"针对以消费者身份进行交易的人"所援引的合同约定。[21] 但此类限制与其他规定格格不入。比如,根据该法第2条规定,一个人试图排除或者限制其对因过失致人死亡或受伤所承担责任的约定始终无效。就排除或限制对其他损害的责任而言,合同约定——即使发生在商人间的交易中——只有在"合理"的情况下才有效。何为"合理",由法官自由裁量,其中尤其取决于个案的具体情况,

> 有关各方的议价能力、免责条款是否经自由谈判达成、有关各方获取法律建议的程度、是否购买了保险、是否有其他供货源可供无过错一方使用,以及希望援引免责条款的一方在多大程度上向另一方解释了该条款的效力。[22]

---

[20] 但是,在荷兰,如果经营者的雇用人数超过50人或者有义务作为商业公司公开年度财务报表,则其不得援引《荷兰民法典》第6:233条的一般条款。即使在这种情况下,仍然可以从一般原则——合同当事人的行为必须符合"公平公正"原则——中得出合同条款无效的结论(《荷兰民法典》第6:2条和第6:248条)。

[21] 参见《英国1977年不公平合同条款法》第6条和第7条。"如果合同一方当事人没有在经营过程中订立合同,也没有声称自己在这样做;而另一方当事人确实在经营过程中订立合同的",那么根据该法第12条的规定,前者被视为"消费者"。

[22] McKendrick no. 11.14.并参见该文献中讨论的判例,其主要结果已在本引文中进行了总结。

事实上，并没有令人信服的理由来论证将审查合同条款的司法权力限制在处于不利地位的一方以消费者身份缔结合同的情况下的合理性。

因为关于合同条款控制的强制性规范的合理性理由并不是保护弱势一方免遭强势一方的侵害，而是关于格式条款内容的谈判由于交易成本过高对双方不利而通常被省略。[23] 没有人会做没有回报的事情，这一定律适用于每一个理性行事的人，无论他是消费者还是商人。当然，相对于消费者，对商人而言值得就合同内容进行谈判的情况出现的频率更高。但这并不能成为商人间所缔结合同不受任何格式条款控制的理由。《欧洲合同法原则》第 4:110 条也选择了这一解决方案。根据该规定，如果合同条款未经谈判，即使是商人之间订立的合同也要对其内容进行司法审查，如果双方都是自然人，更应该如此。[24] 法国判例似乎也在朝这个方向发展。尽管目前它只允许对与消费者订立的合同进行内容审查[25]，但《卡特拉改革草案》希望在《法国民法典》中加入一项一般规定，允许法官修改或废除未经协商的合同条款，如果其造成了"不利于一方当事人的严重的利益不平衡"。[26] *

---

[23] 参见第 194 页以及第 206 页及以下。

[24] 《欧洲共同买卖法》也试图将对未经谈判的合同条款的控制扩大到企业之间所订立的合同上。但对其应适用另外一个控制标准：在与**消费者**缔结的合同中，如果因为合同条款违背了诚实信用原则，并导致合同权利和义务"严重失衡"而损害了消费者的利益，那么此类合同条款是不公平的并因此而无效（第 83 条）。如果合同双方是**商人**，情况则不同：合同条款只有"在其使用严重偏离良好商业惯例时"才会无效（第 86 条）。对此的合理批判可参见 N. Jansen, in: H. Eidenmüller u.a. (Hrsg), Revision des Verbraucher-acquis (2011) 53, 85; H. Eidenmüller, N. Jansen, E.M. Kieninger, G. Wagner, R. Zimmermann, Der Vorschlag für eine Verordnung über ein Gemeinsames Europäisches Kaufrecht, JZ 2012, 275, 278 ff.。

[25] Vgl. Civ. 24. Jan. 1995, D. 1995, 327 und dazu E.M. Kieninger, ZEuP 1996. 468, 476 ff.

[26] 《卡特拉改革草案》第 11-2 条。肯定意见：B. Fauvarque-Cosson/D. Mazeaud, L'avant-projet de réforme du droit des obligations et du droit de la prescription, Rev. dr. unif. 11 (2006) 103, 121 f.。（法国于 2008 年通过的一项法律已经允许法院支持商人的损害赔偿，如果其因另一方商人当事人所提供的格式条款而负担了显著不平衡的义务。参见《法国商法典》第 L 442-5 条第 1 款。——译者注）

* 现《法国民法典》第 1110 条区分当事人自由协商的协议合同（法：contrat de gré à gré）和一方当事人事先准备好的、未被协商的附和合同（法：contrat d'adhésion）。就附和合同而言，现《法国民法典》第 1171 条规定，任何"造成当事人间权利显著不平衡"的条款都可以被法院认定为无效。该规定适用于所有附和合同，即使合同双方当事人是从事商业活动的公司也是如此。——译者注

试图将内容控制扩大到商人间所缔结合同的人,必须作好在这个领域适用更灵活判断标准的准备,同时必须考虑到商业交易的特殊性。尤其是德国法被认为不符合这些要求。事实上,德国判例认为,即使是商人之间缔结的合同,也只有当合同各方在合同谈判过程中对合同条款作出了实际修改时,才能认为合同条款是经过谈判达成的,才可以被免除内容审查。[27] 此外,对于在消费者交易中依据《德国民法典》第 308 条和第 309 条自始无效的格式条款,如果其出现在商人之间的交易中,则普遍认为其也因违反了《德国民法典》第 307 条这一一般条款而无效。[28] 相反,如果经营者之间就低价值的商品或服务缔结合同,则不能对内容控制规定的适用提出异议。例如,一个经营者在停车场停放送货车、要求信贷机构调查客户的财务状况、为公司食堂购买食品,或者将其货物交由另一经营者运输或存放就是这种情况。相反,如果根据情况,交易对双方当事人具有重要经济意义,因此值得他们对对方所提交的合同草案进行仔细分析,并就其内容以及可能涉及的未来风险的分配进行谈判。例如,如果为了出让企业、建造工业厂房、获取长期贷款或者运输大宗货物而缔结合同,就满足这些条件。但是,是否有必要作出法律规定来解决这个问题,以及如果考虑法律的

〔27〕 如果合同条款未作修改,即按照一方当事人——使用人——的建议被纳入合同中,那么只有在非常特殊的情况下,即只有当使用人在合同谈判期间明确提出并且客户知晓的情况下,才能认为合同条款经过了谈判。So BGH 3. Nov. 1999, BGHZ 143, 103, 111 f.; BGH 17. Feb. 2010, BGHZ 184, 259 (现行判例)。

〔28〕 例如,参见 BGH 18. März 1984, BGHZ 90, 273, 278; BGH 19. Sept. 2007, BGHZ 174, 1。法律实践领域的人士因此认为,具有商人身份的合同当事人可以约定适用瑞士法,从而排除德国法中严格的内容控制,这种做法在过去也不罕见,而且建议将来也作出如此安排(参见前注 18)。如果约定适用英国法,也可以达到同样的效果。《英国 1977 年不公平合同条款法》第 27 条明确规定,本法的相关规定不适用于此类情形。根据该法第 26 条的规定,这也适用于双方缔结了"国际供应合同"(英:international supply contract)的情形。荷兰法的情况也类似:根据《荷兰民法典》第 6:247 条,如果合同双方为商人,其营业场所不在荷兰,并且是基于法律选择协议援引适用荷兰法律时,那么关于格式条款内容控制的规定不适用。对此,参见 E.M. Kieninger, ABG-Kontrolle von grenzüberschreitenden Geschäften im unternehmerischen Verkehr, in: P. Jung u.a. (Hrsg.), Einheit und Vielfalt im Unternehmensrecht, Festschrift für U. Blaurock (2013) 177。甚至有观点认为,不同国家的法律制度之间甚至存在竞争(监管竞争),因为它们都试图通过允许相关企业在特定条件下排除对其合同条款进行内容控制的方式,将跨国案件提交到本国的法院。对此,参见 H. Eidenmüller, Recht als Produkt, JZ 2009, 641, 845。

确定性要求,这些法律规定应当如何设计,对这些问题都存在争议。但允许经营者"通过明确的个性化合同"排除对其格式条款进行内容控制的建议过于激进。[29] 似乎更可行的方案是,如果参与交易的经营者已经"以符合合同标的和缔结合同情况的适当方式"对合同条款进行谈判,那么合同条款——无论其是否被当事人修改过——总是被认为是"通过谈判达成的",因此可以免于内容控制。[30] 英格兰与苏格兰法律委员会建议,对于经营者之间达成的交易,如果交易金额超过 50 万英镑,便不对合同条款进行内容控制[31];另有学者要求交易金额至少为 50 万或 100 万欧元。[32]

2. 格式条款与"单独协商的合同条款"

另一个问题是,司法审查是扩大到所有的合同条款,还是应当仅限于那些由合同一方当事人(为其未来所有的类似交易或者仅为具体设想的合同)"**预先制定**"且与另一方当事人"**没有进行谈判**"的合同条款。许多法律制度无意进行这样的限制。北欧国家的法律制度就是如此[33];根据法国法和比利时法,对于消费者合同而言,即使有关的合同条款是当事人经过"谈判"达成的,也允许进行内容控制。[34] 德国法和荷兰

---

[29] So Jansen (脚注 24) 87; H. Eidenmüller/N. Jansen/E.M. Kieninger/G. Wagner/R. Zimmermann (脚注 24) 280。这将允许经营者排除对其格式条款的内容控制,即使所涉及的是低价值交易,因此可以假设,基于同样的原因,对为经营者不仅会接受对其提出的格式条款,而且也会对排除条款本身毫无顾虑且在不对其进行内容审查的情况下接受这些条款。

[30] 这就是 K. P. Berger, Für eine Reform des AGB – Rechts im unternehmerischen Geschäftsverkehr, NJW 2010, 465, 467 ff.为德国法提出的解决方案。类似的还有 T. Miethaner, NJW 2010, 3121。

[31] 参见 English and Scottish Law Commissions, Unfair Terms in Contracts, Reports No. 292 und No. 199 (2005) S. 55 ff.。根据该报告,如果交易价值低于 50 万英镑,雇用人数少于 9 人的经营者将被视为消费者。对此参见 McKendrick no. 11.16。

[32] 更多内容参见 Leyens/Schäfer (前注 3) 793 ff.; Leuschner (前注 3) 882 ff., W. Müller/C. Griebeler /J. Pfeil, Für eine maßvolle Kontrolle von AGB im unternehmerischen Verkehr, BB 2009, 2658; E.-M. Kieninger (前注 28), Miethaner (前注 30)。

[33] 参见第 200 页关于《合同法》第 36 条的内容。

[34] 参见《法国消费法典》第 L 13-1 条第 3 款:根据该规定,在消费者合同中,法官的审查权限涉及所有的合同条款,"无论其形式或其载体如何"。并参见《奥地利消费者保护法》第 6 条:根据该规定,即使是经过"单独"协商达成的,该条(第 1 款)所提及的大部分条款都是无效的。另一方面,《奥地利普通民法典》第 879 条第 3 款的一般条款仅适用于"格式条款或格式合同中"所包含的合同条款。

法对该问题的态度则不同。[35] 特别是在德国,将内容审查限制在格式条款的范围内被认为是重要的。当于1990年提出的一份《欧共体关于消费者合同中不公平条款的指令》试图将**所有**(德:sämtliche)合同条款都置于司法审查之下时,就引发了强烈的反对。人们相信,这种做法几乎等同于敲响了市场经济的丧钟。[36] 在这种反对之声的影响下,指令的适用被限制在没有"经过单独协商"所达成的合同条款范围内。

人们担心,如果对"通过谈判达成的条款"进行审查也得到允许,那么判例将全面转向对给付与对待给付之相当性进行公开检查,就这个问题已经引发的广泛关注而言,这种担心是可以被理解的。但这种怀疑是没有道理的。显而易见的是,法官不能因为合同条款中的价格和约定的对待给付之间的关系显得"不合理"就废除该条款,对于消费者合同而言,这也是《欧共体关于消费者合同中不公平条款的指令》第4条第2款规定的内容。[37] 因此在实践中,这仅涉及对合同补充协议的控制。但是,在与消费者进行的交易中,即使经过谈判,这些条款也可能是"不公平的"或"不合理的",尽管这种情况很少发生。同样不会使人产生怀疑的是,如果

---

[35] 参见《德国民法典》第307条,《荷兰民法典》第6:231条。根据《欧洲合同法原则》第4:110条和《欧洲共同买卖法》第86条第1款的规定,只有当合同条款"没有经过单独协商",才允许对其进行内容控制。

[36] 参见 H.E. Brandner/P. Ulmer, Die EG-Richtlinie über missbräuchliche Klauseln in Verbraucherverträgen, BB 1991, 701, 704。

[37] 参见第199页以及《欧共体关于消费者合同中不公平条款的指令》第4条第2款转化为国内法后的相关规定。例如,参见《奥地利普通民法典》第879条第3款,《法国消费法典》第L 132-1条第7款,《荷兰民法典》第6:231条,《英国1999年消费者合同不公平条款规定》第6条第2款。在北欧国家,其《合同法》第36条的一般条款中没有此类限制。因此,还没有出现法官变身价格专员的情况。然而,对于正确理解《欧共体关于消费者合同中不公平条款的指令》第4条第2款的规定(以及各国的转化规定)的确可能存在争议,各国的法院也常常没有认识到,在有疑问的情况下,该问题应当由欧盟法院来决定,因此需要将案件提交给欧盟法院。例如,参见 Office of Fair Trading v. Abbey National plc and others) [2010] 1 All E.R. 667:在该案中,英国最高法院认为,英国银行的格式条款——如果客户透支其账户,可以收取特别费用——不受内容控制,因为其涉及"合同的主要内容",即客户必须为银行的服务所支付的价格。上诉法院的观点则不同,其正确地指出,所涉及的条款不是"基础交易的一部分",而只是"附属条款"(英:ancillary terms),因此是可以进行内容控制的。对此参见 H. Kötz, Schranken der Inhaltskotrolle bei den AGB der Banken, ZEuP 2012, 332. HR 19. Sept. 1997, Ned. Jur. 1998 Nr. 6亦同。

合同条款违反了对借款人、包价旅行游客(德：Pauschalreisenden)或购买者提供保护的具体法律,则其始终无效:在这些情况下,个案中对消费者不利的合同条款是"预先制定的"还是"经过单独协商",都无关紧要。仅"预先制定的"合同条款可以被审查的规定也会造成法律上的不确定性,因为有一点通常是有疑问的,即客户想要归于无效的条款是不是与其"单独谈判"过的。因此,如果——当然只针对消费者合同——将内容审查扩大到所有合同条款,可能不会造成太大的伤害。[38]

3. 何时一个合同条款是"不合理的"？

在某些情况下,立法者可能会对不公平合同条款进行非常准确的定义,以至于对这些条款的无效性不会产生合理怀疑。但通常情况下,立法者不得不使用模糊的概念。例如,如果立法者因合同条款赋予经营者"不合理的高额"损害赔偿请求权、允许经营者"在没有客观合理的理由下"解除合同或者要求合同对方当事人在一个"不合理的较长时期内"维持合同而宣告其无效,就是这种情况。当法官必须借助于"一般条款"来审查一个合同条款的有效性时,或者说当他必须提出这样一个问题时,即合同条款是否因"违反诚实信用原则造成合同权利和义务的重大且不合理的失衡而对消费者不利"[39]、造成"当事人的权利和义务之间明显失衡"[40]、"不合理地"将合同另一方当事人置于"不利地位"[41]或者"限制了根据合同性质所产生的权利或义务,以至于损害了合同目的的实现",对合同另一方当事人不利[42],法官享有更大的自由裁量权。《英国1977年不公平合同条款法》也没有找到其他解决途径,只能反复使用"合理性"(英：

---

[38] 参见 Jansen (前注 24) 90 以及(否定观点) Wagner (前注 3) 32 ff.。

[39] 1993年4月5日颁布的《欧共体关于消费者合同中不公平条款的指令》第3条第1款(前注2)。这些条件(在转化为国内法律后)在具体案件中能否得到满足,原则上必须由各国的国内法院决定,无论如何,这都取决于对个案具体情况的评估。参见 EuGH 1. April 2004, Rs. C-237/02 - *Freiburger Kommunalbauten*, Slg. 2004, I-3403 = ZEuP 2005, 418。有争议的是,在这些情况下,国内法院是否不再承担将问题提交给欧盟法院的义务。参见 W. Wurmnest, in: Münchener Kommentar zum BGB (6. Aufl. 2012) § 307 Rn. 29 f.。

[40] 《比利时1991年7月4日法》第31条。

[41] 《荷兰民法典》第6:233条。

[42] 《德国民法典》第307条第2款第2项。

reasonableness)这一模糊的概念作为控制标准。[43]

这些范式——就其本身而言——没有具体的可操作内容。因此,人们不得不提出以下问题,它们是否比对法官的正义感和合理看法的呼吁有更多的含义。是否有具体的规则来判断一个合同条款是否"不公平""不恰当"或"不合理"? 为此,需要再次强调的是,在此处所提及的案例中,合同条款之所以被视为无效,是因为受其损害的合同当事人没有公平的机会去影响合同条款的内容。一般来说,不是因为他屈服于具有优势经济力量或谈判实力的经营者,而是因为他在审查条款、与其他供应商的条件进行比较、制定相对条款以及进行合同谈判方面所产生的费用(交易成本)要大于他因此而获得的利益。客户这种(完全理性的)行为被经营者以对自己有利的方式有计划地加以利用。因此,如果合同条款以对客户不利的方式与在没有交易成本的情况下双方能够就争议问题进行谈判所达成的协议相背离,那么经营者所提供的合同条件应当被视为"不恰当"或"不合理"。[44]

就合同风险的分配而言,在这种情况下,风险将由能够以低于对方的成本规避风险的一方所承担。例如,如果买方可以通过采取预防措施来保护自己免遭在卖方交付缺陷货物的情况下对其造成威胁的某些风险,而这些预防措施所产生的费用比卖方彻底检查其货物有无缺陷所产生的费用要少,则风险由买方承担,并按其预防成本减少他为货物所支付的价款。与由卖方承担风险并以他因此产生的(更高的)费用增加货物价

---

[43] 参见第 201 页。

[44] W. Wurmnest (前注 39) § 307 Rn. 39 und J. Basedow (前注 39) vor § 305 Rn. 4-6 也持相同观点,并参见 H. Kötz, Vertragsrecht (2. Aufl. 2012) Rn. 272 ff.。[欧盟法院在 Mohamed Aziz v. Caixa d'Estalvis de Catalunya, Tarragona i Manresa (Case C-415/11 of 14 March 2013, [2013] Common Market Law Reports No. 5, p. 89)一案中采取了类似的思路。法院认为,如果经营者"公平公正地与消费者交易,可以合理地假定消费者在个别协商中也会同意这样的条款",那么这样的条款就不会造成双方权利和义务的"严重失衡",因此根据《欧共体关于消费者合同中不公平条款的指令》第 3 条的规定就是"公平的"。因此,考虑到双方的成本与收益,理性的各方在假设的谈判中会达成相同的结果,那么未经谈判达成的条款应被视为是"公平的"。这一测试也被英国最高法院在 ParkingEye Ltd. v. Beavis [2015] UKSC 67 一案中所采用(以多数票通过)。在该案中,法院认为对在停车场停车超过两小时停车限制的人收取 85 英镑停车费的条款是"公平的"。——译者注]

格的做法相比,这样的约定将使双方拥有更好的处境。但是,如果规避风险的预防措施不存在,或者虽然可以规避风险,但鉴于可能遭受损失的程度,预防措施因非常昂贵而不值得采取,则上述规则不适用。[45] 在这种情况下,理性的合同当事人会将风险分配给能够以低于对方成本保护自己免遭损害后果发生的人,特别是能够以降低成本将其置于保险保护之下的人。

因此,德国联邦最高法院判定一项合同条款无效是正确的,根据该条款,如果客户订购的燃油数量无法装入由他们提供的油罐而溢出,燃油供应商对由此产生的损害不承担任何责任。[46] 因为燃油供应商通过该条款将风险转嫁给了客户,而他自己可以用比客户更低的成本来抵御这种风险。理由是,作为其业务经营的一部分,他必须常年进行油罐的填装工作。通过选择合适的人员、对他们进行油罐容量专业检查的培训以及为他们配备必要的设备,燃油供应商每次为加注操作所支出的费用要比客户在每年一次加注油罐时,为有效地保护自己作为一个非专业人员免受油表故障的影响所支出的费用要少得多。另一宗船东要求赔偿损失的案件的判决则不同,在该案中,因被告船厂工作人员在进行维修作业时的疏忽,造成船舶起火。在该案中,德国联邦最高法院没有对船厂经营者提供的交易条款中的免责条款提出异议,因为船员在船舶维修期间都留在船上,因此可以和船厂的工作人员一样采取预防措施来保护自己免遭火灾风险。[47] 在 Photo Production Ltd. v. Securicor Transport Ltd. 一案中[48],被告安保公司的一名安保人员在夜间对原告工厂进行巡逻时点燃了大火,大火失去控制造成建筑物化为废墟。安保合同中含有免责条款,根据该条款,安保公司经营者尽管有义务谨慎挑选并监督安保人员,但对因(精心挑选和监督的)安保人员的错误所造成的损害不负责任。

---

[45] 如果预防措施的成本为100,而尽管其要预防的损害为1000,但在不采取预防措施的情况下其发生的概率仅为1:50,就属于这种情况。
[46] BGH 24. Feb. 1971, NJW 1971, 1036.
[47] BGH 3. März 1988, BGHZ 103, 316.
[48] [1980] A.C. 827.

迪普洛克勋爵(Lord Dplock)的观点是：

> 对工厂被Securicor*的一个雇员在对工厂巡逻时的伤害行为所损害或破坏的风险进行分担，处于Securicor和工厂所有人位置的商人很可能会认为这是最经济的……Securicor的雇员损害或破坏工厂或从中偷窃货物的风险，尽管Securicor采取了所有合理的努力来预防这种风险，这种风险在海商法中被称为"不幸风险"(英：misfortune risk)，但合同任何一方的合理努力都无法排除这种风险。任何一方都可以对此投保。一般来说，对直接遭受损失的一方来说，由他进行投保比由另一方当事人投保责任险更加经济。[49]

这也解释了为什么船东排除(或限制)其对船员在**航行期间**造成的货物损失所承担责任的免责条款是**有效的**，但如果其船舶**从一开始**就不适合运载货物，而免责条款免除了船东对由此所造成的货物损坏的责任，那么免责条款是**无效的**。[50] 尽管在这两种情况下，货物损坏的责任按照行业惯例都由承运人保险所覆盖，但两者的区别在于，在前一种情况下，船东不能或者只能在付出巨大成本的情况下才能采取防损措施，而在后一种情况下，无须大费周章就可以采取防损措施。在船舶航行的过程中，船东几乎无法对船长或船员进行干预，以确保不会因航海方面或者其他错误造成货物损坏。[51] 相反，他可以不费吹灰之力——至少比托运人更容易——在开航前确定其船舶是否适合所运载的货物，例如，其制冷能力是

---

* 安保公司的名称。——译者注

[49] 出处同上(上注) S. 851. BGH 29. Sept. 1960, BGHZ 33, 216亦同：一家安保公司将其在被看守船只受损情况下的责任限制在300马克这一异乎寻常低的数额。然而，这一条款被认为是有效的，因为投保了车船保险(德：Kaskoversicherung)，而且损害的发生是"由于过失或疏忽造成的，即使是雇员或工人按照规章制度进行操作也无法排除"。如果被告安保公司"没有达到履行安保义务的一般要求，例如，由于组织不力"，判决则会有所不同(第222页)。

[50] 一方面参见 BGH 2. Juli 1973, NJW 1973, 2107, 另一方面参见 BGH 25. Juni 1973, NJW 1973, 1878 und BGH 8. Dez. 1975, BGHZ 65, 364。*Kötz*, Unfair Exemption Clauses, An Economic Analysis, Svensk Juristtidning 72 (1987) 473 对这些案例进行了进一步的研究。

[51] 此类错误的风险是迪普洛克勋爵(Lord Diplock)所说的"不幸风险"(前注48)，即船东即使通过适当选择工作人员和适当组织船舶操作也不能排除的风险或只能以不经济的高额成本才能排除的风险，因此，此风险被分配给能以比对方更低的成本通过保险获得保障的合同当事人。

否足以运输香蕉,或舱口盖是否足够严密,以防止飞溅的水渗入而对运输的金属板材造成锈蚀。

同样的规则也适用于买卖合同中免责条款的评判。在 George Mitchell (Chesterhall) Ltd. v. Finney Lock Seeds Ltd. 一案中[52],卖方向农民交付了200英镑的种子,结果种子存在问题导致歉收。针对农民提出的金额为61500英镑的损害赔偿之诉,卖方援引免责条款进行辩护,根据免责条款,他只需偿还购买种子的价款。英国上议院(英:House of Lords)裁定该条款"不合理",因此无效。损害预防和保险的考量也是作出这一裁决的依据。农民无法发现和避免种子的缺陷,然而卖方(或其上游供应商,隶属于同一集团的姐妹公司)有这样的机会,但因为疏忽却没有发现。对于由缺陷种子造成的作物歉收,农民几乎不可能获得保险,但种子供应商的责任保险却相当普遍。[53]

4. 部分无效的合同条款

如果一项合同条款无效,其不影响合同其余部分的有效性。这是因为有关不合理合同条款无效的规则旨在保护因这些条款而处于不利地位的缔约相对人。如果经营者可以主张整个合同无效,从而迫使其客户撤销交易并将由此产生的风险转嫁给后者,那么这一宗旨将无法实现。因此,个别条款的废除不会导致整个合同无效。[54] 尚未解决的问题是,是否需要一个条款来取代无效条款以及这个条款应当包含什么内容?某些情况下可以直接废除合同无效条款,例如,如果在该条款中以无效的方式约定了违约金就是这种情况。但是,如果对于该条款所涉及的问题,法律以"任意法"(德:dispositivem Recht)、"替代规则"(法:règles supplétives)或"法律

[52] [1983] 2 A.C. 803.
[53] 参见上诉法院(Court of Appeal)的判决[1983] Q.B. 284, 302, 307, 313 f.。并参见 Philipps Products Ltd. v. Hyland and Hamstead Plant Hire Co. Ltd. [1987] 2 All E.R. 620 一案中关于"合理性测试"(英:reasonableness test)的思考。
[54] 《欧共体关于消费者合同中不公平条款的指令》第6条第1款是对于消费者合同的规定。相同的规则也应当适用于经营者之间所缔结的合同。《德国民法典》第306条第1款即如此规定。同样,根据《欧洲合同法原则》第4:106条,在个别条款无效的情况下,合同依然有效,前提是这种处理方法在具体情况中不会产生"不合理的"结果。《欧洲共同买卖法》第79条第2款亦同。

默示条款"（英：terms implied by law）的方式提供了一种解决方案，则由这一规定取代无效条款。[55] 例如，如果卖方通过合同条款禁止买方以对待债权（德：Gegenforderungen）对购买价款提出抵销，则该条款无效，在符合抵销的一般要件的情况下，买方可以进行抵销。如果缺乏相应的任意法规定，则必须允许法官以"合同补充解释"所得出的结果来取代无效条款。[56]

211   有时，合同条款只是部分超出了其被允许规定的范围。在这种情况下，是否可以认为其无异议部分是有效的呢？如果该条款可以被合理地分为合法和不合法两部分，那么对前述问题的回答就是肯定的。德国联邦最高法院的判决即是如此。[57] 但英国上诉法院在 *Stewart Gill Ltd. v. HoratioMyer & Co. Ltd.* 一案中则作出了不同判决。[58] 本案中，买方扣留了部分货款，理由是向其交付的货物与合同约定不符，因此他有权提出反请求（德：Gegenanspruch）。另一方面，卖方援引一项合同条款，该条款禁止买方在所交付货物与合同约定不符以及"出于其他任何原因"的情况下留置货款。英国上诉法院认为这一条款总体上是"不合理的"，因此是无效的。因为根据其措辞，即使买方因卖方的恶意欺诈而有权提出反请求或者他因履行另一项合同而拥有债权，也禁止买方留置货款。但这并不意味着，"用蓝色铅笔画出（合同条款）最令人反感的部分，并说剩下的部分是合理的"。[59] 相反，可以提出的异议是，该条款中明确提到的关于买方援引卖方违约的情况，可以以合理和可信的方式与留置权的其他所有可能理由分开。因此，需要提出的问题是，留置权的排除**对本案而言**是否"合理"？对此，就经营者之间达成的合同而言可以找到很多很好的理由。

---

〔55〕《德国民法典》第 306 条第 2 款。在那些无效法律条款不仅可以被忽略，而且还可以由法官"调整"的法律制度中，也能够产生类似的结果。例如，参见《挪威合同法》第 36 条第 1 款。

〔56〕 对此参见第 146 页及以下的内容。

〔57〕 例如，参见 BGH 18. Nov. 1988, BGHZ 106, 19, 25 f.; BGH 18. April 1989, BGHZ 107, 185, 190 f. Vgl. dazu *J. Basedow* （前注 19）§ 306 BGB Rn. 17 f.。

〔58〕 [1992] 2 All E.R. 257. 类似案件 BGH 18. April 1989 则不同。

〔59〕 Stuart-Smith, L.J. in *Stewart Gill Ltd. v. Horatio Myer Co. Ltd.* （上注）263。

相反,在合同条款合法部分与不合法部分无法轻易分开的情况下,结果也会不同。在这种情况下,德国判例认为合同条款整体无效[60];法官不得将本身不合法的合同条款削减到恰好合法的程度,因为这会促使经营者将明显不合法的条款作为合同内容的一部分,并指望其大部分客户会被其措辞所蒙蔽,而没有被蒙蔽的那部分客户也无法在法庭上获得比部分支持该条款的判决更好的结果,从而仍然使他们处于比没有该条款更加不利的境地。[61]

四、预防性控制

如果通过立法和判例为合同一方当事人提供主张不合理合同条款无效的可能性,这毫无疑问是有益的。当然,仅凭这一点并不能从根本上实现目标,即在实践中不使用此类合同条款。

前述关于不公平合同条款无效规则的讨论,只有在其保护的合同当事人在与缔约相对人进行谈判或诉讼中援引这些规则时才会产生实际效果。然而,在很多情况下,这是没有意义的,有时甚至是完全不合理的。这是因为合同一方当事人(或其委托的律师)必须查明相关的法律规定、与缔约相对人进行谈判、在某些情况下还要向法院提起诉讼,由此产生的成本和辛劳远远超过了当事人放弃抗争而接受(本身无效的)合同条款所产生的不利结果。这种情况也不会被经营者忽视,并激励他们在明知合同条款无效的情况下仍然使用它们,并期望大多数客户不会与其对抗。

---

[60] BGH 17. Mai 1982, BGHZ 84, 109, 114 ff.; BGH 24. Sept. 1985, BGHZ 96, 18, 25 ff.人们称其为"保留效力的限缩"(德:geltungserhaltende Rduktion)。批判性观点参见 J. Basedow(前注 19) § 306 BGB Rn. 12 ff.【然而,欧盟法院在 Banco Español de Crédito SA v. Joaquin Calderón Camino (14 June 2012, Case C- 618/10)一案中似乎认为1993 年颁布的《欧共体关于消费者合同中不公平条款的指令》禁止成员国法院修改消费者合同中的不公正条款并维持修订后的合同条款。关于这些判决的评论,参见 P Rott [2012] ERCL 470; P Schlosser [2012] IPrax 507; W Hau [2012] JZ 964; E Hondius (2016) 24 ERPL 457, 466ff.。——译者注】

[61] 如果一个合同约定因违法或违背善良风俗而部分无效,也会出现类似的问题,参见第176页及以下。

如果经营者面对的是一个准备采取法律行动的客户,倘若有利可图,经营者可以通过迁就和满足其愿望的方式来买通客户,但继续坚定地对其他客户使用(本身不合法的)合同条款。即使法院在其与某一客户的诉讼中确认了合同条款的不合法性,但如果经营者期望从中获得的好处超过了其所带来的不利后果,他仍然会对其他客户使用该条款。

因此,不能仅仅通过允许受影响的合同一方当事人主张合同条款无效来阻止非法合同条款的使用。相反,为了将经营者的行为引至正确的方向,法律制度必须规定其他的制裁措施。对此有多种可能性。

1. 刑事制裁

通常情况下,只有当有人利用其缔约伙伴的困境而要求其承诺明显过高的给付时,才会考虑采用**刑事制裁**措施。例如,根据《德国刑法典》第291条,如果一个人利用其合同伙伴的困境,要求其履行的给付——特别是在缔结房屋租赁合同或贷款合同时——与对待给付"明显不相称",那么他将受到刑事处罚。相比之下,如果仅仅是违反消费者保护法中的有关规定,则很少受到刑事制裁。法国的情况则不同:"刑法在消费者法中具有……重要地位,至少在法国是这样的。"[62]

当然,人们也不得不用怀疑的眼光来评价刑事制裁在这一领域的有效性。只有当惩罚(乘以被抓和被定罪的概率)超过了从犯罪行为中可能获得的利益时,刑事制裁的有效性才能得到保证。然而,这一条件往往无法得到满足,因为执法机构没有必要的资源,而且"法院对刑事犯罪的处罚仍有可能使交易者从其非法活动中获得净利润"。[63]

2. 团体诉讼

消费者协会诉权的引入有望产生更大的实际效果。德国立法者首先选择了这一路径[64],现在很多其他国家的立法者也走上了这条道路。[65]

---

[62] J. Calais-Auloy/H. Temple (前注 6) no. 18。

[63] Borrie, The Development of Consumer Law and Policy (1984) 71.

[64] 参见 2002 年 8 月 27 日颁布的《德国停止侵害消费者权益及其他违法行为之诉法》。

[65] 例如,参见《法国消费法典》第 421-6 条,《荷兰民法典》第 6:240 条以下,《奥地利消费者保护法》第 28 条以下。

事实上,《欧共体关于消费者合同中不公平条款的指令》规定,成员国有义务制定法律规定,使消费者协会能够向法院或行政管理机构提起诉讼,"以判定合同条款……是否构成滥用,并采用合理和有效的手段防止此类条款的使用"(第7条第2款)。

据此,某些协会——特别是消费者协会——有权要求法院作出判决,禁止作为被告的经营者在未来使用被法院认为不合法的合同条款。在违背禁令的情况下,可以判处被告向国家缴纳罚款或者——比如,在法国——向消费者支付罚款(法:astreinte),通过这种方式可以保证此类禁令得到遵守。尽管其他经营者并不受该判决的约束,因此无法阻止他们继续对其客户使用相同的合同条款,但这通常是不可取的,因为消费者协会会确保他们所赢得的禁令在专业报刊和当日所出版的报刊上得到公布,而且这些判决也会被列入人人皆可查阅的公共登记册。

如果原告也可以要求损害赔偿,那么团体诉讼制度将更加有效。但只有法国允许原告在团体诉讼中主张损害赔偿。法国的判例判定,通过团体诉讼也可以要求经营者赔偿其行为对"消费者集体利益"所造成的损害。[66] 据此,支付的金额由法官决定,也可以限于"象征性赔偿"(法:franc symbolique)。另一方面,因使用不合法合同条款而给**消费者个人**造成的损失,只能由消费者本人主张。在实践中,这种情况并不存在,因为提起这样的诉讼对消费者而言是得不偿失的:其因此遭受的损失通常很小,而经营者对驳回诉讼的利益很大。欧盟还在研究,是否[类似于美国允许的"集团诉讼"(英:class action)]允许消费者协会提起"集团诉讼"(德:Gruppenklage)。[67]

对团体诉讼的有效性存在不同的评价。在德国,消费者协会每年会赢得数以百计的禁令;在更多的案件中,仅仅是被起诉的压力就足以使经营者停止使用被指责的条款。尽管这些协会通过不少上诉至联邦最高法

---

[66] Vgl. Grenoble 13. Juni 1991, J.C.P. 1992. II. 21819 mit Anm. *Paisant* und jetzt Civ. 1. Feb. 2005, J.C.P. 2005.II.10057 mit Anm. *Paisant* .

[67] 参见最新文献(及更多参考资料) H. Koch/J. Zekoll ZEuP 2010, 107 und S. Madaus ZEuP 2012, 99。

院的引人注目的诉讼成功地使重要的公司或行业屈服,但批评者认为,不合法的合同条款仍然非常普遍,因此,团体诉讼也没有产生理想的效果。

3. 行政控制

消费者协会的力量很有限,因为它们可支配的财政资源往往非常有限。因此,人们一再建议建立具有综合权限的国家行政机关来审查经营者的市场行为。瑞典首先走上了这条道路。从1971年开始,瑞典设立了一个由"消费者监察员"领导的特别机构,其任务是确保经营者的市场行为符合"良好的商业标准"。如果该机构发现经营者在市场上投放的商品具有不合理的高风险,或者他们发布误导性广告、进行不公平竞争行为或——这是本文的重点——使用不合法的合同条款,它可以通过与经营者或其所属的行业协会进行协商谈判的方式推动改变这些行为。如果此类协商谈判没有达到预期效果,该机构可以向专门为此目的而设立的"市场法院"(德:Marktgerichtshof)提起不作为之诉。[68]

在英国,通过《1973年公平交易法》也设立了一个特别机构(公平交易办公室),其职责之一是审查经营者的市场行为,以确定是否存在不合理的损害消费者利益的做法。[69] 因此,打击非法合同条款只是该机构工作的一部分。尽管它也可以要求法院作出不作为判决,但该机构与经营者进行的协商谈判在实践中更为重要。特别是,通过这样的协商谈判,它使主要的行业协会接受了在向消费者销售某些商品和服务(如机动车、家具、包价旅行等)时应遵循的自愿行为准则(德:freiwillige Verhaltensregeln,英:Codes of Practice)。在其他一些国家,人们偶尔也会发现适用于全行业的交易条款,其公平性的基础在于它们是由消费者和行业协会经过谈判达成的。但在此类协商谈判中往往缺乏足够强大的代表消费者利益的团

---

[68] 对此参见 J.N. Ebersohl, Vertragsfreiheit und Verbraucherschutz in der schwedischen Gesetzgebung (2003)。

[69] 更多内容参见 Borrie (前注63); Treitel (-Peel) no. 7-118; Whittaker, in: Chitty on Contracts (31. Aufl. 2012) no. 15-149 ff.。

体。[70] 因此,将相应的谈判任务委托给一个国家机构得到了很多支持。荷兰采取另一种方法。《荷兰民法典》第 6:214 条允许建立一个政府委员会,可以为某些领域的经济活动起草"标准合同"(德:Standardverträge)。一旦这样的"标准合同"被政府批准并正式公布,除非合同当事人另有约定,否则它就会像法律一样,适用于其所涵盖的所有单一合同。

---

〔70〕 主要的组织障碍是,为每个成员组建和运行一个消费者协会所付出的成本往往大于成员希望从其成员资格中获得的利益。许多人还说,即使他们没有以会员身份加入协会,协会活动的好处也能归于他们这些"搭便车者"。

第九章　错误

一、导论 …………………………………………………… 207
二、因错误而撤销的适用范围 ……………………………… 210
　（一）因错误而撤销不得脱离合同而单独存在 …………… 210
　（二）因错误撤销与合同责任 ……………………………… 211
　　1. 交付的货物与合同约定不符时买方的请求权 ………… 211
　　2. 因不履行合同而产生的其他请求权 …………………… 214
三、因错误而撤销合同的构成要件 ………………………… 215
　（一）历史沿革 ……………………………………………… 215
　（二）关于物之特性或人之身份的错误 …………………… 217
　　1. 概述 ……………………………………………………… 217
　　2. 错误之因果关系 ………………………………………… 219
　　3. 动机错误（德：Motivirrtum） ………………………… 220
　　4. 对物之价值的错误 ……………………………………… 223
　　5. 风险交易 ………………………………………………… 225
　　6. 对错误负有过错 ………………………………………… 226
　　7. 错误后果豁免的可能 …………………………………… 227
　（三）被诱发的错误 ………………………………………… 227
　（四）可识别的错误 ………………………………………… 229
　（五）共同错误 ……………………………………………… 231
　（六）一部欧洲错误法？ …………………………………… 233
　　1. "合同优先" ……………………………………………… 234
　　2. 因错误撤销的条件 ……………………………………… 236
四、因错误而撤销的法律后果 ……………………………… 239

一、导论

有时,合同一方当事人会意识到,他是在假设和期望下签订了合同,但这些假设和期望后来被证明是错误的。在这种情况下,当事人是否可以依据自己的错误而主张合同无效呢?原则上来说,对这个问题的回答是否定的。一个人预计夏天会很热,因此购买了啤酒厂的股票,如果夏天天气凉爽,啤酒销量下降,股票价格下跌,他不能以错误为由撤销合同。但也存在一些情况,在这些情况中当事人可以因错误而撤销合同。因此,如何在具有法律意义和不具有法律意义的错误之间划出界线具有重要意义。

人们一致认为,如果合同一方当事人的错误是因为对方当事人的恶意欺诈所造成的,那么该当事人在任何情况下都不受合同约束(参见第十一章)。但我们首先将讨论限制在错误因其他方式而产生的情况。在这些情况下无法简单给出答案,因为存在不同的观点,而每种观点都有充分的理由来支持或反对承认错误为合同无效的原因。[1]

假设有人认为一幅画是一位不知名画家的作品,而以便宜的价格将其出售。但后来发现它是一位著名大师的作品,其真实价值是其售价的20倍甚至100倍。在这种情况下,卖方是否可以因他同意的售价由于其错误而过低要求返还画作呢?如果卖方没有委托专家对画作的出处进行鉴定,因此其行事有别于处于相同情况下的理性之人,情况又会怎样?这是否取决于哪一方在专业知识方面处于优势地位,因此可以比另一方更容易识别出画作的出处?如果买方虽然是一个艺术品经销商,但也相信这幅画出自一个不知名的人,因此在回答卖方——一个门外汉——的问题时提供了相应的——然而客观上是不正确的——信息,从而促使他缔结了合同,那么会怎样呢?如果有人以较低租金出租一间公寓,只是因为他错误地认为该公寓受到法定的租金管制,该怎么办呢?如果建筑承包

---

[1] 比较法上的详细介绍参见 E. Kramer, Der Irrtum bei Vertragsschluss (1998)。

商承诺开挖一个基坑,但在开工后却意外地遇到了岩石地,因此造成费用大增,该如何处理呢?

显然,在上述情况中,不可能存在一个简单的标准来决定犯错的一方何时有权退出合同,何时不能退出。毕竟,在这个问题上,一个法律制度可以采取两种不同的基本立场作为其出发点。一种基本立场是基于"意思理论"(德:Willenstheorie):根据该理论,从法律上承认和履行合同义务的真正原因在于,承担义务的一方有意使其受到约束;因此,这种意思是否为无误地形成就具有决定性的意义。如果缔约方的意思因错误(或者也因为对方的欺诈或胁迫)而被扭曲,则不符合这一要求。在这种情况下存在"意思瑕疵"(德:Willensmangel),据此,意思有瑕疵的一方可以主张合同无效,或者——像我们下文所说的那样——"撤销"(德:anfechten)合同。

这种思路的弱点在于,它没有充分考虑错误方的缔约相对人的利益。反方立场正是以这些利益作为自己的主张。其出发点为,任何在交易过程中作出意思表示的人都必须承担其所依据的设想与现实不符的风险。诚然,他有权将其设想告知另一方当事人,并与其达成只有在设想正确的情况下合同才会生效的协议。但是,如果他没有达成这样的协议,他就会受到其意思表示的约束。如果他仍然可以因错误而对合同的有效性提出质疑,那么商业交易将会陷入相当大的不确定性之中。因此,根据这种观点,只有在特殊的情况下,即只有在另一方当事人对合同有效性的信赖因特殊原因而不值得保护的情况下,才允许以错误为由解除合同。

欧洲大陆较早的法典编纂活动——直至 1900 年的《德国民法典》——一直都以意思理论为基础。正是基于这一理论,该学说发展出了意思瑕疵(法:vice de consentement,意:vizio del consenso)的一般概念,并假定作出表示的一方的意思不但因错误而被扭曲,也因欺诈或胁迫而被扭曲,因此不具有效力,不会产生有效的合同。因此,《法国民法典》第1109 条(现《法国民法典》第 1130 条)简明扼要地规定,"如果只是错误地同意,或者是因暴力胁迫或以欺诈方式而获取同意",则不成立有效的合同合意。[2] 关于错误,《法国民法典》第 1110 条（现《法国民法典》第 1132 条以下）仅限于一般规则,据此,如果错误涉及"合同标的物的本质",则错误会导致合同无效;如果合同另一方当事人的身份对发生错误的一方而言具有重要意义,该规则同样适用。

普通法则不同。合同可以因错误而被推翻,这是普通法在 19 世纪之前基本不知道的一种观念。诚然,如果一方当事人在合同谈判期间作出了不正确的表示（**虚假陈述**,英:mispresentation）,而另一方当事人依据这一表示签订了合同,那么合同可以——而且今天也仍然可以——被解除。但这里强调的不是合同当事人的错误,而是其缔约相对人——无论是具有欺诈意图还是善意——作出了不正确的表示,从而**导致**（德:veranlassen)了错误。在其他情况下,英国法官借助于合同解释来解决这一问题:他假定合同是双方当事人在默示的条件（英:implied condition）,即存在他们认为至关重要的某些情况下达成的。[3] 相比之下,普通法未包含任何关于以错误为由废除合同的一般规则,因为欧洲大陆对当事人意思"无瑕疵"之形成的关注对其而言是陌生的。普通法关注的主要是对合同当事人的保护,当事人根据可识别的情况能够并也可以合理地信赖此种意思的存在。由此,普通法特别关注商业交易的需要,这一点被解释为英国合同法——与欧洲大陆的合同法不同——是为一个称为商人的民族而不是农民的民族所发展形成的。[4]

今天,英国的判例承认,在某些情况下,合同也可因错误（英:mis-

---

[2] 《意大利民法典》第 1427 条和《西班牙民法典》第 1265 条也是如此。

[3] 参见 Couturier v. Hastie (1856) [1843-60] All E.R. 280:一船玉米在从塞萨洛尼基运往伦敦的途中过热,因此在突尼斯被紧急出售。在伦敦的各方当事人对此都不知情,并就其中的一部分玉米——实际上已不存在——签订了一份买卖合同。卖方对购买款的诉讼被驳回,不是因为买方援引了意思表示错误或合同指向不可能的给付而无效,而是因为合同——正确的解释——是双方当事人以货物存在为条件签订的:"整个问题取决于对合同的解释……仅从合同本身来看,在我看来,双方所设想的,即那些购买者和那些出售者,是有一个现有的东西要出售或购买"（*Lord Cranworth*, 出处同上, 第 681 页）。对于错误撤销和合同解释之间的关系另参见 Simpson, Innovation in Nineteenth Century Contract Law, L. Q. Rev. 91 (1975) 247, 268 f.。

[4] 参见第四章脚注 30。

take)而无效。但这一判例可以追溯至19世纪下半叶的判决,这些判决是由精通罗马法的法官作出的,他们深受波蒂埃在这个问题上所建立学说的影响。[5] 这种后期才被引入的欧洲大陆法律观念是否与主要面向交易保护的普通法相适应,今天英国的一些学者对此表示怀疑。[6]

二、因错误而撤销的适用范围

(一)因错误而撤销不得脱离合同而单独存在

以错误为由撤销或解除合同的规则,只有在所涉合同确定成立的情况下才能适用。之所以强调这一点,是因为可能发生的错误已经阻碍了合同成立的情况。当然,这种情况非常少见。[7] 即使要约人对要约的理解与承诺人的理解不同,也不会发生这种情况。尽管此时每一方当事人对缔约相对人对其表示所附加的含义都发生了理解错误,但合同依然成立。因为双方在发表声明时是以哪种主观设想为指导,以及这些设想是否真的一致,从而存在真正的"意思一致"(德:Willensübereinstimmung)、真正的"一致合意"(法:consensus ad idem)或"达成共识"(英:meeting of the minds),都无关紧要。相反,必须通过解释来确定,各方当事人的意思表示根据其客观含义,即从熟悉情况的理性第三人的角度来看——是否相互一致。只有通过这种方式可以确定合同成立时,才能审查是否可以以错误为由将其撤销。只有在当事人的意思表示即使从一个理性观察者的角度来看也是客观上含糊不清的,因此无法通过解释得出明确的结果时,合同才没

---

〔5〕 例如,可参见 Blackburn, J. in Kennedy v. Panama, New Zealand and Australian Royal Mail Co. Ltd. (1867) L.R. 2 Q.B. 580, 588 und mit weiteren Nachweisen Zimmermann 618 ff.。

〔6〕 有人将关于合同因错误而无效的规则称为"不愉快的创新"(unhappy piece of innovation)[Simpson(脚注3,第268页)]和"无望的混乱"(hopelessly confused),"如果英国法律能够抵制维多利亚时代合同律师这种惹是生非的移植,这种混乱是可以避免的"。So Collins, Methodes and Aims of Comparative Contract Law, Oxf.J.Leg.Stud. 11 (1991)396, 398.

〔7〕 参见第142页以下的内容。

有成立。[8]

(二) 因错误撤销与合同责任

如果一方当事人不履行或者没有适当履行合同,其缔约相对人可能有权提出违约赔偿。如果此种合同请求权的构成要件没有得到满足,或者请求权已过时效,或者通过合同约定被取消,就会出现这样的问题,即缔约相对人在这种情况下是否可以通过其他途径,也就是说以错误为由撤销或解除合同来达到其目的。

1. 交付的货物与合同约定不符时买方的请求权

一枚特定的戒指被当作金戒指出售给买方,如果被交付的只是一枚镀金戒指,那么买方就有权以卖方违约为由主张其请求权。因此,买方可以退出合同,并在交还戒指的同时要求返还购买价款。此外,买方还可以采取这样的立场:他在缔结合同时误以为戒指的质地为黄金,因此以错误为由撤销合同。通过这种方式,他也可以收回自己支付的价款。

一般而言,在这种情况下,买方会以卖方没有适当履行合同,即他交付了有缺陷的货物为依据,要求返还价款。因为在这种情况下,他只需要证明戒指未达到合同约定的品质,而不是去证明——这往往更难——他在缔结合同时对戒指的品质有一些不准确的想法,因而产生了错误。但是,如果主张违约请求权的期限已过,但因错误而撤销合同的期限尚未经过,则是不同的情况:在这种情况下,买方会希望以错误为由撤销合同,并乐于接受可能与之相关的举证困难。同样地,如果因为没有及时发出瑕疵通知(德:Mängelrüge)而导致违约请求权消灭,或者卖方对买卖物的瑕疵责任通过合同被排除而导致违约请求权不成立,情况也是如

---

[8] 在法国,人们仍然偶尔会在文献中发现这样的观点,即有些错误的分量如此之重,以至于阻碍了合同合意本身的达成。人们将这种情况称为"错误—障碍"(法:erreur-obstacle)[相对于"错误—合意瑕疵"(法:erreur-vice de consentement)]并且想把以下情况纳入其中,即某人根据其表示的客观含义是要购买,而他实际上只是想要表示同意向其赠与的意思;参见 Terré/Simler/Lequette no. 210 ff.。然而,判例只是在个别判决中遵循了这一理论,而且许多学者以充分的理由拒绝了这种理论,例如,Ghestin no. 495;Larroumet no. 321 und 346。

223 此。那么在这些情况下,是否应该允许买方以错误为由撤销合同来达到其目的呢?[9]

如果合同中有效约定了免责条款,例如,该物品是按"其真实状态"出售的,那么无论如何,对该问题的回答都只能是否定的。这是因为如果买方同意了这样的协议并且该协议有效,这就构成了对因错误撤销合同权利的放弃。[10] 然而,如果买方没有按规定发出瑕疵通知,或者错过了他可以提出违约请求权的期限,那么对该问题的回答也应当是否定的。[10a] 如果与合同约定不符的货物已交付给买方,那么有充分的理由认为,他因此有权向卖方主张的请求权应以他及时通知卖方货物存在缺陷或遵守了规定的索赔期限为条件。仅仅因为买方在订立合同时假定卖方将正确履行合同,即按照合同约定交付货物——事后被证明是错误的——就免除这些要求是没有理由的。

因此在德国和意大利,判例认为,如果买方误以为买卖物具有某种品质,而这种品质的缺失导致买卖物与合同约定不符,并因此产生违约请求权时,则因对买卖物品质的错误而导致的买卖合同的撤销被排除。[11] 在
224 英国,上诉法院在新近的一项判决中毫不含糊地指出,土地的买方如果根据达成的协议承担了土地具有某种特定缺陷的风险,那么他就不能通过

---

〔9〕 关于比较法上的详细介绍,参见 F. Ranieri, Europäisches Obligationenrecht (3.Aufl. 2009) 953 ff.。

〔10〕 对此还可参见脚注 55 的内容。

〔10a〕《葡萄牙民法典》第 917 条就明确规定如此。也可以对《荷兰民法典》第 7:23 条作同样的理解。因为其规定,如果买方没有在规定的期限内对买卖物的违约提出申诉,"便不得援引已交付的货物与合同约定不符这一理由"。《国际商事合同通则》第 3.2.4 条规定:"如果一方当事人所依赖的情况,存在或本来就存在基于不履行的救济,则该方当事人无权以错误为由宣告合同无效。"但《欧洲合同法原则》第 4:119 条,《(欧洲私法)共同参考框架草案》第 II.-7:216 条,《欧洲共同买卖法》第 57 条的规定不同。

〔11〕 BGH 14.Dez.1960, BGHZ 34, 32 (现行判例); Cass. 14.Okt. 1960 n. 2737, Foro it. 1960, 1914。相反,如果买卖物符合合同规定,但不具备买方可以期待的另一种品质,买方也可以错误为由撤销合同,参见 BGH 26.Okt. 1978, NJW 1979, 160; BGH 9.Okt. 1980, BGHZ 78, 216, 218。这并不能令人信服。如果卖方交付的货物符合合同规定,具有合同明确约定的品质并适合"合同要求的用途"(《德国民法典》第 459 条),他就履行了自己的义务。货物仍然不符合买方预期的风险必须由买方承担,因为正是他知道这些特别的期望并能够而且必须将其作为合同的内容。

援引错误(英:mistake)终止合同。[12] 在法国,尽管允许买方以错误为由撤销买卖合同,但法国最高法院在一些判决中要求买方必须"在短时间内(法:dans un bref délai)"主张买卖合同无效,该期限与他在根据《法国民法典》第1648条因"隐藏缺陷"(法:vice caché)而主张买卖法上的请求权时必须遵守的期限相一致。[13] 但是,法国的判例并不一致。在一些判决中,尽管有缺陷的二手车的买方错过了主张瑕疵请求权所必须遵守的"最短期限",但法国最高法院仍然允许其以错误为由撤销合同。[14] 之后,它又改变了自己的立场,即买方在错过"最短期限"后便不得再以错误(但可以以欺诈)为由解除合同。[15] 瑞士联邦最高法院允许一个因错过《瑞士债法》第210条所规定期限而失去买卖法上之请求权的买方以其关于买卖物品质的错误为由而解除合同,因为"一般买卖合同的含义和功能已经随着技术发展和批量合同(德:Massenvertrag)的普遍趋势而发生了变化,这就是为什么买方在无法获得心仪商品时成为比以往更值得保护的一方的原因"。[16] 毫无疑问,这一论证与该案的实际情况并不相符,因为该判决涉及一幅昂贵画作的买卖,这肯定不是一种"批量合同",也不涉及法律制度必须特别注意保护的买方类型。此外还可以提出这样的异议:如果人们认为根据买卖法主张请求权的期限应当延长——这当然有很好的理由——那么,这个问题就应该在它出现的地方,即买卖法中解决,而不是让关于以错误为由撤销合同的规则成为权宜之计。

此处讨论的问题在涉及由在不同国家设有分支机构的当事人缔结的

---

[12] William Sindall Plc v. Cambridgeshire County Council [1994] 1 W.L.R. 1016, 1034 f. (Hoffmann, L.J.).

[13] Civ. 1. Juli 1960, Bull. cass. 1960.I. no. 408; Civ. 11. Feb. 1981, J.C.P. 1982. II.19758 mit Anm. Ghestin。

[14] Civ. 18. Mai 1988, D. 1989, 450; Civ. 28. Juni 1988, Bull. cass. 1989. I. no. 268。

[15] Civ. 14.Mai 1996, D. 1998, 305 mit Anm. Jault-Seseke; vgl. dazu Terré/Simler/Lequette no. 255 und Ranieri (前注9) 356 ff.。

[16] BG 7.Juni 1988, BGE 114 II 131, 138(现行判例)。瑞士学说主要对这一判例进行批评;例如,参见 H. Merz ZBJV 1990, 256。奥地利判例在买卖法上的请求权之外也赋予买方以对买卖物的品质发生错误为由撤销合同的权利,例如,参见 OGH 26. April 1966, ÖJZ 1966, 461; OGH 30. April 1975, SZ 48 Nr. 56; OGH 13. Jan. 1982, SZ 55 Nr. 2。

买卖合同时显得特别重要,因此,一般必须根据《联合国国际货物销售合同公约》的规定进行处理。根据《联合国国际货物销售合同公约》的规定,被交付了与合同约定不符的货物的买方有权主张第45条以下条款规定的补救措施。他是否也可以以对货物品质的错误为由撤销买卖合同,并以这种方式实现购买价款的返还呢?对这一问题的回答通常是否定的,因为就买方在被交付有缺陷的货物时的权利而言,公约的规则被设计为一种具有终局性的特殊法。[17]

2. 因不履行合同而产生的其他请求权

在其他情况下,有关违约责任的规则也应当比因错误而撤销合同的规则优先适用。例如,这适用于卖方未将所售货物的无抵押所有权让与买方的情况,因为这些货物不属于卖方或者负担有第三人的权利;在这种情况下,买方有权主张违约请求权,因此也有权解除合同;相反,他不能声称他错误地认为卖方是所有人或者错误地认为货物是没有被抵押的,并因此以错误为由撤销合同。如果租赁的公寓或者经营者生产的商品不符合合同约定,也必须如此适用法律。

当风险已经发生,而根据合同约定,该风险应由主张请求权的一方承担,从而导致无法成功行使合同请求权时,也会出现这个问题。一项英国判决[18]涉及这样一个案件,在该案中,原告为了让客户有利可图,以大约100万英镑的价格从客户那里购买了4台机床,并根据租赁使用合同(售后回租协议,英:sale and leaseback agreement)立即将其回租给客户使用。被告为客户在租赁合同中产生的所有债务向原告提供了担保。但后来发现,这些机床根本不存在,客户实际上是一个骗子。针对担保引发的诉

---

〔17〕 So *I. Schwenzer* in P. Schlechtriem/I. Schwenzer (Hrsg.), Kommentar zum Einheitlichen UN-Kaufrecht (6. Aufl. 2013) Art. 39 Rn. 30; *P. Schlechtriem/U. Schroeter*, Internationales UN-Kaufrecht (5. Aufl. 2013) Rn. 169 ff.; *P. Huber*, UN-Kaufrecht und Irrtumsanfechtung, ZEuP 1994, 585.以下理由支持这一观点;关于因错误而撤销合同的规则尚未被《联合国国际货物销售合同公约》所统一。因此,它们必须根据争议所在地法院的国际私法从适用于买卖合同的法律中获取。这将在一个重要方面违反公约的宗旨,即国际货物销售合同所适用法律的统一。

〔18〕 Associated Japanese Bank (International) Ltd. v. Crédit du Nord S.A. [1988] 3 All E. R. 902.

讼,被告辩称,担保合同——正确的解释——只规定了他在机器存在的情况下的赔偿义务(德:Einstandspflicht),而且合同是因**错误**而无效的。在斯泰恩(Steyn)法官看来,被告在担保合同中向原告承诺的内容具有优先性:

> 从逻辑上讲,在转向有关错误的规则之前……必须首先确定合同本身是否通过明示或默示的条款或其他方式规定谁承担与错误相关的风险。正是在这一点上,许多关于错误的请求要么失败,要么被证明是不必要的。只有当合同对这一点保持沉默时,才有援引错误的空间。[19]

在本案中,法官的结论是,租赁物品不存在的风险应由原告承担,而不是根据担保合同由被告来承担。因此该诉讼被驳回。在论述中——虽然值得一读,但严格来说只是附带意见(拉:obiter dicta)——法官进一步认为,担保合同也因**错误**而无效。

在备受讨论的 McRae v. Commonwealth Disposals Commission 一案[20]的判决中,法院也有类似考虑。被告将一艘失事的油轮卖给了原告———一家打捞公司,并声称该油轮搁浅在珊瑚海"Samarai 以北约 100 英里处的 Jourmand 礁"。但事实上,根本不存在所谓的残骸。在该案中,被告也以双方对油轮的存在发生错误而导致合同无效为由为自己辩护,而法院在该案中不允许其援引该理由。法院认为合同是有效的,并——以补充解释的方式——将其解释为:被告默示地保证了残骸存在于指定地点,因此需要向原告赔偿其为装备打捞队所支出的费用。被告不能援引错误,因为他对错误的发生有过错。

三、因错误而撤销合同的构成要件

(一)历史沿革

从历史上来看,对错误最古老的区分是将其分为显著和不显著的错

---

[19] 出处同上,S. 912。
[20] (1951) 84 C.L.R. 377.虽然该判决是由澳大利亚高等法院作出的,但其基础是英国法。

误,这种区分是以错误产生的基础为依据的。它是从罗马法学家认为当事人之间在合同的关键点上缺乏一致同意,因而没有缔结有效合同的情形发展而来的。这方面的一个例子是,在一份土地买卖合同中,卖方想要出售的是这一块土地,而买方以为是另一块土地。在这种情况下,买卖双方没有就购买对象的一致性达成真正的协议;因此,合同——如后来所说——因标的物错误(拉:error in corpore)而无效。如果一个人收到了 A 发放的贷款,但认为 B 才是他的贷款债权人,那么其与 A 的贷款合同因为当事人错误(拉:error in persona)而没有成立。行为性质错误(拉:error in negotio)是指当事人对所达成交易的性质发生了错误认识,例如,他收到了另一个人的一笔款项,认为这是一笔贷款,而根据付款人的意图,他实际上应当只能保管这笔款项。最后是质性错误(拉:error in substantia):这种情况是指双方就哪件物品应当被出售达成了一致,但买方以为这件物品是一个金戒指或一桶酒,而实际上那是一个银戒指或一桶油。只要买卖物的制作材料与买方的设想完全不同,人们就一直认为合同是无效的。然而,罗马法学家已经对这一点产生了疑问,即如果从买方的角度来看,虽然交付的是约定物品,但质量较差,比如,出售的金戒指只是镀金或出售的酒已变酸,那么该规则是否仍然可以适用呢?[21]

  这些罗马法所流传下来的错误类型,被反复讨论了几个世纪,在许多今天仍然适用的民法典中依然被提及。当然,这么做往往只是出于对古老传统的敬畏,而且也只是因为想列举一些构成撤销的"重大"错误的例子。例如,根据《瑞士债法》第 24 条第 1 项和第 2 项,如果"发生错误的一方当事人意图订立的合同与其表示同意的合同不一致"(拉:error in negotio),或者"发生错误的当事人对其他标的物或其他人作出了意思表示"(拉:error in corpore und in persona),则发生的错误是"重大的"。[22] 但自

---

  [21] 对此参见 Zimmermann 587 ff., W. Ernst, Irrtum, Ein Streifzug durch die Dogmengeschichte, in R. Zimmermann (Hg.), Störungen der Willensbildung bei Verragsschluss (2007) 1。
  [22] 并参见《法国民法典》第 1110 条(现《法国民法典》第 1132 条及以下)、《意大利民法典》第 1428 条、《希腊民法典》第 142 条、《西班牙民法典》第 1266 条、《葡萄牙民法典》第 251 条。

然法学派已经对这种流传下来的错误分类持怀疑态度,并试图用一个一般公式对错误进行描述。[23] 特别是,他们已经对合同一方当事人想要表示的意思与他实际上对另一方当事人所作出的意思表示进行了区分。这种区分为如下观点的发展奠定了基础:与罗马法不同,合同另一方当事人的利益也应得到考虑,他们对意思表示的信赖也应得到保护。从该观点中应该得出何种具体结论,这在自然法学派内部也有争议。但人们在他们中间首先发现了这样一种观点,即合同一方当事人只有在特殊情况下才需要接受错误一方提出的合同无效异议,例如,当他对错误一方之意思表示的信赖不值得法律保护时。他们还建议给予错误方的缔约伙伴以损害赔偿请求权。最终,他们发展出了这样的观点:即错误不会自动导致合同无效,只有当受到错误影响的人提出异议时,合同的无效才会发生。

(二)关于物之特性或人之身份的错误

从罗马法这一源头发展出来的对错误的分类已经过时,并且对于重大和非重大错误的有效区分无甚助益。然而,大多数欧陆国家的民法典还是受到了罗马法传统的强烈影响,这些法典中都包含了对质性错误和当事人错误的特别规定。这些规定值得关注,因为按照判例对它们的解释,它们仍然涵盖了今天绝大多数的错误类型。

1. 概述

根据《法国民法典》第 1110 条(现《法国民法典》第 1132 条以下),如果一个错误涉及标的物的本质,则该错误是重大的。但法国判例很快就推翻了这一条款过于狭窄的措辞,并在很长一段时间内允许将不涉及"物的质量品质"的错误作为"标的物的本质"错误。* 由此,法国法就接受了被其他欧洲大陆国家法律制度以几乎相同的条款所规定的内容。例如,根据《德国民法典》第 119 条第 2 款,"关于物之性质的错误,交易上认为重要者"或

---

[23] 对此并参见 Zimmermann 612 ff., Ernst (前注 21) 25 ff.。

* 现《法国民法典》第 1132 条和第 1133 条接受并在实质上扩张了这种进路。根据现《法国民法典》第 1132 条,如果错误涉及到了合同标的物或缔约人的"基本特质",则合同无效。——译者注

者根据《奥地利普通民法典》第871条,"关于主物或主物重要性质的错误",有权撤销。[24] 因此,如果出售给买方的建筑用地被证明不能建造房屋[25]或不具备合同中约定的面积[26],他可以以错误为由撤销合同。同样地,如果出售的画作不是由卖方所承诺的作者所作[27],或者如果作为真品出售的珍珠是养殖珍珠[28],或者与买方的期望相反,大部分股份被出售的公司完全无法继续其业务运营,也会得出相同的裁判结果。[29]

在上述所有这些情况中,所涉及的都是买方的错误。[30] 但卖方也可以援引品质错误的规定,例如,如果他以很低的价格出售了一幅画作,但后来发现其出自著名大师之手。[31] 如果继承人错误地认为遗产会因放弃继承权而落入他人之手,那么他也享有以错误为由提出撤销的权

[24] 并参见《希腊民法典》第142条,《意大利民法典》第1429条第2项和《西班牙民法典》第1266条第1款中关于性质错误的规定。

[25] Civ. 2. März 1964, Bull.cass. 1964.I. no. 122; BG 7. Juli 1970, BGE 96 II 101, 103.

[26] OGH 2. Nov. 1955, JBl. 1956, 365; Civ. 15. Dez. 1981, D. S. 1982 I.R. 164.

[27] Vgl. Civ. 16. Dez. 1964, Bull.cass. 1964.I. no. 575; Civ. 20. Okt. 1970, J.C.P. 1971. II. 16916 mit Anm. *Ghestin*; BG 7.Juni 1988 (oben N. 16).

[28] Req. 5.Nov. 1929, S. 1930.1.180.

[29] Com. 7. Feb. 1995, D. 1996, 50 mit Anm. *Blasselle* .对此详见 *Terré/ Simler/Lequette* no. 216 中所引用的众多法国判例。

[30] 因此,买方有可能(而且根据本书的观点也有必要)通过主张卖方交付的货物不符合合同约定的品质,以违约为由解除买卖合同;参见第222页及以下。

[31] 参见 RG 22. Feb. 1929, RGZ 124, 115, 120; BGH 8. Juni 1988, NJW 1988, 2597, 2599; Civ. 24. Jan. 1979, Bull.cass. 1979.I. no. 34 以及在 *Capitant (-Terré/Lequette)*, Les grands arrêts de la jurisprudence civile (10.Aufl. 1994) 351 ff.中引用和讨论的著名的"普桑案"(法:affaire du Poussin)中的一系列判决,特别是 Civ. 22. Feb. 1978, D. 1978, 601 mit Anm. *P. Malinvaud* und Civ. 13.Dez. 1983, D. 1984, 340 mit Anm. *J.-L. Aubert* . Ebenso Civ. 17. Sept. 2003, Bull. cass. 2003. I. no. 183:一幅在拍卖目录中被描述为出自"尼古拉·普桑画派"的画作在1985年以160万法郎的价格售出。九年后,在研究了关于普桑的出版物后,卖家得出结论——之后也得到了专家的确认——这幅画是普桑本人的作品,因此价值在4500万至6000万法郎之间。其要求解除买卖合同的诉求得到法院的准许。诚然,卖方对销售对象的真实价值发生了错误,但是否仅以此为由就撤销买卖合同,这一点是非常值得怀疑的。H. Fleischer, Zum Verkäuferirrtum über werterhöhende Eigenschaften im Spiegel der Rspr., in: R. Zimmermann (Hrsg.), Störungen der Willensbildung bei Vertragsschluss (2007) 35 彻底否定了这一问题。特别是对那些来源或年代不明的物品的买卖合同,人们往往认为他们是"风险交易",其结果是,如果物品的价值高于假设的价值,买方没有权利以错误为由撤销合同;如果价值较低,买方也同样没有权利撤销合同(对此参见第236页)。特别是当买方努力澄清所购物品的真实品质的情况下,卖方的撤销权显得尤为格格不入。在这种情况下,撤销合同是对那些"知道(转下页)

利[32];同样地,如果投保人于10月15日解除了保险合同,使合同解除自10月1日生效,但他并不知道他将因此失去对10月9日发生的、而他在数月之后才知道的事故的索赔权时,那么投保人也可以以错误为由提出撤销。[33]

这些案例可能会让人产生这样的印象,即任何错误都会使当事人有权撤销合同,除非发生的错误完全微不足道。但这种印象并不正确。判例发展出了限制以品质为由撤销合同的规则,从而兼顾合同另一方当事人的利益。接下来将就此展开讨论。

2. 错误之因果关系

普遍承认的是,只有当错误是发生错误一方作出意思表示的"主要和决定性因素"[34],或者发生错误一方在"了解事实并对案件进行合理评估

(接上页)如何发现高质量作品"的人的惩罚,"而其他人却没有发现任何东西,这是对智力努力和品位的打击"(Terré/Simler/Lequette no. 218)。参见著名的荷兰最高法院(Hoge Rad)之康塔罗斯(Kantharos)判决(19. Juni 1959, Ned. Jur. 1960 Nr. 59):本案中涉及的是1943年在马斯河疏浚工作中发现的一个金属杯,发现者将此杯卖给了一个亲戚。其女性继承人向两位专家咨询了这只杯子的来源,两位专家的结论是,尽管其是由纯银制成的,但没有什么特别的历史或艺术价值。两位专家中的其中一位是对艺术史感兴趣的金匠,他以125荷兰盾的价格从这位女继承人的手中买下了这个杯子。当然,身世的澄清并没有为其带来安宁。经过艰苦和耗时的研究,并在征求其他专家的鉴定意见后,最终确定这是一个公元二世纪的康塔罗斯杯,具有不可估量的价值。女继承人要求返还杯子的诉讼被驳回,因为法院无法发现买方有任何欺诈或过错行为,也认为不符合因错误撤销的构成要件。该判决在结果上是完全正确的。这是因为人们普遍关心可能具有较高艺术历史价值的物品来源的澄清。如果买方调查成功的情况下必须将物品返还给卖方,那么买方就没有任何动力去做必要的努力来澄清物品的来源。出于这个原因,法国法院在一个类似的案件中尽管准许了一幅画作的卖方提出的撤销合同的诉请,但其提到买方在调查中充当了卖方的"无因管理人"(德:Geschäftsführer ohne Auftrag, 拉:negotiorum gestor),因此可以要求卖方赔偿他为澄清画作作者身份而产生的费用。当然,法院应该驳回诉讼,因为买方所付出的努力是无法通过费用补偿请求权得到充分补偿的。关于1985年3月6日这份(未公开的)判决参见 Ghestin no. 641。并参见 Civ. 25. Mai 1992, J.C.P. 1992. IV. 2129:一个人以5.5万法郎的价格购买了一幅据称是画家弗拉戈纳尔的画作,在他进行修复工作时发现是弗拉戈纳尔的真迹之后,他将该画作以515万法郎的价格卖给了卢浮宫,尽管他不得不接受卖方以错误为由提出的撤销,但可以从不当得利的角度要求后者赔偿150万法郎的费用(!)。

[32] Civ. 15. Juni 1960, J.C.P. 1961.II.12274; 类似判决:OLG Hamm 27. Nov. 1965, NJW 1966, 1080。

[33] Civ. 25. Feb. 1986, Bull.cass. 1986.I. no. 40。

[34] Req. 17. Juni 1946, Gaz. Pal. 1946.2.204;并参见 Ghestin 498; Starck/Roland/ Boyer no. 406 ff.以及详见 Vivien, De l'erreur déterminante et substantielle, Rev. trim.civ. 91 (1992) 305, 都附有其他来自判例的资料。

的情况下"(《德国民法典》第119条第2款)不会作出意思表示时,才有权撤销合同。[35] 这种限制是必要的,因为必须防止有人以一个实质上的非重大错误为借口来推翻一个他出于其他原因而感到不满意的合同。

因此,必须回答的问题是,一个理性的人——人们可以认为他"没有顽固不化、主观臆断和愚昧的观点"[36]——在知道真实情况后是否也不会缔结合同。因此,购买并收到德拉克洛瓦(Delacroix)画作的人不会以他错误地认为该画作在艺术家生前曾被挂在其卧室的墙上为由而撤销合同。[37] 如果发动机的排量比合同约定的略大,但车辆在这种状态下仍可作为赛车使用,那么赛车的购买者也不能援引这种错误。[38] 如果卖方将一幅画当作画家杜文内克(Duveneck)的作品出售,但在发现这幅画实际上是画家莱布尔(Leibl)的作品后要求撤销买卖合同的案件中,情况则不同。尽管两位画家的作品价格都十分昂贵,卖方并没有因为其错误而遭受任何经济损失,但他还是被允许以错误为由撤销合同,因为作为慕尼黑的居民,他对慕尼黑画家莱布尔特别重视,这一点并非不可理解。[39]

3. 动机错误(德:Motivirrtum)

在一些欧洲大陆的法律制度中,人们可以在学说、有时也可以在法律规定中找到这样一项原则,即仅仅是因为"动机错误"则不得撤销合同。[40] 这一原则来自萨维尼(Savigny)的权威理论。他教导说,必须将

---

[35] 并参见《荷兰民法典》第6:228条。类似表述亦见之于《欧洲合同法原则》第4:103条第1款b项和《欧洲商事合同通则》第3.2.2条。另外,根据《欧洲共同买卖法》第48条第1款a项的规定,一方当事人以错误为由撤销合同的权利也取决于他"如果不是因为该错误,就不会签订合同;或者如果对方当事人知道或者能够意识到这一点时,就会按照完全不同的条款缔结合同"。对此参见 S.Martens, Die Regelung der Willensmängel im Vorschlag für eine VO über ein gemeinsames Europäisches Kaufrecht, AcP 211 (2011) 845, 854 f.; D. Looschelders, Das allgemeine Vertragsrecht des CESL, AcP 212 (2012) 581, 618 ff.,两者都有丰富的引证资料。

[36] RG 22. Dez. 1905, RGZ 62, 201, 206.
[37] 参见 Trib.civ. Seine 8. Dez. 1950, D. 1951, 50。
[38] Civ. 3. Okt. 1979, D.S. 1980, 28.
[39] BGH 8.Juni 1988 (前注31) 2599.
[40] 参见《瑞士债法》第24条第2款,《奥地利普通民法典》第901条第2款,《希腊民法典》第143条。(现《法国民法典》第1135条规定:对合同本质性质的简单的、奇特的动机,并不影响合同的效力,除非当事人明确将其视为同意的决定性因素。——译者注)

一方当事人形成缔结合同意思的阶段与随后将意思转化为表示的阶段区分开来:如果错误发生在意思形成的阶段,那就是与法律无关的动机错误。相反,当一个人对其(无误形成的)意思没有作出正确表达时,他有权撤销。[41]

当然,萨维尼学说的回响只能在《德国民法典》第 119 条第 1 款中找到。[42] 但另一方面难以否认的是,实践中关于物之品质和人之身份的错误(《德国民法典》第 119 条第 2 款)构成了一种特别重要的错误,这通常已经影响到了意思形成本身——而不仅仅是由此形成的表示——因此应当被视为"动机错误"。然而,萨维尼所强调的纯粹动机错误之无关性原则的核心要义在法律政策方面是正确的。导致当事人缔结合同的"动机"往往包括他们希望通过合同实现的期望、假设、意图或计划,但这些内容要么不为缔约相对人所知,要么不会引起他的兴趣。在合同一方当事人误判了自己的期望或者作了不正确假设的情况下,如果他能因此而质疑合同的有效性,那将是致命的。因此,如果婚礼被取消,任何购买了结婚礼物的人都不得撤销合同。同样地,如果一个官员认为板上钉钉的调任最终没有成功,他也不能以错误为由撤销拟调任地的房屋租赁合同。如果某物的所有权人签订了一份覆盖物品损害风险的保险合同,并且他认为用益物权人将支付保险费或者对损失进行补偿,如果这个设想是基于一个错误,他不能撤销合同,因为"诱使合同一方当事人为有价值的对价进行交易的真实或虚假动机……与交易的有效性无关"。[43] 如果广告

---

[41] 详见"萨维尼错误理论"的同名论文: Luig, Ius commune 8 (1979) 36, W. Flume, Allgemeiner Teil des Bürgerlichen Rechts II (2.Aufl. 1975) § 22, 2; Ernst (前注 21) 23 ff.。

[42] 根据该规定,如果作出表示的人"根本无意"表达这一内容,例如,他在作出表示时说错或写错(表示错误,德: Erklärungsirrtum),则他可以撤销该表示。根据《德国民法典》第 119 条第 1 款的规定,如果一个人尽管说了或写了他想要表达的内容,但他对内容的理解与对方赋予该内容的意思不同时,他也有权撤销(内容错误,德: Inhaltsirrtum)。可以说,在这两种情况下存在萨维尼所说的意思与表示之间的矛盾,因此,撤销是合理的。下文将不再特别讨论《德国民法典》第 119 条第 1 款意义上的"表示错误"和"内容错误",因为它们的实践意义相对较小,对其他法律制度来说也非常陌生,而且允许因错误而撤销的限制性条件也对其适用。《欧洲合同法原则》第 4:104 条,《欧洲商事合同通则》第 3.2.3 条,《欧洲共同买卖法》第 48 条第 3 款亦同,对此的批评性意见: Ernst (前注 21) 31 ff., Martens (前注 35) 857 f.。

[43] Civ. 3. Aug. 1942, D.A. 1943, 18.

没有取得客户所希望的成功效果,也不能撤销广告制作合同[44];如果买方的期望——认为他可以从收入中扣除装修不动产的费用,从而获得税收优惠——落空,他也不能以错误为由撤销买卖不动产的合同。[45]

如果合同含有一项明确的协议,其规定合同一方当事人受合同约束的条件是其与合同相关的期望或希望能够实现,情况则会有所不同。这样的协议不一定必须要明确作出,也可以通过对合同的(补充)解释得出。[46] 如果当事人的期望或想法以可识别的方式进入了合同,或者如果它们——根据法国常用的表达方式——"已经进入合同场域"(法:sont entrées dans le champ contractuel),允许他在这种情况下以错误为由撤销合同,也可以达到同样的结果。这对身份错误(德:Eigenschaftsirrtum)来说则意味着,如果缔结合同的"动机"是一方当事人期望合同涉及的对象(或与他签订合同的人)具有某种身份,那么,如果这种期望落空,则只有当该对象或该人在预期的身份方面"与合同不符"[47],或者——根据盖斯旦的观点——预期但实际不具备的身份是"约定身份"的情况下,他才能以错误为由解除合同。[48] *

因此,如果某人委托一个承包商进行建筑工程,但后来发现该承包商没有在手工业行业目录上登记,因此是以"黑工工人"(德:Schwartzarbeiter)的身份提供服务的,那么他就不能以对此承包商的身份认识有误为由

---

〔44〕 Civ. 16. Mai 1939, S. 1939.1.260.

〔45〕 Civ. 13. Feb. 2001, Bull. cass. 2001. I. no. 31. 即使卖方知道买方的期望,该规则也适用;只有合同双方明确将实现税收优惠作为合同基础时,情况才会有所不同:"在没有明确规定将这一理由作为合同条款而写入合同的情况下,未能满足有关理由不能导致合同的废止"。

〔46〕 对此参见第 146 页及以下。

〔47〕 *Flume* (前注 41) 477 f.尤其如此认为。他被当今德国的主流观点所追随;参见下文脚注 49 所引用的判例。

〔48〕 参见 *Ghestin* no. 526:"只有当真实对象与其合同定义之间的分析存在分歧时,该错误才能成为解除合同的正当理由。它必须与一个明示或默示的品质有关。"并参见 *Ghestin* in Anm. zu Com. 20. Okt. 1970, J.C.P. 1971.II.16916 und zu Com. 4. Juli 1973, D. 1974, 538. 另参见 *Malinvaud*, De l' erreur sur la substance, D. 1972 Chron. 215, 216; *Vivien* (前注 34) 332 f.; *Terré/Simler/Lequette* no. 217。

* 现《法国民法典》第 1133 条第 1 款规定,给付的根本品质是指已经被缔约各方在合同中明示或默示合意的或在缔约过程中考虑过的品质。——译者注

解除合同。但是,如果委托人在合同谈判过程中表达了他对这种身份的重视,而且对方当事人也对此表示同意,那么情况就不同了:

> 如果身份错误的概念……不至于造成无法容忍的法律不确定性,那么,只有在表意人以某种可识别的方式将其作为合同基础的情况下,才可将此人的这些身份作为合同的关键因素加以考量,而无须实际将其作为表示的内容。[49]

法国最高法院在一个案件中也作出了类似的判决,在这个案件中,一家有限责任公司的总经理为公司的债务提供了担保,后来被债权人要求对其离开总经理职位后债权人取得的对公司的债权也应承担责任。法国最高法院认为,担保人只对其作为总经理活动期间产生的债权负责的假设可能是他缔结担保合同的"决定性因素"之一。但这些动机因为"没有被引入合同场域"而无关紧要,因此不得撤销。[50]

4. 对物之价值的错误

人们也一直认为,如果合同一方当事人只是因为对作为合同标的物的物品的价值产生了错误,也不能撤销合同。但是,这只适用于关于价值本身的错误,反之,如果错误与物品的特性有关,而这些特性对物品的价值具有重要意义时,这一点则不适用。[51] * 关于对价值本身错误的无关性,通常是基于这样的考虑,即商品或服务的价格不是固定不变的,而是随着供求关系不断变化的。因此,如果卖方收到的报价高于市场价格,那么他可以相信买方的报价不是基于错误,而是基于对市场状况的评估发生的改变。但最好的论证理由是,合同每一方当事人必须自己承担对其

---

[49] BGH 22. Sept. 1983, BGHZ 88, 240, 246. Ebenso BGH 18. Dez. 1954, BGHZ 16, 54, 57 f.(关于物之品质的错误)。

[50] Com. 6. Dez. 1988, D.S. 1988, 185 mit Anm. *Aynès*.并参见 Paris 15.Nov. 1990, D. 1991. Somm. 160;雕像的卖方不得撤销合同,因为双方没有把雕像的确切来源作为合同的"约定品质",或者因为卖方在签订合同前因疏忽没有询问雕像的来源,而他需要对自己的错误承担过错,因此无权提出撤销(对此另参见第 237 页。)。

[51] BGH 18. Dez. 1954 (前注 49) 57; BGH 14. Dez. 1960 (前注 11) 41。

* 现《法国民法典》第 1136 条明确规定,只是一方当事人基于不准确的经济评估而对给付价值发生的错误,不是合同无效的原因。——译者注

根据合同应当提供或希望获得的给付的错误定价的风险,如果一方当事人只是因为后来发现买得"太贵"或卖得"太便宜"就可以宣布合同终结,那么商业交易的安全性将被破坏。因此,德国联邦最高法院正确地驳回了一个医生撤销合同的诉讼,因为他购买的昂贵的医疗设备在技术上是合格的,只是无法提供他所希望的用途。法院对此的解释是,物品的价值,也就是其"经济上的使用可能性"(德:wirtschaftliche Verwertungsmöglichkeit),并不是《德国民法典》第 119 条第 2 款意义上的对交易具有重要性的特性。[52] 但真正的原因可能是,对所购物品"经济上的使用可能性"的不正确评估是典型的买方风险。

如果人们以这种方式关注风险的适当分配,那么关于价值本身的错误和关于(对价值至关重要的)特征的错误之间的区别也会被动摇。假设有人购买了一家公司的股票:是否应当区分他对股票价值本身产生的错误与他对借助于这些股票获得的对公司控制性影响所产生的错误呢?[53]

人们一致认为,如果买方对房屋的价值判断有误的话,就不能对房屋的买卖合同提出撤销。如果买方之所以误判了房屋的价值,是因为他误以为房屋附近很快会修建一条干道或一个地铁站,这是否应该有所不同呢? 买方在这种情况下能否撤销合同,不应当取决于其错误是与房屋本身的价值有关或与房屋的某一特性,即其交易关联性(德:Verkehrsanbindung)有关;也不应当取决于该特性是否"在交易中被视为重要"(德:im Verkehr als wesentlich)或构成"实质性品质"(法:qualité substantielle)。相反,起决定作用的应当是,发生的错误是否落入买方的风险范围。这个问题必须得到肯定回答。因为只有买方知道他对所购房屋的期待是什么,以及他想用它实现什么计划。因此,他应当检查其期望所依赖的情况是否存在或将来是否会发生。如果获取必要信息对他来说不可能、太难、太费时或花费巨大,那么他必须让卖方给他适当的保证,或确保对他来说

---

[52] BGH 18.Dez. 1954 (前注 49)。

[53] 参见 Com. 26.März 1974, Bull.cass. 1974.IV. no. 108 和 *Ghestin* no. 512; *Mestre* Rev. trim.civ. 86 (1987) 741 ff.; *Terré/Simler/Lequette* no. 220。

至关重要的特性作为"约定品质"(法:qualités convenues)被列入合同。如果他没有这么做,就只能无功而返了。

5. 风险交易

在某些情况下,交易的风险特征非常明显。那么显然,合同当事人在这种情况下就不能通过以错误为由提出撤销的方式来规避他承担风险的后果:"风险排除了错误的无效性。"[54]* 这种风险的承担可以通过明确的协议进行。例如,如果卖方规定他不对销售对象的缺陷负责,那么如果该物品有缺陷,买方既不能以违约也不能以他错误地认为销售对象没有缺陷为由撤销合同。[55] 如果可以从具体情况中推断出交易具有风险特征(德:Risikocharakter),判例也会如此作出判决。例如,在某人承担他人债务的情况下:无论是一般保证人(德:Bürge)[56]还是质权设定人(德:Pfandbesteller)[57],都不能以他们错误地认为债务人偿付能力比实际情况强为自己开脱。特别是在艺术品买卖中,经常会发生这样的交易,即根据当时的情况来看,买方显然已经承担了所售物品为赝品的风险。[58] 新的

---

[54] Mestre(上注)743。另参见 Ghestin no. 529 f.; Larroumet no. 345; Terré/Simler/Lequette no. 217。

* 或者,像现《法国民法典》第1133条第3款规定得那样,对给付品质上设立的射幸予以认可,则排除涉及该品质的错误。——译者注

[55] 参见 BG 13.Juli 1965, BGE 91 II 275, 279(在该案中,撤销合同违背了诚实信用原则);Com. 4. Dez. 1979, Bull.cass. 1979.IV. no. 324(撤销之所以成功,是因为排除责任的条款没有成为合同内容);BGH 15.Jan. 1975, BGHZ 63, 369, 377(如果约定了免责条款,那么一幅赝品画作的买方便不能以错误为由提出撤销,因为这将导致责任排除条款"所追求的风险限制……几乎毫无价值")。

[56] Civ. 11. Feb. 1986, Bull.cass. 1986.I. no. 22;并参见 BGH 2. Dez. 1964, NJW 1965, 438:如果债务人因不可预见的情况破产,担保人不能援引"交易基础丧失",也不能——可以如此作出补充——援引因错误而撤销合同。另一个问题是,担保人是否不能因为另一方缔约当事人未告知他债务人无力偿债的情况而援引合同的无效性。对此参见第十章脚注39。

[57] BG 16.Juli 1982, BGE 108 II 410, 412。

[58] 例如,可参见 Civ. 24.März 1987, D. 1987, 489 mit Anm. *Aubert*(一幅画未被当作弗拉戈纳尔的真迹,而只是作为"被认为是弗拉戈纳尔的作品"被出售);Civ. 31.März 1987, Bull. cass. 1987.I. no. 115[一尊唐代的雕像被当作"修复品"(法:très restaurée)被出售]。对这两个判决,参见 *Mestre*(前注53)。在跳蚤市场或者古籍书店签订的买卖合同对双方当事人来说也是一件风险交易。例如,如果那里出售的旧乐谱被发现可能是莫扎特的作品,卖方不能以错误为由撤销合同;如果后来发现这些乐谱是现代伪造的,因而毫无价值,买方也不能撤销合同。参见 AG Coburg 24.April 1992, NJW 1993, 938 并详见 *Fleischer*(前注31)42—51。

《荷兰民法典》甚至以法律形式承认了在风险交易中排除错误撤销的运用：根据该法第 3:228 条第 2 款，如果错误"根据合同的性质、惯常理解或案件的具体情况，必须由错误方负责"，则撤销权不成立。

6. 对错误负有过错

如果错误涉及产生错误一方在合同谈判期间可以而且应该准确理解的情况，则不能对合同提出撤销。一个人租赁了一片猎场，后来发现猎物比预期要少得多，如果他在签订合同前可以通过实地走访来确定猎物数量，那么便不能以错误为由撤销合同。[59] 这一结论可以从如下几个方面进行论证。人们可以说，根据本案的情况——例如，由于猎场的租金相对较低——承租人所期望的野生动物的数量并没有被双方作为交易的基础——猎场的"约定品质"，因此，本案中发生的是承租人的动机错误（参见第 232 页及以下）。人们也可以说，就现存野生动物的数量而言，猎场租赁合同并没有就此达成约定，这对承租人而言是一种"风险交易"，因此他不享有撤销权（参见第 236 页及以下）。但人们也会有这样的看法，如果撤销所依据的错误是由于发生错误一方自己的过错造成的，那么合同撤销也会被排除。这种做法主要出现在法国、比利时和西班牙的判例中。[60] 其中起决定性作用的是，发生错误一方在签订合同前能否准确了解真实情况，以及如果他没有这么做，其行为是否有别于一个理性的人在相同情况下的行为。当事人的专业知识和商业经验越丰富，就越有可能被认为存在过错；反之，如果发生错误一方在缔结同类交易方面缺乏经验，或者由于其他原因不能知道哪些信息是重要的以及如何获取这些信息，法院就倾向于认为错误是可原谅的。[61]

〔59〕 Amiens 30.Nov. 1954, D.H. 1955, 420. Req. 21.Jan. 1935, S. 1935, 179 亦同（如果承包商发现他需要粉刷的面积比预期的要大得多，则撤销权不成立）。

〔60〕 （根据现《法国民法典》第 1132 条，只有当一方当事人的错误是可谅解的，才可被撤销。——译者注）Civ. 29. Juni 1959, Bull.cass. 1959.I. no. 320; Civ. 2. März 1964, Bull.cass. 1964.I. no. 122; Civ. 9. Okt. 1969, Bull.cass. 1969.III. no. 634 und dazu Terré/Simler/Lequette no. 223; 另参见 Cass. belge 6.Jan. 1944, Pas. 1944.I.133; T.S. 14. Juni 1943, Aranzadi 1943 no. 719; T. S. 16. Dez. 1953, Aranzadi 1953 No. 3514。

〔61〕 对此参见 Ghestin no. 523; Starck/Roland/Boyer no. 438 ff., 都引用了丰富的案例。

根据《瑞士债法》第 26 条,只要发生错误一方能"将其错误归咎于自己的过失",他就有义务赔偿因解除合同而给其缔约对方造成的损失。[62] 瑞士联邦最高法院根据该规定得出结论:尽管发生错误一方的过错产生了责任,但撤销本身并不因此而被排除。[63] 这也是德国法的观点,因为《德国民法典》第 119 条并没有明确将发生错误一方的过错作为排除其撤销权的理由。[64] 但是不能对此照单全收。因为,当德国判例面对有关错误是否仅仅是动机错误还是属于发生错误一方的风险范围的问题时,也可以援引法国判例用于论证错误存在过错的理由。

7. 错误后果豁免的可能

根据一般见解,如果合同当事人在收到发生错误一方因错误而撤销合同的通知时立即表示,愿意免除其错误所造成的不利后果,并允许合同按照发生错误一方在错误没有发生时所缔结的合同那样生效,则撤销权不成立。[65] 但该规则的实践意义显然不是很大。

(三) 被诱发的错误

如果有人在合同谈判时故意作出不实陈述,被误导的人有权以恶意欺诈为由撤销合同(参见第十一章)。然而,即使合同的另一方当事人认为其错误表示是正确的,发生错误一方也不必接受合同。尽管此时其行为并没有欺诈意图,但毕竟是他**诱发**缔约相对人发生了错误——无论是疏忽还是无过错——因此,他对合同的信赖不具有保护价值。

通常,不正确的表示会产生相应的合同约定。如果卖方在与买方的

---

[62] 如果发生错误一方的合同对方知道该错误或由于疏忽而不知道该错误,该规定不适用。根据《希腊民法典》第 145 条第 3 款和《德国民法典》第 122 条,即使不考虑其过错,发生错误一方也应承担损害赔偿责任。

[63] BG 13.Juli 1965, BGE 91 II 275, 280.

[64] RG 22.Dez. 1905, RGZ 66, 201, 205.

[65] 《瑞士债法》第 25 条第 2 款,《意大利民法典》第 1432 条,《荷兰民法典》第 6:230 条,《希腊民法典》第 144 条,《葡萄牙民法典》第 248 条,《欧洲合同法原则》第 4:105 条,《国际商事合同通则》第 3.2.10 条,《(欧洲私法)共同参考框架草案》第 II.-7:203 条也如此规定。德国学说也主张采用相同的解决方案;参见 Flume (前注 41) 421 f.; *C. Armbrüster* in Münchener Kommentar (6.Aufl. 2012) § 119 BGB Rn. 141。

谈判过程中对货物的品质作出(不正确的)表示,并且根据案件的具体情况,这构成了对货物品质存在的保证,则情况尤为如此;在这种情况下,买方有权以违约为由主张请求权。但是,即使不正确的表示没有成为合同约定的内容,如果被其误导的缔约当事人不希望合同生效,表示人也不得提出异议。在这些情况中,英国法允许不正确表示的受领人以**虚假陈述**(英:misrepresentation)为由解除合同,并可以在特定条件下要求损害赔偿。同样的观念在欧洲大陆的许多法律制度中也得到了承认。在这些法律制度中,起决定作用的是不正确的表示引发了对方当事人的错误;因此,他可以撤销合同,只要其错误"是由对方造成的"(《德国民法典》第871条)或者"可归因于对方的一个表示"(《荷兰民法典》第6:228条第1款a项)。[66]

240　　英国判例对此尤其提供了内容丰富的例证材料。它认为,在合同谈判中作出的不正确的(书面或口头)表示,以及任何其他行为——如摇头、举手、皱眉——都具有表示的价值,都属于**虚假陈述**。仅仅是意见或法律观点的表达不属于虚假陈述,通常的商业宣传也不是,一个理性的人不会完全相信这些内容。因此,土地的买方可以信赖卖方作出的当前的承租人是"一个最理想的承租人"的表示;如果该承租人事实上已经拖欠了几

---

〔66〕《波兰民法典》第84条第1款,《匈牙利民法典》第210条第1款亦同。"被诱发的错误"的概念对法国和德国的判例来说是陌生的。然而,符合《法国民法典》第1110条(现《法国民法典》第1132条)或《德国民法典》第119条第2款要求的错误通常是被诱发的错误,这一点无须特别强调。例如,参见 Req. 19.Jan. 1925, S. 1925.1.101。此外,在疏忽导致错误产生的情况下,被误导的一方有时不会被授予以错误为由撤销合同的权利,而是可以根据《法国民法典》第1382条(现《法国民法典》第1240条)或在德国依据缔约过失责任(拉:culpa in contrahendo)请求损害赔偿——这在结果上基本一致。在 BGH 31. Jan. 1962, NJW 1962, 1196一案中,卖方在销售机器的谈判中对买方为安装机器准备的位置进行了测量,然后——后来被证明是错误的——声称,机器适合安装在那里。尽管卖方陈述的内容不能被解释为对机器某种品质的合同保证,但因为卖方有过错地向买方提供了错误建议,因此违反了他在合同谈判期间承担的谨慎义务,他有责任向买方作出损害赔偿,具体到该案是指:解除买方在没有错误建议的情况下就不会签订的买卖合同。并参见 RG 4.Dez. 1920, RGZ 101, 51:原告以一定的价格从被告储蓄银行购买了有价证券,被告声称该价格与当时牌价相符;实际上,当日牌价更低。上诉法院批准了原告的损害赔偿请求,因为被告有过错地向其提供了错误信息。帝国法院认为,《德国民法典》第119条第2款所规定的错误的构成要件已经成就。对此详见 Henrich, Die unbewusste Irreführung, AcP 162 (1963) 88, 92 ff.。

个月的租金,那么这就是一个**虚假陈述**。[67] 相反,如果卖方将一块农业用地描述为"肥沃且可改善的",那就是不具有约束力的广告。[68] 如果他声称可以在这块土地上饲养 2000 只羊,这就需要根据具体情况来判断是否构成**虚假陈述**。倘若卖方自己——如买方所知——并没有在这块土地上养羊,那么他的表示会被一个理性的人理解为仅仅是意见表达,则其表示无论如何也不构成虚假陈述。[69] 如果存在虚假陈述,并且被误导的合同当事人因虚假陈述——如其缔约相对人的意图——(共同)决定缔结合同,则可以向其主张损害赔偿,除非对方能证明自己的行为没有过错,即无过失地相信其提供的(不正确的)信息是正确的。[70] 此外,即使存在**善意的误述**(英:innocent misrepresentation),即另一方当事人无过错地相信其陈述是正确的,被误导的一方也可以解除合同。然而,如果合同的执行对于被误导的一方只构成轻微的不利,而合同的解除对另一方当事人意味着重大损失时,这一惩罚措施可能会过于严厉。因此,如果法院根据案件的具体情况认为合同的执行是合理的,可以要求被误导一方坚守合同,并通过赋予其损害赔偿请求权的方式来解决这一问题。[71]

谈判伙伴的单纯沉默是否也可以被视为虚假陈述或"诱导"错误(德:Veranlassung eines Irrtums),这是一个具有重大实践意义的问题。只有在他有义务主动——也就是说即使没有被询问——披露某些事实或提供某些信息或提示的情况下,才是如此。隐瞒这些事实的人通常是知道这些事实的,因此也就构成恶意欺诈。因此,违反告知义务的问题将在下文第十章第一节第(二)部分中详细讨论。

(四)可识别的错误

在许多法律制度中有这样的观点,即如果合同一方当事人在缔结合

---

[67] Smith v. Land and House Property Corp. (1884) 28 Ch.D. 7.
[68] Dimmock v. Hallett (1866) L.R. 2 Ch.App. 21.
[69] Bissett v. Wilkinson [1927] A.C. 177.
[70] 《英国 1967 年虚假陈述法案》第 2 条第 1 款。
[71] 《英国 1967 年虚假陈述法案》第 2 条第 2 款。对此具体可参见 Treitel (-Peel) no. 361 ff.。

同时知道或可能知道其缔约相对人的错误,那么他对合同成立的信赖就不值得保护。因此,对于合同的可撤销性,《意大利民法典》第 1428 条不仅要求错误"重大",而且要求其对于发生错误一方的缔约对方而言也是"可识别的"。如果根据合同内容、缔结合同的状况以及当事人的立场可以认为一个一般谨慎的人也可以识别这个错误,那么该要求就得到了满足(《意大利民法典》第 1431 条)。根据《奥地利普通民法典》第 871 条,如果一个(重大)错误"从当时的情况来看"对另一方合同当事人来说是"显而易见的",则有权撤销合同。[72] 即使在"可识别的错误"这一概念阙如的法律制度中,人们偶尔也会发现一些提及这一特征的判决。例如,根据瑞士联邦最高法院的观点,对于一个错误是否可以根据《瑞士债法》第 24 条第 1 款第 4 项的规定被视为"重大",还取决于"根据一般的生活经验或根据在事实方面确定的情况,原告是否可以认识到被告赋予了错误决定性的意义,即没有错误就不会缔结合同"。[73]

然而,这一规则的适用必须受到限制。例如,如果卖方在合同谈判的过程中知悉了买方使用或利用买卖标的物的计划,那么不能因为卖方知道不利于买方计划使用或利用的情况就赋予买方解除合同的权利。同样地,如果买方为商品支付了一个高价,因为他误以为对此商品的需求将在未来很长一段时间内大大地超过供给,情况也是如此:在这种情况下,也不能因为卖方更了解市场行情,因此知道商品的供应量——例如,因为预计会丰收或运费即将下降——很快会大幅增加,价格因此很快会大幅下跌,就允许买方撤销合同。尽管在这两个案例中,买方因为买卖标的物无法按照计划使用的风险由其本人承担(第 235 页及以下)或者因为关于买卖标的物价值的错误是一种不重要的动机错误,而不享有撤销权(第 232 页及以下)。但是,如果将错误的可识别性作为依据,则还必须要求知道或能够识别其缔约相对人错误的人不能简单地保持沉默,而是有义务根

---

[72] 类似规定还可以在《瑞典合同法》第 32 条第 1 款、《荷兰民法典》第 6:228 条第 1 款 b 项、《葡萄牙民法典》第 247 条、《匈牙利民法典》第 210 条第 1 款、《波兰民法典》第 84 条第 1 款中找到。

[73] BG 10. Feb. 1987, BGE 113 II 25, 27 f.

据案件的具体情况纠正错误,而他违反了这一义务。[74] 这也再次表明,合同是否可以因为错误被撤销与错误是否为由合同另一方当事人违反告知义务所造成的或——如本案例的情况——没有被纠正的问题密切相关。这一问题将在第257页及以下进一步详细讨论。

(五)共同错误

在许多法律制度中,对于那些存在"共同错误",即双方当事人在缔结合同时都犯了一个相同错误的情况,形成了一个特殊类别。例如,《荷兰民法典》第6:228条第1款c项规定,"如果合同的另一方当事人在缔结合同时的出发点是与发生错误一方相同的错误想法",并且知道,如果发生错误一方对具体情况有正确认识的话就不会缔结合同,那么允许对合同提出撤销。瑞士法也有此类规定:根据《瑞士债法》第24条第1款第4项,如果错误涉及的事实情况"被发生错误一方按照诚实信用原则视为合同的必要基础",那么可以对合同提出撤销。根据判例,这种"基础错误"(德:Grundlagenirrtum)必须是"双方当事人有意或无意的一个共同错误认识,而且从客观上来看,这种错误认识是缔结合同不可或缺的先决条件"。[75] 尽管《德国民法典》未对共同错误作出规定,但如果双方当事人在缔结合同时对某种情况存在共同错误,判例则通过适用"交易基础丧失"的规定填补了这一漏洞。[76] 在英国法中,共同错误(英:common mis-

---

[74] 《荷兰民法典》第6:228条第1款b项即如此明确规定。在OGH 19.Okt. 1978, SZ 51 Nr. 144一案中该要件得以满足:由于疏忽,一个卖家报出的购买价格与商品的市场价格之比为1:140。这是一个疏忽,买方不仅"**显然必须注意到**"(《奥地利普通民法典》第871条),而且根据正当的商业交易规则,他也有义务发现这一疏忽。并参见OGH 7.Dez. 1966, JBl. 1967, 426 mit Anm. Bydlinski。

[75] BG 10. Feb. 1987 (oben N. 73) 27; ebenso BG 25.Okt. 1983, BGE 109 II 319, 322.

[76] 例如,参见BGH 13.Nov. 1975, NJW 1976, 565(关于通过合同转会的持证足球运动员的比赛资格的共同错误);BGH 25. Sept. 1986, NJW 1987, 890(关于不存在有利于第三人的优先购买权的共同错误);BGH 6. Dez. 1989, NJW 1990, 567(关于租赁餐厅可实现的营业额的共同错误)。同时,《德国民法典》第313条第2款明确规定,如果存在双方当事人的共同错误,即"已经成为合同基础的重要认识被证明是错误的",那么《德国民法典》第313条第1款关于交易基础丧失的规定也适用。其中对《德国民法典》的援引意味着,如果从(转下页)

take)是少数几个可以宣告合同无效的错误之一。当然还要求共同错误必须是"根本性的",这仅指这样一种情况,即它所涉及的事态是双方当事人"必须在思想上将其视为标的物的一个基本且不可分割的要素"[77];换句话说,共同错误必须使合同标的物与双方当事人认为存在的标的物之间有本质的和根本的区别"。[78] 这一要件很少被视为成立,特别是当共同错误与一方当事人根据合同承诺的商品或服务的质量有关时。例如,如果双方受到错误认识的影响,认为出售的画作来自某位画家[79]、所出售的天然产品不包含添加物[80]、或所出售的汽车是 1948 年(而不是 1939年)制造的[81],则不存在"根本性的"共同错误。在作为被告的海事打捞企业承诺为在太平洋受损的船舶组织打捞和救援服务的案件中也作出了同样的判决。为了打捞和救援失事船舶,海事打捞企业与受损船舶附近的"太平号"船主签订了一份合同,其中约定,在支付至少 82500 美元后,"太平号"将提供 5 天的援助,即立即改变航线,尽快驶向失事船只,并在受损船舶沉没时接收船员。签订合同时,双方都误认为两艘船舶只相距约 35 海里,因此,"太平号"可以在数小时内抵达受损船舶的所在海域。但很快就发现,这个距离实际上是 415 海里。被告随后雇用了另一艘船,然后告知"太平号"的船主,由于对受损船只的确切位置存在共同过错,与他签订的合同是无效的。上诉法院(Court of Appeal)对此并不认

(接上页)"个案所有情况的考虑,特别是合同的或法定的风险分配"中得出的结论是必须维持合同,那么因这种共同错误而处于不利地位的一方就不能援引交易基础丧失规则(另参见第413页)。其他情况下,当事人可以要求"调整合同",如果不可能或不具有可期待性,则可以退出合同。《欧洲合同法原则》第 4:105 条第 3 款和《(欧洲私法)共同参考框架草案》第 II.-7:203 条第 3 款也允许在存在共同错误的情况下"调整合同"。

[77] Lord Thankerton in Bell v. Lever Brothers Ltd. [1932] A.C. 161, 235.

[78] Lord Steyn in Associated Japanese Bank (International) Ltd. v. Crédit du Nord S.A.(前注 18) 912 f.。

[79] Leaf v. International Galleries [1950] 2 K.B. 86. Vgl. auch Lord Atkin in Bell v. Lever Brothers (oben N. 77.) 224:"A 从 B 那里买了一幅画,二人都认为这是一个古代大师的作品,并支付了高价。结果发现它只是一幅现代的复制品。在没有事实陈述(英:representation)和保证(英:warranty)的情况下,A 无法采取补救措施。"

[80] Harrison and Jones v. Burton and Lancaster [1953] 1 Q.B. 646.

[81] Oscar Chess Ltd. v. Williams [1957] 1 W.L.R. 370.

同。法院不认为这一错误是"根本性的",认定合同有效,并支持船主对约定的最低报酬的索赔。[82]

由此可以看出,在本书此处所关注的案件中,合同解除的条件都被改写成了相似的一般公式,不管其是共同错误(德:gemeinsamer Irrtum,英:common mistake)还是基本错误(德:Grundlagenirrtum)。但必须承认,当法院必须将这些公式应用于实际案件时,往往会得出大相径庭的结果。

(六)一部欧洲错误法?

上述内容表明,为了判断是否可以因错误而宣告合同无效,欧洲法律制度采纳了许多不同且相当混乱的观点。[83] 上述内容还表明,在许多情况下,这些观点之间是可以相互置换的。例如,如果法官认为,尽管合同一方当事人发生了错误,但合同必须被视为有效,他可以通过以下方式来论证这一结果的合理性:将该错误视为过错错误、纯粹的动机错误或对商品价值的错误,或者根据对合同的解释,将该错误归于发生错误一方的风险范围,并因此而否定撤销权。法官选择哪种方式,取决于他所适用的法律制度的传统和惯例,有时可能也是其法律品位问题。

无论如何,从中还是可以看出欧洲法律发展的一些重要的共同基本方针。只有如此,才能解释为什么国际规则中关于以错误为由撤销合同

---

[82] *Great Peace Shipping Ltd. v. Tsavliris Salvage (International) Ltd*. [2003] Q. B. 679. 当然,英国法院的判决并不完全统一。关于**共同错误**(英:common mistake)详见 *Treitel (-Peel)* no. 8-002 ff.; *McKendrick* no. 14.2.

[83] 此外,本书在这里给出的概述也并不完整。例如,在错误"还能及时被澄清"的情况下,奥地利法律也允许提出撤销(《奥地利普通民法典》第871条)。"还能及时"是指合同的另一方当事人必须在作出或不作出信赖合同有效性的处分之前就已经意识到错误,并因此遭受不利。参见,例如,OGH 20. Mai 1953, SZ Nr. 129. 当然尚不明了的是,为什么合同另一方当事人对合同成立的信赖只有在他能证明自己已经作出处置并因此而遭受损害时才值得保护。Ebenso *Kramer* ZEuP 1999, 209, 217 f. und 2007, 247, 256. 另一个问题是,如果在这种情况下交易的撤销因为已作出的处分而变得相当"麻烦",是否不应当允许撤销合同,而是授予法官权力,判决合同全部或部分有效,并通过损害赔偿请求权来补偿发生错误一方。《荷兰民法典》第3:53条第2款。对此还有基于类似观念的《英国1967年虚假陈述法案》第2节第2条的规定(前注71)。

的前提条件的建议是以非常相似的基本思想为基础的。[84]

1."合同优先"

246 首先应当考虑的是,在许多情况下,尽管合同一方或另一方当事人发生了错误,但以错误为由解除合同的规则可能仍然不适用。例如,尽管双方当事人似乎已经达成协议,但他们作出的表示是模糊的,也就是说从一个理性之人的角度来看,它们既可能是这种意思,也可能是那种意思;这种情况下,双方都误解了对方;因为双方没有达成合意,所以因一方错误而必须被撤销的合同根本就没有成立。[85] 更常见的情况是,虽然合同已经成立,但从合同**本身**来看,不能因为错误而撤销合同。例如,如果交付给买方的货物在数量、同一性或品质方面不符合合同规定,或者没有向买方提供无负担所有权,或者根本没有交付,尽管买方可以声称自己发生了错误,即误以为卖方会按照承诺履行合同,但也没有理由通过赋予买方因错误解除合同的权利来取代买方依据违约主张其请求权之规则的适用。[86] 相反,这里适用的一般原则是,在转向关于因错误而撤销合同的规则之前,法官"必须首先确定合同本身……是否对谁承担相关错误的风险作出了规定"。[87] 因此,如果出售了一定数量的货物,但当事人在签订合同之前并不知道这些货物已不复存在,那么,尽

---

[84] 参见《欧洲合同法原则》第 4:103 条,《国际商事合同通则》第 3.2.2 条,《欧洲合同法典》第 151 条,《(欧洲私法)共同参考框架草案》第 II.-7:201 条,《欧洲共同买卖法》第 48 条。对此参见 E. Kramer, Die Gültigkeit der Verträge nach den UNIDROIT-Principles of International Commercial Contracts, ZEuP 1999, 209; M. Wolf, Willensmängel und sonstige Beeinträchtigungen der Entscheidungsfreiheit in einem europäischen Vertragsrecht, in: J. Basedow (Hrsg.), Europäische Vertragsrechtsvereinheitlichung und deutsches Recht (2000) 85; E. Kramer, Bausteine für einen »Common Frame of Reference« des europäischen Irrtumsrechts, ZEuP 2007, 247; R. Sefton-Green (Hrsg.), Mistake, Fraud and Precontractual Duties to Inform in European Contract Law (2005); N.Jansen/R. Zimmermann, Vertragsschluss und Irrtum im europäischen Vertragsrecht, AcP 210 (2010) 196, 229 ff.; S.Martens (前注 35) 854 ff.。

[85] 参见第 142 页及以下。

[86] 参见第 222 页及以下。

[87] Lord Steyn (前注 19)。

管在一些法律制度中通过法律规定合同在这种情况下无效[88]，但通常认为，这些规定不具有强制性，因此对合同的解释很可能产生这样的结果，即卖方对所售货物的存在提供了保证，或者——换句话说——承担了货物不存在的风险。显然，在这种情况下，买方不能通过主张他与卖方在签订合同时对货物的存在有共同错误而解除合同。这些考虑也必须适用于当事人的错误不涉及卖方能够交付符合合同的货物的情况。因此，如果租赁合同的双方当事人错误地认为出租的公寓不受任何法定租金限制的约束，或者在缔结担保合同时误以为债务人已将财产所有权转让给债权人以担保其债权，因此担保人只需承担剩余风险[89]，那么，尽管双方当事人在这种情况下发生了错误，但这并不意味着，在发现错误以后，如果一方当事人发现对自己不利，就可以解除合同。相反，这取决于根据合同的约定和案件的具体情况，由谁承担错误的风险。如果是原告承担风险，例如，因为他在缔结合同时本可以比被告更容易获得必要的信息，那么他必须遵守合同。如果错误的风险由双方当事人平均分担或仅由被告承担，也是如此。只要合同中有关于风险分配的内容——这往往只能从合同的（补充）解释中看出——就不能考虑以错误为由解除合同。对于具有投机性和偶然性的合同而言，这一点更是得到了各国法律制度的承认。[90]然而，从某种程度上而言，每一份合同都与风险的分配有关。因此，只要进行足够彻底的追问，任何合同都可以提供信息，用以说明一方当事人促使自己采取行动的某些不正确的想法或期望是否对其不利，如此也就没有因错误撤销合同规则发挥作

---

〔88〕 例如，《英国1979年货物买卖法》第6条，《瑞士债法》第20条，《奥地利普通民法典》第878条，《意大利民法典》第1346条。但《荷兰民法典》第6:74条作出了不同的规定。《欧洲合同法原则》第4:102条和《国际商事合同通则》第3.1.3条的规定也不同。以前《德国民法典》第306条中认为合同无效的规则，现在已经被第311a条所取代。根据后者，合同是有效的。尽管买方不能再要求履行合同，但它可以主张损害赔偿，除非买方能证明其"在缔结合同时不知道所售货物不存在，也不对其不知情负责"。对此参见 H. Kötz, Vertragsrecht (2. Aufl. 2012) Rn. 788 f., 1107 f.。

〔89〕 Associated Japanese Bank (International) Ltd. v. Crédit du Nord (前注18) 就是这种情况。

〔90〕 参见第236页及以下。

用的空间了。[91] 最后,经常发生的情况是,尽管合同一方当事人发生了错误,但并没有(或没有仅仅)要求解除合同,而是首先主张该错误是因合同另一方当事人**违反了信息告知义务**(德:Verletzung einer Auskunftspflicht)所造成的,因此其有义务对由此造成的**损失**(德:Schaden)进行赔偿。如果另一方当事人在合同谈判中**故意**(德:bewusst)提供一些不正确或不完整的信息,**欺骗**(德:getäuscht)其缔约相对人,这一点就尤为明显。[92] 但是,如果一方当事人在作出不正确或不完整的表示时存在过失,或者保持沉默但因此违反了披露义务(德:Aufklärungspflicht),那么无论是因为谈判期间的**过失**(德:fahrlässig)还是因为侵权行为,都必须承担损害赔偿责任。[93]

2. 因错误撤销的条件

如果从一开始并没有排除因错误撤销或解除合同,那么问题就在于何种条件下允许撤销或解除合同。

显然,按照当事人错误、质性错误、行为性质错误等对错误进行的历史悠久的分类对这一问题毫无助益。要求错误必须与"标的物的本质"(法:qualité substantielle de la chose)或与事物或者人"在交易中被视为根本的"特征有关,也同样于事无补。这些公式——就其本身而言——没有什么具体的操作内容,而且更重要的是,这些公式几乎没有表明合同另一方当事人的利益对允许因错误撤销合同所具有的决定性作用,即他是否以及在何种条件下必须接受合同被撤销,从而使自己的商业计划落空。

只有在特定的情况下才允许因错误撤销合同,这始终是英国法的基本立场。《奥地利普通民法典》也赞同这一点,其第 871 条是在自然法学说的影响下制定的,强烈倾向于交易保护。更现代化一些的民法典——特别是《意大利民法典》和《荷兰民法典》——也采纳了这一立场。在德

---

[91] 并参见《欧洲合同法原则》第 6:101 条和第 6:102 条;此处规定了一些条件,根据这些条件,双方当事人通过一个明确的或对合同的补充解释得出的表示"会被视为一项合同义务"。如果这些条件得到满足,未履行义务的一方应当承担违约责任;他不得通过因错误撤销合同的方式来规避这一责任。

[92] 参见第十章第一节。

[93] 参见第 236 页及以下。

国和法国,正如我们所看到的那样,一直以来都是判例通过对措辞过于宽泛和不确定的法律条款的解释在践行交易和信赖保护的观念。

原则上来说,每份合同都必须按照当事人签订的内容予以执行。即使他们在缔结合同时发生了错误,这一点也不会改变;通常而言,这种错误的不利后果应由犯错的人承担。尽管这一原则也必须存在例外,但对这些例外而言,错误是在哪个心理过程中产生的,是否涉及动机、"主物"(德:Hauptsache)或合同标的物的特性或价值,或者合同当事人是否对当前情况或未来发展或对事实或者法律的看法有误,这些都不重要。相反,只有在存在特殊理由导致另一方当事人对合同有效性的信赖例外地不值得保护的情况下——错误可以以这样或那样的方式"归咎于"他——合同一方当事人才可以解除合同。所有的国际法规都以此作为出发点。那么,有什么特殊原因可以为解除合同提供正当化理由呢?

首先,必须要求错误所涉及的不是一个次要问题,即它涉及一个非常重要的问题,以至于一个理性的人在知道事实真相的情况下根本就不会签订合同或者会以完全不同的条件签订合同。[94] 如果这一条件得到满足,那么当一方合同当事人**造成**(德:veranlassen)了其缔约相对人的错误,即向其作出了——也许甚至是无过错的——不正确或不完整的表示,从而误导了缔约相对人时,那么他必须允许缔约相对人因这一错误解除合同,即因错误而撤销合同是合法的。[95] 合同一方当事人也可能因为保持沉默而造成其缔约相对人发生错误;当然,这只适用于其具有**披露义务**(德:Aufklärungspflicht)因而必须予以说明的情况。[96] 如果合同一方当事人虽然没有造成错误发生,但他对合同成立的信赖不值得保护,因为

---

[94] 《国际商事合同通则》第 3.2.2 条第 1 款。参见《欧洲合同法原则》第 4:103 条第 1 款 b 项,《(欧洲私法)共同参考框架草案》第 II.-7:201 条第 1 款 a 项,《欧洲共同买卖法》第 48 条第 1 款 a 项。

[95] 《欧洲合同法原则》第 4:103 条第 1 款 a 项第 i 小项,《国际商事合同通则》第 3.2.2 条第 1 款 a 项,《(欧洲私法)共同参考框架草案》第 II.-7:201 条第 1 款 b 项第 i 小项,《欧洲共同买卖法》第 48 条第 1 款 b 项第 i 小项。

[96] 《(欧洲私法)共同参考框架草案》第 II.-7:201 条第 1 款 b 项 iii 小项和《欧洲共同买卖法》第 48 条第 1 款 b 项第 ii 小项都明确规定,如果合同一方当事人"因未履行合同前的告知义务而导致合同错误订立",也允许解除合同。

他认识到(德:erkennen)或理应认识到(德:hätte erkennen müssen)缔约相对人的错误,但没有告知相对人,而根据诚实的商业交易观念,他有义务这么做时,合同也可以被解除。[97] 最后,如果双方当事人在缔结合同时都受到了同一个错误的影响,即存在**一个共同错误**(德:ein gemeinsamer Irrtum),也允许解除合同。[98]

250   如果有理由可以自始排除因错误而解除合同,那么也就**无须**再考查上述条件是否得到满足。其中的一个理由是,该错误是"**不可宽恕的**"(德:unentschuldbar)[99],即援引该错误的一方"在犯下这一错误时有严重过失"。[100] 更具有实践意义的是另一个理由:据此,如果合同——有时也可以根据对合同的(补充)解释——表明,错误的**风险**(德:Risiko)只由一方当事人承担时,那么,合同解除也不予考虑。该当事人不得以错误为由解除合同,因为他将由此逃避其根据合同规定的风险分配规则所必须承担的不利后果。[101]

　　国际立法文件就以错误为由解除合同的规则达成了广泛共识,这一点毫无疑问是值得赞许的。但人们不应就此得出这样的结论,即欧洲的法院在适用这些规则时会普遍得出相同的结论。这让人感到遗憾,但却不可避免,立法者——包括欧洲的立法者——在这个问题上没有别的选

---

[97] 《欧洲合同法原则》第 4:103 条第 1 款 a 项第 ii 小项,《国际商事合同通则》第 3.2.2 条第 1 款 a 项,《(欧洲私法)共同参考框架草案》第 II.-7:201 条第 1 款 b 项第 ii 小项,《欧洲共同买卖法》第 48 条第 1 款 b 项第 iii 小项。

[98] 《欧洲合同法原则》第 4:103 条第 1 款 a 项第 iii 小项,《国际商事合同通则》第 3.2.2 条第 1 款 a 项,《(欧洲私法)共同参考框架草案》第 II.-7:201 条第 1 款 b 项第 iv 小项,《欧洲共同买卖法》第 48 条第 1 款 b 项第 iv 小项。根据《国际商事合同通则》第 3.2.2 条第 1 款 b 项,如果在作出解除声明时,合同另一方当事人尚未因信赖合同行事,即尚未作出任何处分时,则应始终允许以错误为由撤销合同(参见《奥地利普通民法典》第 871 条亦同)。对此参见前注 83。

[99] 《欧洲合同法原则》第 4:103 条第 2 款第 a 项,《(欧洲私法)共同参考框架草案》第 II.-7:201 条第 2 款 a 项。

[100] 《国际商事合同通则》第 3.2.2 条第 2 款 a 项。对此的批评性意见,参见 *Kramer*(前注 83)ZEuP 2007, 258 f.。《欧洲共同买卖法》第 48 条也没有类似规定。

[101] 《欧洲合同法原则》第 4:103 条第 2 款 b 项,《国际商事合同通则》第 3.2.2 条第 2 款 b 项,《(欧洲私法)共同参考框架草案》第 II.-7:201 条第 2 款 b 项,《欧洲共同买卖法》第 48 条第 2 款;在一方当事人因共同错误而宣布解除合同的情况下,合同中的风险分配规则非常重要。对此参见第 243 页及以下。

择,只能局限于相当概括和模糊的公式。例如,在特定的情况下,某种风险是否由这一方或那一方当事人承担、合同一方当事人是否履行了释明义务从而在未被询问的情况下向其缔约相对人提供了某些信息,或者是否在知道缔约相对人发生错误之后提醒其注意,尽管立法者可以提出这些问题,但只能由法官根据评价作出回答,而这些评价——正如上述讨论所显示的那样——可能因国家而异,而且往往还取决于法院通常要审理的是什么类型的案件,以及法院需要着重考虑的是何种类型客户群的需求。

四、因错误而撤销的法律后果

以错误为由撤销或解除合同的权利由发生错误的合同当事人通过以下方式行使:以明示或默示的声明或终局性的行动清楚明确地表明,因其错误他不希望受到合同的约束。然而,有时也要求发生错误的合同当事人不是通过声明而是以诉讼(或通过诉讼中的抗辩)来主张合同的无效性,罗马法系中尤为如此。[102] 但是,对于该规定并没有令人信服的理由。如果发生错误的一方的缔约相对人认为解除声明是**合理的**(德:berechtigt),即使是在罗马法系国家,他也可以与发生错误的一方就由此产生的后果达成非正式协议。相反,如果他认为解除声明是**没有依据的**(德:unbegründet),他可以对发生错误的一方提起履约之诉或因不履行——他认为是有效的——合同而提起诉讼;因此,在这种情况下最终也是由法院来决定合同是否因错误而被解除。

确定解除声明到达对方并因此而生效的期限是不同的。这个期限从发生错误的一方知道他有权解除合同的原因时起算,有时该期限应当提前开始计算,即从发生错误的一方**能够**知悉这些原因之时起算。在一些法律制度中,对这一期限规定了确切的时间,如一年(《瑞士债法》第31

---

[102] 参见《法国民法典》第 1117 条(现《法国民法典》第 1178 条),《意大利民法典》第 1441 条以下,《西班牙民法典》第 1301 条。

条)、三年(《荷兰民法典》第 3:52 条 c 款)或五年[《法国民法典》第 1304 条(现《法国民法典》第 1144 条、第 1152 条和第 2224 条)]。[103] 支持这种做法的理由在于法律具有确定性。另一方面,根据交易的性质,对于合同在经过一定的时间后最终生效存在不同的利益。例如,对于交易价格波动较大或需要在较短时间内转手的货物的买卖合同的撤销,必须要比对不动产买卖合同的撤销快。另外,如果存在一个明确规定的撤销期限,就会存在这样的危险:即发生错误的一方以牺牲其缔约相对人的利益为代价进行投机,即他会选择等待,直到能看清市场条件的发展对其有利还是不利。因此,更灵活的解决方案得到了更多的支持。《德国民法典》第 121 条选择了这样一种解决方案,其规定,发生错误的一方在知悉撤销原因后必须毫不延迟地,即在"不可归责之延迟"的情况下作出声明;这意味着,在实践中,发生错误的一方将会被给予一个同时顾及其缔约相对人利益的合理期限。国际法规的解决方案也是如此:根据这些规定,当发生错误的一方知悉或能够知悉其错误时,必须"在合理的时间内"宣告解除合同。[104]

---

[103] 罗马法系中倾向于认为,在发生错误的一方以错误为由对合同请求权提出抗辩的情况下,不应当对其援引错误进行任何时间上的限制;例如,参见《意大利民法典》第 1442 条第 6 款,《葡萄牙民法典》第 287 条第 2 款, Larroumet no. 569 中关于法国判例的引证。

[104] 《欧洲合同法原则》第 4:113 条第 1 款,《国际商事合同通则》第 3.2.12 条,《(欧洲私法)共同参考框架草案》第 II.-7:210 条。但《欧洲共同买卖法》第 52 条第 2 款规定,错误一方应当在知悉撤销理由后的 6 个月内作出解除声明。该规定虽然与《德国民法典》第 121 条明显不同,但似乎也有其合理性,因为根据《欧洲共同买卖法》第 48 条规定,只有当错误也可以因上述原因被"归咎"于错误方的缔约相对方时,才允许以错误为由解除合同(与德国法不同)。然而,正如 Martens(前注 35)800 所正确指出的那样,似乎确实"有理由使该合同方面临比德国法规定的时间更长的撤销的不确定性,因为德国法律在完全是内部甚至是自己过错所造成错误的情况下也规定了撤销权"。

第十章　欺诈与胁迫

一、欺诈 …………………………………………………… 241
　（一）构成要件 ………………………………………… 241
　（二）通过必要披露的不作为进行欺诈 ………………… 245
　　　1.一般性的披露义务 …………………………… 245
　　　2.披露义务的正确分配 ………………………… 247
　　　3.过失违反披露义务 …………………………… 251
　　　4.英国法上的"披露义务"（英：Duties of disclosure）…… 253
　（三）第三人欺诈行为 ………………………………… 255
　（四）损害赔偿 ………………………………………… 258
二、胁迫 …………………………………………………… 259
　（一）胁迫与乘人之危 ………………………………… 259
　（二）胁迫的构成要件 ………………………………… 260
　（三）第三人胁迫 ……………………………………… 265

一、欺诈

（一）构成要件

错误和欺诈的共同之处是受骗者都是在某种错误的影响下签订了合同。然而不同的是，在欺诈的情况下，这种错误是由合同一方当事人故意造成的。因此，可以把欺诈视为"诱导性"错误的一个特例。[1] 英

---

[1] 参见第239页及以下。

国法就规定了这种情况：它构成了由**虚假陈述**引发的错误类型，并在这一类型中对不正确的陈述是在没有过错或疏忽的情况下作出的（**无辜的或疏忽的虚假陈述**，英：innocent or negligent misrepresentation）还是表意人在知道其不正确的情况下作出的进行了区分。在英国，人们将后一种情况称为"欺诈性虚假陈述"（英：fraudulent misrepresentation），在法国和其他罗马法系国家称为"欺诈"（dol 或 dolo），在德国和瑞士称为"恶意欺诈"或"故意欺诈"（德：arglistige oder absichtliche Täuschung），在奥地利称为"欺诈手段"（德：List），在荷兰则称为"欺骗"（荷：bedrog）。

如果某人出于错误而缔结了一项合同，那么他通常最好是（也）以欺诈为由，而非以错误为由提出撤销合同。证明对方存在欺诈不仅可以解除合同，还可以构成损害赔偿请求权的基础。[2] 此外，如果是动机错误、或者错误非"重大"，或者由于其他原因不满足因错误而撤销合同所需要件的情况下，那么可以以欺诈引发的意思表示错误为由撤销。[3] 有时，对欺诈撤销（德：Täuschungsanfechtung）的时间限制要比对因错误而撤销的时间限制宽松。最后，如果错误是由欺诈造成的，那么排除错误撤销（德：Irrtumsanfechtung）的合同约定便是无效的。因为没有人可以通过合同豁免自己的欺诈行为。因此，如果二手车经销商（有效地）免除了自己对所售汽车存在缺陷的责任，从而也剥夺了买方在对汽车性能发生误解的情况下解除合同的权利[4]，那么，当买方能够证明卖方在汽车性能方面对其有欺诈行为时，他仍可以解除合同。

但是，有时很难提供这种证明。这是因为任何以欺诈为由宣布合同无效的人都必须证明，合同另一方当事人或者知道其意思表示不正

---

〔2〕 参见第 263 页及以下。

〔3〕《瑞士债法》第 28 条第 1 款就此作出明确规定,《波兰民法典》第 86 条亦如此，Com. 19. Dez. 1961, D. 1962, 240; Civ. 13. Feb. 1967, Bull. cass. 1967.I. no. 58; BG 22. Juni 1982, BGE 108 II 102, 107; OGH 3. Feb. 1932, SZ 14 Nr. 18; RG 22. Nov. 1912, RGZ 81, 13, 16; HR 27. Jan. 1950, Ned.Jur. 1950 Nr. 559。[现《法国民法典》第 1139 条规定，即使因欺诈所产生的错误仅影响到合同标的物的价值，或者只是一个"简单动机"（法：simple motif），合同也因错误而无效。——译者注]

〔4〕 参见第 222 页及以下。

确,或者在知道其意思表示可能不正确的情况下仍然作出了该意思表示。[5]因此,如果有人"信口开河"(德:ins Blaue hinein)作出断言,也会发生欺诈行为。例如,如果一个二手车经销商没有仔细检查其打算出售的汽车,却在合同谈判期间轻率地作出(不正确的)意思表示,说该车到目前为止"只发生过轻微的剐蹭",就是这种情况。[6] 相反,如果缔约一方相信其意思表示是正确的,那么就不存在欺诈,即使这种相信是有过失的,也是如此。[7]

此外,欺诈必须是"恶意的"(《德国民法典》第123条)或"故意的"(《瑞士债法》第28条),即具有通过不正确的意思表示诱使另一方当事人产生签订合同的意图。一般来说,欺诈的目的是给对方造成损失或任由其发生。但这一点并非必要。因此,如果卖方故意通过提供不正确的信息来促成买卖合同的签订,即使商定的购买价格与买卖物的客观价值相一致,而且卖方也无意损害买方,那么,被欺诈的买方仍然可以撤销合同。这是因为因欺诈而撤销合同的规则不是为了保护合同当事人免受损害,而是为了确保合同当事人能够在准确的事实基础上形成其合同意思。[8]

如果欺诈不是合同缔结的原因,那么也就不存在撤销权,因为即使没有欺诈,受骗方也会——而且是以同样的条件——签订合同。如果有人看穿了其缔约相对人的欺骗伎俩,但还是选择签订了合同,以及如果被欺骗的一方"犯意已决"(拉:omnimodo facturus),即可以确定即使被告知所隐瞒的欺诈行为,他也会选择签订合同,就是这种情况。[9]

---

〔5〕参见 Derry v. Peek (1889) 14 App. Cas. 337, 374:"明知不真实或鲁莽地不顾其真实性而作出虚假陈述时,构成欺诈。"

〔6〕BGH 18. März 1981, NJW 1981, 1441; BGH 8. Mai 1980, NJW 1980, 2460.

〔7〕但在这种情况下,缔约对方当事人可能享有损害赔偿请求权,这——和撤销的情况一样——也可能导致合同的解除。对此参见第263页及以下。

〔8〕参见 OGH 2. Sept. 1980, SZ 51 Nr. 52; *Ghestin* no. 561; *H. Kötz*, Vertragsrecht (2. Aufl. 2012) Rn. 338, 都参考了判例。

〔9〕这种情况很少见。例如,如果卖方违心地声称所售房屋的屋顶桁架没有问题,即使买方打算拆除房屋,他也可以撤销合同。尽管在这种情况下屋顶桁架的保存状况对买方来说无关紧要,但通常在没有欺诈的情况下,他只准备支付较低的购买价格。这足以导致撤销合同。

在一些罗马法系的法律制度中,有观点认为,只有当受害人在获得正确信息时也**根本不会**(德:überhaupt nicht)缔结合同的情况下,欺诈行为才会使受害人有权撤销合同。相反,倘若即使没有欺诈行为,他也会同意缔结合同——即使是在其他的、对其更有利的条件下——他应当只能请求损害赔偿,因为此时仅仅构成**偶然欺诈**(拉:dolus incidens)。[10] 因此,当法官确信,如果买方知道商品的真实品质也会以较低价格购买时,那么就商品品质受到欺骗的买方就不能因欺诈而撤销合同,而只能以减少购买价格的方式要求损害赔偿。事实上,在这种情况下,买方往往会主动遵守合同,满足于购买价格的降低。当然,如果这在个案中对他来说是正当的,他也必须能够撤销合同。[11]

不能完全相信(拉:cum grano salis)卖方关于其货物价值的言论。因此,如果买方被卖方的宣传或意见所误导,而一个理智的人则不会把

---

〔10〕 这一结论可以从《法国民法典》第 1116 条(现《法国民法典》第 1137 条和第 1139 条)的原文中得出:根据该规定,只有当欺骗性手段的性质"如此明显以至于如果没有这些手段,另一方就不会签订合同"时,才成立撤销权。《意大利民法典》第 1440 条,《西班牙民法典》第 1270 条第 2 款亦同。偶然欺诈学说是注释法学派从《学说汇编》(Ulp. D. 4, 3, 7 pr.)中一段相当不明确的文字中发展而来的,并通过波蒂埃(Pothier)进入《法国民法典》。对此详见 Zimmermann 670 ff.; Coing I 420 und II 450 f.。【一些法国判例(Civ.22 June 2005, Bull.cass. 2005.III. no. 137)和评论者[F Terré, P Simler, and Y Lequette, Droit civil, Les obligations (11th edn, 2013) no. 238]反对偶然欺诈学说。现《法国民法典》第 1137 条第 1 款似乎放弃了该学说,其规定"缔约一方通过诡计或谎言获取对方同意"即构成欺诈。瑞士最高法院在 1938 年 5 月 4 日的判决(BGE 64 II 144)中就拒绝该学说进行了详尽细致的论证,但之后也仍然接受这学说:"当欺诈只是偶然,撤销合同在案件中显得令人惊讶时,法院可以拒绝撤销,并使受害方的利益回到若他未被欺诈而订立合同的状态。"——译者注】

〔11〕 以下思考支持这一点:收到有缺陷的货物的买方原则上可以在降低购买价格和解除买卖合同(以及赔偿损失)之间自由选择;如果法官认为他愿意以较低的价格购买有缺陷的货物,那么他就不应该被局限在降低购买价格一项上。如果买方被欺诈,他更应该获得这种选择权。因此,法国学说在很大程度上批判了偶然欺诈学说;参见,例如,*Ghestin* no. 576; *Terré/Simler/Lequette* no. 238 并参考了并不统一的法国判例。瑞士联邦最高法院在一份详细、仔细论证的判决中拒绝了偶然欺诈学说,但在特殊情况下,它又遵循了该学说:"在欺诈只是偶然发生的情况下,如果终止合同超出了人们的预期,法院可以拒绝,而只限于减少受害方的利益,使之达到后者在没有被欺骗的情况下会签订合同的程度"(BG 7.Juni 1955, BGE 81 II 213, 219;并参见 BG 25. Sept. 1973, BGE 99 II 308)。

这些当真,那么就不存在恶意欺诈。[12] 如果卖方作出了具体的事实陈述,那么因此受骗的买方可以在卖方有过失的情况下撤销合同,例如,因为他自己本可以进行调查——也许甚至不费吹灰之力——并能发现陈述的虚假性。[13]

故意告知谈判伙伴一个不真实的信息以诱使他缔结合同构成欺诈,对此通常没有人会怀疑。但在某些情况下,说谎是被允许的,因此,欺诈也被例外地允许。当一个人对其特定的个人特征或品质不被谈判伙伴用作决定是否缔结合同的依据享有受法律保护的利益时,就是这种情况。因此,应聘工作的女性不必在没有被问及的情况下向雇主透露她已经怀孕的事实;即使她还是被问及此事,由于这个问题是不被允许的,因此允许她作出与事实不符的否认,只要拒绝提供信息会被雇主理解为对其问题的肯定回答。[14] 这一点也必须适用于立法者——在转化许多欧盟指令时[15]——希望防止基于个人的种族或民族血统、性别、宗教、年龄或残疾有关的特征或品质而进行歧视的情况。

(二)通过必要披露的不作为进行欺诈

1. 一般性的披露义务

在一些罗马法系国家的民法教科书中,要求被欺骗者的错误是以特别

---

〔12〕 参见 *Ghestin* no. 564; *Terré/Simler/Lequette* no. 232 以及(英国法)第 240 页。根据《荷兰民法典》第 3:44 条第 3 款,不真实的"一般性宣传"(德:allgemein gefasste Anspreisungen)不被视为欺诈。

〔13〕 *Redgrave v. Hurd* (1881) 20 Ch.D. 1.(C.A.); BGH 28. April 1971, NJW 1971, 1795, 1798; OGH 10. März 1954, SZ 27 Nr. 63 (S. 150 f.); BG 8. Juni 1906, BGE 32 II 337, 350. 在法国,尽管判例认为不能因自己有过错的意思表示错误而撤销合同(第 237 页及以下),但是,由另一方缔约当事人欺诈(法:dol)所产生的意思表示错误可以仅凭这一点就被视为是"可原谅的"(英:excusable),因此允许撤销。So. Civ. 23.Mai 1977, Bull. cass. 1977.I. no. 244 und dazu *Ghestin* no. 564; *Terré/Simler/Lequette* no. 232.

〔14〕 参见 BAG 15.Okt. 1992, NJW 1993, 1154; Soc. 2. Feb. 1994, Bull. cass. 1994. V. no. 38 以及对此详见 *G. Wagner*, Lügen im Vertragsrecht, in R. Zimmermann (Hrsg.), Störungen der Willensbildung bei Vertragsschluss (2007) 59 ff.。

〔15〕 详见 *Riesenhuber* § 6。

具有恶意的手段——通过"诈欺"(法:manœuvres)[16]、"欺骗"(意:raggiri)[17]、"阴险的诡计"(西:maquinaciones insidiosas)[18]——造成的。但是,人们也普遍承认,简单的撒谎也构成欺诈,同样地,某人在合同谈判期间隐瞒了他已经知道或应当知道的对另一方缔约当事人具有重要意义的情况,也构成欺诈。然而,只有在存在相应的**披露义务**(德:Aufklärungspflicht)的情况下,对这种情况的隐瞒——即单纯的不作为——才可能构成欺诈。*

先合同性的披露义务有时是通过具体的法律条款规定的。因此,有意缔结保险合同的一方必须在合同谈判期间向保险人披露他所知道的、与保险人所承担风险范围有关的所有情况。[19] 在与消费者缔结合同的情况下也是如此,近年来,许多欧盟指令确保了成员国的立法对经营者规定了先合同的披露义务,关于这些义务的规定非常详细,有时几乎达到了巴洛克式的繁复程度。[20] 需要说明的是,必须由法院在个案中决定是否存在披露义务。就该问题而言,与此相关的一般法律规定并不能发挥太大的作用。根据《荷兰民法典》第3:44条第3款,如果在合同谈判期间故

---

[16] 《法国民法典》第1116条(现《法国民法典》第1137条和第1139条)和第1117条(现《法国民法典》第1137条)。尽管此处规定,以诈欺手段缔结的合同"无效",但只要受骗方未主张合同无效,那么合同就是有效的。

[17] 《意大利民法典》第1439条。

[18] 《西班牙民法典》第1269条。《葡萄牙民法典》第253条类似。

* 现《法国民法典》第1137条第2款明确规定,缔约方故意隐瞒对相对人同意具有决定性意义的信息时,构成欺诈。——译者注

[19] 例如,参见《德国保险合同法》第19条,《法国保险法》第L 113-8条。

[20] 这种披露义务不仅存在于远程销售合同和消费者信贷合同中,而且——根据2011年10月25日的《消费者权利指令》第5条——存在于所有合同中:在欧盟境内,经营者都必须充分详细地告知消费者其商品或服务的基本特征、地址和电话号码、所售价格、付款和交货条件以及其他许多事项。如果相关信息"已经直接从情况中"产生,那么披露义务便不存在,与消费者缔结的"以日常生活中的交易为对象并且合同在签订时立即得到履行"的合同同样也不存在披露义务(《消费者权利指令》第5条第3款)。《欧洲共同买卖法》第20条中也有相同的规定;该法第49条第1款还规定,如果经营者为了诱使消费者缔结合同而隐瞒了他根据《欧洲共同买卖法》第13—28条规定的披露义务本应披露的情况,则属于欺诈行为。对此参见 Riesenhuber § 7 Rn. 16 ff.以及(或多或少具有批评意味的) B. Heiderhoff, Informationspflichten (Verbrauchervertrag), in: HWB des Europäischen Vertragsrechts (2009) 858; H.C. Grigoleit in: H. Eidenmüller/F. Faust/H.C. Grigoleit/N.Jansen/G. Wagner/R. Zimmermann (Hrsg.), Revision des Verbraucher-acquis (2011) 223, 229 ff.; Terré/Simler/ Lequette no. 261 f.。

意隐瞒"沉默者有义务披露"的情况,构成欺诈。立法者没有说明的是,在什么条件下会发生这种情况。

从判例中发展而来的一般公式也无法发挥多大作用。法国最高法院对此的表述是:"一方当事人对其共同缔约人隐瞒了一个事实,而这个事实如果被他知道的话就会终止缔约,则可能构成欺诈。"[21] 德国联邦最高法院也指出,原则上在合同谈判中存在一项基本义务,即"告知另一方当事人可能挫败其合同目的并因此对其决定至关重要的情况,前提是根据一般见解,另一方当事人对告知具有期待可能性"。[22] 而根据瑞士联邦法院的观点,"对商业道德要求报告的事项保持沉默"构成故意欺诈。[23] *

国际法规给出了一个有益的建议。其首先指出,当一方当事人隐瞒其"根据诚信和公平交易"规则应当披露的信息时,也构成欺诈。然后,为了使这一一般条款更具实质性,给出了法官在考虑这一问题时必须审查的具体情形。根据这些规定,谈判一方在有关信息方面拥有的专业知识越多(相比其对手)、为获得该信息所付出的成本越低(相比其对手),他就越有可能承担披露义务;这也取决于缔约当事人自己是否不能合理地获得该信息,以及该信息对他具有何种意义。[24] 接下来的内容将表明,法院在迄今所作出的判决中已经考虑了这些内容——以及其他内容。

2. 披露义务的正确分配

就买卖合同(和类似的有偿交易)而言,帝国法院已经指出:

---

[21] 现行判例,例如参见 Civ. 15. Jan. 1971, Bull.cass. 1971.I. no. 38; Civ. 2. Okt. 1974, Bull. cass. 1974.III. no. 330。对此参见 Terré/Simler/Lequette no. 233。

[22] So z. B. BGH 2. März 1979, NJW 1979, 2243; BGH 27. Feb. 1974, NJW 1974, 849, 851. Ähnlich auch OGH 12. Dez. 1991, JBl. 1982, 450.

[23] BG 13. Mai 1931, BGE 57 II 276, 280. 对此,参见 RG 15. Nov. 1911, RGZ 77, 309, 314:"如果根据一般观念要求诚实信用,则恶意欺诈也可以通过沉默来实施。"

* 现《法国民法典》第 1112-1 条尝试作出更为具体的规定。该条规定了披露所有对另一方当事人的同意具有"决定性意义"的信息的强制性义务。不过,只有在另一方当事人有理由忽略该信息或者对沉默方抱有合理信任时,这一义务才成立。不履行告知义务不仅可能导致沉默方承担损害赔偿责任,还可能导致合同因沉默方欺诈而无效。——译者注

[24] 参见《欧洲合同法原则》第 4:107 条第 3 款,《(欧洲私法)共同参考框架草案》第 II.-7:105 条第 3 款,《欧洲共同买卖法》第 49 条第 3 款。

尤其是在买卖合同的情况下……披露义务不能延伸得过远。根据一般观点,买方和卖方由于利益冲突通常不能期待对方提供与价格形成相关的一般市场条件的信息,特别是价格是否会根据市场行情上涨或下跌的信息,他们必须从与交易无关的人员那里了解这方面的信息。[25]

事实上,竞争经济的法律规范必须提供激励措施,使公民觉得有必要自己去获取有关商品和服务的增值特性、用途和销售机会的信息。如果强迫因受过特殊训练,或有经验,或通过努力调查而获得此类信息的人向其谈判伙伴作出披露,从而迫使他放弃自己的信息优势,那么这一目标便无法实现。[26] 例如,如果一个企业主花了很大代价发现某一地区有发现石油矿藏的良好前景,那么在谈判购买位于这一地区的土地时,他就不需要将其发现告知卖方。如果一个艺术专家利用他的经验在艺术市场上寻找真实价值被误判的物品时,情况也是如此:如果他找到了想要的东西,他也没有义务在未被询问的情况下与此物品的卖家分享他的知识,从而使其努力搜寻失去价值。[27] 在西塞罗提出的著名案例中也有类似的

---

[25] RG 7. Juli 1925, RGZ 111, 233, 234 f.; 类似判决还有 BGH 13. Juli 1988, NJW 1989, 763 und OGH 15. Juli 1981, JBl. 1982, 86, 87。

[26] 对此可进一步参见 Kronman, Mistake, Disclosure, Information and the Law of Contract, J. Leg. Stud. 7 (1978) 1; Adams, Irrtümer und Offenbarungspflichten im Vertragsrecht, AcP 186 (1986) 453; Fabre-Magnan, Duties of Disclosure and French Contract Law, in: Beatson/Friedmann (Hrsg.), Good Faith and Fault in Contract Law (1995) 99; Schäfer/ Ott, Lehrbuch der ökonomischen Analyse des Zivilrechts (5. Aufl. 2012) 557 ff.; Ghestin no. 641 f.; Rudden, Le juste et l'inefficace, Pour un non-devoir de renseignements, Rev. trim.civ. 1985, 91 以及基础文献 H. Fleischer, Informationsasymmetrie im Vertragsrecht (2001)。[O Ben-Shahar and C Schneider, 'The Failure of Mandated Disclosure'(2011)159 U.Pa.LR 647 对强制性告知义务的现代趋势提出了强烈批判。——译者注]

[27] 在"普桑案"(参见第229页脚注31)中,法国法院允许卖方以意思表示错误为由撤销合同,因为以低价购买的油画后来被证明确实为普桑所作。买方是卢浮宫博物馆,其专家——我们可以假设其为专家——观察了巴黎的艺术品拍卖会而推测了这幅画的真实出处,因此行使了国家的法定优先购买权。有人对这一判决提出了合理的异议,因为它使那些根据自己的专业知识能够分辨优劣艺术品能力的(私人或国家)艺术品收藏家感到气馁:"制裁这样的能力,就是同时制裁那些最具有品位、最有才华或最有眼光的人,简而言之,就是所有推动艺术史进步的人。" So Chatelain Rép. not. Defrénois 102 (1982) 681, 682 f.如果买方只是在合同订立后才进行调查,并由此发现了销售对象的真实价值,则不允许提出撤销错误(参见第229页脚注31)。

情况：一个埃及商人得知罗德岛发生了饥荒，他将粮食装船并驶向罗德岛，在那里将粮食以高价出售，但他隐瞒了在路上看到了其他运粮船以及粮食价格将会很快下跌的事实。尽管西塞罗认为商人应当披露这一事实[28]，但这是值得怀疑的，因为这将使商人失去以最符合饥荒受害人利益的方式行事的动力，即尽快和尽可能第一时间将粮食送到最迫切需要的地方。在德国联邦最高法院判决的一个案件中，一部美国电视剧的用益权人委托一家公司争取一家德国广播电视公司播放该节目，如果成功的话，双方将平分由此产生的收益。在权利人的建议下，双方稍后又缔结了另一份合同，权利人通过该合同将自己的另一半收益以一万美元的价格转让给了该公司。然而，该公司隐瞒了这样一个事实：在此期间，人们对收看美国电视剧的兴趣急剧上升，它已经收到了另外一家电视台的报价，愿意为播放许可出价830万马克。两审法院都认为，公司没有义务提供关于这些情况的信息，因此，原告无权以欺诈为由撤销合同。德国联邦最高法院对此持不同意见，因为双方之间存在长期和深入的业务联系，甚至是一种个人联系。[29] 这种意见是否正确，似乎值得怀疑。毕竟，原告是一个专业的许可证交易员（德：Lizenzhändler），是他本人提议缔结一份对自己明显有风险的合同，并且他本可以毫不费力就能获得有关市场显著变化的情况。双方之间有密切的商业和个人联系的事实并不能改变这一点，因为在商人之间的交易中，人们很清楚友谊的终点和商业的起点在哪里。[30]

因此，如果合同一方当事人的信息优势是基于他通过自己的努力获得对市场关系的更好理解或对合同标的物的增值特性有更准确的了解而建立的，那么他就没有披露的义务。如果一方比另一方先掌握的信息是

---

〔28〕 *Cicero*, De officiis 3.50 und 57.其他观点，*Hugo Grotius:* 商人以"被许可的技巧"（拉：licita sollertia）行事。参见 De iure belli ac pacis libri tres (1625) II 12.9.2.

〔29〕 BGH 31. Jan. 1979, LM § 123 BGB Nr. 52. 参见批评意见：*H. Kötz*, Undogmatisches (2005) 246 ff. und *Fleischer* (前注 26) 322 ff.。

〔30〕 如果双方之间存在信义关系（德：ein fiduziarisches Verhältnis），情况就不同了，在此基础上，受保护方可能期待其伙伴披露所有相关信息。例如，如果有关各方之间存在信托、合伙、雇佣或代理关系，或者他们之间存在亲属关系，就属于这种情况。这一点得到了普遍承认。参见德国法：*C. Armbrüster* in Münchener Kommentar (6. Aufl. 2012) § 123 BGB Rn. 32; 法国法：*Ghestin* no. 657 ff.；英国法：第 265 页及以下。

偶然或没有经过特别努力就落入了他的手中,或者他能以比另一方低得多的成本获得这些信息,情况就不同了。因此,作为制造商或销售商的专业卖家,无论如何都知道他所提供商品的适用性,或者可以通过较少的成本获得这种知识,就负有告知买方的义务;如果买方通过自己的努力获得同样的消息所需的成本越高,其告知义务也相应提高。[31]

出于这一原因,即使没有被问到,二手车的商业卖家通常也被认为有义务告知其客户那些车辆所存在的、对于作为非专业人士的客户来说只有在付出相当大努力的情况下才会发现并且对其决定明显具有重大影响的缺陷。[32] 同样,在土地买卖合同的情况下,如果卖方不把他在占有土地期间——因此往往不需要特别的努力——获得的关于土地的可建造性或在其上所建造房屋特征的信息传递给买方(也包括买方未主动询问的情形),就会被认为构成恶意欺诈,倘若他知道或者应当知道,这种买方难以获得的信息对其具有决定性意义。例如,如果卖方知道买方打算在土地上经营某种特定的商业企业,为此需要饮用水接口或建造烟囱,那么他就不能隐瞒缺少饮用水接口[33]或者可能不允许建造烟囱的事实。[34] 同样,卖方必须披露从外边看起来像是实心砖结构的房子其实是木质结

---

〔31〕 在这种情况下,如果双方当事人就卖方是否有义务披露信息(收取附加费)还是有权保持沉默(降低价格)进行谈判,他们会选择前一种解决方案,而卖方会承担披露义务,因为相比于另一种方案,采用这种解决方案会对双方更有利。诚然,在现实中很少会就这一点进行谈判,因为为此所付出的谈判努力是不值得的。因此,如果当事人的协议中存在漏洞,法律制度应该提供一个规则来填补这一漏洞,正如如果当事人进行谈判,这个漏洞就会被填补一样。

〔32〕 例如,参见 Civ. 19.Juni 1985, Bull.cass. 1985.I. no. 201(如果经销商将一辆有4年车龄的二手车换上发动机卖给他人,并隐瞒了发动机已经有11年使用历史的事实,那么其行为就构成欺诈);OGH 5. Sept. 1973, SZ 46 Nr. 84(如果经销商没有告知买主一辆外表尚可的二手车,其车身已经生锈的事实,因此该车"只能作为废品处理",那么经销商就"促成了"意思表示错误);BGH 3.März 1982, NJW 1982, 1386(经销商必须告知一辆只有几年车龄的二手车的买主,该车曾遭遇严重车祸,因此需要进行大修)。为了论证这些判决的合理性,通常的理由是买方"应当能够依赖"卖方的专业知识。但是这与二手车经销商大概属于那些在交易中特别不值得信任的人的事实不符。事实上,买方受到保护不是因为他"信任"卖方,而是因为如果一个错误可以由卖方轻易纠正,而买方则需要付出很大成本才能避免,那么让后者承担这一错误的后果就不具有合目的性。

〔33〕 Civ. 7. Mai 1974, Bull.cass. 1974.III. no. 186.
〔34〕 BGH 16.Okt. 1987, NJW-RR 1988, 394.

构[35]，或者房屋的屋顶桁架曾感染干腐霉菌，尽管卖方已将其清除，但仍有复发的潜在风险。[36] 如果卖方告知买方，主管部门已经宣布可以在该土地上建造房屋，那么他还必须告知买方，主管部门的决定已经被行政法院的判决所撤销。[37] 如果"商住两用楼"已经售出，那么卖方不得向买方隐瞒该楼的部分用途虽然被主管部门批准为住宅用途，但这一许可在此期间已被撤销的事实。[38] 相反，卖方没有义务披露买方在付出与卖方相同努力的情况下可以获得的信息。因此，如果正在进行的改建工程对买方和卖方一样明显，而且买方完全有理由自己了解房产周围所规划的业务类型，那么出售糕点店的卖方就没有义务告知买方，房产周围将开设另一家糕点店。[39]

3. 过失违反披露义务

任何未向其谈判伙伴作出必要披露的人，只有当他知道他必须提供信息，并且知道其沉默将导致对方当事人陷入错误，而且该错误决定或与其他因素一起决定了合同的缔结时，才构成欺诈。但是，许多法律制度也都承认，即使对方当事人只是过失违反了披露义务，一方当事人也可以解除合同(并要求损害赔偿)。法国最高法院对一个案件就作出了这样的判决：在主管机关宣布一块土地可以用于建造房屋后，卖方将该土地分为三小块，并将其中的一小块出售给买方用以建造住宅。但后来发现，该土地的分割不会得到主管机关的批准，因为尽管该地块整体被批准作为建筑用地，而出售给买方的那一小块则不被允许用于建造房屋。尽管在法国

---

[35] OGH 20.April 1955, SZ 28 Nr. 103.
[36] BGH 23. Feb. 1989, NJW-RR 1989, 972.
[37] Civ. 25. Feb. 1987, Bull.cass. 1987.III. no. 36.
[38] BGH 16.Juni 1988, NJW-RR 1988, 1290.
[39] Versailles 21. Mai 1986, D.S. 1986, 560 mit Anm. Jeantin ,但另参见 Civ. 27. März 1991, Bull. cass. 1991.III. no. 108 und dazu Mestre Rev. trim. civ. 91 (1992) 81:卖方以买方(一个乡镇政府)没有通知他已经启动了修改开发计划的程序为由，主张一份土地购买合同无效。法国最高法院认为，上诉法院没有处理这一情况是一个法律错误。但是，卖方难道不能通过自己的调查发现开发计划要发生变化，从而使土地的价值大增吗？ 出于同样的原因，如果银行没有主动告知担保人"其债务人的状况已无可挽回地遭受损失，至少是遭受了严重损失"，那么对于最高法院允许担保人以"隐瞒欺诈"(法：dol par réticence)为由撤销担保合同的判决也是有争议的；比如，Civ. 10. Mai 1989, Bull. cass. 1989.I. no. 187。但同时也参见 HR 1. Juni 1990, Ned.Jur. 1991, 759。

上诉法院的判决书中没有任何地方指出卖方知道被分割的小地块不能建造房屋,但买方的上诉得到了支持,买卖合同被撤销:卖方作为一家专门从事土地交易的房地产公司,有义务将小地块的可建造性详细告知买方——一个普通人(德:Privatmann)。[40] 在本案中,职业卖家违反披露义务的过失显然被当作故意欺诈来对待。有时,法国法院会更进一步,甚至不问是否存在因违反披露义务而导致了欺诈行为,而是认为负有披露义务的人本身的过失沉默就会导致损害赔偿请求权的产生。[41]

在德国、瑞士和奥地利也可以看到同样的发展。在这些国家,长期以来适用的基本原则是:进行合同谈判时,每一方都有义务考虑其谈判伙伴的利益。因此,他必须向对方提供在个案的具体情况下所需的信息、情况和提示,如果他因为过错——也就是说仅仅是过失地——违反了这种披露义务,那么应以缔约过失(拉:culpa in contrahendo)为由向对方承担损害赔偿责任。[42] 这一规则与《德国民法典》第 123 条、《奥地利普通民法典》第 870 条和《瑞士债法》第 28 条的规定不符,而后者显然是基于这样的观念,即只有在沉默导致欺诈的情况下,隐瞒信息才会导致合同被撤销。然而,德国判例始终认为:

> 即使因恶意欺诈而撤销合同的要件不具备,因过失被错误告知且被误导的(合同当事人)也可以因缔约中的过错为由主张损害赔偿

---

〔40〕　Civ. 3. Feb. 1981, D. 1984, 457 mit Anm. *Ghestin* . Vgl. auch Com. 13. Okt 1980, D.S. 1981.I.R. 309 mit Anm. *Ghestin* .

〔41〕　这一发展尤其被盖斯旦(*Ghestin*)详细地分析过,参见 *Ghestin* no. 565 ff., 593 ff.; *Terré/Simler/Lequette* no. 234; *Legrand*, Pre-Contractual Disclosure and Information: English Law and French Law Compared, Oxf. J. Leg. Stud. 6 (1986) 322。(参见现《法国民法典》第 1112-1 条和第 1137 条第 2 款。——译者注)并参见 Civ. 28. Mai. 2008, Bull. cass. 2008. I. no. 154:本案中,一间公寓的卖方因过失而未告知买方,他从公寓到绿地的视野将被政府计划在相邻房产上的一个建筑项目所影响。法国最高法院认为,由于卖方的行为"也被视为违反了合同中的信息义务",因此买方可以主张损害赔偿请求权。对此参见 *Looschelders* ZEuP 2009, 800 的评论。

〔42〕　该损害赔偿责任早已被德国判例所接受,现在也获得了法律基础,即《德国民法典》第 331 条第 2 款、第 276 条、第 280 条的支撑。例如,对此参见 H. *Kötz*, Vertragsrecht (2. Aufl. 2012) Rn. 359 ff.。奥地利法和瑞士法也——至少在结果上——同样如此。例如,参见 *Weber* in Berner Kommentar Band VI (2000) Art. 97 OR Rn. 88 ff.; *Rummel* in Kommentar zum ABGB (3. Aufl. 2000) vor § 918 ABGB Rn. 14 ff.。

请求权,主张如此缔结的合同不能产生相应法律后果。[43]

4. 英国法上的"披露义务"(英:Duties of disclosure)

英国法不承认普遍的先合同的(德:vorvertraglich)"披露义务"。[44] 虽然在一些零星的案例中存在例外,但是直到今天,这些例外案例遵循某种一般原则的设想对英国法来说仍然是陌生的。传统的观点——仍然受到19世纪粗犷的个人主义的影响——认为,合同的每一方当事人都有责任获得他认为对其决定来说至关重要的信息。他不能期待其谈判伙伴主动披露这些信息,即使后者已经认识到对方的错误并且可以毫不费力地就能纠正这些错误,亦是如此。[45]

但是,如果有人在合同谈判期间作出了披露,那么这些披露必须是准确的;倘若这些披露不完整并因此具有误导性,那么它们就是不准确的。一栋房子的卖方如实告知买方,其将房子以每年950英镑的租金租给了一位租户,因此,如果他没有告知买方该租户已经破产或已经终止了租约,他就要承担**虚假陈述**的责任。[46] 如果一个人在合同谈判期间作出了正确的声明,但在合同缔结前得知该声明已不准确,那么他必须主动进行

---

[43] BGH 2. April 1969, NJW 1969, 1625, 1626. 对此参见 BGH 26. Sept. 1997, NJW 1998, 302; BGH 6. April 2001, NJW 2001, 2875。这一判例对法院具有特别的吸引力,因为它允许法院避免认定被告欺诈性地误导了原告,这对被告的名誉是不利的,而是通过假设被告因过失违反了披露义务,并因此必须通过将其缔约相对人从合同的约束力中解放出来的方式承担损害赔偿责任。

[44] 参见 Nicholas, The Pre-Contractual Obligation to Disclose Information, English Report, in: Harris/Tallon (Hrsg.), Contract Law Today, Anglo-French Comparisons (1989) 166; Legrand (前注41) 323 ff.; Atiyah (- Smith) 241 ff.; Waddams, Pre-Contractual Duties of Disclosure, in: Cane/Stapleton (Hrsg.), Essays for Patrick Atiyah (1991) 237 sowie Treitel (-Peel) no. 9-123 ff.; Mc Kendrick no. 12.1-7。

[45] 参见 Smith v. Hughes (1871) L.R. 6 Q.B. 597:根据该案,买方错误地将一种品质附加到销售对象之上,并且合同也受此约束,即使能够证明卖方意识到了买方的错误但没有通知他,合同也依然有效,"因为不管道德上如何评判,卖方都没有法律义务告知买方他处于并非由卖方行为所引起的错误之下"(Blackburn, J. aaO S. 606 f.)。

[46] 参见 Dimmock v. Hallett (1866) 2 Ch.App. 21。如果卖方未作出任何声明,情况可能会有所不同,即使他知道买方错误地认为目前的租户有偿付能力或租约未被取消,也是如此。

纠正。[47] 在保险合同和其他"最大诚信合同"（英：contracts uberrimae fidei）中，以及在当事人之间存在特殊忠实义务（德：Treuepflichten）的情况下，比如，在受托人与受益人、监护人与被监护人、父母与子女、律师与客户、**委托人**（英：principal）与**代理人**（英：agent）之间的关系中，也被认为存在广泛的披露义务。[48] 然而，人们的印象是，英国法——与大陆法系不同——不愿意承认先合同披露义务。对此，文献中有时会提出批评。尽管英国法的立场——据说——适合精通商业的商人之间的交易，但如果在私人之间缔结合同也如此处理，有时会导致不可接受的后果。[49] 尽管如果买方问及一块土地的缺陷时，卖方必须如实说明；但如果买方未问及，他便可以隐瞒——虽然他非常清楚——椽子中有木虫、供电线路有缺陷，或者在该地块附近即将开始修建一条干道的事实。尽管如此，差异可能并不像初看之时那么大。即使是大陆法系的法院也不要求卖方披露明显的或者双方容易识别的缺陷。[50] 相反，在上述的一些案例中，英国法院也会同意买方提出的损害赔偿请求权。[51] 然而，在私人之间的交易中，如果涉及卖方已经知道的缺陷，而这些缺陷是隐蔽的，或者由于其他原因，买方只能通过付出很大的努力才能发现这些缺陷，则应肯定订立合

---

[47] 参见 With v. O' Flanagan [1936] Ch. 575; Davis v. London & Provincial Marine Insurance Co. (1878) 8 Ch.D. 469, 但另参见 Wales v. Wadham [1977] 1 W.L.R. 799。

[48] 对此参见第 166 页和第 444 页。在这些情况下，偶尔也会借助于因过失而产生的侵权损害赔偿请求权，特别是如果有人在市场上投放了一种商品，但没有像一个理性人应该做的那样，提供关于如何正确处理这种商品的信息，以避免对第三方的可预见损害的情况。

[49] 例如，参见 Atiyah (-Smith) 243; McKendrick no. 12.1 ff.。（必须牢记的是，关于商品或服务提供的法律规定，如果商品或服务不能令人满意或不符合买方的既定目的，那么供应商应承担默示的违约责任。例如，参见《英国 1979 年货物买卖法》第 14 条,《英国 1992 年商品和服务提供法》第 13 条以及大陆法系类似的立法。在这些情况中，买方无须援引卖方违反信息提供义务，他只需要主张自己的违约救济措施即可。——译者注）

[50] 例如，参见 BGH 13 Juli 1988, NJW 1989, 763：根据这一判决，原则上来说，"缔结合同的当事人必须自己……确定，合同是否对他有利。合同的另一方当事人可能对此有所准备，因此不需要提及他认为可能会被问及的情况，如果这些情况很重要的话"。

[51] 在前注 37 中提到的**虚假陈述**的案例，脚注 38 和脚注 40 中因违反关于房屋是"住宅"或所售小地块的"可建造房屋"的（明示或默示）承诺都是如此。（其他案件中可能存在基于过失侵权的损害赔偿请求权，如有人将某物投入流通，却未尽到明确其安全使用方法的义务。——译者注）

同前的披露义务。对此,在经济上正确分配风险也是切实的理由。*

(三) 第三人欺诈行为

有疑问的是,如果欺诈不是由另一方合同当事人、而是由第三人实施的,合同是否也可以因欺诈被撤销。虽然在这种情况下,合同一方当事人的意愿也受到了欺诈的影响,因此产生了"不正确"的结果,但是,如果合同的另一方当事人没有参与欺诈,其在合同有效性方面的利益在各个国家的法律制度中都被视为居于优先地位。因此,被欺诈方不可以撤销合同。如果他因合同持续的约束效力而遭受不利,那么他必须考虑是否能向欺诈他的第三人索赔。

因此,欧洲大多数国家的民法典都明确规定,如果欺诈行为是"由第三人"实施的,则其不会导致合同被撤销。[52] 在法国,也可以从《法国民法典》第1116条(现《法国民法典》第1137条和第1139条)中得出相同的结论,根据该规定,只有在欺诈行为是由"合同一方当事人"所实施的情况下,欺诈才会导致合同无效。[53]

人们也一致认为,如果欺诈行为是由在合同谈判时作为合同另一方当事人的代表、代理人、谈判助手或"其信任的人"实施的,则不能将其视为"第三人"欺诈。一个人如果不亲自进行合同谈判,而是让辅助人员为其本人或其利益进行谈判,那么辅助人员的欺诈行为将被视为其本人的欺诈行为,其本人必须接受这一拟制。** 他是否知道或应当知道辅助人员的欺诈行为并不重要,辅助人员的行为是否偏离了内部指示也不

---

* 然而,对于商人之间在普通商业背景下签订的合同而言,情况则有所不同。有英国法官曾评论说,在合同磋商过程中没有披露义务是英国合同法的基础。——译者注

[52] 参见《德国民法典》第123条,《瑞士债法》第18条,《奥地利普通民法典》第875条,《荷兰民法典》第3:44条,《希腊民法典》第147条,《意大利民法典》第1439条第2款,《葡萄牙民法典》第254条第2款,《匈牙利民法典》第210条第4款,《波兰民法典》第86条第2款,并参见《瑞典合同法》第30条第1款。

[53] 《西班牙民法典》第1269条亦同。

** 根据现《法国民法典》第1138条第1款,相对人的代理人、事务管理人、雇员、保证人的欺诈行为同样构成可被撤销的欺诈。——译者注

268 **重要**。[54] 在英国,接受**委托人**的委托、作为其**代理人**进行合同谈判之人员的欺诈行为也被视为委托人的欺诈行为。[55]

因此,担保人不能以被债务人欺诈为由,对他与债权人——通常为银行——签订的担保合同提出撤销。就担保合同的当事人而言,债务人是"第三人";即使银行要求债务人与担保人进行谈判并向其提供已经准备好的担保声明,债务人仍然是第三人。[56]

如果一个人赊购了货物,然后从银行获得贷款以支付货款,他不能以他在签订买卖合同时被卖方欺诈为由对与银行签订的贷款合同提出撤销。[57] 在这种情况下,买卖合同和贷款合同是互不相干的,如果在签订一个合同时存在欺诈行为,并不意味着另一个合同也可以因此而被撤销。但是,如果两个合同之间存在密切联系,例如,如果卖方和银行商定,由卖方安排其客户与银行签订贷款合同,为购买价款提供资金,并为银行与客户进行必要的谈判,情况就不同了。在这种情况下,早在1956年德国联邦最高法院就认为,如果卖方通过欺诈导致客户签订了买卖合同,那么客

269 户也可以以欺诈为由撤销与银行缔结的贷款合同。[58] 同时,规范消费信贷的法律已经在大多数欧洲国家生效,在这些法律中可以找到相应的法

---

[54] OGH 28.Juni 1967, JBl. 1968, 365; OGH 15.Okt. 1970, JBl. 1971, 304; BGH 8. Feb. 1956, BGHZ 20, 36, 39 f.; BG 10. Feb. 1937, BGE 63 II 77; BG 7. Juni 1955, BGE 81 II 213, 217; Com. 27. Nov. 1972, Bull. cass. 1972.IV. no. 308; Civ. 2.Nov. 1954, Gaz. Pal. 1955.1.74.《欧洲合同法原则》第4:111条第1款,《(欧洲私法)共同参考框架草案》第II.-7:208条第1款亦同:根据这些规定,如果合同一方当事人对第三人"负责"或第三人经其同意与受欺骗一方进行谈判,那么该当事人必须像对本人行为负责那样对第三人的行为负责。《国际商事合同通则》第3.2.8条第1款的规定类似。

[55] "授权他人在订立任何合同时为其行事的每个人,对于前者在执行授权时没有欺诈行为的承诺,正如他在订立合同时为自己没有欺诈行为所作的承诺一样。" So Bramwell, L. J. in *Weir v. Bell* (1878) 3 Ex.D. 238, 245. 并参见 *Briess v. Woolley* [1954] A.C. 333, 348; *London County Freehold v. Berkeley Property Co. Ltd.* [1936] 2 All E.R. 1039; *Kingsnorth Trust Ltd. v. Bell* [1986] 1 All E.R. 343. 参见 *Barclays Bank Plc v. O'Brien* [1993] 3 W.L.R. 786 (H.L.)。

[56] Civ. 26. Jan. 1977, Bull. cass. 1977.I. no. 52; Civ. 28. Juni 1978, Bull. cass. 1978.I. no. 246; BGH 5. April 1965, WM 1965, 473.但另参见 OGH 29. April 1971, SZ 44 NR. 59:在该案中,银行授权债务人与担保人进行谈判,从而使债务人对于担保人来说成为"银行信任的人"。因此,被债务人欺骗的担保人被例外地允许撤销担保合同。

[57] Com. 14.Dez. 1977, Bull.cass. 1977.IV. no. 293 即如此明确判决。

[58] BGH 8. Feb. 1956, BGHZ 20, 36 并自此一直有效。

律规定。[59]

但原则上,如果欺诈是由合同之外的第三人实施的,则不能以欺诈为由对有偿[60]合同提出撤销。如果合同当事人知道第三人的欺诈行为,但却想把以这种方式缔结的合同所带来的好处据为己有,那么该原则便不适用。这一点在大多数民法典中都有明确规定[61],法国虽然没有这样的规定,但其判例接受了这一点。[62] 但是,如果合同当事人虽然不知道第三人的欺诈行为,但根据情况应当存在相应的怀疑,并且可以不费吹灰之力就能澄清时,也必须适用同样的规则。[63] 当银行打算为客户的商业目的提供贷款,并且知道他将请求他的妻子承担共同责任,特别是请求其妻子以她所有的一块土地作抵押时,就是这种情况。此时,银行必须始终考虑到客户可能会对其妻子不真实地淡化或隐瞒责任风险,或者以其他方式——"拳脚相加或甜言蜜语"(英:by kicks or kisses)——使其承担风险。在这种情况下,英国的判例假定,如果银行知道授予债务人的贷款全部被用于服务其商业利益的,那么银行就获得了对欺诈行为的"推定告知"(英:constructive notice);也就是说,银行必须容忍妻子根据丈夫实施的欺诈行为向其提出的抗辩。那么银行如何保护自己不受这种风险影响呢?

---

[59] 例如,参见《德国民法典》第 359 条,《法国消费法典》(法:Code de la consommation)第 L 311-20 条以下。并参见《英国 1974 年消费者信贷法》(Consumer Credit Act 1974)第 56 条:如果与银行有关联的卖方与买方就买卖合同进行谈判,合同的购买价款将以银行贷款支付时,则卖方的谈判被视为是他"以债权人代理人的身份"进行的。由此可以得出结论,即卖方(作为代理人)实施的欺诈行为可以归责于银行(作为委托人)(参见前注 55)。现在,欧共体的所有成员国都已颁布了类似的法规;参见 2008 年 4 月 23 日的《消费者信贷合同指令》(ABl. EG 2008 L 133/66)第 15 条第 2 款。

[60] 如果一个人提供了无偿(德:unentgeltliche)给付,那么根据法国判例,在第三人欺诈的情况下,他也可以撤销其所作出的承诺;参见 Ghestin no. 573 (am Ende)。《波兰民法典》第 86 条第 2 款亦同。

[61] 参见前注 52 中所提及的法律条文。

[62] 参见 Com. 25. März 1974, Bull. cass. 1974.IV. no. 104; Com. 10. Juli 1978, D.S. 1979. I.R.149 mit Anm. Landraud; Ghestin no. 573。

[63] 参见前注 52 中提及的法律条文。《欧洲合同法原则》第 4:111 条第 2 款,《(欧洲私法)共同参考框架草案》第 II.-7:208 条第 2 款,《国际商事合同通则》第 3.2.8 条第 2 款亦同。但是,各国法律也规定,如果第三人的欺诈行为虽然不为合同另一方当事人所知,也不可能为其所知,但当后者在收到撤销声明时还没有在信赖合同的基础上作出任何处分行为的,也必须允许被欺诈一方撤销合同。

根据英国的判例,对此需要银行在达成交易之前通知妻子,要求她在丈夫不在场的情况下与律师讨论此事,并且在律师提交给她的书面声明中明确表示丈夫已经让妻子意识到交易的风险之后,银行才会与妻子签订合同。[64]

(四)损害赔偿

一个人如果因欺诈而缔结了一项对其不利的合同,那么他首先想到的就是要解除合同。然而,受骗的合同当事人往往也不会满足于此。这是因为可能由于相信该合同的有效性,他已经作出了某些处分行为,撤销这些处分行为需要付出成本;也可能他错过了缔结另一个合同的机会,现在,即在他发现欺诈并宣布原合同终止后,无法再以同样有利的条件订立这样一个合同。他能够为这一损失要求赔偿吗? 在所有的法律体系中,对这个问题的回答都是肯定的,即使受害方没有受到严格意义上的"欺诈",而只是由于另一方**过失地**(德:fahrlässig)提供了不准确或不完整的信息**或过失地**违反了提供信息的义务而导致其签订了合同,也是如此。然而,对于在哪里可以找到这种损害赔偿请求权的法律基础这一问题,人们持有不同的意见。在法国,在合同谈判期间实施的欺诈或误导行为被视为一种侵权行为,因此,请求权的依据是《法国民法典》第 1382 条(现《法国民法典》第 1240 条)。在英国也是如此,如果存在欺诈行为,则请求权源自**欺诈**(英:deceit)这种侵权行为;如果存在**过失虚假陈述**(英:negligent misrepresentation)行为,则请求权源于《英国 1967 年虚假陈述法案》(Misrepresentation Act 1967)或过失侵权(英:negligence)。在德国,在存在欺诈的情况下,虽然可以根据《德国民法典》第 826 条提出侵权请求权,但实践中更倾向于认为,欺诈或过失误导其缔约伙伴之人的行为是对其合同前披露义务的过错违反,因此,他应当根据缔约过失所形成的、适用于合同义务违反的规则承担责任。[65]

---

[64] 参见第 165 页及以下。[亦参见《欧洲合同法原则》第 4:111 条第 2 款,《〈欧洲私法〉共同参考框架草案》第 II.-7:208 条第 2 款,《国际商事合同通则》第 3.2.8 条第 2 款。——译者注]

[65] 参见前注 42。

这与国际立法中赋予受害方在其缔约相对人知道或应当知道欺诈行为的情况下提出损害赔偿请求权的做法是一致的[66];如果一方当事人因缔约相对人过失所造成的错误而订立了一份合同,那么损害赔偿请求权也同样成立。如果合同因欺诈(或因过失所导致的错误)而被撤销,那么损害赔偿请求权的目的在于"尽可能地使撤销合同的一方处于与没有签订合同时相同的境况"。如果合同因撤销期限经过或者被欺诈或被误导一方的坚持而未被撤销,那么损害赔偿请求权的目的仅限于弥补受害一方因欺诈或误导所遭受的损失。[67]

二、胁迫

(一)胁迫与乘人之危

除了错误和欺诈,胁迫也是大陆法系所有法律制度都承认的一种"意思瑕疵"(德:Willensmangels)。一个人如果被他的谈判伙伴以胁迫[68]、"引起有充分理由的恐惧(德:Erregung gegründeter Furcht)"[69]、"暴力(法:violence)"[70]、"恐吓(西:intimidación)"[71]或"道德胁迫(葡:coacção moral)"[72]的方式陷入了不得不担心"他或与他密切相关的人的

---

[66]《欧洲合同法原则》第4:117条,《国际商事合同通则》第3.2.16条,《(欧洲私法)共同参考框架草案》第II.-7:214条。

[67] 参见《欧洲合同法原则》第4:117条第2款和《(欧洲私法)共同参考框架草案》第II.-7:214条第2款。《欧洲共同买卖法》第55条并没有对合同解除和合同未解除这两种情况进行区分,也就是说,在这两种情况下,赔偿请求权的功能都在于补偿因欺诈或过失地引发错误给合同一方当事人造成的损失。

[68] 参见《德国民法典》第123条,《荷兰民法典》第3:44条第2款,《瑞典合同法》第28条和第29条,《希腊民法典》第150条和第151条,《匈牙利民法典》第210条第4款,《波兰民法典》第87条。

[69]《瑞士债法》第29条第1款,并参见《奥地利普通民法典》第870条。

[70]《法国民法典》第1111条(现《法国民法典》第1140条),《意大利民法典》第1434条,《西班牙民法典》第1267条。

[71]《西班牙民法典》第1267条。

[72]《葡萄牙民法典》第255条。

生命或身体、名誉或财产面临迫在眉睫的重大危险"的境地[73]，那么他可以从为了避免这些危险而订立的合同中退出。

根据英国法，受胁迫的人在这种情况下可以因**胁迫**（英：duress）而撤销合同。然而，在最初，只有在一个人以身体暴力威胁他人的情况下，才被认为构成胁迫。但现在人们认识到，合同也可能因**经济胁迫**（英：economic duress）而无效。如果合同一方当事人以经济上的不利威胁其缔约相对人，这种胁迫在当时的情况下是不合理的，而且受威胁的一方仅因为无法通过其他方式避免这种不利后果而签订合同，就是这种情况。与此相关——而且通常无法明确区分——的是关于**不当影响**（英：undue influence）的规则。根据这些规则，如果一方当事人能够证明是受到另一方当事人的"不当影响"（德：ungehörigen Einfluss）而订立了合同，则可以解除对他不利的合同。如果在他和另一方当事人之间存在一种特殊的信任关系，并且有理由推测，合同的订立是由于非法利用了这种信任关系时，那么就尤其可以认定存在这种"不当影响"。[74]

（二）胁迫的构成要件

那些面临是否缔结一份供其签订的合同的当事人通常发现自己处于这样一种境地：他们没有作出决定的真正"自由"，而是不得不在以下情况中作出选择，即是接受还是拒绝合同要约对他们的损害更小。有时，谈判伙伴只是向他们展示了拒绝提议所带来的不利后果；只要这些不利后果在谈判伙伴不干预的情况下就会发生，这就只是一个**警告**（德：Warnung）。只有当谈判伙伴在其提议被拒绝的情况下能够通过自己的行动带来不利后果时，才能说构成了**胁迫**（德：Drohung）。这种胁迫也是完全被允许的，只有当其超过一定限度时才会变得不合法。法律规定试图通过以下方式标明这一界限：即它不仅要求合同的撤销应以胁迫为要件，而且还规

---

[73]《瑞士债法》第30条第1款。类似的表述也出现在《法国民法典》第1112条和第1113条（现《法国民法典》第1140条），《葡萄牙民法典》第1435条和第1436条，《希腊民法典》第151条和《西班牙民法典》第1267条第2款中。

[74] 参见第165页及以下。

定胁迫者的行为必须是"非法的"（德：widerrechtlich）。[75] 这也表明，如果将胁迫视为"意思瑕疵"，并认为被胁迫者的意思被扭曲、被歪曲或因任何其他方式存在错误是其中的决定性因素，那么这种理解就没有触及问题的核心。因为被胁迫的人很清楚他想要什么，没有人会比胸前挂着手枪的人更希望获得他的钱包。如果受胁迫一方仍然被允许退出他在充分了解自己的情况并且经过认真思考所缔结的合同，那么这就只能是因为法律对通过胁迫造成这种后果一方之行为持反对态度。[76] 例如，如果买方之所以缔结合同是因为卖方威胁他说今后将不向其供货，那么这就取决于在特定的情况下是否有使卖方行为成为非法行为的理由。因此，如果卖方是非法利用了市场支配地位而威胁停止供货的，就属于这种情况。[77]

如果胁迫人向其谈判伙伴提出了一种措施，而这种措施在任何情况下——无论出于什么目的——都违反了法律，那么其行为肯定是非法的。例如，当有人试图通过威胁殴打或杀害其谈判伙伴[78]，或夺取他的财产[79]来施加压力，或者尽管被胁迫者是无辜的，但通过故意提出虚假的刑事指控使其身陷囹圄，就是这种情况。[80] 当胁迫行为——就其本身而言——是合法的，那么情况就会更加复杂。特别是当有人威胁要行使其享有的权利时，例如，提起诉讼、提出刑事指控、拒付票据、行使解除合同的权利等，就是这种情况。根据《意大利民法典》第 1438 条的规定，在这

---

[75] 参见《德国民法典》第 123 条，《瑞士债法》第 29 条第 1 款，《奥地利普通民法典》第 870 条，《荷兰民法典》第 3:44 条第 2 款，《希腊民法典》第 150 条，《葡萄牙民法典》第 255 条第 1 款。

[76] 参见 Atiyah, Economic Duress and the »Overborne Will«, L.Q.Rev. 98 (1982) 197 中令人信服的论述。

[77] 在这种情况下，其行为的非法性通常是因为违了竞争法的特别规定。参见《德国反限制竞争法》第 20 条，《法国商法典》第 420-2 条和第 442-6 条。

[78] Barton v. Armstrong [1976] A.C. 104.

[79] Maskell v. Horner [1915] 3 K.B. 106 (C.A.).

[80] 如果一个工会威胁船东说，除非后者向工会的社会基金支付一定数额的款项，否则它就要求其员工罢工，从而阻止他的船出航，那么，除非该工会是在合法的劳资纠纷过程中发出这样的威胁，否则该支付就是基于胁迫的，可以被撤回。参见 Universe Tankships Inc. of Monrovia v. International Transport Workers' Federation [1983] 1 A.C. 366 以及 Dimskal Shipping Co. S.A. v. International Transport Workers' Federation [1991] 4 All E.R. 871。

种情况下,只有当威胁的目的是获得"不合理的"或——《瑞士债法》第30条第2款——"过度"的利益时,合同才能被废除。[81] 法国最高法院要求胁迫人有"滥用"(德:missbräuchlich)行为。如果诉诸法律是以不正当的方式——"通过使其偏离目的"——作为威胁的手段,或者通过威胁获得与被胁迫方原有义务无关或不相称的利益,则这一要件即成立。[82] 即使一个人威胁采取他完全有权选择的措施,如果他的意图是使被威胁的人做出被禁止之事,那么他的行为也是非法的。因此,如果有人知道了他人的犯罪行为,他有权进行刑事告发;但为了勒索封口费而威胁要向警方进行刑事告发,则是一种滥用行为。[83] 如果威胁要提出刑事告发或法律诉讼的人也受到了被威胁者的侵害,而且只是想通过威胁使被威胁者能够比在他"自愿"的情况下更快、更有效地弥补其所遭受的损害,那么情况则不同。但即使在这种情况下,也要求被胁迫方所承诺的给付不能与其原

---

[81] 另参见《葡萄牙民法典》第255条第3款:根据该规定,如果有人威胁要"正常"行使其享有的权利,那么就不存在"道德胁迫"(葡:coacçao moral)。

[82] Civ. 17. Jan. 1984, Bull. cass. 1984.III. no. 13;前审巴黎法院亦同:8. Juli 1982, D. S. 1983, 473 mit Anm. *Landraud*。并参见 *Terré/Simler/Lequette* no. 245。(现《法国民法典》第1141条规定,法律途径的威胁原则上不构成胁迫,但若法律途径偏离了其目标或者被用来获取明显过度的利益,则构成胁迫。——译者注)这也包括遇险船舶的船长接受赶来救援的打捞企业的高额打捞费的情况;船东是否可以声称商定的打捞费过高,并且因为打捞合同是在"经济胁迫"的情况下签订的,因而是无效的,因此他不需要支付打捞费用?这样一个严厉判决的缺点是会使一般的打捞企业不愿意约定过高的打捞费用。正确的解决方案肯定是将打捞费用降低到一个能让打捞者有足够经济动力提供这种国民经济所需的服务的数额。参见Civ. 27.April 1887, D.P. 1888.1.263; *The Port Caledonia* [1903] P. 184: *R.E. Cooper,* Between a Rock and a Hard Place: Illegitimate Pressure in Commercial Negotiations, Austr. L.J. 71 (1997) 686以及现在各国法律制度所执行的1989年4月28日《国际救助公约》所作出的规定。对此详见 *T.-N. Trümper,* Bergung, in: HWB des Europäischen Privatrechts (2009) 187 ff.。

[83] BG 21. Nov. 1950, BGE 76 II 346, 368 f.这一思想体现在《欧洲合同法原则》第4:108条,《国际商事合同通则》第3.2.6条,《(欧洲私法)共同参考框架草案》第II.-7:206条:如果被威胁的不利后果虽然是合法的,但其在当时的情况看来是"错误的",即胁迫者想以这种(本身合法的)方式达到缔结合同的目的,也构成胁迫。因此,《欧洲共同买卖法》第50条规定的表述是有问题的,因为它要求胁迫者有"非法行为"(wrongful act),并且没有明确指出被威胁的不利后果与其所追求目标之间的关系能够使胁迫者的行为变为非法行为。So mit Recht *S. Martens,* Die Regelung der Willensmängel im Vorschlag für eine VO über ein gemeinsames Europäisches Kaufrecht, AcP 211 (2011) 845, 865 f. Vgl. auch *S.Martens,* Drohung, in: HWB des Europäischen Vertragsrechts (2009) 329 ff.

始义务不成比例,并以适当的价值给付该义务。如果债务人为了避免对他进行司法诉讼的威胁而将一块土地出售给其债权人,那么在购买价格合理的情况下,他就不能以胁迫为由撤销合同[84]。但是,如果债权人在进行公证期间对债务人进行突然袭击,要求债务人接受其他不利条件,并且在这种情况下不给予债务人考虑时间,并威胁债务人否则他将在"下周一"拒付票据,从而使债务人有破产之虞,债务人就可以撤销合同。[85] 如果在受到刑事告发威胁的情况下,向债权人承诺给付的不是刑事作案人,而是他的妻子(或其他家庭成员),那么情况就会变得特别微妙。在这种情况下,德国联邦最高法院认为,如果妻子在某种程度上参与了丈夫的犯罪活动,或者自己以某种方式从中受益,那么债权人的威胁也是合法的。[86] 如果没有这些特殊情况,那么她可以以胁迫[87]或**不当影响**[88]为由撤销自己的承诺。

一种常见的情况是,合同一方当事人嗣后要求修改合同,并以威胁不履行合同的方式来增加其要求的分量。虽然在这种情况下,被威胁的一方可以拒绝修改合同,并且如果合同另一方当事人将对其作出的威胁付诸实践时,被威胁的一方可以以违约为由主张损害赔偿。但从合理性方面来讲,这种做法在某些情况下对被胁迫的一方而言不具有可期待性。

---

[84] Civ. 17. Jan. 1984 (前注 87)。
[85] BGH 25. Juni 1965, LM § 123 BGB Nr. 32.
[86] BGH 23. Sept. 1957, BGHZ 25, 217.
[87] OLG Karlsruhe 11.Jan. 1991, VersR 1992, 703.如果不存在胁迫,那么合同也可能因违反"公序良俗"(德:die "guten Sitten"),即《德国民法典》第 138 条第 1 款而无效。但这种处理方法的前提是,一方当事人利用了其缔约相对人的特殊困境,而且根据个案的特殊情况,其行为是"应受到谴责的"。参见 BGH 7.Juni 1988, NJW 1988, 2599 及第 169 页。在法国的文献中甚至有观点认为,如果合同一方当事人只是通过利用其缔约相对人的"经济劣势"来获得过度优势,也存在"胁迫"的情况。参见批判性观点: *Terré/Simler/ Lequette* no. 248。至少到目前为止,法国最高法院不持这种观点。参见 Com. 20. Mai 1980, Bull. cass. 1980. III. no. 212; Com. 21. Feb. 1995, Bull. cass. 1995. IV. no. 50;但也请另参见 Civ. 30. Mai 2000, D. 2000, 879 mit Anm. *Chazal* = Rev .trim. civ. 2000, 827, mit Anm. *Mestre/Fages*。(现在看来,这个问题被现《法国民法典》第 1143 条解决了:缔约一方利用缔约相对人的依赖状态,从中获得明显过度利益的,构成胁迫。——译者注)
[88] *Kaufman* v. *Gerson* [1904] 1 K.B. 591; *Mutual Finance Ltd.* v. *John Wetton & Sons Ltd.* [1937] 2 K.B. 389 und dazu *Treitel (-Peel)* no. 10-009.

例如,如果雇员被威胁,倘若他不同意对劳动合同进行不利于其本人的修改,就会被停发工资,那么就不可能要求他暂时靠积蓄生活并坚持提起诉讼,要求支付被扣发的工资。相反,如果他在这种情况下屈服于雇主的压力而同意修改合同,那么必须允许他能够以胁迫为由撤销自己作出的意思表示。[89] 一个卖出四车皮鸡蛋的外国卖家,不能以转移已在运输途中的另外两车皮鸡蛋相要挟,提出对这些鸡蛋涨价的要求。在这种困境中,买方在激烈的抗议下接受了卖方提出的涨价要求——否则他将不得不在国外因未交付四车皮鸡蛋而提起损害赔偿之诉——事后,买方可以撤销其意思表示并拒绝支付额外的价款。[90]

由此可以得出这样的一个一般结论:如果合同一方当事人要求其缔约相对人修改已经与其签订的合同,并威胁说如果缔约相对人不同意修改,自己(德:selbst)将不履行合同,则这样的胁迫一般是非法的。这是因为这里威胁要违反合同,即该行为本身是不被允许的,因此,胁迫也是非法的。然而,关于这一结论是否一直是正确的,存在疑问。被胁迫的一方是否有足够的时间仔细权衡自己的选择,以及他是否未作任何抗争或只是在提出抗议的情况下就同意了合同的修改,难道不应该考虑这些问题吗?如果被胁迫的一方也有合理选择,例如,他可以根据情况拒绝修改合同的要求,并向作出威胁的一方明确表示,如果后者将威胁的内容付诸实践而不履行合同,他将向其主张损害赔偿,那么被胁迫的一方是否应当不失去其撤销修改后的合同的权利?[91] 这也应该与修改合同的请求是否合理有关,例如,因为修改合同纠正了原始合同中的明显不平衡,或者以合理的方式填补了合同中的一个空白。区分(合法的)警告和(不合法的)胁迫也是困难的。例如,如果一个建筑承包商"威胁"说他遇到了经济困难,因此,即使他尽最大努力可能也无法履行合同,那么其委托人可能

---

[89] So Soc. 30. Okt. 1973, Bull. cass. 1973.V. no. 541.
[90] BG 6. Okt. 1906, BGE 32 II 641.
[91] 事实上,前文脚注 83 中提到的规范(《欧洲共同买卖法》第 50 条除外)规定,如果受胁迫一方有其他"合理选择",而他没有选择而是同意修改合同,那么胁迫即使是"非法的"(wrongful),也不得撤销合同。

会通过修改现有合同而向其支付一笔价款。如果委托人在合同履行后被起诉要求支付这笔额外价款,他是否可以通过声称自己是在非法胁迫的影响下达成支付额外价款的协议来为自己辩护?对这个问题的回答必须是否定的。[92] 同时也有必要要求当事人尽快公开拒绝强加给他的合同变更。1978 年[93]的一份英国判决涉及这样一个案例:一家船厂承诺以美元计价的固定价格建造一艘油轮,但在美元贬值 10% 之后,船厂要求其客户将尚未支付的工程款增加 10%。并威胁说否则将不交付油轮。尽管客户很清楚船厂的涨价要求是没有根据的,但他还是同意了船厂的要求,因为他已经将油轮租给了一家石油公司,并希望避免因法院执行损害赔偿请求权所造成的麻烦和不确定性。法院认为船厂的行为是不合法的,并认为如果在油轮交付给客户、胁迫情况结束后,客户没有拖延 8 个月才提起诉讼,因此而"确认"了合同的变更,那么法院就会支持客户偿还因**经济胁迫**所支付的价格附加费的请求。

(三) 第三人胁迫

如同在欺诈时出现的问题,如果胁迫不是由缔约相对人(或代表其行事的代理人或委托人)而是由第三人实施的,受胁迫的一方是否可以解除合同呢?虽然这个问题在实践中似乎没有多大意义,但所有欧陆国家的民法典都对此作出了规定,只是方式不同而已。一些法律制度在这个问题上不对欺诈和胁迫进行区分,因此只有在被胁迫的一方的缔约相对人

---

[92]　尽管只是结果上如此:*Williams* v. *Roffey Brothers* [1991] I Q. B. 1。对此参见 *McKendrick* no. 17.2。他正确地指出,如果建筑承包商从一开始就故意同意过低的工程价格(并以这种方式确保获得合同),现在要求支付后来增加的工程价款,那么判决就会有所不同。在这些案件中,英国法官通常还面临着另外一个问题,即合同修改是否无效,因为合同当事人同意以自己承担不利后果的方式修改合同而没有从缔约相对人那里获得任何对价(consideration)。对此参见第 93 页及以下。

[93]　*North Ocean Shipping Co.* v. *Hyundai Construction Co.* [1978] 3 All E.R. 1170. 另参见 *Pao On* v. *Lau Yiu Long* [1980] A.C. 614 (P.C.); *Atlas Express Ltd.* v. *Kafco Ltd.* [1989] 1 All E.R. 641; *Dimskal Shipping Co. S.A.* v. *International Transport Workers' Federation* (前注 80); *The Evia Luck (No. 2)* [1992] 2 A.C. 152, 166。

知道或应当知道第三方的胁迫时,才允许以胁迫为由解除合同。[94] 罗马法系和德国法都认为,与欺诈相比,在胁迫的情况下合同一方当事人的意思被扭曲的程度更甚;因此,在被胁迫的情况下,也可以向相对善意的一方提出解除合同。[95] 其他法律制度仅在存在特别严重的胁迫的情况下允许解除合同,即第三人威胁要对当事人实施暴力或其他特别严重和迫在眉睫的不利。[96] 瑞士法的规定又不同:根据瑞士法,即使合同一方当事人既不知道也不可能知道第三方的胁迫,也必须接受解除合同;但在这种情况下,如果符合公平原则,他可以向被胁迫的一方主张因信赖合同所遭受的损失(德:Vertrauensschaden)。[97]

---

[94] 《奥地利普通民法典》第875条,《荷兰民法典》第3:44条第5款,《匈牙利民法典》第210条第4款。英国法也是如此。例如,如果一家银行的贷款是由贷款人向其父母施压或恶意利用他们的善意,从而为银行设立了土地担保权的,那么只有当银行在谈判过程中使用借款人作为其**代理人**(英:agent),或者知道或应当知道其非法行为的,父母才可以以**不当影响**(英:undue influence)为由撤销与银行所签订的合同。参见 Avon Finance Co. Ltd. v. Bridger [1985] 2 All E.R. 281; Coldunell v. Gallon [1986] Q.B. 1184 und Barclays Bank Plc v. O'Brien (前注55)。相同的解决方案也可以在《欧洲合同法原则》第4:111条第2款,《国际商事合同通则》第3.2.8条第2款,《(欧洲私法)共同参考框架草案》第II.-7:208条第2款中找到。但在这些法律规定中,即使合同另一方当事人是善意的,即既不知道也不可能知道第三方胁迫的,如果在该方当事人尚未依据合同"采取行动",即尚未作出任何处分行为的情况下宣布解除合同,也允许以胁迫为由解除合同。

[95] 《德国民法典》第123条,《法国民法典》第1111条(现《法国民法典》第1140条),《意大利民法典》第1434条,《西班牙民法典》第1268条。

[96] 参见《瑞典合同法》第28条和第29条以及《葡萄牙民法典》第256条。

[97] 《瑞士债法》第29条第2款,《希腊民法典》第153条类似。

第十一章 撤销权

一、导论 ·· 267
二、撤销权的要件和理由 ···································· 268
　1.上门销售 ·· 269
　2.借贷合同和分时居住权合同 ·························· 270
　3.远程销售合同 ······································ 271
三、撤销的后果 ··· 272

一、导论

　　法律强制规定，对于某些类型的合同，在合同缔结后的一定时间内，一方可以撤销合同，而无须给出任何理由。因此，即使合同另一方当事人已经适当地履行了合同，或者相信合同将来会被适当履行，也允许撤销。撤销权的目的是使一方当事人能够在事后——在一段"冷静期"（英：cooling-off period）内——考虑清楚其是真的想遵守合同，还是想取消合同。例如，因为他是被意想不到的伎俩或其他形式的"心理压力"所逼迫而签订合同的，或者是因为他是在另一方当事人离开现场后，才找到时间再次冷静地审查合同，并且在此时才认识到合同的不利后果从而想退出合同。一种特殊情况是，某人根据目录或手册中的描述，通过电话、电子邮件或发送订购卡的方式购买了特定的货物，但在货物交付后，他发现货物有缺陷、不喜欢该货物或者由于其他原因而无意再履行合同。这种情况下，当事人同样可以在事后行使撤销权解除合同。

　　撤销权在欧洲法律体系中有着悠久的历史。它们首先被引入买方承

280 担分期支付购买价款义务的买卖合同中,后来被用于人们在其私人住宅、工作场所或乘坐有轨电车时所签订的所有合同。自 20 世纪 80 年代以来,设立撤销权的职责已转移至欧共体,为此它颁布了许多指令以执行其消费者保护计划。[1] 但是,法律上的统一并没有因此而实现。在有些情况下,尽管指令为了保护消费者的利益而引入了撤销权,但将其要件和后果的进一步阐述留给了各个国家的法律制度。当然,各国的法律制度也可以为消费者提供比指令力度更大的保护。它们更可以为没有被指令涵盖的合同类型引入撤销权。例如,在荷兰,根据《荷兰民法典》第 7∶2 条,不动产的买方可以在合同文件交付后 3 天内宣布撤销合同。在德国,除非同时满足如下条件:即告知投保人法律信息、交付合同文本且告知其享有撤销权之后经过了 14 天,否则任何投保人都可以撤销保险合同,即使他们不是消费者也是如此(《德国保险合同法》第 8 条)。在法国,不容忽视的是通过强制性规则规定了撤销权的合同类型清单。[2]

二、撤销权的要件和理由

281 强制性撤销权允许合同一方当事人事后在没有任何特殊理由的情况下,撤销已经成立的合同。这明显违反了合同自由原则。因此,必须回答的问题是,应该对哪些类型的合同提供这种撤销权,以及在这些情况下是否有充分的理由。

---

〔1〕 对此详见引注内容丰富的文献 P. Mankowski, Widerrufsrecht, in HWB des Europäischen Privatrechts (2009) 1791; H. Eidenmüller, Widerrufsrechte, in H. Eidenmüller/F. Faust/H.C. Grigoleit/N. Jansen/G. Wagner/R. Zimmermann (Hrsg.), Revision des Verbraucher – acquis (2011) 109; G. Wagner, Zwingendes Vertragsrecht (ebenda) 1, 21 ff.。并参见 K. Kroll-Ludwigs, Die Zukunft des verbraucherschützenden Widerrufsrechts in Europa, ZEuP 2010, 509;该文建议完全放弃消费者撤销权,取而代之的是通过对商家课以广泛的信息义务来保护消费者。

〔2〕 对此,参见 Terré/Simler/Lequette no. 263 中的一览表。该书中还提到了许多其他情况,在这些情况下,法国法律还通过规定"等待义务"(德:Wartepflicht)来保护被认为是"弱者"的合同一方当事人,即禁止他在法定等待期结束前接受向他发出的要约;任何事先宣布的承诺都是无效的。

1. 上门销售

对于**上门销售**(德：Haustürgeschäfte)，最初是通过 1985 年 12 月 20 日的欧共体指令赋予消费者撤销权的。[3] 根据该指令，消费者可以撤销在家中或工作场所签订的合同，除非是他明确要求经营者或其辅助人员到家中或工作场所，以便就合同进行谈判。此外，消费者在参加由商家组织的旅行期间，例如，在"咖啡之旅"或其他由商家组织的休闲活动中签订的合同也是可以被撤销的。在这样的交易中，确实有充分的理由设立一个强制性的撤销权。但这些理由并不是因为消费者是"弱者"或者在经济或智力上"不如"经营者，也并不是因为消费者在这种情况下经常被说服高价购买质次的商品。相反，真正的理由是，消费者在这种情况下无法以负责任的方式作出深思熟虑的决定，因为他没有为合同谈判作好准备，他对合同谈判感到惊讶或措手不及，他无法将提供给他的商品或服务与其他经营者提供的商品或服务在价格和质量上进行比较。有时他会同意订立合同，只是因为他认为无法以任何其他方式摆脱不受欢迎的访客。

在此期间，一个新的关于消费者权利的指令在 2011 年 10 月 25 日生效了。[4] 一方面，它要求欧盟各成员国在 2013 年 12 月 13 日之前出台规则，规定只要消费者"在营业场所之外"签订合同，就享有撤销权。消费者可能对他在经营者"营业场所之外"订立合同感到惊讶或措手不及，就如同他在家中或工作场所签订合同一样惊讶和措手不及。[5] 但另一方面，在消费者本人邀请经营者在其营业场所之外进行合同谈判的情况下，新指令也打算给予消费者撤销权的做法不具有说服力。[6] 例如，如果有人因健康原因无法前往经营者的营业场所，因而明确请求后者到自己的家

---

[3] Richtlinie 85/577/EWG (ABl. Nr. L 372/31). 转化为国内法后可参见《德国民法典》第 312 条，《法国消费法典》第 L 121-21 条以下，《奥地利消费者保护法》第 3 条，《英国 1987 年消费者保护(撤销在营业场所外所签订合同的)指令》(法定文书 1987/2112)。

[4] Richtlinie 2011/83/EU vom 25.Okt. 2011 (ABl. 2011 L 304/64).

[5] 根据德国法，如今任何在"公司常设营业地之外"购买资合投资公司股票的人都已经获得了撤销权(参见 1988 年 9 月 8 日《资合投资公司法》第 23 条)。

[6] 参见指令第 2 条第 8 款。《欧洲共同买卖法》第 40 条连同《欧洲共同买卖法》指令的草案第 2 条第 9 款中关于"非现场合同"的定义亦同。

中,就是这种情况。在这种情况下,当然不能说他对造访感到"惊讶"或"措手不及"。尽管在这种造访中,他也有可能被经营者或其辅助人员误导、欺诈、胁迫或施加心理压力,但是,即使谈判是在经营者的营业场所进行的,这些情况也可能会发生。在这些情况下,必须借助于关于合同因意思表示错误、欺诈或胁迫被撤销的一般规则。目前尚不存在对于**所有**(德:sämtlicher)由消费者缔结的合同的撤销权,也许——有理由担心——只是目前**还**(德:noch)没有。[7]

2. 借贷合同和分时居住权合同

消费者对**借贷合同**(德:Darlehverträgen)和**分时居住权合同**(德:Verträge über Teilzeitwohnrechte)也享有撤销权。[8] 其理由是,一方面,这些合同涉及法律上的复杂交易,从长远来看,会给消费者带来很大的负担。当然,还有许多其他类型的交易,尽管它们也会以类似的方式给消费者带来负担,但不存在撤销权。人们还会提出这样的问题,消费者为什么在14天的撤销期内会想到一些在签订合同**前没有**想到的问题,而他当时完全有时间去思考。另一方面,有证据表明,在上述提到的合同中,消费者尤其经常会因被经营者的工作人员误导而低估了合同风险,因此,他随后——在工作人员不在场的情况下——可以重新考虑交易,这也是有道理的。[9] 还应注意的是,在上述合同中,很少发生行使撤销权的情况,因此而产生的费用并不高,而且经营者可以很容易就适应合同不是在签署当时而是14天后才生效的情况。但是,如果经营者在签订合同之前没有

---

[7] *Eidenmüller* (前注1) 141 ff.; O. Unger, Die Richtlinie über die Rechte der Verbraucher, Eine systematische Einführung, ZEuP 2012, 270, 279 持同样的观点。《欧洲共同买卖法》的相应规则也规定可撤销(前注5);对此参见 B. Zöchling-Jud, Acquis Revision, CESL und Verbraucherrichtlinie, AcP 212 (2012) 550, 566。

[8] 参见欧盟2008年4月23日《关于消费者信贷的指令2008/48/EG》(Abl. 2008 L. 133/79)第14条,欧盟2009年1月14日《关于在分时分享合同中保护消费者的指令2008/122/EG》(Abl. 2009 L33/10)第6条。后一项指令将消费者保护扩大到"长期度假产品"等合同。对此详见 B. Haar, Verbraucherkredit (Regelungsgrundsätze), in: HWB des Europäischen Privatrechts (2009) 1609; A. Staudinger, Teilzeitwohnrechteverträge, in: HWB des Europäischen Privatrechts (2009) 1468。

[9] So *Eidenmüller* (前注1) 147 ff.。

告知消费者其撤销权的,则撤销期限延长一年。此外,为了避免法律上的不利后果,经营者必须在签订合同之前以规定的形式向消费者提供法律规定的全部信息。从另一个角度来看,签订合同所需的信息是如此之多和复杂,而且重要信息和不重要信息之间的区别如此之小,以至于人们怀疑其是否超出了消费者合理处理信息的能力。[10]

3. 远程销售合同

对于**远程销售合同**(德:Fernabsatzverträgen),撤销权具有不同的意义。[11] 这类合同完全是通过远程通信方式(如电话、电子邮件、互联网)签订的,其结果是,消费者和经营者在签订合同前并不见面,直到签订合同时消费者也没有机会像在商店购物那样见到合同标的物并检查其品质。以远距离销售方式提供商品的经营者意识到,只有当他们向不喜欢商品的客户提供退回商品的权利时,他们才会在这样的销售系统中获得成功;因此,有很多证据表明,经营者在这类合同中会**自愿**(德:freiwillig)给予撤销权。但法律也强制规定,必须给予消费者这种撤销权;消费者必须在收到货物的14天内行使这一权利。此外,在合同订立之前,经营者就必须向消费者提供大量关于合同标的物的信息。[12] 这是否有意义是值得怀疑的,因为消费者将根据对所交付货物的检查来决定是否继续执行合同,因此他没有理由事先努力处理这些信息,也没有理由仅仅因为这个原因而不签订合同。甚至有人质疑,在远程销售合同中是否有充分的理由证明在所有的情况下都应当给予撤销权。对德国的实证研究表明,在所有的远程销售合同中,约有三分之一的合同——女装合同则超过一半——行使了撤销权。[13] 经营者在处理这些情况时所产生的费用以

---

[10] 关于经常讨论的"信息过载"(英:information overload)问题,参见 H.C. Grigoleit, Die Aufklärungspflichten des acquis, in H. Eidenmüller/F. Faust/H.C. Grigoleit/N.Jansen/G. Wagner/R. Zimmermann (Hrsg.), Revision des Verbraucher-*acquis* (2011) 223, 247 ff. (mit weiteren Nachweisen)。[对规定信息义务的规则的激烈批判,见 O Ben-Shahar and C Schneider, 'The Failure of Mandated Disclosure' (2011) 159 U.Pa. LR 647。——译者注]

[11] 参见 G. Rühl, Fernabsatzverträge, in: HWB des Europäischen Privatrechts (2009) 588。

[12] 参见《撤销权指令》(前注4)第9条以及第6条关于提供信息的义务,规定得非常详细。

[13] 对此,详见 Eidenmüller(前注1)120 ff.。

及货物经常被退回所产生的巨大价值损失都被加到了他的价格中,从而必须由**所有客户**承担,包括那些**没有**行使撤销权或者——这也发生过——**没有**把行使撤销权当作爱好的客户。因此,有人建议,在保留强制性规则的同时,应仅要求经营者提供选择权,允许消费者要么以较高的价格购买商品并**享有撤销权**,要么以较低的价格购买商品但**不享有撤销权**。[14] 指令(和《欧洲统一买卖法》第40条)拒绝了这种建议。这一决定实际上也得到了这样一个事实的支持,即上述建议会给客户以"机会主义行为"激励,即暗示他首先以较高的价格购买商品并**享有撤销权**,然后——尽管他喜欢这些商品——退货以获得较高的退货款,最后再次订购这些货物,但是是以较低的价格购买商品并不享有撤销权。

三、撤销的后果

通过行使撤销权,双方当事人不再负有履行合同的义务。此外,他们还可以根据被撤销的合同,要求返回其已向对方履行的给付。对于远程销售合同和消费者在经营者的营业场所之外所订立的合同,2011年10月25日发布的《消费者权利指令》(2011/83/EU)第12—15条对此作了详细规定。[15] 根据这些规定,在消费者发出撤销通知和经营者对此已获悉的情况下,消费者和经营者必须"毫不延迟且无论如何不迟于14天"分别退还已收到的商品和已收取的款项。经营者仅有权在收到或取回商品、或消费者向其提供商品发送证明之前对已收到的款项行使留置权。根据《消费者权利指令》第13条第1款,经营者必须返还他从消费者那里得到

---

〔14〕 So *Eidenmüller* (前注1) 133 ff.; *Wagner* (前注1) 29 f., 否定观点: *Zöchling-Jud* (前注7) 565 f.。

〔15〕 前注4。《欧洲共同买卖法》第44—46条亦同。关于欧盟指令的规定,详见 *Unger* (前注7)。涉及《(欧洲私法)共同参考框架草案》《欧洲合同法原则》和《国际商事合同通则》的详细论述,见 R. Zimmermann, Rückabwicklung nach Widerruf, in H. Eidenmüller/F. Faust/H.C. Grigoleit/N.Jansen/G. Wagner/R. Zimmermann (Hrsg.). Revision des Verbraucher-acquis (2009) 167 ff.;如果被撤销的是贷款合同,消费者必须在发出撤销声明后的30日内向商家返还所收到的贷款,并按照合同约定的利率向商家偿还从提取贷款到偿还贷款之间所产生的利息。

的一切费用,包括他在交付货物时产生的、由消费者支付的"交付费用"(德:Hinsendekosten)。[16] 另一方面,经营者向消费者收取"退货费用"(德:Rücksendekosten)也是合理的,即使不考虑货物价值也是如此;如果不作此规定,可以刺激消费者合理地仔细检查商品的最后一个激励因素也不复存在。但向消费者收取退货费用的前提是,经营者在签订合同之前已告知消费者,如果他撤销合同就必须承担退货费用;如果经营者未能提供这一信息,则他必须自己承担退货费用。[17]

具有重要实践意义的问题是,在发生退货的情况下,消费者是否应当赔偿经营者在商品被退还前所发生的贬值。根据《消费者权利指令》第14条第2款,如果贬值仅仅是由于他检查商品所造成的,而他在商店购物的情况下也会对商品进行此种检查时,那么他就不必对商品的贬值进行赔偿;因此,"只有"在他对商品的处理方式不是"检查其品质、特性或性能"所必需的情况下,他才对商品贬值负责。如果经营者没有以规定的形式告知消费者其享有的撤销权,那么消费者对商品贬值也不承担责任。[18]

---

〔16〕 欧洲法院之前(针对远程销售合同)的判决也是如此:EuGH 15. April 2010, Rs. C-511/08 (*Heine v. Verbraucherzentrale NRW*), Slg. 2010, 3047 = NJW 2010, 1941 und BGH 7.Juli 2010, NJW 2010, 1651。

〔17〕 根据《消费者权利指令》第14条第1款第3分款,如果合同是在经营者的"营业场所之外"签订的,这些规则也应适用。在这种情况下,他应当只在特殊情况下才从消费者那里收取货物(从而为他节省退货费用),即只在货物"性质特殊,通常不能通过邮寄退回"的情况下。这种限制并不能令人信服,因为消费者总是对"在营业场所之外"签订合同感到惊讶,因此在任何情况下都不应该被收取退货费用。Zimmermann (前注15) 191 即如此认为。

〔18〕 必须区分因商品贬值而发生的损失和消费者在撤销合同之前因使用该商品而可能获得的收益。因此,如果消费者必须例外地对商品的贬值进行赔偿,那么可能的问题是,在这种情况下,他是否也必须支付一笔与他所获使用利益的价值相当的款项。对此,指令未作任何规定。参见 *Unger* (前注7) 294 和 *Zimmermann* (前注15) 186 ff.。对于消费者是否必须补偿到撤销合同之时为止向其所提供的**服务**(德:Dienstleistung)的价值的问题另参见 *Unger* (前注7) 296 f.。

第二部分

合同的法律救济

第十二章　实际履行请求权

一、导论 ··· 277
二、各国法律制度的解决方案 ····························· 278
　（一）大陆法系 ····································· 278
　（二）普通法系 ····································· 284
三、欧洲的统一规定 ····································· 288
　（一）实际履行请求权 ······························· 288
　（二）补充履行请求权 ······························· 294
四、有效违约（德：Der effiziente Vertragsbruch）········ 299

一、导论

　　签订合同的人相信其缔约相对人会履行合同。如果这种信赖落空，比如，出售的货物没有被交付给买方或者没有按时被交付时该怎么办？建筑承包商没有按时开工或完工前放弃施工时，建筑业主该怎么办？此时首先能够想到的是，信守合同的一方——通常被称为"债权人"（德：Gläubiger）——会坚守合同，也就是说他会要求缔约相对人——"债务人"（德：Schuldner）——完成其合同中所承诺的内容。在这种情况下，债权人通过对债务人提起诉讼，要求法官作出责令被告交付已出售货物或者开始或继续完成约定建筑工程的判决，从而主张实际履行请求权。

　　但在许多情况下，债权人主张这一请求权是不明智的。如果合同没有履行或没有正确履行，他放弃实际履行请求权转而寻求他对债务人可得主张的其他救济措施，这对他而言可能更加有利。例如，当卖方没有按时将货物交付给买方,而货物的市场价格在这段时间已大幅下跌时,就属于这种情况。此时,如果买方仍坚持实际履行,那就显得愚蠢了,因为如果货物被补交,他将不得不为货物支付高于(现已下跌的)市场价格的购买价格。相反,他会检查他是否可以从与卖方签订的合同中退出(见第十三章),并以较低的价格从另一个供应商那里采购相同的货物。如果货物价格上涨,又会如何呢？在此种情况下,买方虽然可以坚持其实际履行请求权,并要求卖方赔偿其因延迟交货而遭受的损失,但此时仍建议买方解除与卖方的合同。尽管这意味着他丧失了实际履行请求权,但同时他也不需要支付约定的购买价格。相反,他可以通过替代买卖(德:Deckungskauf)的方式从第三人处采购同样的货物,并要求卖方支付多出的价格作为不履行合同的损害赔偿(见第十四章)。

尽管如此,在许多情况下,实际履行请求权对债权人仍具有重要意义。当这一请求权指向金钱支付时,其重要性是显而易见的。[1] 如果根据合同,债务人必须提供另一项给付时,也是如此。如果债权人在这种情况下对其可能享有的其他补救措施不感兴趣,那么就会产生一个问题,即他是否以及在何种条件下能够获得要求债务人实际履行的判决,以及如何确保该判决得到尊重？

二、各国法律制度的解决方案

(一)大陆法系

当今所有欧陆国家的法律制度都遵循这样的原则,即每一个合同当

---

〔1〕 尽管有时需要满足某些特定的额外要求,但要求支付金钱的实际履行请求权都得到了广泛承认。参见《欧洲合同法原则》第 9:101 条,《国际商事合同通则》第 7.2.1 条,《(欧洲私法)共同参考框架草案》第 III.-3:301 条,《联合国国际货物销售合同公约》第 62 条(卖方的支付请求权),《欧洲共同买卖法》第 123 条。详见 A. Flessner, Der Geld-Erfüllungsanspruch im europäischen Vertragsrecht auf den Stufen zum Gemeinsamen Referenzrahmen, Festschrift für E. Bucher (2009) 145 ff.。

事人都有权要求履行合同,并且还可以起诉至法院要求执行该请求权。但这并非不言自明。诚然,如果债务人未履行其承诺的给付,债权人不能简单地采取自救措施。也就是说,他不得违背卖方的意愿将出售给他的物品拿走,不得在合同期满时强行将承租人从出租房屋中驱离,不得以暴力威胁或其他非法高压手段促使另一方当事人履行合同。相反,为了实现其请求权,他必须求助于法院;即使法院作出了对他有利的判决,该判决也只能在国家规定的程序内对债务人执行。然而,在很长一段时间内,人们怀疑法院能否作出这样——直接要求以实物来履行合同——的判决以及债权人是否不只是有权获得损害赔偿。古典罗马法最初遵循的规则是,法院只能作出要求支付金钱的判决(拉:omnis condemnatio pecuniaria)。但随着时间的推移,针对这一规则的例外越来越多,特别是在债务人负有向债权人交付特定物的义务的情况下,例如,他作为卖方承诺交付某物,或者作为承租人或借用人(德:Entleiher)承诺归还某物。[2] 另一方面,如果债务人在合同中承诺了一种作为或不作为,则倾向于只判给债权人损害赔偿金,这或许是因为在这种情况下,所承诺的给付无法在判决书中被准确描述,也可能是因为债务人作为一个自由人,不能通过国家强制力强迫其违背自己的意愿采取某种行动。

《法国民法典》的规定也以类似的区分为基础。然而,这些规定之间并非没有相互矛盾之处。《法国民法典》第 1142 条(现《法国民法典》第 1217 条和第 1221 条以下)给人的感觉是,如果债务人承担了"作为或不作为之债",那么实际履行请求权会被排除。因为按照该规定,在债务未被履行的情况下,债权人只能主张损害赔偿。但另一方面,《法国民法典》第 1184 条第 2 款(现《法国民法典》第 1217 条和第 1224 条以下)规定,在双务合同中,在所负担的给付未被履行的情况下,尽管债权人可以要求解除合同并请求损害赔偿,但他也有权选择要求另一方履行合同,只要合同履行仍然存在可能。现在,法国判例中普遍选择后一种规则,并因此认定实际履行请求权是合法的。当被出售的是某独立特定物或是已由卖方为买

---

[2] 关于这一历史发展的详细内容参见 Zimmermann 771 ff.。

方分离和准备就绪的商品时,这一点是不言而喻的。在买卖合同缔结后买受人即取得该物或商品的所有权,因此,他要求交付的不是他人的财产,而是自己的财产;其请求权一经法院确认,就可以通过由法院执行人员将相关物品从出卖人手中取走的方式获得强制执行。如果被出售的是种类物,则根据《法国民法典》第 1144 条(现《法国民法典》第 1222 条)之规定,法院将允许未收到货物的买方与另一供应商达成替代交易(德:Deckungsgeschäft),费用则由卖方承担。在其他情况下,如果法院在具体案件中认为适当,债权人总是可以要求履行合同,除非合同履行已不可能,或者需要履行的是一项债务人非常个人化的给付,如艺术或科学活动。[3] *

欧洲大陆其他国家的法律制度中也包含类似的规则。在一些国家,这些规则以法律条文的形式呈现[4],而在另一些国家,它们则被认为是不言自明的。例如,《德国民法典》第 241 条第 1 款仅规定,基于债权债务关系——即基于合同——债权人"有权要求债务人提供给付";这也就意味着他可以向法院起诉,要求履行合同中他享有的给付并要求作出对他有利的支持履行的判决。其诉求不受合同义务性质的影响。因此,如果债权人已无法采取其他救济措施或从他的角度来看,这些救济措施无法达到预期目的,那么当他是买受人时,他可以诉请要求交付货物;当他

---

〔3〕 因此,在法国,有时会说实际履行请求权具有优先性(德:Vorrang,法:primauté)。对此的批评性意见参见 Y.-M. Laithier, La prétendue primauté de l'exécution en nature, RDC 2005, 161。法国合同法改革草案也以合同义务必须以实物履行为原则。这一点被明确规定在《卡特拉改革草案》第 1152 条第 3 款、第 1154 条第 1 款和第 1155 条第 3 款(德译本参见 ZEuP 2007, 633)中。最简明扼要的立法建议是《泰雷改革草案》第 105 条:根据该规定,在债务人陷入延迟状态之后,"如果履行仍然可能,并且履行成本与债权人的收益并非严重不相称时,债权人仍可要求债务人履行其义务"。对此参见 Y.-M. Laithier, The Enforcement of Contractual Obligations, in: J. Cartwright, S. Vogenauer, S. Whittaker, Reforming the French Law of Obligations (2009) 123。

* 这一出发点被现《法国民法典》第 1221 条所采纳,违约的债务人总是可以被债权人要求实际履行,除非履行不能或者债务人的履行成本与债权人就履行享有的利益之间明显不成比例。——译者注

〔4〕 参见《奥地利普通民法典》第 918 条和第 919 条,《荷兰民法典》第 3:296 条第 1 款,《意大利民法典》第 1453 条第 1 款。在斯堪的纳维亚国家的买卖法中,未收到货物的买方也被赋予了实际履行请求权。

是出卖人时,他可以诉请要求接收货物;当他是出租人时,他可以诉请要求返还房屋;当他是委托人时,他可以诉请要求提供承诺的承揽加工服务;作为出卖人,他还可以要求买方不得违反合同约定将所购货物出售给第三人。如果履行给付对债务人来说已"不可能",则实际履行请求权不成立,这一规则也得到了普遍承认[《德国民法典》第275条第1款,《法国民法典》第1184条第2款(现《法国民法典》第1221条)]。因此,如果一艘特定船舶、一辆特定的二手车或一幅画被出售给买受人,当标的物在出卖人处被毁坏或被身份不明的第三人盗走时,那么对出卖人来说,交付就是"不可能的",从而也排除了买受人的实际履行请求权。在这种情况下,买受人仅获得解除合同的权利,如果出卖人根据合同需要为标的物的毁损或失窃承担责任,买受人则获得损害赔偿请求权。

只有当法律制度为要求履行的判决提供有效的执行措施,使其不再仅仅是空洞的威胁时,原告才能从这一判决中受益。能否以及如何做到这一点,取决于作出实际履行判决的法院所在国家的民事诉讼法。即使假定赋予实际履行请求权的实体法规则在欧洲是统一的,这种执行规则也仍然千差万别。

从民事诉讼法的规则来看,执行实际履行判决对债权人来说往往如此困难并耗时,以至于他有充分的理由考虑是否能够通过其他救济措施更快地实现其目的。例如,如果买受人的实际履行请求权是要求交付已出售给他的物品,那么根据德国法律,只有在对出售物品的描述非常精确,从而使执行人员可以很容易地将其与债务人的其他财产相分离并且能够取走的情况下,才能作出针对出卖人的实际履行判决(参见《德国民事诉讼法》第883—886条)。如果债务人需要交付的是一项不动产或一个独立的特定物时,这一点就很容易实现。如果出卖人将出售给买受人的种类物已按照约定的数量准备好并且买受人知道货物的所在地,也能够实现这一点。但是如果出卖人尚未取得货物,这就无法实现,因为他必须要先向第三人置办货物。如果实际履行判决要求实施某种行为,而该行为不仅可以由债务人实施,也可以由第三人实施时,那么根据《德国民事诉讼法》第887条之规定,可通过如下方式执行该判决:即法院授权债权人要求第三人实施该行为,费用由债务人承担。但是,债权人由此只是实现了他通常就比较容易和经济地所能实现的目的,即放弃实际履行请求权、通过退出合同来解除合同、委托第三人履行合同,并通过要求债务人对未履行合同进行赔偿来补偿他可能由此产生的额外费用。如果实际履行判决的对象是一种不能由第三人而只能由债务人实施的行为,则作出实际履行判决的诉求更不可取。尽管在其不履行的情况下,法院会对其判处罚款(德:Zwangsgeld),并且在其不支付罚款的情况下,可能会对其判处监禁(《德国民事诉讼法》第888条第1款)。但是,该规定只适用于行为的实施"完全取决于债务人意愿"的情形。如果不是这种情况,例如,该行为还需要第三人行动或债务人还需要投入艺术灵感或科学才能的,那么判决就无法被执行。诚然,法院依然可以作出要求实际履行的判决。例如,法院可以根据出版商的诉求,判处作者交付约定的书稿。但此类判决无法被执行,出版商必须考虑,他是否无法通过要求损害赔偿的方式达到其目的(《德国民事诉讼法》第893条)。责令债务人履行合同中所承诺服务之判决的执行也被排除(《德国民事诉讼法》第888条第3款)。如果债务人被判决作出一项合同中约定的声明,情况则不同。在这种情况下,当判决为终审判决时,声明被视为已经作出(《德国民事诉讼法》第894条)。如果判决要求债务人承担某种不作为义务,否则将被判处罚金(德:Geldstrafe),那么在他违反该不作为义务时,可对其处以罚金(《德国民事诉讼法》第890条)。这笔罚金应当上缴国库。

  法国法对实际履行判决的执行采用了一种特殊的方式。当债务人不履行给付时,法国法院一直以来都有权责令被判处履行给付的债务人向债权人支付逾期罚款(法:astreinte)。[5] 通常的做法是,法院为债务人设定一个具体的履行期限,并责令债务人在期限过后,每逾期一天就要支付一定数额的款项。如果债务人不履行给付或者直到期限届满后才履行

---

[5] 在此期间,责令支付逾期罚款通过法律条文被固定了下来。参见1991年7月9日颁布的《第91-650号法律》第33条以下。该法第33条规定:"任何法官都可以依职权责令支付逾期罚款,以确保其判决得到执行。"关于逾期罚款的详细介绍参见O. Remien, Rechtsverwirklichung durch Zwangsgeld: Vergleich, Vereinheitlichung, Kollisionsrecht (1992) 33 ff.。

的,法院可以应债权人的要求,确定债务人必须向其支付的罚款金额。在确定逾期罚款金额时不考虑债权人因不履行或延迟履行而遭受的损失数额。起决定作用的是债务人在多大程度上可以为自己的不履行负责、其所处的经济状况,以及他是否能够为其未及时履行给付提供正当理由。只要债务人能够证明他因"外部因素"(法:cause étrangère)或"不可抗力"(法:force majeure)而无法履行给付,就不应当被责令支付**逾期罚款**。[6]

诚然,如果履行给付对债务人来说已"不可能",或者需要履行的给付具有"个人化"特征,即该给付需要债务人运用其特别的艺术灵感或科学才能方可完成时,法院就不应当作出实际履行判决,也不得责令支付**逾期罚款**。但在其他情况中,**逾期罚款**是执行实际履行请求权的一种普遍手段,例如,责令总经理提供账目[7]、责令雇主提供工作证明[8]或责令出租人为出租房屋接通电力。[9] 即使在债权人有可能通过国家规定的强制执行程序——例如,通过法院执行人员——实现其实际履行请求权的情况下,例如,债务人被要求交出某辆特定的机动车[10]或承租人被要求腾退某公寓[11],法院仍然会判处支付**逾期罚款**。在邻居有义务拆除围墙[12]或建筑商有义务交付住房[13]的情况下,也允许判处支付**逾期罚款**,即使在这种情况下债权人可以请求法院授权他在债务人承担费用的情况下由第三人来实施债务人的行为。金钱债务通常以扣押并拍卖债务人财产、将拍卖所得交付债务人的方式来执行。即便如此,法国最高法院也认为,如果债务人不付款,至少在债权人没有其他有效手段执行其付款

---

[6] 参见上注中所提及法律的第36条。对于"外部因素"和"不可抗力"这两个概念参见第364页及以下。
[7] Civ. 5. Juli 1933, D. H. 1933, 425.
[8] Soc. 29. Juni 1966, Bull. cass. 1966. IV. no. 641.
[9] Civ. 17. März 1965, Bull. cass. 1965. I. no. 195.
[10] Com. 12. Dez. 1966, Bull. cass. 1966. III. no. 478.
[11] Com. 15.Nov. 1967, Bull. cass. 1967. III. no. 369.
[12] Civ. 7. April 1965, Bull. cass. 1965. I. no. 262.
[13] Civ. 12. Februar 1964, Bull. cass. 1964. I. no. 82.

请求权的情况下,判处支付**逾期罚款**是被允许的。[14]

尽管**逾期罚款**是一种法定且普遍使用的执行实际履行请求权的手段,但即使是在法国,也常有人对其产生疑虑。特别有问题的是,逾期罚款的目的是打破债务人对尊重实际履行判决的抵触情绪,因此它在数额上取决于债务人行为的可责性及其财产状况,但它还是要归入债权人的私人财产。因此,不能排除债权人在获得逾期罚款之后放弃其实际履行请求权,转而还要求债务人赔偿因不履行而造成的损失。不过,其他欧洲国家也有类似法国模式的规则,特别是比利时、卢森堡和荷兰。[15]《国际商事合同通则》第 7.2.4 条也规定:"如果法院(判处)一方当事人履行合同,……它亦(可以)在该当事人不执行判决的情况下责令其支付罚款。"[16]

(二) 普通法系

与大陆法系不同,普通法系的原则是:如果应向债权人履行的给付未得到履行,那么只有在特殊情况下,债权人才可以要求债务人实际履行其所承诺的给付。债权人总可以获得要求向其支付金钱的判决,这一点虽得到了公认,但如果债权人要求债务人交付或接收已售货物、建造一座建筑物、提供商定的服务或者完成合同约定的作为或不作为时,情况就不同了。在这些情况中,如果所需条件得到满足,债权人有权要求损害赔偿,但他无权要求实际履行给付。美国著名法官霍姆斯(O. W. Holmes)因此指出:"具有法律约束力的承诺的唯一普遍后果是,如果承诺事项未能实现,法律会要求承诺人支付损害赔偿。"[17]

---

[14] Com. 17. April 1956, J.C.P. 1956.9330 mit Anm. *Vellieux*, 在该案中, 债权人取得了对马赛市的金钱债权。

[15] 例如, 参见《荷兰民事诉讼法》第 611 条以下, 详见 *Remien* (前注 5) 41 ff.。

[16]《国际商事合同通则》的起草者显然也意识到了该规定通常会与强制执行法的适用产生矛盾。因此,《国际商事合同通则》第 7.2.4 条第 2 款规定, "除非法院地法的强制性规则另有规定", 否则应支付相应罚款。对此参见 Schelhaas in Vogenauer/Kleinheisterkamp (Hrsg.), Commentary on the PICC (2009) Art. 7.2.4。

[17] O.W. Holmes, The Common Law (1881) 301. Ebenso *O.W. Holmes*, The Path of the Law, Harv. L. Rev. 10 (1896) 457, 462: "在普通法中, 遵守合同义务意味着一种预期, 即如果你不遵守合同, 则必须支付损害赔偿, 而非其他。"

但该原则的适用也存在重要例外。在违反合同的情况下，法院赋予债权人的诉权在历史上是以侵权法作为根源发展而来的，这也就解释了为什么该诉权仅指向损害赔偿。[18] 但在衡平法院的实践中，很早就形成了一些规则，根据这些规则，债权人可以通过向债务人下达"特定履行令"（英：order for specific performance）或者在债务人负担不作为义务时下达"禁止令"（英：injunction）的方式，要求债务人以实物履行合同。然而，这仅在例外情况下适用，也就是说只有在衡平法院能够确信一般的损害赔偿诉讼在具体案件中是"不充分的"（英：inadequate），即由于特殊原因没有充分考虑债权人利益的情况下才会如此。这仍然是今天普通法的基本立场。即使在今天，人们也经常强调，法官是否能以损害赔偿请求权"不充分"为由例外地给予债权人实际履行请求权，应由法官"自由裁量"。但这种自由裁量早已凝结成为固定的规则，使得人们可以比较准确地预测法院何时会例外地批准债权人提出的"特定履行令"或"禁止令"申请。

例如，当债权人无法用金钱购买同等价值的赔偿给付（德：Ersatzleistung）来替代合同所约定的给付时，损害赔偿请求权就是"不充分的"。当债权人购买的是一块土地时，就是这种情况。此时，他从获得这块土地中所得到的利益是无法完全用金钱来表示的，因为在其他任何地方都没有价值完全相同的地块，获得这一地块会使他处于与他所购买的地块被交付时一样的境地。如果出售给原告的物品是极为罕见或难以估价的孤品，或者原告对于购置该物品具有特别的精神利益时，也是这种情况。因此，当买方购买的是一件古老的传家宝、一艘特定的游艇、一个稀有的烟丝盒或者是一匹他为自己目的所挑选或可能已训练好的马匹时，如果卖方不履行给付，买方可以要求履行合同。[19] 购买种类物时，情况则不同。如果货物没有在合同规定的时间内被交付，而且货物风险尚未转移给买方的，他就不能要求卖方**特定履行**（英：specific performance），即使市场上仍供应此类货物且卖方置办货物也完全可能。在此种情况下，普通法系

---

［18］　参见第 70 页，详见 Zimmermann 776 ff.。
［19］　与此相一致的是，《英国 1979 年货物买卖法》第 52 条规定，如果出卖人需要交付的是"特定或确定的货物"，则法院可以通过判决要求"合同应当特定履行"。

认为，如果买方可以要求**特定履行**，而卖方可以被要求以实物履行合同，这等于是在浪费时间和金钱。相反，如果买方因违约而获得损害赔偿，这将鼓励他自行处理事务，通过替代交易从另一供应商处采购货物，这就足以解决问题了。[20] 如果债务人没有履行承诺的承揽加工或服务，而且债权人也可以在不发生特别困难的情况下从第三人处获得这种承揽加工或服务的，也是如此。这种情况通常发生在承揽合同领域，例如，承诺的建筑工程可以由另一家企业完成。[21]

如果合同履行依赖于债务人特殊的个人特征，那么原则上不得准予**特定履行**。倘若债务人是必须受领（并支付）其缔约相对人所提供服务的人——例如，雇主或继续教育课程的学生——如果他错误地终止了合同，只要双方之间仍然存在必要的信任关系，仍可以要求他继续履行合同。[22] 在相反的情况下，即**负担**劳务的一方被诉请要求**特定履行**时，情况则不同。因此，如果一名女演员承诺在一年时间内接拍原告的电影作品，在她拒绝履行合同的情况下，不能强制她以**特定履行**的方式提供给付。对于这一结论，有时会从以下三个方面进行论证：首先，强制具体履行会迫使女演员成为某种形式的奴隶；其次，这种强制提供的劳务，其价值非常可疑；最后，这会导致法院难以确定该女演员所提供的劳务是否符合合同要求，从而足以达到实际履行判决的要求。基于最后的理由，尽管法院不会判决女演员履行其对原告所承诺的劳务，但法院也会作出禁止令，禁止其在合同期限内接拍另一家公司的电影。[23] 但法院作出如此判

---

〔20〕 参见不同的判例 Sky Petroleum Ltd. v. VIP Petroleum Ltd. [1974] 1 W.L.R. 576：根据一份长期合同，原告向被告购买了大量汽油用于其经营的加油站，但由于汽油价格快速上涨，被告失去了履行合同的意愿，原告也一直没有收到货物。但在该案中，法院依然发出了原告所要求的特定履行令，因为由于汽油异常短缺，原告也无法通过替代交易从其他销售商处获得供应。

〔21〕 参见不同的判例 Wolverhampton Corp. v. Emmons [1901] 1 K.B. 515。在第 524 页中，描述了在特殊情况下可以要求建筑商履行建筑合同的条件。

〔22〕 参见 Powell v. Brent London Borough Council [1987] Industrial Relations L.R. 466。Ebenso BAG 10.11.1955, NJW 1956, 359. 在劳动法领域，雇主也有义务在非法解雇员工时继续维持劳动关系。参见 1972 年《英国就业保护（合并）法案》，1969 年《德国解雇保护法》。

〔23〕 Warner Brothers Pictures Inc. v. Nelson [1937] 1 K.B. 209.但另参见 Page One Records v. Bitton [1968] 1 W.L.R. 157。

决的前提条件是,法院认为原告提出的损害赔偿请求是"不充分的",因为这通常难以计算,而女演员即使被禁止接拍另一家公司的电影,也仍然可以进行**其他**有意义的工作,因此不会间接地强制她履行与原告之间的合同。

反对法院作出**特定履行令**的另一个理由是,法院难以核实被责令履行的债务人是否已准确地履行了合同规定的义务。特别是当合同期限较长,债务人的行为没有在合同中被明确无误地规定下来时尤其如此,因为双方当事人可能会就债务人的行为是否符合合同规定以及**特定履行**是否已完成这一问题反复产生——需要法院裁决的——争议。英国上议院1998年的一项判决充分体现了这一点。[24] 被告承租人在一份长期租赁合同中承诺,在正常营业时间内使用出租人所建的某购物中心的某些店面经营超市。承租人在意识到经营超市对其来说是一项亏本生意之后宣布终止租赁合同,为了"买断"租赁合同,她愿意向原告支付赔偿金。但原告对此并不认可。她向法院提出申请,要求法院下达责令被告在合同的剩余期限内——9年——经营该超市的特定履行令。上诉法院(Court of Appeal)批准了这一申请,但该申请被上议院驳回:

> 从一个更广的角度来看,如果存在其他合理选择,使另一方当事人可以从中获得赔偿,那么法院要求一个人在亏本的情况下经营业务就是不符合公众利益的。这不仅会造成资源的浪费,而且会将双方捆绑在一段持续的敌对关系中。特定履行令会延长这种敌对关系。如果被告被责令经营一项业务,那么该业务的经营将会成为大量源源不断的投诉、律师函和宣誓书的主题。这对当事人双方以及法律制度来说都是一种浪费。而另一方面,损害赔偿金判决可以结束诉讼。被告支付损害赔偿金,双方之间的法律关系被切断,他们从

---

[24] *Co-operative Insurance Society Ltd. v. Argyll Stores (Holdings) Ltd.* [1998] A.C. 1. 另参见 *Ryan v. Mutual Tontine Westminster Chambers Ass.* [1893] 1 Ch. 116; *Giles Co. v. Morris* [1972] 1 W.L.R. 307。

此分道扬镳,而冲突所造成的创伤也可以愈合。[25]

300　　当法院通过特定履行令或禁止令责令债务人实际履行合同时,如果债务人不照做或不作为,这在普通法系中被视为"藐视法庭"(德:Missachtung des Gerichts,英:contempt of court)。尽管该规则在法院判决债权人有权要求交付土地或某特定动产的案件中不适用——这种判决通常是由法院授权执行人员取走土地或动产得以执行的——但在其他情况下,债务人有理由担心会因"藐视法庭"而被判处罚款或监禁,而这由法院酌情决定而且可以达到很严重的程度。或许这也解释了英国法官为什么在作出履行判决方面保持克制。[26]

三、欧洲的统一规定

(一)实际履行请求权

欧陆国家一般都接受合同履行请求权,但普通法系国家则相反。赞成前者的观点认为,每个缔约方无论是在道义上还是在法律上都有义务履行其所作的承诺:**合同必须信守**(拉:Pacta sunt servanda)。从信守合同这一一般原则来看,即使出现违反合同的状况,也应该先让当事人遵守合同,给双方一个公平的机会,以合同为基础解决出现的问题。相比之

301 下,普通法则倾向于认为,一旦发生违约行为,应当快速收拾残局,通过赋

---

[25] Lord Hoffmann in: Co-operative Insurance Society (上注) 15-16。根据德国法,尽管出租人可以获得实际履行判决,但该判决是否有意义是值得怀疑的,因为判决是否能够得到执行还不确定。因为根据《德国民事诉讼法》第 888 条第 1 款的规定,只有在所负担的给付只能由债务人自己(而不是由第三人)来履行,而且该给付的履行"完全取决于债务人的意愿"时,才可以在债务人不履行给付的情况下对其处以罚款。但在一个要求承租人在出租人房舍内经营食品生意的案件中,这两个要件被认为不成立(OLG Hamm 10. Okt. 1972, NJW 1973, 1135)。因此,出租人只能提出损害赔偿请求。

[26] 参见霍夫曼勋爵(Lord Hoffmann)(上注):"对藐视法庭进行惩罚的准刑事程序……是一种强有力的武器,其威力之大,以至于往往不适合作为一种裁定是否按照法院的命令来经营一项产业的纠纷的工具。"

予信守合同的一方解除合同和要求损害赔偿的权利来解决这一问题。这也是避免发生争议的双方被被迫捆绑在一起，有时甚至是长期处于不和平状态的唯一途径。如果实际履行判决是可以被接受的，那么他们必须接受法院的监督；如果债务人不履行这些判决，就必须对债务人进行惩戒。即便如此，也存在如下风险，即信守合同的当事人向债务人提出更多的要求，而不仅仅是损害赔偿。对此，普通法依然认为没有令人信服的理由。[27]

《联合国国际货物销售合同公约》的规定也没有解决这一冲突。诚然，《联合国国际货物销售合同公约》在很大程度上接受了实际履行请求权。据此，卖方可以起诉要求接收货物，买方可以起诉要求交付货物；如果货物与合同不符，构成重大违约，买方还可以起诉要求修理或更换为符合合同规定的货物（《联合国国际货物销售合同公约》第 46 条第 2 款和第 3 款）。但《联合国国际货物销售合同公约》实际调整的范围比它规定的内容要小。因为，根据《联合国国际货物销售合同公约》第 28 条的规定，如果法院"依照本国法对不属于本公约范围的类似销售合同愿意这么做"，则法院可以拒绝作出实际履行判决。这实际上意味着，即使如果案件被提交给一个法国法院，在所有其他条件相同的情况下，法国法院必定会作出实际履行判决，而适用普通法国家的法院依然可以驳回原告要求实际履行的请求。

然而，如果抛开对实际履行请求权利弊的一般性考虑，而提出一个实际问题。即在特定的案例类型中，欧洲法律制度在何种条件下批准或拒绝了实际履行请求权，那么，人们就更接近于解决这一冲突。事实上，早在 25 年前，特利特尔（G. Treitel）就指出，普通法系与大陆法系之间的差别"并不像表面看起来的那么大。一方面，大陆法系国家的具体履行受制于重要的例外情况，特别是大多数大陆法系国家都遵守这样的原则，即除非万不得已，不得要求履行提供个人服务之债；强制履行其他债务的命令

---

[27] 事实上，如果对债务人作出了实际履行判决，而履行该判决会使他付出巨大代价，那么可想而知，为了促使债权人放弃执行这一判决，他给出的价钱要高于债权人所遭受的损失。这样一来，债权人实际上就处于双方当事人在合同中约定了不履行合同时支付违约金情况下所应处的地位。但双方没有达成这样的协议，而且许多法律制度也对该协议的有效性表示怀疑（参见第 401 页及以下）。

有时比普通法系国家更难得到执行;而且,可能也是最重要的一点,受害的缔约方往往倾向于要求损害赔偿,因为这通常是一种较快的、在某种程度上也是更好的补救方法。另一方面,在普通法系国家,对特定履行的一些限制开始消失,因为其历史基础已丧失。这并不是说大陆法系和普通法系之间没有差异,只是这种差异比两种进路的起始理论所显示的要小"。[28] 以此为基础,《欧洲合同法原则》和《国际商事合同通则》都发展出了一个令人信服的折中方案。尽管这两部法律——不同于普通法系——都接受了合同履行请求权,但是,如果根据欧陆国家的法律,禁止提出合同履行请求权;或者虽然允许提出,但其无法得到执行;或者其因执行过程过于艰难而对债权人不具有实际意义;或者债权人可以借助于**其他**救济手段——特别是损害赔偿请求权——可以更快地实现其目的时,则合同履行请求权被排除。

1. 履行不能

如果因事实或法律原因,债务人**不能**提供履行的,则排除实际履行请求权。[29] 因此,如果所售画作已被毁坏,或所租船只已被当局没收,则不能作出要求卖方交付画作或出租人交付船只的判决。同样地,如果卖方承诺交付2012年收获的尼日利亚花生,但尼日利亚已禁止出口这一年收获的花生,那么卖方便因法律原因不能履行合同。这一规则在各国都得到了承认。[30] 事实上,在任何国家都不会有法官盲目地要求债务人履行

---

[28] G. Treitel, Remedies for Breach of Contract, A Comparative Account (1988) 71.

[29] 《欧洲合同法原则》第9:102条第2款a项,《国际商事合同通则》第7.2.2条第a款,《(欧洲私法)共同参考框架草案》第Ⅲ.-3:302条第3款a项。同样地,就卖方的交货义务而言,《欧洲共同买卖法》第110条第3款a项也是如此。

[30] 例如,参见《德国民法典》第275条第1款,《法国民法典》第1184条第2款(现《法国民法典》第1217条和第1224条以下),《意大利民法典》第1463条,《荷兰民法典》第3:236条,《瑞士债法》第119条第1款,《奥地利普通民法典》第1447条。如果所售货物为种类物,并由卖方按照合同约定的数量和品质交付,那么只有当该类货物作为一个整体被销毁、被国家没收或被禁止出口,且在任何地方都无法再找到该种类物的可交付物时,卖方的交付义务自始不能(买方的履行请求权也因此被排除)。还应注意的是,在卖方已将货物为买方分离出来并按合同约定进行了处理,特别是在以向买方交货为目的将货物交付给承运人的情况下,如果货物灭失、被盗、损坏或丢失,那么买方也无法获得要求交付已出售种物的判决。在这些情况中,"风险"已转移至买方。(参见《联合国国际货物销售合同公约》)(转下页)

一项他显然无法履行的给付。在这种情况下,债权人能否向债务人主张损害赔偿,则是另一个问题了。

2. 履行成本畸高

此外,如果履行给付会使债务人承担不合理的高昂费用,那么实际履行请求权也会被排除。[31] 什么样的费用水平会构成"不合理的高昂",需要由法官根据个案的具体情况来确定。因此,他必须审查债务人在履行合同的情况下所支出的费用是否与债权人对履行所享有的利益"严重不相称"。在债权人并不要求严格意义上的履行,而是因债务人的履行有瑕疵而要求**补充履行**(德:Nacherfüllung),即请求判决债务人修复有瑕疵的给付或交付无瑕疵的替代物的情况下,这个问题尤其经常出现。[32] 一个备受争议的英国案例很有启发意义,在该案中,一个建筑商以17800英镑的价格建造了一个游泳池,这个游泳池的深度只有约2.06米,没有达到合同约定的2.29米,但法院认为这个深度的泳池完全够用,而且它如同其达到了合同约定的深度一样,依然提高了其所在地产的价值。委托人虽然没有要求承包商履行合同,即重新建造一个无瑕疵的游泳池,因为修复泳池是不可能实现的。但按照英国法,此类具体履行请求权是被排除的,因为金钱上的损害赔偿是"充分的";即使在其他法律制度下,承包商也有权拒绝重建,因为其费用过于高昂。[33] 相反,委托人要求承包商赔偿重新建

(接上页)第66条以下,《(欧洲私法)共同参考框架草案》第Ⅳ.A.-5:101条以下,《欧洲共同买卖法》第140条以下)。其结果是,买方虽未收到货物,但必须支付货款。买方也失去了履行请求权;例如,他不能以卖方再次向他提供约定的种类物作为支付货款的条件。

[31]《欧洲合同法原则》第9:102条第2款b项、《国际商事合同通则》第7.2.2条b款、《(欧洲私法)共同参考框架草案》第Ⅲ.-3:302条第3款b项、《欧洲共同买卖法》第110条第3款b项亦如此。根据该规定,如果"履约的负担或费用与买方将获得的收益不相称",则不得判决卖方交付货物。

[32] 就该问题请参见第306页。

[33] 例如,参见《德国民法典》第275条第2款,此外《德国民法典》第439条第3款、第635条第3款;根据这些规定,卖方和承揽方可以拒绝补充履行,"如果补充履行唯需费用过巨始为可能时"。法国法则不同。(现《法国民法典》第1221条规定,如果成本-收益比显示实际履行是明显不经济的,那么实际履行请求权会被否认。——译者注)参见 Civ. 11. Mai 2005, Bull. cass. 2005. Ⅲ. no. 103:当事人提出,承包商建造的房屋比合同约定的高度低了33厘米,因此必须拆除重建。上诉法院驳回了诉讼,但法国最高法院维持了原判。对该判决的批评性意见参见 kritisch D. Mazeaud RDC 2006, 323 以及(比较法)B. Fauvarque-Cosson RDC 2006, 529。

造泳池所需的 21500 英镑。上诉法院认为这一要求是合理的,但上议院认为,委托人的损失合理地只限于一定程度的愉悦体验方面的损失,并因此认为一审法官对该损失作出的 2500 英镑的估值是正确的。[34]

还可能存在其他原因会导致合同履行成本对债务人来说是"不合理的高昂",从而使法院不会作出实际履行判决。另一个英国案例就是这种情况,在该案中,土地购买者要求卖方交付已出售给他的土地。虽然在这种情况下,法院通常会发出特定履行令,但在该案中,法院驳回了针对卖方的诉讼,因为自买卖合同缔结以来,非可归因于双方的过错已过去四年,在此期间,卖方因身患重病急需依靠邻居的长期帮助,因此需要维持其在所售房屋中的住所。[35] 法院认为该案是一个非常"困难"的案件。事实上,债务人以"不合理的高昂支出"为由对履行之诉提出抗辩的案件,与其他债务人以合同订立后情况"发生了重大变化"、合同的"交易基础"已丧失或合同履行对其造成特殊"困难"为由对履行之诉以及损害赔偿之诉进行抗辩的案件很难区分开来。[36]

3. 个人化给付

如果债务人要提供的服务或承揽加工具有"个人特征"或与合同当事人具有"人身关系"时,实际履行请求权也被排除,这一规则也得到了普遍承认。[37] 法国和英格兰的判例也发展出了类似的规则[38];在德国,《德国民法典》第 275 条第 3 款规定,如果给付必须由债务人"亲自"履行,而

---

[34] *Ruxley Electronics and Construction Ltd. v. Forsyth* [1996] A.C. 344.

[35] *Patel v. Ali* [1984] Ch. 283 (Court of Appeal). 根据德国法,在这种情况下,买方的诉讼也会依据《德国民法典》第 275 条第 2 款被驳回。即使法院赞成其诉讼并作出实际履行判决,但如果"充分考虑债权人的保护需求,由于非常特殊的情况,执行判决会造成与公序良俗相抵触的不公正",则法院也会禁止其执行该判决。(《德国民事诉讼法》第 765a 条)。

[36] 参见第十五章,此外《欧洲合同法原则》第 6:111 条,《国际商事合同通则》第 6.2.2 条以及 *Schelhaas* in: Vogenauer/Kleinheisterkamp (o. Fn. 17) Art. 7.2.2 Rn. 30 f.。如果债务人能够证明由于其影响范围之外的障碍而无法履行的,债权人的实际履行请求权也被排除(参见《联合国国际货物销售合同公约》第 79 条,《欧洲合同法原则》第 8:108 条,《国际商事合同通则》第 7.1.7 条以及第 374 页及以下和第 421 页)。

[37]《欧洲合同法原则》第 9:102 条第 2 款 c 项,《国际商事合同通则》第 7.2.2 条 d 款和《(欧洲私法)共同参考框架草案》第 III.-3:302 条第 3 款 c 项的规定也类似。

[38] 参见脚注 3 和脚注 22 的内容。

且在衡量双方利益之后"不能合理期待"其会履行给付的情况下,债务人可以拒绝履行,法院也不得作出实际履行的判决。[39]

4. 达成替代交易

如果债权人可以从第三人处获得所欠给付,而且一个理性的人在相同的情况下也会达成此类替代交易时,那么他就无权要求实际履行合同。[40] 这一规则与普通法的观点是一致的。尽管它与欧陆国家的法律制度所提供的解决方案不同,但即使在这些国家,债权人也完全有理由不浪费太多时间向不愿或不能履行的债务人主张实际履行。[41] 相反,对债权人而言,通常情况下最有利的解决方案是迅速宣布交易完成并要求债务人承担因合同未履行而产生的损害赔偿。在有可能达成替代交易的情况下,债权人的实际履行请求权被剥夺,这尽管对大陆法系而言是一种牺牲,但实际上,这种牺牲并不严重。但无论如何,此种情况下实际履行请求权的排除会产生一种重要的实际后果:如果卖方在到期日后仍未交付所售货物或拒绝履行合同,买方必须根据他在知道不履行或拒绝履行合同后**迅速**与第三方达成或本可达成的替代交易计算他对卖方的损害赔偿请求。他不能,比如说,一开始主张其履行请求权,但当所售货物的价格

---

[39] 此外,还应牢记,如果债务人——例如,作为画家、演员、作家、专家或外科医生——根据一项判决需要提供服务或完成一项工作,而他在缺乏特定的艺术或科学技能的情况下无法完成该服务或工作时,那么根据德国法,此类判决的执行也会被排除,债权人也因此对实际履行判决并不具有利益(参见第 293 页及以下)。

[40] 《欧洲合同法原则》第 9:102 条第 2 款 d 项,《国际商事合同通则》第 7.2.2 条 c 款。《(欧洲私法)共同参考框架草案》第 Ⅲ.-3:302 条第 5 款以及《欧洲共同买卖法》(参见第 110 条第 3 款、第 163 条第 1 款和第 164 条)的规定则不同:根据这些规定,即使债权人可以通过替代交易获得给付,他也可以坚持要求实际履行。当然,这对他来说是有风险的。如果达成此类交易对他来说是"合理的",并且不需要支付"巨大"的成本,也不"十分"麻烦,但他依然无动于衷并且坚持要求履行合同,那么如果他后续因合同未履行而主张损害赔偿时,他必须接受这样的现实,即损害赔偿的额度只能以他作为一个理性人本可迅速(德:sofort)缔结的替代交易为基础来计算。如果债务人是卖方,在他没有按时交货或断然拒绝履行合同的情况下,买方最好——特别是在价格趋于上涨的情况下——迅速完成替代交易,并立即(德:sofort)要求损害赔偿。这其实是普通法所提供的解决方案,但也被上文提到的《欧洲合同法原则》和《国际商事合同通则》所采纳。

[41] 债权人往往也会对实际履行判决失去兴趣,如果此类判决的执行被排除或者是困难的,或因此只会产生其得到法院的授权,通过在债务人承担费用的条件下与第三人达成替代交易的方式获得给付的结果(参见第 291 页)。

上涨,致使其赔偿请求——以此时达成的替代交易为计算基础——特别高时,他又转而主张损害赔偿。

5. 实际履行请求权的及时性

如果以上提到的排除实际履行请求权的理由都不适用,那么债务人就无法确定,债权人是会要求他履行合同并因此而需要作好必要的履行准备,还是会向他主张损害赔偿。为了缩短这种不确定性的持续时间,《欧洲合同法原则》第 9:102 条第 3 款规定,如果债权人在已知或应知债务人不履行合同后的一段合理时间内没有寻求实际履行,则丧失履行请求权。[42]

(二)补充履行请求权

当守约方要求补充履行时,就涉及一种特殊形式的实际履行请求权。如果其缔约相对人尽管已尝试履行合同,但其提供的给付不符合合同约定的品质,即存在缺陷时,就属于这种情况。在这种情况下,守约方——即债权人——是否有权要求债务人通过事后修复有缺陷给付或者提供无瑕疵替代品的方式补充履行呢?债权人只有在先主张补充履行请求权且未获成功的情况下才能因合同未履行而要求解除合同并主张损害赔偿吗?另一方当事人在提供了有瑕疵的给付后,事后是否仍应获得机会,通过无瑕疵的补充履行完成其合同义务,从而阻止守约方立即行使解除权或因合同未履行而要求损害赔偿?当卖方交付的货物或企业主完成的承揽加工不符合合同约定时,这些问题便首先会涉及销售合同和承揽合同。

在很长一段时间里,补充履行请求权对于以罗马法为蓝本的大陆法系而言都是陌生的。古罗马的市场主要用来交易奴隶、动物和食物。这些货物都是买方在订立合同之前可以亲眼检查的,其隐藏的缺陷无法被事后补正。这就解释了为什么根据罗马法——以及 2002 年之前在德国

---

[42] 《国际商事合同通则》第 7.2.2 条 e 款,《(欧洲私法)共同参考框架草案》第 III.-3:302 条第 4 款也如此规定。《德国民法典》第 376 条第 1 款亦同。

适用的法律——如果所购货物存在缺陷,买方不能要求补充履行,而只能寻求撤销合同、降低购买价格以及在某些情况下要求损害赔偿。对于工业化批量生产的产品,买方在订立合同之前无法仔细检查并且商品隐藏的缺陷可以由卖方进行补救,而且对卖方来说,修补的费用要低于合同被撤销或因不履行合同而被起诉要求承担损害赔偿的费用。这些货物的交易越频繁,上述规则越没有存在的意义。旧的规则虽然已完全过时,但仍能在法典中被保留下来,这是因为这些规则属于任意性规则,即它们可以因合同中存在相反的约定而失效。事实上,商业经营者已普遍通过合同约定——一般是通过格式条款中的规定——的方式规定,在所购物品有缺陷的情况下,买方只能要求补充履行;只有在补充履行不可能、卖方拒绝补充履行或补充履行不成功的情况下,买方才能寻求进一步的补救措施,即撤销合同或损害赔偿。

　　同时,关于买卖法的法律规则也反映了这一发展进程。在国际层面,统一买卖法的规定在这方面发挥了特殊作用。它们规定,在交付的货物有缺陷的情况下,买卖双方原则上有权要求或提供补充履行。对**买方**(德:Käufer)而言,根据《联合国国际货物销售合同公约》第46条第2款的规定,只有在交付有缺陷的货物构成"根本违反合同"(德:wesentliche Vertragsverletzung)的情况下,他才有权要求以**交付替代物**(德:Ersatzlieferung)的形式进行补充履行。这一要件很少会得到满足。无论如何,如果缺陷可以事后补正,就不会出现这种情况。但在这种情况下,买方可以根据《联合国国际货物销售合同公约》第46条第3款要求以**修补**(德:Nachbesserung)的形式进行补充履行,除非这在当时的情况下对卖方来说是"不可期待的"(德:unzumutbar),例如,修补将对卖方产生过高的费用。如果根据合同的内容,买方对货物具备某些品质特别重视;因为这些品质的缺失,他要求按照准许的方式进行修补,并为卖方设定了一个合理期限,而且再三向后者强调一切取决于补充交付的货物是否符合合同约定,那么如果卖方在规定的时间内没有采取任何行动或修补失败,一般将这种情况视为"根本违反合同"。然后,买方可以在合理的期限内宣布解除合同。[43]反过来说,根据《联合国国际货物销售合同公约》第48条,卖方也有权通过补充履行的方式对其交付货物的缺陷进行修补,条件是不会"给买方造成不合理的延迟"。如果卖方已向买方表明他准备在一定期限内提供补充履行,那么买方虽然可以要求赔偿他因延迟履行所产生的损失,但他不得在期限届满前宣布解除合同。

《联合国国际货物销售合同公约》规定的这种模式不仅被《欧洲合同法原则》和《国际商事合同通则》所效仿[44],《欧洲共同买卖法》也采用了这一模式,只不过其适用范围仅限于买方为非消费者的情况。因此,如果买方收到有瑕疵的货物,他可以要求卖方自费进行补充履行,除非补充履行不可能、非法或者卖方所支付的费用和给买方带来的利益相比"不成比例"(《欧洲共同买卖法》第110条)。但是,买方无权以交付的货物有瑕疵为由要求立即解除合同,也无权因卖方不履行合同而要求损害赔偿。也就是说,他必须给卖方一个机会,让他有机会以自费的方式补充履行,以事后"补救"其交付的有缺陷的货物,即使是在合同所约定的交货日期之后也是如此(《欧洲共同买卖法》第106条第2款a项)。[45]然而,如果卖

---

[43] Vgl. dazu P. Schlechtriem/U. Schroeter, Internationales UN-Kaufrecht (5. Aufl. 2013) Rn. 328 ff., 465, 483.

[44] 根据《欧洲合同法原则》第9:102条和《国际商事合同通则》第7.2.3条,即使在瑕疵履行的情况下,债权人——通常为买方——也有权要求履行,即瑕疵履行下的补充履行,除非该请求权因上述原因被排除或提出的时间太晚(参见第303页)。但是,与《联合国国际货物销售合同公约》第46条第2款的规定不同,即使债务人没有"根本违反合同",债权人也可以要求以交付替代物(德:Ersatzlieferung)的形式进行补充履行。反过来,债务人——通常为卖方——在某些特定的条件下也有向债权人提出进行快速补充履行,并为此设定一个期限,其结果是,只要最后期限尚未到期,债权人就不能主张其他补救措施(参见《欧洲合同法原则》第8:104-106条,《国际商事合同通则》第7.1.4-5条)。

[45] 《德国民法典》第323条第1款和第2款也作了此规定(第十三章第四节第6部分,第345页):根据该规定,收到瑕疵货物的买方必须为卖方设定一个合理期限,以便其进行补充履行;只有在期限届满未果的情况下,买方才可解除合同。如果是"定期交易"(德:Fixgeschäft),即从双方当事人的协议中可以清楚地看出,他们认为准时交货如此重要,以至于合同应随之"存废"时,则期限的设定则是不必要的(合同也可立即解除)。英国法的规定更加严格:它只在卖方自己提出并且能够在合同约定的交货日期届满前完成的情况下,才允许卖方通过补充履行的方式进行补救。否则买方可以解除合同,除非交付不符合合同约定的货物所构成的违约行为"如此轻微,以至于(买方)拒收货物是不合理的"(《英国1979年货物买卖法》第15A条,《德国民法典》第323条第5款第2句亦同。另参见第346页以下)。

方提出的"补救措施"会给买方造成重大不利、买方有充分理由怀疑卖方的可靠性或有特殊事由使买方有权立即解除合同的,则卖方无权要求补充履行(参见《欧洲共同买卖法》第 109 条第 4 款)。诚然,这些规则包含了许多不确定的概念,这使得难以预测法院在个案中会如何进行裁决。但总体来看,原则上虽然赋予收到与合同约定不符货物的买方以补充履行请求权——只要这不会给卖方造成不合比例的高额费用——但另一方面拒绝其合同解除权——只要卖方已准备好并能够在合理期限内实现补充履行——的做法是恰当的。尽管卖方确实因交付了有缺陷的货物而违反了合同义务,买方也往往对立即解除合同有重大利益,例如,因为货物价格在这段时间内下降。但尽管如此,买方还是通过补充履行得到了合同中向其承诺的内容,此外,买方因在约定的交货日期之后才收到合同规定的货物而可能遭受的损失也将得到赔偿。在这种情况下,卖方应当能感受到补充履行给他带来的好处:即只有当他认为补充履行的成本低于解除合同所产生的费用时,他才会向买方提出补充履行。

如果人们观察卖方是经营者(德:Unternehmer)和买方是**消费者**(德:Verbraucher)的买卖合同,会发现情况完全不同。对于这类合同,根据《欧共体关于消费品买卖的指令》,买方在收到有缺陷的商品后可以要求卖方进行补充履行,并由买方决定是修复缺陷还是替代交付无瑕疵的商品。[46] 无论何种选择都要在"合理期限内"完成,而且"不会给消费者造

---

〔46〕 Richtlinie 1999/44/EG vom 25. Mai 1999 (ABl. EG Nr. L 171 S. 13) 第 3 条。关于各国对该规定的实施情况参见《法国消费法典》第 L 211-9 条,《英国 1979 年货物买卖法》第 48A 和第 48B 条(这两条规定使英国法在消费品买卖领域接近于大陆法系的规定。在《欧共体关于消费品买卖的指令》之前,英国消费者只能先自掏腰包修理,然后再向卖方主张损害赔偿。另一种可能是解除合同,从别处购得无瑕疵商品,然后主张损害赔偿。现在英国消费者可以通过要求卖方修理或更换商品以符合约定来实现对实际履行的主张。——译者注),《德国民法典》第 439 条和第 475 条第 1 款。德国的规定也适用于经营者之间签订的买卖合同。但在此种情况下它们属于任意性规则,即它们可以被合同的不同约定所取代。如果这些约定以格式条款的形式出现(几乎总是如此),则必须通过内容审查(参见第 206 页及以下)。

成重大不便"并且"是无偿的"。[47] 但根据《欧共体关于消费品买卖的指令》第3条第3款规定,如果买方所选择的补充履行方式不可能或者会给卖方造成不合理的费用,则卖方可以拒绝。[48] 只有当卖方拒绝上述两种方式的补充履行或者买方选择的方式未成功或不可期待的情况下,买方才可以解除合同或者要求降低购买价格。

如果买方是消费者,这一规定对他来说还是相当有利的,特别值得注意的是,迄今为止,欧盟法院对于关于该规定的确切适用范围的疑问一直作出有利于消费者的裁决。尽管如此,《欧洲共同买卖法》提出了一项对买方**更加**有利的建议。根据《欧洲共同买卖法》第106条第3款a项,即使卖方完全可以进行补充履行并且以合理的方式向买方提供了补充履行,买方也依然应当有权要求降低购买价格或解除合同(并要求退款)。尽管根据该法第114条第2款的规定,在商品缺陷"不严重"的情况下不得适用本规定,但在其他情况下,买方可以不顾卖方要求补充履行的意愿,立即解除合同,即使解除合同的真实原因是商品价格下降,买方现在可以在其他地方买到更便宜的商品,甚至是由于其他原因他对履行合同失去了兴趣。如果卖方提出的维修费用明显低于他不得不将货物收回并在二手市场廉价出售(无论是否修理)所需的费用,那么买方也可以立即解除合同。很明显,由此产生的额外费用将被计算进卖方的价格中,并转嫁给所有买家。关于这样做是否有意义,是有疑问的。因此,允许在合同中作出买方——可能是作为减价的回报——接受卖方享有补充履行优先权的约定也许是合理的。但这样的约定是无效的。因为《欧洲共同买卖法》的立法者坚信,他们提

---

[47] 对于"无偿性"这一概念,欧盟法院的结论是,如果买方已收到一个无缺陷的替代品,则他不必对自己已经使用——即使是长时间——有缺陷的商品并从中获得重大利益进行补偿(参见 EuGH 17.4.2008 Rs. C-404/06, Slg. 2008 I-2685 = NJW 2008, 1433)。《欧洲共同买卖法》第112条第2款的规定亦同。

[48] 欧盟法院对这一规定的解释也是有利于消费者的。如果有缺陷的商品已经安装在买方的房屋内,而唯一的补救措施是更换有缺陷的商品,那么卖方还必须承担拆除有缺陷的商品和安装无缺陷的商品的费用;卖方不得因这些费用"不合理"而拒绝更换商品(从而将买方限制在降低购买价格或解除合同两种选择之中)。So EuGH 16.6.2011, Rs. 65/09, Slg. 2011 I- 5257 = NJW 2011, 2269.

供的解决方案是最好的,因此,他们赋予了这些条款强制性特征(《欧洲共同买卖法》第 108 条)。

四、有效违约(德:Der effiziente Vertragsbruch)

如果从经济学的角度来观察法律规范,所涉及的问题是它们是否有助于稀缺资源的有效配置。换句话来说,即它们是否提供了激励措施,促使个人的行为不仅有利于其私人利益,而且能增加整个社会的利益。从这个角度来看,实际履行请求权遭到了法经济学家的质疑。他们提出了这样的问题,即如果一方当事人因实际履行或补充履行而产生的费用高于其必须支付给缔约相对人的损害赔偿金,那么为什么他仍须负担履行义务?尽管违约的一方有责任支付损害赔偿金,但可免于实际履行或补充履行,从而为其创造了重新配置由此所释放的资源的机会,使其在支付了损害赔偿金之后仍有结余,这样的规则不是更有效率吗?[49] 这样的解决方案在法伦理学上未必是无可挑剔的。因为它会鼓励债务人仅依据看起来对其有利的私人成本效益计算就选择退出具有约束力的合同,即使这需要支付全额损害赔偿金。由于普通法在对待实际履行请求权方面非常谨慎,因此与大陆法系相比,其更接近于"有效违约"。是否确实如此,最佳的办法就是根据具体的案例类型进行判断。

"有效违约"这一问题通常借助于这样一个买卖合同进行讨论,在该合同中,卖方有义务按照合同约定向买方交付一件物品,但在合同订立后,第三人对同一件物品给出了更高的报价。如果卖方接受了第三人的要约,然后向买方宣布不履行与他订立的合同,但会支付损害赔偿金,倘

---

[49] Vgl. dazu *H.-B. Schäfer/C. Ott*, Lehrbuch der ökonomischen Analyse des Zivilrechts (5. Aufl. 2012) 504 ff.; *D. Friedman*, The Efcient Breach Fallacy, J. Leg. Stud. 18 (1989) 1; *T. Ulen*, The Efciency of Specifc Performance, Mich. L. Rev. 83 (1984) 341; *R.J. Scalese*, Why No »Efcient Breach« in the Civil Law?: A Comparative Assessment of the Doctrine of Efcient Breach of Contract, Am. J. Comp. L. 55 (2007) 721. Vgl. ferner *U. Huber*, Leistungsstörungen, Band I (1999) 49 ff.; *Neufang*, Erfüllungszwang als »remedy« bei Nichterfüllung (1998) 366 ff.; *H. Kötz*, Vertragsrecht (2. Aufl. 2012) Rn. 774 ff.

若第三人支付的购买价格之高,足以使卖方在支付损害赔偿金之后仍有结余,那么他的违约行为就是"有效"的。但这种计算方法只有在卖方支付的损害赔偿金能够完全补偿买方因未收到货物而遭受的不利时才是有效的。然而,如果某地块或某特定的单一物被出售,而通过缔结替代交易无法获得完全等值的替代物时,情况就不是这样了。这也是普通法在这种情况下认为买方可以要求卖方履行合同的原因。[50] 诚然,如果卖方已经将货物交付给第三人,因而货物不在其手中,那么此类履行请求权将不再被考虑。因为在这种情况下,履行对他来说是不可能的,或者说只有当以相当高的价格从第三人处回购时才有可能。即便如此,卖方也会因不同的原因失去"有效违约"的动机。例如,他被要求将他从第三人所获得的购买价款交给买方。[51] 有时,卖方也很难找到一个以更高价格向其购买商品的第三人。因为如果第三人不仅知道卖方违约,而且还鼓励他违约,甚至可能向其承诺会对买方主张的损害赔偿进行补偿,这可能会构成第三人侵权行为(德:unerlaubte Handlung des Dritten),导致他有义务向买方支付损害赔偿。[52] 此外,如果**可替代的商品**(德:vertretbare Sachen)已被出售,但从其他来源可以采购到相同品质的商品,那么卖方也会失去"有效违约"的动机。对于此类商品,只有当其市场价格上升时,第三人才会支付更高的价格。然而,此时买方要求卖方支付的损害赔偿也会相应地增加。因为他将根据已经缔结或可能缔结的替代交易,以同一商品在此期间已经上涨的价格来计算。因此,违约对于卖方而言已经没有任何

---

[50] 然而,应当指出的是,即使卖方已被判决交付商品,但仅凭这一点并不总是能阻止他"有效违约"。因为如果他向买方"买断"对其有利的履行判决所支付的价格虽然很高(特别是高于买方有权获得的损害赔偿金),但仍低于第三人支付给他的购买价格时,这就显而易见了。

[51] 《德国民法典》第 285 条。

[52] 在这种情况下,在德国法中依据《德国民法典》第 826 条因"教唆违约"(德:Verleitung zum Vertragsbruch),在英国法中因"促使违约的侵权行为"(英:tort of procuring a breach of contract),在法国法中依据《法国民法典》第 1382 条(现《法国民法典》第 1240 条)因其行为存在"过错"(法:faute),第三方应当承担责任。详见 Scalese(前注 49)756 ff.; V. Palmer, A Comparative Study (from a Common Law Perspective) of the French Action for Wrongful Interference with Contract, Am. J. Comp. L. 40 (1992) 297。

价值,而且他是否还需要承担履行合同责任的问题也就不言而喻了。

承揽合同(德:Werkverträge)的情况则会有所不同。涉及此类合同的"有效违约"总是被允许的。例如,一个建筑承包商获得了一份建筑合同,但委托人现在发现该交易对他不再有利,因为有另一个建筑承包商愿意以更低的价格建造这一栋建筑就是这种情况。在这种情况下,委托人有权终止合同,而且不需要给出任何理由,即使承揽人已经开始工作。但终止合同的代价是,委托人必须支付约定的报酬,他可以从中扣除承揽人因提前终止工作而节省的费用或者将其资金另作他用而获得的或因恶意未能获得的费用。[53] 实际上这就意味着委托人必须支付损害赔偿金。反之亦然,如果承揽人在合同订立后意识到终止合同会对他有利,因为如果他将其资源另作他用有望获得的收益高于他必须向委托人支付的损害赔偿金。尽管在这种情况下,承揽人无权解除合同,甚至有可能被委托人起诉而被责令实际履行合同,但获得这样的判决对委托人来说也是没有意义的,这可能出于以下两个原因:第一,判决无法被执行,例如,当承揽人需要提供艺术性或科学性的给付时就是如此;第二,判决的执行只会导致委托人经法院授权,在承揽人承担费用的情况下委托第三人实施承揽人所承诺服务的结果,委托人在此种情况下获得的仍然是损害赔偿金。即使是**劳务合同**(德:Dienstverträge),如果当事人不接受或不愿意提供承诺的服务构成违约,他们也需要承担损害赔偿。相反,当事人无须担心履行判决。例如,如果当事人与律师、病人与医生、学生与寄宿学校的经营者签订了劳务合同,那么通常不会判决债务人履行其所承诺的劳务,因为这种劳务给付具有个人化的特点或其依赖于当事人之间的信任关系。即使法院可以作出履行判决,其**执行**(德:Vollstreckung)也会被排除或对债权人而言不可行。反之,即在义务人履行给付,但权利人拒绝接受的情况下,情况也不会有什么不同:此时也不能通过履行判决命令权利人接受劳

---

[53]《德国民法典》第 649 条,《瑞士债法》第 324 条,《奥地利普通民法典》第 1168 条,《荷兰民法典》第 7A:1647 条,《瑞士债法》第 377 条,《希腊民法典》第 700 条,《波兰民法典》第 644 条。其他法律制度通过使委托人在终止合同后承担赔偿承揽人损失的义务而作出相同的规定。例如,《法国民法典》第 1794 条,《意大利民法典》第 1671 条。

务。但他必须支付约定的报酬(有一定的扣除),实际上就是承担损害赔偿金。[54]

如何解释为什么特别是在承揽合同领域,承揽人可以"有效违约",而在事关土地和特定单一物的买卖合同领域却不允许或很难"有效违约"呢？在买卖合同的情况下,合理的解释是,虽然在合同订立时,买卖标的物仍然属于出卖人,但他只是作为"受托人"(德:Treuhänder)为了买受人的利益而持有该财产,因此他必须将该财产交付给买受人;如果向买受人交付标的物已不再可能,则他应将把该标的物另作他用时所获得的利益交给买受人。而在一个承揽合同中,尽管承揽人必须要完成所承诺的工作,但他仍然是决定使用其员工和机器并组织整个生产过程的人,因此,他应享有随后因更有利地使用其资源所带来的利益。委托人所遭受的损失会得到赔偿,从而使其处于不发生违约时所应处的位置。关于特定物买卖(德:Spezieskauf),情况则不同。因为在这种情况下,买方的损害赔偿请求权是"不充分的",这是因为此时通常无法以替代交易为基础来计算买方的损害赔偿,买受人所遭受的损失往往具有非物质性的特征,无法完全通过金钱得到补偿。另一方面,如果出卖人所支付的损害赔偿金太低的话,那么其违约行为将不再"有效";因此,如果法律制度尝试去阻止出卖人违约,它也能很好地——从经济学的角度也是如此——完成这一任务。

---

[54] 参见《德国民法典》第615条,《奥地利普通民法典》第1155条,《瑞士债法》第324条,《荷兰民法典》第7 A:1638条 d款,《意大利民法典》第2227条。

第十三章　解除合同

一、导论 ………………………………………………………… 303
二、利益状况 …………………………………………………… 305
三、不同模式的解决方案 ……………………………………… 307
　1.法国法 ……………………………………………………… 308
　2.英国法 ……………………………………………………… 311
　3.德国法 ……………………………………………………… 314
四、前提条件 …………………………………………………… 316
　1.基本规则 …………………………………………………… 316
　2.履行不能 …………………………………………………… 318
　3.拒绝履行 …………………………………………………… 322
　4.迟延履行 …………………………………………………… 322
　5.不完全履行 ………………………………………………… 326
　6.瑕疵履行 …………………………………………………… 329
五、合同的清算 ………………………………………………… 334

一、导论

每个合同当事人都相信其缔约相对人会以其所承诺的方式履行合同。如果事与愿违，那么总会出现这样一个问题，即信守合同的一方——下文统称为"债权人"——能够对这种情况作出何种反应。一种方式是他坚持履行合同。如果对方当事人——即"债务人"——是一个不交付所售货物或者不按照合同约定的时间、地点、包装或者品质交付货物的卖方时，则买方可以坚守买卖合同并主张其履行请求权(参见第十二章)。也就是说，他可以要求继续交付货物并就此为卖方设定一个必须履行的最后期限;如果交付的货物有缺陷,他可以要求修理或者更换为没有缺陷的货物[1];如果卖方主张先支付货款,他也可以行使留置权(德:Zurückbehaltungsrecht),即在卖方交付合同所约定的货物之前拒绝支付货款。[2] 此外,无论如何,买方都可以主张履行请求权(德:Erfüllungsansrpuch),并要求赔偿其因卖方未按照合同约定的条件交付货物或者不履行其他合同义务而遭受的损失。

只要信守合同的一方坚持履行合同,他就必须作好在债务人按照合同约定履行的情况下交付其应承担之**对待给付**(德:Gegenleistung)的准备。这可能会给他带来麻烦。例如,当他已被承诺交付货物或者提供服务,但同样的货物或者服务在这段时间内价格下跌就是这种情况:此时他显然有兴趣使自己摆脱支付价款的义务并获得以更优惠的价格与另一个合同当事人达成交易的自由。这就是下文要讨论的问题:在何种情况下,信守合同的一方有权解除合同,从而实现从这一刻起他以及合同对方当事人都不需要再履行合同的目的? 如果合同被解除了,那么进一步的问题就是,如何撤销合同的解除?[3]

以下内容讲的是合同的"解除"(德:Aufhebung)。除此之外,还可能会使用"放弃合同"(德:Abstandnahme vom Vertrag)[4],"解除合同"(德:

---

〔1〕 这种情况通常被称为"补充履行"(德:Nacherfüllung),参见第 306 页及以下。

〔2〕 在双务合同中,有权提出"不履行抗辩"(德:Einrede des nicht erfüllten Vertrags)的一方只能主张拒绝履行,而非其合同义务的消灭。然而在实践中常见的情况是,合同一方当事人先以此抗辩自卫,如果之后合同仍然没有得到履行才会解除合同,其合同义务随合同解除而消灭。关于"未履约之抗辩"(拉:exceptio non adimpleti contractus)可参见《德国民法典》第 320 条,《奥地利普通民法典》第 1052 条和第 1062 条,《荷兰民法典》第 6:262 条,《希腊民法典》第 374 条,《意大利民法典》第 1460 条第 1 款,《葡萄牙民法典》第 428 条。在某些法律制度中(参见《英国 1979 年货物买卖法》第 28 条,《法国民法典》第 1612 条和第 1653 条)通过法律规定了针对买卖合同的不履行抗辩,但只要根据合同可以认为双方的义务应"同时"(德:Zug um Zug)履行,判例一般也承认不履行抗辩在其他合同类型中的适用,参见 Treitel (-Peel) no. 17-013 ff.; Terré/Simler/Lequette no. 630 ff.。同时参见《联合国国际货物销售合同公约》第 58 条,《欧洲合同法原则》第 9:201 条,《国际商事合同通则》第 7.1.3 条,《(欧洲私法)共同参考框架草案》第 III.-3:401 条,《欧洲共同买卖法》第 133 条。

〔3〕 参见下文第五部分(第 348 页及以下)。

〔4〕 Vgl. P. Schlechtriem, Abstandnahme vom Vertrag, in: J. Basedow (Hrsg.), Europäische Vertragsrechtsvereinheitlichung und deutsches Recht (2000) 159.

Befreiung vom Vertrag)[5],或"合同终止"(德:Vertragsbeendigung)这样的表达。当在德国法中看到"Rücktritt"和"Kündigung"、在法国法中看到"résolution"和"résiliation"、在意大利法中看到"risoluzione"和"recesso"、在荷兰法中看到"ontbinding"这样的字眼时,讲的就是合同的"解除"(德:Auflösung)。英国法中使用的术语并不统一,新近常用的术语为"终止"(英:termination)[6];该术语也被国际规则所采用。只要能够确定合同终止最重要的结果是未来停止相互间履行义务,那么具体选择哪一术语就只是一个法律品位的问题了。*

二、利益状况

一方当事人是否可以按照上述方式解除合同不是一个可以简单决定的问题。[7] 一方面,遭遇缔约相对人违约行为的一方对于以该理由"清算"(德:liquidieren)合同并在有利可图的情况下获得与第三人达成交易的自由具有强烈的利益诉求。然而,这往往与对方当事人同样强烈的维持合同的利益诉求相对立。如果人们设想出这样一份合同,通过该合同,某人——"债权人"——同意支付价款,而另一方——"债务人"——则有义务交付或者制造货物、建设房屋或者作为出租人让渡商业大楼或者船只,那么这种利益冲突就变得非常明显了。如果债务人不履行或者不适当履行合同义务,那么债权人该怎么办?例如,债务人声明,立法者禁止他交付已出售的货物或者交付因其他原因已不可能,比如,他的上游供应商未向其交货导致他也无法交货,由于工人罢工导致建设工程严重超期或者由于运输问题或其他原因他无法按时交货。如果债务人虽按时

---

[5] Vgl. *A. Flessner*, Befreiung vom Vertrag wegen Nichterfüllung, ZEuP 1997, 255.

[6] 特别是参见 *G.H. Treitel*, Remedies for Breach of Contract, A Comparative Account (1998)中的第 239 页及以下关于"终止"一章。

* 所有这些术语的基本意思是一致的:即合同解除的后果是任何一方都不再负有任何履行的义务。在大多数情况下,无过错方不仅有解除合同的利益,而且还希望主张违约损害赔偿,这两种救济措施可以被同时主张。——译者注

[7] 参见 Flessner(脚注 5)264 ff.和 Treitel(上注)S.241 f., 259 中有说服力的思考。

319 交货,但货物质量不符合合同约定时,该怎么办?如果债务人违反合同义务,没有自费修理其出租建筑物上的缺陷或出租船舶上的机器故障时,该怎么办?如果债务人虽按时交付了所出售货物中的一部分,但后来证明他因向债权人的竞争对手交付了同样的货物——甚至可能以更低的价格——而违反合同义务时,该怎么办?

在上述情况中,通常建议债权人维持合同并要求债务人履行合同。因此,如果货物未被准时交付,他可以坚持嗣后交付,即使这最终可能会造成交付延迟。当交付的货物或者服务有缺陷时,债权人有权甚至有义务(至少在最初)主张**补充履行**(德:Nacherfüllung),即要求债务人嗣后修复货物或者服务的缺陷或者交付无缺陷的替代物或者替代给付。债权人还可以保留有缺陷的货物或者服务,并要求债务人降低双方所约定的价格。最后必须牢记的是,即使债权人坚持履行或者补充履行合同,也绝不妨碍他要求债务人赔偿其因债务人未履行或未适当履行合同所遭受的损失。

但下文的讨论将会聚焦到另外一个问题,即如果债务人未履行或者未正确履行其合同义务时,债权人在何种条件下有权**解除**(德:Aufhebung)合同?债权人对这一问题会感兴趣,因为他已不再信任债务人,不再想和他争论合同正确履行的问题并希望能够迅速从中抽身而退。债权人希望解除合同的另一个原因可能是,债务人所承诺给付的价格在合同缔结之后出现了下跌,债务人可以以更低的成本从第三人处获得同样的给付。在价格上涨的情况下也是如此。如果买方未支付合同中约定的预付款,卖方可能会希望以此为由解除合同,将货物以更高的价格卖往别处。还有一种情况是,债权人在合同缔结之后意识到自己做了一笔糟糕的买卖,因此对合同的履行不再感兴趣并且非常乐意以债务人的行为违约为由解除合同。另一方面还需要考虑债务人的利益。他因合同的解除会损失在合同被执行的情况下应得的利润,这一点是显而易见的。此外,可能还会产生其他损失,比如,当他承诺完成特定的建筑工程或者货

320 物的生产与交付时,如果他已经开始执行合同,即搭建了工地、与分包商签订了合同、采购了原材料或者制造了部分要交付的货物,倘若债权人有

权解除合同,他将损失已经发生的费用。诚然,因为债务人违反了合同义务,比如,他没有交付或者没有按时交付承诺的货物或服务,又或者交付的货物或服务有缺陷,他应当专注于解决这些问题。但在很多时候,只要能避免一件事,即债权人宣布解除合同从而使其失去整个合同,债务人就愿意赔偿因自己违反合同义务而产生的损失。

出于这些原因,合同双方完全有理由达成合理分配这些风险的合同约定。这些约定可以使守约方更**容易**解除合同,例如,在逾期未交货的情况下,买方可以被授予一种即时解除权(德:ein sofortiges Aufhebungsrecht)。当然,作出的约定也可以使合同解除的**难度增加**。例如,如果合同解除被排除,而债务人必须要赔偿债权人因其未履行或瑕疵履行所遭受的损失时,就属于这种情况。合同双方也可以约定,只有在债务人的违约行为已经造成特别严重的后果或者债权人为债务人在到期日之后的适当履行设置了一个期限,而债务人在该期限到期后仍未履行时,才允许解除合同。尽管合同双方经常会作出类似的约定,但这并不能改变这样一个事实,即只要缺少这样的约定,对合同解除要件作出一般性规定的"任意性"规则就必须要发挥相应的作用。那么,这些规定应该包含哪些内容呢?

三、不同模式的解决方案

不言自明的是,当债权人未收到向其承诺的给付或者债务人以其他方式违反其合同义务时,债权人必须能够解除合同。然而,关于合同解除权的一般规则在欧洲法律体系中制定得比较晚。罗马法中也没有此类规则。诚然,合同双方可以在买卖合同中作出约定,即如果买方没有在合同规定的时间内支付货款,卖方有权宣布合同完结。[8] 在罗马法中也有迹象表明,被起诉要求履行合同的一方可以援引后来被称为"未履约之抗辩"(拉:exceptio non adimpleti contractus)进行抗辩,即他在原告自己没有

---

[8] 对这种被称为"解除约款"(拉:lex commissoria)的约定,参见 Zimmermann S. 737 f.。

履行合同的情况下可以拒绝履行。[9] 该规则也被教会法所采纳,并被置于更广泛的基础之上。从违背任何承诺都是罪过因此在道德上应受谴责这一原则出发,不仅可以得出所有合同原则上都应当有效的结论[10],而且可以得出如下推论:即不信守合同的一方也不得要求其缔约相对人履行合同(拉:Fidem frangenti fides non est servanda)。自然法学者以不同的形式表达了同样的思想:他们认为,在双务合同中,一方当事人承诺履行义务是以对方也履行义务作为条件的;这也意味着,在这种情况下,信守合同的一方不仅能够以此为由进行抗辩,还可以进一步采取措施,即完全退出合同。

1. 法国法

《法国民法典》第 1184 条(现《法国民法典》第 1217 条和第 1224 条以下)所依据的也是这一思想。该条第 1 款——以一种听起来更像教科书而非法律的表述方式——规定,在双务合同中,如果一方未履行其合同义务,"应视为有解除条件的约定"。[11] 该条第 2 款规定在这种情况下,信守合同的一方可以选择主张履行请求权(如果可能的话),或者请求解除合同并要求对方赔偿损失。解除合同并要求赔偿损失的请求是否合理,根据第 3 款之规定应由法官决定:"解除合同必须向法院提起,法院依情形给予被告一个期限。"

根据该款规定,合同不能因债权人的单方声明而被解除,而只能由法官根据其请求作出相应的判决。另外值得注意的是,《法国民法典》并没有就合同解除的要件作出任何具体规定。尽管《法国民法典》第 1184 条第 1 款(现《法国民法典》第 1217 条和第 1224 条以下)要求"其中一方不履行其承诺",但根据《法国民法典》第 1184 条(现《法国民法典》第 1217 条和第 1224 条以下)的措辞,债务人是否违反了"根本"的合同义务,或者他是否完全或部分地未履行其义务,抑或债权人是否为其正确履行合同设置了一个

---

[9] 与此相关的丰富历史文献参见 Zimmermann S. 800 ff.;另参见 R. Zimmermann,»Heard melodies are sweet, but those unheard are sweeter …«, AcP 193 (1993) 121, 160 ff.。

[10] 参见第 69 页及以下。

[11] 参见《法国民法典》第 1184 条第 1 款(现《法国民法典》第 1217 条和第 1224 条以下):"双务合同当事人中的一方不履行其所订立债务的,均不言而喻地存在解除条件。"关于这一表述的历史沿革,参见 Terré/Simler/Lequette no. 644。

合理期限,而这一期限也未得到遵守,这些都不重要。同样地,也不考虑债权人是否以及在多大程度上遭受了损害,或者合同的不履行或瑕疵履行是由可归责于债务人的行为还是由于偶然事件或不可抗力引起的。在所有这些情况中,债权人都可以要求解除合同;然而——正如将要介绍的那样——这一切都需要由法官对上述情况进行衡量,然后作出决定。法官可以拒绝解除合同,此时合同虽得以维持,但可能附带其他条件,如责令债务人补交符合合同约定的货物、修理有缺陷的货物、降低采购价格或劳务报酬,或者为其违反义务支付损害赔偿。但是,法官也可以批准解除合同。但即便如此,法官也可以准予债务人一个补充履行的"宽限期",并命令只有在该期限届满而履行仍不成功的情况下,才可以解除合同。

显然,**司法**(德:gerichtlich)形成的解除合同的原则对商事交易实践造成了不利影响。如果该原则被认真执行,并假设合同当事人在解除判决作出之前仍将完全受合同义务的约束,那么这可能会导致这样的结果,即只有在作出这种判决之后,卖方才可以将其货物另行出售,或者买方才能从另一供货商那里进行替代交易。法国判例通过授予信守合同的一方在一系列"例外情形"中单方面解除合同权利的方式来避免这种结果。如果合同本身在协议中赋予信守合同的一方这样的解除权,就属于这种情况。同样地,即使没有作出此类约定,如果合同——例如,租赁合同或雇佣合同——属于不定期合同,或者规定交错履行多个部分给付,以及如果合同涉及事务委托,如货物存储、提供咨询服务、公司内合作、销售委托人的货物或者执行其他委托,在这些情况下,如果有正当理由对另一方的可靠性或履约能力失去信心,任何一方都可单方面宣布解除合同。[12] 在某些情况下,从《法国民法典》的某个条款中也可以推断出单方面解除合同权的存在。如果种类物未被按时交付给买方,那么他可以认为合同已经完结,并根据《法国民法典》第1144条(现《法国民法典》第1222条)之规定从另一供货商处购买货物并由卖方承担费用。尽管买方只有在得到法院

---

〔12〕 详见 Terré/Simler/Lequette no. 478 ff.; Malaurie/Aynès/Stoffel-Munck no. 881。在这些情况中,人们将其称为合同的解除(法:résiliation)而非撤销(法:résolution),其结果是合同的解除只对未来发生效力。另参见第 350 页。

授权的情况下才可以如此行事,但在商事交易中,如果情况紧急并且买方为卖方设置的额外交货期未果,那么法院的参与就不是必要的。根据《法国民法典》第 1657 条(现《法国民法典》第 1199 条以下)的规定,如果"食品或动产"已被出售,而买方没有按照合同约定的时间提取货物,**卖方**(德:Verkäufer)也可以单方面解除合同。[13] 最后,法国最高法院在 1998 年 10 月 13 日一项备受瞩目的判决中裁定,如果对方当事人违反其合同义务达到了非常严重的程度,也允许单方面解除合同。[14] 这种"严重违约"何时发生,取决于个案的具体情况;一般来说,只有当债权人在履行期限届满后为债务人设置了最后期限,而债务人仍没有遵守这一期限时才构成严重违约。诚然,判例一再向债权人强调,他在单方面解除合同时要"自担风险"(法:à ses risques et périls),但这只是在说明一件实际上不言而喻的事情,即债务人可以随后向法院起诉并以不合理为由反对债权人单方面解除合同。如果债务人胜诉,那么债权人无正当理由解除合同这一做法**本身**便构成违约行为,对此他应承担损害赔偿责任。由此,法国文献得出结论:《法国民法典》第 1184 条(现《法国民法典》第 1217 条和第 1224 条以下)赋予法官的主导作用在实践中"越来越多地沦为一种对当事人态度的事后控制"。[15] *

---

〔13〕 参见 Terré/Simler/Lequette no. 658 f.。

〔14〕 "合同一方行为的严重性可能证明另一方有理由单方面终止合同,风险自负。"So Civ. 13. Okt. 1998, D. 1999, 198 mit Anm. *Jamin* = J.C.P. 1999.II.10133 mit Anm. *Rzepecki* . Ebenso Civ. 20 Feb. 2001, D. 2001, 1568 mit Anm. *Jamin* = Rev. trim. civ. 2001, 363 mit Anm. *Mestre/Fages* . 对此并参见 Terré/Simler/Lequette no. 660; *Malaurie/Aynès/Stoffel-Munck* no. 891; Storck, J.Cl. civil Art. 1184 Fasc. 10 (2007) no. 68,这些文献都带有关于法国判例的引注。

〔15〕 So Terré/Simler/Lequette no. 661; Storck(上注) no. 72 也持此观点。由此可以认为,法国法与其他欧洲法律制度之间的实际区别没有那么大。《法国债务法改革草案》也规定,在"严重违约"的情况下,允许债权人单方面解除合同,尽管这通常以债务人在债权人所设置的期限内仍未补充履行为前提条件。见《泰雷改革草案》第 108 条以下,《卡特拉改革草案》第 1158 条也作了相似规定,对后者的批判见 *M. Fabre-Magnan und S. Whittaker*, in: Cartwright/Vogenauer/Whittaker (Hrsg.), Reforming the French Law of Obligations (2009) 169 und 187。

* 现《法国民法典》第 1224 条和第 1225 条规定,当事人可以约定解除条款(法:clause résolutoire)。即使未达成该等条款,债权人仍可单方面解除合同而无须诉诸法院,但只有在违约充分严重(法:suffisament grave),且债权人业已给债务人设置了合理的补充履行期限,并明确提示若此宽限期内不履行,则合同会被解除(现《法国民法典》第 1224 条和第(转下页)

2. 英国法

英国法的基本原则是,如果对方当事人的违约行为具有"重大影响",即导致合同的"实际不履行"(英:substantial failure of performance),那么信守合同的一方通常有权解除合同。然而,这只是一个存在许多例外的经验法则(德:Faustformel)。

为了更准确地将"重大"合同义务和其他合同义务区分开来,英国判例法首先对"担保"(英:warranties)和"条件"(英:conditions)进行了区分。每一项合同承诺——无论是明示或暗示地被列入合同——都构成"明示"或"默示"担保。如果这种承诺未被遵守,信守合同的一方有权因"违反合同"要求损害赔偿,但他依然受合同约束。只有当对方所未遵守的承诺构成一个"条件"时,他才能选择完全从合同中退出。

英国法在解除合同的情况下——正如《法国民法典》第1184条(现《法国民法典》第1217条和第1224条以下)那样——也提及"条件",这并非巧合。在英国法中,重要合同义务的履行也被视为是受益方提供对待给付的"条件"。因此,只要缔约相对人未履行或未依合同履行其给付,信守合同的一方都可以拒绝履行其对待给付,除非他负有先履行的义务。后来,这一观念被强化为,在"条件"被违反时,视为信守合同的一方**未来**(拉:pro futuro)提供对待给付的义务已被解除,即他可以解除合同并在特定条件下主张损害赔偿,此时他甚至可以因整个(已被解除的)合同未履行而主张损害赔偿。[16]

那么,如何区分"担保"和"条件"呢?[17] 如果合同中有明确约定,将

(接上页)1225条)。《法国民法典》没有说明什么样的不履行属于充分严重。该条未采用法国判例的表述,即单方解除合同的债权人自担风险(法:à ses risques et périls),也就是说法院可能嗣后拒绝认可解除的效力。倘若如此,合同依然有效,法官会要求债务人履行合同,并可能会对此规定一个期限(现《法国民法典》第1228条)。债权人在没有充分理由的情况下解除合同是否构成违约并因此承担损害赔偿责任,这一点仍没有定论。——译者注

[16] 详见 Zimmermann (前注9) 153页及以下。他从法国法和英国法使用"条件"这一概念得出结论:自然法思想与共同法(拉:ius commune)和普通法之间存在着密切的历史联系,这两种法律传统"至少在合同法部分,在很大程度上是由同一种资料发展而来的"(参见第169页)。

[17] 详见 Treitel (-Peel) no. 18-039 ff; McKendrick no. 10.1 ff., 19.6 ff. 以及(比较法上的) Treitel (前注6) s. 259 ff.以及 Flessner (前注5) 266 ff.。

325 某一合同承诺称为"条件",那么这种约定也通常为判例所接受,即使信守合同的一方因承诺未被遵守而遭受的损失在个案中并不是特别严重也是如此。[18] 但在 Schuler AG v. Wickman Machine Tool Sales Ltd. 一案中[19],情况则有所不同。在该案中,一个特约经销商向其委托人承诺,每周至少拜访六家指定公司一次并推销委托人的产品。然而经销商违反了该义务。虽然该承诺在合同中被称为"条件",但法院拒绝给予委托人解除合同的权利,因为双方当事人不可能希望让哪怕是违反职责的一次访问的遗漏就产生解除合同的严重后果。在没有明确将某项合同义务约定为"条件"的情况下,起决定作用的是,一项义务的违反是否会导致合同的"实际不履行"或者——如人们常说的——"涉及问题的根本"。对此,信守合同的一方因义务违反所遭受损失的严重程度通常具有重要意义。如果信守合同的一方在违约事件中仅遭受轻微损失,或者如果在这种情况下可以预期其将获得损害赔偿时,就认为被违反的合同义务不构成"条件",其仍受合同约束。

另一方面,在某些情况下,商人之间进行的交易中的合同承诺被严格限定为"条件"。根据判例法,当一方承诺将在特定时段或者特定期限内履行给付或者提交声明时尤为如此。在 Bunge Corp. V. Tradax SA 一案中[20],买方承诺在美国墨西哥湾沿岸的一个港口提供一艘船以接收其以离岸价购买的15000 吨大豆,并在装运日期前至少 15 天通知卖方,以便其选择港口并将货物运输到那里。但买方给出的最后期限少于 15 天。于是,卖方立即宣布合同结束。法院作出了对其有利的裁决。商人之间的交易基本适用"时间至贵"(英:time is of the essence)原则。因此,关于 15
326 天期限的约定就构成一个"条件",卖方有权解除合同,这与他是否能在不足 15 天的期限内准备好货物或者是否会产生以及会产生多高的额外费用无关。即使是因为合同签订后大豆价格上涨,而卖方主要是想解除合同以获得与他人达成更有利交易的自由,此案也绝不会作出其他判决。

---

[18] 例如,参见 Lombard North Central plc v. Butterworth [1987] Q.B. 527。
[19] [1974] A.C. 235.
[20] [1981] 1 W.L.R. 711 (H. L.).

法院的严格态度是基于法律确定性的理念。必须承认的是,这有时能够使一方退出一个对他们不再有利的交易,因此会显得不公正。[21]

有时是立法者将某些(明示或默示的)合同承诺提升到"条件"的级别。这尤其适用于卖方交付的货物与合同描述不符、不能实现合同约定的目的或者由于其他原因不具有在当时情况下可被视为"令人满意"的质量的情况。根据《英国 1979 年货物买卖法》第 12—15 条,在这些情况下,卖方违反了"默示条款"(英:implied term),而这些"默示条款"被明确规定为"条件"。[22] 但例外的是,如果交付的货物只是存在"轻微"(德:geringfügig)瑕疵,根据第 15A 条的规定,卖方**不得解除合同**;在这种情况下,他只享有损害赔偿请求权。[23]

如果一项合同承诺既没有被当事人约定为"条件"或"担保",也不能通过判例法或被立法者认定时,该如何处理呢?这类承诺——通常被称为"中间(英:intermediate)条款"或"无名条款(英:innominate term)"——在被违反的情况下也会产生法律后果,如果条款非常重要,以至于信守合同的一方基本上无法再得到其根据合同应得的东西;在这种情况下,也允许解除合同。对此,1962 年的一个**首要案例**(英:leading case)具有决定性意义。[24] 在该案中,原告将一艘船租给被告,租期为 2 年,该船在移交时因发动机老化而不适航。在船舶从利物浦到大阪的第一次航行中,因发动机老化已停航 5 周、在到达大阪后又停航 15 周以便修理发动机,因而被告解除了合同。被告解除合同的另一个原因还在于,同类型船舶的租金价格在此期间已经下降,被告认为他为租赁相同或类似船舶签订新的合同时只需支付更低的租金。但原告认为,虽然他可能因出租了一艘不适航的船舶违反了合同,但这并不能赋予被告解除合同的权利,因此解除合同本身构成了违约,被告应对其不履行合同的行为承担

---

[21] 对此所进行的深刻反思有 Lord Wilberforce in Bunge (上注) 715,并参见 Treitel (-Peel) no.18-042 und 18-050; McKendrick no. 10.4。

[22] 参见《英国 1979 年货物买卖法》第 11 条第 3 款,第 13 条第 1A 款和第 14 条第 6 款。

[23] 如果买方为消费者,该规定不适用(对此可参见 346 页及以下)。对《英国 1979 年货物买卖法》第 15A 条的批评见 Treitel (-Peel) no. 18-053 f.。

[24] Hong Kong Fir Shipping Co. Ltd. v. Kawasaki Kishen Kaisha Ltd. [1962] 2 Q.B. 26.

损害赔偿责任。上诉法院也认同了这一观点。诚然,原告违反了其移交适航船舶的义务,因此,正确的做法是,他可以依据合同对被告进行赔偿。但从当时的情况来看,原告对其义务的违反并没有严重到允许被告解除整个合同的程度。被告在没有充分理由的情况下解除合同构成了根本违约,这使原告有权因不履行合同向其主张损害赔偿。

3. 德国法

德国法中,双务合同的解除被称为"Rücktritt"。[25] 如果债务人逾期未履行或者未按照合同约定履行合同义务,并且债权人"所设置的合理履行或补充履行期限也不成功"时,则允许解除合同(《德国民法典》第323条第1款)。这种"宽限期模式"(德:Nachfristmodell)也被其他法律制度用作合同解除法律规则的出发点。[26] 法国法和英国法中都没有这方面的规定。尽管它们也承认在某些情况下,债权人是否能够证明债务人不仅未履行合同或履行存在瑕疵,而且也未遵守为正确履行而设定的宽限期,这对合同是否可撤销具有重要作用。

然而,德国法也承认在很多情况下设定宽限期不是必要的,允许立即解除合同。这首先适用于《德国民法典》第 275 条所规定的债务人履行"不能"(德:unmöglich)的情况。[27] 因此,如果已出售的画作确实已损毁或者已出售的种类物在任何地方都无法再获得,那么买方将丧失合同履行请求权。他可以立即解除合同而不必再设定最后履行期限——实际上在此种情况下也毫无意义——以免除自己支付货款的义务(《德国民法

---

[25] 与此相对,如果当事人想结束的是构成**长期债务关系**(德:Dauerschuldverhältnis)的双务合同,例如,租赁合同、劳务合同、合伙合同或长期事务委托合同,则称之为(**面向未来的**)**解除**(德:Kündigung)。此类合同解除的条件通常会在合同中进行约定,如果没有此类约定或者约定无效,则通过法律规定确定。当存在"重大事由"时,法律允许"例外"解除。在没有此类规则的情况下,则适用《德国民法典》第 314 条这一强制性规定:它允许"基于重大事由"解除长期债务关系。

[26] 参见《瑞士债法》第 107 条、《奥地利普通民法典》第 918 条、《希腊民法典》第 383 条、《葡萄牙民法典》第 808 条、《荷兰民法典》第 2:265 条和第 6:82 条和《意大利民法典》第 1454 条也有类似规定,这两部法典还进一步规定必须以书面方式设定宽限期,而且意大利法中规定这一期限通常不得少于 15 日。参见 Flessner(前注 5)第 271 页。

[27] 关于履行不能,参见第 292 页和第 302 页。

典》第 326 条第 5 款)。

更重要的是《德国民法典》第 323 条第 2 款(《瑞士债法》第 108 条亦同)中规定的合同立即解除的情况。债务人在债务到期后"认真且明确地拒绝履行的",债权人无须设定宽限期。[28] 此外,如果债务人没有在合同规定的特定时间或期限内履行其给付,而从合同中可以看出,债权人"已将其履行利益的继续与履约的及时性联系起来的",宽限期的设置也非为必要。这种模糊表述指的是这样的情形,即当事人的意思——通常只能通过解释来确定——是合同应当随债务人的准时履行而"成立或不成立"。如果合同中规定履行日期是"固定"或"确定"的,或者约定债务人"没有任何宽限期"或"在任何情况下都不得晚于指定时刻",就是这种情况。如果从合同中可以推断出,货物是为特定用途所准备的——在即将到来的浴场开放季销售、在特定的展览上展出、为了装上在特定时间出发的船舶——也是如此;在这些情况中,如果可以确定预期用途在补充履行的情况下无法实现,则允许买方在未按时获得给付时不设定宽限期就解除合同。出于其他原因,例如,商品的买卖价格每天都在变化也会发生这种情况,正如英国人所说的那样——"时间至贵"。

最后,如果存在"特殊情况",也允许立即解除合同(《德国民法典》第 323 条第 2 款)。判例显示,如果债务人未履行合同或未依照合同履行,而这种情况导致债权人对债务人的后续履行不再具有任何利益,因此应当可以立即解除合同时,就满足了这一要求。例如,当买方所购买的货物的市场价格在此期间下跌时,若他想在不设定宽限期的情况下就解除合同,仅出于这个原因是不够的。因为这个风险是他在及时交货的情况下也必须要承担的。然而,如果买方在他自己得到供货之前将货物转卖给了一个客户,若该客户因为卖方未向买方交货而导致自己未从买方处获得货物而取消了所缔结的合同时,那么买方对补充交付的利益也就不存在了。同样地,如果建筑商没有按时收到分包商向其承诺的某项供货,而

---

[28] 参见 BGH 25 Feb. 1971, NJW 1971, 798. 如果债务人在债务到期日之前声明或表示其不愿或不能履行其给付的,这属于《德国民法典》第 323 条第 4 款所规定的"明显"满足合同解除要件的情况;此种情况下也无须设定宽限期。参见第 335 页。

业主因未按时获得建筑商的给付并因此放弃了与他签订的合同时,建筑商也可以立即解除其与分包商的合同。[29]

如果将所有这些不设宽限期即可解除合同的情况放在一起,可以发现它们的共同特征是,合同的不履行或瑕疵履行对信守合同的一方构成一种不利,这种不利——就其本身而言——如此严重,以至于"他基本上错过了他根据合同应得的东西"。这正是《联合国国际货物销售合同公约》第 25 条中被视为可以立即解除合同的最重要的先决条件之"根本违约"(德:wesentliche Vertragsverletzung)的定义。由此可以得出结论:对于不设定宽限期即解除不履行或瑕疵履行的合同,德国法规定的要件与《联合国国际货物销售合同公约》的规定,不存在明显差异。

四、前提条件

1. 基本规则

时至今日,对于合同解除前提条件的基本规则,在比较法文献中已经没有任何实质性争议。对于这一共识的取得具有重要意义的是,在起草统一买卖法(《联合国国际货物销售合同公约》)时对这个问题进行了特别彻底的讨论,并找到了一个整体上令人信服的解决方案。诚然,《联合国国际货物销售合同公约》只适用于买卖合同,而且只适用于国际贸易中商人之间所缔结的货物买卖合同。尽管如此,在《联合国国际货物销售合同公约》中,为解除合同所选择的解决方案在国内合同法的改革中——包括 2002 年的德国法"债法现代化"(德:Schuldrechtsmodernisierung)中——也发挥了重要作用。此外,《联合国国际货物销售合同公约》现已得到 80

---

[29] 例如,参见 RG 26. Mai 1922, RGZ 104, 373, 375; BGH 25. Feb. 1971 (上注); BGH 10. März 1998, NJW-RR 1998, 1489, 1491 und dazu W. Ernst, in: Münchener Kommentar zum BGB (6. Aufl. 2012) § 323 Rn. 122 ff.,特别是 U. Huber, Leistungsstörungen II (1999) §§ 48 II 2, 49 III 1. 尽管上述判决和 Huber 的评论涉及的是《德国民法典》第 326 条第 2 款这样一个已经失去效力的规定,但它们今天仍适用,因为《德国民法典》第 323 条第 2 款第 3 项包含一个非常类似的规定。

个国家——包括几乎所有欧盟成员国——的批准,并被法院和仲裁庭在无数判决中所适用。[30]

上文提到的共识主要包括三点:**第一**,在双务合同中,是由债权人决定是否希望宣告解除合同,而不是像《法国民法典》第 1184 条第 1 款(现《法国民法典》第 1217 条和第 1224 条以下)规定的那样,由法院来决定是否解除合同。当然,这并不改变法院能够事后审查债权人宣告解除合同的行为是否正当的事实。**第二**,债权人解除合同只有在债务人违约达到一定程度的时候才具有正当性:"用于控制终止救济的最重要的单一原则……是救济只有在违约达到某种最低程度的严重性时才可援引。"[31]出于这一原因,解除合同始终要求合同的违反必须要达到"根本"违约或"重大"违约的程度。**第三**,是承认——特别是在违约并非"根本性的"或债权人对其"根本性"有怀疑的情况下——如果债务人在到期之日未履行或未正确履行其给付,债权人为给付的补充履行设置了一个适当的宽限期,而债务人仍未遵守这一期限时,债权人有理由解除合同。

不可否认,这三点是非常模糊的。因此,必须还要说明是否以及如何根据债务人违反义务的类型使其更加精确。尤其无法确定的是,如何界定"根本违约"这一概念。对此,人们可以将关注的重点放在违约的后果方面,特别是关注债权人已经遭受或即将遭受的损失有多大。此外,也可以根据合同内容考察债务人所违反的义务的重要性。《联合国国际货物销售合同公约》第 25 条选择了一个试图将这两点都考虑在内的表述。是否存在"根本违约",一方面取决于债权人因违约所遭受的损失,另一方面也取决于债权人是否因该损失而失去了他"根据合同"本可以从债务人那里得到的东西。[32]

---

〔30〕 关于《联合国国际货物销售合同公约》的文献现在不容忽视。关于这方面文献的介绍,参见 P. Schlechtriem/U. Schroeter, Internationales UN-Kaufrecht (5. Aufl. 2013)。

〔31〕 Treitel (前注 6),第 259 页;另参见 Flessner (前注 5),第 266 页及以下。

〔32〕 但是,如果违约所产生的这些后果对于处于债务人地位的一个理性人而言是不可预见的,该条不适用。对此详见 Art. 25 CISG Schlechtriem/Schroeter (前注 30) Rn. 317 ff.; G. Lubbe, Fundamental Breach under the CISG: A Source of Fundamentally Divergent Results, RabelsZ 68 (2004) 444。就允许债权人因债务人"根本"违约而解除合同这一点,国际(转下页)

不履行合同的第一种重要情况就是,从长期来看债务人必定无法提供给付的情形(见下文2)。如果债务人在到期之日前表示拒绝履行,那么债权人也会处于与不履约相似的境地(见下文3)。然后需要讨论的情况是,债务人未在合同约定的时间内提供给付,即发生了履行迟延,但有补充履行的可能或债权人认为有补充履行的可能(见下文4)。紧随其后的是"不完全"履行和"瑕疵"履行这两种情况(见下文5和6)。

2. 履行不能

如果债务人因事实或法律原因长期无法履约,则构成履行不能。当卖方出售一艘特定船舶,但由于该船舶沉没、被国家没收充公或被不明身份的人偷走,或者由于他已经将该船舶出售并移交给了第三人等原因而无法将其交付给买方时,就是这种情况。即使是种类物(德:Gattungssachen)的交付,对卖方来说也可能会在合同缔结时或稍后而变得不可能。例如,如果要交付的种类物因收成不佳而整体灭失或其中的一部分出于某种原因无法从其他地方再获得时就是如此。毫无疑问的是,买方在这些情况下可以解除其支付购买价款的义务。因为在双务合同中,一方承诺履行给付是因为而且仅是因为他希望获得对方的给付作为回报。如果缔约相对人无法提供对待给付,那么有什么理由要求买方支付购买价款、承租人支付租金或者要求委托人支付报酬呢?在这些情况下,信守合同的一方在其合同期望的核心方面受到严重影响,以至于总是存在"根本违约",因此他可以立即——即不需要设定已经无用的宽限期——解除合同,

---

(接上页)规则遵循了《联合国国际货物销售合同公约》的规定。《欧洲合同法原则》第9:301条第1款,《国际商事合同通则》第7.3.1条第1款,《(欧洲私法)共同参考框架草案》第III.-3:502条第1款,《欧洲共同买卖法》第114条和第134条对此作了规定。但另一方面,这些规定对"根本违约"这一概念作出了比《联合国国际货物销售合同公约》更进一步的界定,或者说提出了法官在面对这一问题时应考虑的标准。根据《欧洲合同法原则》第8:103条的定义,如果"严格遵守义务构成合同的本质",债务人违约"实质上剥夺了受害方有权期待从合同中得到的东西",或者如果债务人故意违反合同从而导致债权人有理由担心债务人未来也不会履行合同时,那么违约行为就是"根本性的"。《(欧洲私法)共同参考框架草案》第III.-3:502条第2款,《欧洲共同买卖法》第87条第2款也有类似规定。《欧洲商事合同通则》第7.3.1条第2款列出了不少于六个方面,供法官在确定违约行为的"根本性"时进行参考。

并由此解除其提供对待给付的义务。[33]

由此可知,债权人解除合同的权利并不取决于债务人是否过失或故意造成违约或者是否因其他原因对违约承担责任。如果履行不能是由于不可归责于债务人的原因造成的,比如,因"不可抗力"(法:force majeure)或"偶然事件"(法:cas fortuit)而产生[34],或者其构成《联合国国际货物销售合同公约》第79条所规定的"超出其控制范围"的障碍[35],又或者这些原因导致"交易基础丧失"(德:Wegfall der Geschäftsgrundlage)或"合同落空"(英:frustration of contract),那么债务人都无须为不履行合同支付损害赔偿。[36] 但他必须接受债权人有权取消合同,在这些情况下,有时甚至视合同已"自动"完结。[37]

原则上,债权人解除合同的权利并不取决于债务人因过失或其他原因

---

[33] 参见《联合国国际货物销售合同公约》第25条、第49条第1款a项以及 *Schlechtriem/Schroeter*(前注30) Rn. 468。《德国民法典》第326条第5款亦同(参见前注27)。在某些法律制度中仍然存在过时的规定,即如果合同指向的是一项从一开始便履行不能的给付,则合同无效(参见《瑞士债法》第20条第1款、《奥地利普通民法典》第878条,《意大利民法典》第1346条)。但《欧洲合同法原则》第4:102条的规定则不同:"一项合同并不仅因其所约定的给付在合同缔结时被认为履行不能而无效……"《(欧洲私法)共同参考框架草案》第II.-7:102条和《德国民法典》第311a条第1款亦同:据此,即使承诺的给付债务人从一开始就不可能履行,合同也是有效的,此类合同可以由债权人立即——即无须设定宽限期——解除(《德国民法典》第275条第4款和第326条第5款)。

[34] 参见法国现行判例 Civ. 2. Juni 1982, Bull. cass. 1982.I.no.205 = Rev. trim. civ. 1983, 340 mit Anm. Chabas。据此,法院可以因债务人不履行合同根据《法国民法典》第1184条(现《法国民法典》第1217条和第1224条以下)规定解除合同,"即使这种不履行不是由于过错,也不管是什么原因阻止了该方履行其承诺,即使这种障碍是由第三方行为或不可抗力造成的也是如此"。

[35] 《联合国国际货物销售合同公约》第79条第5款明确规定,虽然在上述情况中,债务人无须支付损害赔偿,但债权人仍有权使其所有的其他权利,尤其是解除合同的权利。《欧洲合同法原则》第8:101条第2款亦同:如果债务人因第8:108条中的特殊原因对其不履行不负责任,那么债权人便不能再要求其履行合同或赔偿;但他可以解除合同。《国际商事合同通则》第7.1.7条和《(欧洲私法)共同参考框架草案》第III.-3:101条第2款和第3:104条也对此作了规定。

[36] 因此,所提及的"免责事由"仅在损害赔偿部分(第十四章)讨论。

[37] 如果根据《德国民法典》第313条,合同的"交易基础"不复存在或合同被视为"已落空",则债权人无须发出特别解除声明,参见 Treitel (−Peel) no. 19-090 ff。另参见《欧洲合同法原则》第9:304条第4款:如果债务人长期不能履行给付,并且这是基于第8:103条中他不负责任的障碍,这意味着"合同自动终止,并且不需要在障碍出现时发出通知"。《(欧洲私法)共同参考框架草案》第III.-3:104条第4款也对此作了规定。

需对违约负责。当然,这并不能排除这样的可能性,即在某些情况下,虽然债务人没有直接拒绝履行合同(见下文),但其行为越发明显地表明他并没有在认真努力地履行合同,债权人因此有理由相信未来合同的履行也是不确定的。因此,根据《欧洲合同法原则》第 8:103 条 c 项规定,如果债务人故意违反合同而使债权人有理由担心他将来无法相信债务人会信守合同时,也构成"根本违约"。[38] 在这种情况下,债权人有权立即解除合同,即使他尚未因债务人的行为遭受任何损失或仅遭受少量损失。

相反,如果债权人虽未收到债务人的给付,但他对此负有责任时,债权人便不得解除合同。这尤其存在于债权人自己违反合同并因此导致债务人无法履行给付的情况下。如果债务人未按约定的时间开工建设或未交付出售的货物,其原因可能在于债权人的违约行为,比如,他拒绝债务人进入建设工地或者在合同签订后没有就建筑材料的正确选择或货物的正确包装或正确的运输地址向债务人发出所需的指示。在这些情况下,债权人不仅不能解除合同,相反,因为他自己违反了合同,他必须要赔偿债务人因此所遭受的损失。[39]

334　　此外,如果应向债权人履行但尚未履行的给付被毁坏、损坏或被盗,导致债务人履行不能,而债权人因特殊原因需对此承担**风险**(德:Risiko)时,他也不得解除合同。许多法律制度认为,将这种风险转移给债权人的第一个原因是债务人按照合同约定的形式向其履行给付,但债权人出于某种原因未收下给付,因此出现了"受领迟延"(德:Annahmeverzug):在这种情况下,如果给付——在"受领迟延"发生后——非因债务人过错而灭失时,债务人无须再次履行合同,而且保有要求提供对待给付的权

---

[38]《欧洲商事合同通则》第 7.3.1 条第 2c 款,《(欧洲私法)共同参考框架草案》第 III.-3:502 条第 2b 款,《欧洲共同买卖法》第 87 条第 2b 款亦同。并参见 Treitel (-Peel) no. 18-034 f.及第 343 页。

[39] 参见《欧洲合同法原则》第 8:101 条第 3 款,《欧洲商事合同通则》第 7.1.2 条,《(欧洲私法)共同参考框架草案》第 III.-3:101 条第 3 款。《联合国国际货物销售合同公约》第 80 条也规定,如果一方当事人"因其作为或不作为造成合同未履行的",那么他不得"援引"合同未履行这一事实,即不得解除合同。许多国家的国内法也规定如此。参见《德国民法典》第 323 条第 5 款、第 326 条第 2 款;《荷兰民法典》第 6:266 条第 1 款;Civ. 21. Okt. 1964, Bull. cass. 1964.I.no. 463; Civ. 25. Mai 1976, Bull. cass. 1976.III.no.229。

利。如果债务人是卖方,那么在这种情况下他可以要求买方支付货款,尽管买方没有收到货物,但显然他不能因货物未交付给他而通过解除合同来免除自己支付货款的义务。[40] 如果买卖合同中约定卖方必须将货物发送给买方,则存在另一个导致风险转移的重要原因:在这种情况下,卖方"根据合同将货物移交给第一承运人以运送给买方"时,不可归责于合同双方的货物灭失的风险转移至买方。[41] 因此,即使货物在运输过程中被毁损或损坏,买方也必须支付购买价款;此种情况下,他也不能因未收到货物而解除合同。[42]

---

[40] 包含因"受领迟延"而将风险转移给债权人结果的法律规定有《德国民法典》第323条第6款,第326条第2款,第293条以下条款;《法国民法典》第1257条以下条款(现《法国民法典》第1345条以下);《意大利民法典》第1206条以下条款;《奥地利普通民法典》第1419条;《葡萄牙民法典》第815条;《希腊民法典》第381条第2款等;并参见 Flessner(前注5) 299 f.。在《联合国国际货物销售合同公约》中通过以下方式达至相同的结果,即如果货物处于供买方支配的状态而买方因未受领而构成违约时,那么卖方保有要求支付货款的权利(从而排除了买方解除合同的可能性)。《联合国国际货物销售合同公约》第69条第1款。相似的规定另参见《(欧洲私法)共同参考框架草案》第IV.A.-5:201条,《欧洲共同买卖法》第140条,第142条第3款和第144条。

[41] 《联合国国际货物销售合同公约》第67条第1款第1句,《(欧洲私法)共同参考框架草案》第IV.A.-5:202条,《欧洲共同买卖法》第145条的规定类似。在各国的法律制度中也可以找到相应的规定。例如,参见《德国民法典》第447条,《瑞士债法》第185条第2款。在法国,就买卖双方的关系而言,一旦签订合同,买方就成为货物的所有权人,即使被出售的是种类物,只要向买方交付的货物已被充分"特定化",也是如此。由此可以得出结论,即货物意外灭失的风险随合同的缔结而转移给了买方。参见 Terré/Simler/Lequette no. 669(和现《法国民法典》第1196条——译者注)。英国法中的规则则不同:在英国,货物丢失或损坏的风险通常只有在买方获得货物所有权时才转移给他。但是,如果卖方将货物交给承运人以便将货物发送给买方时,则构成例外。参见 Guest/Reynolds/Beale, Sale of Goods, in: Chitty on Contracts II (31. Aufl. 2012) no. 43-222 ff.。但如果买方是消费者,情况则不同;在这种情况下,即使货物需要运送,货物丢失或损坏的风险也只有在买方取得占有时才转移给买方。因此,货物运送到买方的风险由卖方承担。如果买方自己委托承运人并且没有按照卖方的建议选择承运人时,则不适用这一规则。《欧盟关于消费者权利的指令2011/83/EU》第20条,《欧洲共同买卖法》第142条第4款的规定相同。

[42] 类似的情况也可出现在**承揽合同**(德:Werkvertrag)中。原则上,也应由承包商承担建筑工程在验收前灭失或被毁损、损坏的风险。因此,如果建设一半的房子被火烧毁,那么承包商必须重新开始工作;如果他拒绝重新开始,即使建筑项目仍然可以继续,也依然构成违约,委托人有权解除合同。但是,如果火灾是因委托人责任范围内的原因造成的,例如,火灾是由他本人或他的人引发的,或者他自己在施工现场存储了高度易燃的材料,抑或他没有采取合同中所要求的消防安全措施时,情况则不同。详见 Flessner (前注5) 301 f.。

3. 拒绝履行

如果债务人在履行期限到期日之前就认真、明确地表示他将不提供给付从而不履行基本的合同义务,则债权人有权解除合同。对于自己不履行义务的行为,债务人可以辩称,他认为合同无效或者他已经因债权人的违约行为解除了合同。在这些情况下,尽管债务人拒绝履行合同,但对债权人来说,明智的做法是使债务人遵守合同并要求其履行合同。当然,债权人也可以接受债务人拒绝履行合同。那么他就处于与债务人履行不能情况下相同的地位:他可以在不设宽限期的情况下解除合同。[43] 此外,债权人可以因合同未履行主张损害赔偿,除非债务人因特殊原因可以免责。

4. 迟延履行

以上讨论的情况都是给付不履行的情况,或者是因为债务人履行不能,或者是因为他自己主动拒绝履行合同。但更常见的情况是,债务人不交付给付——即没有在合同约定的时间交付,也没有在合同订立后的合理期限内交付——但债权人不知道其中的原因是什么,因此他也不知道债务人是否能够以及何时补充交付。在这些情况中,债权人在什么条件下才可以解除合同呢?

有时,仅仅是没有遵守约定的履行期限就足以使债权人有权立即解除合同。但这以他对准时履行具有特别利益为前提。因此,《联合国国际

---

[43] 参见《德国民法典》第 323 条第 2 款第 1 句和第 4 款,对此参见 U. Huber, Leistungsstörungen (1999) §§ 51-53 中的讨论(虽然涉及的是旧法,但依然具有权威性)。另参见《瑞士债法》第 108 条第 1 项;BG 15. Mai 1984, BGE 110 II 141, 143 f.;《荷兰民法典》第 6:83 条 c 款;OGH 19. April 1967, SZ 40 Nr. 53; OGH 21. Dez. 1987, SZ 60 Nr. 287 (S. 784);《希腊民法典》第 385 条;《匈牙利民法典》第 313 条。关于法国法,参见 S. Whittaker, How Does French Law Deal with Anticipatory Breaches of Contract?, Int. Comp. L.Q. 45 (1996) 662。《联合国国际货物销售合同公约》第 72 条第 1 款规定,如果债务人不履行基本合同义务的情况在履行到期日之前就已非常"明显",则允许债权人解除合同。《欧洲合同法原则》第 9:304 条,《欧洲商事合同通则》第 7.3.4 条,《(欧洲私法)共同参考框架草案》第 III.-3:504 条以及《欧洲共同买卖法》第 116 条和第 136 条亦同。这种情况在英国法中被称为"预期违约"(英:anticipatory breach of contract);详见 Treitel (-Peel) no. 17-073 ff.; McKendrick no. 19.9。各国法律都承认,债权人并不会因为债务人拒绝履行合同而被迫解除合同,他也可以因坚守合同并主张由此产生的权利对其更有利而选择不解除合同。

货物销售合同公约》和国际规则仅在债务人因错过约定的履行时间构成"根本违约"的情况下,才授予债权人立即解除合同的权利。[44] 这与英国法的立场相一致。[45] 德国法中没有"根本违约"的概念。这是因为它采用的是"宽限期模式",这使债权人的解除权基本取决于这样一个事实,即他在债务人没有提供到期给付的情况下为其设定一个宽限期,而债务人也没有遵守这一宽限期。当然,德国法在许多情况下——特别是"定期交易"(德:Fixgeschäft)和债权人对补充履行没有"利益"的情况下——放弃了设置宽限期的要求,而允许立即解除合同。[46] 如果将在这些特殊情况下不按照合同约定的时间履行合同视为"根本违约"的话,那么德国法和《联合国国际货物销售合同公约》解决方案之间的差异并没有那么大。即使是在法国法中,至少也承认当事人可以作出合同约定,在债务人错过履行期限的情况下,债权人可以通过单方声明(即无须法院干预)解除合同。*

然而,不可否认的是,在这些情况下,各国法院对于允许立即解除合同的支持度却是完全不同的。当然,在法国,债权人可以要求在合同中规定这种权利。但这并不能改变这样一个事实,即债务人随后可以向法院起诉,指控合同的解除毫无依据,例如,声称债权人所依据的合同协议的措辞不够明确,以至于关于其效力的所有疑问都以不利于债务人的方式进行决定,或者规定债务人解除权的约定是以格式条款(德:AGB-Klausel)的形式作出的,这不符合相关法规中对消费者保护所作出的规定。[47]

---

[44] 参见《联合国国际货物销售合同公约》第 49 条第 I 款 a 项和第 64 条第 I 款 a 项以及前注 32 中所列国际规则中的规定。

[45] 参见上文第三节第 2 部分(第 325 页及以下)。

[46] 参见上文第三节第 3 部分(第 328 页及以下)。

* 现《法国民法典》第 1223 条。——译者注。

[47] 对此参见 Terré/Simler/Lequette no. 662 以及 Storck(前注 14)Fasc. 20 no. 7 ff.中令人印象深刻的关于限制"解除条款"(法:clauses résolutoires)有效性判决的概述。并参见 BGH 17. Jan. 1990, BGH 110, 88;一家葡萄酒酒庄购买了约 100 万个铝制胶囊来密封瓶子,但它们因(无可争议的)隐藏缺陷而无法使用。酒庄因此解除了合同并要求损害赔偿。但它只能援引格式条款中的规定,根据这些规定,酒庄可以在三年内主张权利,此外其中还规定约定的交货期是"固定的",因此酒庄可以不设宽限期而直接解除合同。尽管合同双方当事人皆为商人,但法院依然认为格式条款中的规定无效,即这些规定是"惊异的"(德:überraschend)和"不合理的"(德:unangemessen),并因此驳回了起诉。

这与英国法院将未按照合同约定的时间履行给付视为"根本违约"的强硬态度形成了鲜明对比,至少对于具有相同议价能力的商人所签订的合同而言如此。在 Union Eagle Ltd. v. Golden Achievement Ltd. 一案中就是这样。[48] 在本案中,公寓的购买方承担了在 1991 年 9 月 30 日下午 5 时之前支付剩余购买价款的义务,该义务在合同中被称为"协议的实质内容"(英:of the essence of the agreement)。买方请求晚十分钟支付。卖方拒绝接受并当场解除了合同。买方认为这是不合理的,并要求履行合同。但买方的诉讼请求被法院驳回:

> 在不合理地坚持法律权利的情况下,公平原则将限制权利实施这一原则具有广泛的吸引力。但是,法院拒绝这种概括的理由不仅是基于职权(……),而且也是基于商业的实际考虑。总而言之,在交易的多种形式中,如果合同中明确约定了某些事项,当事人应当清楚地知道合同的约定将得到执行,这一点非常重要。存在一种边界不明的拒绝以"不合理"为由强制执行合同的自由裁量权本身就足以造成不确定性。[49]

还有一种情况是,关于立即解除合同权利的前提条件并未被明确给出,或者这些前提条件在债权人看来是如此不确定,以至于他不愿承担行使这一权利所带来的风险。这种风险是指,如果法院事后对合同解除进行审查并认为其违法,那么合同解除本身即构成违约,这也就意味着债务人可以要求赔偿因债权人无故解除合同、拒绝履行自己所承担的给付以及拒绝债务人所提供的给付所产生的损失。

在这种情况下,《联合国国际货物销售合同公约》为债权人提供了一条相当于德国法中"宽限期模式"的解决路径。在买方为债权人的情况下,如果货物未在约定的时间内交付,那么他可以根据《联合国国际货物

---

[48] [1997] A.C. 514 (P.C.)

[49] Lord Hoffmann (见上注) 519。关于大陆法系和普通法系法院所持不同态度的理由的中肯思考,参见 H. Beale, Remedies: Termination, in: Hartkamp u.a., Towards a European Civil Code (2. Aufl. 1998) 348 ff.。

销售合同公约》第 47 条的规定为卖方履行交付义务设置一个"合理的宽限期"。在此宽限期内不得解除合同。债权人因迟延履行而向债务人要求损害赔偿的权利不受影响。所设期限是否"合理"取决于具体情况,例如,所欠给付的类型、阻止债务人按时履行的原因、补充履行利益对债权人的重要性。如果设置的期限太短,通常会假设,债权人只有在更长的"合理"期限到期后才能主张其进一步的权利。[50] 无论是何种情况,都要设定一个期限。因此,仅仅要求债务人"尽快"履行给付是不够的。还必须向债务人说明不遵守期限可能产生的法律后果。甚至可以允许债权人发表一份声明(尽管并非必需),即如果设置的宽限期不成功,无须再另作声明,合同就"自动"解除。

如果买方是债权人,当给付在宽限期到期前未交付,那么债权人可以根据《联合国国际货物销售合同公约》第 49 条第 1 款 b 项解除合同。[51] 这是对合同双方当事人利益的合理平衡。债务人有最后的机会通过在设定的宽限期内补充履行来避免合同被解除。债权人必须等待期限届满,但通过这种方式,他获得了合同解除权的确定性并可以避免前述的风险。此外,即使债务人按时补充履行,债权人也可以要求其赔偿因不按合同约定时间履行所产生的损失。

这种解决方案不仅存在于德国法,而且也存在于其他国家的法律制度中。[52] 在法国也是如此,当法院必须依据《法国民法典》第 1184 条(现《法国民法典》第 1217 条和第 1224 条以下)作出判决时,合同的解除通常

---

[50] 德国判例就是如此。例如,参见 RG 16. Dez. 1903, RGZ 56, 231, 234 f.; BGH 12. Aug. 2009, NJW 2009, 3153 und dazu ausführlich *Huber* (前注 29) § 43 I 5。在瑞士,只有当债务人对过短的宽限期明确提出反对,法院才能将其延长至"适当"期限;如果债务人未明确表示反对,则必须受其约束。参见 BG 30. Jan. 1979, BGE 105 II 28, 34; BG 24. Sept. 1990, BGE 116 II 436, 440 f.。*Schlechtriem/Schroeter*(前注 30)Rn. 47 提出了对《联合国国际货物销售合同公约》第 47 条的不同理解:根据该条规定,设置过短期限的债权人必须再设置一个长度合理的新期限,只有在新的期限届满未成功时,债权人才可以解除合同。

[51] 如果卖方为债权人,根据《联合国国际货物销售合同公约》第 64 条第 1b 款的规定,该规定同样适用。这一解决方案也可在《欧洲合同法原则》第 9:301 条第 2 款和第 8:106 条第 3 款,《国际商事合同通则》第 7.3.1 条第 3 款和 7.1.5 条,《(欧洲私法)共同参考框架草案》第 III.-3:503 条,《欧洲共同买卖法》第 115 条和第 135 条找到。

[52] 参见上文脚注 26 的内容。

也取决于法院所设定的宽限期未得到遵守。即使是那些通过明确的合同协议约定了解除权的债权人也被反复提醒,最好在设定的宽限期内以及宽限期未果失效之前不要行使这一权利。[53] 英国也承认,在合同约定的履行时间"不构成合同实质内容"(英:not of the essence of the agreement)的情况下,债权人可以为给付的补充履行设定一个宽限期:"如果设置的期限合理且有过错的一方在期限届满时未遵守,受害方有权解除合同。"[54]

5. 不完全履行

给付未履行的一种特殊情况是,债务人只提供了部分给付,剩余部分没有履行。如果债务人虽然是分部分履行其给付,但这些部分按照双方当事人的意思构成一个整体时,则不构成这种"部分履行":在这种情况下,如果债务人未能履行其中的一部分给付,则视为整个合同都未履行,因此债权人可以整体解除合同。如果债权人是一个旅店老板,他从一家啤酒厂购买土地来经营他的生意并承诺订购其啤酒时,那么土地的出售和啤酒的订购可能会构成一个"整体"。其后果是,如果啤酒质量不达标,旅店老板只能整体解除合同;如果他这么做,他就必须要返还所购买的土地。[55] 但如果债务人所承担的给付是可分的,情况则不同。例如,某人出售50万片屋瓦并已经交付了一部分,剩余部分因履行不能,或者他明确表示拒绝履行,抑或他未遵守为其补充履行所设定的合理期限而使合同没有得到履行时,就是这种情况。

在这种情况下,债权人也可能对于整体解除合同具有利益。当其作为买方或委托方已提前支付了全部价款,但在接受了部分给付的情况下意欲要求全额退款的情况下,这一激进做法会特别引起他的兴趣。因

---

[53] 参见 Stork (前注 14) Fasc. 20 no. 10 ff.。

[54] Treitel (-Peel) no. 18-095 及其引注文献。

[55] 参见 RG 16. Nov. 1907, RGZ 67, 101 以及 Huber (前注 29) § 45 I 2 c。并参见 Civ. 13. Jan. 1987, Bull. cass. 1987.I.no. 11 = J.C.P. 1987.II.20860:一家驾校承诺为其客户准备驾照考试,如果客户未通过考试,则继续接受培训,直到他通过考试为止。在驾校拒绝继续培训后,客户解除了整个合同,并要求退还全部费用。法国最高法院支持了客户的诉请,因为法院认为双方"意欲订立一个不可分割的协议",而不是一个"可以分成一系列合同"的协议。参见 Terré/Simler/Lequette no. 655。

此,只有在——正如《联合国国际货物销售合同公约》第51条第2款中规定的那样——"不完全……交付构成根本违约"的情况下,才允许整体解除合同。[56]

如果债权人仅凭收到的部分给付无法开展工作,并且对他来说不可能或不能期待其从第三方获得剩余部分的给付(并且多支付的款项作为对损害的赔偿),就属于可以整体解除合同的情况。同样的情况也出现在《德国民法典》第323条第5款第1句。根据该规定,如果债务人只履行了部分给付,那么"只有当债权人对部分履行不具有利益的情况下,他才可以完全退出合同"。[57] 如果债权人通过所收到的部分给付无法实现其在订立合同时所追求的目的,那么债权人就不具有这种利益。在前述案例中,如果买方想用屋瓦覆盖其房子的屋顶,但由于其收到的屋瓦数量不足,而且就缺失的部分他也无法在其他地方采购到相同质量的屋瓦或者该采购对他来说不具有可期待性,就会出现这种情况。同样,如果卖方虽然交付了所出售的汽车,但未将车辆登记证(德:Kraftfahrzeugbrief)交给买方,或者买方购买并收到了电子数据处理设备(德:EDV-Anlage),但卖方未交付一并购买的、为该设备专门定制的软件时,买方也可以整体解除合同。[58]

英国法对整体合同的解除进行了更为严格的限制。原则上,只有当买方或者委托人未从卖方或企业主那里收到**任何东西**而构成"对价完全无效"(英:total failure of consideration)时,他才会被授予该权利;否则,买方或委托人虽然可以要求损害赔偿,但此时他仍然会受到合同的约束。

---

〔56〕《欧洲合同法原则》第9:302条第2句亦同:根据该规定,只有在"不履行对整个合同而言是根本性的时",债权人才可以解除整个合同。另参见《(欧洲私法)共同参考框架草案》第III.-3:506条第3款,《欧洲共同买卖法》第117条第3款,第137条第3款。

〔57〕《奥地利普通民法典》第920条第2句亦同。《荷兰民法典》第6:265条类似:根据该规定,如果债务人有违约行为,债权人可以全部或部分解除合同,但因为违约行为的特殊性或其后果轻微而无正当理由的除外。根据《意大利民法典》第1464条的规定,如果履行合同对债务人来说"部分不可能",债权人原则上可以整体解除合同,除非债权人对部分履行具有"明显利益"。

〔58〕So BGH 7. März 1990, NJW 1990, 3011. 如果根据双方当事人的意愿,将汽车和车辆登记证或电子数据处理设备和软件的交付视为一个整体,则会得到同样的结果,因此,只交付汽车或电子数据处理设备不是"部分履行",而是构成不履行整个合同,因此,如果在其他要件得到满足的情况下,买方可以解除整个合同。

这一规则无疑是充满争议的。无论如何,当虽然只有部分给付被交付,但根据合同内容或者具体情况,可以认为对此应当支付部分价款或承揽报酬时,则构成一种例外情况。在这种情况下,可以在合同解除后收回未交付部分的价款。[59]

在某些情况下,整体合同的解除是非法的,或者虽然合法,但债权人无意这么做。但这可能会产生这样一个问题,即他是否有权**部分解除**(德:Teilaufhebung)合同,也就是说,尽管他必须保留收到的部分给付并且交付相应的对待给付,但可以解除合同的剩余部分并因此免除其交付对待给付的义务。这种部分解除的第一个构成要件是未履行的给付构成债务人重大违约。因此,《联合国国际货物销售合同公约》第 51 条第 1 款规定,如果债权人作为买方仅收到了部分货物,那么只有当"缺失部分"符合《联合国国际货物销售合同公约》第 49 条规定时,即缺失部分的不履行构成"根本违约"或者卖方没有在为其设定的宽限期内交付缺失部分,他才有权部分解除合同。然而,仅有这一个要件是不够的。因为在部分解除的情况下,合同仍然是部分有效的;因此,必须确保双方当事人没有承担一个与他们最初缔结的合同完全不同的"剩余合同"(德:Restvertrag)。因此,只有当债务人的给付和债权人的对待给付都是"可分的",并且这两"部分"的分开结算包含在当事人的推定意图中时,才可以考虑部分解除。如果债务人的给付是作为一个整体来履行的,就不属于这种情况,此时只能整体解除合同。原则上,当债权人的对待给付是要支付一笔款项,该对待给付就是可分的。但即便如此,也可能难以计算债务人所交付的部分给付所对应的具体金额。在前述的案例中,如果买方在已经接受了一半所出售屋瓦的情况下想要解除剩余部分的合同,那么在卖方最初给予数量折扣的情况下,必须满足已收到货物的购买价格可以合理地减少到超

---

[59] So *Ebrahim Dawood Ltd. v. Heath Ltd.* [1961] 2 Lloyd's L.Rep. 512. 详见 *Treitel (-Peel)* no. 22 - 033 f.; *McKendrick* no. 20.5. 如果合同因交易基础丧失(德:Wegfalls der Geschäftsgrundlage,英:frustration)而被解除,则该规则不适用。在这种情况下,已交付的给付依据《英国 1943 年(受阻合同)法律改革法》[Law Reform (Frustrated Contracts) Act 1943]第 1 条第 2 款予以返还。对此参见 *Treitel (-Peel)* no. 19 - 094; *McKendrick* no. 14.17。

过一半金额的要件。[60]

如果合同要求债务人分部分交付整个给付,或者虽然整个给付尚未精确确定,但债务人在债权人需要并在其要求的特定时段内交付部分给付的,也适用类似规则。在这种"连续交付合同"(德:Sukzessivlieferungsverträge)的情况下,也会出现这样一个问题:当债务人未能交付部分给付时,会产生什么后果?根据《联合国国际货物销售合同公约》第73条,在这种情况下,如果必需的要件得到满足,债权人原则上也只能部分地解除合同,即只能解除"涉及这一部分交付"的部分合同。另一方面,只有在部分履行引起债权人对债务人将来也不会交付部分给付的合理担忧时,他才可以宣告"解除未来的合同"(德:Aufhebung des Vertrags für die Zukunft)。如果已交付的部分给付与尚未交付的部分给付之间存在非常紧密的联系,以至于债权人根据已收到的给付无法开展工作时,则债权人甚至可以例外地宣告解除"涉及已收到给付"的部分合同。[61]

6. 瑕疵履行

如果债务人的履行有缺陷,即由于任何原因,他未能实现他在(正确解释的)合同中承诺履行的内容,也构成违约。这首先包括交付有缺陷买卖物的情形。但在许多其他情况中,也会出现合同义务的履行存在缺陷的情况。例如,卖方违反了只能在为买方准备的货物而非"自己"的货物上加贴买方商标的义务,或者他泄露了在执行合同期间所获悉的买方的商业秘密,或者买方违反合同义务,以低于约定的价格转售所购物品或在廉价商品市场上将其作为处理品出售。

在这些情形中,大部分情况下是信守合同的一方因违约向缔约相对人主张损害赔偿。但有时他也可能有意**整体解除**(德:im Ganzen aufheben)合同并要求返还已交付的给付,而且还有可能因合同未履行而主张损害赔偿。

---

[60] 参见《欧洲合同法原则》第9:302条:根据该规定,只有在合同由债务人分"部分"履行(即其给付不构成一个"整体"),而且债权人的对待给付可以分摊到部分履行的情况下,才允许部分解除合同。《(欧洲私法)共同参考框架草案》第 III.-3:506条第1款和第2款;《欧洲共同买卖法》第117条第1款,第137条第1款亦同。

[61] 对于《联合国国际货物销售合同公约》第73条,参见 *Schlechtriem/Schroeter* (前注30) Rn. 622 ff. 以及 (附有比较参考文献) *Flessner* (前注5) 294 ff.。

然而，只有在违约行为是"根本性的"（德：wesentlich），导致"实际不履行"（英：substantial failure of performance）或其严重到合同的继续履行"不再可期待"（德：nicht mehr zuzumuten ist）时，信守合同的一方才有这样的权利。[62] 债务人是违反了"主义务"（德：Hauptpflicht）还是"从义务"（德：Nebenpflicht）并不重要，因为这种区分只会导致法官在他认为可以解除合同的情况下将一项义务提升为"主义务"，在相反的情况下降低为"从义务"。债务人是否因过错或者其他可归责的原因违反合同义务同样也无关紧要。但这也不能排除这样一种情况，即债务人未来不履行合同的行为越明显，那么就越可能存在"根本违约"。[63] 如果卖方违反合同义务将买方的商标贴在自己的产品上并在展览会上展出，这就可能构成《联合国国际货物销售合同公约》第 25 条意义上的"根本违约"，这使买方有权立即解除合同。[64] 在英国的一个案例中，一个广告商承诺为原告的蔬菜罐头做广告，方式是在他的飞机上拖着一个写有"吃巴切勒豌豆"的横幅。但令人意想不到的是，他在成千上万的人正在因纪念英雄日而默哀一分钟的时刻飞越了一个城市的集市广场。法院认为这一违约行为是"灾难性的"，它允许原告一次性解除整个合同并可以拒绝任何其他的履行行为。[65]

---

〔62〕 《德国民法典》第 324 条，第 241 条第 2 款允许在债务人没有充分考虑"债权人权利、权益和利益"并因此违反其合同义务的情况下立即解除合同。因此，如果卖方的司机在交付货物时损坏了买方的生产设备或侮辱了买方的员工，则可以立即整体解除合同。在上述的情况中，根据《德国民法典》第 323 条也能得出相同的结果，因为债务人"未依照合同"履行给付，义务的违反并非"不严重"，而且根据《德国民法典》第 323 条第 2 款第 3 项的规定，宽限期和催告也非为必要。

〔63〕 参见前注 38，就德国法的相关内容见 H. Kötz, Vertragsrecht (2. Aufl. 2012) Rn. 922 f.；英国法的相关内容见 Treitel (-Peel) no. 18-034；法国法的相关内容见 Terré/Simler/Lequette no. 652, 660。

〔64〕 So OLG Frankfurt 17. Sept. 1991, NJW 1992, 633 以及 Schlechtriem/Schroeter (前注 30) Rn. 325 ff.。

〔65〕 Aerial Advertising Co. v. Batchelors Peas Ltd. [1938] 2 All E.R. 788 und dazu Treitel (-Peel) no. 18-036.并参见 Com. 11. Dez. 1990, Bull. cass. 1990.IV.no. 316 = Rev. trim.civ. 1991, 527 mit Anm. Mestre: 有人解除了看守其不动产的合同，因为一名保安对其看守的房屋进行了盗窃。虽然保安公司在不诚实的保安外还安排了其他正派的工作人员来履行职责，但法院允许委托人整体解除合同并拒绝支付全部费用。

实践中瑕疵履行最重要的情况是卖方交付的货物不符合合同约定的性质。在大陆法系的许多法律制度中,过去有且现在可能依然存在这样的规则,即在这种情况下买方可以立即解除合同或降低购买价格。这些买卖法上的特殊规则是建立在罗马法有关规定的基础上的:只要交易的货物在合同缔结时是现货,当事人可以检查其性质且卖方无法在事后对其缺陷进行补救,这些规则就有意义。今天,这些规则已不再适用,因为被出售的货物越来越多的是工业制成品,买方在签订合同时无法检查货物性质,或者货物缺陷可以补救,或者卖方可以提供完美的替代品。[66] 在一些国家——例如,法国——已经通过一系列的努力使旧规则适应了新要求,荷兰和德国已经完全抛弃了这些旧规则,取而代之的是大幅增加因买卖物存在瑕疵而解除合同难度的规定。今天,国际规则——正如普通法的一贯做法——也将交付有缺陷的买卖物或生产有缺陷的产品视为一种常见的违约情形,因此,只有当具备必需的要件时,才允许解除合同。

我们以买卖合同领域的《联合国国际货物销售合同公约》为例,一窥这些要件的严格程度。根据《联合国国际货物销售合同公约》第49条第1款a项之规定,只有当交付有缺陷的货物可以被视为"根本违约"的情况下,买方才可以解除合同。[67] 如果合同中的约定明确表明,买方对买卖物的某些特性具有绝对利益的,则可以满足该要件。在没有此类约定的情况下,则取决于"根本违约"的判定在个案的具体情况中是否合理。在交付货物有缺陷的情况下,如果买方的利益可以通过其他法律救济措施得到保障,就不存在"根本违约"的情况。这其中也包括买方接受有缺陷的货物并相应降低购买价格的权利。[68] 在有缺陷的货物可以通过事后

---

〔66〕 参见第307页。

〔67〕 即使在国际规则中,交付不符合合同约定的、有缺陷的给付也被视为违约行为,只有当违约是"实质性的"或"根本性的"情况下,处于不利地位的合同一方当事人才会被赋予解除权。参见前注32。

〔68〕 《联合国国际货物销售合同公约》第50条、《欧洲合同法原则》第9:401条、《(欧洲私法)共同参考框架草案》第III.-3:601条、《欧洲共同买卖法》第120条亦同。降低购买价格实质上意味着合同的部分解除,因为买方只需支付部分价格,而且另一方面,卖方被"部分"解除了交付符合合同的货物的义务。

补救并且卖方已——自费、在合理的期限内且没有给买方造成任何不利后果——向买方提出此类补救措施的情况下,如果买方接受了这些措施,也不成立"根本违约"。[69] 最后需要注意的是,即使买方的合同解除权被拒绝并因此必须遵守合同,其利益也往往可以通过请求赔偿因卖方的违约行为——即交付有缺陷的货物——所导致损失的方式得到充分保障。基于这些原因,尽管交付的货物无论是其性质还是产地都不符合合同的要求,但德国联邦最高法院还是拒绝了买家的合同解除权,因为买方可以降低购买价格,或者在别处将货物低价出售并向卖方主张损害赔偿。此外,他也未在合同中明确说明,遵守约定的品质特征对他来说至关重要。[70] 因此,解除合同被视为"最后的手段",这当然是因为它会造成交易的清算,从而导致跨境远程采购的成本和风险都特别高。出于良好意愿,在不同国家的法律制度中也可以看到限制解除合同的趋势。特别是,如果交付给买方的货物与合同不符,但这种不符因缺陷轻微或卖方的违约行为"没有涉及合同的根本",因而不是很严重时,买方就会被剥夺这一权利。在英国的一个案例中,卖方承诺交付3300吨制成颗粒的橙子皮,买方打算用于生产饲料,卖方应将橙子皮"以良好状态"(英:in good condition)运送给买方。当货物抵达鹿特丹后被发现部分存在缺陷,买方拒绝接受货物并要求退还其预付的约10万英镑的货款。之后,在荷兰法院的许可下,这些货物又被转手出售,买家还是原来的买方,此时买方只需支付3万英镑并且按照原计划将这些橙子皮用于饲料制作。上诉法院认为,货物"以良好状态"运送的约定并不是指技术意义上的"状态",而只是一个"中间条款"(英:intermediate term),因此解除合同是不可接受的。

---

[69]《联合国国际货物销售合同公约》第48条。另参见《欧洲合同法原则》第8:104条,《国际商事合同通则》第7.1.4条,《(欧洲私法)共同参考框架草案》第III.-3:201-204条,《欧洲共同买卖法》第109条。

[70] BGH 3. April 1996, BGHZ 132, 290. Vgl. ferner OLG Düsseldorf 9. Juli 2010, IHR 2011, 120; Appellationsgericht Basel-Stadt 22. Aug. 2003; IHR 2005, 117; BG 18. Mai 2009, IHR 2010, 27; OGH 22. Nov. 2011, IHR 2012, 114 und *Schlechtriem/Schroeter* (前注30) Rn. 328 ff.。

因为在这种特殊情况下,交付有缺陷的货物并不涉及"合同的根本"。[71]

如果交付的货物虽然与合同不符,但其构成的违约"非常轻微,以至于买方拒绝接受是不合理的",那么法律也拒绝赋予买方解除权。[72]《德国民法典》第 323 条第 5 款第 2 句也规定,当合同当事人的履行虽然与合同不符,但由此产生的违约行为"轻微"(德:unerheblich)时,则排除债权人的解除权。[73]

最后需要注意的是,许多法律制度只允许在债权人收到与合同不符的给付后为债务人的"补充履行"设置合理的宽限期,并且该宽限期届满履行未果的情况下才允许解除合同。虽然在某些情况下确实不需要设置这样的宽限期[74],而且补充履行——无论是通过补正与合同不符的给付,还是替代交付无缺陷的给付——对债务人来说可能无法实现或被其拒绝(在这些情况下,可以不设宽限期而直接解除合同)[75],但这些都是例外情形。原则上,买方只有在给予卖方"补救"所交付的有缺陷货物的机会后,即在合理期限内去除缺陷或交付无缺陷的替代物,才可以解除合同。[76]

---

[71] *Cehave N.V. v. Bremer Handelsgesellschaft m.b.H. (The Hansa Nord)* [1975] 3 W.L.R. 447. 参见前注 24 的内容以及 *Treitel (-Peel)* no. 18-049 ff.。

[72] 《英国 1979 年货物买卖法》第 15A 条,《英国 1982 年货物和服务供应法》第 5A 条亦同。这两项规定都被《英国 1994 年货物销售和供应法》所采用。参见 *Treitel (-Peel)* no. 18-054 的批判性观点。

[73] 如果买卖物有缺陷,由此产生的违约行为是否"轻微","通常取决于消除缺陷的成本与购买价格之间的关系"。如果缺陷无法修复或只能以高成本修复,则取决于"功能损坏"的严重程度。参见 BGH 29. Juni 2011, NJW 2011, 2872, 2873。并参见 OGH 24. Mai 2005, JBl. 2005, 720 以及 *W. Faber*, ZEuP 2006, 67。

[74] 参见上注 27 以下的内容。

[75] 例如,参见《德国民法典》第 439 条和第 440 条以及 *Kötz* (上注 63) Rn. 952 ff.。

[76] 当交付与合同不符的货物本身不构成"根本违约"时,《联合国国际货物销售合同公约》对该问题的规定不同。在这种情况下,买方虽然不能要求交付无缺陷的替代物(《联合国国际货物销售合同公约》第 46 条第 2 款),但可以要求消除缺陷;他还可以为此设定一个期限(《联合国国际货物销售合同公约》第 46 条第 3 款,第 47 条)。但是,即使卖方未遵守此期限,买方也不能仅以此为由宣布解除合同。因为根据《联合国国际货物销售合同公约》第 49 条第 1b 款,只有在给付根本没有被交付而非交付有缺陷的情况下,才允许解除合同。因此,他仍受合同约束,而只能看他是否有权要求损害赔偿或降低购买价格。详见 *Schlechtriem/Schroeter* (前注 30) Rn. 336。

当然，所有这些规则都是"任意性的"，也就是说它们可以因合同作出了其他约定而失效，但是如果这些约定是以格式条款的形式出现的，则其必须符合现有格式条款的控制标准。在买方作为消费者购买动产的情况下，则适用更严格的规则。根据 1999 年 5 月 25 日《欧共体第 1999/44/EC 号指令》第 3 条，所有成员国必须引入强制性条款，规定在所交付货物之缺陷不"轻微"的情况下，消费者有权要求卖方在合理的时间内免费进行补充履行，消费者可以选择修理或者更换无缺陷的货物。如果买方以不可能或不成比例为由拒绝这两种形式的补充履行，或者由此产生的不利后果对买方来说不具有合理性，抑或卖方虽尝试进行补充履行但没有成功，那么只在这些情况下，消费者才可以选择降低购买价格或者解除合同。[77]

五、合同的清算

如果债务人未履行或未正确履行其合同义务，那么债权人享有选择权。一方面，如果债务人能够继续履行，那么债权人可以维持合同，要求债务人继续履行；此外，他还有权要求赔偿因违反合同而产生的损失。另一方面，在某些情况下，债权人也可以选择通过解除合同的方式来终止合同，并可以要求债务人赔偿因其不履行合同而产生的损失。[78] 如果债权人有权解除合同，并将其行使该权利和合同已完结的决定通知债务人，那么这意味着合同双方暂时都不再负有履行合同的义务。如果他们在合同解除前已相互履行，就会出现另外一个问题，即在合同条件下他们必须将这些给付返还给对方。

原则上，合同清算的目标是恢复**原状**（拉：status quo）。然而，不是只有当合同被解除时才会涉及合同清算，在合同因其他某种原因"失败"的情况下，例如，因为一方当事人提出合同违反法律规定或违背公序良

---

[77] 参见第 309 页及以下。

[78] 关于债权人选择权的比较法知识，见 Flessner（前注 5) 302 ff.和 Treitel（前注 6) s. 177 ff.。

俗,或者他以意思表示错误、欺诈或胁迫为由撤销合同的情况下,也涉及合同的清算。因此,许多法律制度都发展出了根据合同"失败"的具体原因而有所区分的关于合同清算的规则。[79] 此外,由于欧共体的指令,在各成员国的法律制度中都可以找到关于合同清算的特殊规则,但这些规则只适用于消费者撤销合同[80]或者其作为买方因交付的货物有缺陷而解除合同的情况。[81] 是否不应该在所有这些情况中都适用基本相同的清算规则是一个广受讨论的问题。[82] 本书在此处仅涉及因合同解除而清算的基本规则。

毫无疑问的是,随着合同的解除,合同双方当事人便不再负有(进一步)履行合同的义务。然而,合同解除并不具有溯及力。[83] 当事人在合同解除前已交付的给付并不因此而丧失其"法律基础"(《荷兰民法典》第6:271条)。尽管当事人有义务"交还所受领的给付并返还所收取的用益"(《德国民法典》第346条第1款),但这些义务是基于合同的,就如同可能

[79] 根据《欧洲合同法原则》,合同清算也适用不同的规则。如果合同因意思表示错误、欺诈、胁迫或因一方当事人被承诺"过度利益"(英:excessive benefit)或"不公平的有利条件"(英:unfair advantage)无效,则适用《欧洲合同法原则》第4:115条;如果合同违反法律或违背公序良俗,则适用《欧洲合同法原则》第15:104条;如果合同被一方当事人撤销,则适用《欧洲合同法原则》第9:305条。与此相对,《国际商事合同通则》只规定了一种清算制度。尽管其中也区分合同是因某种原因被撤销或因违反法律规定而无效(第3.2.15条、第2.2.3条第3款),还是因解除而完结(第7.3.6条),但在这两种情况下适用的法律规定是相同的。参见 R. Zimmermann, Restitutio in integrum: Die Rückabwicklung fehlgeschlagener Verträge nach den PECL, den PICC und dem Avant-projet eines Code Européen des Contrats, in: Festschrift für E. Kramer (2004) 737; R. Zimmermann, The Unwinding of Failed Contracts in the UNIDROIT Principles 2010, Uniform L.Rev. 2011, 585; S. Vogenauer, Die UNIDROIT Grundregeln über internationale Handelsverträge 2010, ZeuP 2013, 7, 33-38。

[80] 参见第284页及以下。
[81] 参见第343页及以下。
[82] P. Hellwege 赞同这种做法, P. Hellwege, Rückabwicklung von Verträgen, in: HWB des Europäischen Privatrechts (2009) 1318。另参见此文献中引用的比较法文献,以及前注79中所提及的论文。
[83] 《欧洲合同法原则》第9:305条第1款也规定,合同解除只面向未来发生效力;此外,第2款规定,解除"不影响合同中关于争端解决的任何规定或者其他即使在合同终止后仍然有效的条款"。《欧洲商事合同通则》第7.3.5条第3款,《(欧洲私法)共同参考框架草案》第III.-3:509条第2款和第3款亦同。《荷兰民法典》第6:269条也规定,合同解除"不具有溯及力"。

成立的损害赔偿请求权一样。在德国,人们甚至常说,尽管合同已被解除,但其作为一种指向清算的债权债务关系却依然存在。

350 然而,对于这一出发点,法国法持有不同的观点。如果合同被解除,一方当事人因此被解除了履行义务,则认为出现了一个"条件"(德:Bedingung),双方认为整个合同的有效性取决于该条件。这意味着,被解除的合同"被视为自始从未被缔结过;它被追溯性地消灭了"。[84] 因此,在一个被解除的合同和一个自始无效的合同之间没有任何区别,在这两种情况下都依据不当得利法律规定中的规则处理已受领给付的返还问题。当然,法国法无法完全严格地执行这些原则。特别是那些根据当事人的意愿,在合同解除的情况下应当继续适用的合同约定依然有效。因此,那些确定清算义务范围、指定管辖法院、规定违约金数额以及责成合同各方保守秘密或竞业禁止的约定依然有效。[85] 如果合同被分为若干部分,并且可以认定合同解除仅限于未来尚未执行的部分,则这种溯及被排除。[86] 如果合同是"连续或交互执行的"(法:à exécution successive ou échelonnée)[87]或者是长期合同,例如,租赁合同、劳动合同或特约经销合同(德:Vertragshändlervertrag),也适用同样的规则:如果合同解除是发生在当事人已经部分履行或暂时履行了这些合同之后——在法国人们称其为"终止"(法:résiliation)——那么合同解除也只**对未来**(拉:pro futuro)发

---

[84] Terré/Simler/Lequette no. 653.如果合同在买方将交付给他的物品转让给第三人后才被解除,那么这一规则将会产生相当大的实践问题。由于溯及力的效果,则认为买方没有成为所有权人,因此第三人只有在善意取得的情况下,才能成为所有权人。参见 Terré/Simler/Lequette no. 656; Malaurie/Aynès/Stoffel-Munck no. 880; Stork (前注 14) Fasc. 10 no. 85 ff.。意大利法的规定则不同:根据《意大利民法典》第 1458 条的规定,尽管合同解除具有溯及力(第 1 款),但这并不会影响"第三人所取得的权利"(第 2 款)。

[85] 参见 Terré/Simler/Lequette no. 653; Malaurie/Aynès/Stoffel-Munck no. 879 f.以及包含详细法国判例的 Stork (前注 14) Fasc. 10 no. 96 ff.。(现《法国民法典》第 1230 条明确规定,合同的解除不影响争议解决条款的效力,也不影响如保密条款、竞业禁止条款等即使在解除合同后仍然需要遵守的合同条款的效力。——译者注)

[86] 参见前注 55。

[87] Terré/Simler/Lequette no. 655; Stork (前注 14) Fasc. 10 no. 54, 80 ff.。《意大利民法典》第 1458 条第 1 款亦同。

生效力。[88] *

　　难以回答的问题是,合同当事人享有哪些清算权利以及这些权利的客体是什么。较为简单的情况是,当事人双方互相交付的给付在合同解除时仍然以最初的状态存在:在此种情况下,每一方当事人都可以在返还其依据被解除的合同所获给付的前提下要求对方返还他依据该合同所获得的给付。[89] 较为复杂的情况是,买卖合同的买方已收到货物,但由于货物已灭失、被损害、被消费、被加工或被转让给第三人而无法以实物返还。在这种情况中,是否应该完全排除买方的解除权呢？如果允许买方解除合同,那么买方应当返还什么呢？

　　根据《联合国国际货物销售合同公约》第 82 条第 1 款的规定,应该排除买方的解除权,"如果他不可能按实际收到货物的原状归还货物"。但在该条第 2 款中规定了重要的例外情形。首先,这涉及"非因买方的作为或不作为所造成的"返还不可能的情形。其具体含义并不十分清楚。可以肯定的是,如果货物在买方没有干预的情况下因火灾、洪水或地震被损毁或损坏,那么买方保留合同解除的权利。如果货物有缺陷,而正是因为这种缺陷——其未被买方识别并且也无法被买方识别——导致了货物的灭失或损坏的,也是如此。相反,如果货物因进水而损毁,而这种风险可以"归责于"买方,因为他将这些货物——即使没有过错——存放在易受水淹的仓库中,则买方无权要求解除合同。[90] 根据《联合国国际货物销

---

　　[88] Terré/Simler/Lequette no. 479, 655; Malaurie/Aynès/Stoffel-Munck no. 881.这在意大利被称为"解除"(意:recesso),在德国被称为"持续性债务关系"的"解除"。对此参见前注 4 以下的内容以及 Flessner (前注 5) 293 ff., 313; Treitel (前注 6) no. 179 ff.。

　　* 该问题被现《法国民法典》第 1229 条所规范,其规定合同解除的时间以当事人约定为准,若无约定,解除的时间要么是债务人收到解除通知之时,要么由法官确定。返还清算的问题由现《法国民法典》第 1352—1352-9 所规范。——译者注

　　[89] 参见《德国民法典》第 346 条第 1 款和《荷兰民法典》第 6:271 条。法国法亦如此,参见 Terré/Simler/Lequette no. 654; Malaurie/Aynès/Stoffel-Munck no. 880(现《法国民法典》第 1230 条。——译者注)。《国际商事合同通则》第 7.3.6 条第 1 款规定,合同解除后,"合同任何一方当事人均可主张返还其依据合同所提供的一切,但该方当事人亦应同时返还其依据合同所收到的一切"。《(欧洲私法)共同参考框架草案》第 III.-3:511 条第 1 款和《联合国国际货物销售合同公约》第 81 条第 2 款也有类似规定。

　　[90] 对此参见 Schlechtriem/Schroeter (前注 30) Rn. 767 f.。

售合同公约》第 82 条第 2 款的规定,如果买方无法返还货物的原因是他"在正常的经营过程中"已经将货物出售、"消费或改变"时,他仍然可以解除合同。在这种情况下,如果货物价款已被支付,虽然他可以解除合同并要求返还价款,但他必须向卖方返还他通过出售货物或者对货物的消费或改变而获得的"一切利益的等值价值"(《联合国国际货物销售合同公约》第 84 条)。

352　　　国际规则和大多数国家的法律对此作出了与《联合国国际货物销售合同公约》不同的规定。他们赋予买方以解除权,即使买方已无法再将已受领的货物返还给卖方。但买方必须向卖方偿还货物的价值。这种价值补偿义务(德:Wertersatzpflicht)不仅存在于买方消费、加工或售出货物的情况下,也存在于货物因买方的过错而灭失或损坏的情况下。此外,买方还承担货物因意外或不可抗力而毁坏或损坏的风险;因为他对货物有控制权,他还应承担货物意外毁坏或变质的风险,并因此在合同解除的情况下赔偿其价值。[91]　只有当货物的灭失或损坏是因为卖方的过错造成的,或者卖方虽无过错,但灭失或损坏是由其所交付货物的隐性缺陷造成的,买方才不承担价值补偿义务。[92]

---

〔91〕《国际商事合同通则》第 7.3.6 条第 2 款规定,如果原物返还已受领给付不可能(或者因成本过高而无法实现),"在合理的情况下应当折价赔偿"。这种"折价"(英:allowance)通常情况下应当根据给付的价值确定。详见 Zimmermann(前注 79)Uniform L.Rev. 2011, 572 ff.; Hellwege(前注 82)1320 f.; Vogenauer(前注 79)35 ff.。关于价值补偿义务的类似但更详细的规定可以在《德国民法典》第 346 条第 2 款第 2 项和《(欧洲私法)共同参考框架草案》第 III.-3:511 条第 4 款中找到。(现《法国民法典》第 1352-1 条规定,买方也就导致物之价值减少的毁损承担责任,但在善意且对毁损无过错时除外。——译者注)

〔92〕根据《国际商事合同通则》第 7.3.6 条第 3 款,如果不能进行实物返还之原因"可归咎于对方当事人",则返还义务人无须对已受领给付进行补偿。参见《德国民法典》第 346 条第 3 款第 2 项,《法国民法典》第 1647 条第 1 款,《意大利民法典》第 1492 条第 2 款和《(欧洲私法)共同参考框架草案》第 III.-3:513 条第 3 款中相应的规定。

第十四章　损害赔偿

一、不履行合同 ………………………………………… 341
二、归责 …………………………………………………… 343
　　1. 过错责任原则 ………………………………………… 345
　　2. "手段债务"和"结果债务"（法：obligations de moyens 和 obligations de résultat） ………………………………………… 350
　　3. "违反合同" ………………………………………… 355
　　4. 国际立法 ……………………………………………… 358
三、不履行与损害之间的相互关系 ………………………… 362
　　1. 对关系疏远的损害的责任 …………………………… 362
　　2. 债权人的共同责任 …………………………………… 367
四、损害赔偿的种类与范围 ………………………………… 371
　　1. 对履行利益的责任 …………………………………… 371
　　2. 买卖合同未履行时的损害计算 ……………………… 374
　　3. 利润损失和获利机会丧失的责任 …………………… 377
　　4. 获利返还责任 ………………………………………… 379
　　5. 对非财产损害的责任 ………………………………… 381
　　6. 关于损害赔偿金额的约定 …………………………… 385

如果合同一方当事人没有或没有正确履行其合同义务，那么缔约相对人首先可以坚持要求遵守合同。其次，他可以主张自己的**合同履行**（德：Erfüllung）请求权，在交付的给付有缺陷的情况下可以主张**补充履行**（德：Nacherfüllung）请求权；在特定条件下，他甚至可以要求法院作出判决，责令对方当事人履行或者补充履行合同（第十二章）。但在某些情况下，他对合同的履行没有或者不再具有任何利益，那么他应当审查，缔约相对人对其合同义务的违反是否已经严重到可以使他**解除**(德：aufheben)合同的程度(第十三章)。除此之外，信守合同的一方当事人还可以主张**损害赔偿**(德：Schadensersatz)。也就是说，他可以在坚持履行合同的同时，要求合同另一方当事人赔偿因迟延履行或以其他任何方式违反合同义务而造成的损失。尽管在解除合同后，他便不再享有合同履行请求权。但在这种情况下，他可以主张不履行合同的损害赔偿或者——如德国法所述——"代替给付的损害赔偿"(德：Schadenseersatz statt der Leistung)。[1]

不同法律制度对信守合同的一方当事人可得主张损害赔偿请求权的基本要件的规定是一致的。**首先**，要求合同对方当事人没有或者没有正确履行合同或者其"违反"了合同(见下文一)。**其次**，合同的不履行必须能够"归咎于"对方当事人，也就是说，其必须对不履行是"有责任的""承担责任"或"负有责任"(见下文二)。**再次**，合同的不履行与要求赔偿的损害之间必须存在法律上的联系(见下文三)。**最后**，对于哪些损害需要赔偿以及如何计算的问题可能存在争论(见下文四)。本部分将说明，这些要件之间并非彼此泾渭分明。另外，所提出的规则主要是"任意法"(德：dispositives Recht)，即如果合同当事人另有约定，例如，其对责任要件作出了更进一步的规定或者责任已被有效排除、限制或预先设定为一定金额，那么这些规则便不再适用。

---

〔1〕 主流观点认为，损害赔偿请求权与信守合同的一方可得主张的其他"补救措施"会发生竞合，但也会通常对此进行明确规定。例如，《联合国国际货物销售合同公约》第 45 条第 2 款和第 64 条第 2 款规定，不得因买方和卖方主张"其他法律救济措施"而排除其损害赔偿请求权。《欧洲合同法原则》第 8:102 条第 2 句也对此作了规定。该规定指出，"损害赔偿请求权并不因当事人行使了其权利或其他任何的补救措施而被剥夺"。通常情况下法律会明确规定，即使一方当事人解除了合同或"退出"合同，也可以主张损害赔偿。参见《德国民法典》第 325 条："在双务合同的情形下请求损害赔偿的权利，不因合同的解除而被排除。"《奥地利普通民法典》第 921 条亦同："合同解除不影响因合同不履行而造成损失的赔偿请求权。"《国际商事合同通则》第 7.3.5 条也对此作了规定："终止不排除对合同不履行要求损害赔偿的权利。"(并参见现《法国民法典》第 1217 条。——译者注)

一、不履行合同

根据国际规则,合同一方当事人只有在因合同**不履行**(德:Nichterfüllung,英:non-performance)而造成损害的情况下才负有损害赔偿的义务。合同当事人没有或者没有正确履行其合同义务的,都被认为构成不履行合同。因此,不履行合同是否被谅解并不重要;同样无关紧要的还有,当事人的交付是否迟延,给付是否不具有合同中所约定的品质,以及是否因他人"未能配合以充分履行合同"。[2] 法国法也在相同意义的范畴内使用了"违反合同义务"(法:inexécution de l'obligation contractuelle)这一概念。[3] 在德国,合同一方当事人的损害赔偿义务取决于他是否"违反"了"由债权债务关系(此处为合同)产生的一项义务"。[4]《联合国国际货物销售合同公约》第74条也规定,可以"因一方违约"要求损害赔偿。无论是以"不履行合同"还是以"义务违反"作为损害赔偿的出发点,本质上并无差别。尽管在日常用语中,人们将"义务违反"这一概念与合同当事人的行为应受谴责或指控,或者不应当被赞同联系起来,但在这里不应该这样理解这一概念。实际上,"义务违反"与中立的、因而价值色彩较低的"不履行"这一概念的含义是相同的。其含义都是,合同一方当事人的行为与其在合同项下承诺的行为不符。如果有人因生病而无法工作,没有人会因此责怪他,但其仍然发生了劳动合同义务违反(或劳动合同未履行)的情况。如果合同一方当事人因"履行不能"或合同履行因需要支

---

[2] 根据《欧洲合同法原则》第9:501条第1款,合同一方当事人有义务赔偿因"不履行"给缔约相对人造成的损失;《欧洲合同法原则》第1:301条第4款对"不履行"的含义进行了更详细的规定。《国际商事合同通则》第7.4.1条和第7.1.1条,《(欧洲私法)共同参考框架草案》第III.-3:7.1条和第III.-1:101条第3款,《欧洲共同买卖法》第159条第1款和第87条第1款亦同。

[3] 参见 Terré/Simler/Lequette no. 570。(即使在法国债法改革后,现《法国民法典》仍规定债务人在不履行或履行迟延时应承担损害赔偿责任。——译者注)

[4]《德国民法典》第280条第1款。根据《瑞士债法》第97条第1款,合同一方当事人的赔偿义务取决于其"根本没有或未适当履行义务";根据《荷兰民法典》第6:74条,则取决于债务人的行为在某些方面"不符合"合同的约定。

付不成比例的成本而不可期待,也是如此:在这种情况下,信守合同的一方虽然不能主张履行合同(参见第十二章第三节第(一)小节第 1 部分),但他可以解除合同(参见第十三章第四节第 2 部分)。此外,他也能够以合同未履行为由而主张损害赔偿,但前提是对方不能证明"义务违反"或合同"没有履行"是因特殊原因而不可归咎于其本人。[5]

356 对于不履行合同的几种特定形式应当适用特别规则。这首先涉及信守合同的一方当事人不愿意履行合同并希望因合同不履行主张损害赔偿的情形。如果他仅要求解除合同——仅此一项通常就足以保护其利益——那么根据大多数大陆法系国家的法律制度,他必须在解除合同前为合同对方当事人设置一个合理的宽限期。只有当宽限期届满且未达到目的时,他才可以解除合同。如果他不仅想要解除合同,还希望因合同不履行而主张损害赔偿时,该规则同样适用。[6] 在国际法规和普通法中,尽管合同的解除不涉及宽限期的设置,但其以债务人存在"重大违约"或"根本违约"为前提。因此,这其中的差异并不是特别大,因为在大部分"根本不履行"(英:fundamental non-performance)的情况中,设置宽限期非为必要。[7]

如果债权人希望遵守合同并且仅要求赔偿其因迟延履行而遭受的"迟延损失"(德:Verzögerungsschaden)时,也适用特别规则。对于这种情况,大陆法系——与国际规则和英国法不同——所采用的原则是:债权人不能仅因为债务到期且债务人未履行债务就享有该请求权。只有当债权人通过特别催告(德:Mahnung)要求债务人交付应付的给付,而债务人在

---

[5] 《德国民法典》第 275 条第 4 款就此作出了明确规定。但根据德国法,必须区分履行"不能"或"不可期待"是在合同缔结时就已存在还是之后才发生的。在前一种情况下,如果债务人无法证明他不知道存在"履行障碍"以及他对这种不知道也不负责任时,他就应当承担损害赔偿责任(《德国民法典》第 311a 条第 2 款)。在后一种情况下,他必须证明他对合同义务的违反——或不履行——不承担任何责任(《德国民法典》第 283 条,第 280 条第 1 款)。

[6] 因此,根据《德国民法典》第 280 条第 3 款和第 281 条,"只有当他为债务人履行或补充履行设置的宽限期未达到目的时",债权人原则上才可以主张代替履行的损害赔偿。《瑞士债法》第 107 条亦同。

[7] 参见第十三章第三节第 3 部分,第 329 页。

这种情况下仍不履行并因此陷入迟延时,债权人才可以主张这一请求权。[8] 这一要求[**债务人迟延**(拉:mora debitoris)])——在罗马法中就已得到承认——被誉为合同法"人性化"的特别标志。[9] 但人们可以对此提出质疑。毕竟不同的法律法规中都规定,如果在合同中对债务人履行的时间作出了明确规定,但债务人拒绝按时履行[**期限代人催告**(拉:dies interpellat pro homine)],或者如果——《德国民法典》第286条第2款就此作了明确规定——"由于特别原因,在衡量了双方利益的情况下,证明立即发生迟延为正当的",在这两种情况中即使不进行催告,债务人也陷入延迟。在英国法中,如果合同当事人未在合同中约定确切的履行时间或者没有将确切的履行时间视为合同的"本质",则情况也类似。在这种情况下,债权人即使没有义务,但也有权利按照人之常情采取行动,即向债务人表明,他希望合同在一定期限内得到履行:"如果规定的时间是合理的,而有过错的一方在期限届满时没有遵守,受害方有权终止合同。"[10] 债权人在这种情况下可以解除合同,但倘若他在宽限期经过之后仍然受领了债务人的给付,那么他就更有必要要求债务人赔偿其所遭受的因债务人在宽限期届满和给付交付这段时间内迟延所造成的损失。

二、归责

债务人没有或者没有正确履行其合同义务,并不意味着他仅因这一原因就必须赔偿由此给债权人造成的损失。只有当合同不履行可以以某种方式"归责"于他或者他对此"负有责任"时,债务人才对损害赔偿承担责任。如果债权人只是打算解除合同,那么这种"归责"并不重要。因为

---

[8] 《德国民法典》第280条第2款、第286条,《瑞士债法》第102条,《意大利民法典》第1729条以下,《法国民法典》第1146条(现《法国民法典》第1231条)。关于法国的具体内容参见 P. Pichonnaz, Schadensersatz und Mahnung im französischen Recht, ZEuP 2010, 387。

[9] So E. Bucher, Mora früher und heute, in: Mélanges en l'honneur de Bruno Schmidlin (1998) 407.

[10] Treitel (-Peel) no. 18-095.

伴随着合同解除,他只是在寻求摆脱合同的进一步约束。如果合同对方当事人没有交付所承诺的给付或者违反了另一项重要的合同义务时,那么债权人就可以解除合同。[11] 但是,如果债权人主张损害赔偿,希望如同合同得到适当履行那样得到一笔款项,那么仅仅是合同不履行是不够的;合同不履行还必须可"归责于"债务人,即他应当对由此造成的不利后果承担责任。

也就是说,这里应当区分两个问题:即债务人是否"未履行"合同以及合同未履行是否可以"归责于"他。所有大陆法系的法律制度都以这种区分为出发点。然而,这种区分对普通法系来说则非常陌生。但这种区分在大陆法系的民法中也没有任何意义。例如,如果债务人根据(正确解释的)合同向债权人承诺交付特定服务却违反了这一承诺。比如,一个医生向病人承诺提供医疗服务、一名律师向其客户承诺代理其案件或者一家银行向其客户承诺提供购买证券的咨询服务,那么如果对医生、律师或银行主张损害赔偿请求权,就不可能在他们是否"未履行"合同义务以及——如果答案是肯定的——合同未履行是否可以"归责于"他们这两个问题之间作出明确区分。相反,债务人责任取决于对**唯一**问题的回答,即医生、律师或银行的行为是否符合根据合同内容在相同情况下对理性的合同当事人的期待。如果情况并非如此,那么他们的责任成立,从而不会为未履行合同(特别是因为过错)是否也可以"归责于"他们这一问题留下任何空间。[12]

---

[11] 对该内容参见第十三章第四节第 2 部分,第 331 页及以下。

[12] 参见 G.H. Treitel, Remedies for Breach of Contract (1988) s. 8。该书中指出,在普通法系中"讨论过错的要求(如果有的话)……以确定是否存在违约……然而,在大陆法系民法体系中,关于过错的问题常常在履约失败的法律后果这一项下进行讨论"。在普通法中,过错仅在是否存在"违约"这一问题时才起作用。如果情况确实如此,债权人当然可以主张损害赔偿。而在大陆法系民法中,判断合同未履行的唯一重要因素是债务人在合同中所负担的应然行为(德:Soll-Verhalten)与其实然行为(德:Ist-Verhalten)之间是否存在差异。只有当涉及债权人能够主张损害赔偿这一问题时才会讨论过错:损害赔偿以合同不履行可"归责于"债务人为前提,特别是当他对此有过错时。对此参见 H. Kötz, Vertragsrecht (2. Aufl. 2012) Rn. 1079。

1. 过错责任原则

尽管这一区分没有意义,但大多数法律制度——至少是默认的——仍然对"不履行"和"归责"进行了区分,并认为"归责"的决定性因素在于债务人因**过错**(德:Verschulden)导致了合同不履行。尽管这种过错被认为对债权人是有利的,也就是说,如果债务人想要免除损害赔偿责任,就必须提供证据证明他对合同的不履行——如《德国民法典》第 280 条第 1 款所规定——"不负责"(德:nicht zu vertreten),即根据《德国民法典》第 276 条第 1 款,合同不履行不是因"故意"或"过失"造成的。其中,根据《德国民法典》第 276 条第 2 款,如果债务人"未尽交易上应尽之必要注意",即未像一个理性的合同当事人在相同的情况下以合同的适当履行利益行事时,则认为债务人有"过失"。根据《德国民法典》第 278 条,如果债务人为了履行其合同义务而雇用一个第三人——在大多数情况下作为其雇员,但有时也以独立经营者的身份出现——参与合同的执行,那么债务人是因个人过错而行事还是过错可以被归因于该第三人并无区别。根据瑞士法律,债务人也应承担损害赔偿责任,除非他能证明他本人以及他雇用的"辅助人员"(德:Hilfperson)均无任何过错(《瑞士债法》第 97 条第 1 款和第 101 条)。根据《荷兰民法典》第 6:74—76 条,合同一方当事人必须为可"归责于"他的所有不履行行为承担损害赔偿责任;任何过错,包括第三人的过错都可"归责于"他,前提是他为了履行其合同义务而雇用该第三人。*

然而,所有以"过错责任原则"为出发点的法律制度都不厌其烦地强调,必须对其规定许多"例外"。因此,在通常情况下,即使债务人及其辅助人员对合同的不履行没有过错,他也必须支付损害赔偿。第一个"例外"适用于债务人因缺乏履行合同所必需的资金而未履行合同的情形。在任何情况下,债务人都必须对其财务状况负责。[13] 如果他由于这方面的原因无法在约定的时间支付价款、酬金或租金,就是这种情况。如果他根据合同承担另一项给付,但由于缺乏必要的资金并且也无法通过获得

---

* 然而,不履行也可能因法律规定、合同约定或"普遍接受的观点"而归因于债务人(《荷兰民法典》第 6:75 条)。——译者注

[13] 关于这方面的比较法内容,参见 Treitel (上注) s. 17。

银行贷款筹措到这笔资金而导致他无法提供这一给付的,也是如此。因缺乏资金未向第三人购买货物、不能从第三人处购置所需的建筑材料或租用建筑工程所需的起重机,导致所售货物无法按时交付或者承诺的建设工程无法按时交付的,债务人有责任对由此造成的损失进行赔偿,而不能以缺乏资金并非他本人的过错为借口为自己开脱。

在某些情况下,也存在一些特殊法律规定。根据这些规定,债务人的责任要么完全不取决于他的过错,要么他只在即使"尽最大注意"也无法避免的情况而使合同没有得到履行时才承担责任。例如,如果承租人的损失是由于出租物在租赁合同缔结时就已存在的缺陷而导致其无法按照合同约定的方式使用造成的,那么出租人必须进行赔偿,而不能以他对出租物不存在缺陷的认识没有过错为由为自己"开脱"(《德国民法典》第536a条)。承运人运输货物的,必须赔偿其客户因货物在途丢失、损坏或未被按时交付而遭受的损失;承运人只有在例外情况下才能完全避免这种责任,即只有当他能够证明即使他"尽最大注意"也无法避免合同不履行及其所造成的后果(《德国商法典》第426条)。[14]

"过错责任原则"的另一个重要例外是在合同中对债务人约定更严格的责任或者从对合同内容的正确解释中得出这一结论。例如,根据《荷兰民法典》第 6:75 条,合同不履行"归责于"债务人,即使他对此没有过错也要承担责任,因为这是一个法律规定、一项合同约定或一般交易习惯(荷:in het verkeer geldende opvattingen)的结果。《德国民法典》第 276 条在最开始也慷慨激昂地承认过错责任原则,但之后立即补充说,可以由合同及其解释得出不同的结果,"特别是基于担保(德:Garantie)或购置风险(德:Beschaffungsrisiko)的承担"。根据商业惯例,如果某人出售的货物是合同

---

[14] 相反,也有这样一些情况,即债务人并非对任何过错都承担责任,而只对那些因"故意"或"重大过失"行为造成的合同不履行承担责任。例如,如果债务人在缔结合同时因无私行事从而减轻了其责任,那么他就获得这种优待。根据《瑞士债法》第 99 条,尽管债务人"原则上对所有过错"承担责任,但其责任应当"减轻,如果交易无法使债务人受益"。并参见《德国民法典》第 521 条和第 599 条:根据这两条规定,赠与人无偿提供承诺的给付(《瑞士债法》第 248 条第 1 款亦同),或者出租人无偿向缔约伙伴提供出租物的,仅对故意或重大过失承担责任。

中指定的一种种类物,并且需要按照合同规定的数量——按照件数、质量或其他计量单位确定——交付给买方,那么他便承担了购置风险。在这种情况下,卖方就有责任在约定的时间支配货物,以便能将其交付给买方。如果他没有做到这一点,买方因此主张迟延损害赔偿或者(在解除合同后)因合同不履行主张损害赔偿时,卖方只能通过证明所出售的种类物在各处都无法购得来免除自己的责任。这又取决于合同中约定如何确定他必须交付的种类物,特别是该种类物是否限于特定的货物库存或特定制造商生产的产品。如果所出售的那类货物仍可获得,那么债务人是否免责主要取决于就此达成的合同约定。例如,这取决于双方是否约定卖方对由不可抗力(法:force majeure,英:act of God)、战争、自然灾害、罢工或作物歉收所造成的交付障碍不承担责任;有时,卖方在合同中也保留了"正确且及时自行交货(德:Selbstbelieferung)"的权利:据此,他不希望在次级供应商没有向其本人交付的情况下承担责任。[15] 如果没有这样的明示约定,并且卖方因(合同约定的)种类物不复存在而无法交付时,那么他只能通过一种方式才能免除自身的损害赔偿责任,即证明他对导致种类物灭失的行为不承担责任,即未落入其风险范围之内。因此,如果将自己生产的葡萄酒卖给酒店的酒商,但因葡萄藤遭受虫害或生产设施被火烧毁而无法交付时,那么他便不承担责任,除非虫害或者火灾的发生是由其本人或其工作人员造成的。这种情况仍与如下情况有所区别,即卖方虽仍然可以交付,但他可以例外地援引交易基础丧失(德:Wegfalls der Geschäftsgrundlage)或"合同受挫"(英:frustration of contract)而免除合同义务。[16]

此外,如果可以从正确解释的合同中推断出一方当事人承担了**担保责任**(德:Garantie),即担保某项风险不会发生且不会因此累及合同的正常履行,那么"过错责任原则"也不适用。例如,合同一方当事人保证其具备履行合同所需的技能、知识或设备;保证其本人为所售货物的所有权人;保证所售货物的交付不需要或将由他获得官方的批准;或者保证他虽

---

[15] 对于此类"自行交付条款"的解释,参见 BGH 6. März 1968, BGHZ 49, 388; BGH 14. Nov. 1984, BGHZ 92, 396; BGH 22. März 1995, NJW 1995, 1959。

[16] 参见第十五章,第 407 页及以下,关于比较法上的介绍见 Treitel (前注 12) s. 18。

尚未占有货物，但将从第三方获得该货物并按时交付给缔约相对人。如果这些风险发生，合同因此没有得到履行，那么负有担保责任的一方当事人必须赔偿因此造成的损害，而不能通过证明自己没有错过来免除自己的责任。是否提供此类担保完全由合同确定。如果在这一点上没有作出明确的约定，那么必须通过对合同进行补充解释来确定合同双方的意图；在此过程中还需要考虑商业惯例、习惯及附带具体情况。

实际上特别重要的问题是，卖方是否对所售货物的**品质**（德：Beschaffenheit）作了保证，即以合同的形式保证货物具有某些特征，或不具有某些缺陷。通常情况下，合同中都会对货物应当具备的品质作出描述，如果对此没有明确的约定，可以借助对合同进行补充解释来确定货物必须具备哪些使其适合于合同所规定的用途或正常使用的品质。当然，仅凭这一点并不能认定卖方作出了品质保证。因此，根据遵循"过错责任原则"的法律制度，如果卖方能够证明他对货物缺陷没有过错，那么他就不承担损害赔偿责任。[17] 但是，如果卖方对货物的某种特定品质作出了"保证"，情况就不同了。然而，这仅被德国判例视为例外，即只有根据正确解释的合同，"卖方以具有约束力的方式保证买卖物具备约定的品质，从而表明他愿意为这种品质缺失所造成的所有后果承担责任"。[18] 诚然，这种保证也可由对合同的解释得出，但对此通常要求卖方具备特殊的专业知识和经验，并且能够认识到买方完全依赖他对销售对象品质的陈述，而无法以合理的成本（例如，通过质量控制）规避与此相关的风险或保护自己免受由此产生的不利后果（例如，通过投保）。

如果没有这样的"品质保证"，面对买方的损害赔偿请求，卖方虽然可以通过证明自己对所售货物的缺陷没有过错来为自己辩护，如果承包商交付了有缺陷的工程也是如此，但在许多情况下，几乎不可能提供这种免责证明，特别是当卖方或承包商自己生产了有缺陷的合同给付时：在此种

---

〔17〕 这并不能排除买方在某些条件下因货物存在缺陷而**解除**买卖合同，既可以完全解除，也可以在降低购买价格的情况下部分解除。对此参见第十三章第四节第 6 部分，第 343 页及以下。

〔18〕 BGH 29. Nov. 2006, BGHZ 170, 86, 92 (现行判例)。

情况下,实践中从最原始的经验法则出发,即谨慎行事的经营者不会犯错,谁生产了有缺陷的商品,谁就不谨慎。[19] 在这种情况下,通常只会对所售货物或工作按照合同约定应当具备何种品质发生争议。如果合同中所约定的标准未被卖方或经营者遵守这一点是确定且明显的,那么免责证明对他们来说就是**一种恶魔的证明**(拉:probatio diabolica)。如果卖方是**零售商**(德:Händler),他从生产商那里获得了有缺陷的商品;或者如果一个承包商在为客户建造的房屋中安装了由制造商提供的有缺陷的窗户,那么情况会有所不同。德国判例对这种情况进行了区分:如果在这种情况下,卖方或承包商有义务在销售或安装前检查交付给他的货物,那么虽然允许其提供免责证明,但提供这种证明却很难被提出,因为所提交的证据必须证明缺陷即使通过检查也不可能被发现。与此相对,如果不存在检查义务,例如,由于卖方或承包商缺乏必要的专业知识或设备,或者货物会因检查而被损坏而不再适合销售,那么通常就可以提供免责证据。[20] 然而,德国判例允许在这些情况下提供免责证明是否正确,这一点非常值得怀疑。毕竟,是卖方或承包商选择了制造商作为合同伙伴,因

---

[19] BGH 25. Jan. 1989, NJW-RR 1989, 559, 560 亦如此,但采用了更谨慎的表述方式:当卖方自己制造所出售的物品时,"如果物品因为没有按照合同约定的用途被制造而产生了缺陷,就可以认为存在有过错的行为"。

[20] 诚然,**消费者**(德:Verbraucher)作为买方在购买了有缺陷的物品时,可以通过强制性法律规定获得要求卖方**补充履行**(德:Nacherfüllung)或**降低**(德:Minderung)购买价格的权利;在特定的条件下,他还能够解除合同(1999年5月25日《欧共体关于消费品买卖的指令》第3条)。但另一方面,就买方的**损害赔偿请求权**(德:Schadensersatzanspruch)而言,各国国内法的规定依然适用(参见《德国民法典》第485条第3款)。因此,如果买方得到的木地板镶条是卖方在有缺陷的情况下从制造商那里获得的,那么卖方便不承担损害赔偿责任,因为其"制造商所交付的已包装木地板镶条的缺陷对他来说不具有可识别性",而且也"无法依据《德国民法典》第278条的规定将生产者可能的过错归责于他,因为生产者并非销售商的履行辅助人(德:Erfüllungsgehilfte)"(BGH 15. Juli 2008, BGHZ 177, 224, 235)。批评观点参见 *U. Schroeter*, Untersuchungspflicht und Vertretenmüssen des Händlers bei Lieferung sachmangelhafter Ware, JZ 2010, 495。根据文中观点,销售商以生产者作为辅助人员;因此,在与消费者的纠纷中,根据《德国民法典》第278条,销售商应当将制造商生产有缺陷商品时的过错作为自己的过错予以承担。判例仅将《德国民法典》第278条作为例外情况予以适用。例如,卖方必须指导买方正确处理所购物品,并为该目的向他提供来自所购物品制造商的说明手册,但该手册存在明显漏洞。在这种情况下,销售商根据《德国民法典》第278条的规定为制造商的缺陷承担责任。So BGH 5. April 1967, BGHZ 47, 312, 316.

此应当与制造商主导纠纷并就其履约或偿付能力承担风险。还应当说明的是,德国判例的立场是相当孤立的。即使在荷兰,对这一问题的看法也是不同的。荷兰最高法院(Hoge Raad)对一个案件作出了判决,在该案中,买方———一个玫瑰种植者———收到一种有缺陷的除草剂,这种除草剂是卖方从制造商———一家化工厂———那里获得的预先包装好的产品。卖方必须支付损害赔偿,尽管他既不知道也不可能知道商品存在缺陷。根据《荷兰民法典》第6:76条的规定,合同不履行仍然可以被"归责于"他,但这不是因为他的过错,而是因为他根据"一般交易习惯"(荷:in het verkeer geldenden opvattingen)承担了缺陷风险。[21]

2. "手段债务"和"结果债务"(法:obligations de moyens和obligations de résultat)

对于在不履行合同的情况下债务人是否必须承担损害赔偿这一问题,法国判例发展出了一种特殊的解决方案。这一方案并非从《法国民法典》中得出。因为民法典局限于提供两种不同的规则来回答这一问题。一方面,《法国民法典》第1137条(现《法国民法典》第1197条)规定,债务人根据合同必为债权人保管或准备好某物的,如果为此目的,他遵守了"善良家父的所有注意",即采取了一个谨慎细心的人在相同的情况下应当采取的所有措施,那么他就适当履行了自己的义务。除此之外,《法国民法典》第1147条(现《法国民法典》第1231-1条)中包含了一个更严格的规定。它规定,如果债务人不履行合同或迟延履行合同,则他必须承担损害赔偿责任,除非他能够证明"不履行义务是由于不能归咎于他的外在原因造成的"。根据《法国民法典》第1148条(现《法国民法典》第1218条),这种"外在原因"(法:cause étrangère)只存在于合同不履行"是由不可抗力或偶然事件所造成的"情况下。*

在这两种规则的基础上,法国的法学学说和基于学说的判例建立了一个针对不履行合同的一般责任体系。第一个相对温和的规则——相当

---

[21] HR 27. April 2001, Ned.Jur. 2002, 1461 (Nr. 213).

* 而且这些情况是债务人在订立合同时不能预见,也无法合理避免的。——译者注

于"过错责任原则"——适用于债务人根据合同承担"手段债务"的情况,即他承诺作出一个谨慎之人在相同的情况下会作出的所有努力,以实现合同目的。在这种情况下,债权人必须证明债务人没有履行合同,以证明其损害赔偿请求权的合理性。不仅如此,他还必须证明,合同的不履行是因债务人的"过错"(法:faute)——即违反了交易中应尽的注意义务——造成的。判例也偶尔会建构"强制手段债务"(法:obligation de moyens renforcée)的类型:在此种情况下,债务人的"过错"是被推定的,因此,只有当他能够推翻这一推定,即能够证明自己在交易过程中尽到了应尽的注意义务时,才能够免责。在这两种情况下,虽然没有明确的法律规定,但债务人为履行合同所雇用人员的过错被视为债务人自己的过错。

如果债务人的合同义务是一项"结果债务",即从合同中可以推断出他承诺实现某种结果,则适用《法国民法典》第 1147 条(现《法国民法典》第 1218 条)规定的严格责任。如果这一结果没有实现,那么他必须承担损害赔偿责任。虽然在这种情况下他也能免除责任,但无法通过证明其辅助人员已谨慎行事来免除自己的责任。在未就此作出特别合同约定的情况下,他就必须要证明阻碍合同承诺结果实现的事件应被视为"不可抗力"(或者与此类似的偶然事件);只有当出现的事件是"不可预见的"和"无法抗拒的",即它们既无法被预见,通过最大的努力也无法被避免时,才属于这种情况。[22] *

---

[22] 欧洲其他国家的法学理论和判例中也有关于"结果债务"和"手段债务"之间区别的讨论,特别是在**意大利**法中。根据《意大利民法典》第 1218 条,未履行合同或逾期履行合同的债务人必须承担损害赔偿责任,除非他能证明不履行合同是由"不可归咎于他的原因"造成的。这一规定基本对应了《法国民法典》第 1147 条(现《法国民法典》第 1218 条),因为即使合同履行对债务人来说已不可能,但这是由可归责于他本人的原因造成的,那么他仍然需要承担损害赔偿责任。但另一方面,《意大利民法典》第 1176 条——如《法国民法典》第 1137 条(现《法国民法典》第 1197 条)那样——也提到了债务人只承担"善良家父"(意:buon padre di famiglia)的注意义务。对于在个案中是适用更严格的责任还是温和一点的责任这一有时难以回答的问题,法国法院的立场在意大利发挥着重要作用。详细的内容参见 F. Ranieri, Europäisches Obligationenrecht (3. Aufl. 2009) 594 ff., 636 ff.; M. Pellegrino, Subjektive oder objektive Vertragshaftung?, ZEuP 1997, 41, 44 ff. (两处文献均带有详细注释)。

* 如果合同表明债务人承担的只是手段债务,即债务人仅承诺会采取一个理(转下页)

366　　　正确区分"结果债务"和"手段债务"有时会非常困难,但通常都比较清楚。例如,卖方承诺准时向买方交付合同中约定的货物,那么他便承诺了一种特定的结果;因此,他负有"结果债务",如果承诺的结果没有发生,那么他只能在出现上述严格条件的情况下才能免除自己的责任。例如,如果1914年收获的一定数量的燕麦已被售出,但因军事当局扣押了该年所收获的全部燕麦而没有被交付,那么卖方可能仍需要进行损害赔偿;虽然扣押行为一般应被视为一种"不可抗力",但是,如果卖方根据案情错过了在货物被扣押前将其运给买方的机会,则不属于这种情况。[23] 如果**罢工**(德:Streik)阻碍或延迟了所承诺给付的生产、运输或交付,那么在具体案件中,罢工越普遍和不可预测,就越有可能被视为具有免责功能的履行障碍。[24] 因此可以说,在种类物已出售但未交付或未按时交付的情况下,法国的判例基本上得出了与德国对这组案例——基于卖方已承担"购置风险"的假设——相同的结果。

　　　这同样适用于承揽合同。如果承包商不仅向客户承诺**努力**(德:Bemühungen)实现他心目中的结果——此时构成劳务合同——而且还承诺**努力实现结果本身**(德:Erfolg selbst)。《法国民法典》第1792条明确规定,承包商和建筑师必须赔偿因错误的施工或规划给客户造成的损害,除

367　　非他们可以通过提供"外部原因"的证据以免责。[25] 如果卖方交付的货

(接上页)性之人在同样的情况下为实现合同目的会采取的一切必要措施,那么情况就不同了。在这种情况下,债权人必须证明债务人没有采取一个理性之人所应采取的谨慎措施而违反了手段债务。法国法院有时认为存在强制手段债务:在这种情况下可以推定债务人有过错,但允许债务人反证自己的行为符合一般的谨慎要求。在这两种情况中,债务人自己的过错与其履行辅助人的过错没有区别。——译者注

　　〔23〕 Civ. 16. Mai 1922, D. 1922.I.131. 另参见 Civ. 19. Juni 1923, D.P. 1923.I.94; Req. 28. Nov. 1934, S. 1935.I.105.。关于比较法的内容,参见 *Treitel*(前注12) s. 78。

　　〔24〕 Vgl. z.B. Ch. mixte 4. Feb. 1983, Bull.cass. 1983 no. 1 und 2; Civ. 7 März 1966, D. 1966 Somm. 82; Com. 24 Nov. 1953, J.C.P. 1954.II.8302 mit Anm. *Radouant*; Com. 6. März 1985, Bull.cass. 1985.IV. no. 90; Civ. 6. Okt. 1973, J.C.P. 1993.II.22154 mit Anm. *Waquet*。

　　〔25〕 对于其他类型的承揽合同,判决并不统一。参见 *Terré/Simler/Lequette* no. 590(前注29)。例如,经营者承诺清洗一件衣服,但如果衣服在清洗的过程中丢失而无法归还,那么他便因违反一种"结果义务"而承担责任。相反,如果清洗失败,衣服被损坏,尽管可以推定这是由经营者的过错造成的,但这种推定是可以被推翻的。参见 Civ. 20. Dez. 1993, Bull.cass. 1993.I. no. 376; Versailles 28. Okt. 1983, Gaz.Pal. 1984.2. Somm. 354。

物存在隐性缺陷，那么也存在严格的责任。尽管他并不承担"结果债务"，但他违反了《法国民法典》第1641条以下所规定的"针对潜在缺陷的担保"（法：garantie des vices cachés）。尽管在这种情况下，卖方仅负责偿还购买价款和买方由此发生的费用；并且他只有在**知道**货物有缺陷的情况下才对全部的损害赔偿承担责任也是正确的（《法国民法典》第1645条）；但法国判例一直认为，如果卖方有以商业目的销售此类货物的习惯，则视为其知道该缺陷的存在。据此，他有责任对全部损失进行赔偿，而不问其是否有过错；甚至于即使他在合同中免除或限制了自己对隐性缺陷的责任，他也需要承担这一赔偿义务。[26]

在履行合同的过程中使用对方控制的场所或技术设备并在此过程中遭受损害的一方也可以主张损害赔偿。由于在这种情况下受害方通常会遭受身体伤害或财产损失，因此就存在这样一个问题，即侵权行为是否也可以作为其请求权的基础。但法国的判例一贯认为，如果受害方与侵害人之间存在合同关系，那么他就不能主张侵权请求权，而只能提出合同请求权。[27] 在这一案例群中，请求权的基础是未履行合同的"安全义务"（法：obligation de sécurité），而这又将根据这一义务是"结果债务"还是"手段债务"作了区分。例如，作为铁路的经营者订立了运输合同的，就有义务根据"结果性的安全债务"将乘客安全运送至目的地；因此，如果乘客在旅途中受伤，他只能在通过证明这一伤害是由"外部原因"，即不可抗力造成的情况下才能够免除

---

[26] 参见 Civ. 30. Okt. 1978 und Com. 6. Nov. 1978, J.C.P. 1979.II.19178 mit Anm. *Ghestin*。此外，由于产品的缺陷而遭受身体伤害或其他财产损失的人，无论他是否为买方，都可以向缺陷产品的生产者索赔，在某些条件下也可以向"作为生产者"（进口商品或将商品投放市场）的人索赔。这种（独立于合同请求权）的"产品责任"由1985年7月25日《欧共体85/374/EEC指令》引入，在法国被转化为《法国民法典》第1386-1条（现《法国民法典》第1245条）以下条款。对此参见 F. Bruder, Produkthaftung, in: HWB des Europäischen Privatrechts (2009) 1200。

[27] 这一"合同责任和侵权责任竞合"（法：non-cumul des responsabilités contractuelle et délictuelle）原则是法国法的一个特点；参见 *Terré/Simler/Lequette* no. 875 f.。英国法则不同；参见 Henderson v. Merrett Syndicates Ltd. [1994] 3 All E.R. 506, 523 ff.。德国法也不相同；参见 BGH 24. Mai 1976, BGHZ 66, 315 und G. *Wagner* in: MünchKomm (6. Aufl. 2013) vor § 823 BGB Rn. 68 ff.。比较法文献参见 T. Weir, Int.Enc.Comp.L. XI Torts (1983) Ch. 12, s. 47 ff.。

自己的赔偿义务。[28] 如果受害方在使用设施的过程中具有一定程度的独立性和行动自由,那么案件的裁判难度就比较大。例如,一个人在庙会上把碰碰车交给他的顾客,如果碰碰车有缺陷,顾客因此遭受损害,他就需要承担"结果债务"[29];而如果顾客在乘坐碰碰车之前或之后遭遇事故,例如,因为进入游乐设施时摔倒在台阶上,他只需要承担"手段债务"。[30] 酒店或餐馆的经营者必须为其顾客提供合适的房间或楼梯[31],或者泳池的经营者必须提供合适的洗浴设置[32],这都属于"手段债务"。

369 那些向缔约相对人承诺料理其业务的当事人,例如,作为律师、公证员或税务顾问来处理其客户的法律或税务利益,或者作为专家证人为其客户出具专家意见,或者作为建筑师监管建设项目的有序开展,或者为客户提供信息,或者收取客户对第三人的债权,或者为客户保管有价证券,则只需履行"手段债务"。向病患承诺医疗服务的医生也只按照"手段债务"的标准承担责任。但在这里需要注意强化医生责任的趋势。因此,存在对病人有利的推定,即医生没有正确告知其治疗的危险性;因而

---

[28] 这只适用于乘客在上车之后和下车之前遭遇事故的情况。如果事故发生在这个时间点之前或之后,例如,乘客因在结冰的站台上滑倒并跌入轨道,那么他应该以侵权行为为基础主张其请求权。例如,参见 Civ. 7. März 1989, Bull.cass. 1989.I. no. 118 = D. 1989, 1 mit Anm. Ma-laurie; Civ. 13. März 2008, J.C.P. 2008.II.10085。如果乘客在旅途中因遭遇抢劫而使身体受伤或丢失财物,铁路经营者也必须予以赔偿:他不得援引"不可抗力",因为抢劫对他来说是可以预测的,他可以通过"由足够数量的检查人员定期检查车厢"来达到某种威慑效果(Civ. 3. Juli 2002, D. 2002, 2631)。如果乘客在旅途中因行李丢失而遭受损失,严格责任同样适用(Civ. 26. Sept. 2006, J.C.P. 2006.II.10206)。

[29] 德国法也得出同样的结果:经营者出租碰碰车的,根据《德国民法典》第536a条,他承担一个"保证",即碰碰车在合同缔结之时是适合使用的。So BGH 21. Feb. 1962, NJW 1962, 908.

[30] Civ. 30. Okt. 1968, D. 1969, 650; Civ. 28. April 1969, J.C.P. 1970.II.16166 mit Anm. Rabut . Vgl. auch Civ. 11. März 1986, J.C.P. 1986.IV.186 (Kabinenlift); Civ. 4. Nov. 1992, D. 1994, 45 mit Anm. Brun (Schlepplift).

[31] Civ. 7. Feb. 1966, D. 1966, 314; Civ. 22. Mai 1991, Bull.cass. 1991.I. no. 163.在这里,酒店或餐馆的经营者是否受制于"强制手段债务",即推定其有过错,他只能通过提供反证来免除责任,这一点可能是非常值得怀疑的。如果经营者为其顾客提供了有缺陷的饮食,他应对违反"结果债务"负责。参见 Poitiers 16. Dez. 1970, J.C.P. 1972.II.17127 mit Anm. Mémetau。

[32] Civ. 20. Okt. 1971, Bull.cass. 1971.I. no. 227.

医生有责任提出反证。[33] 如果医院的病人成为与其实际病情无关的传染病的受害者,则医院需承担更严格的"结果安全债务"(法:obligation de sécurité de résultat);也就是说,医院只能通过证明"外部原因"来免除责任。[34] 如果对患者造成的损害是由于其在治疗过程中使用了有缺陷的物品,如提供了有缺陷的假牙、开出了有缺陷的药品或使用了有缺陷的血液制品,那么医生也承担严格责任。[35]

3."违反合同"

与欧洲大陆的法律制度相比,普通法将合同理解为一种保证承诺(德:Garantieversprechen)。债务人未履行其在合同中所承诺的内容的,应当因"违反合同"承担损害赔偿责任。这种责任是"严格的",因为它一般不取决于债务人本人、其辅助人员或其雇用的参与合同履行的经营者是否需要对合同不履行承担责任,即他们是否有过错。当然,在普通法中也存在很多情况——稍后即将看到——在这些情况中,债务人只有在违反在具体情况下所需的谨慎义务时才承担损害赔偿责任。如果他在这些情况中谨慎行事,就不构成"违反合同"。因为债务人通过其谨慎行为已经做了正确解释的合同**本身**所要求其所做的一切。[36]

在英国,严格的"违约"责任通常是基于 Paradie v. Jane 这一古老判例。[37] 在该案中,原告是一名出租人,他没有主张"违约"所造成的损害赔偿,而是主张履行合同,即支付拖欠的租金。承租人抗辩道,他在租赁期内无法使用租赁的土地,因为其被武装暴乱分子所占领。但这一抗辩

370

---

[33] Civ. 25. Feb. 1997, J.C.P. 1997.I.4025 mit Anm. *Viney.*关于医生责任详见 Terré/Simler/Lequette no. 1004 ff.。

[34] Civ. 18. Feb. 2009, Bull.cass. 2009.I. no. 37.

[35] Civ. 15. Nov. 1988, Bull.cass. 1988.I. no. 319; Civ. 9. Nov. 1999, J.C.P. 2000. II.10351 mit Anm. *Brun;* Civ. 7. Nov. 2000, Bull.cass. 2000.I. no. 279 = J.C.P. 2001.I.340 mit Anm. *Viney.* 但如果外科医生在手术中使用乳胶手套而导致病人出现严重过敏反应时,情况则有所不同。由于手套没有缺陷并且外科医生也没有过失,因此病人的诉求被驳回(Civ. 22. Nov. 2007, J.C. P. 2008.II.10069 mit Anm. *Corpart*)。无论如何,在这种情况下,病人可以在特定条件下向国库(德:Staatskasse)主张损害赔偿。对此参见 Loi Kouchner vom 4. März 2002 (L. 1142-1 Code de la santé publique)。

[36] 参见上文脚注 12 的内容。

[37] (1647) 82 Engl.Rep. 897.

并不成功,"如果当事人通过自己的合同为自己设定一项责任或负担,那么不管发生任何不可避免的意外情况,他都有义务使其实现,因为他本可以通过合同对此作出相反约定"。如果合同中约定承租人在土地被暴力第三人占有的情况下不需要支付租金,从而使该风险由出租人承担时,他便不需要支付租金。事实上,这样的合同约定在今天仍然很普遍,根据这些约定,如果合同的不履行是因为某些特定的履行障碍,例如,劳资纠纷、武装事件、自然灾害或债务人未得到其前手供应商的交付,那么债务人也不需要承担责任。此外,不仅可以通过明确的合同约定免责,也可以通过对合同的补充解释得出这一结果。 Taylor v. Caldwell 一案采取了这一路径。在该案中,原告向被告租赁了一个音乐厅,以便连续四天在其中举办音乐会。在第一天演出之前,音乐厅被意外焚毁了。承租人要求赔偿其因音乐会取消所遭受损失的诉讼被驳回,但不是因为出租人未履行合同,也不是因为不履行合同不需要承担责任,而是因为正确解释的合同中包含了一个隐含的约定["隐含条款"(英:implied condition)]。根据该约定,"在履行取决于某一特定的人或物之存续的合同中,其意味着由于该人或物的消灭而产生的履行不能被免除履行"。[38] 该判决背后的基本思想已逐渐扩展为一种普遍的"受挫理论"(英:doctrine of frustration),这将在第十五章中进行更详细的介绍。根据该理论,如果在合同缔结后,由于不可预见的情势的变化使合同的履行变得不可能或相当困难,而且对此合同双方都不承担风险,那么可以解除合同对双方产生的义务,同时也消除了"违反合同"的责任。

不可否认,这种情况非常罕见。根据一般规则,如果债务人在合同中作出了承诺,但未能履行承诺,则债务人承担严格责任。[39] 这一规则不

---

〔38〕 (1863) 122 Engl.Rep. 309, 314.
〔39〕 "不言而喻的是,就违反合同的损害赔偿要求而言,一般来说,被告未能履行其义务的原因并不重要,当然也不能以他已尽力为由进行辩护"(Lord Edmund Davies in *Raineri v. Miles* [1981] A.C. 1050, 1086)。"卖方不履行合同是由于他漠不关心还是故意疏忽,或者只是不幸,这都不重要。原因是什么并不重要。重要的是履约的事实。他到底有没有履行合同?"(Sellers J. in *Nicolene Ltd. v. Simmonds* [1952] 2 Lloyd's Rep. 419, 425)。Lord Greene M.R.在一个涉及洗衣公司责任的案件中的态度也类似:"洗衣公司承诺的不是在清(转下页)

仅适用于债务人不能支付承诺款项的情况,而且适用于他在合同中承诺置办或加工物品的情况,例如,卖方承诺交付货物、建筑承包商承诺建造建筑物、船东承诺提供船舶或者房东承诺提供房屋:除非另有约定,否则他们都有责任及时交付所承诺的给付,并保证其符合合同约定的品质。如果卖方未交付合同中规定的种类物,那么根据德国法或者法国法他必须承担损害赔偿责任,而不考虑其过错程度:德国法认为,卖方在这种情况下承担了购置风险;法国法则认为卖方承担了一种"结果债务",他只有在非常例外地提交"外部原因"证据的情况下,才可以免责。在英国,可以根据一般规则得出相同的结论:确定卖方承担了何种风险和不承担何种风险,完全是一个合同解释问题。[40] 如果卖方交付了有缺陷的货物,也是如此:任何因购买被细菌污染的牛奶并因此生病的人,即使卖方能够证明他在非常谨慎的情况下也无法识别牛奶的健康危害性,买方也可以主张损害赔偿。[41] 如果建筑承包商将制造商提供的有缺陷的物品用于建筑物之内,他也必须承担损害赔偿责任。他也不能通过证明制造商没有任何过错、非常值得信赖,或者他即使通过仔细检查也没有或不可能发现所交付物品存在缺陷为自己开脱。[42]

如果是医生、律师、审计师或投资顾问承诺提供一项服务,那么情况则有所不同。根据合同他们所负担的不是交付一项特定的成果;相反,他

(接上页)洗客户衣物时谨慎行事,而是清洗衣物,如果公司无法将其洗干净,那么说'我已经尽力了。我已经采取了适用的措施并且采取了合理的预防措施,如果亚麻布还是没有得到合适的清洗,我感到非常抱歉'是没有用的。"(Aldersclade v. Hendon Laundry [1945] 1 All E.R. 244, 246 [C.A.])。从该判决中可以得出推论,在衣物**丢失**并**因此**无法归还的情况下,如果洗衣公司能够证明其已按照交易中必需的谨慎履行了自己的照管义务时,也不需要承担责任。

〔40〕 参见 Treitel (-Peel) no. 17-064 以及比较法上的内容 Treitel (前注 12) s. 18。

〔41〕 Frost v. Aylesbury Dairy Co. Ltd. [1905] 1 K.B. 608; Daniels v. White & Son [1938] 4 All E.R. 258. 参见 Treitel (-Peel) no. 17-065 以及比较法上的内容 Treitel (前注 12) s. 19。根据法国法,也能得出相同的结果(参见前注 26)。如果卖方没有制造缺陷的商品而是作为销售商交付了该商品,那么在德国法中会有不同(参见前注 20)。

〔42〕 G.H. Myers v. Brent Cross Service Co. [1934] 1 K.B. 46; Young & Marten Ltd. v. McManus Childs Ltd. [1969] 1 A.C. 454. 参见 Treitel (-Peel) no. 17-065 以及比较法上的内容 Treitel (前注 12) s. 19。

们负担的是那些努力——尽管是为了实现这种成果——在相同情况下,一个理性的医生、律师、审计师或投资顾问所应当作出的努力。如果一个专家鉴定人(德:Sachverständiger)必须对一块土地的价值提供专家意见,那么他不会因为鉴定意见错误就被认定为"违反合同"。只有当专家鉴定人的错误是由于违反了一个职业专家鉴定人应尽的谨慎义务而发生时,才构成合同的不履行。[43] 从《英国1982年货物和服务供应法》第13条也可以看出:如果有人在其业务范围内承诺了一项服务,"这就暗含了一个条款,即服务提供者将以合理的谨慎和技能提供该服务"。当然,法律规定得很清楚,该规定只是一个"意定"条款,即可以通过明确约定或对合同的解释对债务人课以更严重的责任。因此,当涉及建筑师的责任时,必须加以区分:如果其规划有误,那么他就应当承担严格责任;相反,如果他必须执行建筑监理或者监督建筑承包商的活动以及他们[44]从第三方购买的建筑材料,那么他只需承担所需的适当注意义务。即使是一名牙医,在牙齿假体有问题的情况下,也不能以他已经尽力为由为自己辩解[45],关于如何理解一个对患者实施绝育手术的医生的说明,在两个判决中也有过激烈的争论:他是只承诺了提供勤勉服务,还是承诺了一项特定结果——病人不再能够生育。[46]

4. 国际立法

事实表明,各国的法律制度对损害赔偿这一有意思的问题选择了不同的解决方法。诚然,任何国家都不接受或者基于过错责任原则(德:Verschuldensprinzip)或者依据保证责任原则(德:Prinzip der Garantiehaftung)的"一刀切的解决方案"(德:Einheitslösung)。相反,普遍适用的是"混合制度"(德:Mischsysteme)。一些法律制度——特别是德国法——尽管允

---

[43] 参见 South Australia Asset Management Corp. v. York Montague [1997] A.C. 191 (H. L.)。即使专家鉴定人的责任可以被确定,但他在多大程度上应当承担损害赔偿责任也是非常令人怀疑的。参见下文脚注65。

[44] Greaves & Co. v. Baynham Meikle & Partners [1975] 3 All E.R. 99, 103. 参见 Treitel (-Peel) no. 17-068 以及比较法上的内容 Treitel (前注12) s. 25 ff.。

[45] Samuels v. Davis [1943] 1 K.B. 526.

[46] Thake v. Maurice [1986] Q.B. 644; Eyre v. Measday [1986] 1 All E.R. 488.

许债务人举证他对合同的不履行不"负责",即他既没有故意,也非因过失造成了合同的不履行。这种"过错责任原则"在《德国民法典》第 276 条中得到了"最清晰和最明确的表达"。[47] 但是,正如我们所看到的那样,它也受到相当大的限制。法国法中的责任看起来更为严格,至少在发生频率较高的债务人承担"结果债务"的情况下是如此,债务人只能通过证明"外部原因"来免责,即证明合同的不履行是由于"不可抗力"——也就是无法预见且他尽了最大努力也无法避免的外部原因——所造成的。普通法系尽管以"保证原则"(德:Garantieprinzip)为基本准则,但这只是事实的一方面,因为债务人在合同中只承诺一个理性人的勤勉义务的情况并不少见。因此,如果勤勉义务得到遵守,就不存在不履行合同的情况了,也就不构成"违反合同"。

但事实也表明,尽管出发点不同,但类似案件的判决往往是相似的。对于普通法系和大陆法系民法之间的差异,特利特尔合理地认为,"两种制度之间的实际差异远没有他们表面上相互冲突的理论所显示的那么大"。[48] 当然,这也是国际法规的制定者能够比较容易地提出统一解决方案的原因之一。

这一解决方案的基本原则是,债务人必须赔偿因任何形式的不履行合同(英:non-performance)给债权人造成的损失。[49] 对于如何理解不履行这一问题,唯一重要的是债务人在合同中向债权人承诺了什么。如果他承诺带来某种后果或者创造某种条件,倘若之后合同未履行,或者给付不符合合同约定,或者迟延交付,或者在其他任何方面没有达到债务人在合同中的承诺,那么这就意味着债务人没有履行合同。但合同也可能表明,债务人仅负有按照一个理性之人在相同情况下为实现合同目的行事的

---

[47] *Treitel*(前注 12)s. 9。

[48] *Treitel*(前注 12)s. 8。*P. Schlechtriem*, Rechtsvereinheitlichung in Europa und Schuldrechtsreform in Deutschland, ZEuP 1993, 217, 228 ff.亦同。

[49] 《欧洲合同法原则》第 9:501 条第 1 款,《国际商事合同通则》第 7.4.1 条,《(欧洲私法)共同参考框架草案》第 III.-3:701 条第 1 款,《欧洲共同买卖法》第 159 条第 1 款。

义务。[50] 如果根据这些规则，可以确定债务人没有履行其合同中的承诺的，则他必须作出损害赔偿。只有当他能够证明合同不履行是由于一种他无法控制并且也不能合理地期待他在缔结合同时便可以考虑到或者避免或克服的障碍（德：Hindernis，英：impediment）所造成的时，他才能免除损害赔偿责任。[51]

由此，国际立法选择了这样一种解决方案，即只有在严格的条件下才允许排除违约的债务人的损害赔偿责任。国际立法因此遵循了《联合国国际货物销售合同公约》第79条的规定，它——尽管只限于（国际）销售合同——以同样的方式规范了免除债务人责任的问题。根据该规定，只有当债务人——通常为卖方——能够证明其合同义务的不履行是由于"其控制范围之外"（德：außerhalb seines Einflussbereichs）的履行障碍造成的，才不承担损害赔偿义务。因此，如果债务人因缺乏必要的资金并且也无法通过银行贷款融资而未履行合同义务的，这可能构成一个履行障碍，但并不是一种"其控制范围之外"的履行障碍。该要件仅在"外部"履行障碍，即不是基于自己经营范围内的任何缺陷的情况下才能成就。因此，如果卖方不履行合同义务的原因是缺乏必要的经济资源、缺乏避免履行障碍所需的专业技能，或者是他本人或其雇用的承包商在履行合同时出现了错误，卖方便不能免责。其中，在不履行过程中是否存在过错无关紧要。由此，德国联邦最高法院从中得出结论：如果卖方只是作为中间人行事，即他将从制造商那里获得的有缺陷的货物在其原始包装的状态下直接交付给买方，虽然缺陷的原因完全在于制造商，但根据《联合国国际货物销售合同公约》第79条——与适用德国现行法不同——他也必须承

---

[50]《国际商事合同通则》第5.1.4条第1款也规定，根据合同，一方当事人可能有义务"实现一种特定的结果"；由此与第2款中规定的情况相区分，即他只承担"在开展某项活动中尽最大努力的义务"。这些规则是基于对法国法中"结果债务"和"手段债务"的区分而制定的。《欧洲合同法原则》中虽然没有这种区分，但其第6:102条规定，对于合同内容还要考虑"默示条款"。然而，恰恰是这种默示条款——从论证中可以看出——可能对债务人是否根据合同承担了一项"实现特定结果的义务"还是一项"合理努力的义务"具有重要意义。对于这两种情况的区分，论证中提出了与《欧洲商事合同通则》第5.1.5条相同的标准。

[51]《欧洲合同法原则》第8:108条，《国际商事合同通则》第7.1.7条，《（欧洲私法）共同参考框架草案》第Ⅲ.-3:104条，《欧洲共同买卖法》第88条。另参见第十五章。

担损害赔偿责任。[52] 除非另有约定,如果卖方没有交付的原因是其前手供应商未向其交付所售货物或者制造该货物所需的原材料,那么这种情况也属于其经营范围。相反,如果其经营因火灾或洪水而停顿,并且他已经采取了所有必要措施来避免火灾或保护自己免受洪水的危害,那么这可能就不会落入其经营范围。因罢工、战争事件的爆发或进出口禁令造成的履行障碍也可能是"外在的"。即使是"外在"的履行障碍,如果卖方在合同缔结之时可以合理地预期到它们,他也应当承担责任。如果他能够采取措施,防止履行障碍或其后果的发生,但却没有这么做,他便需要承担责任。此外需要注意的是,对于明显可能发生的履行障碍,卖方可以通过在合同中免除自己对发生这种情况的责任,或者在这一做法无法实现的情况下彻底放弃缔结合同的方式来保护自己。

这样就放弃了一般形式的过错责任原则。但也不必对此表示遗憾。诚然,德国法比其他法律制度在更大程度上坚持了过错责任原则,并且有时在对该原则的辩护中声称其具有比保证原则"更高"的法律伦理说服力也是正确的。[53] 然而,与此不符的是,在一些重要案件中,德国法也放弃了过错责任原则,转而采用更严格的责任原则,即使过错责任原则非常重要,实践中也常常对其不屑一顾。如果一方当事人在合同中承诺的不是努力实现某一结果,而是承诺了结果本身,即使后来表明他在合同中所作的承诺超出了其能力范围,那么从法道德的角度来看,最好还是让他遵守承诺。

---

〔52〕 BGH 24. März 1999, BGHZ 141, 129,134.关于《联合国国际货物销售合同公约》第79 条的详细内容,可参见 *P. Schlechtriem/U. Schroeter*, Internationales UN‑Kaufrecht (5. Aufl. 2013) Rn. 644 ff.; *P. Winship*, Exemptions under Art. 79 of the Vienna Sales Convention, RabelsZ 68 82004) 495, 二者均包含丰富的引证资料。

〔53〕 So *C.-W. Canaris*, Die Reform des Rechts der Leistungsstörungen, JZ 2001, 494, 506. 并参见 *D. Medicus*, Voraussetzungen einer Haftung wegen Vertragsverletzung, in: J. Basedow (Hrsg.), Europäische Vertragsrechtsvereinheitlichung und deutsches Recht (2000) 179, 187: 严格责任有时会导致"不合理的严厉",例如,如果一家"较小公司"的所有人都生病,他所承诺的手工业给付因而无法履行,就是这种情况。但在这种情况下也会有这样一个问题,即为什么手工业者生病的风险不是由他本人,而是由其委托人来承担呢?如果委托人知道被承诺的工作只有其缔约相对人才可以完成,其他人无法完成时,法国最高法院尽管承认手工业者承担了一种"结果债务",但其"生病"可以例外地构成一种"不可抗力"。参见 Ass.plén. 14. April 2006, Bull.cass. 2006 no. 5,对此详见 *Ranieri* (前注 22) 590 ff.。

三、不履行与损害之间的相互关系

如果债务人没有履行合同,那么原则上他必须赔偿由此给债权人造成的全部损失。但是,这仅适用于不履行合同与损害之间存在充分联系的情况。这一点在两组案例中尤其值得怀疑。在第一组案例中,尽管损害是由不履行合同所"造成的",但却非常疏远,以至于债务人是否仍有责任为这些损害支付赔偿是有疑问的。在另一组案例中,损害不是或不完全是由于不履行合同所造成的,而是全部或者部分由债权人自己的行为造成的,或者是因为他本人对损害的发生负有全部或者部分责任,或者是因为他没有采取一个理性之人应当采取的措施,以减轻已发生的损害或完全避免损害的发生。

1. 对关系疏远的损害的责任

如果没有发生合同不履行,那么债务人无论如何都不需要赔偿债权人所遭受的损失。例如,如果有人声称他作为酒店的客人因为有缺陷的楼梯而摔倒受伤,或者作为病人因医生的错误诊断而受到伤害,并要求赔偿其身体所受到的损害的,就是这种情况。在这种情况下,如果取证显示客人不是因为楼梯有缺陷而摔倒,事实上是因为他心脏病发作而摔倒受伤的,那么酒店经营者就没有责任。如果可以确定即使诊断正确也无法避免健康受损时,医生也不需要对病人的健康损害进行赔偿。从某种程度上来讲,酒店经营者和医生并没有履行合同。但不履行合同并不是导致要求赔偿的损害发生的原因。

即使合同不履行与损害之间存在必要的因果关系,仅凭这一点也不能确定债务人的责任。尽管如果不考虑合同不履行,有些损害就不会发生,但二者之间的关联是如此的松散和间接,以至于出于规范原因,它们是否仍然可以被归责于债务人是值得怀疑的。这一点在已被广泛讨论的例子中已经非常清楚,乌尔比安(Ulpian)早已提及过这个案例[54],波蒂

---

[54] *Ulpian* D. 19, 1, 13 pr. und dazu *Zimmermann* 829 ff.

埃特别详细地讨论了这个案例[55],最后该案例成为了《法国民法典》有关规定的基础:在该案中,如果卖方交付了一头生病的母牛,他不仅需要向买方赔偿这头母牛的价值,还要赔偿被这头母牛感染的健康牲畜的价值。但是,对于买方因牲畜死亡而无法耕种土地所遭受的损失,他不承担赔偿责任;当然也不对买方因不能耕种土地而无法清偿的债务、其农场因此被债权人扣押抵债并以低价出售给第三方的情况承担赔偿责任。根据波蒂埃的观点,这些损失只是"间接地"与交付病牛有关,因此《法国民法典》第1151条(现《法国民法典》第1231-4条)规定,只有那些"与不履行合同有直接关系的"损失才应得到赔偿。* 另外,《法国民法典》第1150条(现《法国民法典》第1231-3条)也对赔偿责任进行了限制。根据该规定,债务人对在合同缔结之时没有预见也无法预见的损害不承担责任。[56]

自 Hadley v. Baxendale [57] 一案以来,类似的规则也在英国得到了适

---

[55] R.J. Pothier, Traité des obligations no. 166 f., in: R. J. Pothier, Traités de droit civil et de jurisprudence française, Band I (2. Aufl. 1781).

* 当债务人的违约并非基于恶意或不诚信的一般情形时,还应对责任进行进一步限制。——译者注

[56] 如果债务人恶意或——法国判例即如此——行事有严重过失时,则这种"可预见性规则"(德:Vorhersehbarkeitsregel)不得适用。在**波蒂埃**的例子中,卖方也知道母牛有疾病,尽管他因此具有恶意并需要对"不可预见的"损害承担责任,但他对"间接"损害不负责任。如果债务人恶意,《意大利民法典》第1225条和《西班牙民法典》第1107条也有相同规定。在其他法律制度中,如果债务人故意或严重过失行事,他也会受到特别广泛责任的"惩罚"。例如,奥地利法就是如此(参见《奥地利普通民法典》第1323条以下);在瑞士,法官也可以在评估应被赔偿的损害时考虑"过错的程度"(《瑞士债法》第43条第1款,第99条第3款)。并参见《欧洲合同法原则》第9:503条,《(欧洲私法)共同参考框架草案》第III.-3:703条。如果债务人因侵权行为而非不履行合同造成了债权人的损失,对其进行这种"惩罚"可能也是值得考虑的。因为他承担责任的真正原因不在于其行为或多或少具有过错,而在于他承诺履行合同中的某些义务,因此必须对双方通过确立义务来避免的那些损害负责。对此另参见本书第308页。

[57] (1854) 9 Exch. 341, 156 Eng.Rep. 145.有迹象显示,法官在作出这一判决时不仅知道法国法中的"可预见性规则",而且还将其视为一项"合理规则"作为指导。人们从历史、经济和比较法的角度对这一判决反复进行讨论。例如,参见 R. Danzig, Hadley v. Baxendale: A Study in the Industrialization of the Law, J.Leg.Stud. 4 (1975) 249; F. Faust, Hadley v. Baxendale: An Understandable Miscarriage of Justice, Journal of Legal History 15 (1994) 41; A.W.B. Simpson, Innovation in 19th Century Contract Law, L.Q.Rev. 91 (1975) 247, 278; F. Faust, Die Vorhersehbarkeit des Schadens gem' Art. 74 Satz 2 UN-Kaufrecht (CISG) (1996) 198 ff.; U. Huber, Leistungsstörungen, Band II (1999) § 39 I 2; J. Gordley, The Foreseeability Limitation on Liability in Contract, in: A. Hartkamp u. a. (Hrsg.), Towards a European Civil Code (4. Aufl. 2011) 699; Treitel (前注12) s. 127 ff.。

用。在本案中,原告经营了一家磨坊,其机器的轴承断裂,被告运输商应将机器运送到制造商处,为制造替换零件充当模具。由于运输商的过错,运输过程出现了延迟,使工厂在较长时间内处于停工状态,原告请求对他因此遭受的损失予以赔偿。诉讼被驳回。法院认为,必须得到赔偿的是作为合同不履行的"正常发展结果"的损失,以及"可以合理地认为双方在缔结合同时就已经考虑到的违反合同的可能结果"的损失。然而,磨坊的停产不能被视为延迟交付的"正常"后果;被告不承担责任还因为在本案的情况下,他在缔结合同之时无法预料到磨坊在迟延期间将处于停工状态。

如果合同双方当事人在缔结合同之时尽管预料到了可能会遭受的损失的**类别**(德:Art),但没有预料到其**范围**(德:Umfang),那么该规则同样适用。因此,如果卖方承诺立即交付一个机器零件,并且知道该零件将被买方用于经营洗衣机,那么,如果交付时间迟延了 5 个月,虽然他必须赔偿买方在合同正常履行情况下所能获得的正常利润,但不需要赔偿那些在准时交付的情况下买方因与某些第三人签订特别有利的合同而可能获得的"非正常"利润;这些特殊的获利机会是卖方在缔结合同时不知道也不可能知道的。[58] 法国的判例在许多案件中也得出了类似的结论,在这些案件中,承运人虽然对货物的丢失或损坏负有责任,但可以基于以下理由为自己辩护,即货物具有一种非同寻常的价值,而在合同缔结之时并没有告知他这种情况,因此他对此无法预见,所以根据《法国民法典》第 1150 条(现《法国民法典》第 1231-3 条)的规定,该责任应当被排除。[59] 可预见性规则也被其他法律制度所接受,现在也被《联合国国际货物销售合同公约》和其他国际立法文件所采用。[60]

---

[58] *Victoria Laundry (Windsor) Ltd. v. Newman Industries Ltd.* [1949] 2 K.B. 528.

[59] 例如,参见 Civ. 3. März 1897, D.P. 1898.1.118; Com. 9. Juli und 23. Dez. 1913, D.P. 1915.1.35; Com. 6. Jan. 1970, Bull.cass. 1970.IV. no. 5。在其他案件中,(也)可以以损害并非不履行合同的"立即和直接的结果"为理由论证责任的排除。参见 Req. 18. Mai 1915, S. 1917.1.38; Civ. 16. Mai 1922, S. 1922.1.358; Com. 30. Juni 1969, Bull.cass. 1969.IV. no. 249。

[60] 例如,参见《葡萄牙民法典》第 1225 条和《西班牙民法典》第 1107 条,另参见《联合国国际货物销售合同公约》第 74 条第 2 句,《欧洲合同法原则》第 9:503 条,《国际商事合同通则》第 7.4.4 条,《(欧洲私法)共同参考框架草案》第 III.-3:703 条,《欧洲共同买卖法》第 161 条。

是否存在一个使可预见性规则看起来合理的经济原因呢？该规则为债权人在合同缔结之时向债务人指出遭受了特别重大损失的风险提供了一种合理的激励。债务人可能拒绝缔结合同。如果他想缔结合同，因为他已经了解了可能遭受风险的程度，那么他将会正确衡量其为规避风险需要支付的成本；他可能会正确设定其给付的价格或者就责任的限制进行谈判。如果债务人在没有提示的情况下必须总是支付全额赔偿，那么他将不得不针对**所有**债权人提高价格，这将导致那些虽然与其他债权人支付了相同的价格，但在合同不履行的情况下可以主张特别高的损失的人获得不合理的利益["交叉补贴"（德："Quersubventionierung"）]。

在这种情况下，德国法虽然不承认"可预见性规则"，但以其他方式得出类似的结果也就不足为奇了。特别是，如果债权人"未能提示债务人注意一种异常重大损害的风险"并且债务人"既不知道也不应当知道"这种风险时，那么债权人的请求权应当被排除或对其范围作出限制（《德国民法典》第254条第2款第1句）。与普通法和法国法不同，德国法对这一做法的论证不是基于**债务人**因未得到提示而**无法预见**到其所面临的特定风险，而是如果债权人没有作出提示，从而违反了一个理性之人应当具备的谨慎义务，他便**自己**全部或部分地**造成**了他所遭受的损害。[61] 但在这方面并不存在本质的实际差别。

在其他情况下，债务人的责任可以借助"相当因果理论"（德：Adäquanztheorie）得到限缩。根据这一理论，如果一个中立的观察者判断，损害"只有在非常特殊的、相当不可能的而且在正常情况下可以忽略不计的情况下"才发生时，则债务人对这种损害不承担责任。[62] 该理论

---

[61] 参见 BGH 29. Jan. 1969, NJW 1969, 789：根据本案，酒店客人的共同过错（德：Mitverschulden）可能在于他将自己的车交给酒店的经营者保管，但没有向其说明后备箱中有一批金表。如果作出了提示，这并不意味着酒店经营者应对因手表被盗而产生的全部损失负责。相反，是否以及在多大程度上必须支付赔偿取决于具体情况，"特别取决于在多大程度上损害主要是由一方或者另一方造成的"。另参见 OLG Hamm 28. Feb. 1989, NJW 1989, 2066; OLG Hamm 17. Juni 1996, NJW-RR 1998, 380, 另有在没有说明所运输货物具有异常高价值的情况下）BGH 1. Dez. 2005, NJW-RR 2006, 1108; BGH 20. Juli 2006, NJW-RR 2007, 28。

[62] BGH 9. Okt. 1997, NJW 1998, 138, 140; BGH 16. April 2002, NJW 2002, 2232, 2233。

基本上是建立在非常不确定的损害发生"概率"(德：Wahrscheinlichkeit)这一标准之上的，因此在文献中被一致拒绝。[63] 这一理论越来越多地被"保护目的理论"(德：Schutzzwecktheorie)所补充(更恰当的说法是替代)：后一理论首先确定债务人在合同项下必须履行的义务以及他在具体案件中所违反的义务，然后该理论将也仅将那些债务人根据其所承担义务的"保护目的"所意欲承担的损害归责于他。据此，债务人是否需要承担责任不再取决于损害的"可能"或"可预见"程度，而是取决于其是否属于那些根据正确解释的合同，由债务人承担的合同义务之目的所应规避的损害。[64]

381　　在英国最近的判例中也有迹象表明，虽然 Hadley v. Baxendale 一案的规则仍然被遵守，但有一个保留条件，即债务人对于从合同本身推断出的某种他本人**完全不**应当负责的损害不承担责任，即使这种损害对他来说是可以预见的。[65] 例如，银行委托一名专家鉴定人对一块土地的价值进行评估，如果由于他行事疏忽而导致对土地的估价过高，那么当银行因土地价值被高估而遭受损失时，他应当赔偿银行的损失。如果在出具专家意见之后，银行由于土地价格普遍下跌而遭受了额外的损失，他必须就此对银行进行赔偿吗？对这个问题的回答是否定的，因为根据对合同的正确解释，专家鉴定人尽管承担了谨慎出具专家意见的义务，但并没有承担不动产价格普遍下跌的风险，即使他在缔结合同之时完全能够预见到这种风险并且银行在鉴定意见正确的情况下会完全拒绝抵押该土地时

---

[63] 详见 Oetker in: MünchKomm (6. Aufl. 2012) § 249 BGB Rn. 103 ff.。

[64] 例如，参见 BGH 3. Dez. 1991, NJW 1992, 555, 556："得到承认的是，违反法律义务只应当对遵守该义务的目的是防止这种损害的发生而出现的损害承担责任。这不仅适用于侵权法领域，也适用于合同法领域；在本案中，根据损害的性质和发生方式，其也必须源自被违反的义务所要避免的危险领域。"BGH 6. Juni 2002, NJW 2002, 2459, 2460; BGH 13. Feb. 2003, NJW-RR 2003, 1035 亦同。

[65] So Lord Hoffmann in Transfield Shipping Inc. v. Mercator Shipping Inc. [2009] 1 A. C. 61 (H.L.). 据此，对于债务人在可预见性规则的范畴内是否对某一特定损害承担责任或者他即使可以预见到该损害是否也不承担责任这一问题，取决于"这些当事方在市场预期的背景下签订的合同……会如何合理地考虑他们所承担的责任范围"(Nr. 23)。

也是如此。[66]

2. 债权人的共同责任

如果债务人没有履行合同,他必须赔偿由此给债权人造成的损失。但是,如果除了债务人,债权人对损害的发生也负有责任,会发生什么呢?可能的情况是,债权人对损害的发生负有共同责任;也可能的是,损害发生之初债权人并没有参与,但他也没有采取可以减少甚至消除损害的措施或者是他没有采取防止损害扩大的措施。

过去人们认为,如果债权人(也)有过错行为并因此导致损害的发生,那么应当排除其损害赔偿请求权。只有在债务人存在故意行为的情况下,才构成有利于债权人的例外。根据双方的责任程度进行"损失划分"被认为是不可能完成的。[67] 直到19世纪,这一规则才被逐渐放松。最开始在奥地利通过《奥地利普通民法典》第1304条规定,"在发生损害的情况下,如果受损害方也有过错,那么损害应当在有关各方之间'按比例'划分"。《荷兰民法典》第6:101条第1款也以类似的方式作出规定,如果损害"也是可归责于受害方之情事所导致的结果",则必须在债权人和债务人之间对损害进行"划分";"划分"取决于可归责于当事人的情事所造成损害的程度。这一观点在《瑞士债法》第44条中得到了更简洁的表达:根据该规定,如果损害是由债权人"必须负责"的情事造成或加剧的,法官可以减轻或者完全免除债务人的赔偿义务。与此相对,《德国民法典》第254条给人的印象是,只有当债权人具有**共同过错**时,其损害赔偿请求权才可以被排除或被限制。[68] 但人们不应当被这一点所误导。一方面,《德国民法典》第254条中的"过错"概念和第276条中规定的某

---

[66] *South Australia Asset Management Corp. v. York Montague Ltd.* (oben N. 43).该案与第213页霍夫曼勋爵所提到的例子并无不同:一个登山者想要进行一次有难度的旅行,他因此在启程前向其医生咨询,他受损的膝盖是否具备足够的力量以完成这次旅行。即使医生粗心大意,错误地回答了他提出的问题,他也不对登山者在旅行中不是因为其膝盖受伤而是因为山岩崩塌而遭受的损害承担责任,即使他得到适当的建议根本不会进行这次旅行也是如此。因为医生所承担的咨询义务的"保护目的"并不是为了防范山地旅游的一般危险。

[67] 对此参见 Zimmermann 1010 ff., 1047 ff.。

[68] 例如,《意大利民法典》第1227条,《希腊民法典》第300条,《葡萄牙民法典》第570条也是如此。

人因过错而对第三人负责的意思不同。[69] 另一方面,人们也承认,即使债权人的行为没有过错,但如果损失是由可"归责于"他或者他需"承担责任"的原因造成的,那么根据《德国民法典》第 254 条其损害赔偿请求权也必须被排除或者受到限制。[70] 一些法律制度尝试区分债权人对损害**发生**(德:Entstehung)的共同责任和债权人未能避免或减轻已发生损害的共同责任。虽然在许多情况下,这种区分并不具有决定性作用,但至少可以在损害"发生"和损害"加重"之间作出区分(《瑞士债法》第 44 条即如此)。《德国民法典》第 254 条第 1 款中也规定了损害分担的基本原则,然后就该原则在第 2 款中规定,债权人未向债务人指出"异常大损害的风险"或者他未采取措施来避免或减少损害的情况"也至关重要"。[71] 在这些情况下,如果债权人的行为与在相同情况下一个为了自己的利益而避免或减轻损害的理性之人的行为不同,那么他就要承担责任。

法国法中尽管缺少关于债权人共同责任的一般法律规定,但即便如此,其判例也得出了类似的结果。债务人可以通过证明存在"外部原因"(法:cause étrangère)来免除自己的责任。如果损害是由"受害人的过错"(法:faute de la victime)造成的,例如,乘客在乘坐火车期间受伤,但如果铁路公司可以证明乘客是因自己不小心而造成或促成了损害的,那么便

---

[69] 任何对第三人负有责任的人通过其有过错的行为违反了其对第三人负有的某种**义务**(德:Pflicht)。相比之下,《德国民法典》第 254 条涉及的是自己的损害(德:Schaden):任何人如果造成或未能避免或减轻对自己的损害,只是违反了一项**不真正义务**(德:Obliegenheit,又称"间接义务""对己义务")。他是否愿意遵守这种不真正义务,取决于其本人。然而,他对违反这一义务也需要付出代价。其代价是,他向债务人提出的赔偿(自己)损失的请求权会被减少或排除。

[70] 如果债权人的责任是基于在不考虑其过错的情况下对第三人负责的行为,就是这种情况。例如,承运人打算将所运输的货物运送至其委托人工厂所在的土地,但他并未被告知使用这块土地的危险,因此其车辆发生了事故,承运人遭受了损失,他可以向委托人主张损害赔偿,但必须允许——即使他没有过错——在计算其请求权时考虑其车辆所发生的"经营风险"(德:Betriebsgefahr)。根据《道路交通法》第 7 条,由于这种"经营风险",无论他是否有过错,都需要对第三人承担责任。

[71] 如果债权人未按要求减轻损害,那么损害分担原则也适用。例如,如果债务人因未履行合同而造成了 500 的损失,而债权人没有将该损害减少 100,那么其索赔请求是减少 100(至 400)还是索赔较少的金额(410 或 420)则视情况而定。这是从《德国民法典》第 254 条的原文和判例中得出的结论。例如,参见 BGH 24.Juli 2001, NJW 2001,3257, 3258。

存在"外部原因"。[72] 如果债权人在缔结合同之时未告知债务人异常大损害的风险,那么根据《德国民法典》第254条,其赔偿请求权在德国会被排除或减少。在法国也是如此,因为在遗漏这种信息的情况下,债权人遭受异常大损害的结果对债务人来说就不可预见,因此根据《法国民法典》第1150条(现《法国民法典》第1231-3条),他的责任也就被排除了。[73] 此外,经常有人认为,判例中的观点应当扩展为一项一般规则,即规定债权人根据具体情况应当"最小化"已经发生的损害,并且在他未采取必要措施的情况下可以减少其赔偿请求权以对其进行惩罚。[74] 因此,《泰雷改革草案》在第121条中建议,不仅应当在债权人因违反其合同义务而引发损害的情况下排除或者限制其赔偿请求权,当他"没有采取安全和合理的措施来避免、减轻或消除损害"时,也应当如此。

英国也缺少一个一般性的规定。英国法将债权人共同责任区分为两种情况。在第一类案例群组中,债务人声称债权人未能采取合理措施减少损害,或者他采取了本不应当采取的措施,反而导致损害扩大。在第二类案例群组中,债务人声称债权人通过其有过错的行为对损害的发生负有责任或者共同责任。

在第一类案例群组中,债权人负有"减轻损害的义务"(英: duty to mitigate)。因此,他必须像在相同情况下一个为了减轻损害的理性之人那样行事。例如,如果买方购买了食物但没有受领,卖方就不能任由食物变质并要求赔偿由此造成的损失。相反,他必须尽力将食物卖往他处。出于最小化损害的考虑,未收到货物的买方也有义务通过替代交易(德: Deckungsgeschäft)的方式从第三方购置货物,以履行他与其客户之间的合同。[75] 类似的情况还有,卖方向未收到货物的买方提出补充交付或者交付另一种类似的货物:虽然买方没有接受此类提议的义务,但如果他拒

---

[72] 对此参见 Terré/Simler/Lequette no. 584 中案例的引证。

[73] 对此参见前注59。

[74] 参见 Terré/Simler/Lequette no. 597; B. Fages, Einige neuere Entwicklungen des französischen allgemeinen Vertragsrechts im Lichte der Grundregeln der Lando-Kommission, ZEuP 2003, 514, 521。

[75] 对此,参见下文脚注94以下。

绝,这可能会导致他对卖方的损害赔偿请求权减损,前提是处于相同情况的理性之人会接受该提议并使损害因此减少。[76] 还应当注意的是,在任何情况下,债权人赔偿请求权减少的数额是其本可以减少的损失的数额,而不是他实际减少的损失的数额。[77]

385 　　就第二类案例群组而言,1945 年的一部特别法明确规定,如果债务人必须因侵权行为赔偿债权人,那么在任何情况下都可以追究债权人的共同过错行为。[78] 但在什么情况下债权人可以以"违反合同"为由向债务人提出索赔呢?通常认为,只有在满足两个条件的情况下才会考虑共同过错行为:第一,债务人根据合同不承担实现某种特定结果的义务;相反,他必须只作出了为实现合同目的而在交易中谨慎行事的承诺。[79] 第二,如果债务人未履行这种谨慎行事的义务,他必须(也)对债权人承担侵权责任。例如,一家银行委托一位专家鉴定人就某土地的价值提供专家意见,由于专家违反了必要的谨慎义务并因此出具了不正确的专家意见,银行向其主张损害赔偿请求权。虽然银行只是因此遭受了纯粹的经济损失,但专家还是根据**过失**(英:negligence)侵权行为对银行承担责任。[80];专家可以提出银行具有共同过错行为为自己辩护,例如,它本应出于其他原因拒绝该土地的抵押,但因过错而忽视了这些原因。当然,这种辩护在其他情况下被排除的事实经常受到批评。[81]

　　遗憾的是,在国际规则中没有一个涵盖债权人共同责任全部领域的统一解决方案。这本来是显而易见的,因为在该领域到处都涉及同样的问题,即如果损害可以同时归咎于债权人和债务人,那么他的赔偿请求权可以减少到什么程度。相反,与英国法类似,只有在债权人的共同责任涉及如下

---

　　[76]　The Solnit [1983] 1 Lloyd's Rep. 605.

　　[77]　参见 British Westinghouse Co. v. Underground Electric Railways Co. of London Ltd. [1912] A.C. 673, 689;根据该案,债权人必须采取一切合理的措施来减轻损失;如果他没有这么做,其赔偿请求权应减去他通过采取这些措施可以减少的**全部**(德:in vollem Umfang)损失金额。

　　[78]　《英国 1945 年法律改革(共同过失)法》第 4 条。

　　[79]　对此参见前注第 43—46。

　　[80]　对此参见第三章脚注 83,第四章脚注 69。

　　[81]　对此参见 Treitel (-Peel) no. 20-105 ff.; McKendrick no. 20.12。

情形,即其行为影响了合同的不履行或由此产生了损害后果时,才形成了一个特殊规则。[82] 此外,还有一项规则在一定范围内完全排除了债权人的赔偿请求权,即只要他本可以通过采取合理措施将非因自身过错而造成的损失降至最低。[83] 这与许多大陆法系法律制度所采取的解决方案是相反的。根据这些法律制度,如果债权人未能采取有效措施将损失额度减少 100,尽管这可能会使其赔偿请求权也减少 100,但对损失进行分摊也是合法的。例如,当债务人通过故意或者虽属过失但明显违反合同义务的行为造成了全部损害,从而使债权人陷入必须迅速反应但因轻微过失而未能将损害额度减少 100 的困境时,就可能存在这种损失分担的需求。[84]

四、损害赔偿的种类与范围

1. 对履行利益的责任

如果一方当事人未履行合同并且有义务赔偿另一方当事人因此所遭受的损失,那么他必须通过支付一笔款项的方式将对方当事人置于如同合同得到履行时的境况。这一基本规则得到了普遍承认。它基于这样一种思考,即作出具有约束力的合同承诺的一方使被承诺人产生了一种他会履行承诺的期待。如果他未做到这一点,他必须赔偿对方的履行利益(德:Erfüllungsinteresse,英:expectation interest),即通过支付金钱的方式将

---

〔82〕 参见《欧洲合同法原则》第 9:504 条:根据该规定,债务人"在受害方促成了合同不履行或其后果"的情况下不承担责任。《(欧洲私法)共同参考框架草案》第 III.-3:704 条第 1 款和《欧洲共同买卖法》第 162 条亦同。《国际商事合同通则》第 7.4.7 条规定得更为详细:债权人的损害赔偿请求权应当减少到他承担风险的行为或情况所导致的损害的程度。

〔83〕 参见《欧洲合同法原则》第 9:505 条第 1 款,《国际商事合同通则》第 7.4.8 条第 1 款,《(欧洲私法)共同参考框架草案》第 III.-3:705 条第 1 款,《联合国国际货物销售合同公约》第 77 条,《欧洲共同体买卖法》第 163 条。

〔84〕 观点相同并附有详细比较法参考资料:H. Koziol, Rechtsfolgen der Verletzung einer Schadensminderungspflicht, Rückkehr der archaischen Kulpakom pensation?, ZEuP 1998, 593; A. Keirse, Why the Proposed Optional Common European Sales Law Has Not, But Should Have, A-bandoned the Principle of All or Nothing: A Guide to How to Sanction the Duty to Mitigate the Loss, Eur.Rev.P.L. 2011, 951。

387 　其置于如同合同得到履行的境况中。[85] 这一听起来比较简单的基本规则的适用,在多数案件中都会产生一个可信的结果。但在有些情况下会产生非常严重的问题。接下来的例子说明了这一点。

　　债权人通常会因为合同的不履行而遭受损失,但这也会给他带来一项**利益**(德:Vorteil),他必须以其损害赔偿请求权来抵销这种利益。如果没有得到卖方供货的买方通过"替代交易"以更高的价格从第三人处采购了同样的货物,那么这两个交易——未执行的买卖合同和实际进行的替代交易——的利益和不利都必须分别确定并进行相互比较;只有当两个结余之间的差额对其构成损失时,买方才享有损害赔偿请求权。但也可能发生这样的情况,即尽管债务人未履行合同,但给债权人带来了某些利益,从而使合同不履行所造成的损害完全不会发生或者随后减少或消除。债权人必须容忍抵销这些利益吗?还是说,尽管有这些利益,他仍然能够以不履行合同为由向债务人主张全部的损害赔偿呢?如果承租人在搬出公寓时虽然没有进行合同约定的整修工作,但因为他找到了一个愿意自己完成整修的新承租人而没有给出租人造成任何损失时,情况又会怎样呢?在该案件中,德国联邦最高法院不允许进行"利益补偿"(德:Vorteilsausgleichung,拉:compensatio lucri cum damno),承租人必须向出租人支付
388 整修房屋所需的全部费用。[86] 按照合同需要交付一种设备的承包商因

---

　　〔85〕 并参见 Robinson v. Harman (1848) 1 Ex. 850, 855:"普通法的规则是,如果一方当事人因违约而遭受损失,那么在金钱力所能及的范围内,他在损害赔偿方面应被置于与合同得到履行的情况时的境况中。"相同的措辞也出现在《欧洲合同法原则》第 9:502 条第 1 句,《国际商事合同通则》第 7.4.2 条第 1 款,《(欧洲私法)共同参考框架草案》第 III.-3:702 条第 1 句,《联合国国际货物销售合同公约》第 74 条第 1 句,《欧洲共同买卖法》第 160 条。损害赔偿必须始终以支付金钱的方式实现,这在德国法中并非理所当然。根据《德国民法典》第 249 条(另参见《奥地利普通民法典》第 1323 条,《瑞士债法》第 43 条),损害赔偿亦可以通过"恢复原状"的方式进行,即赔偿义务人将情况恢复到"假如没有发生引起赔偿义务的情事所会存在的状态"。但这一请求权的实际意义不大,因为恢复原状往往根本无法实现,或者只有在支付不成比例的费用的情况下才能成功,或者不足以补偿债权人,债权人因此会根据《德国民法典》第 251 条坚持金钱赔偿。这与债权人没有因合同不履行而请求损害赔偿,而是要求履行合同的情况是有区别的。对此参见第十二章。

　　〔86〕 BGH 15.Nov. 1967, BGHZ 49, 56.关于该(有争议的)判决参见 H. Oetker in: MünchKomm (6.Aufl. 2012), § 249 Rn. 263.相同的问题也经常在英国法院的判决中被讨论,详见 Treitel (-Peel) no. 20-037 ff.。在 Redford v. De Froberville [1978] 1 All (转下页)

疏忽大意导致委托人的工厂起火并被焚毁，他也必须对由此造成的损失进行全额赔偿；他不得以委托人在新厂房中经营业务会比在老厂房中成本更低而获得利益为由为自己辩护。[87]

"履行利益"这一概念还包括债权人所遭受的不利，这些不利是债权人在合同缔结之后因信赖合同的履行所为的、在合同解除后变为毫无价值的处分所产生的。因此，如果一家演艺公司在即将举行演出的广告中提及了一个明星的名字，那么当该明星在最后一刻无故地取消了演出时，演艺公司不仅可以要求他赔偿其所丧失的**利润**（德：Gewinns）[88]，还可以要求其赔偿因"受挫"的广告费所产生的**损失**（德：Verluste）。但也可能发生这样的情况，即债权人因合同不履行没有或者仅损失了少量利润，或者因其不确定性，他无法证明自己遭受了利润损失。在这些情况中，债权人可以要求偿付其所支出的**费用**（德：Aufwendungen）。尽管他此时要求赔偿的并非"履行利益"（德：Erfüllungsinteresse）而是"信赖利益"（德：Vertrauensinteresse，英：reliance interest），但他愿意将自己置于其在未缔结合同、未作出处分和不遭受相关损失的情况下所处的位置上。这在

(接上页) E.R. 33 一案中，法院也作出了和德国联邦最高法院相同的判决。但另参见 *Tito v. Waddell (No. 2)* [1977] Ch. 106, 328 ff.:原告作为一座太平洋小岛的所有权人，将开采磷酸盐的权利转让给了作为被告的采矿公司，但规定该岛必须由被告进行修复和栽种植被后方可归还。虽然被告未履行该义务，但原告要求赔偿修复和栽种费用的诉讼被驳回了，因为原告在合同执行的30年内一直在另一座岛屿上定居并成为了一名成功的农场主，所以他并非真要返回被被告遗弃的这座岛屿上。并参见 *Ruxley Electronics*（第十二章第三节第（一）小节第2部分，即第303页）:本案中，承包商向委托人交付了一个有缺陷的游泳池。承包商不需要对缺陷进行赔偿，而只需赔偿委托人因使用有缺陷的泳池所丧失的、在合同得到适当履行时的"舒适感"（德：Annehmlichkeit）而遭受的（金额要低得多的）损失。

[87] So *Harbutt's » Plasticine « Ltd. v. Wayne Tank and Pump Co. Ltd.* [1970] 1 Q.B. 447. 并参见 *British Westinghouse*（前注77）:债务人交付了有缺陷的涡轮机，债权人在保留损害赔偿请求权的条件下暂时安装了这些涡轮机，但几年后债权人以更先进的涡轮机替代了这批机器，新的涡轮机对债权人来说非常有利，因为它们所消耗的煤炭比在交付合同中约定的那批涡轮机所需的煤炭要少。上议院判决，债务人只需要赔偿债权人在安装新涡轮机之前所遭受的损失。除此之外，债务人没有责任。尽管债权人购买新的涡轮机只是因为对债务人违反合同所提供涡轮机的运行不满意，但债务人无须赔偿债权人因此所发生的费用，因为被新涡轮机的运行所带来的受益足以抵销这些费用。对此参见 Treitel (-Peel) no. 20-010 ff. und 20-104 和(比较法的) Treitel（前注12）s. 149 f.。

[88] 这种利润损失证明可能很困难。对此参见下文第3部分，第392页及以下。

原则上被认为是允许的。例如,《瑞士债法》第109条第2款明确规定,债权人也可以在合同解除后要求债务人"赔偿因合同失效所造成的损失",从而使其恢复到未与债务人订立合同的状态。[89] 在德国,以《德国民法典》第284条为依据的判决也朝着相同的方向发展。根据该规定,债权人可以放弃对债务人不履行合同的损害赔偿请求权,转而要求债务人"赔偿其因信赖获得给付而已支出且可合理支出的费用"。[90]

2. 买卖合同未履行时的损害计算

如果买方没有受领依据合同向其交付的货物或者卖方未依照合同交付货物并且卖方或买方随后解除了合同,那么损害的计算就特别具有实际意义。在这种情况下,他们可以因不履行合同而向其缔约相对人主张损害赔偿。如何计算这种损害呢?对**买方**来说,如果他收到了货物,那么货物的**价值**将高于他本应支付的合同价格;对**卖方**来说,买方未受领而仍在他手中的货物,其**价值**要低于他本可以获得的合同价格。因此,在这两种情况下,损害的计算在于确定合同结束时货物对买方和卖方的**价值**。损害的计算有两种不同的计算方法。在德国,它们被称为"具体损害计算"(德:konkrete Schadenberechnung)和"抽象损害计算"(德:abstrakte Schadensberechnung)。《联合国国际货物销售合同公约》第75条则区分是否进行了"替代交易",在其他国际规则中则区分损害计算是以"替代交易"(英:substitute transaction)为基础,还是以已约定但尚未履行给付的惯

---

[89] 对此参见 BG 22. Sept. 1964, BGE 90 II 285, 294。在法国,判例的依据是债权人可以根据《法国民法典》第1149条(现《法国民法典》第1231-2条)向债务人主张赔偿"他所造成的损失"并将其请求权限制在此范围之内。

[90] 对于较早的判决以及(批判性的)在此期间生效的《德国民法典》第284条,参见 Huber (前注57) § 39 II。根据英国法,债权人原则上也可以选择是主张"履行利益"还是"信赖利益";如果他选择了后者,在某些情况下,他甚至可以要求赔偿合同订立之前所支出的费用。对此参见 Treitel (-Peel) no. 20-023 f., 20-031 ff.; McKendrick no. 20.7。另参见 McRae v. Commonwealth Disposals Commission (§ 9 N. 20):在本案中,被告向原告——一家打捞公司——出售了一艘沉船残骸,他声称残骸位于某个地点。但实际上该残骸并不存在。法院认为合同有效。尽管打捞公司的诉讼请求被驳回,因为它要求赔偿它在沉船存在并被打捞的情况下可能获得的利润(这种利润纯属推测),但原告有权要求赔偿他为装备打捞队所支出的费用。

常市场价格[时价(英:current price)]为基准。[91]

两种损害计算的方法都获得了普遍承认。如果买方决定采用"具体损害计算",他必须提出事实说明他通过一个"具体的"替代交易从第三人处以什么价格购置了其他等值的货物,如果存在争议,他还必须证明这些事实。在法国,根据《法国民法典》第 1144 条(现《法国民法典》第 1222 条)规定,法院可以授权未收到货物的买方通过与第三人达成替代交易的方式购置货物,成本由卖方承担;与此同时,在商业交易的紧急情况下,买方可以在没有法院授权的情况下达成替代交易,并要求卖方赔偿他因此而产生的费用(扣除节省的合同价格)。[92] 在德国也是如此[93];根据《荷兰民法典》第 7:37 条,如果买方达成了一个"替代交易"(荷:Dekkingskoop)并且行事合理,那么他就有权就合同价格和替代交易价格之间的差价主张损害赔偿。如果卖方寻求损害赔偿,也比照适用这一点;在这两种情况中,信守合同的一方可以要求另一方赔偿更大的损失(《荷兰民法典》第 7:38 条)。

然而,经常会出现一些阻碍债权人"具体"计算其损害的原因。在这种情况下,他必须考虑到合同另一方当事人会指控他有共同过错,例如,声称他在达成替代交易时存在迟延,从而不必要地扩大了损失。[94]

---

[91] 参见《欧洲合同法原则》第 9:506 条和第 507 条,《国际商事合同通则》第 7.4.5 条和第 6 条,《(欧洲私法)共同参考框架草案》第 III.-3:706 条和第 707 条,《欧洲共同买卖法》第 164 条和第 165 条亦同。关于"具体损害计算"和"抽象损害计算"比较法上的详细介绍,参见 Treitel (前注 12) s. 102。

[92] Terré/Simler/Lequette no. 1116. 另参见《意大利民法典》第 1515 条和第 1516 条。

[93] 《德国商法典》第 376 条第 3 款规定——尽管只适用于商人间的定期交易(德:Fixgeschäft)——损害计算可以"根据其以其他方法进行的出卖和买受的结果"进行计算。具体损害计算也可以通过买方证明其与他的哪些客户就未交付的货物达成了"具体"后续交易,以及他因卖方未交货而无法执行其与客户间的交易而错失的收益来计算。对此详见 Huber (前注 57) § 38 III 1。

[94] So BGH 17.Jan. 1997, NJW 1997, 1231:在本案中,卖方要求赔偿 30 万马克,因为他将买方以 80 万马克购买,但因为资金不足而未受领的土地以 50 万马克的价格出售给了第三人。买方的辩护理由,即卖方可以在稍早的时间点以更高的价格达成替代交易,得到了法院的认可。批评性意见参见 Huber (前注 57) § 35 VI 3. 英国法中也出现了同样的问题。参见 Treitel (-Peel) no. 20-099 以及(比较法的) Treitel (前注 12) s. 147:"在买方未受领或卖方未按照合同约定交付给付的情况下,受害方在他本应进入市场以缔结替代合同的时间之后因市场波动所遭受的损失无法得到补偿。"

391　有时,债权人必须向法院提交证明其进行了替代交易的文件,从而使债务人有机会获悉其内部经营状况、计算基础以及业务联系,这对债权人来说也是不利的。如果债权人是一个在经营过程中每天就相同货物签订合同的零售商,那么他有时可能难以证明所完成的替代交易正好对应着债务人未履行的合同。

基于这些原因,通常会建议债权人"抽象地"计算其损失,即要求债务人赔偿合同价格和在合同解除之时通过一个假定替代交易购买或者出卖这些货物的价格之间的差价。由此可以避免"具体"损害计算时所出现的实际困难。或许这就是为什么英国法中虽然未完全排除"具体"损害计算方法,却适用如下规则的原因,即"如果涉案货物有可获得的市场,损害赔偿的计算显然应根据合同价格与货物的市场价格或当前价格之间的差额来确定"。[95] 如果债务人事实上已经达成了一项替代交易并获得了一个比市场价格更优惠的价格,那么他也可以采取这种方式。根据荷兰法,虽然买卖双方都有权采用"具体"损害计算方法,但这并不构成一种义务:根据《荷兰民法典》第7:36 条,他们始终可以选择"抽象"计算方法。《德国商法典》第 376 条第 2 款对在商业往来中达成的并在其中为双方履行约定了一个固定时间点的交易也作出了相同的规定。但是,只要债务人未履行的给付存在市场价格,对于非在商业往来中缔结的、不涉及买卖而是其他类型的交易,不允许采用这种计算方法就是没有道理的。[96] 因此,如果买方未受领以 100 欧元的价格出售给他的货物——尽管这些货物是按照合同约定提供给他的——那么,当他解除合同时货物的市场价格降

392　至 80 欧元时,卖方仍然可以主张 20 欧元的损害赔偿。这是卖方在任何情况下都可以主张的最小损害。即使他通过达成一项替补交易——可能使用了特殊的业务关系——以 90 欧元的价格出售了这些货物,或者他未将这些货物以 80 欧元出售,而是等待价格上涨并成功将货物以 90 欧元或更高的价格出售时,他仍然有权主张上述最低损害赔偿。在这些情况下,根据"抽象"计算方法,买方也必须支付 20 欧元的损害赔偿:"卖方对货物的实

---

［95］《英国 1979 年货物买卖法》第 51 节第 3 款。
［96］ So *Huber*（前注 57）§ 38 II 2 (S. 237) und § 38 III 3 (S. 248 f.)。

际处理与买方无关。"[97]尽管根据《联合国国际货物销售合同公约》第76条、其他国际规则以及《欧洲共同买卖法》第165条的规定，如果达成了替代交易，则不应再允许对损害进行"抽象"计算，但这种限制没有合理的理由。

3. 利润损失和获利机会丧失的责任

债务人还必须赔偿债权人因合同不履行而损失的其本应获得的利润。[98]法国虽然要求损害必须是不履行合同"立即且直接的后果"（法：une suite immédiate et directe），但没有人否认在"未来损害"（法：préjudice futur）的情况下，该要求也应该得到满足。[99]但对于债权人在合同得到履行的情况下将获得的"假设"利润以及其具体金额，法官必须要获得足够的"确定性"。根据英国法律，法官只需要得出获得利润的可能性大于不获得利润的可能性的结论即可。[100]欧洲大陆国家虽然一直要求法官必须获得不履行义务对已发生损害之因果关系的"确定性"，但这仅意味着"实际生活中一定程度的确定性"，即"无法完全排除怀疑，但对其保持沉默"。[101]当原告声称其损失了利润时，该原则也存在一个有利于他的例外。在这种情况下，如果他能够证明"按照事物的惯常发展能够以极大的可能性得到"该利润即可（《德国民法典》第252条第2句）。[102]

因此，如果原告无法证明合同不履行与其要求赔偿的预期利润之间存在的因果关系具有必然的确定性，那么诉讼应当被驳回。例如，原告作

---

[97] So *Huber*（前注57）§ 38 II 2 (S. 238)。尽管允许买方证明卖方达成了替代交易，但该证明对其来说非常困难，因为他无法获悉卖方的内部经营状况。此外，允许买方利用这一事实是不恰当的，卖方在确保替代交易时使用了特殊的商业合同或自担风险进行投机交易，这不应让买方从中获利。

[98] 例如，《德国民法典》第252条第1句，《荷兰民法典》第6:105条第1款，《奥地利普通民法典》第1324条以下亦作此规定。

[99] 参见 *Terré/Simler/Lequette* no. 700。

[100] 据此，法官必须就"可能性的衡量"作出决定。参见 *Allied Maples Group Ltd.* v. *Simmons & Simmons* [1995] 1 W.L.R. 1602 (C.A.)。根据《荷兰民法典》第6:105条第1款，法官可以通过衡量支持和反对的理由来决定预期的损害。

[101] 例如，参见 BGH 17. Feb. 1970, BGHZ 53, 245, 256。

[102] 根据《欧洲合同法原则》第9:501条第2b款，"可能发生的合理"预期利润应得到赔偿。《（欧洲私法）共同参考框架草案》第III.-3:701条第2款亦同。《欧洲商事合同通则》第7.4.3条第1款要求"合理程度的确定性"，但如果缺少这一点，根据该条第3款还允许"由法院自行评估"。

为建筑设计师参加了一个城市举办的比赛,如果该城市接受了其他42个参赛者的作品,并以逾期为由错误地拒绝接受其作品时,那么原告不能要求该城市赔偿付给比赛获胜者的奖金。因为在其作品被接受的情况下他能否赢得比赛,具有非常高的不确定性。[103] 如果有人在安装了安防设备的情况下被盗——设备在没有故障的情况下会在有人试图闯入时通知警方——他就被盗货物的价值向经营者主张赔偿的,情况也是一样。因为在这种情况下也无法证明,当设备正常工作且在警方已经出动的情况下,物品不会被盗。[104] 然而,在这些案件中,原告是否可以通过主张合同不履行剥夺了他获得利润和避免损失的**机会**(德:Chance)来达到目的,这一点是可疑的。再则,他将不会就奖金或被盗物品的价值提起诉讼,而是就一个较低的金额提起诉讼,该金额与法官估算的在合同得到适当履行的情况下可能获得的奖金或避免物品被盗的**可能性**(德:Wahrscheinlichkeit)相一致。迄今为止,德国判例尚不接受这一做法。它奉行严格的全有或全无规则(德:Alles-oder-Nichts-Prinzip),即如果从证据中可以充分确定原告会获得所寻求的利润或者其所担心的损失不会发生,那么其将获得全额赔偿;否则原告得不到任何赔偿。[105] 英国法[106]

---

[103] So BGH 23. Sept. 1982 (第二章脚注75)。批评性意见参见 *H. Kötz/H.B. Schäfer*, Judex oeconomicus (2003) 266。根据以有奖广告(德:Preiswerbung)为对象的悬赏广告(德:Auslobung)的相关规定,建筑设计师和城市之间的法律关系要根据合同法的规则来判断(《德国民法典》第657条以下,第661条)。

[104] 参见 Civ. 17. Mai 1988, Bull.cass. 1988.I. no. 148; Civ. 6.Okt. 1998, Bull.cass. 1998.I. no. 276。

[105] So BGH 23. Sept. 1982 (前注103)。德国文献中对这一做法提出了严厉批评。尤其参见 *H. Fleischer*, Ersatz für verlorene Chancen im Vertrags- und Deliktsrecht, JZ 1999, 766; *G. Wagner*, Neue Perspektiven im Schadensersatzrecht, Verhandlungen des 66. Deutschen Juristentages (2006) A 53; *G. Mäsch*, Chance und Schaden (2004). 另参见 *N.Jansen*, The Idea of a Lost Chance, Oxf.J.Leg.Stud. 19 (1999) 271; *H. Koziol*, Schadensersatz für den Verlust einer Chance?, in: Festschrift für Hans Stoll (2001) 233; *T. Kadner Graziano*, »Alles oder nichts« oder anteilige Haftung bei Verursachungszweifeln?, ZEuP 2011, 171; *L. Khoury*, Causation and Loss of Risk in the Highest Courts of Canada, England and France, L.Q.Rev. 124 (2008) 103。

[106] 例如,参见 *Chaplin* v. *Hicks* [1911] 2 K.B. 786 (C.A.):一个选美比赛的组织者破坏了原告成功参赛的机会。并参见 *Kitchen* v. *Royal Air Force Association* [1958] 1 W.R. 563 (C.A.)以及 *Allied Maples Group Ltd.* v. *Simmons & Simmons* (oben N. 100):律师破坏了其客户成功与第三方进行诉讼或谈判的机会。对此另参见 *K. Oliphant*, Loss of Chance in English Law, Eur.Rev.P.L. 2008, 1061。

和法国法[107]的判决完全不同。要确定这些机构是否足够确定和具体,以及在特定情况下它的实际价值是多少,往往并不容易,但这些困难并非不可克服,英国和法国的判例表明,没有理由不交由法官提出解决方案。[108]

4. 获利返还责任

原则上,债权人只有在因合同不履行而遭受损失时才能主张损害赔偿。如果债权人虽然没有遭受损失,但债务人因不履行合同而获利时,情况会如何呢?在这种情况下,债权人可以主张返还利润吗?

有时,此种请求权来自特别的法律规定。例如,在雇佣合同存续期间,雇员不得为自己缔结属于雇主经营范围的任何交易。如果他违反了这一义务,雇主可以——无论他是否遭受了损失——要求雇员交出他未经授权交易所获得的利润。[109]《德国民法典》第 285 条的适用范围更广。[110] 该规定主要涉及这种情况,即卖方将某一特定物以市场价格出售给了第一个买家,之后又以更高的价格将其出售给第二个买家并向第二个买家交付了该物。在这种情况下,第一个买家不能再主张**履行**(德:Erfüllung)合同,因为卖方已不可能交付或者卖方只有在支付畸高费用的情况下才能做到这一点。[111] 对第一个买家来说,**损害赔偿请求权**(德:

---

[107] 关于"机会丧失"责任的大量法国判例的概述,见 Terré/Simler/Lequette no. 701。

[108] 根据《国际商事合同通则》第 7.4.3 条第 2 款,也可以"对机会丧失,根据机会发生的可能性程度按比例"进行损害赔偿。有争议的问题是,患者是否也可以因医生未履行其合同义务或侵权行为剥夺了其治愈机会而得到赔偿。法国对这一问题作出了肯定回答,而英国则持否定态度。参见(法国)Civ. 29.Juni 1999, J.C.P. 1999.II.10138 mit Anm. Sargos 以及(英国)Gregg v. Scott [2005] 2 A.C. 176 mit Anm. von Mäsch in ZEuP 2006, 656。当然,人们不能将医生责任的情况与债权人被剥夺获利机会的情况混为一谈。在后一种情况下可以肯定的是,债务人的行为对债权人的损失——即获利机会的丧失——具有因果关系;其中"仅"涉及对肯定发生的损害进行正确评估的问题。相反,如果患者在接受正确治疗的情况下生死的几率各占一半,那么他是生还是死以及其死亡是错误诊疗还是正确治疗所造成的结果,都是完全无法确定的。是否从这种差异中引出法律后果也是有问题的。对此参见(肯定观点)Fleischer (前注 105) 771 ff.和(反对观点)Wagner (前注 105) A 57 ff.; Mäsch ZEuP 2006, 659 ff.; Kadner Graziano (前注 105) 183 ff.。

[109] 根据《德国商法典》第 60 条和第 61 条的德国判例,如果股东未经允许为自己开展属于公司经营范围的业务,也适用上述规定;参见《德国商法典》第 112 条以下以及《德国股份法》第 88 条。

[110] 另参见《法国民法典》第 1303 条(现《法国民法典》第 1351-1 条),《意大利民法典》第 1259 条。

[111] 对此参见第十二章第四节,第 312 页和第 314 页。

Schadensersatzanspruch)也没什么用处,因为他是以市场价格购买的并能在其他地方以相同的价格获得该物品。但根据《德国民法典》第285条,他可以要求卖方返还其收到的第二个买家所支付的较高的价款;他向卖方承诺的但未支付的(较低)的价款将从中扣除(《德国民法典》第326条第3款)。这使得第一个买家可以抽取卖方通过一物二卖所获得的利润(德:Abschöpfung des Gewinns)。或许这可以通过以下内容得到最好的解释:在第一个买卖合同签订以后,该物品虽然仍属于卖方,但他只是作为利于第一个买家的"受托人"(德:Treuhänder)占有该物,因此,如果他"违反委托"(德:treuwidrig)为了第二个买家的利益而再次处分了该物,那么他不得将由此所获的利益据为己有,而必须返还给第一个买家。[112] 债权人是否不能"抽取"债务人在其他情况下通过不履行合同所获取利益的问题,在今天得到了热烈的讨论,尤其是英国上议院在一个备受瞩目的判决中肯定了这一点。在本案中,被告是一个英国情报人员,他曾向其雇主——英国皇室——承诺,他将对他在履职过程中所获得的所有信息保密。但多年后,他写了一本成功的自传,向广大读者提供了这些信息。英国上议院支持了皇室要求返还稿酬的诉讼:虽然原告并未因被告的违约行为而遭受任何实际的损害,但无论是因为被告被视为其所获信息的"受托人",从而必须返还其因"违反委托"利用这些信息所获得的利润;还是因为原告对信息的保密性具有合法利益,因此必须阻止情报人员出于经济原因公开这些信息,原告都有权获得"返还性损害赔偿金"(英:restitutionary damages)。[113] 文献中有观点认为,如果"赔偿义务人故意无视债权人的权利",那么他必须返还通过违约行为所获得的全部

---

[112] 参见 *Lake v. Bayliss* [1974] 1 W.L.R. 1073:土地买卖合同缔结后,卖方为买方的利益成为土地的"受托人"。如果他随后再次将该土地出售,那么他必须将由此获得的价款返还给第一个买家,即使第一个买家没有遭受任何损失或者只遭受了少量损失。详见 Treitel (-Peel) no. 20-003 ff.。

[113] *Attorney General v. Blake* [2001] 1 A.C. 268,对该案中详见 K. Rusch ZEuP 2002, 122。通过该判决,上诉法院的判决(*Attorney General v. Blake* [1998] Ch. 439 und dazu R. Bollenberger ZEuP 2000, 893)被撤销。

利润。[114]《荷兰民法典》第 6:104 条包含了一个非常模糊的规定:它规定法官可以根据债务人因违反合同所获得的利润来全部或者部分地"计算"债权人的"损害"。[115]

5. 对非财产损害的责任

所谓"非财产损害"是指无法按照客观标准进行评价的不利因素,因为其重要性在很大程度上取决于个案中受害人的敏感性(德:Empfindsamkeit)、心态(德:Gemütsverfassung)和感受(德:Sensibilität)。如一个人因身体疼痛、永久性残疾、精神痛苦或社会声誉下降等都可能产生"损失"。受害人也可能因为无法再感受或者无法再如其希望的那样感受快乐、满足或幸福而失去了"利益"。一些法律制度不赞成通过支付金钱的方式来弥补这种非财产损害的做法通常基于两个原因:金额的确定会比较困难,因为这些不利益的重要性因人而异,而且也不存在根据供求关系形成一个为了避免所谓的"损失"或者获得所谓的"收益"的具有普遍决定性"价格"的"市场"。同时,给予金钱赔偿会促使原告伪装遭受了非财产损害,甚至可能会在法庭上流下鳄鱼的眼泪,以证明或夸大其索赔。

在一些国家,对于非财产损害的赔偿适用不同的规定,这取决于原告的索赔是基于被告不履行合同还是被告的侵权行为。在这里,原告必须选择一种方式以实现其目的。法国的情况则不同。法国的判决一直认为,只要原被告之间存在合同关系,那么原告的损害赔偿请求权只能按照合同法的规则来判定。[116] 然而,这在实践中并没有任何意义,因为在合

---

[114] So G. Wagner (前注 105) A 83 ff., A 97.《泰雷改革草案》第 120 条也规定,如果债务人被控"欺诈"(法:dol),即故意违反其合同义务——他应当被判处返还因此所获得的利润。

[115] 关于利润返还责任比较法上的讨论,可参见 K. Rusch (oben N. 113); K. Rusch, Restitutionary Damages for Breach of Contract: A Comparative Analysis of English and German Law, S.Afr.L.J. 118 (2001) 59; R. Bollenberger, Das stellvertretende Commodum (1999); P. Schlechtriem, Restitution und Bereicherungsausgleich in Europa II (2001) 191 ff.; T. Helms, Gewinnherausgabe als haftungsrechtliches Problem (2007); J. Köndgen, Immaterialschadensersatz, Gewinnabschöpfung oder Privatstrafen als Sanktionen für Vertragsbruch), RabelsZ 56 (1992) 696。

[116] 关于"合同责任和侵权责任的非累积"(法:non-cumul des responsabilités contractuelle et délictuelle)原则,参见前注 27。

同法和侵权法中对损害（法：dommage）的理解是一致的[117]，更重要的是，对非财产损害（法：dommage moral）的赔偿也非常慷慨。因此，"非财产损害"不仅在原告因身体受伤而痛苦并因此获得补偿[在德国被称为"痛苦抚慰金"（德：Schmerzengeld）]的情况下得到赔偿，法国判例还更关注这样的问题，即原告即使恢复了健康，能否再像以前那样享受生活、能否再参与社会生活、作为音乐家能否再演奏钢琴，或者作为运动员能否再从事体育活动。判例如何处理这些问题在被告因过错导致原告马匹死亡的案件中得以呈现。首先，在本案中，被告是因为侵权行为还是因为违反合同义务而必须支付损害赔偿并不重要。即使他基于合同有义务仔细照料这匹马，他不仅必须赔偿原告更换同等价值的另一匹马的费用，还必须赔偿原告非财产损失，"这导致他失去了他所依恋的动物"。[118] 丧葬公司在违反合同义务未按时将死者遗体送到指定地点的情况下，也必须赔偿亲属因葬礼取消而遭受的非财产损失。[119]

德国法在这方面更加谨慎。长期以来，它一直在进行一场针对传统的——来自罗马法的——观点的撤退战。根据这种观点，当名誉或身体完整性受到损害时，原则上不得给予金钱赔偿。[120] 尽管《德国民法典》并不坚持这一立场，它在第253条第1款中规定，非财产损害只有在经过特别法律规定允许的情况下才能得到赔偿；然而，这种规定只出现在侵权法中，而且基本只针对因身体伤害而要求非财产损害的情况。[121] 判决通过

---

[117] 唯一的区别是，债务人因违约而承担责任时，只需要赔偿"可预见的"损失。参见《法国民法典》第1150条（现《法国民法典》第1231-3条）以及上文第三节第1部分，第376页及以下。

[118] Civ. 16.Jan. 1962, Bull.cass. 1962.I. no. 33 = D. 1962, 1999 mit Anm. *Rodière*.

[119] Trib.civ. Seine 20.Dez. 1932, S. 1932.2.144 und ausführlich Terré/Simler/Lequette no. 562.

[120] 对此参见 *Zimmermann* 1090 ff.; *N. Jansen*, Konturen eines europäischen Schadensrechts, JZ 2006, 160, 166 ff.。

[121] 根据《意大利民法典》第2059条，非财产损害最初也只有在是由被告的犯罪行为所造成的情况下才能得到赔偿。但意大利判例通过以下方式超越了该规定，即在有人因健康或福祉受到损害（因违约行为所造成的也是如此）而导致其在社会环境中的个人发展受到阻碍的情况下，假定存在"生理性损害"（意：danno biologico）或"存在性损害"（意：danno esistenziale）。参见 Cass. 11.Nov. 2008, Nr. 26973, Foro it. 2009, 120 以及对此详见（比较(转下页)

在原告因其"一般人格权"被侵害而遭受非财产损害时也给予原告赔偿的方式越过了该规定。德国立法者在 2002 年作出了进一步的修改,决定在违约的情况下也应对非财产损害进行赔偿,但前提是这种损害是因为侵害了原告的身体、健康、自由或性自主权,或者——必须作出补充——其"一般人格权"而造成的。[122] 自 1979 年以来,《德国民法典》第 651 条第 2 款就对一种特殊情况进行了规定:据此,签订旅游合同的经营者必须对客户因行程取消或因"休假时间浪费"导致旅行严重受损所产生的非财产损害进行赔偿。[123] 显然,在其他类型的合同中,可能也存在对承认非财产损害有利的理由。当然,因对合同对方当事人不履行合同感到失望或难过还不是一个有利的理由。但是,根据个案的具体情况,可能存在这样的合同义务,合同各方履行此类合同义务的同时(也在)追求保护其中一方免遭非财产损害的目的。例如,如果一个酒店经营者承诺在某一天为新婚顾客提供"壁炉房的婚宴",或者一个殡葬服务经营者向死者亲属承诺在某一适当时间举行葬礼,那么,当"壁炉房"被其他顾客占用,或者经营者忘记了哀悼日,他们必须赔偿这对夫妇或死者亲属因此而遭受的非财产损害。至少到目前为止,德国判例还没有走到这一步。[124] 在文献中有

(接上页) 法上的) G. Christandl, Das it. Nichtvermögensschadensrecht nach 2008, ZEuP 2011, 392。根据《荷兰民法典》第 6:106 条第 1 款的规定,只有在被告故意给原告造成损害,或者原告的身体或名誉受到损害,或者其人身遭受了其他损害时,才允许成立非财产损害赔偿责任。

〔122〕 参见《德国民法典》第 253 条第 2 款以及详细的比较法内容 G. Wagner, Ersatz immaterieller Schäden: Bestandsaufnahme und europäische Perspektiven, JZ 2004, 319; G. Wagner(前注 105) A 51 ff.; F. Maultzsch, Der Schutz von Affektionsinteressen bei Leistungsstörungen im englischen und deutschen Recht, JZ 2010, 937。

〔123〕 欧盟法院对 1990 年 6 月 13 日颁布的《包价旅游指令 90/314/EWG》第 5 条的解释是,如果旅游经营者所销售的旅游产品被取消或有缺陷,他也必须赔偿因此给其客户所造成的非财产损害。参见 EuGH 12. März 2002, Rs. C-168/00 (Leitner v. TUI), Slg. 2002, I-2631。

〔124〕 参见 OLG Saarbrücken 20.Juli 1998, NJW 1998, 2912:如果酒店经营者不能在约定的时间将租用的"壁炉房"提供给参加婚礼的人,新娘因此而精神崩溃,她也不享有损害赔偿请求权。因缔约相对人的错误而破坏了所计划的"在风景优美的医院住院治疗"以及因未收到游艇而无法在波罗的海进行游艇之旅的人也都不得主张非财产损害赔偿。这两种情况都不存在《德国民法典》第 651 条规定的构成要件。参见 BGH 21. Mai 1981, BGHZ 80, 366; BGH 29.Juni 1995, BGHZ 130, 128. 并参见 BGH 9.Juli 2009, NJW 2009, 3025:在该案中,一位律师因为法律咨询中的错误导致其客户对危及生存的损害赔偿义务产生了误解。(转下页)

人建议,将《德国民法典》第 253 条第 2 款视为当事人可以通过协议废除的意定规定,以(补充性)合同解释的方式认定合同具有提供某种特定非财产利益的目的,在不履行合同的情况下应当对由此产生的非财产损害承担责任。[125]

英国法院的判例显示,本文此处讨论的问题虽然有时难以回答,但并非无法解决的难题。在英国适用的规则是,如果原告的非财产损害是由被告的违约行为造成的,则不应给予金钱赔偿。因此,如果客户在准备购置地产过程中所委托的律师犯了一个又一个错误,客户不能以其长期遭受惊吓而导致"精神上的痛苦"为由要求金钱赔偿。尽管律师严重违反了其合同义务,但这是"商业生活中的事件,游戏中的玩家需要有坚强的精神"。[126] 然而,如果出售的旅行旨在为旅行者在短暂的假期内提供合同中所描述的享受,但其中的缺陷如此之大,以至于他的合法期待彻底落空,则情况会有所不同。[127] 如果律师所接受的委托明显是为了保护委托人免遭第三方骚扰[128]或她的孩子不被其丈夫绑架至海外[129],情况也会不同。如果由于律师的错误,发生的恰恰是他有义务避免的事情,他必须赔偿客户因此所遭受的精神痛苦,支付一笔根据个案具体情况确定金额的款项;在儿童绑架案中,赔偿金额为 2 万英镑,并获得了上议院的批准。即使是与房地产经纪人签订的合同,也可以追求使其客户在使用他将获得地产时感到舒适和满意的目的。在 *Farley v. Skinner* 一案

(接上页)她因此而精神崩溃,要求律师作出损害赔偿。尽管德国联邦最高法院得出结论,当事人的身体和生理损伤严重到足以构成"健康"损害,但该诉讼依然被驳回,因为律师合同义务的"保护目的"仅在于保护其客户的财产,而不是维持她的健康。如果当事人因为刑辩律师的错误而入狱,判决结果则会不同:一方面,当事人的"自由"因逮捕而遭到侵害;另一方面,律师通过适当履行其义务(也)要保护其客户免遭毫无根据的逮捕。

[125] 立法者也被要求提供协助。根据 Wagner(前注 105)A 53 的建议,《德国民法典》第 253 条应当被修订为,如果合同的目的在于"保护或促进"缔约相对人的"非财产利益",那么也应给予赔偿。

[126] *Johnson s v. Gore Wood Co.* [2002] A.C. 1, 49.

[127] *Jarvis v. Swans Tours Ltd.* [1973] 1 All E.R. 71 (C.A.).

[128] *Heywood v. Wellers* [1976] Q.B. 446.

[129] *Hamilton Jones v. David & Snape* [2004] 1 All E.R. 657.

中就是如此。[130] 在本案中,一块被宣传为"亲切的乡村住宅"的乡下土地正在出售。因为该土地临近盖特威克机场,委托人向地产经纪人指出他对宁静悠闲地使用该土地具有强烈的利益,因此要求后者说明是否会受到机场噪音的影响。经纪人未作任何调查便告诉委托人不必担心这个问题。客户随后以合理的价格购买了该地产,因此他没有遭受任何经济损失。尽管如此,经纪人必须向他支付1万英镑,以赔偿他因飞机噪音所遭受的非财产损害。这有力地支持了国际规则中提出的可以对"非金钱损失"(英:non-pecuniary loss)进行赔偿的立法建议。[131]

6. 关于损害赔偿金额的约定

有时会达成这样的约定,即一方承诺在其不履行合同义务的情况下向对方支付一定数额的款项。通常情况下,信守合同的一方会对这种约定感兴趣。由此,他可以避免可能出现的困难,比如,无法以必要的确定性证明因义务不履行而实际遭受的损害,或者损害对债务人来说"太遥远"或"不可预见",或是非财产损害或仅仅是获利机会的丧失而不需要

---

[130] [2002] 2 A.C. 732.在 Watts v. Morrow [1991] 1 W.L.R. 1421 一案中,一名地产专家鉴定人因过错没有告知其客户,他所购买的房屋需要进行一次大修。因为客户在维修期间不得不住在这个房屋中,对于客户由此遭受的"身体上的不便和不适"以及"与这种不便和不适直接相关的精神痛苦",他必须支付赔偿金(S. 1425)。并参见 Ruxley Electronics(前注86;参见第303页):在本案中,建筑承包商向委托人交付了一个有缺陷的游泳池,委托人获得了损害赔偿,但没有达到他修复缺陷的情况下,即委托另外一个建筑承包商建造一个新的游泳池——将会产生的巨大金额,而只是赔付了他2500英镑,作为对使用有缺陷的游泳池的"舒适性"损失的补偿。根据德国法,也会作出同样的判决:建筑物所有人不享有针对承包商的**补充履行**请求权(《德国民法典》第275条第2款),但他有权主张**损害赔偿**(或减少工程价款),该请求权的范围由以下事实决定,即尽管存在缺陷,但建筑物所有人仍然可以使用游泳池,并可以以这种方式减少其所遭受的损失(《德国民法典》第254条第2款第1句后半句),在这种情况下,他只能在由使用无缺陷游泳池而所获得的"舒适性"受损的范围内主张损害赔偿。P. Schlechtriem, Schuldrecht, Besonderer Teil (6.Aufl. 2003) Rn. 435 也持这种观点。

[131] 参见《欧洲合同法原则》第9:501条第2a款,《国际商事合同通则》第7.4.2条第2款,《(欧洲私法)共同参考框架草案》第III.-3:701条第3款。根据《欧盟关于欧洲共同买卖法指令的草案》第2c条,尽管"以痛苦形式存在的非经济损失"应当得到赔偿,但不是要赔偿"如生活质量受损和享受损失这样的非经济损失"。但是如何在不考虑"享受损失"的情况下,确定对"痛苦"的补偿呢?

赔偿。[132] 尽管契约自由的基本理念支持着这种约定的有效性,但这种支持并非毫无问题。如果这种约定是由信守合同的一方——债权人——提出的,那么债务人可能因为相信合同履行"会顺利进行",而不对约定内容做仔细检查;对知道约定内容,甚至具有投机心理的债权人来说,这可能会促使他为需要支付的款项设定一个很高的数额,由此给债务人施加相当大的压力。如果债务人在这种压力下仍不履行合同,就要支付一笔款项,但这笔款项与实际发生的损害之间的关系并不紧密。因此,这就构成了一个需要解决的利益冲突:一方面,这种约定是有意义且可取的,因为它们简化了损害管理问题,清楚地向债务人展示了不履行合同的后果并减轻了法院的负担;另一方面,必须保护债务人免遭此类约定滥用的风险。

为了理解这种约定,所有法律制度都提出了两个概念。一方面,有些约定的目的是预先比较准确地估算不履行合同可能造成的损害,从而排除当事人之间的争议。这些约定被称为"概括性损害赔偿约定"(德:Abreden zur Schadenspauschalierung) 或"违约赔偿金条款"(英:liquidated damages clauses)。另一方面,双方也可以约定违约金条款(德:Vertragsstrafe,英:penalty clause,法:clause pénale,意:clausula penale)。其目的不仅是将损害赔偿固定在一个数额上,更重要的是,鼓励债务人妥善履行合同。然而,如何区分这两种约定类型以及约定是否有这样或那样的限制,以及会产生什么样的后果,这些都尚存疑问。[133]

违约金是一种历史悠久的合同约定形式,在罗马法中已为人熟知。[134] 在罗马法中,它不仅用于确定向债权人支付的损害赔偿,而且也

---

[132] 参见第 376 页及以下,第 392 页及以下。通过合同约定将在不履行合同的情况下需要支付的金额定在一个特别**低**的数额的情况更少见。这种约定符合**债务人**的利益,并且通常在他的坚持下被写入合同。

[133] 在众多的文献资料中可参见 M. Baum, Vertragsstrafe, in: HWB des Europäischen Privatrechts (2009) 1701 ff.; Treitel (前注 12) s. 164 ff.; I. Steltmann, Die Vertragsstrafe in einem Europäischen Vertragsrecht (2000); H.N. Schelhaas, Hetboetebeding in het Europese contractenrecht (2004); L. Miller, Penalty Clauses in England and France, Int.Comp.L.Q. 53 (2004) 79。

[134] 参见 Zimmermann 95 ff.; R. Knütel, Stipulatio Poenae, Studien zur römischen Privatstrafe (1976), R.P. Sossna, Die Geschichte der Begrenzung von Vertragsstrafen (1993)。

用于债权人并非为了损害赔偿,而是希望债务人采取某种行动的情况中。例如,债务人对债权人承诺向第三人履行给付,那么第三人就无法要求债务人履行承诺的给付:**任何人不得为他人缔约**(拉:Alteri nemo stipulari potest)。至少,债务人可以向债权人承诺在不向第三人履行的情况下支付违约金,由此可以在一定程度上保证第三人获得给付。[135] 这就是为什么大部分大陆法系法律制度在一个专门的章节中规定违约金,而不是将它规定在今天仍然相关的合同不履行的损害赔偿部分之中。[136]

通常,预先确定的债务人在不履行合同的情况下需要支付的金额要高于债权人实际所遭受的损失。如果不是这种情况,可以提出这样的问题,即债权人是只能要求约定的数额,还是他仍然可以选择按照一般规则主张损害赔偿?首先,具有决定意义的是双方达成的约定。否则,按照某些法律制度,债权人只能要求特定的数额。[137] 德国法采取了有利于债权人的立场,因为它允许债权人在两种可能性之间自由选择,甚至允许他在获得违约金的同时就其可能遭受的其他损失主张赔偿。[138]

具有重大实际意义的是,在所有欧洲大陆的法律制度中——与普通法不同——都有强制性法律条款,其授权法官——通常只在债务人申请的情况下,有时甚至仅凭法官自己的决定——在其认为损害赔偿金额"畸高"(德:unverhältnismäßig hoch)或"明显过度"(英:manifestement excessive)的

---

[135] 对此参见第十七章第一节,第 470 页及以下。

[136] 参见《德国民法典》第 339—345 条,《瑞士债法》第 158—163 条,《意大利民法典》第 1382—1384 条,《荷兰民法典》第 6:91—94 条。在法国,则既规定在《法国民法典》第 1152 条(现《法国民法典》第 1231-5 条)(损害赔偿一节)中,也规定在第 1226—1233 条(现《法国民法典》第 1231-5 条)中。(需要注意的是,现《法国民法典》第 1231-5 条采取了不同的规范方式。——译者注)

[137] 《意大利民法典》第 1382 条第 1 款。尽管《荷兰民法典》第 6:92 条第 2 款规定,以违约金"取代"损害赔偿请求权,但根据《荷兰民法典》第 6:94 条第 2 款,如果符合公平原则,债权人可以主张超过违约金的赔偿。根据《法国民法典》第 1229 条(现《法国民法典》第 1231-5 条),债权人的主张仅限于预先确定的金额,除非合同不履行是由债务人故意或严重过失行为造成的。对此参见 Terré/Simler/Lequette no. 625。

[138] 参见《德国民法典》第 340 条第 2 款以及《奥地利普通民法典》第 1336 条第 3 款。《瑞士债法》第 161 条第 2 款规定,如果债权人遭受的损失大于违约金,"他(能够)在证明存在过错的情况下要求赔偿超过的部分"。

情况下,可以减少预先确定的损害赔偿金额。[139] 在有些法律制度中,这种削减的权力存在于**所有**关于损害赔偿金额的约定中[140];但在有些法律制度中,比如,德国和瑞士,只有当相关的合同约定构成**违约金**(德:Vertragsstrafe)的情况下,这种权力才会存在。*

根据德国判例,是否存在违约金应当取决于当事人所约定的款项是否具有"强制手段"的作用,即其是否对债务人施加"尽可能有效的压力",使他朝着适当履行合同的方向行进。[141] 这一标准并不令人满意,因为"任何总括性损害赔偿也总是被认为是对适当履约的强制,任何违约金也总是被认为是对损害赔偿规制的简化",以及"根据这一角度所进行的区分几乎无法产生真正有说服力的结果"。[142] 但这种区分具有很大的实践意义。首先是因为,只有在存在违约金的情况下才能进行司法减免,而且如果合同确定的需要支付的金额构成违约金并被约定为格式条款(德:AGB-Klausel),则其总是无效的。而作为总括性损害赔偿则是有效的,只要约定的数额……不超过"根据事物惯常运行可预料的损害"或者"未明示地许可客户证明损害……根本没有发生或明显低于总括数额"。[143] 尽管只有当支付提前确定款项的债务人是消费者时,这些关于格式条款有

---

[139] 《德国民法典》第343条,《奥地利普通民法典》第1336条第2款,《瑞士债法》第163条第3款,《法国民法典》第1152条(现《法国民法典》第1231-5款),《意大利民法典》第1384条,《(丹麦、瑞典、芬兰)合同法》第36条,《荷兰民法典》第6:94条第1款,《希腊民法典》第409条,《西班牙民法典》第1154条(对此参见 S.Leible, Die richterliche Herabsetzung von Vertragsstrafen im spanischen Recht, ZEuP 2000, 322)。罗马法中并未规定这种司法权力(参见 Zimmermann 106 ff.),其只有在克服相当大的阻力的情况下才能执行,法国直至1975年,荷兰直至1992年才引入这一制度。

[140] 参见《法国民法典》第1152条和第1226条(现《法国民法典》第1231-5条),《荷兰民法典》第6:94条(对此的比较法文献:H. Schelhaas, The Judicial Power to Reduce a Contractual Penalty, ZEuP 2004, 386)。

* 但需要注意的是,如果合同双方当事人均为商人,那么违约金的金额不得被法院酌减。——译者注

[141] 现行判例如此。例如,参见 BGH 25.Nov. 1982, NJW 1983, 1542。

[142] W. Wurmnest in: MünchKomm (6.Aufl. 2012) § 309 Nr. 5 BGB Rn. 6 的观点具有合理性。

[143] 参见《德国民法典》第309条第5项和第6项。德国立法机关在没有必要的情况下引入了合同违约金和总括性损害赔偿的这种区分。因为根据《关于消费者合同中不公平条款的第93/13/EWG号指令》第3条第3款以及附件1e,如果通过格式条款给"不履行义务的消费者强加了畸高的赔偿金额时",立法机关有义务宣告此类格式条款无效。

效性的严格规定才能适用,但根据《德国民法典》第307条、第310条第2款第2句,只要存在**概括性损害赔偿**(德:Schadenspauschalierung),它们也适用于商人之间订立的合同。如果商人之间约定了**违约金**,那么法官虽然不能减免违约金(《德国商法典》第348条),但如果其被规定在格式条款中,可以根据《德国民法典》第307条对其适当性进行审查;毕竟,就其适当性而言,总会存在很好的理由。[144]

普通法也区分"罚款"(英:penalties)和"约定违约金"(英:liquidated damages)。规定了"罚款"的条款总是无效的——即使是在商业交易中也是如此——而当事人规定了"约定违约金"的条款则是有效的。当合同中规定的金额畸高时,法官有权削减这一金额的做法在普通法中并不存在。因此,普通法选择了一个全有或全无的解决方案:要么约定作为"罚款条款"完全无效,其结果是债权人必须根据一般规则提出损害赔偿;要么它作为"约定违约金条款"是有效的。[145] 因此,这种区分具有很大的实践意义。根据1915年的一项开创性判例,该区分主要取决于所约定的金额是否为"真正的预估损害"——在这种情况下,它是有效的——或者它是否无效,即该金额高到必须被视为"是对违约一方的**警告**(拉:in terrorem)"而约定的。[146] 特别是当约定的金额"与可以想象的违约行为所带来的最大损失相比过高且不合理"时,会构成"罚款条款"。这方面有大量判例,在此不再详述。[147] *

---

〔144〕 参见 Wurmnest (前注 142) § 309 Nr. 6 BGB Rn. 19 ff.。

〔145〕 但是,如果"约定违约金"作为格式条款被列入与消费者缔结的合同,则适用前注143 中所提到的《关于消费者合同中不公平条款的第 93/13/EWG 号指令》。参见 H. Beale, in: Chitty on Contracts I (31.Aufl. 2012) no. 26 - 192 A。

〔146〕 Dunlop Pneumatic Tyre Co. Ltd. v. New Garage and Motor Co. Ltd. [1915] A.C. 847.

〔147〕 例如,参见 Treitel (-Peel) no. 20-121 ff.; H. Beale (vorige N.) no. 26-171 ff.; McKendrick no. 21.5 ff.。

* 英国最高法院在一个指导性判例(Cavendish Square Holding BV v. Talal el Makdessi, ParkingEye Ltd. v. Beavis [2015] UKSC 67)中详细讨论了这一问题。英国最高法院认为,没有人支持彻底消除罚款和约定违约金之间的区别。但两者之间的区别不再取决于被约定的金额是否高到必须被认为是"为违约方"而作出的。现在,罚款是指债务人同意支付一笔"不合理的"或"过高的"金额的款项,之所以这么说是因为这笔钱超过了债权人在获得适当履行的情况下所能获得的合理利益的范围。——译者注欧洲对该问题的解决方案可能是什么样子的呢？许多人比较支持今天法国法和荷兰法以及国际立法所选择的解决路径。根据这一解决路径，不再对"合同违约金"和"总括性损害赔偿"进行区分。立法文件将内者列入"对不履行的约定付款"（英：agreed payment for non-performance）这一概念之下。但同时规定，如果法官认为金额"畸高"，可将其降至"合理数额"。[148] 但对于英国法来说，难以接受这种解决方案。其原因并不在于英国法——与欧洲大陆不同——不承认"具体履行"请求权，因此可能不允许以间接方式——即通过一个"罚款条款"——迫使债务人履行合同。因为即使在大陆法系，只要不涉及金钱的支付，履行请求权也只具有理论性。[149] 原因更多地来自另一种情况：根据这里提出的解决方案，虽然区分"罚款"和"约定违约金"的巨大困难得以消除，但代价是在另一方面会造成法律的不确定性，即法官将被授权自行决定"正确"的金额。如果英国法官尽管判定一个合同有效，但他必须越过合同当事人修改合同内容，以使其看起来"合理"，这便与他所感知的传统怀疑论不相符。

---

[148] 参见《欧洲合同法原则》第 9:509 条，《国际商事合同通则》第 7.4.13 条，《（欧洲私法）共同参考框架草案》第 III.-3:710 条。

[149] 对此参见第十二章。

第十五章　嗣后情势变更下的责任免除

一、导论 ……………………………………………………… 391
二、解决方案 ………………………………………………… 393
   1.法国法 …………………………………………………… 393
   2.德国法 …………………………………………………… 395
   3.英国法 …………………………………………………… 400
三、国际规则 ………………………………………………… 404

一、导论

接下来的这一章涉及合同缔结后发生的情势，这些情势虽然不会妨碍债务人交付其承诺的给付，即不会导致履行不能，但可能会大大增加履行的难度或者使债务人认为履行变得毫无意义。例如，对于卖方或者承包商而言，如果在合同缔结之后发现交付所售的货物或完成所承诺的工作的成本明显高于其在合同缔结之时的预期，就是这种情况。这还包括合同缔结之后支付货款或报酬的货币贬值的情况。这些给付和对待给付价值嗣后发生变化的情况通常被称为"等值障碍"（德：Äquivalenzstörung）。这与"目的受挫"（德：Zweckvereitelung）有所区别。这里是指新情况的出现使当事人订立合同的目的无法实现。尽管债务人仍然可以履行其合同义务，但他主张，由于合同目的的无法实现，所以他不再履行合同义务，更不需要为不履行合同而支付损害赔偿。

如果嗣后发生的特殊情势增加了债务人履行的难度，那么他在什么条件下可以全部或部分免除自己的责任呢?[1] 在大陆法系和国际法规中,这些情况构成了一个特殊的类型。此类型在法国被称为"不可预见论"(法：imprévision),在意大利被称为"负担过重"(意：eccessiva oncrosità),在德国被称为"交易基础障碍"(德：Störung der Geschäftsgrundlage),在荷兰被称为"不可预见的情势"(荷：onvorziene omstadigheden)。这种情况有时也被称为"情势变更条款"(拉：clausula rebus sic stantibus),有时——如在丹麦和瑞典——被称为"合同条件丧失"(德：Wegfall der Voraussetzungen des Vertrags)。在普通法系,对于嗣后履行困难的情形适用"落空原则"(英：doctrine of frustration)。正如下文所示,如果债务人声称嗣后出现的情况导致其无法履行,该原则也同样适用。*

---

[1] 对此详见 *E. Hondius/H.C. Grigoleit* (Hrsg.), Unexpected Circumstances in European Contract Law (2011):本书介绍了欧洲法律制度处理嗣后"意外情况"问题所借助的 17 个规则;此外还详细研究了这些法律制度如何解决 15 个选定的示范案例。并参见 *H. Kötz*, RabelsZ 77 (2013) 865 的评论。关于该问题的文献不胜枚举。例如,参见 *H. Rösler*, Hardship in German Codified Private Law in Comparative Perspective to English, French and International Contract Law, Eur. Rev.P.L. 15 (2007) 483; *H. Rösler*, Geschäftsgrundlage, in: HWB des Europäischen Privatrechts (2009) 710; *F. Ranieri*, Europäisches Obligationenrecht (3.Aufl. 2009) 815 ff.; *M. Mekki/M. Kloepfer-Pelèse*, Hardship and Modification (or »Revision«) of the Contract, in: A. Hartkamp et al. (Hrsg.), Towards a European Civil Code (4.Aufl. 2011) 651; *E. McKendrick* (Hrsg.), Force Majeure and Frustration of Contract (2.Aufl. 1995); *G.H. Treitel*, Frustration and Force Majeure (3. Aufl. 2014); *A.Janzen*, Unforeseen Circumstances and the Balance of Contract: A Comparison of the Approach to Hardship in the UNIDROIT Principles and the German Law of Obligations, J.C.L. 22 (2006) 156; *S.H. Jenkins*, Exemption for Non-Performance: UCC, CISG, UNIDROIT Principles, A Comparative Assessment, Tul.L.Rev. 72 (1998) 2015。[与《联合国国际货物销售合同公约》第 79 条不同,《欧洲合同法原则》沿用了大陆法系对"履行不能"和"艰难情势"的区分。参见《欧洲合同法原则》第 8:108 条(规范因"障碍"导致的履行不能)和第 6:111 条(规范合同履行对债务人"变得格外困难"的情形)。这种做法也被《国际商事合同通则》(见《国际商事合同通则》第 6.3.3 条和第 7.1.7 条)和《(欧洲私法)共同参考框架草案》(见《(欧洲私法)共同参考框架草案》第 III.-3:104 条和第 III.-1:110 条)所采纳。——译者注]

* 不言自明的是,双方当事人有充分的理由通过约定将"嗣后情势发生变化"的风险分配给其中一方当事人。很明显,此类条款的效力优先于下文将要讨论的一般规则。因此,下文讨论的规则都是任意性规则,只有在当事人没有作出其他合同安排的情况下才适用。但这并不意味着这些规则没有实践意义。经验表明,当事人有时因经验不足或对自己的利益有些轻率,而没有在合同中纳入不可抗力、艰难情势或其他具有类似效力的条款。即使约定了此类条款,也可能无法涵盖所有可能发生的情况,或遭遇其他无法预料的困难情形。——译者注

二、解决方案

1. 法国法

在法国,任何对该问题的讨论都是以 1876 年 3 月 6 日法国最高法院的一项著名判决为出发点的。[2] 在一份 16 世纪中叶缔结的合同中,一方当事人承诺在支付固定价格的情况下向其缔约相对人提供灌溉农业区的用水。约 300 年后,供水商要求提高所约定的价格,因为货币的购买力下降,其人工成本大幅上升,这一价格因此已入不敷出。两级前审法院都准予了原告的诉求,并以适当增加附加费的方式提高了价格。但法国最高法院驳回了诉讼,因为法院不得"考虑修改双方协议的时间和具体情况并以新条款取代已被缔约各方自由接受的条款"。法国判例至今仍坚持这一判决。[3]

应当说,立法者比法院更有资格判断是否以及如何考虑货币购买力下降的问题;事实上,在两次世界大战之后,都为此进行了专门立法。[4] 此外,人们可能还认为,是否按照常识去行事——至少在长期合同的情况下——应当由当事人来决定,即达成一个在何种条件下根据不断下跌的货币价值调整支付价格的合同协议。从某种程度上来讲,人们也可以说法国最高法院的判决太严厉了。但也正是因为这个原因,它为双方当事人提供了一个强有力且值得赞同的动因,使这种每个人都可能意识到的货币贬值问题成为深思熟虑的价格变更条款、价值保护条款或重新谈判条款的对象。

然而,法国判例的严格立场不只是涉及长期合同中货币购买力损失的分配风险。相反,禁止司法"为情势变更而调整"(法:révision pour imprévision)适用于所有合同,即使在合同订立后发生的情况明显增加了

---

[2] D.P.1876.1.197 ("运河案"法:Canal de Créponne)并详见 W. Doralt, Der Wegfall der Geschäftsgrundlage, Altes und Neues zur théorie de l'imprévision in Frankreich, RabelsZ 76 (2012) 761。

[3] 例如,参见 Com. 18.Dez. 1979, J.C.P. 1980.IV.85 = Rev.trim.civ. 1980, 780 mit Anm. Cornu。另参见 Terré/Simler/Lequette no. 466 所引案例。

[4] 关于这一点以及其他法律规定,例如,允许法官调整租金和工资的规定,参见 Terré/Simler/Lequette no. 468。

410 一方当事人履行合同的难度时也是如此。[5] 人们也确实不时会发现这样的情况,即尽管存在嗣后情势变更的情况,但合同无效的结论是根据合同法的**其他**规则得出的。例如,某人以合理的价格将一块土地作为建设用地出售,如果随后发现双方预期的建筑许可证没有得到当局的批准,那么合同可能会因双方的**共同错误**而无效。[6] 有时还会使用"原因"(法:cause)这一万能武器:据此,如果事后发现合同一方当事人的对待给付毫无价值,并且合同因此缺乏生效所必需的"原因",那么他便无法获得被承诺的报酬。[7] 即使法国最高法院至今尚未公开背离禁止"为情势变更而调整"的原则,但它仍然判定,如果由于情势发生重大变化导致缔约当事人履行合同的难度大大增加,那么根据诚实信用原则,合同一方当事人有义务与其缔约相对人就合同的调整进行谈判。[8] 然而,有待商榷的是,如果谈判失败该如何处理:如果缔约相对人能够证明中断谈判的一方过快或没有合理理由、出于机会主义或恶意中断谈判,那么他是否面临承担损害赔偿的可能性呢?损失如何计算呢?

在法国文献中,越来越多的观点认为,如果——《泰雷改革草案》即如此——合同的履行对一方当事人来说"因不可预见的情况变化"而变得"过度繁重",并且他在合同中并不承担此种情况发生的风险,那么在即将进行的《法国民法典》的改革中就需要一个允许法官调整合同的条款。[9]

---

[5] 例外地,如果经营者负有向国家机关以固定价格在公路或铁路网上开展工作或者提供天然气、水或电力供应的义务,那么当他在行政诉讼中要求提高价格时,法院会准许。如果在这些情况下不允许对合同作出司法修改,那么可能会存在这样的风险,即企业因严格遵守不变的合同而资不抵债,从而损害了公众对基本商品或服务供应所享有的公共利益。对此参见 Conseil d'État 30.März 1916, D.P.1916.3.25 und 9.Dez. 1932, D.P.1933.3.17。

[6] Civ. 13.Juli 1999, Bull.Cass. 1999.III. no. 178.

[7] Civ. 3.Juli 1996, D. 1997, 499 mit Anm. *Reigné*. 对此参见第四章第二节,第72页及以下。

[8] Com. 3.Nov. 1992, J.C.P. 1993.II.22164 (arrêt *Huard*) mit Anm. *Virassamy* = Rev.trim.civ. 1993, 124 mit Anm. *Mestre*; Com. 24.Nov. 1998, Bull.cass. 1998.IV. no. 277 = Rev.trim. civ. 1999, 98 mit Anm. *Mestre*.

[9] 例如,参见 B. Fauvarque-Cosson, Le changement de circonstances, R.D.C. 2004, 67; P. Ancel/R. Wintgen, La théorie du »fondement contractuel« (*Geschäftsgrundlage*) et son intérêt pour le droit français, R.D.C. 2006, 897, aber auch (mit einiger Zurückhaltung) Terré/Simler/Lequette no. 470 f. und Y.-M. Laithier, L'incidence de la crise économique sur le contrat dans les droits de common law, R.D.C. 2010, 407。并参见 Doralt (前注2) 768 f.。

根据这一改革建议,只有在关于合同调整的谈判经过一段合理的时间后仍未有结果的情况下,才允许法官行使这种权力。[10]*

2. 德国法

《德国民法典》的起草者刻意避免作出一项使债务人在嗣后情势变更严重增加合同履行难度的情况下将合同视为无效或需要调整的条款。虽然在古典罗马法中并不存在这一做法的依据,但可以在从教会法发展而来的"情势变更原则"(拉:clausula rebus sic stantibus)学说中找到。[11] 该学说被注释法学派承继,可以追溯到格劳秀斯(Grotius)和普芬道夫(Pufendorf),并被纳入一些受自然法影响的法典中。但它并没有得到普通法学的青睐。尽管其基本思想被温特沙伊德(Bernhard Windscheid)发展的"条件说"(德:Lehre von der Voraussetzung)所接受[12],但反对意见认为,尽管当事人有权达成协议,约定在嗣后情况发生变化的情况下合同无效或应仅以不同的内容继续有效,但如果没有达成这样的协议,对于合同的每一方来说,仅仅期望这种情况继续下去只是一种单方面的,因此也是微不足道的"动机"。在审议《德国民法典》草案的过程中,人们普遍认为"这一学说会危及交易安全",而且不得不担心"在判断的过程中会混淆条件和动机之间的区别,而且实践中可能会错误地考

---

〔10〕 参见《泰雷改革草案》第 92 条。Doralt (前注 2) 777 ff. 讨论了其他改革建议。根据这些改革建议,在合同调整谈判失败的情况下,如果只有一方当事人提出申请,法官也应有权在他根据个案的具体情况认为合适的时间和条件下终止合同。

* 在法国债法改革中,旧法中禁止对情势变更调整的条款被废除,取而代之的是现《法国民法典》第 1195 条。该条规定适用于如下情形:情况在合同订立之后发生了意料之外的变化,导致合同的履行对其中一方当事人来说变得更加困难,但根据合同,双方当事人均不承担出现这种情况的风险。在这种情况下,受影响的一方可以要求对方通过协商调整合同。如果对方当事人拒绝协商,或双方无法就合同的调整达成一致,他们可以同意按照约定的条款终止合同,或者达成请求法院调整的协议。只有当双方当事人无法在合理期限内就上述内容达成一致时,任何一方当事人才可以单独向法院提出申请,请求根据变化的情况修改合同或者"根据其确定的日期和条件"终止合同。毫无疑问,双方协商一致的合同调整要优于法院对合同的调整。不过存在的问题是,现《法国民法典》第 1195 条规定的程序是否过于复杂?——译者注

〔11〕 对此参见 Zimmermann 579 ff.; Ranieri (前注 1) 815 ff.。

〔12〕 Lehrbuch des Pandektenrechts (1865) § § 97 ff.

虑合同之外动机的影响"。[13]

当然,事实很快就清楚地表明,从长远来看,立法者的决定无法与现实力量相抗衡。特别是在第一次世界大战爆发之后,法院不得不对越来越多的案件作出了判决。在这些案件中,不可预料的战争后果严重增加了卖方购置和交付货物的难度,以至于人们怀疑他们是否能够完全遵守合同。起初,德国帝国法院借助于单纯的给付障碍可以被视为对卖方构成"经济不能"(德:wirtschaftlich Unmöglich)的观点来处理这些案件。因此,如果因德国海港被战争封锁而导致海外原材料的进口受到相当大的阻碍或完全中断,卖方因此无法交付的情况可以被视为"经济不能"。这不仅是暂时的不能(即在战争期间),而且是完全不能,因为"如果战争持续数年,在战争结束后进行交付的经济条件将与在和平时期签订合同时的经济条件完全不同"。[14] 然而,由于交付对卖方来说构成"不能",因此他既不承担履行合同的责任,也不承担损害赔偿责任(因为他不对这种"不能"负责)。更困难的情况是,卖方仍然能够购置到要交付的货物,但货物因战争而变得相当稀缺,因此其价格急剧上升从而会产生高额费用。在这种情况下,德国帝国法院最初也使用了"经济不能"的概念,但条件是"购置履约标的……有相当大的困难,根据交易观念,这些困难可被视为等同于不能"。[15] 但后来,德国帝国法院抛弃了"经济不能"这一概念,转而采用由保罗·奥特曼(Paul Oertmann)提出的"交易基础学说"(德:Lehre von der Geschäftsgrundlage)。该学说首次出现在一个案例中,在该案中,卖方以市场价格出售了一块土地,但他必须从目前的所有者——一家正在清算的公司——手中购得该土地。然而,清算工作被推迟了,而且由于通货膨胀的原因,土地的价格已经上涨了好几倍,卖方不愿意再按照原来的条件履行合同。德国帝国法院基本认同了他的观点。合同的"交易基础"是双方

---

[13] Protokolle der Kommission für die zweite Lesung des Entwurfs des BGB, Band II (1897) 690 f.

[14] RG 22.Okt. 1918, RGZ 94, 68, 69 f.并参见 RG 4. Feb. 1916, RGZ 88, 71; RG 27.März 1917, RGZ 90, 102。

[15] RG 23. Feb. 1904, RGZ 57, 116, 118 f.已如此判决。对此另参见 RG 25. Feb. 1919, JW, 1919, 499 以及 (einschränkend) RG 21.März 1916, RGZ 88, 172。

在订立合同时所共同秉持的价格发展具有一定稳定性的认知,这一点随着货币的急剧贬值已不复存在。然而,卖方并不因此自动获得合同解除权。相反,他必须首先要求买方提高购买价格:"只有当买方拒绝时,他才不再受合同约束。这是遵循《德国民法典》第 242 条的结果。根据该规定,诚实信用是合同债务人的最高指导原则。"[16]从本案到德国帝国法院的著名判决仅有一步之遥,这一著名判决实际上禁止了土地所有权人通过支付变得一文不值的纸币来赎回抵押;取而代之的是,抵押权人获得了要求土地所有人支付额外款项以抵销货币贬值的权利。[17]

从那时起,德国判例在无数个案件中研究了合同是否可以因为交易基础丧失而被调整或解除。其要件中的基本要素已被总结并于 2002 年被引入《德国民法典》第 313 条中。当然,这一规定只能是由许多不确定的概念串联起来的一个一般条款。首要的是交易基础,即"成为合同基础的情况在合同订立之后发生了重大变化"。判例将"交易基础"描述为"缔约双方……对某些情况的存在或未来会发生的共同理解,只要双方的交易意愿是基于这些理解";如果这些理解不是缔约双方的共同理解,但其对其中一方当事人来说是可以认识到的,并且没有被另一方当事人反对,也足以构成交易基础。[18] 如果这些已经成为交易基础的理解嗣后发生了重大变化,遭受不利的一方可以要求法官对合同作出调整,前提是继续遵守已发生变化的合同对他来说"不可期待";这取决于"个案的具体情况,特别是合同风险和法定风险的分配"。如果无法通过法官对合同作出调整,或者合同调整对一方当事人"不可期待",那么也可以考虑解除合同

---

〔16〕 RG 3. Feb. 1922, RGZ 103, 328.

〔17〕 RG 28.Nov. 1923, RGZ 107, 78.在该判决之后,立法者才采取行动,于 1925 年通过了《增值法》(德:Aufwertungsgesetz)。就此参见 RG 10. Feb. 1926, RGZ 112, 329 和 RG 30.Jan. 1928, RGZ 119, 133。

〔18〕 这是现行判例中使用的表述方式。例如,参见 BGH 21.Juli 2010, NJW 2010, 2884。根据《德国民法典》第 313 条第 2 款,如果"已经成为合同基础的重要理解被证明是错误的",交易的基础也可能丧失。这是指当事人错误地假设了合同订立时不存在的重要情况。这其实涉及共同的意思表示错误。对此参见第九章第三节第(五)小节,第 243 页及以下。

或者——在继续履行债务关系中——终止合同。[19]

414 　　只有通过对案例群组的分析才能了解模糊不清的《德国民法典》第313条的真正含义。但在许多案例中决定性的因素是,如果根据(正确解释)合同,一方当事人承担了情势变更发生的风险,那么他无论如何都不得援引交易基础丧失。例如,如果一个建筑承包商参加了一次投标并成功中标,然后获得了客户价值 1500 万欧元的复垦一块先前用于褐煤开采的场地的合同,则他事后不得因其报价是根据第三方提供的廉价电力的限时优惠价格作出的,但由于客户授予合同的时间比预期晚得要多而导致其无法再享受这一优惠价格,他因此必须为所需电力多支付180 万欧元而主张无法再接受该报价。[20] 如果一个人向其客户承诺将生产燃油,并以与提供区域供暖的市政供应商相同的价格提供集中供暖,那么他便不得援引这样的事实:即由于 1973 年发生石油危机,他为生产集中供暖所使用燃油的价格急剧上升,但该市的市政供应商由于享受税收补贴,因政治原因可以保持低价。[21] 那些承诺以固定价格供应
415 燃油的供应商,也承担着在合同签订后因货物明显稀缺而导致价格大幅

---

[19] 类似的规则也可以在大陆法系的许多立法和判例中找到。例如,参见《意大利民法典》第 1467 条以下(dazu *C. Reiter*, Vertrag und Geschäftsgrundlage im deutschen und italienischen Recht [2002]);《荷兰民法典》第 6:258 条以下;《葡萄牙民法典》第 437 条(dazu *A. Pinto Monteiro/J. Gomez* ZEuP 1998, 319);《希腊民法典》第 388 条(dazu *P. Papanikolaou* ZEuP 1998, 303);《波兰民法典》第 357 条。奥地利和瑞士虽然没有明确的法律规定,但判例基本遵循了德国在这方面形成的规则。但瑞士的论证理由是,如果一方当事人在情势发生重大变化的情况下仍坚持要求遵守合同,其行为构成了《瑞士民法典》第 2 条第 2 款中的"权利滥用"。就此参见批判性观点,*E. Kramer*, Neues zur clausula rebus sic stantibus, SJZ 110 (2014) 273。在斯堪的纳维亚国家,其判例是基于"条件说"(德:Lehre von den Voraussetzungen);此外,根据其《合同法》第 36 条,即使是单独谈判达成的不构成格式条款的合同约定,也可能会被法院认定为"不合理",因此,如果一方当事人在情势发生重大变化的情况下仍然坚持该约定,合同会被法院调整或撤销。参见 *B. Lehrberg*, Renegotiation Clauses, the Doctrine of Assumptions and Unfair Contract Terms, Eur.Rev.P.L. 3 (1998) 265. *Ranieri* (前注 1) 815 ff.,特别是 *Hondius/Grigoleit* (前注 1) 55 ff.对整个问题进行了详细的讨论并提供了诸多参考资料。

[20] BGH 10. Sept. 2009, NJW 2010, 519.

[21] BGH 25.Mai 1977, NJW 1977, 2262.

上涨的风险。[22] 在尤斯特岛上租赁破旧旅馆的人也不能援引如下事实：由于需求的强烈波动、旅行习惯的改变以及对舒适度要求的提高，他年年遭受高额损失，因此他有权要求将租金减半。因为所有这些情况都"只落入合同一方当事人的风险范围"，因此他"原则上不得……援引交易基础丧失"，即使承租人期待的落空具有"危及生存的后果"，也是如此。[23]

在债务人虽然完全可以履行给付、但履行对债权人来说已变得毫无意义的情况下——因为由于情势的嗣后变更，他无法再将给付用于合同签订时所设想的目的——判例采取了类似的严格立场。原则上，作为买方被承诺交付所购物品或作为承租人被承诺交付租赁物的任何合同当事人都必须承担"使用风险"，即他不能再以他——也许还包括合同对方当事人——在缔结合同时所设想的方式利用或使用该物品。为自己的儿子购买银质面包篮作为结婚礼物的人，必须承担婚礼被取消而面包篮不再有任何用途的风险。如果有人带着自己建造房屋的计划被当局批准的期望而购买土地时，也是一样的情况，如果其计划未得到批准，也不能援引交易基础丧失。[24] 因为他本应通过合同来避免自己的这种风险，即使他不得不为此向卖方支付更高的价格。当然，也有例外情况。德国联邦最高法院对这样一个案件作出了判决。在该案中，一个经营者承诺制造600个冲击钻头，双方都知道这些钻头在技术上已经过时，因此其只允许被出口到当时被苏联占领的德国"东部地区"。当得知无法再向德国"东部地区"出口时，订货人希望不再受合同的约束。尽管有充分的理由表明，在这种情况下，"使用风险"也完全由订货人一人承担，但德国联邦最高法院认为，双方关于冲击钻头可以被出口到德国"东部地区"的假设已经成为

---

[22] BGH 8. Feb. 1978, JZ 1978, 235. 这一结果基于这样的事实，即供应商承诺交付种类物，因此需要为此承担"购置风险"（德：Beschaffungsrisiko）（对此参见第十四章第二节第1部分，第358页及以下）。德国联邦最高法院驳回了供应商关于交易基础丧失的上诉，因为他在较早的阶段已经意识到价格存在进一步上涨的可能性，但却没有在低价位上进行预防性的"替代买卖"，而是期待价格会下跌。

[23] BGH 19.April 1978, NJW 1978, 2390. 并参见 BGH 21. Sept. 2005, NJW 2006, 899：如果某人在尚未建成的购物中心内租用了经营赌场的场所，此人应承担该购物中心建成后不能以合同双方期待的方式被顾客接受的风险。因此，他也不得援引交易基础丧失。

[24] BGH 1.Juni 1979, BGHZ 74, 370.

合同的交易基础,因此合同必须"适应"新的情况:订货人必须支付约定价格的四分之一,从而——可以如此假设——补偿经营者到那时为止为生产部分冲击钻头所支付的费用。[25]

3. 英国法

如果在合同订立后出现了阻碍一方当事人履行合同或显著改变或使其复杂化的情况,该当事人可以援引英国法中的"合同受挫理论",也称"合同落空理论"(英:doctrine of frustration)。如果成功,则意味着合同随着这些情况的出现而被视为是无效的,因此不得再以此为基础提出合同上的请求权——包括因"违约"(英:breach of contract)而产生的损害赔偿请求权。

"合同受挫理论"不仅适用于情势的发生使债务人难以履行或使履行变得毫无意义的情况,而且适用于在这些情况下存在导致履行对债务人来说不能(德:unmöglich)的障碍的情形。在大陆法系中,债务人在这种情况下通过证明他对障碍"不负责任",或者如果他承诺履行结果,那么通过证明履行障碍属于"不可抗力"的情况来免除自己的责任。[26] 在英格兰,即使债务人声称履行对他来说已不可能,他也必须援引"合同受挫";事实上,有文献指出,"随之而来的履行不能是最明显的合同受挫理由"。[27] 这一点在 Taylor v. Caldwell 一案的判决中已经得到体现。[28] 因为在该案中,因合同签订后音乐厅被意外焚毁,交付出租的音乐厅对出租人来说已不可能,因此,他不必赔偿承租人因取消计划的音乐会而遭受的损失。"合同受挫理论"也被用于许多其他履行不能的情况中,例如,卖方

---

〔25〕 BGH 16.Jan. 1953, MDR 1953, 282.(但在 BG 13 Apr. 1943, BGE 69 II 139 一案中,瑞士联邦法院得出了不同的结论:1939 年年底,一家瑞士军火生产商与法国政府签订合同,为法国军队提供某些武器。他需要一些特殊部件来履行合同,因此于 1940 年 6 月 4 日向原告下了订单。双方都知道这些零件的用途,也知道法国目前的军事形势,但德法之间的停战比预期更早,军火商主张终止合同。原告就由此造成的损失提出的损害赔偿获得了法院的支持。——译者注) T. Finkenauer in MünchKomm (6. Aufl. 2012) § 313 Rn. 252 ff.对合同"目的受挫"的判例进行了详细介绍。

〔26〕 对此参见第十四章第二节,第 357 页及以下。

〔27〕 Treitel (-Peel) no. 19-008.

〔28〕 (1863) 122 Engl.Rep. 309,见第十四章第二节第 3 部分,第 370 页。

必须交付独一无二的物品或只有特定库存的物品;在这种情况下,如果该孤品[29]或库存[30]在合同订立后灭失并由此导致履行承诺的给付对卖方已变得"不能",那么买卖合同也因"受挫"而无效,卖方不需要对此承担责任。如果卖方对货物灭失负有责任,则该理论不适用;同样地,如果货物在灭失风险因特殊原因已经转移给买方后灭失的,即使买方对货物尚未取得占有,受挫理论也不适用。[31] 在所有这些情况中起决定作用的是,债务人根据合同是否不承担履行不能的风险,或者——换句话说——是否不是他承担了履行不能的风险。卖方承诺通过海运在约定的时间在某一港口向买方交付货物,如果发现由于他不负责任的原因无法获得合适的仓位,因此无法进行合同所约定的交付,他便不能援引"合同受挫"。[32] 如果某女钢琴家承诺于某一天在一场音乐会上进行演奏,但其因病无法进行表演[33],或者如果卖方由于《1939年对敌贸易法》而被禁止交货,或者如果某人由于船舶在约定的时间之前沉没或被国家扣押而无法交付其所出租的船舶,那么合同可以因"受挫"而终止。租用了6个月船舶的人,如果出租人在约定的港口按时提供了船舶,但由于港口因长期罢工而关闭了数月,导致承租人无法在港口装船,他也不必支付所约定的价款。[34]

但是,"合同受挫"理论也适用于这样的情况:在这些情况下,履行对债务人来说虽然并非"不能",但由于新情况的发生,对他来说履行成本大大增加或者他只有在克服了不可预见的困难后才能履行。但在这些情况下,只有当债务人的履行因新情况而表现得"与合同所承诺的内容

---

[29] 参见《英国1979年货物买卖法》第7节:根据该规定,在合同已订立并且"在风险转移给买方之前,货物随后在卖方或买方没有任何过错的情况下灭失的",关于该"特定物"的买卖合同无效。

[30] Howell v. Coupland (1876) 1 Q.B.D. 258 und dazu Treitel (-Peel) no. 19-023 ff.

[31] 例如,如果货物在卖方将其交给承运人以便运送给买方后灭失或损坏的,就属于这种情况。参见第十三章第四节第2部分,第334页。

[32] Lewis Emanuel & Son Ltd. v. Sammut [1952] 2 Lloyd's Rep. 629.

[33] Robinson v. Davison (1871) L.R. 6 Ex. 269.

[34] Pioneer Shipping Ltd. v. BTP Tioxide Ltd., The Nema [1982] A.C. 724.

完全不同"时,合同才会被视为因"受挫"而终止。[35] 在某些情况下——与德国法相类似——新情况必须具备"一种如此广泛的性质和程度,以至于双方当事人已经考虑的基础被认为已经消失,而且合同本身也随着该基础一起消失"。[36] 选择何种表述方式并不重要,重要的是,情势的嗣后变更是否导致一些事件发生,而这些事件根据商业交易诚实信用的观点来看,仍属于试图解除合同的一方当事人的风险范围(德:Risikosphäre)。

如果债权人被承诺了某物或某种给付,但他声称由于新情况的发生,他无法再实现合同订立时所设想的目的(德:Zweck),而且往往债务人也知道这种目的时,"合同受挫"理论同样适用。Krell v. Henry 一案[37]是"目的受挫"案件中最著名的一个案例。在该案中,出租人在爱德华七世(Edward VII)加冕之际将其公寓租给了被告,在加冕日当天会有一支游行队伍经过该公寓。虽然游行因国王生病被取消了,但出租人依然要求支付约定的租金。诉讼被驳回了。Taylor v. Caldwell 一案的规则不仅适用于债务人承诺的履行变得不可能的情形,而且也适用于"导致合同无法履行的事件是一个明确的条件或事物状态的停止或不存在,涉及合同的根本并且对合同的履行至关重要"的情形。[38] 但是案例显示,很少有合同会因为"目的受挫"而无效。这是因为,债务人不仅必须知道债权人通过所承诺的

---

[35] Davis Contractors Ltd. v. Fareham Urban DC [1956] A.C. 696, 729 (Lord Radcliffe). 在本案中,一个建筑承包商承诺建造78栋房屋,但却不想履行合同,因为他很难找到业务熟练的工作人员,因此他需要22个月来完成建筑项目,而不是预期的8个月。这给承包商造成了相当大的额外成本。尽管如此,英国上议院仍然认为合同有效。

[36] F.A. Tamplin Steamship Co. Ltd. v. Anglo-Mexican Petroleum Products Co. Ltd. [1916] 2 A.C. 397, 406 (Lord Haldane).

[37] [1903] 2 K.B. 740.

[38] 此案在德国也将以同样的方式进行裁决。是应将举行游行作为"交易基础",还是应当假定出租人不仅向承租人承诺了让与公寓,而且同时还承诺了游行,这只是一个法律品位的问题。在后一种情况下,出租人的履行变得"不可能"。在这种情况下,他是失去(《德国民法典》第326条第1款),还是保有(《德国民法典》第326条第2款)租金的请求权取决于哪一方承担游行举行的风险这一决定性问题。假设他们在签订合同时注意到了这一点,但双方并没有作出其他约定,则该风险属于出租人。出于这个原因,如果船东使其船舶为油轮旅行作好准备,他的客户依然可以享受出游,但其并不想支付约定的价格,因为他所期待的舰队检阅活动被取消了,则案件将会得到不同的裁决。Herne Bay Steamboat v. Hutton [1903] 2 K.B. 683 即如此。

物品或给付所追求的目的,而且他还必须承担了"使合同目的受挫"的新情况发生的**风险**。例如,买方打算把所购买的货物出口到某个国家,如果他不能获得必要的许可证,则风险由他本人承担。如果买方以 170 万英镑的价格购得一块土地用于建筑开发,即使买方在合同签订后的第二天被当局告知该土地因受到"古迹保护"而不得进行建筑开发,导致其市值降至 20 万英镑,合同依然是有效的。尽管在签订合同时,双方都预计该土地日后不会被置于古迹保护之下,这是达成高购买价格的原因。然而,必须向买方说明的是,只有他自己承担这种期望落空的风险。他本应通过一种合同约定来保护自己,使自己在这种情况下有权解除合同或通过谈判达成新的购买价格。[39]

原则上,债务人因新情况的出现只能以明显更高的成本提供所承诺给付的事实并不会改变合同的有效性。其结果是,执行合同对他来说是一笔糟糕的买卖。然而"合同受挫"理论并不以"使合同当事人免除不谨慎交易之正常结果"为目的。[40] 但其前提是,导致债务人履约成本增加的情况属于其风险范围。可以从一个案例中看出英国法院处理这一问题的严格程度。在该案中,卖方声称合同的履行——以到岸价在汉堡交付 300 吨苏丹花生——对他来说变得相当困难,因为与合同双方的期待相反,苏伊士运河由于以色列和埃及之间发生战争被封锁,他只能通过好望角将货物运至汉堡,运输费因此翻倍。尽管如此,法院依然认为合同有效。因为很明显的是,较长的运输线路并不会影响花生的质量;而对于买方来说,卖方如何组织货物运输以及货物何时到达汉堡都是无关紧要的问题。[41]

尽管英国的判例有时会产生看起来很严苛的结果,但它考虑到了伦敦商事法院所主要服务的那些客户群体——即大型的、通常在国际上开展经营活动的公司——的利益。这使他们有强烈的动机选择不适用"合

---

[39] *Amalgamated Investment & Property Co. Ltd. v. John Walker & Son Ltd.* [1977] 1 W. L.R. 164,对此详见 *Treitel (-Peel)* no. 19-043。

[40] *Pioneer Shipping* (前注 34) 752 (*Lord Roskill*)。

[41] *Tsakiroglou & Co. Ltd. v. Noblee Thörl GmbH* [1962] A.C. 93. 并参见 *Ocean Tramp Tankers Corp. v. V/O Sovfracht* [1964] 2 W.L.R. 114 一案:在该案中,合同一方当事人为从热那亚到印度港口的航行租用了一艘船舶,并同意为每一天的航行支付固定的价格。承租人辩称——同样没有成功——由于苏伊士运河的封锁,到印度的航程需要 138 天(而不是 108 天),这大大增加了他履行合同的难度。

同受挫"理论,通过达成明确的协议,对因战争、罢工、自然灾害或实施进出口禁令或其他"困难"情况而导致合同无法履行或履行成本增加的情形作出安排。相反的思考也支持这种严格的判例,即英国法院意识到此类协议的广泛存在,因此它不愿意允许缔约方在本可以通过此类协议保护自己而实际上并未如此行事的情况下援引"合同受挫"理论。

三、国际规则

421   如果债务人主张因嗣后情势发生变化而免除违约责任,国际立法文件区分为了两种情况:在一种情况下,这些情势构成**履行障碍**(德:Leistungshindernis),使债务人不能履行合同[42];在另一种情况下,这些情势使履行的**难度增加**。[43] 在后一种情况下,法院只有在发生了以下情形时才可以撤销或修改合同:即由于后来情况的发生,合同的履行对债务人来说变得"负担过重""过于繁重"[44],或者合同给他带来的负担如此之大,"以至于让债务人承担义务显得不公正"。[45] 有时也会规定,只有当履行难度增加这一情况的发生"从根本上改变了合同的平衡"时,才能因"困难"而撤销或修改合同。[46] 此外,国际规则中也普遍规定,如果一方当事

---

〔42〕 参见《欧洲合同法原则》第 8:108 条,《国际商事合同通则》第 7.1.7 条,《(欧洲私法)共同参考框架草案》第 III.-3:104 条。

〔43〕 参见《欧洲合同法原则》第 6:111 条,《国际商事合同通则》第 6.2.1 条以下,《(欧洲私法)共同参考框架草案》第 III.-1:110 条,《欧洲共同买卖法》第 89 条。然而,对履行**障碍**(德:Leistungshindernis,英:impediment)和履行**困难**(德:Leistungserschwerung)之间作出区分可能是困难的:"当然,在只有通过完全不合理的努力才能实现的履行和即使可能使债务人破产但只是非常困难的履行之间,有时存在着一条非常细微的界限,应由法院来决定它所面临的是哪种情况。"《欧洲合同法原则》第 6:111 条,Comment A)《联合国国际货物销售合同公约》第 79 条规定,只有在债务人因障碍原因(英:impediment)而无法履行合同的情况下才可以免除责任。但根据主流观点,如果嗣后的情势增加了债务人履行的难度,也可以适用《联合国国际货物销售合同公约》第 79 条。对此参见 P. Schlechriem/U. Schroeter, Internationales UN-Kaufrecht (5.Aufl. 2013) Rn. 678 ff.。然而在实践中,仅仅因为卖方从第三方采购所售货物的价格或将货物运送给买方的价格在合同订立后有所上涨而免除责任的情况非常罕见。尽管这增加了他履行的难度,但是,这种价格上涨的风险必须"由卖方在签订合同时考虑到",因此,如果发生了这种情况,他便不能免除其责任。

〔44〕 《欧洲合同法原则》第 6:111 条第 2 款,《欧洲共同买卖法》第 89 条。

〔45〕 《(欧洲私法)共同参考框架草案》第 III.-1:110 条第 2 款。

〔46〕 《国际商事合同通则》第 6.2.2 条。

人在合同中承担了情势对其发生不利变化的风险,或者在缔结合同时就应该合理地考虑到这种变化的可能性,并且可以通过在合同中规定相应的责任限制来保护自己不受影响,则他不能对情势的后续恶化提出异议。这种表述方式当然是非常笼统和不明确的,从各国的法律制度中也可以看出,如果立法者想要解决这个问题,其能力是有限的,因为他不能用很多词句,因此不得不把自己限制在一般公式上。但这最终将取决于,对于合同履行产生不利影响的后续情况的发生,必须由哪一方承担这个风险。如果合同中没有对此作出明确的约定——它们总是优先适用,除非其例外地违反了强制性法律规定而无效——那么就存在一个**合同漏洞**(德:Vertragslücke),必须通过对合同的补充解释来填补这一漏洞。也就是说,要问合同双方当事人,如果这一点在缔结合同时摆在他们面前,他们会如何规定风险的分配。[47] 因此,《欧洲共同买卖法》第 89.2 条 a 项为这个问题选择的解决方案值得赞同。其规定,如果由于嗣后情势的变化,合同的履行对一方当事人来说变得"过于繁重",那么只有当合同的调整或解除是为了达到使其符合"如果双方考虑了情势的变化,他们在缔结合同时会合理同意的内容"这一目的时,才允许法官这么做。当然,很难确定"当事人会合理地同意什么内容"。但可以假设,他们会就对双方最有利的、因而也是最"有效"的解决方案达成一致。也就是说,风险会由能够以比对方更低的成本规避风险、以更低的成本降低风险发生的概率或通过采取预防措施——也包括购买保险——以更低的成本确保自己免遭风险发生影响的一方承担。

如果债务人辩称,由于嗣后的情势,合同履行变得非常困难,那么当法院认为债务人的要求合理时,可以"调整"合同以适应新的情况。法院可以维持合同,但要"以公正和公平的方式"修改合同以反映新的情况。但法院也可以宣布当事人之间的合同"在法院确定的日期和条件下"终止。[48] 这种调整合同的司法权力在所有对该问题作出规定的大陆法系

---

[47] E. Kramer, Neues zur clausula rebus sic stantibus, SJZ 110 (2014) 273, 276 ff 亦同。

[48] 参见《欧洲合同法原则》第 6:111 条第 3 款,《国际商事合同通则》第 6.2.3 条第 4 款,《(欧洲私法)共同参考框架草案》第 III.-1:110 条第 2 款,《欧洲共同买卖法》第 89 条第 2 款。

423 的法律制度中都可以找到,它也被提议用于法国法律的改革。* 但根据英国法的观点,只有合同当事人才能决定是否以及如何按照新情况调整合同。如果他们没有成功达成新的协议,那么法官的任务就不是越过双方当事人去命令他认为正确的事情。因此,如果满足了"合同受挫"的条件,合同始终是无效的,不能从合同中推导出因"违约"而产生的损害赔偿请求权。[49] 但是,如果当事人在后续事件发生之前按照(仍然有效的)合同向对方提供了给付,法官可以主动就给付返还的问题作出合理的解决方案。[50]

显而易见的是,如果其中一方当事人声称合同履行因嗣后情势变更而变得更加困难,则双方当事人会相互协商。在这种情况下,一方当事人在与另一方当事人无任何交流的情况下直接诉诸法院或者等待被另一方当事人起诉的情况在实践中不会发生,因此也无法想象。因为双方通常都有继续其商业联系的意愿——即实践中的重复缔结交易——因此,如果在执行某个合同时出现了问题,双方会讨论出一个友好的解决方案。

然而,需要注意并且不太合理的是,国际规则将当事人"进行谈判以调整或终止合同"视为当事人的**义务**(德:Verpflichtung),并且进一步允许**法官**只有在当事人实际进行了谈判且在"合理时间"内未达成结果的情况

424 下对合同进行调整。[51] 此外还规定,法院可以判决一方当事人赔偿因拒

---

* 已被现《法国民法典》第 1195 条所采纳。——译者注

[49] 如果按照主流观点,即《联合国国际货物销售合同公约》第 79 条也涵盖了嗣后履行难度增加的情况,那么也需要解决同样的问题(参见前注 43)。如果在这种情况下,《联合国国际货物销售合同公约》第 79 条的要件得到满足,债务人就可以免除其对不履行合同的损害赔偿责任。合同的司法调整被排除,因为《联合国国际货物销售合同公约》第 79 条排除了可能作出损害赔偿规定的国别立法的适用。对此参见 Schlechtriem/Schroeter (前注 43) Rn. 681 f.。

[50] 参见《英国 1943 年(受阻合同)法律改革法》第 1 条第 3 款以及 Treitel (-Peel no. 19-090 ff.和 McKendrick no. 14.17。在英国,同样的限制司法权力的原则也适用于"罚款条款"(英:penalty clauses):它们总是被认为是无效的;通过司法手段削减到"合理"水平的做法也是要被排除的。对此参见第十四章第四节第 6 部分,第 405 页。

[51] 参见《欧洲合同法原则》第 6:111 条第 2 款和第 3 款,《国际商事合同通则》第 6.2.3 条,《欧洲共同买卖法》第 89 条第 1 款和第 2 款。

绝进行谈判或"违反诚实信用原则"中断谈判所造成的损失。[52]

没有人会怀疑,通过当事人协商解决嗣后履行困难的问题比通过法院判决解决会更有利。也没有人会否认,双方约定一个合同上的谈判义务是有道理的,有时也是明智的。然而,引入谈判**义务**(德:Verhandlungspflicht)(即使在没有此种约定的情况下)是否有意义,并且不会成为空洞的形式,这是值得怀疑的。例如,在典型的情况中,卖方不愿意交货,因为他必须从第三人那里购置所出售的货物。而由于市场行情的变化,他不得不向第三人支付比在合同订立时所预想的价格高出70%的价格,这种情况该如何处理呢?[53] 在这个例子中,卖方**已经主动**建议买方支付比约定价格更高的价格。但是,如果买方希望遵守合同,并因此认为该建议毫无根据。那么根据国际规则的建议,他不得直接拒绝该建议;相反,他将不得不进行谈判——如果有必要的话可以假装谈判,并且无论如何都要等到合理的期限届满——因为这是他避免因拒绝谈判而被追究责任的唯一途径。此外,还应牢记,谈判总是在"法律的阴影下"进行的。因此,双方都会将可能的司法裁判纳入考虑范围,并且只有在他们的处境不比他们认为对司法裁判的预期更糟糕的情况下才会达成一致的解决方案。通常导致拒绝或中断谈判的不是当事人的恶意,而是**这些**原因。因此,如果上述案例中的买方拒绝提高合同中约定的购买价格,或者中断与卖方的相关谈判,那么法官就必须判断这种涨价是否合理。不清楚的是,他为什么要回避作出这种判断,而是去调查可能导致买方拒绝或中断谈判的内部原

---

[52] 《欧洲合同法原则》第6:111条第3款。

[53] 比利时最高法院在2009年6月19日作出的一个备受争议的判决就是这种情况(Scafom International BV v. Lorraine Tubes SAS, CISG online Nr. 1963)。虽然法院正确地认为,本案中卖方所称的履行困难增加的情况应当根据《联合国国际货物销售合同公约》第79条进行处理,但它错误地认为该条的构成要件已经得到了满足(参见前注43)。同样存在问题的是,它认为《联合国国际货物销售合同公约》第79条有"漏洞"并且根据《联合国国际货物销售合同公约》第7条第2款通过援引《国际商事合同通则》第6.2.3条填补了这一"漏洞",并认为买方有义务就合同的修改进行谈判。对此参见 Schlechtriem/Schroeter (前注43). Rn. 682; *I. Schwenzer*, Die clausula und das CISG, in: Festschrift E. Bucher (2009) 723; *D. Philippe*, Renégociation du contrat en cas de changement de circonstances dans la vente internationale, RDC 2011, 963, ferner die ausführlichen Besprechungen der Entscheidung in Eur. Rev. P. L. 19 (2011) 101-154。

因,以及他为什么可以根据调查结果命令买方赔偿损失。[54]

---

[54] 尽管《德国民法典》第313条也允许法官在合同的"交易基础"受到后来情势变更的影响时对合同进行调整,但并没有要求当事人就合同的调整问题自行进行谈判。尽管也有争议,但这种观点在文献中获得了大多数人的认可。其他观点,例如——以 BGH 30. Sept. 2011, BGHZ 191, 139 为依据——*J. Lüttringhaus*, Verhandlungspflichten bei Störung der Geschäftsgrundlage, AcP 213 (2013) 266 mit umfassenden Nachweisen. 只有在例外的情况下,才需要承旦损害赔偿义务。例如,由于情况发生变化,一方当事人不能再履行长期合同(例如,劳动合同、合伙合同或代理商合同)下的义务,而另一方当事人则以不相关的或权利滥用的理由断然拒绝变更合同的谈判或者提出明显不足的建议,就是这种情况;法国最高法院在 *Huard* 一案(前注8)中的判决就是这种情况。

第三部分

第三人参与合同

第十六章 代理

一、历史沿革与经济意义 ………………………………………… 411
二、法定代理 ……………………………………………………… 416
三、代理权的授予、权限和消灭 ………………………………… 418
   （一）代理权之授予 …………………………………………… 419
   （二）代理权之默示授予 ……………………………………… 420
   （三）代理权授予的形式 ……………………………………… 421
   （四）代理权的权限 …………………………………………… 423
   （五）代理人的自我交易 ……………………………………… 426
   （六）代理权的消灭 …………………………………………… 428
   （七）代理权的不可撤回性 …………………………………… 430
四、无权代理 ……………………………………………………… 432
   （一）委托人的追认 …………………………………………… 432
   （二）表见代理 ………………………………………………… 434
      1.制造代理权存在的外观 ………………………………… 434
      2.第三人的合理信赖 ……………………………………… 436
   （三）代理人的责任 …………………………………………… 438
五、代理的效果 …………………………………………………… 439
   （一）显名代理 ………………………………………………… 440
   （二）隐名代理 ………………………………………………… 442
      1.委托人针对第三人的请求权 …………………………… 444
      2.第三人针对委托人的请求权 …………………………… 447

一、历史沿革与经济意义

如果合同不能由合同当事人以外的人进行谈判和缔结，那么一个以商品和服务生产分工为基础的发达的经济体系就无法运行。以一人企业的方式经营手工业时，经营者或许仍可亲自订立所有涉及原材料购买和销售产品或服务的合同。但是，一旦其业务扩大，经营者不得不与不同的且地理位置上相距遥远的合作伙伴签订合同，或者此类合同的签订需要特殊的专业知识，这迟早会迫使他让别人为其代理。经营者委托雇员购买原材料，继承人委托拍卖师拍卖遗产，所有权人委托专业人员管理与其地产相关的业务，制造商通过销售部门的员工、商业代理人（德：Handelsvertreter）或行纪人（德：Kommissionäre）销售产品；前者由于各种原因都不能或者不想亲自行动，而是通过让"为他们""代他们""代表他们""为其利益"与第三方签订合同的其他人参与进来或者通过作出或接受对进行此类合同具有法律意义的表示，从而扩大他们的活动范围。这些人的活动都基于相同的功能：他们帮助其委托人参与商业交易。这么做的原因是他们以这样或那样的方式接受委托人的指示、委托或者授权。

以上只是对本章内容的一个粗略描述。但法律人需要了解更多的内容。他们需要掌握一些规则，据此能够判断代理中出现的利益冲突问题。他们也需要了解一些概念，从而可以将规则纳入一个圆满的系统秩序。

在罗马法中，我们无法找到一个关于代理的一般概念。首先，这不是因为罗马法学家本身对法律的体系构建缺乏感觉或品位。这主要是因为他们从未脱离传统观念，即罗马公民只能为自己或对自己确立权利和义务，而不能通过他所缔结的交易为第三人或对第三人确立权利和义务。这可能与以下事实有关：在更古老的罗马法中，只有满足一定的形式——例如，使用具有规定内容的句式——的行为才能产生法律约束力。因此，这种约束力只能对亲自以这种具有形式约束方式行事的人产生作用。在罗马法的发展过程中，这种思想虽然在很大程度上失去了其实际意义，因为不拘泥于形式但仍有约束力的交易的认可范围在不断扩大。[1]但是这一传统的原则仍然是可以坚持的，因为允许对第三人具有法律效力的行为的需求也可以通过其他方式得到满足。例如，就财产或者其他

---

〔1〕 参见第107页。

权利的**获得**而言,人们始终认为家长拥有其家庭成员或奴隶在其家庭权力之下所获得的一切。这种获得不是因为家长向受家庭权力约束之人授予了相应的委托,而是根据罗马的社会基本规则,受家庭权力约束之人具有权力人"延长手臂"的"法律地位"。虽然家长不对受家庭权力约束之人的**债务**负责,但裁判官(拉:Prätor)对这一基本原则作出了越来越多的例外规定。这主要涉及以下情形:某人使一个受家庭权力约束之人或自由人成为船长或者商店或其他经营性业务的经营者,如果在这种情况下,船长或商店经营者在其被授权范围内对第三人产生了债务,后者可以要求委托人履行。如果某人将一项特别财产(德:Sondervermögen,拉:peculium)委托给一个受家庭权力约束之人管理,只要第三人的请求权不超过该项特别财产的价值,也适用同样的规则。但在这种情况下,委托人的责任始终只是一种行为人责任**之外**的补充责任。因此,罗马法从来都不认为,一项由他人因接受委托或为其利益而设立的义务从一开始只能为此人而产生:"最初并不存在直接代理。这是一个法学奇迹。"[2]

当自然法学派学者从当事人自治的理念出发重建合同法,从而在罗马法之外找到一个支点,可以对这一问题有一个全新的看法时,这个"奇迹"才成为可能。格劳秀斯认为,"以接受物品之人的名义"作出承诺以及在这种情况下,由"以其名义"进行交易的人直接获得所有权是合法的。[3] 克里斯蒂安·沃尔夫(Christian Wolff)向前迈出了关键的一步:他教导说,通过由受委托人(拉:mandatarius)或代理人(拉:procurator)为其委托人所缔结的合同,不仅可以为委托人获得权利,也可以产生对其构成不利的义务。[4] 这为启蒙运动时期法典的编纂奠定了基础:为了通过合同为第三人设定权利和义务,合同当事人必须获得该第三人的相应委托;此外,他必须以"第三人的名义"作出合同承诺,即**以其名义**订立合同。

---

[2] *Rabel*, Die Stellvertretung in den hellenistischen Rechten und in Rom, in: Atti del congresso internazionale del diritto romano I (1934) 235, 238 = H. G. Leser (Hrsg.), Gesammelte Aufsätze (1971) 492. 对于罗马法及其发展的内容详见 *Zimmermann* 45 ff. 及附带的丰富引证资料。

[3] De iure belli ac pacis, Lib. II, Cap. XI § 18.

[4] Institutiones iuris naturae et gentium (1761) § 380 und 381. 对此详见 Coing I 429 f.。

由此规则变得清晰,并且正如波蒂埃所精确地提出的〔5〕,《法国民法典》也接受了这一规则,在《法国民法典》第1984条中将委托或代理定义为"一方授权他方以委托人的名义处理其事务的行为"。〔6〕

代理人必须以委托人的"名义"与第三人达成交易的要求导致了一个明显的反向结论,即如果代理人尽管在其授权范围内,但是**没有**以委托人的名义行事,也就是说**没有**公开或明显地表示交易的法律效果将归于委托人,那么该交易就**不会**对委托人产生任何法律效力。但是,如此严格地对以他人名义行事与以自己名义行事进行区分是否合理,这非常令人怀疑。因为在这两种情况下,代理人不仅是为了委托人的利益并且在其指示范围内行事,而且有关各方在这两种情况下所追求的经济目标也是相同的。例如,如果某人委托艺术品经销商为他从第三人那里购买某幅画作,那么双方的目的就是让委托人成为该画的所有权人,支付购买价格,偿付经销商的费用并向其支付报酬。无论艺术品经销商在与第三人谈判时是否明示或暗示甚至隐瞒了他是为(具名或不具名的)委托人行事,这一目标都可以实现。普通法将所有这些情形都称为"代理"(英:agency),并因此将某人指示另一人为他或为其利益与第三人达成交易时所产生的所有法律关系称为"代理法"的对象。〔7〕尽管人们认识到,这关系到不同的利益,因此需要根据第三人在缔结合同时是否知道委托人将成为其合同伙伴而采用不同的规则。但根据普通法的观点,这两种情况都涉及相同的生活事实,即某人代表并为他人的利益而与第三人建立交易关系。与此相对,在欧洲大陆上,人们倾向于在代表第三人行事和代表自己行事之间划出一条鲜明的界线,并认为在后一种情况下,无论在实践中如何难以与前者区分,委托人都不能对第三人提出任何直接的合同请求权,同时,第三人也不能对委托人提出任何直接的合同请求权。当

---

〔5〕 Traité des obligations (1761) no. 74 und 75.
〔6〕《普鲁士普通邦法》第5条第1款第13项以及《奥地利普通民法典》第1002条类似。
〔7〕 G. H. L. Fridman, Law of Agency (7. Aufl. 1996) 11 将"代理"定义为"两个人之间存在的关系,当一个人(称为'代理人')在法律上被认为代表另一个人(称为'委托人'),从而能够通过订立合同或处分财产影响委托人相对于陌生人的法律地位"。

然,正如我们将看到的那样,这种严格的区分无法被欧陆国家的法律体系所坚持。事实上,以自己的名义行事和以他人的名义行事——从其经济功能的角度来看——是同根之木。因此,下文将在为他人利益行事的情况下讨论这**两种**情况。支持这种观点的理由还有,在努力使这一领域的法律统一化的过程中,"代理"一词被赋予了广泛的内容,在本书中也是如此。[8]

对于该问题,至少在欧洲大陆国家的法律制度中,另一个认识已经变得非常重要,即如何能够将此处的规则最有效地纳入一个系统性的体系中,并在该体系中进行法律上的表述。这涉及委托人和代理人相互约束的合同与委托人授予代理人"代理权"(德:Vollmacht),即授权他代表自己与第三人签订合同权限之行为之间的关系。之前对这二者不作区分。相反,人们认为每项代理权都是以委托为基础的,并与委托共存亡,甚至与委托具有同一性。因此,《普鲁士普通邦法》第 5 条第 1 款第 13 项、《法国民法典》第 1984 条和《奥地利普通民法典》第 1002 条基本将委托和代理权视为同一现象。相比之下,耶林(*Jhering*)[9]首先指出,必须将连接各方的合同关系——这既可以是委托,也可以是服务合同、合伙合同等——和代理权之授予相区分。拉班德(*Laband*)[10]甚至认为,这两种行为是

434

---

[8] 参见《欧洲合同法原则》第 3:101 条以下,《国际商事合同通则》第 2.2.2 条,《(欧洲私法)共同参考框架草案》第 II.-6:105 条以下以及第 457 页及以下内容。另参见 J. Kleinschmidt, Stellvertretung, in: HWB des Europäischen Privatrechts (2009) 1437; *M.J. Bonell*, Agency, in: Hartkamp et al. (Hrsg.), Towards a European Civil Code (4. Aufl. 2011) 515。《国际货物销售代理公约》(《1983 年日内瓦公约》,以下简称《日内瓦公约》,尚未生效)在第 1 条第 1 款中对其适用范围作出如下限定:"本公约适用于一个人,即代理人,有权或声称有权代表另一个人,即委托人,与第三人订立国际货物销售合同的情形。"根据《日内瓦公约》第 1 条第 4 款,"无论代理人以自己的名义还是以委托人的名义行事均适用本公约"。对此参见 *Bonell*, The 1983 Geneva Convention on Agency in the International Sale of Goods, Am.J.Comp.L. 32 (1984) 717 (mit Abdruck des Wortlauts des Genfer Übereinkommens auf S. 751 ff.); *Malcolm*, Rapport explicatif sur la Convention sur la représentation en matière de vente internationale de marchandises, Rev.dr.unif. 1984, 72; *Hanisch*, Das Genfer Abkommen über die Stellvertretung beim internationalen Warenkauf, Festschrift Giger (1989) 251; *Stöcker*, Das Genfer Übereinkommen über die Vertretung beim internationalen Warenkauf, WM 1983, 778; *Mouly*, La Convention de Genève sur la représentation en matière de vente internationale, Rev.int.dr.comp. 35 (1983) 829。

[9] Jherings Jahrbücher 1 (1857) 273.

[10] ZHR 10 (1866) 183.

完全独立的,即是否、在多大范围以及在多长时间内授予代理权(因此代理人可以有效地代表或者不代表委托人)的问题应当与双方当事人之间是否存在合同(以及代理人应当根据合同的内容为对方做什么)的问题严格区分开。这一学说不仅在德国占了上风,而且在现代立法者中间开启了"前所未有的胜利之旅"。[11]诚然,这种区分是否存在并不影响实际案例的裁决。但它带来的后果是,关于代理权授予、范围、期限和撤销的规则与关于连接双方当事人的合同关系内容的规则明显分离,不仅教科书和学术理论对其进行分别处理,而且它们也被规定在法典的不同章节中。这不仅是《德国民法典》的处理方式,《瑞士债法》(1911年)、《瑞典合同法》(1915年)(后来被其他北欧国家所采用)、《希腊民法典》(1940年)、《意大利民法典》(1942年)、《葡萄牙民法典》(1966年)和《荷兰民法典》(1992年)也采用了这种方式。[12]

二、法定代理

由他人承担后果并为其利益订立合同的权力——无论是以自己的名义还是以他人的名义——通常基于这样的事实,即他人已经通过发出相应的声明表达了其授予这种权力的意思。但这种权力也并非全部以这种方式产生。另一种方式是,法律条款规定某人为这种权力的所有人,而与

---

〔11〕 *Müller-Freienfels*, Die Vertretung beim Rechtsgeschäft (1955) 2,在该书中可以找到许多国家基于委托和代理相分离的法律。对此另参见 *F. Ranieri*, Europäisches Obligationenrecht (3. Aufl. 2009) 489 ff.。

〔12〕 在奥地利和法国,学界也早已认识到法律规则中与时代有关的不准确之处。[普通法系并没有对此作出区分,但普通法认为,即使本人和代理人之间的委托合同因缺少对价或代理人不具有行为能力而无法履行,代理人仍然有权为本人行事,参见 R Munday, Agency (2nd edn, 2013) no. 2.02, 2.07, 8.13f.。——译者注]对于法国现行法中关于"委托"和"代理"的关系,参见 *Ghestin*, Mandat et représentation civile et commerciale en droit français, in: Leser/Isomura (Hrsg.), Wege zum japanischen Recht, Festschrift für Kitagawa (1992) 317。现代关于法国债法的教科书中也采用单独的章节来讨论"代理",其中对"代理"和"委托"作了明确区分。例如,参见 *Terré/Simler/Lequette* no. 173 ff.; M. Mekki, Mandat, in: J.CL. Art. 1984–1990 Code civil (2009) Fasc. 10 no. 5 und 11。《卡特拉改革草案》在第1199条以下也设置了针对代理的单独规定。(现《法国民法典》第1153—1161条中引入了关于"代理"的新规定。——译者注)

他要代表的人的意思无关。欧洲大陆国家将这种情况称为"法定代理"（德：gesetzliche Vertretung）。只要出现有人——例如，未成年人或精神病人——本身不具备或不具备完整的法律行为能力的情况，各国的立法者都会规定法定代理。尤其是，未成年人的父母依法享有代表其未成年子女的全面的代理权；如果未成年人的父母已不在世或因其他原因不能行使监护权，则其监护人也享有同样的权力。在许多其他情况下，也存在将处分和管理某物或财产的权利转让给所有权人以外之人的需求。例如，当法院规定破产或遗产管理人时就是如此。最后，"法定代理"的概念也适用于法人由其"机关"（德：Organe）代理的情形。在所有这些情况下，"法定代理人"权限（德：Befugnisse）的范围和期限都通过特别条款进行了详细规定。但人们也承认，即使这些规则针对的主要是被代理人通过意思表示授予代理权的情形，但在详细规定阙如的情况下，法官可以援引关于代理的一般规定，或者对这些规定进行类推适用。

值得注意的是，在英国法中，某人依法成为他人"代理人"的情况只存在于几个孤立分散的案例中。相反，无行为能力之人可以通过"法定代理"参与商业交易的一般观念与普通法格格不入。[13] 特别是，未成年人的父母无权在商业交易和法庭上全面代表其子女。[14] 因此，尽管《1989年儿童法》规定了父母的"家长责任"（英：parental responsibility），其定义为"儿童的父母依法对儿童及其财产享有的所有权利、义务、权力、责任和职责"（《1989年儿童法》第3条第1款）。但这些权利是**什么**并没有在法律中进行说明，必须根据个案进行判断。例如，这是不是一个管理孩子资产、同意为孩子进行医疗或在民事诉讼中代表孩子作为原告或被告的问题。[15] 如果未成年人订立了合同，其效力并不取决于"法定代理人"的同意，而是取决于该合同对未成年人是有利还是有害。[16] 如果未成年人是

---

〔13〕 关于这方面的思考参见 *Müller-Freienfels*（前注11）166 ff.。

〔14〕 不同的规定可参见《法国民法典》第389条，《德国民法典》第1629条。

〔15〕 对此参见 Cretney/Masson/Bailey-Harris, Principles of Family Law (7. Aufl. 2003) no. 18-001。

〔16〕 对此参见 Terré/Simler/Lequette no. 12-001 ff.。

不动产的所有权人或财产的所有人,那么尽管必须有一个人被授权代表未成年人管理和处分该不动产或财产,但对此也不需要父母的"法定代理"。这是因为,当子女通过遗嘱或赠与获得财产时,根据普通法,一般是由遗嘱人或赠与人将财产交给受托人(德:Treuhänder,英:trustee),受托人获得财产的"法定权利"(英:legal title),从而获得管理和处分财产的权力;子女作为"衡平法上的所有人"(英:equitable owner),只能在遗嘱人或赠与人的指示允许的范围内主张财产的收益。[17] 如果未成年人进行诉讼——例如,在上述情况下针对没有支付遗产收益或以其他方式违反信托的受托人——尽管在这种情况下他通常由其父母所代表,但这并不是因为他们会自动获得作为未成年人"法定代理人"的授权,而是因为法院会临时指定他们作为"诉讼代理人"(英:next friend)——在**针对未成年人的诉讼**中作为"诉讼监护人"(英:guardian ad litem)——只要这种安排根据案件的情况是合理的。[18]

三、代理权的授予、权限和消灭

本节将研究如何授予代理权[见下文(一)至(三)]、代理权的权限[见下文(四)至(五)],以及代理权何时消灭[见下文(六)至(七)]的问题。需要再次强调的是,在欧洲大陆国家,"代理权"(德:Vertretungsmacht,法:pouvoir de représentation,意:potere di rappresentanza)一词仅指某人被另一人允许以后者名义行事并对其产生法律效果的情形。与此相对,在普通法中,谈及委托人向代理人"授权",则是指代理人有权"代表委托人"行事,无论是否披露这种代理关系都是如此。

---

〔17〕 如果遗嘱人或赠与人——通常情况下——将资产留给作为信托人的**父母**,那么他们并不是作为孩子的"法定代理人"以孩子的名义处分财产,而是作为"法定权利"所有人以自己的名义处分财产。

〔18〕 Vgl. Rules of the Supreme Court, Order 80 rule 2 (1).

(一)代理权之授予

通常情况下,代理权是以委托人向代理人作出相应声明的方式被授予的,以这种方式设立的代理权在德国法中被称为"意定代理权"(德:Vollmacht)(参见《德国民法典》第 166 条第 2 款)。在英国法中,代理权的授予需要委托人和代理人之间达成相应的合意。其实,在欧洲大陆国家的法律制度中,被授予代理权之人的同意——至少是默示的同意——实际上也总是需要的。[19] 未成年人也可以被授予代理权,只要其具有合理行事的能力。许多法律制度都对此作出了明确规定[20],即使没有此类规定的法律制度也承认这一点。[21]

如果一方面明确规定代理权可以通过委托人向要与代理人进行业务往来的第三人发出声明的方式被授予的情况下(意定代理权的外部授予,德:Außenvollmacht),但另一方面又规定代理权的授予虽然不需要存在有效的合同,但需要有关各方达成合意,这就显得很有问题。[22] 但这其中的区别也不应被夸大。即使在这种情况下,代理权是在代理人不知情的情况下产生的,但只有在代理人以代理人的身份行事,即认可代理权的存在时,其行为才会对被代理人产生法律上的效力。[23]

---

[19] 尽管根据《德国民法典》第 167 条第 1 款和《希腊民法典》第 217 条,如果委托人发出的相应声明到达代理人,则视为代理权已被授予。但如果代理人拒绝代理权,代理权是否依然成立则只是一个纯粹的理论问题。

[20] 《德国民法典》第 165 条,《荷兰民法典》第 3:63 条第 1 款,《意大利民法典》第 1389 条,《希腊民法典》第 213 条,《葡萄牙民法典》第 263 条,《波兰民法典》第 100 条,《匈牙利民法典》第 219 条第 1 款。根据《法国民法典》第 1990 条和《西班牙民法典》第 1716 条,可以向未成年人授予有效的委托。由此可以得出结论,他代表委托人与第三人签订的合同也是有效的。(根据现《法国民法典》第 1160 条,代理人的代理权因其失去民事行为能力而终止。由此可见,如果行为人本人知道代理人系非完全民事行为能力人而授予其代理权,代理权仍然存在。——译者注)就法国债法改革前的司法态度,参见 Civ. 5. Dez. 1933, D.H. 1934, 49 和 Mekki (前注 12) Fasc. 20 no. 5。

[21] Fridman (前注 7) 59; Treitel (-Peel) no. 16-012。

[22] 《德国民法典》第 167 条,《瑞士债法》第 33 条第 3 款和《希腊民法典》第 217 条第 1 款就是如此。

[23] Fridman (前注 7) 55 就是这种观点。

(二)代理权之默示授予

代理权通常由委托人以明示的(口头或书面形式)意思表示方式授予。但也并非必须如此才能授予代理权。如果能从个案的具体情况中充分肯定地得出委托人有意授予代理权的结论,也是可以的。这种情况被称为"默示"(德:stillschweigend)或"通过可推断的行为"(德:durch schlüssiges Verhalten)授予代理权。[24] 商人任命他人担任公司的总经理,或者业主委托建筑师实施一个建筑项目,即使双方并没有就代理权的问题进行过任何交流,代理权也被授予了;但这会产生另外一个问题,即在这种情况下代理权的**权限**(德:Umfang)有多大(参见下文)。即使通过明示的意思表示被授予的是特定代理权(德:eine bestimmte Vertretungsmacht),仍然不影响根据具体情况得出委托人还打算为其没有明确提到的业务授予代理权的结论。[25]

一个得到普遍承认的具有重要实践意义的原则是:一个人授予另一个人某个"职位",这意味着同时也授予其代理权,以适当履行与该"职位"有关的职责所需的业务。《瑞典合同法》第10条第2款规定,"作为雇员为他人服务或因与他人签订合同而占据某一职位的人,根据法律或习惯,享有一定的以他人名义行使权力的……应被视为有权实施该权力范围内的法律行为"。在许多法律制度中,人们都可以找到根据上述原则对特定"职位"进行具体规定的条款。例如,经营者"在商店或露天仓库"[26],或作为经理[27],或"为了整个业务的经营,或为了一项业务中特

---

[24]《荷兰民法典》第3:61条第1款即如此明确规定。并参见 BG 15. Mai 1973, BGE 99 II 39, 41; Civ. 27. März 1979, Bull.cass. 1979.I. no. 102。《日内瓦公约》(前注8)第9条第1款亦同。

[25] 参见 Fridman(前注7)69:"每个代理人都有默示授权,可以按照执行明示授权的通常方式,为明示授权的执行而做一切必要和附带之事"。《意大利民法典》第1708条第1款和《日内瓦公约》(前注8)第9条第2款亦同:"代理人为实现授权之目的,有权从事一切必要行为。"

[26]《德国商法典》第56条。《奥地利普通民法典》第1030条,《匈牙利民法典》第220条第1款,《波兰民法典》第97条也类似。

[27]《意大利民法典》第2204条。

定的事项"[28]而雇用他人。英国法也承认这一原则,因为根据英国法,"每个代理人都有默示授权,可以按照执行明示授权的通常方式,为明示授权的执行而做一切必要和附带之事"。[29]

(三)代理权授予的形式

原则上,代理权的授予不需要满足特定的形式,也就是说以口头方式也可以授予代理权。但对于这一基本原则,各国法律中都有重要的例外规定。

有些国家通过法律规定,执行某些业务的代理权只能通过特定的方式才能被授予。例如,《瑞士债法》第493条第6款规定,"进行担保的代理权"所要求的形式与担保本身相同。也就是说,授权必须以书面形式进行,其中还必须以数字形式标明担保的最大金额。[30] 在英国,如果代理人需要为委托人设定土地权利(德:Grundstücksrecht)或者对类似权利作出处分,其授权必须由委托人以书面意思表示的形式作出。[31] 有些国家也会规定对一般代理权的授予采用书面形式。[32]

特别值得关注的是,那些在一般规则中对形式自由原则所作出的限制。《法国民法典》第1985条规定,委托关系(法:mandat)成立的证明——以及与之相关的代理权之授予的证明——也适用《法国民法典》第1341条(现《法国民法典》第1359条)对合同成立所作出的一般限制性规定。这就意味着,如果授权所缔结的交易价值超过1500欧元,那么代理权授予的证明就不能通过人证的方式完成,而只能通过提交(书面或经公证的)意思表示的方式完成。虽然该规则不适用于商人之间的交易——商人之间的交易在其他方面也受到很大的限制(参见144页及以下)——

---

〔28〕 《瑞士债法》第462条,《德国商法典》第54条。
〔29〕 Fridman (前注7) 69。《欧洲合同法原则》第3:201条第2款,《国际商事合同通则》第2.2.2条第2款,《(欧洲私法)共同参考框架草案》第II.-6:104条第2款亦同。
〔30〕 如果是"法律规定范围的一般代理权",例如,商事代理权(德:Prokura)或代办权(德:Handlungsvollmacht),该规定不适用;BG 8. Feb. 1955, BGE 81 II 60, 62。
〔31〕 《英国1925年财产法》第53条第1款和第54条。并参见《瑞典合同法》第27条第2款;据此,出售或抵押不动产的代理权需要特别形式。
〔32〕 《波兰民法典》第99条第2款,《匈牙利民法典》第223条第1款第2项。

但它对书面形式的代理权授予形成了强大的间接压力。

在许多法律制度中,形式自由原则受到一项规则的限制,根据这项规则,代理权的授予要求采取代理人所要代理缔结的交易所需的形式。[33] 对于没有此项法律规定的国家——例如,法国和奥地利——或者在法律中作出相反规定的国家——例如,德国——其判例却得出了相似的结论。

根据《德国民法典》第 167 条第 2 款,授予代理权的意思表示"无须依代理权所涉之法律行为应具备之方式为之"。尽管这一规定的措辞很明确,但现行的判例却承认,适用于被代理交易的形式要求也适用于为进行该交易所进行的代理权授予行为,只要代理权授予对于委托人而言实际上已经产生了与交易本身之缔结相同的约束力。如果一项形式要求旨在警示要承担一项合同义务,或者——如公证形式——为了确保只有在独立的法律专家在场指出交易之法律后果的情况下才需要承担法律义务,那么当该义务通过代理权之授予即可产生时,它也必须受到形式要求的约束。因此,如果授权代理人通过订立合同为被代理人出售或者购买不动产,当代理权是不可撤回的且允许代理人进行自我交易时,那么根据《德国民法典》第 311b 条的规定,代理权必须以公证的形式方可授予。[34] 该要求对作出一般保证声明(德:Bürgschaftserklärung)(根据《德国民法典》第 766 条要求采用书面形式)的不可撤回(德:unwiderrufliche)的代理权也同样适用。[35] 如果形式上的要求是为了确保当事人意思表示的严肃性,而不仅仅是出于证据目的(德:Beweiszwecken)固定才表示内容确定,那么奥地利的判例也会

---

[33] 《意大利民法典》第 1392 条,《希腊民法典》第 217 条第 2 款,《葡萄牙民法典》第 262 条第 2 款,《匈牙利民法典》第 223 条第 1 款第 1 项,《波兰民法典》第 99 条第 2 款。《荷兰民法典》中没有此类规定,但其第 3:260 条第 3 款规定,设立抵押权的授权需要采用和设立抵押权本身相同的(公证)形式。

[34] BGH 23. Feb. 1979, NJW 1979, 2306.但瑞士法的规定却不同:尽管出于同样的理由,不动产购买合同必须采用公证的形式(《瑞士债法》第 216 条),但签订此种合同的代理权则无格式要求,BG 1.April 1958, BGE 84 II 151, 157; BG 29.Mai 1973, BGE 99 II 159, 161 f.。在英国,尽管不动产购买合同必须采用书面形式,但缔结此类合同的代理权却可以以口头方式授予,参见 Fridman (前注 7) 56 f.及前注 31。

[35] BGH 29. Feb. 1996, BGHZ 132, 119, 125.

作出同样的判决。[36] 法国的情况也是如此:如果形式要求是为了保护特定的当事人,那么当该当事人不希望亲自参与合同缔结,而是通过代理人完成该事项时,其所授予的代理权也必须满足这种形式要求。[37]

(四)代理权的权限

在大多数情况下,存在争议的问题并不是代理权**是否**被授予,而是所授予代理权之**权限**。对此而言,也基本上取决于希望代理人代表自己行事的那个人所作出的意思表示。如果在其表示中没有清晰地确定代理权的权限范围,则需要根据一般的解释规则来决定如何理解该表示。如果意思表示是向代理人作出的(意定代理权的内部授予,德:Innenvollmacht),那么问题就是后者可以以及应当如何理解该意思表示。如果意思表示是向第三人作出的(意定代理权的外部授予,德:Außenvollmacht),那么该第三人以及代理人所要代理事务的行业圈子对表示的理解就是问题的关键所在。这些规则也适用于英国法中代理人被其委托人授予"代理权"的情况。[38]

因此,代理权的权限通常只能通过询问委托人才能明确,在其他情况下则只能通过解释代理权意思表示(德:Vollmachtserklärung)。但这种做法对于商业交易而言尤其不能令人满意,因为该行业实际上奉行的规则是,合同不是由当事人亲自签订的,而是由其辅助人员(德:Hilfspersonen)代表他们签订的,因此,尤其不应当对辅助人员代理权的权限产生怀疑。因此,在许多法律体系中,人们都可以找到针对经常在商业交易中活动的某些辅助人员代理权权限的法律规定。通常还有这样的规定,即与这种辅助人员缔结合同的第三人不能或者只有在特定条件下才可以对代理

[36] OGH 26.Jan. 1963, JBl. 1964, 101; OGH 29. April 1970, JBl. 1970, 423.
[37] 参见 *Terré/Simler/Lequette* no. 110; *Mekki* (前注 12) Fasc. 20 no. 35. 有时,对授权的形式要求源于这样一个情况,即法国法认为委托人和代理人之间的所有合同都有形式要求,例如,授予某人出售其不动产代理权的合同,对此参见 Mekki no. 31, 出处同上。最后,以书面形式授予代理权可能是出于实用目的,因为在仅以口头形式授予代理权的情况下,证人的证据可能被排除(参见第 114 页及以下)。
[38] 参见 *Fridman* (前注 7) 64 ff.。

的限制提出异议。

在德国、奥地利和瑞士,**商事代理人**(德:Prokurist)是一种特别重要的、被法律赋予了特定代理权的辅助人员。被经营者指定为商事代理人的人享有的代理权涵盖企业经营所涉及的全部交易,但对不动产进行出售和抵押除外。[39] 被任命"开展属于商业经营的某类业务"并因此作为**代办人**(德:Handlungsbevollmächtigte)的代理权——同样存在某些法定例外情形——被扩展到"开展此类业务通常所需的"所有行为。[40] 如果一个商事代理人"在作为**商业代理人**(英:mercantile agent)的正常业务过程中"对委托人交给他的货物进行了处分,他就被视为已获得"明确授权"进行这种处分,即使委托人已经作出了相反的指示也是如此。[41] 合伙企业的合伙人、有限责任公司的总经理和股份有限公司的董事会成员也被授予了特别全面的代理权。[42]

在所有这些情况下,第三人对代理权存在的信赖在法律规定的范围内都是受到保护的。如果委托人与代理人达成了"内部"约定,后者根据该约定只享有较小权限的代理权,那么只有当他能够证明第三人是"恶意的"时,才能对抗该第三人。一般而言,恶意是指第三人能够或者因疏忽而未能识别代理权存在限制的情形。[43] 如果一个商业代理人"在正常的商业过程中"将委托人之物转让或抵押给他人,那么——根据《英国 1889 年代销法案》第 2 条第 1 款——"当接受处分之人本着善意行事,并且在处分时没有注意到作出处分之人对此无代理权时",其对相应代理权存在

---

[39] 《德国商法典》第 48 条以下条款(奥地利也同样适用),《瑞士债法》第 458 条以下条款。

[40] 《德国商法典》第 54 条,《瑞士债法》第 462 条,《波兰民法典》第 97 条。并参见《德国保险合同法》第 69 条以下关于保险代理人代理权权限的规定,以及《瑞典合同法》第 10 条第 2 款关于被委托人指派担任某一"职位"的人的代理权的权限(参见前注 26—29 的内容)。

[41] 《英国 1889 年代销法案》第 2 条第 1 款,对此详见 Fridman (前注 7) 290 ff.。

[42] 例如,参见《德国商法典》第 126 条,《德国有限责任公司法》第 35 条,《德国股份法》第 78 条。

[43] 例如,《德国民法典》第 54 条第 3 款,《瑞典合同法》第 11 条第 1 款。(根据现《法国民法典》第 1156 条第 1 款,代理人无权代理或越权代理进行的交易还是可以约束被代理人,只要相对人有理由相信代理人有代理权,特别是当该确信是基于被代理人的行为或宣誓时。——译者注)

的信赖受到法律保护。有些情况下会要求第三人的不知情必须是基于严重的过失[44],在某些情况下,法律规定的代理权是完全不受限制的代理权,由此给人一种印象,即即使是恶意第三人,在任何情况下也无法对抗代理权的限制。[45]

但在这种情况下,判例也作出了一些限制。非常明显的是**串通**(德:Kollusion)的情形:据此,如果代理人所缔结的合同虽然在其代理权权限之内,但若其在明知会导致委托人受损的情况下故意与第三人合作,则交易无效。[46] 更难以处理的情况是,代理人在缔结交易时——有意或无意地(无论是否有意为自己谋取未经允许的利益)——无视委托人的指示而"滥用"其代理权,但第三人对这种滥用行为并不知情。瑞士联邦最高法院对这样一个案件作出判决,在该案中,委托人以书面形式授予代理人出售不动产的无限制代理权,但明确指示他**不得**将某个特定的人纳入买方的范围。尽管如此,该不动产还是被出售给了此人,并且代理人向其出示了代理权证书。瑞士联邦最高法院认为,"当买方能够认识到或者通过施加适当的注意就可以认识到代理人在滥用代理权,即使不存在实际的串通,买方也不能援引向其公布的代理权"。[47] 德国判例认定代理人所完成的交易因"滥用代理权"而无效的条件似乎更加严格。按照这些条件,第三人必须已经认识到存在滥用代理权或者代理人必须以明显令人怀疑的方式行使代理权,以至于第三人不得不产生怀疑。[48] 如果被滥用的是不得被限制的代理权,比如,商事代理人或有限责任公司总经理的代理权,那么判例的要求更加严格。在这种情况下,通常要求代理人的行为必须存在**损害委托人利益的故意**(德:bewusst zum Nachteil des Geschäftsherrn);

---

[44] 《德国保险合同法》第 69 条第 2 款第 2 句即如此。

[45] 商业代理人(《德国商法典》第 50 条)和合伙人以及资合公司公司机关的代理权(《德国商法典》第 126 条第 2 款,《德国有限责任公司法》第 37 条第 2 款,《德国股份法》第 82 条)就是这种情况。

[46] BGH 6. Mai 1999, BGHZ 141, 357; BGH 17. Mai 1988, NJW 1989, 26; Civ. 9.Juni 1958, Bull.cass. 1958.I. no. 295; Civ. 11.Dez. 1950, Bull.cass. 1950.I. no. 254.

[47] BG 20.März 1951, BGE 77 II 138, 143.

[48] BGH 25. Okt. 1994, BGHZ 127, 239; BGH 29. Juni 1999, NJW 1999, 2883.

但在这种情况下,当"第三人施加了交易过程中所要求的注意即可认识到这一点"时,判例就不太一致了。[49]

在其他法律制度中,还没有形成关于"滥用代理权"的特别规则。其原因可能是这些法律制度没有像德国法那样,对代理人在与第三人的外部关系中凭借其代理权可以做什么以及在与委托人的内部关系中应当做什么两种情形进行严格区分。在法国,如果代理人故意无视委托人的利益,尽管交易也会被认定为无效,但交易的无效不是因为代理权被滥用,而是因为代理人从一开始就没有被授予进行这种交易的"委托",因此代理权是不存在的。[50] *

(五)代理人的自我交易

代理人参与给委托人带来好处的同时也面临着一个相当大的不利:即存在这样的风险,代理人没有按照委托人的要求代理其利益,而是利用授予给他的代理权为自己谋利。因此,所有法律制度都发展出了将此类交易视为无效的规则。

在英国法中,代理人被认为对其委托人负有全面的信义义务(德:Treuepflicht,英:fiduciary duty),由此产生了一个基本原则:"代理人不得使自己的个人利益与他对委托人的义务相冲突。"[51] 由此得出的规则是,在代理人与自己、与代表自己的稻草人(德:Strohmann)、与自己的家庭成员、与作为第三人代理人的自己,或在不能排除其利益与委托人利益相冲突的情况下,所进行的任何交易都可被委托人视为无效。只有在代理人事先将交易内容充分告知委托人且委托人同意的情况下,该规则才不适用。无论交易对委托人是否有利

---

〔49〕 例如,BGH 25.März 1968, BGHZ 50, 112(商事代理人)。但另参见 BGH 5.Dez. 1983, NJW 1984, 146(有限责任公司总经理)。

〔50〕 Vgl. Req. 14. April 1908, D.P. 1908.1.344; Civ. 29. Nov. 1972, Bull.cass. 1972.III. no. 647; Civ. 9. Juni 1958, Bull.cass. 1958.I. no. 295.

* 现《法国民法典》第1157条规定,若代理人滥用代理权,在相对人知道或不应忽视该滥用行为时,委托人本人可以主张被代理的行为无效。——译者注

〔51〕 Fridman(前注7)175。对此详见 S. Festner, Interessenkonflikte im dt. und engl. Vertretungsrecht (2006)。

或者代理人是否认为交易有利都不影响这种披露义务的存在。[52]

在欧洲大陆国家的法律制度中，通常通过特别的法律规范作出规定，代理人"代表被代理人以自己的名义或作为第三人的代理人与自己缔结的交易是无效的"。[53] 如果委托人对交易表示同意，则上述规定不适用；此外——例如，《意大利民法典》第1395条——"如果合同内容的安排排除了利益冲突"[54]或者——例如，瑞士的判例——"交易的性质排除了对被代理人造成损失的风险"[55]，上述规定也不适用。因此，交易的有效性取决于法官是否能在具体的案件中发现利益冲突。《德国民法典》第181条的规定则不同，因为根据该规定，问题的关键在于交易是否由代理人与自己(或作为第三人代理人与自己)所达成。尽管德国判例也认为《德国民法典》第181条的立法目的是防止"不同且相互冲突的利益由同一人所代表……因为这种自我缔约总是隐藏着利益冲突的风险，从而给一方或另一方造成损害"。[56] 但《德国民法典》第181条的原文并没有表达这种意思，因为为了法律的确定性，在法律文本中应当避免使用"利益冲突"这个模糊的概念。这导致判例不得不反复处理这样的问题：尽管交

---

[52] 对此详见 Fridman (前注 7) 175 ff.； Treitel (-Peel) no. 16-095 ff.。《欧洲合同法原则》第3:205条，《国际商事合同通则》第2.2.7条和《(欧洲私法)共同参考框架草案》第II.-6:109条对利益冲突问题作出了详细规定。根据这些规定，如果代理人在缔结交易时存在利益冲突，而第三人知道或者应当知道这种情况，被代理人可以将代理人完成的交易视为无效。如果被代理人知道或应当知道代理人的行为，或者代理人将交易告知他，而他没有在合理的时间内提出反对，则不得主张交易无效。

[53] 《德国民法典》第181条，《意大利民法典》第1395条，《希腊民法典》第235条，《波兰民法典》第108条，《匈牙利民法典》第221条第3款都作了此规定。法国法中没有类似的一般规定，而只有特别规定。(现《法国民法典》第1156条会被适用，如果代理人被认为是在进行利益冲突的交易，他是在无权代理或越权代理。——译者注)《法国民法典》第1596条就是这种特别规定：根据该条规定，如果代理人自己获得(或通过稻草人为自己获得)他要在公开拍卖中为其委托人出售的物品，则合同无效。判例将该规定适用于代理人在公开拍卖之外获得委托人财物的情形。参见 Paris 12.Nov. 1964, D. 1965, 415; Civ. 27. Jan. 1987, Bull. cass. 1987.I. no. 32 und Terré/Simler/Lequette no. 182。

[54] 类似的规定还有《荷兰民法典》第3:68条，《波兰民法典》第108条，《匈牙利民法典》第221条第3款。

[55] BG 30. Sept. 1963, BGE 89 II 321, 326. So auch OGH 16. Sept. 1971, SZ 44 Nr. 141; OGH 9.April 1981, SZ 54 Nr. 57.

[56] BGH 19.April 1971, BGHZ 56, 97, 101.

446 易被《德国民法典》第181条的条文所涵摄,但利益冲突的可能性已经被排除,那么交易是否可以被认定为有效[57];以及相反的问题:即使交易无法被纳入《德国民法典》第181条,但其是否因利益冲突而无效。[58]

在大陆法系中,如果代理人不是以委托人的名义,而是——例如,作为行纪人(德:Kommissionär)——以自己的名义代委托人达成交易,则适用特殊规则。在这种情况下,如果行纪人自己作为买方接受了他要为委托人出售的货物,或者他自己作为卖方提供了他要为委托人购买的货物,那么利益冲突的风险就尤为突出。此类交易只有在非常特殊的条件下才会有效,例如,行纪人可以证明,其向委托人收取的价格与相关的交易所价格或市场价格在该时间点是一致的。[59]

(六)代理权的消灭

如果委托人撤回了代理权、代理人放弃了代理权或者代理权的授予期限已过,那么代理权就消灭了。此外,除非另有约定,如果作为授权基础的合同关系被终结,无论是因撤销、解除或期限届满而被终结,还是因追求的目的已实现或交易基础丧失而被终结,代理权也随之消灭。[60] 对

---

[57] 例如,当有限责任公司的唯一股东(德:Alleingesellschafter)与自己缔结交易时就存在这一问题。对于该交易的有效性参见德国联邦最高法院的判决(上注)。对此进一步参见 H. Kötz, Vertragsrecht (2.Aufl. 2012) Rn. 455 ff.。

[58] 在一个代理人以被代理人的名义与债权人签订担保合同来担保其个人债务的案件中,帝国法院认为《德国民法典》第181条的规定不适用,因为代理人不是与自己,而是与其债权人缔约((RG 14.Juni 1909, RGZ 71, 219, 220)。这种狭隘的解决思路之所以没有造成任何不良结果,是因为在该案中代理人滥用了代理权,如果委托人能够证明债权人知道存在代理权滥用的情况或不得不对此产生怀疑,那么他就不需要承担担保责任。

[59] 例如,参见《德国商法典》第400条以下,《瑞士债法》第436条以下,《瑞典1914年4月18日关于行纪、商业代理和旅行推销员法》第40条以下(丹麦和挪威也采用了类似的形式),《意大利民法典》第1735条,《荷兰民法典》第7:409条和第410条。法国没有这种法律规定,但判例形成了相应的规则,参见 Ripert/Roblot/Delebeque/Germain, Traité de droit commercial II (15.Aufl. 1996) no. 2647 ff.。

[60] 《德国民法典》第168条,《瑞士债法》第35条,《奥地利普通法典》第1020条以下,《法国民法典》第2003条,《荷兰民法典》第3:72条,《希腊民法典》第218条和第222条,《西班牙民法典》第1732条,《葡萄牙民法典》第265条。

于英国法中代理人代理权的消灭而言,所有这些规则同样适用。[61] 通常情况下,如果代理人死亡或者丧失民事行为能力,代理权也消灭。在委托人死亡或丧失民事行为能力的情况下,适用同样的规则。[62] 但在这种情况下通常会存在不同的约定,即委托人授予的是"非死因代理权"(德:Vollmacht über den Tod hinaus)。在委托人没有作出这种表示的情况下,有时法律会规定,就涉及不能推迟的交易而言,代理权被视为继续存在,直至其被继承人撤销。委托人破产也被认为是导致代理权消灭的一个原因。[63]

如果代理权已消灭,但代理人仍与第三人达成交易的,该交易原则上不会对委托人产生任何法律效力。但是,如果——通常如此——委托人通过表示或其他行为造成第三人对代理权的存在产生信赖,该规则不适用。委托人将代理权证书(德:Vollmachtsurkunde)交给代理人并且在代理权消灭后未将证书收回,从而造成代理人通过出示证书继续与第三人交易发生风险的,就会发生这种问题。[64] 在所有这些情况下,只要第三人不知道代理权已消灭——无论是通过委托人相应的表示,还是通过其他来源——就可以援引代理权的存在。[65] 这适用于向第三人公布代理权

---

[61] Fridman (前注 7) 389 ff.。

[62] 对此详见 Fridman (前注 7) 406 ff.,《德国民法典》第 168 条、第 672 条和第 675 条,《奥地利普通民法典》第 1022 条和第 1025 条,《法国民法典》第 2003 条,《瑞士债法》第 35 条,《荷兰民法典》第 3:72 条以下,《瑞典合同法》第 21 条以下,《希腊民法典》第 222 条,《波兰民法典》第 101 条第 2 款,《匈牙利民法典》第 222 条第 3 款。

[63] Fridman (前注 7) 398 f.,《德国破产法》第 115 条以下,《奥地利普通民法典》第 1024 条,《瑞士债法》第 35 条,《荷兰民法典》第 3:72 条,《瑞典合同法》第 24 条。

[64] 出于这个原因,通常会通过特别的法律条款规定,委托人可以在代理权消灭后向代理人收回代理权证书,或者在必要时,通过官方程序宣布代理权证书无效。参见《德国民法典》第 175 条以下,《瑞典合同法》第 16 条以下,《瑞士债法》第 36 条,《荷兰民法典》第 3:75 条,《法国民法典》第 2004 条,《意大利民法典》第 1397 条,《希腊民法典》第 227 条,《葡萄牙民法典》第 267 条,《波兰民法典》第 102 条。

[65] 参见《德国民法典》第 170—173 条,《瑞士债法》第 34 条第 3 款以及 BG 15.Mai 1973, BGE 99 II 31, 45,《奥地利普通民法典》第 1026 条,《瑞典合同法》第 12—16 条和第 19 条以下,《法国民法典》第 2005 条,《意大利民法典》第 1396 条,《希腊民法典》第 224 条,《葡萄牙民法典》第 266 条,《匈牙利民法典》第 223 条第 2 款,《日内瓦公约》第 19 条(前注 8)亦同。并参见《欧洲合同法原则》第 3:209 条,《国际商事合同通则》第 2.2.10 条,《(欧洲私法)共同参考框架草案》第 II.-6:112 条。但这些国际规则规定,第三人不仅在知道代理权已消灭的情况下,如果其根据具体情况"应当知道"代理权消灭的,其对(事实上已消灭的)代理权存在的信赖也得不到保护。

存续的情形。[66]

(七)代理权的不可撤回性

根据《法国民法典》第 2004 条,委托人可以随时撤回委托,因此也代表着同时撤回了与之相关的代理权,"只要其认为必要"。如果委托人通过授予代理权来追求自己的利益,扩大自己的活动半径,那么这一规则就很有意义:如果这种利益不复存在,也必须能够终止代理权。另一个问题是,该规则是否具有强制性,也就是说,即使委托人放弃撤回或者明确表示代理权不可撤回,那么代理权是否也应该被撤回?初看之下,以下观点可能支持代理权应该被撤回:不可撤回的代理权会导致委托人在一定程度上对代理人产生依赖,尤其是在代理权权限广泛的情况下。这可能也是《瑞士债法》第 34 条第 2 款规定"委托人预先作出的放弃撤销权的声明无效"的原因。

然而,瑞士法在这方面的规定可能太过激进了。事实上,其他欧洲国家的法律制度都认为,不可撤回的代理权是有效的。它们通过以下做法来化解其中可能存在的风险,即允许委托人在有"重要理由"[67]"法庭承认的合法理由"[68]"合理理由"[69]或"重大原因"[70]的情况下撤回已被指定为不可撤回的代理权。通常在如果代理人有过错地滥用代理权、违反合同义务或者以其他方式辜负了委托人对他的信任时,就是这种情况。

实践中的重要问题是,在何种条件下代理权被视为是不可撤回的,即使它没有被明确地指定为不可撤回代理权?当我们考虑到卖方不能单方

---

[66] 参见 Brett, L.J. in *Drew v. Nunn* (1879) 40 L.T. 671, 673:"如果代理人被认为对第三人享有代理权,而后者在收到授权终止的通知之前与代理人一起行动,则委托人仍受约束,理由是他作出了第三人有权行动的陈述,并且不能撤销这些陈述的后果。"对此详见 *Fridman*(前注 7) 402 ff.。

[67] BGH 12.Mai 1969, WM 1969, 1009; BGH 8. Feb. 1985, WM 1985, 646.

[68] Com. 10.Nov. 1959, J.C.P. 1960.II.11509; Com. 20.Mai 1969, Bull.cass. 1969.IV. no. 186.

[69] 《葡萄牙民法典》第 265 条第 3 款。

[70] 《荷兰民法典》第 3:74 条第 4 款。

面解除其交付所售货物的合同义务时，这个问题的解决方向就变得清晰了。然而，当卖方尽管没有交付所售货物的义务，但在买卖合同中授予买方处分卖方货物的代理权，通过此种处分，无论买方可以使第三人还是自己（通过"自我缔约"，德：Selbstkontrahieren）成为货物的所有权人，该规则都必须比照适用。因此，如果代理权的授予是为了确保被授权人自己特殊的、受合同保护的利益，则代理权的授予应被视为不可撤回。

在欧洲大陆国家的法律制度中，包含这一理念的规则仅仅在具体表述上存在区别，本质上并没有什么不同。在英国，如果一项代理权"与代理人的相关利益存在联系"，那么代理权就是不可撤回的。[71] 根据《荷兰民法典》第 3:74 条，如果授权进行的交易"符合被授权人或第三人的利益"，则可以授予不可撤回的代理权。[72] 《希腊民法典》第 218 条规定，如果代理权"完全是为了委托人的利益"，那么它始终是可撤回的。[73] 由此可以得出一个反向结论（德：Gegenschluss），即如果代理权（也）服务于代理人本人的利益，则可以认为其是不可撤回的。在法国，代理权与"基础交易"（德：Grundgeschäft）之间不存在明确的区分，因此其讨论主要围绕以下问题展开：即"授权"（法：mandat）何时可以不适用《法国民法典》第 2004 条的规定而不允许被撤回。如果是"共同利益的授权"，即授予代理权的交易的执行也符合代理人自己的利益时，现行判例认为代理权不可被撤回。例如，如果委托（以及连同授予的代理权）旨在使代理人建立一个经销网络和他自己的客户群，就是这种情况。[74] 在这种情况下，虽然允许终止委托和代理，但这会导致委托人必须对代理人因终止而遭受的

---

[71]　参见 Treitel (-Peel) no. 16-110 ff.; Fridman（前注 7）389 ff.。

[72]　《意大利民法典》第 1723 条第 2 款和《葡萄牙民法典》第 265 条第 3 款亦同。德国判例对代理权的不可撤回性也要求代理人在其进行的交易中具有"特殊利益"，例如，参见 BGH 8. Feb. 1985（前注 67）; BGH 13.Mai 1971, WM 1971, 956。

[73]　BGH 13.Mai 1971（上注）也是如此。

[74]　对此详见 Mekki（前注 12）Fasc. 10 no. 70 ff.。但仅有代理人赚取佣金的利益是不够的。参见 Civ. 11.Juni 1969, Bull. cass. 1969.I. no. 223, Treitel (-Peel) no. 16-111 亦同; Fridman（前注 7）390。并参见 RG 25. Sept. 1926, JW 1927, 1139。[如果代理人在交易中的利益与委托人的利益"相等"时，收益将由双方平分（前述德国帝国法院案例）。——译者注]

损失进行赔偿的结果。[75]

四、无权代理

450　　如果代理人不具有达成交易的代理权,那么他与第三人缔结的交易就不会对委托人产生任何法律效力。但委托人可以对该交易进行追认,从而使其具有与代理权一开始就存在的情形下相同的效力[见下文(一)]。即使没有进行此种追认,委托人也可能因特殊原因而不能对第三人主张没有代理权的抗辩[见下文(二)]。如果不存在此类特殊原因,就会产生这样的问题:第三人是否至少可以不向代理人履行?[见下文(三)]。[76]

(一)委托人的追认

得到普遍承认的一个原则是,某人作为无权代理人(德:Vertreter ohne Vertretungsmacht,拉:falsus procurator)所达成的交易可以得到委托人的追认。[77] 无论代理人在达成交易时是不具有代理权还是越权行事,该原则都适用。追认无须以明示方式作出,"表明委托人有明确追认意向的所有行为、事实和情况"均具有相同效果。[78]

上述规则对于英国法中代理人不具有完成交易所需授权的情况也同

---

[75] Civ. 11.Juni 1969 (vorige N.); Civ. 17.März 1987, Bull. cass. 1987. I. no. 94; Com. 17. Mai 1989, Bull. cass. 1989. IV. no. 157.对此参见 *Ghestin*(前注 12) 340 ff.以及 *Mekki*(上注)。

[76] 对此详见 D. Busch/L. J. Macgregor (Hrsg.), The Unauthorized Agent, Perspectives from European and Comparative Law (2009).

[77]《德国民法典》第 177 条第 1 款,《瑞士债法》第 38 条第 1 款,《奥地利普通民法典》第 1016 条,《荷兰民法典》第 3:69 条第 1 款,《法国民法典》第 1998 条第 2 款,《意大利民法典》第 1399 条第 1 款,《希腊民法典》第 2295 条第 1 句,《西班牙民法典》第 1259 条第 2 款,《葡萄牙民法典》第 268 条第 1 款,《波兰民法典》第 103 条。《日内瓦公约》(前注 8)第 15 条第 1 款以及《欧洲合同法原则》第 3:207 条,《国际商事合同通则》第 2.2.9 条,《(欧洲私法)共同参考框架草案》第 II.-6:111 条亦同。

[78] Civ. 2.Dez. 1935, D.H. 1936, 52.

样适用。[79] 但值得注意的是,英国法认为代理人只有在交易达成时明显是为特定的或至少是可以确定的委托人行事时,交易才是可追认的。如果代理人打算代表委托人行事,但没有披露这一事实,从而使第三人只能认为代理人是在代表自己行事,就构成"未披露的代理":在这种情况下,未被披露的委托人无权追认。[80]

如果一项交易是由一个无权代理人完成的,那么首先会产生一种不确定状态,因为在此种状态下不确定是否会发生追认。第三人可以通过要求无权代理人所代表的人追认交易并为其设置一个合理期限的方式缩短追认的时间,若期限经过后,视为拒绝追认。[81] 但是,即使没有追认的要求,委托人在知道交易后等待追认的时间也不得超过个案具体情况下的合理时间;否则,他可能会投机取巧,从而损害第三人的利益,即他可能会根据市场行情的不断变化来判断交易对其是否有价值。

如果第三人在缔结交易时不知道代理人不具有代理权,只要交易还没有得到追认,他就可以撤回自己的表示,从而放弃交易。[82] 对于这种情况,英国法作出了不同的判决。在 Bolton Partners v. Lambert [83] 一案中,代理人为其委托人购买不动产,当卖方发现代理人无权行事时便拒绝交易,但交易得到了委托人的追认。法院认为买卖合同有效,理由是委托人的追认具有溯及力,从而使代理人缔结的交易从一开始就是有效的。[84]

---

[79] 参见 Fridman (前注 7) 84 ff.; Treitel (-Peel) no. 16-042 ff.。

[80] Keighley, Maxstead & Co. v. Durant [1901] A.C. 240 以及对此 Fridman (前注 7) 89 ff.; Treitel (-Peel) no. 16-045。

[81] 参见《德国民法典》第 177 条第 2 款,《瑞士债法》第 38 条第 2 款,《荷兰民法典》第 3:69 条第 4 款,《意大利民法典》第 1399 条第 4 款,《希腊民法典》第 229 条第 2 句,《葡萄牙民法典》第 268 条第 3 款,《波兰民法典》第 103 条第 2 款。(根据《法国民法典》第 1158 条,第三人可以以书面形式请求被代理人在其指定的合理期限内,确认该代理人有权订立该合同。——译者注)

[82] 《德国民法典》第 178 条,《荷兰民法典》第 3:69 条第 3 款,《意大利民法典》第 1399 条第 2 款,《希腊民法典》第 230 条,《西班牙民法典》第 1259 条第 2 款,《葡萄牙民法典》第 268 条第 4 款。《日内瓦公约》(前注 8)第 15 条第 2 款亦同。

[83] (1889) 41 Ch.D. 295.

[84] 该判决存在争议,而且后来的判决对其作出了很大限制。特别是,如果代理人已披露缺少授权,并与第三人达成了"需经追认"的交易,那么该判决形成的规则不适用。参见 Watson v. Davies [1931] 1 Ch. 455 并详见 Fridman (前注 7) 97 ff.; Treitel (-Peel) no. 16-050 ff.。

但这一规则并不能令人信服。而且其与英国法在其他情况下**不使**追认溯及至交易发生之时的事实不相符。例如,在代理人未获授权而进行交易,然后第三人获得了作为交易标的物的财物的一项权利的情况下:如果委托人完成了追认,那么第三人取得的权利应继续存在。[85] 得到普遍承认的还有,如果无权代理人尽管在为其设定的最后期限届满**前**作出了所需的接受表示,但其表示是在期限届满后才得到委托人批准的,那么合同不成立。[86]

(二) 表见代理

原则上,第三人不能从无权代理人与其达成的交易中获得任何针对委托人的请求权。当委托人对交易进行追认时,该规则不适用。但是,如果委托人制造了代理权存在的外观,并且第三人在有正当理由信赖这种表象的情况下与代理人达成了交易,前述规则也不适用。在这种情况下,第三人可以主张存在"表见代理"(德:Anscheinsvollmacht,法:mandat apparent,英:apparent authority),要求委托人如同其已经授予了代理权那样承担责任。

1. 制造代理权存在的外观

该种责任的第一个要件是,委托人通过意思表示或其他行为制造如下外观,即另一个人有权作为其代理人为其利益与第三人达成涉诉交易。例如,这种外观的产生是由于委托人向代理人出具了代理权证书,但第三人不能或不能足够明确地从中推断出代理权存在限制。如果委托人知道有人作为其代理人与第三人缔结了交易,尽管他可以干预但在未干预的情况下,也会产生代理权存在的外观:在这种情况下,委托人对信赖由此

---

[85] Fridman(前注 7) 97 f.。《德国民法典》第 177 条第 1 款和第 184 条第 2 款,《意大利民法典》第 1399 条,《葡萄牙民法典》第 268 条第 2 款。

[86] Civ. 18.April 1934, Gaz.Pal. 1934.1.970; BGH 13.Juli 1973, NJW 1973, 1789; *Dibbins v. Dibbins* [1896] 2 Ch. 348.

产生的外观并与所谓的代理人达成交易的第三人承担责任。[87] 如果委托人使另一个人担任了某一职位,而根据商业交易的惯例或对行业的一般理解,该职位与一定权限的代理权相关,也是如此:在这种情况下,委托人也不能对第三人援引如下抗辩,即他实际上没有授予相关人员代理权或授予的是一种比一般预期权限更小的代理权。最后,如果第三人被告知了代理权授予的情况,但却没有被告知代理权已消灭,并且在有理由相信代理权继续存在的情况下与不再享有授权的代理人达成交易的,也属于表见代理权的情形。[88]

长期以来,法国判例一直从委托人的过错中推导出"表见代理"的责任。其认为,故意或过失地制造实际上不存在的"授权"的外观——从而也制造了代理权存在的外观——的人有责任根据《法国民法典》第1382条(现《法国民法典》第1240条以下)赔偿第三人因侵权行为而遭受的损失。法国最高法院于1962年12月13日所作的重要判决[89]偏离了这一基本原则。在该案中,一家形式为股份有限公司的银行被起诉,要求其根据仅有董事会主席签字的担保书承担责任。该银行提出抗辩,指出根据

---

[87] 对此另参见 Ranieri (前注11) 500 ff.。德国法和瑞士法将这种情况称为"默许代理权"(德:Duldungsvollmacht),而在法国,此类情形被置于"mandat apparent"这一概念之下。例如,参见 BGH 4.Juli 1966, BGH NJW 1966, 1915(在该案中,妻子从生意中退出,但却默许其丈夫继续经营,她应对丈夫的商业债务承担责任);BGH 15.Dez. 1955, NJW 1956, 460; BG 19. Jan. 1993, BGE 119 II 23; BG 16.März 1995, BGE 121 III 69; BG 21.März 1995, BGE 121 III 176; Civ. 18.Jan. 1977, Bull.cass. 1977.III. no. 26; Civ. 15.März 1984, Bull.cass. 1984. IV. no. 106。英国判例也认为,如果"代理人与特定的承包商有一个交易过程,而委托人默许了这一交易过程并履行了由此产生的交易",也是"表见代理"的一种(Lord Keith in Armagas Ltd. v. Mundogas S.A. [1986] 2 All.E.R. 385, 389 f.)。对此参见 Fridman (前注7) 111 ff.; Treitel (-Peel) no. 16-020 ff.。在"默许代理权"的情况下以及此处讨论的其他案例中,也可以说不存在表见代理权(德:Anscheinsvollmacht),而是实际上授予了代理权,即通过"默示"表示或通过委托人"可推断的行为"授予了代理权。事实上,"默许代理权"和"表见代理权"(德:Duldungsvollmacht 和 Anscheinsvollmacht,法:mandat tacite 和 mandat apparent,英:implied authority 和 apparent authority)之间的过渡是不稳定的,因为人们是否愿意将委托人的某种行为评价为(默示)授予代理权还是将这种假设视为完全虚构,这是一个法律品位的问题。所有情况下的关键问题是,一个理性和诚实的第三人可以如何并且必须如何理解呈现给他的可辨别的案件事实。

[88] 参见前注65以下。

[89] Ass.plén. 13.Dez. 1962, D. 1963, 277 mit Anm. Calais-Auloy =J.C.P. 1963.II.13105 mit Anm. Esmein。对此详见 Mekki (前注12) Fasc. 50 no. 70 ff.。

其章程,在这种情况下需要有两名董事会成员的签名。银行还提出,章程已经按照要求予以公布,因此不能指责它具有过错。法国最高法院认为不能因此就认为银行没有责任:即使委托人没有可指责的行为,但只要第三人对代理权权限的信赖是合理的,那么由"表见代理"产生的责任就是合理的;如果第三人根据具体情形不需要作进一步的调查,就是这种情况。*

根据该判例,问题的关键尽管不再是委托人是否有过错,但仍需满足的条件是,造成代理权存在之外观的情形可以归咎于委托人,即这些情形是由委托人——即使没有过错——造成的或源自其控制的风险范围。在判例中,这被描述为代理人不能与"外观完全无关"。根据这一理由,例如,当汇票由一个非受雇于所谓委托人的业务员且委托人不知道其出现的无权代理人签署时,"表见代理"会被驳回。[90]

根据英国的判例,"表见代理"也以委托人授予代理人一个职位为前提,"在外部世界中,人们普遍认为这种职位具有达成有关交易的权利"。[91] 虽然有时会认为,确立代理人"表见代理权"的行为必须以委托人的故意或过失为基础[92];而且德国判例也要求,如果委托人施加了必要的注意,他应当能够认识到并能够阻止代理人的未经授权的行为。[93] 但是这一要求仅仅是指委托人必须知道或意识到制造代理权外观的情形,而不是说委托人可以通过证明他对给第三人造成损害的风险并不知情因而没有过错,从而逃避自己的责任。

2. 第三人的合理信赖

委托人以可归责于自己的方式制造了代理权存在的外观,这是委托

---

* 现《法国民法典》第1156条规定,如果第三人基于被代理人的行为或宣誓能够合理相信代理人具有代理权,那么被代理人应受代理人行为的约束。——译者注

[90] Com. 12.Dez. 1973, Bull.cass. 1973.IV. no. 361; Com. 27.Mai 1976, D.S. 1977, 421 mit Anm. *Arrighi*. 对此并参见 *J. Kleinschmidt*, Stellvertretung in Deutschland und Frankreich, Perspektiven für eine Rechtsvereinheitlichung, ZEuP 2001, 697, 723 ff.。

[91] *Lord Keith* in Armagas Ltd. v. Mundogas S.A. (oben N. 87) 389.

[92] 参见 *Fridman* (前注 7) 118。*Treitel* (-*Peel*) no. 16-024 没有提到这一要求。

[93] BGH 12. Feb. 1952, BGHZ 5, 111, 116; BGH 12.März 1981, NJW 1981, 1727, 1728.

人承担责任的一个必要条件,但还不是充分条件。除了这一必要条件外,还要求第三人必须对代理权存在的外观产生信赖,而且他的信赖是合理的,并且构成交易达成的原因。[94] 如果第三人看穿了表象,即认识到真实情况,那么该要件就没有得到满足。如果真实的情况因为错误而未被第三人认识到,那么就要看一个诚实且理性之人在个案中需要判断的情况下是否相信代理权的存在,而不会(进一步)询问,例如,不会要求提供代理权证书或不向所谓的委托人进行询问。这种预防措施是否有必要,可能根据个案的特殊情况取决于有关商业部门的行业惯例,此外还可能取决于交易是否特别紧急,取决于要缔结的是日常交易还是具有重大经济意义的合同、第三人是否具有丰富的商业经验,调查有多费时费力,以及第三人——通过这种调查可以避免的——风险有多大,还有代理人是否(也)试图通过缔结交易来实现自己的重大利益以及第三人是否应当仅仅因为这个原因就感到怀疑。

  各国的判例都以这些相同的考虑因素作为指导,是因为各国都涉及相同的问题,即没有代理权的代理人的行为所产生的风险是由委托人还是第三人承担。每个法律体系都形成了如下的重要规则,即需要承担责任的一方(从而被促使采取措施规避责任)是能够以比对方更低的成本规避风险的一方。因此需要研究的是,委托人采取防止出现代理权外观的措施会产生什么费用,与之相比较的是那些可以让第三人清楚了解真实情况的措施所产生的费用。我们可以大胆假设,欧洲大陆国家的判例在这个问题上形成了基本一致的规则,因为各国的法官——虽不是有意,但都凭直觉——进行了上述衡量,并根据其结果肯定或否定了表见代理。

---

[94] 对此《荷兰民法典》发展出了一个成功的公式:根据《荷兰民法典》第3:61条第2款,"如果(合同对方当事人)根据(委托人的)表示或者行为认为,并且在特定情况下也可以合理地认为已经授予了充分的代理权",那么委托人就不能援引不具有代理权的抗辩。对此参见 HR 27.Nov. 1992, Ned.Jur. 1993, 287。《日内瓦公约》(前注8)第14条第2款是一个类似的条款。根据《欧洲合同法原则》第3:201条第3款,"如果一个人的表示或行为导致第三人合理且善意地相信代理人已被授权从事其所从事的行为",则此人应当被视为委托人。《国际商事合同通则》第2.2.5条第2款,《(欧洲私法)共同参考框架草案》第II.-6:103条第3款,《欧洲合同法典》第61条类似。

(三)代理人的责任

任何向其缔约伙伴明确表示他是以代理人的身份订立合同的人,也就等于在宣布——至少是默示地——他已被委托人授予了必要的代理权。如果实际情况并非如此,他应当向缔约伙伴承担损害赔偿责任,除非后者知道或可以知道代理权不存在。对这一基本原则已经形成了共识,但在细节方面仍然存在一些区别。

英国法中对代理人规定了非常严格的责任。英国法认为每个代理人都向第三人作出了"默示的授权保证"。如果代理人没有被授权或超出了授予他的权限范围,应以违反保证为由对第三人承担赔偿责任,除非第三人已经认识到或可以认识到代理人不具有代理权。即使代理人无过错地相信代理权的存在,这种责任也适用[95];在这种情况下,代理人也必须赔偿第三人的履行利益,即通过向第三人支付一笔款项,使其处于如果代理人被授权签订合同时他会处于的境地。文献中认为这一规则在有些情况下显得过于严格,并建议代理人的"默示保证"应当被解释为他只是保证在检查其授权方面的勤勉。[96]

大多数欧洲大陆国家的法律体系所采取的是一种不太严格的立场。他们仅要求代理人在明知没有代理权的情况下对履行利益承担责任。如果他错误地认为自己是被授权的,那么他只对信赖利益承担责任,即他只需要赔偿第三人因为相信有效交易的存在而产生的费用或未能利用另一有利的交易机会而遭受的损失。[97] 瑞士法提供了一种灵活的解决方案。根据《瑞士债法》第 39 条,代理人只对信赖利益承担责任;但是,如果他有

---

[95] *Collen v. Wright* (1857) 8 E. & B. 647, 119 Eng.Rep. 1259; *Yonge v. Toynbee* [1910] 1 K.B. 215.《日内瓦公约》(前注 8)第 16 条规定的责任也同样严格。《欧洲合同法原则》第 3:204 条,《国际商事合同通则》第 2.2.6 条,《(欧洲私法)共同参考框架草案》第 II.-6:107 条第 2 款和第 3 款,以及《瑞典合同法》第 25 条和《荷兰民法典》第 3:70 条。

[96] So *Treitel (-Peel)* no. 16-077.

[97] 如果无权代理人对代理权的存在所发生的错误没有过错,该规则同样适用;参见《德国民法典》第 179 条;OGH 19.Nov. 1975, JBl. 1978, 32, 35;《意大利民法典》第 1398 条;《希腊民法典》第 231 条;《波兰民法典》第 103 条第 3 款。根据《匈牙利民法典》第 221 条第 1 款,法官可以在某些情况下完全免除无过错代理人的责任。

过错地认为自己获得了授权，法官可以"在符合公平原则的情况下"提高损害赔偿直至履行利益。[98]

法国判例也赋予了第三人针对代理人的损害赔偿请求权。这间接地源自《法国民法典》第 1997 条：根据该条规定，如果代理人已经向第三人提供了"对其权力的充分了解"，而且——根据判例法[99]——如果第三人能够认识到代理权不存在，则越权行事的代理人不承担责任。除此之外，代理人必须承担责任。其责任有时是基于《法国民法典》第 1382 条（现《法国民法典》第 1240 条以下）规定的侵权行为，以代理人的过错行为为前提。但在某些情况下，也从代理人已默示地承担了对代理权存在的保证中推导出其对责任的承担。[100] *

第三人的损害赔偿请求权取决于其无过错地认定代理权存在这一事实。在这种情况下，第三人往往可以根据表见代理权向**委托人**（德：Geschäftsherrn）提出请求权。如果这是可能的，那么代理人的责任也就因此被排除了。[101]

五、代理的效果

如果代理人在委托人授予其代理权的范围内与第三人达成了交易，那么交易的法律效力基本上取决于代理行为是"显名代理"（德：offene Vertretung）还是"隐名代理"（德：verdeckte Vertretung）。这种区分——至少在其基本特征上——得到了各国法律的承认，即使有时候人们使用的概念是"直接代理"和"间接代理"（德：direkte und indirekte Stellvertretung）、"完全代理"和"非完全代理"（法：représentation parfaite oder imparfaite）或者"公开代理"和"非公开代理"（英：disclosed and undisclosed agen-

---

[98]　参见 BG 10.Juni 1980, BGE 106 II 131, 132。
[99]　Civ. 16.Juni 1954, Bull.cass. 1954.I. no. 200.
[100]　So Dijon 19.Mai 1931, D.H. 1931, 405.
*　不过，《法国民法典》中并没有关于越权代理的责任承担的特别条款。——译者注
[101]　So *Rainbow v. Howkins* [1904] 2 K.B. 322; BGH 20.Jan. 1983, BGHZ 86, 273.

cy)。根据这种分类,如果第三人在缔结交易时知道或者能够知道代理人是为委托人行事,则构成"显名代理"[见下文(一)]。"隐名代理"是指代理关系没有被披露,第三人因此认为或根据具体情况认为代理人是在为自己缔结交易[见下文(二)]。

(一) 显名代理

普遍承认的是,在显名代理的情形下,代理人与第三人缔结的合同直接在第三人与委托人之间成立。根据该合同,只有委托人和第三人享有基于合同的请求权,代理人不享有任何权利。[102] 普通法也遵循同样的基本原则:如果满足显名代理的条件,"委托人和第三人之间的……直接合同关系"就会建立。[103]

欧洲大陆国家的法律制度要求显名代理必须是代理人以委托人的"名义"行事。[104] 但是这并不意味着代理人在订立合同时必须将委托人的姓名明确地告知第三人。如果根据个案的具体情况,第三人足以认识到交易不是对代理人而是对委托人产生法律效力,这就足够了。[105] 在普通法中,当代理人在订立合同时提及委托人并明确为委托人订立合同时,也构成显名代理。如果在达成交易时尚未提及委托人,但代理人和第三人同意在稍后的某一时刻披露委托人或者委托人的身份随着情事的进

---

[102] 《德国民法典》第164条第1款,《奥地利普通民法典》第1017条,《瑞士债法》第32条第1款,《荷兰民法典》第3:66条第1款,《瑞典合同法》第10条第1款,《法国民法典》第1998条,《意大利民法典》第1388条,《希腊民法典》第211条,《波兰民法典》第95条第2款,《匈牙利民法典》第219条第2款。

[103] Fridman (前注7) 216。

[104] 对此参见前注102中的法律规定。

[105] 并参见《日内瓦公约》(前注8)第12条:"代理人在其权限范围内代理本人实施行为,而且第三人知道或应当知道代理人是以代理身份实施行为时",构成显名代理。根据《欧洲合同法原则》第3:102条,"当代理人以委托人的名义行事时"构成"直接代理";事后才向第三人披露委托人身份的,不影响直接代理的成立。与此相对,如果有人根据指示为委托人的利益行事,"但并非以委托人的名义"(因此被称为"中间人"),属于"间接代理"的情形;如果第三人"既不知道也没有理由知道中间人系作为代理人而行事的",也适用间接代理的规定。《国际商事合同通则》也以类似的方式区分了"披露的代理"和"未经披露的代理"。参见《国际商事合同通则》第2.2.3条第2款和第2.2.4条第1款以及对此Bonell (前注8) 523 ff.。

一步发展显现出来的,同样构成显名代理。[106] 如果没有明确的迹象表明代理人是在为委托人还是在为自己缔结交易,则欧洲各国的解决方案都取决于对(不明确的)当事人约定的解释、商业惯例和明显的利益状况。这可以通过以下几个案例进行说明:

船务代理通常代表船东,因此,即使船务代理在缔结交易时没有明确提及船东是委托人,船东也是合同的一方当事人。但是,如果船务代理例外地为发货人与船东订立运输合同,从而离开了其典型的业务范围,那么他必须明确地表示他打算为委托人订立合同;如果他不这么做,他自己就会成为合同当事人。[107] 在 Universal Steam Navigation Co. v. McKelvie 一案[108]中,一艘船被租来运输煤炭,尽管在运输合同中 McKelvie 公司以"James McKelvie & Co.,租船人"的名义成为合同当事人,但合同却又以"为并代表 James McKelvie & Co. (作为代理人)"的名义被签署。针对船东的诉讼,McKelvie 公司成功地提出了以下抗辩,即它不是适格的被告,因为它不是为自己订立租船合同,而是"作为代理人"为委托人——即煤炭货物的意大利收货人——签署合同的。情况也表明,尽管在显名代理中代理人是为委托人行事,即根据合同有权并有义务代表委托人,但同时他自己也成为了合同的一方当事人。The Swan 一案[109] 的判决就是这样:在该案中,一个人将其船舶交给他创办的一家公司管理,同时由他担任该公司的唯一总经理。尽管他明确地以公司总经理的身份签署了维修船舶的合同,但由于本案的特殊情况,法院认为除了(现已破产的)公司,他本人作为明确的船舶所有人也有义务支付维修费用。德国联邦最高法院于 1965 年 12 月 1 日作出了类似判决[110]:一家乳品公司与承运人达成协议,由它定期将某

---

[106] 在普通法中,这种情形被称为"隐名委托人"(英:unnamed principal);参见 Treitel (-Peel) no. 16-054。欧洲大陆也承认,为一个(尚)未显名的委托人也可以进行显名代理。例如,参见 BG 19.Dez. 1934, BGE 60 II 492; BGH 23 Juni 1988, NJW 1989, 164, 166 以及 Mekki (前注 12) Fasc. 10 no. 20 («déclaration de command»)。

[107] OLG Hamburg 8.Okt. 1981, VersR 1983, 79.

[108] [1923] A.C. 492.

[109] [1968] 1 Lloyd's Rep. 5.

[110] LM § 164 BGB Nr. 26.

一地区农民生产的牛奶运送至该公司。尽管乳品公司是作为牛奶供应农户的代理人而订立合同的,但法院认为它本身也承担向承运人支付运输费用的责任。理由是承运人的合理利益——即其无须根据从不同农户那里接收的牛奶数量以及不同的运输线路与全体农户分别进行结算——是为乳品公司所了解的。一个人从旅行社订购 10 人旅行团的航空旅行,只有涉及自己的航班时他才是为本人(以自己的名义)行事,除此之外他就是在以其他旅客的名义预订航班,即使订单是由他一个人"作为客户"所签署的。[111] 如果一家银行代表"一个银行集团"发放贷款,仍然可以认为只有该银行才是合同的一方当事人,特别是当该银行集团的成员在合同缔结之时还不能确定时。[112]

通常情况下,第三人对于知道谁是合同当事人有重大利益。这就是为什么只有在第三人已经知道或根据具体情况应当知道交易的法律效力会针对谁的情况下才存在显名代理的原因。如果与谁订立合同这一问题对第三人而言无关紧要,则可以将其视为例外。在这种情况下,第三人的合同相对人可以被认为是代理人为其账户和利益完成交易的人,即使此人的存在可能不为第三人所知。[113] 当然,只有在日常生活的现金交易中,第三人才会对谁将成为其合同相对人并不在意,因此这类案件在司法实践中的意义十分有限。

(二) 隐名代理

隐名代理是指某人为了委托人的利益并为了委托人的计算与第三人签订合同,而第三人在签订合同时并不知道或无法认识到委托人的存在。第三人因此认为,只有代理人才是其合同相对人。行纪人为其委托人的账

---

[111] BGH 6. April 1978, LM § 164 Nr. 43.对于"如何通过解释判断表意人是在以自己的名义还是在以他人的名义行事"的问题,参见 Bork Rn. 1382 ff.。

[112] BG 19. Dez. 1934 (前注 106) 501:"根据惯常用法,'代表银行集团'这一表述实际上表明了直接代理。但这一结论并非无可辩驳,必须给合同相对人提供机会证明,本案中该表述具有其他含义,而且合同产生的权利和义务将在所谓的代理人的身上得到确立。"

[113] 参见《瑞士债法》第 32 条第 2 款:如果代理人并未明确表示他是在为委托人订立合同,那么当对第三人而言"与谁缔结合同都无关紧要时",则代理人直接成为合同当事人。德国将这种情况称为"为它所涉及的人行事"。对此参见 Bork Rn. 1397 ff.。

户与第三人签订合同的情况——这只在欧洲大陆国家具有实际意义——也应当被视为隐名代理的情形。尽管在这种情况下,第三人往往清楚地知道行纪人是为委托人账户和代表委托人行事,他甚至可能知道委托人的身份。但与各个参与方都知道的商业惯例相一致的是,通常只有行纪人自己成为其所缔结合同的当事人。法律中对此也反复进行了确认:行纪人的业务活动是指"以自己的名义为他人(委托人)的账户购买或出售商品或证券"。[114] 这意味着行纪人自己成为合同一方当事人,即使另一方当事人可能已经知道合同是为委托人账户而订立的也是如此。[115] 人们通常将这些情形称为"间接代理",或者称其构成"无代理权的委托"。[116]

欧洲国家所有的法律制度都认为,在"隐名代理"的情况下,原则上只在第三人和"隐名代理人"之间成立合同关系。因此,只有"隐名代理人"才能取得对第三人的请求权,无论这些请求权是指向金钱支付还是交付所售商品或履行承诺的服务。原则上,只有当"隐名代理人"通过特殊的转让交易——特别是通过让与(德:Abtretung)——将这些请求权转让给**委托人**(德:Auftraggeber)时,委托人才能取得这些请求权。[117]

普通法在这方面向前迈出了重要一步。如果代理人在其授权范围内

---

[114] 参见《德国商法典》第 383 条,《法国商法典》第 94 条,《意大利民法典》第 1731 条,《瑞典 1914 年 4 月 18 日关于行纪、商业代理和旅行推销员法》第 4 条(也为丹麦和挪威所接受)。一个以专业身份承诺为其委托人签订货物运输合同的人,同时也以自己的名义充当"承运人"或"运输委托人",则他本人就是运输合同的一方当事人。参见《德国商法典》第 407 条,《法国商法典》第 96 条,《意大利民法典》第 1737 条。

[115] 《意大利民法典》第 1705 条就如此明确规定。《国际商事合同通则》第 2.2.3 条第 2 款通过以下规定涵盖了行纪的情形,即其规定如果第三人尽管知道代理人为谁行事,但代理人"在委托人的同意下成为合同一方当事人"时,则合同关系仅在第三人和代理人之间成立。

[116] 对此详见 D. Busch, Indirect Representation in European Contract Law (2005)。如果某人尽管以自己的名义行事,但却作为"稻草人"(德:Strohmann)或出面人(法:prête-nom)为对交易感兴趣的"幕后操纵者"(德:Hintermann)的利益并为其账户行事的,也构成"隐名代理"。但法国判例在这种情况下赋予第三人选择权:他可以坚持将"出面人"作为其合同相对人,但也可以将与其缔结的交易视为虚假交易(德:Scheingeschäft,法:simulation),并直接向幕后操纵人主张权利。对此参见 Mekki (前注 12) Fasc. 10 no. 8; Civ. 8. Juli 1992, J.C.P. 1993. II. 21982 mit Anm. G. Wiederkehr; Com. 24. April 1982, Bull. cass. 1982. IV. no. 133。

[117] 通常情况下,委托人有权根据其与"隐名代理人"缔结的合同进行这种让与。让与也可以"预先"进行,即"隐名代理人"尚未与第三人签订合同并且尚未获得针对后者的任何请求权的某个时间点。对此参见第 504 页及以下。

与第三人订立合同,尽管其向第三人隐瞒了委托人的存在(未披露的代理),但委托人依然获得根据该合同向第三人主张请求权的权利。相反,第三人也可以对委托人主张合同请求权,只要他事后——在合同缔结之后——得知委托人的存在。

据此,自合同产生的请求权可以由或者向那些没有参与——既没有亲自参与,也没有通过他人以显名代理的方式参与——缔结合同且合同相对人不知道也不可能知道其存在的人提出或者主张。这与关于合同义务范围的一般规则并不一致,这一点显而易见,并且在普通法中也屡见不鲜。[118]

因此,需要提出的问题是,关于"未披露代理"的规则在实际应用中应当如何平衡委托人和第三人的利益。这特别涉及以下两个问题:如果第三人被最初隐名的委托人要求履行合同,他如何受到保护(关于这一点,见下文1)?在相反的情况下,即第三人不要求作为合同相对人的代理人履行合同,而是要求委托人履行合同,应当如何处理(关于这一点,见下文2)?

1. 委托人针对第三人的请求权

如果要求履行合同的人不是缔约相对人,而是能够证明合同是为他而订立的人,这对第三人而言可能是一个令人不快的意外。在这种情况下,第三人的利益应当如何得到保护呢?

首先,第三人可以辩称,根据他与代理人达成的协议,委托人的诉权应当被排除。这一点也可以从个案的具体情况得出。在 *Said v. Butt* 一案[119]中,原告已经确定要参加一场首映式。但由于剧院管理层对他没有好感,因此不会向他出售入场券,他就让一个朋友为其购票。但

---

[118] 例如,参见 Pollock L.Q.Rev. 3 (1887) 358, 359:"我们永远不应该忘记一个简单的事实,即关于未披露委托人的权利和责任的整个法律与合同法的基本理论不一致。除了英国和美国的法律体系外,一个人根据与被起诉者没有真正签订的合同起诉另一个人的权利,在每一个法律体系中都不存在。"对于哪些深层次的原因可以证明普通法这种"反常"现象的合理性,人们倾注了大量心血。对此尤其应参见 Müller-Freienfels RabelsZ 17 (1952) 578; 18 (1953) 12; Fridman (前注 7) 253 ff.,都附有大量参考文献。

[119] [1920] 3 K.B. 497.

一切仍然是徒劳的:在首演当晚,剧院院长不允许原告入座。法院没有接受原告的理由,即他可以根据其代理人为他订立的剧院访问合同,作为未披露委托人要求入场:如果对合同的解释表明,第三人对于只向其所知的合同相对人履行义务具有合理利益,则未披露委托人不享有诉权。[120]

此外,第三人可以对未披露委托人提起的诉讼主张所有他针对代理人的抗辩。尤其是他可以主张,他因为相信代理人是他唯一的合同相对人而已向其履行了合同给付。另外,第三人可以向未披露委托人抵销其有权向代理人主张的债权。但所有这些权利需要满足以下前提,即第三人在知道或根据情况可能知道代理人身后还存在一位未披露委托人之前就已经向代理人履行了合同或者已经获得了对代理人的抵销债权。[121]

因此很明显的是,第三人可以对委托人提出同样的抗辩,就像代理人将合同项下的请求权**让与**给委托人,并由他作为**受让人**提起诉讼一样。事实上,这两种情况下的利益状况是相似的,因为在这两种情况下,第三人都是以债权人的身份面对一个他原本不需要考虑的人。在普通法中也有观点认为,未披露委托人的诉权是基于让与而取得的,这种让与不是根据代理人的表示(德:Erklärung)发生的,而是直接依法而发生的。[122] 同样,一位英国高级法官指出,关于未披露代理权的规则旨在简化诉讼,即使委托人不必提起不必要的诉讼,否则他必须首先获得代理人的同意才能对第三人主张权利。[123]

由此,普通法与欧洲大陆法律制度之间的差异不再悬殊。尽管大陆法系认为,只有代理人才能从以自己的名义与第三人达成的交易中获得

---

[120] 对此参见 Treitel (-Peel) no. 16-056 ff.中讨论的众多其他判决。

[121] Vgl. Treitel (-Peel) no. 16-060.

[122] So Goodhart/Hamson Camb.L.J. 4 (1931) 320, 351 f.;对此并参见 Fridman (前注 7) 257。

[123] 参见 Diplock, L.J. in Freeman & Lockyer v. Buckhurst Park Properties [1964] 2 Q.B. 480, 503:"也许这种与'未披露委托人'有关的规则是英国法所特有的,可以将其合理地解释为避免循环诉讼,因为委托人可以在衡平法上迫使代理人在对承包商强制履行合同的诉讼中借用他的名义,并且在普通法上有责任就代理人履行合同所承担的债务对其进行赔偿。"

请求权。但另一方面,《瑞士债法》第 401 条第 1 款规定,"代理人为委托人的利益,以自己的名义获得对第三人的债权的,自委托人自己履行对代理人的一切义务时起,这些债权即为委托人所有"。因此,立法者在这里规定的法定债权转移(拉:cessio legis),在普通法中被用来解释未披露委托人的诉讼。罗马法系也实现了同样的结果,因为它允许委托人对第三人提起"直接诉讼"(拉:action directe)。[124] 北欧国家则适用一种特别精心设计的规则。根据该规定,委托人可以以自己的名义对第三人主张行纪人以本人的名义为其设立的合同请求权,"一旦第三人未能及时履行合同义务,或行纪人违反了自己的结算义务(德:Abrechnungspflicht),或对委托人有不诚实的行为,或已经破产"。[125]

---

[124] 《意大利民法典》第 1705 条第 2 款第 2 句即如此。在行纪的情况下,行纪委托人是否有权对第三人提起直接诉讼,在法国法中争议很大。对此还没有明确的法院判决。对此参见 B. Starck in: Hamel (Hrsg.), Le contrat de commisson (1949) 157, 164 ff.; Houin/Pédamon, Droit commercial (9. Aufl. 1990) no. 615; Ripert/Roblot/Delebecque/Germain, Traité de droit commercial II (15. Aufl. 1996) no. 2635; Jauffret/Mestre, Droit commercial (23. Aufl. 1997) no. 760; Mekki (前注 12) Fasc. 10 no. 14。然而,在经销(德:Verkaufskommission)的情况下,根据《法国民法典》第 1166 条(现《法国民法典》第 1341-1 条),只要买方尚未向行纪人支付购买价款,允许行纪委托人通过"间接诉讼"(法:action oblique)的方式向买方主张权利。对此参见 Mekki,出处同上。在德国,只有在行纪人将请求权让与给行纪委托人的情况下,他才能对第三人采取行动。此类让与并不困难,甚至非常常见,而且可以预先——即在行纪合同缔结之前——进行。

[125] 但是,在向第三人提出权利主张之前,行纪委托人必须已经履行了他对行纪人的债务,或对这些债务提供了担保,而且必须通知行纪人他打算对第三人提起诉讼。在第三人已向行纪人交付了合同给付的情况下,"如果他在履行合同时不知道也无法知道行纪委托人是有权根据合同向其主张权利的一方,那么他在任何情况下都没有义务按照行纪委托人的要求再次履行合同"。对此详见《瑞典行纪法》(前注 114)第 56 条以下。《荷兰民法典》第 7:412 条第 1 款类似:据此,如果代理人违反了对委托人的合同义务或陷入破产,任何委托人(不仅仅是行纪委托人)都可以通过书面声明将代理人对第三人的权利"转移给他"。根据《欧洲合同法原则》第 3:301 条,如果"中间人"(英:intermediary)以自己的名义行事或者第三人既不知道也无法知道"中间人"是基于委托人的指令行事,那么合同关系尽管仅在第三人和"中间人"之间成立。但是,当"中间人"破产或者根本违反了其与委托人之间的合同时,委托人可以行使中间人对第三人取得的权利(《欧洲合同法原则》第 3:302 条)。实际上,当委托人没有收到对其承诺的给付时,他总是可以直接对第三人采取行动。但是,第三人可以对委托人主张所有他在中间人提起诉讼的情况下可以主张的抗辩。《日内瓦公约》(前注 8)第 13 条亦同。但《国际商事合同通则》第 2.2.4 条完全排除了委托人对第三人的直接请求权,对此参见 Bonell (前注 8) 524 ff.。

合同当事人以自己的名义但为其委托人的账户行事时,对于其陷入破产的特殊情况,人们达成了一致意见:在这种情况下,第三人所负担的给付不能使合同相对人的债权人受益,而是使合同相对人为其账户行事的一方受益。在英国法中,从未披露委托人可以针对第三人提起诉讼——不受代理人破产的影响——这一点可以得出这一结论;这甚至被看作是导致未披露代理权发展的原因之一。大陆法系通过赋予委托人对代理人从其与第三人的交易中有权获得的债权的优先受偿权而实现了同样的结果。[126]

2. 第三人针对委托人的请求权

在英国法中,第三人的诉权是毫无疑问的,除非能够例外地证明他与代理人以明示或默示的方式达成了只有代理人根据合同对其承担责任的约定。在没有这种约定的情况下,当第三人知道委托人的情况后,可以选择向委托人还是向代理人主张权利。但是,一旦他在两个债务人中作出了选择,例如,在知道委托人是谁的情况下起诉了代理人并获得了对代理人的判决,那么这种选择权就丧失了。[127]

如果代理人代表一直隐名的委托人向第三人购买了货物,而且委托人也已经获得了货物的所有权,那么对于第三人提起的要求委托人直接向他支付购买价款的诉讼,委托人也不会表示反对。但是,如果委托人已经向代理人支付了购买价款,但后者没有将其转交给第三人时,情况就不同了。在这种情况下,委托人必须要向第三人进行第二次购买价款的支付吗?在判例中,对这一问题的回答通常是肯定的,因为如果委托人选择的代理人违反合同,将收到的款项用于本人的目的,那么这就是属于委托人风险范围的事项。[128]

第三人的此种诉权对欧洲大陆法系而言是陌生的。相反方向中确认

---

[126] 在德国和北欧国家,只有当委托人是行纪委托人时,这一规则才适用,参见《德国商法典》第392条第2款,《瑞典行纪法》(前注114)第57条第2款和第61条。其他法律制度在所有隐名代理的情况中都提供了同样的保护。参见《瑞士债法》第401条,《法国1985年1月25日破产程序法》第121条第1款和第122条,《意大利民法典》第1707条。

[127] 对此详见Treitel (-Peel) no. 16-075; Fridman (前注7) 267。

[128] 对此详见Treitel (-Peel) no. 16-064; Fridman (前注7) 266 f.。

的诉权,即肯定委托人对第三人的直接诉权或者至少被认为是可能的,也同样如此。[129] 这可能是基于这样的考虑,即每个人都必须承担其合同相对人支付不能的风险。如果一个人在订立合同时知道其合同相对人是代表委托人行事,那么他可能会寻求达成与委托人(也)建立合同关系的协议。如果不是这种情况,而是后来他才知道委托人的存在以及委托人是谁,那么就不清楚为什么他应该从中得到好处,即在其合同相对人破产的情况下有权向委托人主张权利。但是可以提出的反对理由是,委托人与代理人之间并不疏远,因为是他选择了代理人,委托后者与第三人缔结交易,以促进自己的利益,从而造成了第三人在商业交易中的活动,并因此造成了第三人在代理人破产时遭受损害的风险。

那么,应当由谁承担"隐名代理人"破产或违反合同义务的风险呢,第三人还是委托人?《欧洲合同法原则》第 3:303 对这个问题——像普通法那样——作出了对委托人不利而对第三人有利的规定:如果第三人因"中间人"(英:intermediary)破产或违反合同而没有得到"中间人"向其承诺的给付时,他可以直接向**委托人**追索。但**委托人**的责任非常有限。首先,他可以向第三人主张中间人在第三人向**其**主张权利时会提出的所有抗辩。尤其是**委托人**可以援引那些他在"中间人"对他提起诉讼时可以主张的抗辩。[130] 如果委托人委托行纪人购买货物,并向其预付了必要的购买价款,当行纪人在货物交付后陷入破产时,尽管第三人会向其主张支付购买价款的请求权,但第三人并不会获得成功。这是因为委托人可以援引在行纪人对其提起诉讼情况下的抗辩来反驳第三人的请求权,即他已经履行了自己的义务,预付了购买价款并进行了费用的偿付。

---

[129] 参见 Ripert/Roblot/Delebecque/Germain (前注 124) no. 2658 以及 Trib. de commerce Paris 25. Sept. 1985, Sem. jur. 1986 (Cahiers de droit de l'entreprise no. 3) 10:一家名为 Cedac 的采购合作社代表其所属的零售商向原告订购了货物。在 Cedac 暂停付款后,原告直接对零售商提起的购买价款诉讼被驳回了,"销售必须被视为是 Cedac 作为行纪人和供应商之间直接缔结的合同,后者无权转向与其没有法律关系的零售商。"

[130] 《荷兰民法典》第 7:413 条和《日内瓦公约》(前注 8)第 13 条第 2 款亦同。

第十七章 利益第三人合同

一、历史沿革与经济意义 ………………………………………… 449
二、利益第三人合同的成立要件 ………………………………… 455
　（一）双方当事人的意思 ……………………………………… 455
　（二）保护第三人合同 ………………………………………… 459
　（三）第三人基于其他基础的合同请求权 …………………… 462
　　　1."直接诉讼" ……………………………………………… 463
　　　2.双方当事人"关联合同"上的合同请求权 …………… 464
　（四）有利于第三人的责任限制 ……………………………… 467
三、利益第三人合同的效果 ……………………………………… 470
　（一）受约人的权利 …………………………………………… 470
　（二）承诺人的抗辩 …………………………………………… 470
　（三）第三人权利的事后撤销或变更 ………………………… 471

一、历史沿革与经济意义

《法国民法典》第 1165 条(现《法国民法典》第 1199 条以下)规定："契约仅于缔约当事人之间发生效力。"这句话的意思非常明确。因为如果两个人之间缔结了合同，那么只有他们双方才可以根据该合同享有权利并承担义务，这似乎也是合理的。即使双方当事人约定，每一方都可以通过向第三人给付来履行其承担的义务，也不会改变这一点。如果买方不向卖方支付货款，而是根据后者的指示向其银行支付，或者如果卖方不向买方交付货物，而是根据后者的指示向其客户之一交付货物，那么即便如此，每一方当事人也只是通过向第三人履行的方式履行了其对合同相对人而非对第三人所承担的义务。这里需要区分的是另一种情况,即合同双方当事人缔结合同并约定第三人——虽然他没有参与缔约——不应仅仅被允许接受所履行的给付,他还有权要求履行给付。

469 在合同中规定有利于非合同当事人的第三人的请求权主要在以下情况中具有实际意义,即合同一方当事人希望确保其家庭成员得到应有的照顾,并因此希望赋予他们作为受益第三人的请求权。例如,农庄转让协议(德:Hofübergabeverträge)就是这种情况:如果一位年迈的农民将农场交给他的一个儿子,他会要求这个儿子向其兄弟姐妹支付一定的金钱或实物。在这种情况下,该农民自己有权要求儿子履行承诺是不够的。他更关心的是,兄弟姐妹作为受益第三人有权要求儿子履行给付,特别是在兄弟姐妹在该农民去世后仍然应当获得相应给付的情况。在出售企业的合同中规定,买方有义务以向卖方的配偶或子女支付年金的方式支付一部分购买价款,也是为了达到同样的目的。如果合伙协议规定,在合伙人死亡或退出后,其余合伙人有义务向退伙合伙人的家庭成员支付一定的款项,或允许已死亡合伙人的遗孀加入合伙企业的,也是如此。

保险合同是迫使法律承认第三人请求权的典型合同类型。在保险合同中,保险人在保险事件发生后所负担的保险金往往无法支付给投保人,而必须支付给第三人,例如,在人寿保险中支付给投保人所指定的受益人,在运输保险中支付给货物在损失或丢失时的所有权人。

其他许多合同在当事人正确及时履行的情况下也会使第三人受益。此时可能会出现这样一个问题,即是否也应当在法律上赋予第三人主张这些利益的权利并将这些合同视为"利益第三人合同"呢?例如,如果一个经营者承诺在其委托人出租的房间内安装供暖或通风设备,那么承租人往往也会对该承揽合同的正确及时履行享有利益。但问题是,承租人的这种利益在什么条件下才值得法律保护呢?如果安装存在缺陷或合同

470 履行迟延,承租人能否以这样的理由向经营者主张损害赔偿呢,即经营者不仅对作为其合同相对人的出租人,而且亦对作为第三人的承租人负有正确履行合同的义务,因此,经营者在不完全履行的情况下也应当对其进行损害赔偿?如果房东在租赁合同中承诺,当承租人在出租房屋内经营

的产业被出售时将继续与买方签订租赁合同,这种情况该如何处理:产业购买者本人是否对房东享有要求签订租赁合同的合同请求权呢?如果房东将房屋出租给了他人,他是否有权主张损害赔偿呢?不仅是承揽合同和租赁合同,销售合同也可以构成利益第三人合同。如果某厂商向医院提供的血液制品由于受到病毒污染而给患者的健康造成了损害,那么就会出现这样的问题:患者虽然不是购买者本人,但他是否也有权以违约为由向血液制品的生产厂商主张损害赔偿呢?[1]

几乎所有现代欧洲法律制度都包含一些规则,据以判断合同之外的第三人是否以及在何种条件下也可以要求履行合同或因不完全履行主张损害赔偿。这些规则的形成是漫长历史进程的结果,它使德国到了19世纪才承认契约性的第三人利益,而在另外一些国家,这一历史进程还尚未结束。这一进程中必须克服的一种障碍是认为合同是连接双方当事人的"法锁"(拉:vinculum irus)的观点,因此,非合同当事人的第三人不可能以某种方式参与合同并从中获得自己的权利主张。对于古典罗马法而言,第三人的独立诉权是陌生的:"不得为他人订立契约(拉:Alteri stipulari nemo potest)(Ulpian D. 45, 1, 38, 17)。"甚至连向第三人承诺履行的人也没有诉权,因为根据罗马法的解释,只有那些对承诺的履行具有利害关系的人才能提起诉讼:如果承诺的履行只归于第三人,那么这种利害关系在哪里呢?诚然,债权人可以通过使债务人不仅向第三人承诺履行,而且在不履行时要求其承担违约金的方式来克服这一障碍,但这也只是赋予了债权人而非第三人诉权。[2] 第三人的独立诉权直到古典罗马法晚期才得到承认,当然还只是在极个别的情况下,其中最重要的是涉及管束赠与(拉:donatio sub modo)的情形:如果某人以受赠人向第三人提供某种给付为条件向其作出赠与,则第三人可以向受赠人提起扩用之诉(拉:actio utilis)。

---

[1] 参见 Civ. 17. Dez. 1954, J.C.P. 1955.II.8490 mit Anm. *Savatier*,该问题在一个类似的案例中得到了肯定答复。另参见第 474 页及以下。

[2] 对此详见 *Zimmermann* 34 ff.,尤其是 38 f.。并参见 *Kötz* Int.Enc. Comp.L. Vol. VII Ch. 13 s. 4 ff.。

由于《国法大全》(拉:Corpus Iuris)中既包含了上述基本原则,也包含了例外和限制,因此产生了大量解释争议,学说和实践中也充斥着这些争议,这种状况一直持续到近代。[3] 放弃罗马法中基本原则的一个重要推动力是自然法学派的学者。他们所依据的思想至今仍然让人信服,即最终决定合同法律效力之性质和范围的是当事人的意志,因此,只要合同当事人意欲赋予第三人请求权,那就应予以承认。但他们对此也作出了一个限制:第三人必须"接受"这种为其利益而设置的权利。这一解决方案被《普鲁士普通邦法》所沿用。该法第74条第1款第5项规定,第三人可以从他不是当事人的合同中获得自己的权利,但前提是他"经主要当事人同意加入了合同"(《普鲁士普通邦法》第75条)。《法国民法典》——比《普鲁士普通邦法》晚10年生效——的基础更接近罗马法。根据该法第1121条(现《法国民法典》第1205条以下)的规定,"对第三人承诺的履约行为的约定"只有在以下情况中才有效:向第三人承诺给付的人或者同时向许诺人作出赠与(这就是"管束赠与"),或者许诺人向他本人作出了某种承诺(从而获得了自己在履行承诺中的利益)。然而,这些限制后来被判例所摒弃。根据目前的观点,只要符合当事人的意愿,第三人的权利即告产生*;因此,第三人是否同意权利的产生或者是否知道当事人之间达成了有利于自己的协议并不重要。[4] 在德国,对于为第三人设定权利是否需要经其本人的同意这一问题,长期以来也存在争议。人们最终放弃了这一要求,因此今天,无论是《德国民法典》第328条、《瑞士债法》第112条第2款,还是——在1916年法律修订之后——《奥地利普通民法典》第881条都只要求第三人的请求权符合合同当事人的意愿即可。当然,他们也不能将请求权强加于第三人,如果第三人拒绝,则视为权利自始

---

〔3〕 Vgl. dazu *Zimmermann* 41 ff.; *Coing* I 424 ff., II 452 ff.; *E. Schrage* (Hrsg.), Ius Quaestium Tertio (2008).

* 现《法国民法典》第1205条已就此作出明确规定。——译者注

〔4〕 Com. 23. Feb. 1993, Rev.trim.civ. 1994, 99 mit Anm. *Mestre*; Civ. 19. Dez. 2000, D. 2001, 3482; *Terré/Simler/Lequette* no. 526 f.(参见现《法国民法典》第1205—1209条。——译者注)

没有产生。[5]

英国的情况则完全不同。英国在1999年之前所采用的原则是，非合同当事人的第三人不能从其他人所缔结的合同中获得任何权利，即使合同当事人意图使第三人享有权利且第三人享有请求权看起来是合理合法的，也是如此。这主要是基于"相对性原则"（英：doctrine of privity），在其他法律体系中该原则也广为人知，据此合同请求权原则上只能由合同当事人而非第三人取得。英国法也从**对价理论**（德：die consideration-Lehre）出发来论证利益第三人合同的不合法性。根据该理论，一个人原则上只有在他自己为某项对待给付作出或承诺了对价的情况下，才取得对该项对待给付的请求权；而作为非合同当事人的第三人，他自己并没有为基于合同向他承诺的给付作出或承诺任何东西，因此他也不能向作出承诺的一方主张任何权利。英国法之所以能够长期坚持这一理论，一方面是因为立法机关为实践中具有重要意义的案例设定了例外。例如，《英国1882年已婚女性财产法案》(Married Women's Property Act) 第11条规定，在配偶一方为另一方或子女的利益而购买人寿保险的情况下，受益人被视为**信托**（英：trust）受益人，因此获得了对抗保险人的权利。[6] 另一方面，虽然英国判例法在许多案件中依然坚持排除第三人请求权的原则，但它也通过许多人为的例外情况对其进行了限制，以至于文献和许多法官都批评这一

---

[5] 参见《德国民法典》第333条，《意大利民法典》第1411条第3款，《希腊民法典》第413条，《葡萄牙民法典》第447条，《欧洲合同法原则》第6:110条第2款，《国际商事合同通则》第5.2.6条，《（欧洲私法）共同参考框架草案》第II.-9:303条第1款，《欧洲共同买卖法》第78条第4款。但根据《荷兰民法典》第6:253条第1款之规定，第三人"同意"是为其设定权利的必要条件；但如果权利是无偿且不可撤销地被赋予给他，并且他在知道这种情况时没有提出异议，则推定第三人已"同意"（该条第4款）。

[6] 受益人（英：beneficiary）有权以受托人（英：trustee）的身份向保险人主张自己的请求权，这一事实早已通过信托法中的特别规定得到了认可。在其他保险合同中，受益第三人也通过特别规则获得了自己的请求权；对此参见 Treitel (-Peel) no. 14-128 ff.; McKendrick no. 7.21。《英国1925年财产法》（英：Law of Property Act 1925）第46条则规定了另一种例外；该规定适用于当事人让与不动产（英：conveyance）或对其他物设定"物权"（德：dingliches Recht）的合同。如果双方在此种情况下达成了一项使第三人成为不动产所有人或权利所有人的协议，那么第三人就取得了该权利，"尽管他没有被列为财产让与或其他文书的当事人"。对此参见 Treitel (-Peel) no. 14-136 ff.。

第十七章 利益第三人合同

原则已经过时。[7]

这就为《英国1999年合同(第三方权利)法》[Contract (Rights of Third Parties) Act 1999]的颁布作了充分准备。根据该法,第三人可以根据其他人所缔结的合同取得自己的权利。但是,这需要满足特定的前提条件。在第一种情况下,如果当事人在合同中"明确"指定第三人为受益人,则视为条件得到满足。在第二种情况下,条件是否得到满足的判定会更困难一些:此种情况下,虽然协议中未"明确"指定第三人为受益人,但可以认为协议"旨在赋予其利益",第三人也可以依据这一双方当事人为其缔结的协议获得自己的权利。但是,如果被第三人追索的一方能够证明,"根据对合同的适当解释,双方当事人似乎并不打算让第三人强制执行该条款"时,这一点不适用。也就是说,这最终取决于对合同的解释。由于迄今为止仍缺乏司法裁决,英国法院在这方面如何开展工作尚不明确。[8] 从法律原文来看,第三人也可以毫无疑问地主张责任免除或限制,或者援引被诉方在其合同相对人以及第三人提起诉讼时可以主张的抗辩。此外,法律还对其他问题进行了规定,例如,在什么条件下当事人可以事后改变或取消授予第三人的权利。[9]

---

[7] 例如,Lord Diplock 在 Swain v. Law Society [1983] 1 A.C. 598, 611 一案中将完全排除非合同当事人的第三人之诉权的做法称为"不合时宜的缺陷,多年来被认为是英国私法的一个污点"。另参见 Steyn L.J. in Darlington BC v. Wiltshier Northern Ltd. [1995] 1 W.L.R. 68, 77:"我们最好记住,欧盟其他成员国的民法体系承认这种合同。在单一市场中,我们的法律制度缺乏这种灵活性是一种不利因素。事实上,像英国这样的重商主义国家的法律制度一直未能摆脱这种从技术上将合同视为纯粹的双边合同概念所产生的不公正规则,这是一个历史怪事。"

[8] 但是,可以认为在两类重要的情况中,上述条件**没有**得到满足,因此,第三人在这些情况中**没有**获得自己的权利:首先,是人们在德国和奥地利所称的"对第三人具有保护效力的合同"(德:Verträgen mit Schutzwirkung für Dritte)(参见第478页及以下)。其次,还有"合同链"(德:Vertragskette)的情形,特别是总承包商A在合同中承诺为业主建造一座建筑物,然后将某些特定的建筑工作分包给分包商B的情况。此种情况下,虽然A、B双方都知道建筑工程的顺利进行对业主具有重大利益,双方甚至可能在合同中明确提到了业主。但是,在B没有正确完成建筑工作的情况下,除非有特别约定,否则业主无法从A与B所缔结的合同中取得针对B的请求权。So Treitel (-Peel) no. 14-099; McKendrick no. 7.6.

[9] 参见第488页和第491页及以下。

二、利益第三人合同的成立要件

（一）双方当事人的意思

第三人能否根据一份合同取得自己的请求权,取决于合同当事人是否有这样的意思。各国的法律都承认这一点,有时还会作出明文规定,例如,《瑞士债法》第112条第2款规定,第三人"(可以)独立主张给付,如果双方当事人有此意愿"。[10]

合同双方当事人就此达成协议是有必要的,而且也足以使第三人的请求权产生。尽管《法国民法典》第1121条(现《法国民法典》第1205条以下)规定,一个有效的利益第三人合同还需满足其他要件(参见第471页),但这些要件早已被法官法所废止。当保险业在19世纪中叶开始蓬勃发展的时候,对于将保险合同视为一种有效的利益第三人合同,法国具有重大的经济利益。为此,法国最高法院于1888年首次将受约人(德：Versprechensempfänger)支付给缔约相对人的任何财产利益均视为《法国民法典》第1121条(现《法国民法典》第1205条以下)意义上的"赠与",并在之后的案件中维持了这一判决。《法国民法典》第1121条(现《法国民法典》第1205条以下)要求受约人也必须对自己作出某种承诺,而从对第三人的给付中——即从对受益人支付人寿保险金中——所

---

[10] 《奥地利普通民法典》第881条第2款和《希腊民法典》第411条也同样作出了明文规定。《欧洲合同法原则》第6:110条第1款,《国际商事合同通则》第5.2.1条,《(欧洲私法)共同参考框架草案》第II.-9:301条,《欧洲共同买卖法》第78条第1款和第2款。对此可详见 H. Kötz (前注2); S. Whittaker, Privity of Contract and the Law of Tort; Oxf. J. Leg. Stud. 15 (1995) 327; R. Wintgen, Etude critique de la notion d'opposabilité: Les effets du contrat à l'égard des tiers en droit français et en droit allemande (2004); S. Vogenauer, Vertrag zugunsten Dritter, in: HWB des Europäischen Vertragsrechts (2009) 1681, S. Vogenauer, The Effects of Contracts on Third Parties, in: Vogenauer, Cartwright, Whittaker (Hrsg.), Reforming the French Law of Obligations (2009) 235。

产生的"道德利益"(法：profit moral)足以满足这一要件。[11] 这实际上就意味着："由于缔约人在为他人作出约定时必然具有某种利益,至少是道德上的利益,因此,任何为他人作出的约定在今天都是有效的。"[12]

当事人确立第三人请求权的约定也可以以默示方式作出。这是指这样一种情况,即从合同的明文规定、合同目的以及个案的具体情况可以合理地确定,当事人有意给予第三人一种可实现的请求权。立法者有时也会对某些特定的案例类型作出推定,以方便法官的工作。例如,根据《德国民法典》第330条,如果第三人在人寿保险合同或终身定期金合同(德：Lebensversicherungs-oder Leibrentenvertrag)中被指定为受益人,以及如果有偿或无偿获得财产、农业或商业企业[13]的人在与让与人签订的合同中承诺向第三人给付时,则第三人"在有疑问的情况下"(德：im Zweifel)应获得自己的请求权。但是,第三人——通常为让与人的家庭成员——必须为其提供的给付得到"补偿",例如,他因其继承份额较少而得到补偿。

在迄今为止所提到的案例中,让其合同相对人承诺向第三人提供给付的人通常是为了供养某位家庭成员。如果是其他第三人,其对他人缔结的买卖、租赁、运输或仓储合同的履行有自己的利益,因此希望主张自己对合同的履行或不履行或履行有瑕疵存在请求权的,就比较困难。在这些情况中,仅凭合同当事人知道第三人对合同享有利益不足以成立利益第三人合同。更确切地说,只有当双方当事人意图(明示或默示)给予第三人一个主张特定履行的请求权和(或)因不履行或履行不当的损害赔偿请求权时,才成立利益第三人合同。

例如,如果建筑承包商承诺为一个民法合伙公司(德：Gesellschaft

---

[11] 《意大利民法典》第1411条规定,受约人必须对使第三人受益具有一种"利益";《葡萄牙民法典》第441条所使用的表述是一种"值得法律保护的利益"。即便这两部法律如此规定,也不过意味着合同必须按照一般规定是有效的。参见 Cass.civ. 12. Juli 1976 no. 2663, Rep. Foro it. 1977, 1731,据此,受约人对使第三人受益所享有的利益是一种"单纯的道德利益"(意：meramente morale)即满足要求。

[12] Mazeaud (-Chabas) no. 774.《欧洲合同法原则》第6:110条第1款,《国际商事合同通则》第5.2.1条,《(欧洲私法)共同参考框架草案》第II.-9:301条,《欧洲共同买卖法》第78条第1款和第2款。

[13] RG 16. Okt. 1905, JW 1905, 717.

bürgerlichen Rechts)建造一栋商业用房,而楼房迟迟不能竣工,那么只要承包商知道某个合伙人打算在该楼房内开办诊所并且对竣工期限有自己的利益,该合伙人个人也有权就此遭受的损失主张损害赔偿。[14] 如果一个人向房地产开发商购买了一块土地,并且在买卖合同中承诺建房时不超过一定的建筑高度,那么,倘若他没有遵守这一约定,与其比邻而居的业主也可以获得损害赔偿请求权,前提是后者是从同一开发商处购买了土地并且——前述购买者明知——其信赖开发商所作出的该地块会有"不受建筑物阻挡的视野"的声明。[15] 如果一个人在出售自己的企业时向购买者承诺,为后者在所购企业重组后不再继续雇用的所有员工提供工作岗位,这可以理解为,所有这些员工都取得了一个要求卖方提供工作岗位的请求权。[16] 如果一家银行与宝石批发商签订了保险箱租赁合同,在保险箱因银行的失误被盗的情况下,将被盗宝石交给批发商查看或检查的珠宝商也应获得损害赔偿请求权。在法国,这一损害赔偿请求权的依据是珠宝商为利益第三人合同的受益人。[17] 在德国,如果银行在订立保险箱租赁合同时知道客户也会将第三人的贵重物品存放在保险箱中时,法院也会作出相同的判决。[18] 即使在英国,珠宝商也可以获得法律

---

[14] Civ. 14. Juni 1989, Bull.cass. 1989.I. no. 243 = Rev.trim.civ. 89 (1990) 71 mit Anm. *Mestre*. 关于法律判例的概况并参见 *Larroumet* no. 802。

[15] 参见 BGH 26. Nov. 1974, NJW 1975, 344。这给予了邻居与在购买者地产上设定有利于邻居之地役权情况下相类似的保护。另一个案情类似但判决结果不同的案例 Civ. 29. März 1933, D.H. 1933, 282 以及对该判决的批判性意见 *Mazeaud (-Chabas)* no. 754。

[16] Com. 14. Mai 1979, D. 1980, 157 mit Anm. *Larroumet*. 如果卖方未履行其义务,买方必须因此向失业的员工支付赔偿金时,则买方有权就此向卖方主张损害赔偿,他也可以主张将卖方的价款支付请求权与该损害赔偿请求权进行抵销。

[17] Com. 15. Jan. 1985, D. 1985 I.R. 344.并参见 Civ. 21. Nov. 1978, J.C.P. 1980. I.19315 mit Anm. *P. Rodière:* 银行与货币押运人(德:Geldtransportunternehmer)之间的合同可以构成利益银行客户合同(德:Vertrag zugunsten des Bankkunden)——其资金通过押运人被运送至银行。

[18] 参见 BGH 10. Mai 1984, NJW 1985, 2411 ["保护第三人合同"(德: Vertrag mit Schutzwirkung für Dritte);对此见下文]。即使银行不知道这一点,也可以从其他进路得到相同的结果:根据照管合同(德:Vertrag der Obhut)将他人财物委托另一人照管的人,财产所有人(德:Eigentümer)可就——非合同当事人的第三人——因违反照管义务而遭受的损失向照管人主张损害赔偿("第三人损害清算",德:Drittschadensliquidation)。他可以将这一请求权让与给第三人,然后由第三人主张。

477 保护,不过不是通过将其视为利益第三人合同的受益人,而是假定宝石批发商是在珠宝商同意并在为其利益的情况下与银行订立保险箱租赁合同的,即将宝石批发商视为珠宝商的"代理人":即使前者是以自己的名义行事,珠宝商也可以作为"隐名委托人"取得自己对银行的请求权(参见第461页及以下)。

上述情况表明,被纳入利益第三人合同的案例类型与利益状况各不相同。上述情况同时也表明,非合同第三人的请求权以相应的合同当事人约定为前提的原则也并非一个真正明确的区分标准。因为无法排除这样一种情况,即法官在衡量各方利益之后,将其认为合理的成分当作"默示的当事人意思"。这表现为,在一些法律制度中,承认非合同第三人请求权的领域被界定得非常宽泛,而在另一些法律制度中则比较狭窄;在一个法律制度中,利益第三人合同的边界越是往外延伸,**侵权法**(德:Deliktsrecht)对第三人的充分保护就越得不到保障。

一个很好的例子是法国最高法院于 1932 年作出的一项判决,该判决认为,就旅客在旅途中发生意外死亡事故、其亲属有权以自己的名义向承运人主张损害赔偿而言,客运合同(德:Personenbeförderungsvertrag)是一种利益第三人合同;对于这一(合同)请求权,承运人应当承担赔偿责任,即使他没有任何过错,但不可抗力(法:force majeure)除外。[19] 这一判决不时会受到批判,理由是客运合同的当事人缺乏相应的意思。事实上,如今亲属们已没有太多必要主张合同请求权,因为承运人被视为其车辆的"保管人"(法:gardien),因此,根据侵权法的规则[即根据《法国民法典》第1384 条(现《法国民法典》第1242 条)],他也需要承担责任,而无须考虑其是否具有过错。此外,法国于 1985 年 7 月 5 日颁布的《关于改善道路交通事故受害人处境的法律》(德:Gesetz vom 5. Juli 1985 über die Verbesserung der Lage der Verkehrsunfallopfer)引入了机动车事故的特殊责任

---

[19] Civ. 6. Dez. 1932, D.P. 1933.1.137 mit Anm. Josserand = S. 1934.1.81 mit Anm. Esmein。但是,该损害赔偿请求权只能由在法律上对已死亡旅客负有扶养义务的第三方主张,而不得由其妹妹主张,即便前者已承担了支付其扶养费的责任。So Civ. 24. Mai 1933, D.P. 1933. I. 137 mit Anm. Josserand。

制度,其赋予了亲属自己——不受过错证明影响——的赔偿请求权。因此,对于一项遗属据以通过一种"以需求为导向、纯粹出于精神利益的发明创造"而成为"利益第三人运输合同"受益人的规则,大都认为其多此一举。[20]

(二) 保护第三人合同

特别是在德国判例中,作为填补侵权法保护漏洞工具的利益第三人合同具有重要的实践意义。具有开创性意义的是帝国法院于1930年作出的一项判决。在该案中,一名租户与一家维修公司签订了维修出租房屋内所安装的燃气炉的合同。由于安装人员的失误,炉子发生了爆炸,正在房屋内替租户干活的女清洁工受伤。帝国法院判决她对维修公司享有**合同上的损害赔偿请求权**,因为维修公司与租户所签订的承揽合同"也包含一个利益原告的合同"。[21] 诚然,这并不是——就像今天人们所说的那样——一个"真正的"利益第三人合同,因为原告并不能依据承揽合同——毫无瑕疵地维修炉子——向维修公司主张履行其应尽的义务。但在该案中,也确实存在一个"保护第三人合同",因为维修公司在维修炉子时负有谨慎工作的义务,它不仅对委托人负有这一义务,而且对原告也负有这一义务,如果维修公司违反了这一谨慎义务,它必须因此对原告进行赔偿。但这并不是说,只要确定 A 违约且第三人因此受到损害,第三人就可以援引 A 与 B 双方所缔结的合同的保护效力。判例力图缩小受保护的第三人的范围,要求第三人与 B 之间必须存在特定的"密切关系",从而使 A 的违约行为也会经常地、可预见地对第三人造成损害。判例进一步要求,B 对使第三人受益具有一种值得保护的利益。最后还要求所有这一切必须是 A 能够认识到的,这样他就知道或可以知道,一旦发生违约,他(也)需要对第三人承担责任。[22]

---

[20] So *Josserand* (上注) 138; 并参见 *Larroumet* no. 803。

[21] RG 10. Feb. 1930, RGZ 127, 218, 221.

[22] Vgl. *Kötz*, Vertragsrecht (2. Aufl. 2012) Rn. 514 ff.以及在众多判例中参见 RG 26. Nov. 1936, JW 1937, 737(房东与市政当局签订的饮用水供应合同是对受到含铅饮(转下页)

德国法之所以在判定合同损害赔偿请求权成立时如此慷慨,是因为基于侵权行为的损害赔偿请求往往不会成功。例如,如果有人在逛百货商店时在电梯上摔倒或因掉落在地面的菜叶滑倒,其侵权损害赔偿请求权可能会因被告百货商店经营者根据《德国民法典》第 831 条提出——因法律政策失误而规定的——免责证明或他不能证明被告有过失行为而失败。在上述情况中,如果原告基于违约行为主张损害赔偿请求,可能会更好。原告的合同请求权不仅会因为他已与或至少打算与被告缔结买卖合同而成立(在这两种情况下,根据合同或"先合同"关系,被告都负有保护原告免遭事故风险的责任),而且还可以因他人缔结的或打算缔结的合同之保护效力而产生。所以,如果 14 岁的儿子陪母亲去购物时因商场地面太滑而摔伤,他有权向商场经营者主张合同损害赔偿请求权;尽管他的母亲还未与商场经营者缔结买卖合同,但可以设想,儿子作为第三人可以援引这种准备缔结合同(德:vertragsvorbereitend)的关系的保护效力。[23]

(接上页)用水伤害的住户具有保护效力的合同);BGH 7. Nov. 1960, BGHZ 33, 247(制造商与企业主之间签订的混凝土板供应和安装合同是对制造商的雇员因混凝土板安装不正确而遭受损害时具有保护效力的合同);BGH 23. Juni 1965, NJW 1965, 1757(一个社团与一家酒店签订的使用酒店宴会厅举办社团聚会的合同是对社团成员因宴会厅地面光滑而摔倒受伤时具有保护效力的合同);BGH 22. Jan. 1968, BGHZ 49, 350(营业场所租赁合同是对经承租人同意、将自己财产带入租赁场所并因场所瑕疵而遭受财产损失的人具有保护效力的合同)。法国判例也是如此:Civ. 13. Okt. 1987, J.C.P. 1987.IV.391(一家酒店与培训课程组织者之间的合同赋予课程参与者在酒店衣帽间的衣物因监管不力而被盗时可根据合同向酒店提出损害赔偿的请求权)。Ebenso OGH 29. April 1981, JBl. 1982, 601(土地所有权人与企业主签订的平整土地造路合同是对电力公司因其在该地块拥有高压线杆受到损害时具有保护效力的合同)。并参见 OGH 20. Nov. 1997, JBl. 1998, 655(业主与大楼清洁公司所缔结的合同是对租户及其家庭成员具有保护效力的合同,而非对暂时到访租户的客人或因其他原因在被出租大楼短暂逗留的人具有保护效力)。

[23] So BGH 28. Jan. 1976, BGHZ 66, 51. 如果原告所遭遇的事故是因为被告维护的建筑物或其他工程的缺陷所造成的,在那些侵权法比较强势的法律体系中并不需要这样的法律技术,原因是这些法律体系中或者没有规定辅助人的免责证明,或者是它们规定了(独立于过错证明)的严格责任。瑞士法和意大利法就采用了这种方法(《瑞士债法》第 58 条和《意大利民法典》第 2051 条),法国法也是如此:如果被告是"土地看管人"(法:gardien du sol),那么根据《法国民法典》第 1384 条第 1 款(现《法国民法典》第 1242 条),他承担的是严格责任。对此详见 F. Ranieri, Europäisches Obligationenrecht (3. Aufl. 2009) 1345 ff.; Zweigert / Kötz, Einführung in die Rechtsvergleichung (3. Aufl. 1996) § 41 II; Kötz/Wagner, Deliktsrecht (12. Aufl. 2013) Rn. 319 ff.。

如果原告所遭受的损害不是身体上的损伤或者财产损失，而是其经济状况遭受了不利影响，即他遭受的是"纯粹经济损失"（德：einen reinen Vermögensschaden），这种情况又该如何处理呢？典型的情况是，信贷机构、审计师、建筑师或其他具有专业知识的专家受托就一家公司的财务状况或偿付能力或者一个资产项目的价值提供信息或专家意见。如果这些专业人士因疏忽而错误地提供了此类信息，客户可以因其违反咨询合同（德：Auskunftsvertrags）向其主张损害赔偿。但是，如果这些信息到了第三人手中，而该第三人因信赖这些信息并因此遭受了损失，这种情况该如何处理呢？在德国，第三人不能根据侵权法主张损害赔偿，因为——例外情况除外——只有在人身遭受伤害或者财产遭到损害或者破坏的情况下，受害人才可以依据德国侵权法提出损害赔偿。[24] 德国侵权法的这一不足之处——如果是不足之处的话——也可以通过保护第三人合同得到弥补。这一合同形式允许假定第三人被纳入咨询合同的保护范围，但前提是只有提供信息的一方知道该信息（也）会被提供给第三人，并且该第三人会信赖该信息并根据该信息作出处分行为。[25] 在其他国家，第三人在这种情况下可以提出侵权请求权：在法国，根据《法国民法典》第1382条（现《法国民法典》第1240条），因"过失"（法：faute）而导致的损害——包括纯粹经济损失——都必须得到赔偿[26]；在英国，尽管因"过失"（英：negligence）而导致的侵权责任通常仅限于人身伤害或财产损失，但恰恰有

---

[24] 《德国民法典》第826条构成例外情况。根据该条规定，损失——包括"纯粹经济损失"——应由因违背公序良俗的行为而故意造成损害的一方进行赔偿。如果情况非常明显，第三人也可以根据该规定要求信息提供者承担责任；例如，参见 BGH 17. Sept. 1985, NJW 1986, 180。[关于德国侵权法上纯粹经济损失的一般论述，参见 Kötz/Wagner（前注）Rn. 430ff.。基于比较法视角的讨论，参见 WH van Boom, H Koziol, and CA Witting (eds), Pure Economic Loss (2004); M Bussani and V Palmer (eds), Pure Economic Loss (2003); G Wagner, Grundstrukturen des Europäischen Deliktsrechts (2003) 189, 229ff.。——译者注]

[25] 例如，参见 BGH 28. April 1982, NJW 1982, 2431; BGH 2. Nov. 1983, NJW 1984, 355; BGH 23. Jan. 1985. JZ 1985, 951; BGH 26. Nov. 1986, NJW 1987, 1758。

[26] 因此，根据《法国民法典》第1382条（现《法国民法典》第1240条），一家银行对因其向一个非该银行的客户提供错误信息所造成的损失负有赔偿责任，参见 Req. 2. Dez. 1930, Gaz.Pal. 1931.1.38。并参见 Com. 9. Jan. 1978, Bull.cass. 1978.IV. no. 12; Com. 17. Okt. 1984, J.C. P. 1985. II. 20458 mit Anm。Viandier。

过失地提供错误信息构成了一种例外,这也就意味着"单纯的金钱损失"(英:mere pecuniary loss)也应该得到赔偿。例如,某专家受一家房屋建设储备银行的委托对一间房屋的维护状况进行评估,该专家明知其出具的专家意见会落入储户手中并有可能会促使他购买该房屋,那么,如果该专家在撰写专家意见时存在过失,导致储户因此遭受损失,他应根据"过失"侵权行为对储户承担赔偿责任。即使储户从未见过这份错误的专家意见,但如果他从房屋建设储备银行对其贷款申请的批准中得出专家意见是有利的结论时,该专家仍需承担责任。[27] 如果被提供的不是错误信息,而是一项有瑕疵的专业服务,这些规则同样适用。例如,如果律师要为委托人起草遗嘱,以使第三人成为遗产的继承人,但该遗嘱因律师的失误而无效,那么不仅法定继承人可以要求继承,该第三人也可以要求律师赔偿:在德国,依据是律师与委托人之间的合同是一种保护第三人合同[28];在英国,依据是律师违反了他所承担的对第三人的注意义务。[29]

(三) 第三人基于其他基础的合同请求权

482 如果符合双方当事人明示或默示的意思,第三人根据合同当事人缔

---

[27] *Smith v. Bush* [1990] 1 A.C. 831; *Yianni v. Edwin Evans & Sons* [1982] 1 Q.B. 438. 关于出具错误证明的审计师的"过失"责任问题,另参见 *Caparo Plc v. Dickman* [1990] 2 A.C. 605。

[28] BGH 6. Juli 1965, JZ 1966, 141 mit Anm. *Lorenz*. BGH 11. Jan. 1977, NJW 1977, 2073 亦同: 如果律师建议夫妻双方签订旨在使其双方子女受益的离婚协议,但由于律师的失误而导致这一目的无法实现时,子女(作为保护第三人合同的受益人)有权向律师主张合同上的损害赔偿请求权。

[29] 对此参见 *White v. Jones* [1995] 2 W.L.R. 187 (H.L.)。在本案中,一位委托人委托其律师起草一份遗嘱,以使原告即委托人的女儿获得一笔款项。由于律师的失误,遗嘱没有被及时拟好,致使原告在其父亲过世后一无所获,原告便向律师主张损害赔偿。高夫勋爵在其值得一读的意见中讨论了委托人与律师之间的合同是否不具有有利于原告的保护效力以及她是否有权主张合同请求权的问题(BGH 6.Juli 1965 事实上也是如此,见上注)。但在结果上,他与其他大多数法官一样,认为原告的诉讼请求必须基于过失侵权行为,并以此为由判决原告胜诉。对此参见 *T. Weir*, A damnosa hereditas, L.Q.Rev. 111 (1995) 357; *R. Zimmermann*, Erbfolge und Schadensersatz bei Anwaltsverschulden, ZEuP 1996, 672。在荷兰,公证人或其他专业人士对第三人的责任也是基于《荷兰民法典》第 6:162 条所规定的侵权行为。参见 HR 23. Dez. 1994, Ned. Jur. 1996, 627; HR 15. Sept. 1995, Ned. Jur. 1996, 629 und dazu *Jansen/van der Lely*, Haftung für Auskünfte: Ein Vergleich zwischen englischem, deutschem und niederländischem Recht, ZEuP 1999, 229。

结的合同取得自己的请求权。但在罗马法系中,人们会发现立法和判例在缺乏合同双方当事人相应合意的情况下给予第三人请求权的情况。

1."直接诉讼"

在法国法中,"直接诉讼"(法:action directe)一词指的是这样一种情况,即法律赋予债权人直接向"债务人的债务人"主张其对债务人的债权的权利,只要债务人未履行其所承担的给付。[30] 因此,受雇于建筑公司的建筑工人在未获得报酬的情况下可以直接要求建筑业主支付其工资,但前提是该(未支付的)劳动产出已用于业主的建筑工程且建筑业主尚未向建筑公司支付工程款。[31] 这一点同样适用于与建筑项目总承包商签订合同进行工程建设的分包商:他也可以——例如,在总承包商破产的情况下——直接要求建筑业主支付工程报酬,只要建筑业主尚未向总承包商偿付该工程报酬。[32] 同样地,如果承租人拖欠租金,房东也可以直接请求转租人支付[33];而委托人则可以直接要求接受代理人委托的人完成被委托事务。[34] 通过"直接诉讼",受害人可以直接要求侵权人的责任保险人(德:Haftpflichtversicherer)进行偿付,这一点具有重大的现实意义。最初,受害人的这种"直接请求权"(德:Direktanspruch)在判例中的依

---

[30] Vgl. Jamin, La notion d'action directe (1991). (并参见现《法国民法典》第 1341-1 条以下。——译者注)

[31] 《法国民法典》第 1798 条,《意大利民法典》第 1676 条,《西班牙民法典》第 1597 条,《希腊民法典》第 702 条。

[32] Art. 12 des fr. Gesetzes Nr. 75-1334 vom 31. Dez 1975 »relative à la sous-traitance«. 法国最高法院(综合庭)于 2007 年 11 月 3 日作出的判决(D. 2008, 5 mit Anm. *Delpech*)指出,如果建筑项目在法国进行,则该法第 12 条构成"警察法"(法:loi de police),因此,即使分包商与总承包商或总承包商与建筑业主之间的合同受外国法管辖,分包商也可对建筑业主提起直接诉讼。参见 *J Bauerreis*, Direkter Zahlungsanspruch des Subunternehmers gegen den Auftraggeber nach fr. Recht unabhängig von der durch die Parteien getroffenen Rechtswahl, ZEuP 2011, 406。

[33] 《法国民法典》第 1753 条,《意大利民法典》第 1595 条,《西班牙民法典》第 1552 条,《葡萄牙民法典》第 1063 条。

[34] 《法国民法典》第 1994 条第 2 款,《意大利民法典》第 1705 条第 2 款,《西班牙民法典》第 1722 条,《希腊民法典》第 716 条第 3 款,《瑞士债法》第 399 条第 3 款。法国的判例"逆转"了这一思路:代理人不仅可以向委托人主张费用偿付请求权,还可以直接向"委托人的委托人"主张该请求权;参见 Civ. 27. Dez. 1960, Gaz.Pal. 1961.1.258。瑞士判例的观点则不同:BG 8. Mai 1915, BGE 41 II 268, 271。

据是保险合同是一种利益第三人合同,通过该合同,保险人承担投保人对第三人的责任风险,以换取保险费的支付。这一判例早已被立法机关所认可。[35] 在机动车责任保险方面,目前欧洲各地已经开始实施道路交通事故受害人的"直接请求权"。[36]

2. 双方当事人"关联合同"上的合同请求权

法国判例早已承认,购买者可就所购货物的潜在缺陷对其造成的损害向制造商直接索赔。同样获得承认的还有,即使买方与生产者之间不存在合同关系,买方的这一请求权也具有合同性质,因为货物是根据数个销售合同转手,最后才到达买方手中的。在这种情况下,人们也认为买方的请求权是以**直接诉讼**为基础的。但关于如何解释这种"直接请求权"的合同性质,存在争议。一些学者认为,在制造商与第一个买主所缔结的销售合同中存在一种"为他人的规定"(法:stipulation pour autrui),即他们认为制造商不仅要向其合同伙伴,而且要向所有未来的买主保证其产品不存在潜在缺陷。其他人则认为,(将来的)损害赔偿请求权是通过(默示)让与的方式从一个买主转移到下一个买主的手中的,或者这一请求权是商品的"从物"(德:Zubehör)[《法国民法典》第1615条意义上商品的"从物"(法:accessoire)],因此自动转移到取得商品所有权的人手中。[37]

但近年来,法国的判例大大扩展了允许第三人主张合同请求权的范围。直到最近,即使双方当事人之间没有合同关系,但如果每一方当事人都与第三人缔结了合同,这些合同虽然在法律上相互独立,但基于其经济目的相互联系并形成了一个网络,因此可以被称为"**合同组**"(法:groupe de contrats)或"**合同包**"(法:ensemble contractuel)时,那么损害赔偿请求

---

〔35〕 参见今天《法国保险法》(法:Code des assurances)第 L 124-3 条。《荷兰民法典》第3:287条也会得出同样的结论:根据该规定,就侵权方对其责任保险人提出的损害赔偿请求,受害人享有优先权(荷:voorrecht);这一请求权也可以由受害人自己主张,第三人的权利不得对抗受害人。

〔36〕 参见1959年4月20日《欧盟机动车辆民事责任强制保险公约》附件第6条(BG-Bl. 1965 II 282)。另参见《德国保险合同法》第115条,《1988年道路交通法案》第148条。

〔37〕 关于不同的"理论",参见 Malinvaud in Anm. zu Civ. 5. Jan. 1972, J.C.P. 1973. II. 17340; J.-S. Borghetti, Breach of Contract and Liability to Third Parties in Fench Law: How to Break the Deadlock?, ZEuP 2010, 279, 284 ff.。

权也被认为是一种合同上的请求权。例如,为了实施一个建筑项目,建筑业主与总承包商签订合同,总承包商与分包商签订合同,分包商又与建筑材料供应商签订合同。在这种情况下,如果供应商提供了有缺陷的建筑材料,或分包商完成的建设工程存在缺陷,而建筑业主后来发现了由此产生的建筑缺陷并自费进行了补救,那么在满足必要前提条件的情况下,他可以以违约为由向**总承包商**(德:Generalunternehmer)主张损害赔偿。但是,如果总承包商已破产或针对他的请求权已过时效时,该如何处理?在这种情况下,建筑业主是否可以直接向建筑材料供应商或分包商提出损害赔偿呢?由于在本案中,双方之间不存在直接的合同关系,因此,侵权请求权似乎是第一选择并且也能达到目的,因为根据《法国民法典》第1382条(现《法国民法典》第 1240 条),"一切损失"(法:tout dommage)——即建筑业主因修理工作而遭受的"纯粹经济损失"——都应得到赔偿,只要该损失是由一种不法且有过错的行为(德:ein rechtswidrigschuldhaftes Verhalten, 法:faute)所引发的。[38] 但是,这种侵权法上的"直索"(德:Durchgriff)会打乱合同中几方当事人之间的风险分配,同时也会造成承揽合同法中的时效规定被规避的后果。因此,法国最高法院在许多判决中虽然允许"直索",但仍然将原告的请求权认定为合同请求权,尽管他与被告之间并不存在直接的合同关系。这种处理方法一方面排除了原告的侵权请求权[39],另一方面被告还可以援引其与原当事人的合同以及原当事人与原告之间的合同所产生的全部抗辩。[40]

---

[38] 德国(BGH 30. Mai 1963, BGHZ 39, 366)以及英国——尽管经历了一些反复——的判例态度则不同,参见 *Murphy v. Brentwood* [1990] 2 All E.R. 908 (H.L.)。尽管理由不同,但这两国的法律制度得出了相同的结论,即只要建筑业主提出损害赔偿的目的是要求赔偿纯粹经济损失,那么他就无权提起侵权损害赔偿请求权。

[39] 这一点基于"不累加理论"(法:doctrine du non-cumul):根据该理论,侵权请求权和合同请求权的"累加"是不被允许的,确切地说,侵权请求权总是被合同请求权所排除,如果前者也必须被考虑的话。参见 ausführlich G. Viney, Introduction à la responsibilité (3. Aufl. 2008) no. 216 ff.。

[40] Vgl. z.B. Civ. 29. Mai 1984, D. 1985, 213 mit Anm. *Bénabent* = J.C.P. 1985.II.20387 mit Anm. *Malinvaud;* Ass.plén. 7. Feb. 1986, D. 1986, 293 mit Anm. *Bénabent* = J.C.P. 1986.II.20616 mit Anm. *Malinvaud*. 参见 Civ. 8. März 1988, J.C.P. 1988.II.21070 mit Anm. *Jourdain:* 在本案中,原告委托一家照相馆冲洗胶卷,照相馆将胶卷交给一间实验室完成冲洗工(转下页)

这一判例因不符合《法国民法典》第 1165 条(现《法国民法典》第 1199 条以下)规定的"合同义务的相对性"原则以及"合同组"这一概念的边界无法被精确界定而受到批评。事实上,法国最高法院试图扭转这种局面,它在一份联合判决(德:Plenarentscheidung)中指出,建筑业主无权对分包商提出任何合同上的请求权,他只能根据侵权法对其所遭受的由分包商完成的缺陷工程所造成的损失要求赔偿,但前提是他必须证明分包商对此有过错(德:Verschulden,法:faute)。从该判决中可以看出,对于建筑业主提起的侵权之诉,分包商无法援引其根据与总承包商签订的合同本可向后者主张的抗辩来对抗建筑业主。[41] 但这一判决对于扭转整个局面而言无异于杯水车薪。事实上,法国最高法院的各审判庭裁定,虽然第三人的诉讼必须以侵权行为为基础,但只要能够确定被告违反了其与他人签订的合同并且原告因此遭受损害,第三人就有理由提起诉讼。[42] 虽然这一规则为受害第三人提起诉讼打开了方便之门,但法国最高法院还是在另一项联合判决中采纳了这一规则。该案中的原告为一名零售商,他在一家名为 Myr'ho 的企业出租的房舍内经营业务。他声称由于该房舍维护不善,他因此遭受了销售损失。但是,他并没有向作为其缔约相对人的 Myr' ho 公司提出损害赔偿,而是向大楼的所有人主张损害赔偿,该所有人将整个大楼——包括原告使用的房舍——出租给了 Myr'ho 公司。法国最高法院支持了零售商的诉求,理由也很简单,即"非合同当事人的第三人可以以

(接上页)作。因胶卷损坏,原告要求实验室进行损害赔偿。虽然双方之间不存在合同关系,但原告的诉求被定性为合同之诉,因此被告被允许以**两项**合同所产生的抗辩事由进行抗辩。并参见 Civ. 21. Juni 1988, D. 1989, 5 mit Anm. *Larroumet* = J.C.P. 1988.II.21125 mit Anm. *Jourdain*: 相同的结果也出现在另一个案例中,在该案中,一个机场的管理部门受机主委托用其为此目的购买的拖车将飞机移到飞机跑道时,飞机被损坏。由于飞机的损坏是由拖车的机械故障造成的,因此,机主不仅要求机场管理部门赔偿,还要求拖车的制造商和提供缺陷部件的供应商赔偿。法院将原告的赔偿请求权认定为合同请求权的理由是涉诉的(四家)公司之间的合同应当被认定为"合同组"。

[41] Ass.plén. 12. Juli 1991, J.C.P. 1991.II.21743 (arrêt *Besse*) mit Anm. *Viney* = D. 1991, 549 mit Anm. *Ghestin*; 另参见 *Jamin* D. 1991 Chron. 257; 对此并参见 *Larroumet* J.C.P. 1991.I. 3531; *Jourdain* D. 1992 Chron. 149; *Witz/Wolter* ZEuP 1993, 360; *Borghetti* (前注 38) 286 f.。

[42] Civ. 18. Juli 2000, Bull. cass. 2000. I. no. 221 = J.C.P. 2000. II. 11415 mit Anm. *Sagres*; anders Com. 18. Okt. 2002, J.C.P. 2003. I. 152 mit Anm. *Viney* 。

违约为由基于侵权请求权主张损害赔偿,只要他因该违约行为遭受了损失」。[43]

这项判决使法国最高法院与其他法律体系中据以处理非合同第三人诉讼的原则渐行渐远。[44] 根据英国法,第三人原则上只能提起侵权之诉。但是,如果第三人要求赔偿的是纯粹经济损失时,只有当法官能够确认被告对第三人负有"注意义务"(英:duty of care),并且他因过失未能履行这一义务时,第三人的诉求才会得到支持。[45] 根据德国法,第三人可以主张合同请求权,但这必须满足特定的前提条件,即一个合同在这些条件下可以被例外地认定为构成"利益第三人合同"。[46] 但根据法国法,似乎任何人只要违反了其与他人缔结的合同,他就不仅要对缔约相对人承担责任,还要对任意第三人承担责任,只要后者所遭受的损失是由他违反合同所引发的。在这种情况下,人们不禁要问,《法国民法典》第 1165 条(现《法国民法典》第 1199 条以下)中所规定的"契约仅于缔约当事人之间发生效力"这一法律原则还有什么意义?

(四) 有利于第三人的责任限制

一般来说,利益第三人合同意味着第三人取得针对合同一方当事人的**请求权**。那么,是否允许以相应的方式通过利益第三人合同为第三人

---

[43] Ass. plén. 6. Okt. 2006, D. 2006, 2825 (arrêt *Myr'ho*) mit Anm. Viney. 参见 *Borghetti*(前注 38)289 页以下大量持批评态度的文献。

[44] 不过应当指出的是,法国最高法院的上述判决并**不**(德:nicht)涉及第三方遭受的损失是由所购置的有缺陷的**物品**(德:Sache)所造成的情形,该物品经过一个合同链条最终流转到第三人手中:在这种情况中,第三人依然有权向任何在该合同链条中制造或传递该物品的企业主张合同请求权。参见 z.B. Civ. 28. April 1998, Bull. cass. 1998. I. no. 104 以及 483 页及以下。当然,第三人在这些案件中的请求权被定性为合同请求权的事实并不意味着,法国最高法院被要求就第三人对德国制造商提起的诉讼作出判决时,其国际管辖权[《欧盟关于民商事案件管辖权及判决执行的公约》第 5 条(已废止。——译者注),《布鲁塞尔条例I》第 5 条第 1a 款]可因被裁决的是一项"合同请求权"而获得。对此参见 EuGH 17. Juni 1992, Slg. 1992, I-3967 (*Handte/TMCS*)。

[45] 参见前注 28 和前注 30 中提到的案例,另参见 *Simaan General Contracting Co. v. Pilkington Glass Ltd. (No. 2)* [1988] Q.B. 758。

[46] 参见上文脚注 22。

设定**抗辩**(德:Einrede)呢? 合同双方当事人是否只能给予非合同第三人以权利之矛,或者他们也可以将抗辩之盾交于其手中呢?

英国和德国的司法实践表明,这一问题在运输法(德:Transportrecht)领域出现得特别频繁。如果一个人在一份运输合同中承诺为发货人运送货物,那么他通常会在合同中限制或者排除自己对货物灭失或损坏所应承担的责任。此外,承运人往往会将合同的全部或部分委托给另一承运人履行,或者就一些辅助业务(德:Hilfsgeschäfte)与装卸或仓储公司签订合同。在货物损坏的情况下,如果发货人不是向作为其缔约相对人的承运人,而是向其他参与运输的企业提出索赔时,就会出现责任限制条款(德:Haftungsbeschränkungsklausel)是否具有"第三人效力"(德:Drittwirkung)的问题。易言之,其他企业虽然不是发货人所缔结运输合同的当事人,但他们是否也有权援引合同中约定的责任限制条款呢? 同样的问题还会出现在发货人不向其他参与运输的企业,而是向其员工——船长、装卸工人或起重机操作员——索赔的情况中。

英国法院往往肯定这种免责或责任限制条款的"第三人效力"。当然,这需要一些法律技巧。因为将受保护的第三人可以援引这些条款简单解释为是合同当事人的真实意愿,这就违背了"任何人都不得执行他不是当事人的合同"的信条。[47] 因此,法院不得不通过以下方式在发货人和第三人之间构建起直接的合同关系,即假定承运人在订立运输合同时——就其中的免责条款而言——他也是以"代理人"的身份为第三人订立的;或者发货人也以默示的方式向第三人发出了免责的要约,而后者随后也以默示的方式接受了该要约。[48] 同时,由于《英国 1999 年合同(第三方权利)法》的出台,用更简单的方式即可获得同样的结果。该法第 1 条第 6 款规定,同意免除或限制对方责任的一方当事人,即使其向**第三人**索赔,也必须接受这一对其不利的约定,因此,以责任免除或限制提出抗

---

[47] Vgl. Lord Denning in *Adler v. Dickson* [1955] 1 Q.B. 158, 181.

[48] Vgl. z.B. *Elder, Dempster & Co. v. Paterson, Zochonis & Co.* [1924] A.C. 522; *Scruttons Ltd. v. Midland Silicones Ltd.* [1962] A.C. 446; *The Eurymedon* [1975] A.C. 154 und dazu ausführlich *Treitel (-Peel)* no. 14-064 ff.

辩的是该第三人。但该条规定只有在合同明确将第三人列为受益人，或者至少可以推断出合同"意在赋予其利益"时才适用。

在荷兰，《荷兰民法典》第 6:253 条明确规定，通过利益第三人合同不仅可以为第三人创设给付请求权，还可以为第三人设定"以某种其他方式对合同一方当事人援引合同"的权利，特别是向合同一方当事人主张合同中所约定的责任免除或限制的抗辩。德国的判例也得出了同样的结论。例如，如果在运输合同中约定"针对船舶公司的所有赔偿请求权的时效为六个月"，那么不仅船东本人，接受其委托运输货物的另一船东，甚至船长都可以援引这一约定。[49] 对于企业主在合同中约定的免责或责任限制是否也可为其员工提供保护这一具有重要实践意义的问题，《荷兰民法典》第 6:257 条作出了明确的肯定回答：根据该规定，企业员工可以援引免责的约定，"就如同他们自己也是合同一方当事人一样"，而无须考虑该约定的措辞是否明确表示他们也应当免责。[50] 即使没有具体的法律依据，德国的判例也得出了同样的结果。因此，如果一家企业根据合同承担了看守施工现场的工作，但双方约定企业对"操作和看守期间发生的机器、炉子、锅炉和供热设备"的损坏免责，据此，在发生这样的事故之后，建筑公司对看守企业提起的诉讼也必须被驳回：虽然从该约定的措辞中无法断定，该企业对确保其员工也受益于责任限制具有自己的利益，但从该案的情况可以得出这样的结论，而且其合同相对人也能够认识到这一点。[51] 事实上，每一个与一个独立企业主达成工程、运输、仓储或看守合同的人都知道，所负给付不是由企业主本人，而是由其员工履行的。在这

---

[49] BGH 21. Okt. 1971, VersR 1972, 40; ebenso BGH 7. Juli 1960, VersR 1960, 727, 729; BGH 28. April 1977, VersR 1977, 717.

[50] 《荷兰民法典》第 6:257 条规定仅适用于企业主所雇用的事务辅助人（德：Verrichtungsgehilften，荷：ondergeschikte）。在仓储和运输合同中，相应的规则也适用于独立的分仓库管理人或分承运人；参见《荷兰民法典》第 7:608 条和第 8:71、362 条以下。

[51] BGH 7. Dez. 1961, NJW 1962, 388. Ebenso BGH 12. März 1985, VersR 1985, 595: 如果建筑公司将其责任有效地限定在故意或重大过失的情形下，那么其员工也可以援引这一约定。《国际商事合同通则》第 5.2.3 条，《(欧洲私法) 共同参考框架草案》第 II.-9:301 条第 3 款，《欧洲共同买卖法》第 78 条第 2 款也有相同的规定，《欧洲合同法原则》第 6:110 条因疏忽而未就此作出规定。

种情况下,如果委托人已经同意了一个(有效的)免责条款,那么,倘若他或他的保险人——保险人为其承担风险——还能够越过这一免责条款,根据侵权法一般规定向其合同相对人的员工索赔,那就太荒谬了。

三、利益第三人合同的效果

(一)受约人的权利

一个人在合同中承诺向第三人履行给付的,他将因此成为第三人、而非其合同相对人的债务人。承诺人的合同相对人只有受约人,因此出现的问题是,受约人(与第三人相比)享有哪些针对承诺人的权利?

一般认为,除另有约定外,受约人可以要求承诺人向第三人履行已承诺的给付。[52] 受约人还可以要求承诺人赔偿因其向第三人迟延履行或不履行所造成的损失;在这种情况下,受约人亦可以主张合同不履行的抗辩,在承诺人向第三人履行给付之前,自己也不履行给付。可能存在疑问的是,受约人能否因承诺人违反承诺而解除或撤销合同,从而也使第三人的履行请求权归于消灭?一般情况下,对这一问题的回答是肯定的。因此,如果买方向卖方承诺向第三人支付部分购货款,那么,在卖方存在欺诈行为的情况下,他可以撤销合同;在标的物有瑕疵的情况下,他可以解除合同。即使第三人的权利是不可撤销的,他也不需要就合同的撤销或解除征得第三人的同意(参见491页及以下)。

(二)承诺人的抗辩

第三人的权利是基于承诺人与受约人所缔结的合同。由此可以得出如下结论:即如果承诺人被第三人要求履行给付,他可以对第三人主张一

---

[52] Civ. 12. Juli 1956, D. 1956, 749 mit Anm. *Radouant;* Com. 14. Mai 1979 (前注17);《德国民法典》第335条,《奥地利普通民法典》第881条第1款,《荷兰民法典》第6-256条,《希腊民法典》第410条,《葡萄牙民法典》第444条第2款,《匈牙利民法典》第233条第3款。

切他根据合同可以向受约人主张的抗辩。[53] 因此,如果第三人要求买方支付其在上述例子中承诺给他的那部分购货款,那么,只要卖方没有履行买卖合同中为其设定的义务,买方就可以提出不履行合同的抗辩理由,不予支付;当买方撤销或解除合同时,买方可以明确拒绝支付。毫无疑问,抗辩必须以为第三人创设权利的合同为基础。如果抗辩事由是"在合同之外为他人所作的规定"[54],那么承诺人便不得援引。因此,他不得就其因另一法律依据对受约人享有的债权向第三人主张抵销。[55] 如果承诺人向第三人主张抵销的债权是直接从与第三人的法律关系中所产生的,则情况会有所不同。

(三) 第三人权利的事后撤销或变更

从合同签订到第三人可以向承诺人主张其权利的时间间隔通常很长。在这种情况下会产生一个重要的问题:通过订立合同而创设的有利于第三人的权利是否可以在这期间未经其同意而被变更或撤销?

就这一问题而言,欧洲大部分法律制度都以《法国民法典》中的规定为出发点。根据规定,第三人的权利不得被撤销或修改,"如果第三人已声明其有意从中受益"[《法国民法典》第1121条第2句(现《法国民法典》第1206条第2款)]。另外,根据《瑞士债法》第112条第3款的规定,一旦第

---

[53] Com. 25. März 1969, Bull.cass. 1969.IV. no. 118; Civ. 7. März 1989, J.C.P. 1989. IV. 170; Civ. 29. Nov. 1994, Bull.cass. 1994. I. no. 353;《德国民法典》第334条,《奥地利普通民法典》第882条第2款,《意大利民法典》第1413条,《希腊民法典》第414条,《葡萄牙民法典》第449条,《波兰民法典》第393条第3款,《国际商事合同通则》第5.2.4条,《(欧洲私法)共同参考框架草案》第II.-9:302条b项,《欧洲共同买卖法》第78条第3款b项。当然,在个别案件中可能会作出不同的判决。在 BGH 17. Jan. 1985, BGHZ 93, 271 一案中,一家旅行社向一家航空公司包租了法兰克福至安的列斯群岛之间的某些航班的座位,并将其出售给旅行者,旅行者作为包租合同的第三方受益人获得了自己对航空公司要求履行客运合同的合同请求权。法院裁定,航空公司不能以旅行社破产和未支付合同约定的包机费为由拒载乘客。

[54] Larroumet no. 820.

[55] BGH 27. Feb. 1961, MDR 1961, 481, 482. 本案中所呈现出的与让与的区别非常典型:如果第三人不是(原生地)通过利益第三人合同,而是(次生地)通过让与的方式获得债权的,那么无论对待债权产生的法律基础是什么,他都必须接受抵销,前提是这些对待债权不是债务人在已经知道债权让与的情况下所获得的(参见第522页)。

三人已向承诺人声明,"他打算行使其权利",其权利就不可被剥夺。[56]

但这一原则往往会受到限制。因为在实践中,有一种特别重要的情况会构成例外规定,即在受约人死后才向第三人履行给付的情形:在这种情况下,除非另有约定,即使第三人已声明其打算行使权利,受约人仍可以变更或撤销第三人的权利。[57] 瑞士法中也承认,《瑞士债法》第 112 条第 3 款之规定不具有强制性,即当事人可以约定,无论第三人是否声明接受,其权利都是可撤销的。

但在法国,《法国民法典》第 1121 条第 2 句(现《法国民法典》第 1206 条第 2 款)之规定得到了严格执行,并被视为具有强制性。该规定也特别适用于人寿保险合同,因为虽然《法国保险法》第 L 132-8 条允许以其他受益人替换原受益人,但前提是原受益人尚未声明"接受"。由此看来,似乎受约人(特别是投保人)只有通过对第三人保密所缔结的合同,从而使其失去作出"接受声明"(德:Annahmeerklärung)的机会,才能保住自己的撤销权。不过,在实践中没有必要这么做。一方面,第三人以同意的态度知道自己为受益人时,并不构成"接受声明";只有当他在保单上签名或向保险人作出相应的书面声明或自掏腰包为投保人缴纳保费,从而明确表达自己的接受意向时,才构成"接受声明"。另一方面,即使第三人已作出了"接受声明",投保人也可在例外情况下撤销其权利。这种情况极其少见,包括第三人企图杀害投保人的情形[58],此外还包括出于赠与目的而使第三人受益,但投保人可以证明第三人对其存在严重的背恩行为或未履行其义务的情形。[59] 法国判例甚至从《法国民法典》第 1096 条关于夫妻间赠与可随时撤销的规定中推导出这样的结论:即不需要特别事由,夫妻

---

[56] 《意大利民法典》第 1411 条第 2 款第 2 句,《西班牙民法典》第 1257 条第 2 款,《葡萄牙民法典》第 448 条第 1 款,《希腊民法典》第 412 条,《荷兰民法典》第 6:253 条第 2 款,《波兰民法典》第 393 条第 2 款也作了此规定。参见 Kötz (前注 2) s. 39 ff.。[根据《英国 1997 年合同第三人权利法案》第 2 条第 1 款,如果第三人已经将其同意告知允诺人,那么他要求执行相应条款的权利非经同意不得变更或消灭。这是一个任意性规则,可以被当事人合意所修改(第 2 条第 3 款)。——译者注]

[57] 《意大利民法典》第 1412 条第 1 款,《葡萄牙民法典》第 448 条第 1 款。

[58] 《法国保险法》第 L 132-24 条。

[59] 参见《法国民法典》第 953 条以及 Civ. 8. Juli 1991, Bull.cass. 1991. I. no. 230。

双方可随时撤销配偶在人寿保险合同中的受益人身份,即使后者已声明"接受"。[60]

在这种情况下,对于能否事后变更或撤销第三人权利这一问题,许多人赞同将其留给当事人自行约定,而不是通过强制性的法律规定进行调整。德国法就采用了这一解决方案。据此,"缔约双方是否保留不经第三人同意而终止或变更其权利的权利"这一问题取决于双方当事人的约定;在缺乏明确约定的情况下,则取决于"具体情况,特别是从合同的目的可推知的情况"(《德国民法典》第 328 条第 2 款)。但这一规定并没有告诉法官如何推断,以及在推断时需要考虑哪些因素。[61] 国际规则在这方面的规定更为详细。根据《欧洲合同法原则》第 6:110 条第 3 款,如果受约人已向第三人宣布其权利是"不可撤销的",而且第三人也已通知了缔约一方当事人,第三人"接受"授予他的权利,则受约人不能再撤销第三人的权利或作出(即使是必须补充的)对其不利的变更。根据《国际商事合同通则》第 5.2.5 条,如果第三人能够合理地信赖赋予他的权利,并因这种信赖作出合理处分的("合理地信赖这些权利"),也适用同样的规则。[62]

---

〔60〕 So Poitiers 17. Jan. 1962, R.G.A.T. 1963, 54; Nîmes 20. Dez. 1978, R.G.A.T. 1979, 355; aber auch Civ. 13. Mai 1998, Bull.cass. 1998. I. no. 170. 现在《法国民法典》第 1096 条已被修订,因此,配偶撤销赠与的权利受到了极大限制,这会产生什么效果还不得而知。

〔61〕 但《德国民法典》第 331 条第 1 款和《德国保险合同法》第 159 条是对在受约人死后才向第三方履行给付情形的一种特别规定。这种情况主要发生在人寿保险合同中。除另有约定外,在这种情况下,只有在受约人死亡时,第三人才获得要求履行给付的权利。由此可以认为,在此之前,受约人可以指定另一人代替他之前指定的第三人作为受益人,即使最初指定的第三人已经知道并同意或以其他方式"接受"了他受益人地位的也是如此。从结果来看,《意大利民法典》第 1411 条的规定也是如此:如果第三人在受约人死后才能获得给付,则即使第三人在此期间"接受"了其权利,这一权利也是可被撤销的,除非受约人以书面方式放弃了撤销权。

〔62〕 另参见《〈欧洲私法〉共同参考框架草案》第 II. - 9:303 条第 3 款:当事人约定可撤销或变更第三人权利的,如果一方当事人使第三人产生了对其权利"稳固"的预期,而且"第三人是在信赖该权利的情况下合理行事的",则当事人不得行使其权利。《英国 1999 年合同(第三方权利)法》第二章第 1 条也有类似规定。

第十八章 让与

一、历史沿革与经济意义	474
二、有效让与的前提条件	479
（一）债权让与的实质有效性	480
（二）不可让与债权	481
1. 工资、扶养费和养老金请求权	481
2. "人身性"债权	482
3. 部分债权	483
4. 将来债权	484
5. 禁止让与约定	487
（三）形式规定	490
（四）优先权冲突	493
三、让与之效果	496
（一）让与人与受让人之关系	496
（二）债务人保护	498
1. 向原债权人履行给付	498
2. 债务人抗辩	499
3. 债务人放弃抗辩	501

一、历史沿革与经济意义

对于一个以货币和信用流通为基础的成熟的经济制度而言，债权的自由转让是不言自明的。就如同所有权人可以自由地将其所有之物转让给第三人一样，一项债权的所有人也可以将其债权转让给第三人。一般来说,债权的享有者让与一项债权时所追求的经济目的是出售该债权。如果某人手头的现金不足以支付其债务,那么他可以将其所拥有的一项针对第三人的债权为了支付之目的(德:zahlungshalber)转让给他的债权人。通常情况下,债权让与是基于担保目的而发生的。例如,当银行向其债务人发放一笔贷款时,为了保证其针对该笔贷款之偿还请求权的实现,银行通常会要求债务人让与他本人针对第三人的债权,在此种情况下发生的就是让与担保(德:Sicherungsabtretung)。让与担保在当代发展的一个特点是:通过一个合同被出售或者被让与的并非一个债权,而是一个"债权包"(德:Forderungspakete)。出于保证债权实现之目的,信贷机构要求债务人同时向其让与数百项债权的情况也不罕见。

保理合同(全称"保付代理合同",又称"托收保付合同",德:Factoring-Verträge)也是类似的情况。当生产商或销售商为了将其有权要求其客户支付的、到期日各不相同的应收账款及时变现,他就会缔结一份保理合同。在这种情况下,这些应收账款会被以低于票面价值的价格出售给保理商,因为保理商不仅会从中扣除应收账款预付款的利息,并且还要为其收取应收账款所付出的努力以及他承担的债务人支付不能的潜在风险获得一笔费用。保理合同以及信贷担保合同通常会涉及复杂的交易,此处不对其具体细节展开详细论述。重要的是,债权让与规则构成了这类业务所涉及的法律问题的核心内容。

关于债权让与的有效规则是经过长时间的历史演进才确立的,在当今的法律中,我们仍在继续发现这些规则。就债权让与的基本规则而言,无论是早期罗马法还是中世纪普通法都认为债权具有高度的人身性,它不能被简单地从债权人与债务人之间具体的法律关系中分离出来。然而,随着时间的推移,罗马法和普通法中都发展出了相应的规则,它们在某种程度上满足了对承认债权让与日渐增长的需要。[1] 通过这些规则,罗马人允许债权人指定一个意欲获得该债权的人起诉债务人,授权他

---

[1] 后续内容参见 *Zimmermann* 58 ff.; *Luig, Zur Geschichte der Zessionslehre* (1966) 2 ff.; 另参见 *Kötz* Int.Enc.Comp.L. Vol. VII Ch. 13 s. 60 ff.。

以自己的名义提出索赔并保留所获赔偿。但这种解决方案的一个缺点是债权人可以在提起诉讼之前撤销授权;他可以亲自提起诉讼,也可以免除债务人的债务或者以免除债务为目的接受债务人的其他偿付。在罗马帝国时期,受让人不仅能够通过获得授权的方式主张债权(可撤销),在特定的情况下他亦可以对债务人提起扩用诉讼(拉:actio utilis),由此受让人的法律地位得到了强化。在受让人购得一项包含有争议债权的遗产或者让与人将债权作为嫁妆的一部分让与给他的案件中,受让人提起扩用诉讼的权利首先得到了承认。之后,当让与人将有争议的债权单独出售或赠与受让人时,也承认受让人有提起扩用诉讼的权利。到了查士丁尼时代,债权的可转让性得到了普遍承认。此时,几乎所有受让人都在实质上被授予了针对债务人提起扩用诉讼的权利,这是一项单独的诉权,前提是他与让与人基于某种法律上的原因达成了债权转让的合意。不过,向债务人发送债权让与通知(拉:denuntiatio)在这一时代似乎仍有必要。

如果这些在罗马法后期形成的规则只是被如实地记入《国法大全》,倒也不至于出什么大问题。但由查士丁尼任命负责挑选和系统整理《国法大全》的法学家显然不甘于此。他们把罗马法学家为了解决该问题而发展出的具有**先后顺序**(德:nacheinander)的各种法律技术**并列**(德:nebeneinander)置于《国法大全》中,从而导致人们误以为它们同时都是罗马法的组成部分。因此,关于这些不同的法律技术之间如何协调的问题就成了几个世纪以来各种争议的一个根源。法学家对这一问题的研究一直持续到 19 世纪。直到 1850 年代,德国潘德克顿学派的主流意见仍然认为债权是不可转让的,而受让人的扩用之诉被解释为让与人(仅)向其转让了实现这些债权的权能(而非转让了债权本身)。但最终,主张债权可以自由转让的观点在潘德克顿学派中占了上风,并最终被民法典采纳(《德国民法典》第 398 条以下)。今天,欧洲所有国家的法律都承认债权可以转让,其结果是新债权人取代了旧债权人,他可以像后者一样要求债务人清偿该债权。《法国民法典》第 1689 条以商法的表述方式明确提到了"债权的移转"(法:transport d'une créance):通过向买方交付债权凭证,发生债权从卖方向买方移转(德:Lieferung)的效果。

正如罗马法一样,普通法最初也不承认债权的可转让性,但后来它也——以一种不自觉地参照罗马法的方式——假定让与人授予了受让人一项主张债权的权限(德:Befugnis,英:power of attorney)。[2] 和罗马法的规定类似,这一授权也被认为是可撤销的;在让与人死亡或者破产的情况下,这一授权也会失效。通过承认受让人享有独立的诉权,衡平法院在17世纪初消除了这一弊端,但前提是必须确认双方确实有转让债权的真实意图。[3]

法律的发展最终使债权可自由转让成为公认的基本原则。然而对于是否以及如何就债权让与通知债务人,不同法律制度之间的规定又不尽相同。对于受让人而言,向债务人通知债权让与的情况是**符合其目的的**(德:zweckmäßig),否则,当债务人在不知情的情况下仍然向让与人履行债务时,受让人就会一无所获。然而,另一个问题是,是否**有必要**(德:erforderlich)向债务人通知债权让与的情况?这不单单是从受让人的角度而言,因为只有这样才能实现债权从让与人之财产中分离出来并具有转让给受让人之外观。早在16世纪,法国法就提出,当受让人起诉债务人时,他必须通过出示或经由法院送达的方式向债务人展示债权转让凭证,以证明其权利。从那时起到接受下述观点只有一步之遥:即只有将债权让与通过一种正式方式告知债务人,受让人才会被外界**普遍**(拉:erga omnes)视为——即使在与第三人的关系中——新的债权人。[4] 这一基本原则首先在《巴黎习惯法》(参见《巴黎习惯法》第108条)中被波蒂

---

[2] 关于这一点的详细情况参见 Bailey, Assignment of Debts in England from the 12th to the 20th Century, L.Q.Rev. 47 (1937) 516, 48 (1932) 248, 547。

[3] 然而,这些规则只适用于衡平法下的转让(英:equitable assignments),即只有当衡平法院可以强制执行被转让的债权时,例如,受托管理人基于一项信托关系向债权人提供了特定给付。对于其他债权则适用法律选择诉讼,即让与人和受让人共同对债务人提起诉讼或者当让与人不承认存在债权让与时,受让人也必须同时起诉让与人。通过《英国1925年财产法》第136条引入的"法定转让"(英:statutory assignment),使上述复杂的规则得以简化。此后,如果债权让与是以书面形式进行的,并且受让人就此向债务人发出了书面通知,那么他就可以单独对债务人提起诉讼。如果债权让与不满足这些条件(以及其他法定转让的前提),它仍然会被视为是衡平法下的转让而继续有效。具体内容见 Treitel(-Peel) no.15-009 ff.。这些规则早已在同属普通法系的其他法域中都被取消了,因此下文的论述中也不再提及这些规则。

[4] Vgl. dazu Coing I 447 und II 470.

埃[5]所认可并最终被《法国民法典》(第 1690 条)所接受。* 德国和荷兰的普通法实践对债权让与的处理相对缓和,但也没有形成统一的观点。温特沙伊德认为:只有当受让人将债权让与通知了债务人或者对他提起了诉讼,该让与所产生的债权人更替的后果才具有对世效力。[6] 但他的这一观点不敌主流意见,后者最终被写入了《德国民法典》:根据《德国民法典》第 398 条第 2 句的规定,只要双方就债权让与达成合意,新债权人就立即取代了原债权人在债权债务关系中的地位;通知债务人并非必要。

然而,不可否认的是,针对债权让与,在不同国家的法律制度中仍能够找到源自历史早期的规则。这些规则在今天看来毫无疑问是过时的,因为它们没有考虑现代商业交易的实际需求。例如,上文提到的《法国民法典》第 1690 条就属于这种情况,与这一条规定相类似的规则也被其他法律制度所承继。[7] 还有一些法律制度仍在质疑将来债权(德:künftige Forderungen)是否以及在何种条件下可以被转让。此外,如果债权人与债务人之间约定债权不可转让,但债权人不顾该约定依然将债权让与的,让与行为是否有效? 对于这种行为的法律后果,有些法律制度规定得也不是很清晰。所有这些规则都不能适应当今的实际情况,即债权如今已是一项重要的资产,它应当可以在到期日之前就被其享有者利

---

　　[5]　Traité du contrat de vente, in: Bugnet (Hrsg.), Oeuvres (1847) III no. 554-557.

　　*　该规定引发了许多实践难题,因此通过特别立法——尤其是《戴利法案》——对其进行了补充,并最终在法国债法改革中被现《法国民法典》第 1321—1326 条规定的全新制度所取代。——译者注

　　[6]　Lehrbuch des Pandektenrechts (1865) § 331.

　　[7]　《法国民法典》将债权让与规定在买卖法中并没有实际意义(《西班牙民法典》第 1526 条也是如此),因为债权让与可以基于多种经济上的原因而发生。它不仅可以被出售给受让人,也可以被赠与,或者为了担保让与人获得的贷款,抑或为了替代履行让与人的某项债务而被转让给受让人。因此,在法国债法的改革过程中,应该在合同法总则部分对债权让与作出特别规定。对此可参见《卡特拉改革草案》第 1251 条以下。尽管普遍认为应该对双方缔结的债权让与合同以及双方之间作为引发债权让与经济上原因的合同进行区分,但问题是,如何在两者之间划出一条清晰的界线? 换句话说,两者之间是存在紧密的联系,以至于它们只能同时有效、无效或者被撤销,还是——按照德国法、瑞士法和奥地利法上的抽象原则(德:Abstraktionsprinzip)——彼此独立。后者会导致在债权买卖中出现买卖合同无效而债权让与依然有效的结果。参见 Kötz(前注 1) s. 66 f。

用,或者——在大多数情况下——以担保贷款为目的转让给银行,或者将其出售给保理公司。[8] 因此,许多国家都出台了专门规定,以规制这种有别于传统债权让与的商业化债权转让行为。这方面的一个典型例子是法国于 1981 年出台的《戴利法案》(Loi Dailly)。[9] 商业化债权让与行为呈现出日益国际化的特征,这或者是因为债权人和债务人来自不同的国家,抑或是因为让与人和受让人的营业地位于不同的国家。两项国际公约寻求为由此产生的问题找到统一的解决方案。一项是国际私法统一协会于 1988 年 5 月 28 日通过的《国际保理公约》[10],另一项是 2001 年 2 月 12 日公布的《联合国国际贸易应收账款转让公约》。[11] 这两项公约中包含的规则远远超越了当今许多国家法律中有关债权让与的规定。其他旨在统一债权让与法的国际规则也有类似的规定,这些规定无不是在以兼顾商业交易利益的前提下实现这一法律领域现代化为指导思想的。

二、有效让与的前提条件

债权让与的目的在于使受让人成为该债权新的债权人。当债权从让

---

[8] 债权证券化(德:Forderungsverbriefung)(英美法中称为"securitisation",法国法中称为"titrisation")是发生大规模(德:massenhafte)债权让与的另一个原因。在债务人不知情的情况下,大量债权被其所有人出售或者转让给一个独立的实体。该实体通过发行有价证券获得收益,并以此支付被转让债权的价格;它还以折价售出或再转让被让与债权的方式支付这些有价证券的利息。此类交易的目的在于使让与人以相对较低的代价从债权实现过程中的各种风险中摆脱出来。

[9] 《戴利法案》(Loi Dailly)中的规则现已被纳入《法国货币和金融法》(fr. Code monétaire et financier)。参见《法国货币和金融法》第 L 313-23 条(见第 511 页)以下以及第 L 241-43 条以下。意大利也有类似的法律。参见 A. Salomons, Deformalisation of Assignment Law and the Position of the Debtor in European Property Law, Eur.Rev.P.L. 2007, 639。

[10] 德国已经批准了《国际保理公约》,但公约仅在少数国家和地区生效。参见 das dt. Gesetz vom 25. Feb. 1988 (BGBl 1998 II 2375)。

[11] United Nations Convention on the Assignment of Receivables in International Trade (尚未生效,刊登于 ZEuP 2002, 860)。详细讨论该公约和上一脚注中公约的文献有 E. Schütze, Zession und Einheitsrecht (2005) und C. Rudolf, Einheitsrecht für internationale Forderungsabtretungen (2006)。另参见 H. Eidenmüller, Die Dogmatik der Zession vor dem Hintergrund der internationalen Entwicklung, AcP 204 (2004) 457; S. Bazinas, Der Beitrag von UNCITRAL zur Vereinheitlichung der Rechtsvorschriften über Forderungsabtretung, ZEuP 2002, 782。

与人的财产中被分离出来并不再成为供债权人支配的责任客体,同时受让人可以对其原所有人主张他现在是该债权的唯一所有人时,债权让与的目的就实现了,也就是说债权让与发生了法律效力。有多种原因会导致这一目的无法实现,从而造成债权让与整体或者部分无效的结果。比如,债权让与本身可能是有瑕疵的,从而导致它从一开始就是无效的或者合同一方可以嗣后从中解脱出来[见下文(一)]。此外,还可能出现债权本身的特性导致债权让与无效的情况,例如,法律规范明确规定或者债权人与债务人之间约定某项债权不可转让[见下文(二)]。再者,债权让与的生效通常还需要满足某些特定的形式。形式要件方面的瑕疵可能会导致受让人根本没有获得被让与的债权,或者他获得被让与债权的效力仅及于让与人,而对债务人及第三人不发生效力[见下文(三)]。最后,还需讨论优先权冲突(德:Prioritätskonflikt)的问题,此类冲突是由让与人将同一债权先后让与多个受让人所引发的[见下文(四)]。

(一)债权让与的实质有效性

和其他合同一样,如果一项债权让与违反了法律的强制性规定或者公序良俗,它同样是无效的。同样地,当让与人是无民事行为能力人或者发生了无效代理,债权让与也无效。当让与人因错误或者被欺诈而作出债权让与的意思表示时,该让与同样不对其发生效力。在以上所有情形中,统一适用关于合同无效的一般规定。[12] 根据欧洲大多数国家的法律制度,是否区分基础交易(德:Grundgeschäft)与债权让与合同,或者即使进行了区分,但二者之间的联系仍然非常紧密而只能同时有效或者无效,抑或虽然对二者——如德国法那样——进行了严格的区分,但又不得不承认导致合同无效的原因通常会使两个交易都无效,这些实际上并不存在很大的区别。

下文中将只讨论那些对债权让与具有特别意义的无效原因。首先是涉诉的(德:streitbefangen)债权。

---

[12] 参见第七、九、十章。

长久以来,债权让与之所以被质疑,是因为人们担心有人会将其作为一门生意来对待,以极低的价格购得可疑的或有争议的债权然后要求债务人履行。对于此类债权让与,《法国民法典》虽然没有直接认定其无效,但为了遏制有争议债权购买者的贪婪并停止诉讼[13],其在《法国民法典》第1699条中仿照《阿那斯达西那皇帝谕令》(C.4.35.22)制定了一项规定:当一项涉诉的债权被有偿转让时,债务人只需要按照受让人支付给让与人的价格向受让人履行该债权即可。[14]《法国民法典》中还有一项规定也是对抗那些不被期许的债权转让的。按照该规定,当受让人是一个在法院出庭的律师或者其他法律代理人,如果有涉及被让与债权的案件已在或者将在该法院进行审理,那么该债权让与无效。[15]

德国法、奥地利法和瑞士法中并没有此类规定。在这些国家的法律体系中,关于合同无效的一般规则——违反法律禁令或者违背公序良俗的法律行为无效——也同样适用于债权让与合同。例如,如果债权让与的目的是使受让人能够将本应由律师参与处理的法律事务进行商业化处理,或者意在使一个贫困、在败诉的情况下无法向债务人偿付诉讼费用的受让人受益的,债权让与无效。[16]

(二)不可让与债权

1.工资、扶养费和养老金请求权

维持让与人最低生活标准的债权不可让与。这通常是指工资、抚养费和养老金请求权以及针对社会保障机构的请求权。这些债权的不可让与性通常会在法律中予以专门规定。此类债权的不可让与性有时也通过其在强制执行法中的(部分)不可被质押表现出来;不可让与的债权也不

---

[13] Pothier (前注 5) no. 590。

[14] 《西班牙民法典》第1535条以下亦同。详见 Terré/Simler/Lequette no. 1296。

[15] 《法国民法典》第1597条,《意大利民法典》第1261条,《西班牙民法典》第1495条第5项,《葡萄牙民法典》第579条以下,《荷兰民法典》第3:43条也有类似的处分限制,该处分限制不仅涉及债权让与,还涉及物的转让。

[16] Vgl. BGH 18. Sept. 1959, MDR 1959, 999; BGH 18. April 1967, BGHZ 47, 364; BGH 6. Nov. 1973, NJW 174, 52; OGH 13. Juni 1956, JBl. 1957, 215; BG 27, Juli 1961, BGE 87 II 203.

能被质押。[17]

2. "人身性"债权

无须债务人同意,新债权人即可基于债权让与取代原债权人。在多数情况下,向原债权人还是向第三人履行债务,对于债务人而言并没有区别,尤其是在他负担的是金钱债务的情况下。但在某些情况下,对于债务人而言,只向原债权人履行债务却有着重大利益。此时,债务人可以通过同债权人达成禁止债权让与约定的方式实现避免债权人转换之目的(参见第 508 页及以下)。即使没有此类约定,如果在个案中债务人只向原债权人履行给付的期待值得保护,这些债权在判例法中也会被认为是不可让与的。依据支撑这些判例的法律,此类债权通常因具有高度人身性[18]或与债权人具有紧密联系[19]或附着于债权人而不可让与。[20]《德国民法典》第 399 条之规定——不变更债权的内容就无法向原债权人之外的第三人进行给付的,债权不可让与——也属于此类情形。英国判例法也认为,如果债务人只愿向特定债权人履行给付的意图非常明显,那么债权不可以被让与。[21]

由此可以得出结论:如果债务人对于只向原债权人进行给付具有合理利益,那么在没有债务人同意的情况下,要求债务人履行**劳务**(德:Dienstleistung)的请求权不可被让与。例如,如果出版商和作者缔结了出版合同,但之后他将出版社转让给了第三人,则作者可以就出版合同履行请求权之让与对抗第三人,特别是当原出版商具有作者在缔结该合同时所信赖的特别声望、专业知识或资格时。[22] 但根据 1977 年 2 月 14 日颁布的欧共体指

---

[17] 例如,《德国民法典》第 400 条,《瑞士债法》第 325 条,《奥地利执行法》第 293 条以下,《荷兰民法典》第 7 A: 1638g 条; *Terre/Simler/Lequette* no. 1278; *Treitel(-Peel)* no. 15-066 und 15-068。

[18] 《意大利民法典》第 1260 条,《匈牙利民法典》第 328 条第 2 款,《波兰民法典》第 509 条第 1 款。

[19] 《希腊民法典》第 465 条,《葡萄牙民法典》第 577 条。

[20] 《奥地利普通民法典》第 1393 条。

[21] *Treitel(-Peel)* no. 15-051,《欧洲合同法原则》第 11:302 条,《国际商事合同通则》第 9.1.7 条第 2 款,《(欧洲私法)共同参考框架草案》第 III.-5:109 条亦同。

[22] 参见《德国民法典》第 613 条第 2 款和第 664 条第 2 款, *Griffith v. Tower Publ. Co.* [1897] 1 Ch. 21。

令之规定[23],当**雇主**(德:Arbeitgeber)出售整间公司时情况则有所不同,买方在接管该公司的同时也获得了要求雇员继续履行劳动合同的权利。而**房东**(德:Vermieter)或者**出租人**(德:Verpächter)通常是基于对缔约相对人个人资质的信任才向其让与物之使用权的,因此租户或者承租人所享有的使用权不可被让与。[24]**买方**(德:Käufer)之交货请求权或者**委托人**(德:Auftraggeber)之制作或改进承揽加工物品的请求权是否可以被让与,取决于个案中卖方或者承揽方在向受让人履行给付之时所承担的责任或者所遭受的风险是否更重或更大,或者由于其他原因而是否不得不履行其他异于约定的给付。[25]

3. 部分债权

如果债权人只让与部分债权或者将整个债权以每人获得部分债权的方式让与给多个受让人,债务人可能会因此陷入不利境地。一方面,债务人必须同多个权利人就被让与部分的债权之原因和范围达成协议,由此会产生特别费用。另一方面,如果他被不同的债权人分别起诉,则可能会出现判决相互矛盾的风险。

尽管如此,只要债权本身是可分的,如金钱债权,主流观点认为可以进行部分让与。[26] 为避免法院判决相互矛盾可能带来的风险,债务人可以要求所有债权人参与诉讼。[27] 但债务人必须承担因此而产生额外费用

---

[23] Richtlinie 77/187/EWG (ABl. 1977 L 61/62),德国通过《德国民法典》第613a条,英国通过《2006年营业转让条例》(法定文书 2006/246),法国通过《法国劳动法》第L 122-12-1条完成转化立法。然而,此规定涉及的是合同的整体转让,而非债权让与。

[24] Vgl. *Mazeaud(-Chabas)* no. 1258; *Roth* in: Münchener Kommentar zum BGB (6. Aufl. 2012) § 399 Rn. 24 ff.

[25] Vgl. BGH 24. Okt. 1985, BGHZ 96, 146, 149 (肯定了改进请求权的可转让性)。关于买方交货请求权的可让与性,参见 Kemp v. Baerselman [1906] 2 K. B. 604 und BG 17. Dez. 1968, BGE 94, II 274 (可让与性被否定), *Tolhurst v. Associated Portland Cement Co.* [1903] A. C. 414 (可让与性被肯定)。

[26] 《葡萄牙民法典》第577条第1款,《希腊民法典》第456条第2款对此作出了明确规定。另参见 *Roth in Münchener Kommentar* (前注24) § 398 Rn. 63 ff.。《欧洲合同法原则》第11:103条也规定部分让与是合法的,但要求让与人对债务人因此增加的任何费用承担偿付责任。《国际商事合同通则》第9.1.4条第1款和第9.1.8条,《(欧洲私法)共同参考框架草案》第III.-5:107条第1款和第3款亦同。

[27] 此为英美法系的解决路径。参见 *Treitel(-Peel)* no. 15-013。其他法律体系放弃了此类特别规定,转而通过诉讼法中的诉讼告知和共同诉讼来保护债务人。

的风险,除非该费用的承担不具有合理性。在一起案件中,德国联邦最高法院就是按照这种观点作出判决的:在该案中,雇主对部分让与工资报酬请求权提出了质疑,理由是如果其所有 8000 名员工都可以部分让与工资报酬请求权的话,将产生不合理费用。法院没有接受这一理由:雇员在部分让与其工资报酬请求权方面拥有值得保护的利益,雇主也可以通过在劳资协议或企业协议中加入禁止让与条款(参见第 508 页及以下)的方式来规避这种风险。[28]

4. 将来债权

一个于将来某一时刻才可被执行的债权是否可以被让与呢? 如果债权在被让与之时尚未成立且其将来是否成立仅取决于双方的意愿,情况又如何呢?

过去普遍认为,尚未成立的债权因法律上的"不可能"而不得被让与(拉:Nemo plus iuris transferre potest quam ipse haberet)。人们还认为,"意愿"之让与通常具有投机性或其他可疑之处;而且如果允许债务人让与其全部将来债权,可能会使他陷入丧失人身及经济自由的不利境地。但另一方面,当代商业交易对将来债权之可让与性也具有迫切的需求,特别是出于保障交易安全之目的。今天,将来债权之可让与性已获广泛认可。

如果被让与之将来债权所涵盖的范围会导致让与人丧失处理自己经济事务的能力并使他事实上成为禁治产人,则让与无效。这一观点已成为人们的共识。如果让与人让与了他针对未来雇主的全部工资报酬请求权,则该让与无效。该让与无效不是因为被让与的是"将来"债权,而是因为此类交易违背公序良俗原则或者因为被让与之债权旨在维持让与人的最低生活标准而不得被让与。[29]

---

〔28〕 BGH 20. Dez. 1956, BGHZ 23, 53, 56.

〔29〕 参见第 161 页及以下以及 BG 13. März 1958, BGE 84 II 355, 366 f.; BG 11. Dez. 1986, BGE 112 II 433, 436; *King v. Micheal Faraday & Partners Ltd.* [1939] 2 K.B. 753 und *Treitel(-Peel)* no. 15-066。在瑞士,《瑞士债法》第 325 条修正案规定,出于担保债务之目的而让与将来工资报酬请求权的,让与无效。出于担保贷款之目的而向金融机构让与现有及将来债权的,该规定同样适用:如果此类担保让与对让与人的经济自由造成了过度限制或者贷款和作为贷款担保而被让与的债权之价值明显不成比例,则该让与担保无效。对此参见 Roth(前注 24)§ 398 Rn. 129 ff.。如果作为贷款担保而被让与的债权事先已作为"延长的所有权保留"被让与给让与人的供货人,则担保让与同样无效(参见脚注 64)。

已成立但因未到期、债权金额尚未最终确定或执行条件尚未成就而无法被执行的债权也可被让与。如果根据合同，建筑商有义务建造房屋或者卖方有义务提供货物，即使建筑工程尚未开始或货物尚未交付而使债务人可以因合同尚未履行提出抗辩，让与人也有权让与承揽报酬请求权或价款请求权。尚不可被执行债权之让与并不会对债务人造成任何不利，因为他有权向受让人主张所有原本可以向让与人主张的抗辩，包括合同尚未履行的抗辩（参见第519页及以下）。

而对在被让与之时尚未成立的债权之可让与性是存在疑问的。如果让与人尚未缔结买卖、租赁或者承揽合同，但仍将其对于未来购买价款、租金或报酬之请求权让与的，就是这种情况（"预先让与"）。一般认为，此类债权的可让与性取决于它是否为"确定的"，或至少是"可以被确定的"；这又取决于债权在被让与之时是否必须是"可以被确定的"，或者说，如果这一条件在债权成立之时已经成就，是否就足以认为债权是可以被让与的。德国判例法采纳了后一种观点。据此，只要可以在债权成立之时能够确认双方已意定债权让与及其应涵盖的范围，受让人就可以获得被提前让与的债权。因此，因合同未缔结而尚未归属于让与人的债权——债务人及债权范围无法被确认——也可被让与。但受让人——毫无疑问——只有在该债权真正成立且债权之让与根据双方意愿指向该债权时才能获得这一债权。因出售特定的货物、提供特定的服务或出租特定的房间而产生的将来债权，即使在债权让与之时，无人知晓谁会因最终购买这些货物、受领这些服务或租用这些房间而成为债务人，上述债权让与的条件也已成就。[30]

就将来债权之让与而言，其他法律体系的规定似乎都不像德国法的规定那样宽松。在这些法律体系中，尽管有时也允许让与将来债权，但让与只有在可以确定债务人或者对让与进行正式登记或者对债权让与进行

---

[30] Vgl. z.B. BGH 25. Okt. 1952, BGHZ 7, 365; BGH 7. Dez. 1977, BGHZ 70, 86; BGH 15. März 1978, BGHZ 71, 75. 详见 *Roth* (前注24) § 398 Rn. 79 ff.。Vgl. auch BG 12. Mai 1987, BGE 113 II 163。

特别标记时,才被认为具有**对外效力**(拉:erga omnes)。[31] 法国最高法院曾审理过一个案件:某人通过银行贷款购买了一块土地,为了担保该贷款,他不仅抵押了这块土地,而且将未来因出租该土地可获得的债权都提前让与给了银行。在此人破产之后,银行基于受让的权利向土地承租人提起了诉讼。但上诉法院驳回了银行的诉讼请求,理由是其对承租人的权利在债权让与之时既不能被确定也不可被确定。法国最高法院推翻了这一裁决,理由是将来的或可能的债权也可被让与,但这取决于"每个债权的可识别性";对于每个债权的可识别性,法院并未审查,因此必须进行补充审查。[32]

在普通法中,只有当债权在被让与之时已经成立,受让人才可基于债权让与成为新债权人。但这并不意味着让与人向受让人让与将来债权的约定无效。它可以被理解为一个让与人有义务在债权成立之后向受让人转让债权的合意。如果这一合意构成了让与人与受让人之间的一个有效合同——特别是当受让人对让与人之让与承诺提供或许诺了对价(英:consideration)时——只要债权嗣后确实成立,则该合意就转换为有效的债权让与。[33]

"面对商业交易,特别是银行业务实践的强大需求"[34],人们对让与将来债权在教义学和法政策学上的担忧正在逐渐消失并且也越来越站不

---

[31] 另参见第 511 页及以下。

[32] Civ. 20. März 2001, J.C.P. 2002. II. 10124 mit Anm. Goaziou = D. 2001, 3110 mit Anm. Aynès.(现《法国民法典》第 1321 条第 2 款规定,可以被让与的债权包括"现实的或将来的、已确定的或可得被确定的债权"。其根据现《法国民法典》第 1323 条第 3 款,将来债权让与在债权产生之日生效,并同时在让与人与受让人之间以及对第三人发生效力。——译者注)但尚不清楚的是,应当对将来债权的可识别性设置何种标准。根据 Terré/Simler/Lequette no. 1278,债权的可识别性必须以其按照最低标准(拉:en germe)真实存在为必要;因尚未签署的合同而产生的债权无论如何不可被让与。而按照《戴利法案》(Loi Dailly)(前注 9)之规定,虽然未来债权可以被让与,但法律要求必须以书面形式清楚地列出(法:bordereau)被让与的债权。据此可以得出如下结论,即在开列清单时必须确定债务人的身份。意大利于 1991 年 2 月 21 日颁布的关于企业债权让与的法律也有类似的规定(第 3 条)。可参见 Schütze(脚注 11) 412 ff.及其引注。

[33] *Tailby v. Official Receiver* (1888) 13 App.Cas. 523, 543; *Treitel(-Peel)* no. 15-025.

[34] So Obergericht Zürich, vgl. BG 11. Dez. 1986 (oben N. 29) 435.

住脚。所有国际规则也都考虑到了这一点。《欧洲合同法原则》第11：101条第1款明确规定：即使债权请求权产生于将来合同(英：future contract)，它也可以被让与。对于此类让与，仅要求将来债权在其成立之时(或者在双方约定的时刻)"能够被确定为是与让与有关的请求权"。[35]《联合国国际贸易应收账款转让公约》对此也有类似的规定。[36]

5. 禁止让与约定

通常，债务人有充分的理由与其债权人达成约定，禁止后者将基于合同产生的请求权让与他人或者只有在征得其同意的情况下才可让与。特别是当债务人只愿与债权人而非其他人进行交易，或者他想省去准确记录让与和部分让与的麻烦、从而保持结算交易之清晰明确时，他对于这种协议就有一种利益。许多法律制度也因此承认禁止让与的合同约定有效。所以，如果债权让与违反了禁止让与约定，该让与不仅在债权人与债务人之间无效，而且是"绝对"无效，即对所有人(拉：erga omnes)无效。其结果是让与人的债权人也可以主张让与无效、被让与的债权依然归属于让与人，从而将债权质押或者在让与人破产时以有利于自己的方式利用这些债权。德国法、奥地利法和瑞士法秉持这一观点。[37]而在意大利法

---

[35]《欧洲合同法原则》第11:102条第2款。特别是当同一将来请求权被权利人重复(德：mehrfach)让与的情况下，根据"时间越早、效力越高"(prior tempore potior iure)的原则，让与是否有效取决于相互竞合的债权让与的生效时间点。《欧洲合同法原则》第11:202条第2款规定：即使被让与之将来债权的成立时间晚于让与合同的成立时间，将来债权让与之生效时间也可以以让与合同的生效时间为准。《国际商事合同通则》第9.1.5条和《(欧洲私法)共同参考框架草案》(但更复杂一些)以更简洁的形式作出了同样的规定，参见《(欧洲私法)共同参考框架草案》第III.-5:106条第1款和第III.-5:104条第2款以及 E.-M. Kieninger, Das Abtretungsrecht des DCFR, ZEuP 2010, 724, 729 ff.。

[36] 参见《联合国国际贸易应收账款转让公约》(前注11)第8条以及对此 Schütze (前注11) 156 ff.。《国际保理公约》也对此有规定，该规定仅适用于向保理机构让与由与非消费者缔结买卖合同所产生或将来产生的请求权。对于让与将来购买价款请求权的，这一请求权在让与合同缔结之时或"当其成立……能被归属于合同之时"归属于保理机构(第5 a条)；对此详见 Rudolf (前注11) 246 ff.。

[37] 参见《德国民法典》第399条及相关判决 BGH 14. Okt. 1963, BGHZ 40, 156, 160; BGH 27. Mai 1971, BGHZ 56, 228. 230 f.; BGH 1. Feb. 1978, BGHZ 70, 299, 301。并参见《瑞士债法》第164条及相关判决 BG 25. April 1986, BGE 112 II 214:OGH 16. Jan, 1984, JBl. 1984, 311亦同。其他国家也基本承认禁止债权让与的约定有效。参见《荷兰民法典》第3:83条第2款;(转下页)

中,受让人只有在知道存在禁止债权让与约定的情况下,才不能获得让与人约定让与的债权。[38]

然而,认为禁止债权让与约定有效的人却需要为此付出高昂代价。当被让与的是金钱债权的时候,无论如何不能仅以债务人对交易结算之清晰明确具有利益为由禁止债权让与。即使违反禁止让与约定的债权让与被视为有效,债务人只要对此一无所知,他依然可以依据一般规则向缔约伙伴履行给付,这同样具有将债务人从合同中解放出来的效力(参见第519页及以下)。尽管在债权人将债权让与的情况告知债务人的情况下,债务人会丧失向原债权人继续履行的可能性,但他在遵守让与通知条件下所产生的额外费用则完全可以被视为业务经营的一般成本。诚然,根据合同自由这一基本原则,债务人希望免除这些成本的约定有效,但当这一约定的履行会导致**第三人利益严重受损**时,则必须对合同自由进行限制。此处就是这种情况。如果禁止债权让与约定"绝对"有效的话,这会导致债权成为"不流通之物"。这会消除债权的可流通性,从而限制了信贷机构和保理企业获取债权的意愿并会危及国民经济所需贷款之供应的便捷度。

因此,近几十年来,许多国家颁布了特别法令,严格限制禁止债权让与约定的有效性。在法国,此类约定的有效性一直受到人们的质疑。[39] 现在,2001年制定的一项法律明确规定:禁止让与基于贸易产生的金钱债

(接上页) *Helstan Securities Ltd. v. Hartfordshire County Council* [1978] 3 All.E.R. 262; *Linden Gardens Trust Ltd. v. Senesta Sludge Disposals Ltd.* [1993] 3 W.L.R. 408, 422 f. (H.L.)。然而,一再有人对禁止债权让与约定的绝对效力提出质疑。被经常提及的一点是,尽管债权人和债务人必须遵守他们所达成的约定,但该约定并不必然对第三人产生效力。参见 M. Armgardt, Die Wirkung vertraglicher Abtretungsverbote im dt. und ausländischen Privatrecht, RabelsZ 73 (2009) 314 及引注文献。

〔38〕 参见《意大利民法典》第1260条第2款,《葡萄牙民法典》第577条第2款。即使在德国法和瑞士法中也考虑受让人的善意,但这仅发生在债务人签发了关于债权状况的文书,但在该文书中并未提及禁止债权让与,债权人在出具该文书的条件下将债权让与给善意受让人的情况中。(参见《德国民法典》第405条,《奥地利普通民法典》第164条第2款。——译者注)

〔39〕 在一个较早的判决中,法国最高法院认为这种禁止让与约定无效,因为它违反了物品自由转让这一基本原则(principe de libre disposition des biens);参见 Civ. 6. Juni 1853, D.P. 1853. I, 191。

权之约定无效。[40] 在德国,自 1994 年以来,根据《德国商法典》的一个特别条款(第 354a 条),除银行贷款债权外,如果被让与的债权产生于商业交易或者针对国家,即使存在禁止让与约定,该让与依然有效。在这种情况下,即便债务人知道债权人已经将债权让与给他人而不再是债权的所有人,他仍可向原债权人履行给付,该履行也具有清偿效力。[41] 奥地利也于 2005 年通过《奥地利普通民法典》第 1396a 条规定,禁止让与"基于企业交易的金钱债权"的合同约定无效。[42]

上述内容表明,禁止债权让与之合同约定的有效性受到了严重挑战。国际立法也证明了这一点。尽管债权人违反禁止让与约定向受让人让与金钱债权可能会导致其需要向债务人承担违约责任[43],但对受让人而言,该让与是有效的。他之所以能获得该债权,或者是因为让与人与其债务人之间的债权让与约定对他而言无效[44],或者是因为被让与的是一项基于与债务人缔结的将来合同而产生的金钱债权。[45]

---

[40] 参见《法国商法典》第 L 442-6 条第 2 款 c 项。约定禁止让与的债权被其所有人根据《戴利法案》(Loi Dailly)规则让与的,上述规定同样适用;参见 Com. 21. Nov. 2000, Bull. Cass. 2000. IV. No. 180 = D. 2001 Actualité jurispr. 123 mit Anm. *Avéna-Robardet*. Vgl. Auch *Terré/Simler/Lequette* no. 1278。(根据现《法国民法典》第 1321 条第 4 款,债权让与的效力与债务人是否同意无关,除非合同约定债权是不可转让的。——译者注)

[41] 债务人享有选择权。如果对其有利,他可以选择向受让人履行给付。无论如何,禁止让与约定在债权人和债务人之间依然有效;如果债权人无视禁止让与约定,因此违约并给债务人造成损害,债务人可以要求债权人承担损害赔偿。

[42] 如果对禁止让与进行了详细约定,并且在综合考虑各种条件的情况下,债权人并没有因禁止让与约定处于不利地位,上述规定不适用。此外,与《德国商法典》第 354a 条的规定类似,当债务人非因重大过失在被告知债权让与和知悉受让人之前向债权人偿付的,偿付具有清偿效力。

[43] 《欧洲合同法原则》第 11:301 条第 2 款,《国际商事合同通则》第 9.1.9 条第 1 项第 2 句,《(欧洲私法)共同参考框架草案》第 III.-5:108 条第 6 款即作此规定。

[44] 《国际商事合同通则》第 9.1.9 条第 1 项第 2 句。

[45] 《欧洲合同法原则》第 11:301 条第 1 款 c 项。《联合国国际贸易应收账款转让公约》(前注 11)第 9 条也有类似的规定;对此详见 *Schütze* (前注 11) 183 ff. und *Eidenmüller* (前注 10)。《国际保理公约》(前注 10)第 6 条第 1 款和第 3 款也有类似规定。尽管按照《(欧洲私法)共同参考框架草案》第 III-5:108 条规定,禁止债权让与约定原则上无效;但在特定条件下,债务人依然可以向原债权人履行给付,该履行也具有清偿效果。对此参见 *Kieninger* (前注 34) 732 ff.。

(三) 形式规定

511　　几乎没有受让人会接受让与人仅以口头方式向其让与债权。因为他必须考虑到,只有当他能向债务人证明其债权人地位的情况下,债务人才会向其履行给付。因此,受让人不仅会要求让与人交付记载被让与债权的文书[46],通常还会要求让与人出具书面的让与声明[47],或者要求将让与合同以书面形式固定下来。不仅合同双方对书面形式的让与合同具有利益,它还能实现一种普遍利益,即避免就是否以及何时发生债权让与这一问题产生法律争议。因此,有时也会要求,只有当让与合同或者让与人的让与声明被以书面形式固定下来时,让与才有效。[48] 这也同样适用于在法国按照《戴利法案》规则进行的债权让与。按照法案中规定的规则,让与人必须就被让与的债权开列一份详细的书面清单(法:bordereau),并将其交付给受让人。[49] 国际规则中只规定了一些一般规则,按照这些规则,让与合同不需要任何特殊形式。[50]

512　　书面形式的让与合同也无法保证受让人免遭让与人先前已将同一债权让与或者质押给他人从而丧失债权人身份的风险。因此,在许多法律制度中都要求,债权让与必须以某种"明示"的方式进行——特别是可以通过告知债务人或得到其认可的方式——以使其对第三方有效;有时,这

---

[46] 参见《德国民法典》第402条,《荷兰民法典》第6:143条,《意大利民法典》第1262条,《瑞士债法》第170条第2款,《希腊民法典》第456条,《葡萄牙民法典》第586条;受让人可以根据该规定要求交付记载债权的文书以及其他与债权实现相关的必要材料。

[47] 《德国民法典》第403条和《希腊民法典》第457条赋予受让人要求让与人授予经公证的让与声明的请求权,费用由受让人承担。

[48] 参见《瑞士债法》第165条第1款及相关案例 BG 23. Jan. 1962, BGE 88 II 18 und BG 25. Mai 1979, BGE 105 II 83。根据后一个判决,如果卖方在给买方开具的发票中注明需向受让人付款并将该发票的副本发送给受让人时,让与声明的效力不足。《荷兰民法典》第3:94条也要求采用书面形式的让与合同。在英格兰,法定让与需要让与人签发书面让与声明。缺少书面让与声明的,可以按照"衡平法让与"进行处理;对此参见前注3。

[49] 参见《法国货币和金融法》第 L 313-23 条。

[50] 参见《欧洲合同法原则》第11:104条,《国际商事合同通则》第9-1.7条第1款,《(欧洲私法)共同参考框架草案》第III.-5:110条第1款连同第II.-4:101条。当然,这仅意味着,让与人和受让人不能仅因为债权让与是口头约定的或者双方关于债权让与的意愿是通过具体情况推定出来的,就主张让与合同无效。

些方式也必须具备某种特别形式。德国判例法并没有采用这一解决路径。因为根据《德国民法典》第 398 之规定，无须通知债务人，债权已通过让与合同被转移给了受让人；其结果是，如果债务人在债权被让与之后仍向让与人履行给付的，只要债务人对债权让与一无所知，即使让与人为"非债权人"，该履行也具有清偿效力（参见第 519 页及以下）。其他法律制度并没有采用这一观点。例如，在奥地利，为保证担保让与的有效性，必须将债权让与告知债务人；如果担保让与是以"秘密让与"方式进行的，即对债务人保密，为使该让与有效，双方必须签订书面让与合同并在让与人的账簿上作出特别标注。[51] 在进行"秘密让与"时，荷兰法也要求就让与进行公证或开具官方登记证书。[52] 根据法国法，无须债务人的同意或认可，此类让与也能够导致债权人变更。但这仅对让与人和受让人有效。对于债务人以及让与人的债权人而言，根据《法国民法典》第 1690 条的规定，只有当他们收到法院执行员的送达通知（法：signifcation）或债务人收到债权让与公证证书（法：acceptation）时，受让人才能被视为被让与债权的所有人。尽管导致这一规定出现的历史原因（见第 497 页及以下）如今已不再具有合理性，但很多民事立法仍然将通知债务人——尽管有时以某种弱化的形式——作为债权让与具有对外效力的前提条件。[53]

显然，遵从这些形式要求即使不会导致债权让与无法满足当今商业交易之需求，也会大大增加其难度。特别是当让与人希望通过向保理企业出售或向银行让与"一揽子债权"来获取资金或者担保贷款时，尤其如此。尽管法国已经通过判例简化了《法国民法典》第 1690 条繁琐的形式要求[54]，但实践、判例和立法者也在通过其他方法规避民法典中这一陈

---

[51] 例如，参见 OGH 7. Sept. 1978, SZ 51 Nr. 121; OGH 1. März 1989, SZ 62 Nr. 32; OGH 28. Okt. 1997, JBl. 1998, 105（现行判例）。

[52] 参见《荷兰民法典》第 3:94 条第 3 款和第 4 款。

[53] 参见《意大利民法典》第 1264 条，《希腊民法典》第 460 条，《葡萄牙民法典》第 583 条。

[54] 对此详见 Terré/Simler/Lequette no. 1279 ff.。作者指出，即使有这些简化措施，《法国民法典》第 1690 条中规定的形式要求仍然被认为"过于刻板"（no. 1282），因此存在"第 1690 条形式主义不断减少的趋势"（no. 1283）。出于这一原因，比利时于 1994 年对第 1690 条进行了修订。根据修订之后的法律，虽然受让人在通知债务人或者获得债务人（转下页）

第十八章 让与

旧的让与规则。一种方法是将债权证券化,特别是以票据的形式,这样就可以在不按照《法国民法典》第1690条形式要求的情况下将债权让与出去,但这种方法在今天已不再重要:如果债权人开具了一张针对债务人的票据,票据的背书人可以直接获得该票据所包含的被证券化的债权(佣金),而无须满足《法国民法典》第1690条所规定的前提条件。此外,《法国民法典》本身也包含有相应的法律制度,借助该制度可以规避《法国民法典》第1690条之适用。这就是所谓的"个人代位"(法:subrogation personnelle):在债权人同意的前提下,第三人代替债务人清偿债务的,由第三人获得该债权[《法国民法典》第1249条以下(现《法国民法典》第1346条以下)]。[55] 当今法国的保理业务也通过这一方法运行:打算出售未到期债权的商人向保理商声明,他将接受保理商的偿付作为债务人偿付的替代,并且他同意,保理商从此时起应当成为该债权新的所有人。由此,保理商无须理会《法国民法典》第1690条所规定的复杂形式即可获得债权。最后,当被让与的金钱债权产生于商业交易并且被让与给一家银行时,立法机关通过《戴利法案》中规定的程序终结了《法国民法典》第1690条所包含的形式要求。* 按照这一程序,当让与合同已签订且银行已获得被让与债权清单时,即使没有通知债务人或者得到其确认,银行也以受让人的身份获得了这些债权。如果让与人在交付清单之后破产,这一规定同样适用:让与人的债权人必须接受这一事实,即让与人的债权已被转移给了作为受让人的银行,在破产程序开启时,这些债权已不再是其资产。**

(接上页) 同意之前仍未获得被让与的债权,但相对于第三人,随着让与合同的缔结,债权已被转让给了受让人。在同一债权被多次让与的情况下,首先善意将债权让与通知债务人的受让人,才可以优先获得被让与的债权(参见第515页及以下)。

〔55〕《意大利民法典》第1201条,《西班牙民法典》第1209条以下,《葡萄牙民法典》第589条以下亦同。

* 参见《法国货币和金融法》(法:Code monétaire et financier)第 L 313-27 条以下。——译者注

** 在《戴利法案》经过长时间的实践证明其价值之后,人们普遍认为应当更新《法国民法典》中的一般让与规则。现《法国民法典》第1322条规定,债权让与必须以书面形式进行,并且在该书面形式签署之日起,所让与的权利即归属于受让人,让与不仅在转让人和受让人之间生效,对第三人也发生效力。如果债务人对让与一无所知,以及如果债务人知道但不同意让与,都不影响让与的效力。根据现《法国民法典》第1324条第1款,如果债务人对让与一无所知,因而向债权人履行了债务,尽管此时债权人已不再有权要求债务人履行,但债务也随履行而消灭。——译者注

至此,我们可以作出如下总结:决定债权让与有效性的形式规定具有双重目的。一方面,它可以防止双方就受让人是否以及何时获得被让与债权这一问题产生争议,这有助于法律的安全性。出于这一原因,通常要求将让与声明记录在注明日期的书面声明中;奥地利法中的"书面标注"(德:Buchvermerk)和法国《戴利法案》规定的"清单"(法:bordereau)都服务于此目的。另一方面,这些形式规定也为受让人确认被让与债权是否仍归属于让与人提供了可能性。特别是《法国民法典》第 1690 条之规定,该规定被认为蕴含着"公示制度"(法:système de publicité),因为受让人可以向债务人询问,他是否收到了送达通知(法:signification)或者债权让与公证证书(法:acceptation),如果没有,则他能够确认让与人仍是债权的所有人。且债务人几乎不承担向未知受让人提供及时、完整和准确信息的义务,在一次性让与数个债权或让与暂时对债务人保密的情况下,这一"公示制度"也并不实用。在这种情况下,当然还需要一种制度,第三方——特别是购买债权或为了担保贷款而要求让与债权的一方——可以通过该制度审查卖方或贷款人是否为债权的合法所有人,或者他是否已经将债权让与或者质押给了其他人。该制度必须包含一个可以公开访问的登记簿,此类债权的让与可以被登记其中。[56]

(四) 优先权冲突

在司法实践中,通常会出现多方就谁享有优先权这一问题产生争端的情况。让与人将债权先后让与 A 和 B 两人就是其中的典型情况。当 A 和 B 两人都要求清偿债权时,债务人可以通过提存的方式向两个受让人

---

[56] 关于这种登记制度的讨论已经进行了很长时间了。在美国法中可以找到这种模式,此类系统已在美国成功运行了数十年。参见《美国统一商法典》第 9 条以及 Schütze(前注 11)28 ff.。同样,根据英国法律,只有当债权让与被登记在公共登记簿时,账面债务的一般让与才能对让与人的破产债权人发生效力;参见《英国 1986 年破产法》第 344 条,《英国 1986 年公司法》第 395 条以下。《(欧洲私法)共同参考框架草案》也在第六编为担保让与规定了这样的登记制度,该制度的适用优先于关于债权让与的一般规定;参见《(欧洲私法)共同参考框架草案》第 III.-5:103 条第 1 款。对此可参见 Eidenmüller(前注 11) 455 ff.; E.-M. Kieninger, Die Zukunft des dt. und europäischen Mobiliarkreditsicherungsrechts, AcP 208 (2008) 182。

清偿,优先权冲突的问题留待 A 和 B 自行解决。如果债务人在不知 A 享有优先受让权的情况下向 B 履行了给付的,也视为债务人清偿了债权,A 可以基于优先受让权要求 B 返还其所受领的偿付。如果被让与的债权又被质押给让与人的债权人或者被其破产管理人列入破产财产时,通常也会发生优先权冲突的问题。

在解决优先权冲突问题时适用优先原则是普遍的共识:相比于后获得债权或者质押的权利人,先获得债权的受让人享有优先权(拉:prior tempore potior iure)。这是因为让与人在有效让与债权之后就丧失了权利人资格,其之后抵押同一债权的行为无效,其随后让与该债权的行为不能为受让人创造任何权利,因为受让人无法善意获得这些债权。

优先权冲突的解决取决于有效让与必须具备的全部前提条件成就的时间点。如果让与还必须满足特定的形式要件,则该时间点取决于这些形式要件得到满足的时刻。如果让与在登记或者标注于让与人账簿之后才能生效的,则让与的生效时间取决于登记或者标注于账簿的具体日期;同一债权被让与给两家银行且两家银行都收到了《戴利法案》程序所规定的"让与债权清单"的,则"清单"上获得较早标注日期的那家银行享有优先权;如果"清单"在某一特定时间被转交给了银行,而"清单"中的一项债权之后又被质押给让与人的债权人或者让与人破产的,就该债权而言,银行依然享有优先权。[57] 倘若两个相互冲突的让与都是按照《法国民法典》一般让与规则进行的,获得优先权的不再是债权被最先让与的受让人,而是根据《法国民法典》第1690条首先通知债务人的受让人。[58] *

英国也有类似的规定。在某些情况下,即使受让人未将债权让与通

---

[57] 参见《法国货币和金融法》第 L 313-27 条; Com. 28. Okt. 1986, Bull. Cass. 1986. IV. No. 194 = D. 1986 592 mit Anm. *Vasseur* = J.C.P. 1987. II, 20735 mit Anm. *Stoufflet*; Com. 7. Dez. 2004, Bull. Cass. 2004. IV. no. 213 = D. 2005, 230 mit Anm. *Larroumet; Terré/Simler/Lequette* no. 1302。

[58] *Terré/Simler/Lequette* no. 1286.但如果第二受让人知道第一次让与并且通知债务人的目的就在于确保其对于第一受让人享有优先权的,该规定不适用。

* 《法国民法典》第 1690 条的一般让与规则已经被修改。根据现《法国民法典》第 1325 条,受让日期在先的受让人优先取得债权。——译者注

知债务人,他也可以获得该债权。[59] 但即便如此,受让人最好还是通知债务人。一方面,通知债务人可以阻止他以清偿为目的向让与人履行债务。另一方面,通知债务人还在如下情况中发挥决定性作用:当同一债权被让与人多次有偿让与时,根据 Dearle v. Hall 一案[60] 所确立的规则,优先权应归于首先将债权让与通知债务人的受让人,但以该受让人不知让与人将债权还让与他人为前提。受让人随着通知的完成获得债权,即使债权被让与给其他受让人的时间早于被让与给他本人的时间,他也无须向其他受让人返还债务人所履行的给付。《欧洲合同法原则》第 11-401 条第 1 款的规定也基于这一理念:债权人将债权先后让与 A 和 B 两个受让人的,当债务人首先获悉债权已被让与 B 受让人的,由 B 获得优先权。[61]

在其他法律体系中——如德国法——情况则有所不同,对于让与的有效性,包括让与对第三方的有效性,这些法律体系只要求在让与人和受让人之间缔结有效的让与协议即可。因此,在这些法律体系中,债权由首先和让与人缔结让与合同的受让人获得;将同一债权再次让与他人的,第二受让人无法获得该债权。[62] 当债务人将第二受让人视为债权人并向其履行给付的,尽管他已由此履行了自己的合同义务,但这并不意味着第二受让人可以保留所受领的给付。第二受让人必须向唯一有权的第一受让

---

[59] "衡平让与"就是这种情况,对此参见上注 3。

[60] (1828) 8 Russ. 1 (48), 38 Eng.Rep. 475 (492).《瑞典债务凭证法》第 31 条第 2 款亦同。

[61] 只有当 B 在受让债权时不知或者无法知道债权已让与给 A 的情况时,该规定才适用。《〈欧洲私法〉共同参考框架草案》第 III.-5:120 条第 1 款。当债权在被让与之后,被让与人的债权人在强制执行过程中扣押或者查封的,不适用该规定:根据《欧洲合同法原则》第 11-401 条第 3 款规定,此种情况下,如果就让与人的财产已开启破产程序,而且所适用的国家破产法未作其他规定的,受让人依然可以获得优先权。

[62] 这与那些在多重让与时将优先权赋予首先通知债务人的受让人的法律制度存在不同。这一差异在制定《联合国国际贸易应收账款转让公约》(前注 11)时被认为是无法弥合的。因此《联合国国际贸易应收账款转让公约》第 22 条规定,在多重让与时,受让人的优先权问题适用让与人所在地的国内法。对此详见 Schütze (前注 11) 282 ff.。基于相同的原因,《国际商事合同通则》第 9.1.11 条仅对多重让与时的债务人保护作出了规定,对于此种情况下由谁获得债权的所有权,该法未作规定;参见 F. Mazza, in: S. Vogenauer/J. Kleinheitsterkamp (Hrsg.) Commentary on the PICC (2009) Art. 9.1.11 no. 1–3。

人返还其所受领的给付。[63] 在同一债权被双重**预先**(德：im Voraus)让与的案件中,这一规则同样适用：一旦债权真正成立,只有被首先让与债权的受让人才能成为债权的所有人。[64]

三、让与之效果

(一)让与人与受让人之关系

518　　如果让与人与受让人就债权人变更达成合意,双方可能会对从该让与中会产生哪些权利和义务这一问题产生疑问,当出现被让与债权不存在或因债务人支付不能而无法获得清偿的情况时更是如此。这些权利和义务并非源于以债权移转为客体的让与本身,而是源自作为其基础的交易行为。[65] 如果双方当事人在"基础交易"中未就各自的权利和义务作出约定,并且也无法通过合同解释的方法得出此约定存在的结论,则可以通过任意性规范(法：règles supplétives)来填补这一法律漏洞。

---

[63]　该做法的法律依据是,第二受让人通过受领善意债务人所履行的给付使归属于第一受让人的债权消灭,第二受让人获得了本不属于他本人的东西,产生于该过程的费用由其本人承担。此处涉及的是基于不当得利的请求权,参见《德国民法典》第816条第2款以及相关案例 BGH 16. Dez. 1957, BGHZ 26, 185 193; BG 4. Nov. 1930, BGE 56 II 363; BG 1. März 1984, BGE 110 II 199; OGH 11. Juli 1985. JBl. 1986. 235, 236 f.; OGH 30. März 2004, JBl. 2004, 641 并详见 F. Ranieri, Europäisches Obligationenrecht (3. Aufl. 2009) 1238 ff.。[也参见现《法国民法典》第1325条。在英国,此时第二受让人是为了第一受让人而持有,成立"推定信托"(英：constructive trust)。——译者注]

[64]　当卖方将同一购买价款债权作为担保预先让与给银行及其供应商时,德国判例法对优先原则在此类案件中的适用作出了非常重要的限制：即使购买价款请求权被让与给银行的时间早于被让与给供应商的时间,后一预先让与也优于前者。后一预先让与优先的考虑在于：当银行知道或者应当知道,其客户只有在"延长所有权保留"的情况下,即只有当其客户将转卖货物所获价款请求权(已被让与给银行)再次让与给供货商时,才能从其供应商处获得货物,其客户已违约；因此,根据《德国民法典》第138条之规定,银行获得的(较早的)预先让与因为违反公序良俗而无效。对此可参见 BGH 30. April 1959, BGHZ 30, 149; BGH 8. Okt. 1986, BGHZ 98, 303 314 (现行判例)。在被让与债权无法得到清偿的情况下,如果保理商能够向让与人追偿,即使债权被让与给他的时间晚于被让与给银行的时间,上述规则同样适用(不真正保理；参见 BGH 14. Nov. 1981, BGHZ 82, 50, 61)。

[65]　参见前注 7。

根据这些规范,受让人可以要求让与人交付能够证明被让与债权成立的文书,并向其提供实现该债权所需要的相关信息。[66] 此外,在有疑问的情况下,一同被让与的还包括已成立的担保性权利,特别是对动产和土地的抵押权以及源自一般保证合同和连带保证合同(德:Bürgschafts- und Garantieverträgen)的请求权。[67] 如果让与人与债务人就债权争议已达成仲裁协议的,主流观点认为,受让人也可以援引该协议,或者他也必须接受债务人据此提出的异议。[68]

如果受让人无法从债务人处获得清偿,让与人是否需要对此承担责任呢？如果受让人是无偿获得债权的,即让与人将债权赠与受让人的,让与人不承担责任。[69] 在有偿让与的情况下,特别是为了履行买卖合同而让与债权时,让与人仅对债权的"真实性"承担责任,而不对其"偿付性"承担责任,即让与人需要担保债权真实存在,但不需要担保债务人具有偿付该债权的能力。[70] 某些法律体系还规定:如果让与人在出售债权时对债务人的偿付能力提供了保证,则这一保证以债权的让与价格为最高限

---

[66] 参见前注 46。

[67] 《法国民法典》第 1692 条(现《法国民法典》第 1326 条第 3 款),《意大利民法典》第 1263 条,《西班牙民法典》第 1528 条,《葡萄牙民法典》第 582 条,《希腊民法典》第 458 条,《荷兰民法典》第 6:142 条,《德国民法典》第 401 条,《瑞士债法》第 170 条第 1 款,《捷克民法典》第 63 条,《波兰民法典》第 509 条,《匈牙利民法典》第 329 条第 1 款,《欧洲合同法原则》第 11:201 条,《国际商事合同通则》第 9.1.14 条,《(欧洲私法)共同参考框架草案》第 II.-5:115 条,《联合国国际贸易应收账款转让公约》(前注 11)第 10 条以及对此详见 Schütze (前注 11) 202 ff.。

[68] Vgl. BG 25. Jan. 1977, BGE 103 II 77; BGH 2. März 1978, BGHZ 71, 162; BGH 20. März 1980, BGHZ 77, 32, 35 f.; OGH 16. Jan. 1936, SZ 18 Nr. 12; Civ. 5. Jan. 1999, Bull.cass. 1999.I. no. 1; Civ. 20. Dez. 2001, J.C.P. 2002. IV. 1209; Civ. 28. Mai 2002, J.C.P. 2002 IV. 2221 und dazu Terré/Simler/Lequette no. 1290; The Leage [1984] 2 Lloyd's Rep. 259.

[69] 但当让与人明确表示会承担责任或具有主观恶意时,他应当承担责任,参见《意大利民法典》第 1266 条第 2 款,《德国民法典》第 523 条,《瑞士债法》第 171 条第 3 款。

[70] 《法国民法典》第 1693 条,《意大利民法典》第 1266 条,《西班牙民法典》第 1529 条,《葡萄牙民法典》第 587 条,《希腊民法典》第 467 条,《德国民法典》第 437 条,《瑞士债法》第 171 条,《捷克民法典》第 66 条,《波兰民法典》第 516 条,《瑞典债务凭证法》第 9 条。根据《奥地利普通民法典》第 1397 条之规定,在例外情况下,让与人也应当对债权的"偿付性"承担责任。让与人对受让人应承担责任的详细规定参见《欧洲合同法原则》第 11:204 条,《国际商事合同通则》第 9.1.15 条,《(欧洲私法)共同参考框架草案》第 III.-5:112 条,《联合国国际贸易应收账款转让公约》(前注 11)第 12 条对此详见 Schütze (前注 11) 233 ff.。

额;此外,让与人的这一保证仅及于债务人在债权被让与时刻的偿付能力,而非保证债务人偿付能力之持续。[71] 但上述这些规则都属任意性规范,如果这些规则与当事人约定不一致,则后者具有更高效力。此外,只要让与人违反了合同约定,他也必须根据合同法中的一般规则承担违约责任。法国和意大利有这样的说法,即让与人在任何情况下都是"自己契约的保证人"(法:garant de son fait personnel)或为"其个人行为"(意:per il fatto proprio)承担责任。[72] 这意味着,即使作为债权出售方的让与人通过协议排除或者限制了其对债权真实性或债务人偿付能力所应承担的责任,他也必须为其在债权让与之后受领债务人给付、免除债务或推迟债务人履行等行为向受让人承担损害赔偿责任。让与人的这些行为违反了他所承担的基于让与合同的不作为义务,侵害了受让人实现被让与债权的利益。

(二)债务人保护

债权让与的最新发展趋势是普遍承认商业交易中的债权让与在不通知债务人的情况下的有效性。即使某些情况下需要通知债务人,也不是说债权让与必须得到其同意(德:Zustimmung)方可进行。这意味着,债务人在不知情甚至违背其意愿的情况下必须要面对一个新债权人。因此,必须应有保护债务人免受因债权人变更所造成不利影响的规则。

1. 向原债权人履行给付

在债务人于债权被让与之后向原债权人履行给付、抑或与他达成了延期付款或者债务免除等对债务人有利协议的情况中,就会出现债务人保护之需要。此时,如果受让人要求债务人履行债务,债务人是否可以以此为由提出抗辩呢?

---

[71] 详见《法国民法典》第1694条以下(现《法国民法典》第1326条第3款)、《意大利民法典》第1267条、《西班牙民法典》第1529条第2款、《希腊民法典》第468条、《奥地利普通民法典》第1397条、《瑞士债法》第173条、《捷克民法典》第66条、《匈牙利民法典》第30条。

[72] Vgl. Mazeaud(-Chabas) no. 1275;《意大利民法典》第1266条第1款。

一般情况下认为,受让人必须接受债务人与让与人之间所达成的付款、延期付款以及其他合意,但前提是这些合意是在债务人知道债权被让与之前所达成的。[73] 只有当债务人收到的通知中——该通知通常由受让人发出——清楚且无异议地表明债权人已变更,某些情况下甚至会明确要求债务人今后只能向受让人履行给付时,才能认定债务人获悉了债权让与的发生。[74] 如果发生同一债权被让与人多次让与的情况,则债务人向后手受让人履行给付的有效性取决于他当时是否知道先手债权让与之发生。[75]

2. 债务人抗辩

首先,当让与无效导致受让人无法成为债权人时,债务人可以就此提

---

[73]《德国民法典》第407条,《瑞士债法》第167条,《奥地利普通民法典》第1395条以下,《瑞典债务凭证法》第29条。英国法中也有此规定,参见 Treitel (-Peel) no. 15-037 ff.。——如果债权让与之有效性取决于是否通知债务人,那么上述债务人抗辩的有效性也取决于该通知发生的时间点。参见《西班牙民法典》第1527条,《捷克民法典》第65条,《波兰民法典》第512条,《匈牙利民法典》第328条第3款。根据法国法的规定,债务人抗辩的有效性不仅取决于他是否知道债权让与之发生,而且还取决于让与通知是否以及何时根据《法国民法典》第1690条之特别规定被送达给债务人。如果债务人仅得到了债权让与的"简单"通知,除非发生债务人与让与人合谋侵害受让人利益的情况,否则他仍然可以向让与人履行给付,该给付也具有清偿债务之效果。(该规则已被废除,新规则参见现《法国民法典》第1325条。——译者注)参见 Terré/Simler/Lequette no. 1285。《欧洲合同法原则》第11:303条第1款也规定,"当且仅当(他)收到让与人或者受让人的书面通知,凭此能够合理确定债权已被让与并且要求债务人向受让人履行义务"时,债务人才可通过向受让人履行达到清偿债务之目的。如果债务人以(书面通知之外的)其他方式得知债权被让与的,则他可以选择是向受让人履行给付还是保留给付。无论何种情况,只要债务人对债权让与一无所知,其向让与人履行给付都具有清偿债务之效果。《欧洲合同法原则》第11-303条第3款和第4款即如此。类似的规定可参见《国际商事合同通则》第9.1.10条,《(欧洲私法)共同参考框架草案》第III.-5:118条以及《联合国国际贸易应收账款转让公约》(前注11)第17条,对此并参见 Eidenmüller (前注11) 487 ff.和 Schütze (前注11) 251 ff.。

[74] Vgl. OGH 27. März 1979, EvBl. 1979 Nr. 189; *James Talcott Ltd. v. John Lewis & Co. Ltd.* [1940] 3 All E.R. 592 (C.A.); OLG Bremen 23. Okt. 1986, NJW 1987, 912; HD 30. Jan. 1986, N.J.A. 1986, 44.

[75] 详见《德国民法典》第408条,《瑞士债法》第167条。此处履行的有效性与债务人是否知道债权已被让与他人无关,其有效性仅取决于让与通知是否被送达给债务人。此时,债务人可以向先向其送达让与通知的受让人履行给付,该履行具有清偿债务之效果。《(欧洲私法)共同参考框架草案》第III.-5:120条以及《联合国国际贸易应收账款转让公约》(前注11)第17条第4款即如此。不同规定见《国际商事合同通则》第11:305条。

出抗辩。

即使受让人已获得债权,债权之让与也不得减损债务人在债权未被让与情况下应享有的反对权(德:Gegenrechte)。如果债务人在让与人向其主张债权时可以因债权未成立、消灭、延期履行、因时效经过而消灭或其他导致债权无法被实现的原因提出抗辩的,他亦可以在受让人向其主张债权时援引这些抗辩。[76] 在普通法系中,这常被描述为"受让人站在让与人的位置上"或"受让人受制于公平原则"。[77] 尽管某些法律体系规定债务人只能援引在债权被让与时"已经成立"(《德国民法典》第404条)或"已经存在"(《瑞士债法》第169条)或其"已享有的"(《波兰民法典》第513条)抗辩,但这不能被理解为这些抗辩权的成立要件必须在债权让与时已经完备。例如,如果某建筑承包商已将其针对委托人的价款请求权转让出去,而受让人对该委托人提起了清偿之诉,则委托人可以以建筑承包商的履行存在瑕疵并给自己造成损害为由提出抗辩。即使建筑承包商的违约行为发生于债权让与之后,委托人也可以从其所应支付的价款中扣除损失金额。也就是说,只要在产生被让与债权的合同中规定了债务人可以提出抗辩,即使抗辩权是在债权被让与之后才成立的,他亦可以援引这些抗辩。[78]

从债务人保护的理念出发,如果债务人能够向让与人主张抵销对待债权,那么他也可以向受让人主张抵销权,但前提是债务人在获悉债权让

---

[76] 《德国民法典》第404条,《瑞士债法》第169条,《奥地利普通民法典》第1396条,《荷兰民法典》第6:145条,《瑞典债务凭证法》第27条,《希腊民法典》第463条,《葡萄牙民法典》第585条,《捷克民法典》第67条,《波兰民法典》第513条,《匈牙利民法典》第329条第3款。《欧洲合同法原则》第11:307条第1款,《国际商事合同通则》第9.1.13条,《(欧洲私法)共同参考框架草案》第III.-5:116条第1款,《联合国国际贸易应收账款转让公约》(前注11)第18条第1款亦同。

[77] Vgl. z.B. *Business Computers Ltd. v. Anglo-African Leasing Ltd.* [1977] 1 W.L.R. 578, 582; *The Raven* [1980] 2 Lloyd's Rep. 266.

[78] RG 11. Nov. 1913, RGZ 83, 279; BGH 26. Juni 1957, BGHZ 25, 27, 29; Obergericht Zürich 6. Dez. 1940, BlZüRspr. 41 (1942) Nr. 65; OGH 19. März 1963, JBl. 1963, 530; OGH 8. Jan. 1980, SZ 53 Nr. 1.法国判例法根据《戴利法案》之规定也确认了该原则(前注9):Com. 9. Feb. 1993, Bull.cass. 1993. IV. no. 51; *Government of Newfoundland v. Newfoundland Railway* (1888) 13 App.Cas. 199。

与或者收到让与通知时相信存在向让与人主张抵销的可能性。但在此种情况下,债务人的抵销权会受到一定的限制。根据《德国民法典》第406条之规定,如果债务人是在知道债权让与之后获得抵销权,或者他希望抵销的债权是在债权被让与之后或晚于被让与债权**到期**(德:fällig)的,则不得主张抵销。[79]

3. 债务人放弃抗辩

上述债务人保护规则给受让人带来了相当大的风险,债务人可能会主张抗辩并因此给受让人实现债权造成障碍。受让人可以通过促使让与人与债务人在债权成立之时订立债务人事先放弃向债权人(由此也放弃了向受让人)主张反对权协议的方式使自己免遭此种风险。这种放弃协议原则上是有效的,即使对受让人而言也是如此,因为此种协议在债权让与尚未发生时或债务人不知道债权被让与时就已订立。但值得注意的是,要求债务人放弃抗辩的规定通常以格式条款的形式被订立在合同中,因此,此类协议只有在满足有效的控制标准的情况下才有效。[80] 如果协议使作为信贷合同一方的消费者丧失了向贷款方(及受让人)行使抗辩权和主张抵销的机会,那么协议无效。[81]

债务人在接到债权让与通知后应受让人的要求才出具放弃抗辩声明的情况也很常见。此类放弃抗辩声明的效力取决于对声明的解释。判例

---

[79] 并参见《瑞士债法》第169条第2款,《荷兰民法典》第6:130条第1款,《瑞典债务凭证法》第28条,《希腊民法典》第463条第2款,《波兰民法典》第513条第2款,《匈牙利民法典》第329条第3款及 Terré/Simler/Lequette no. 1291 und 1302 中所引用的法国判决。英国法中则适用如下规则:"收到让与通知之前产生的债务,无论其在债权被让与之时是否到期,……都可以向受让人主张抵销。"参见 Business Computers Ltd. v. Anglo-African Leasing Ltd. (前注77) und dazu Treitel (- Peel) no. 15-042。《联合国国际贸易应收账款转让公约》第18条第1款和第2款对基于产生被让与债权的合同(或与其有紧密联系的合同)而成立之对待债权的抵销作了明确且合理的区分;此种情况下产生的对待债权都可以被抵销。如果被主张抵销的对待债权产生于其他合同,情况则有所不同:此时,只有当对待债权在让与通知到达债务人时可以被抵销的,债务人才能主张抵销权。对此参见 *Eidenmüller* (前注11) 484 ff.; *Schütze* (前注11) 274 f.。

[80] 如果消费者接受了这样的一个格式条款,它通常就会无效。对此参见《德国民法典》第309条第2项和第3项,《荷兰民法典》第6:236条以下及第6:237条g项。

[81] So Art. 17 der EU-Richtlinie Nr. 2008/48/C vom 23. April 2008 über den Verbraucherkredit (ABl. 2008 L 133/6).

明显地表现出了对有利于债务人解释的偏好。特别是在有疑问的情况下,判例认为债务人只希望放弃那些他在作出声明时知道或应当知道的抗辩。[82]

---

[82] Vgl. BGH 18. Okt. 1972, NJW 1973, 29; BGH 25. Mai 1973, NJW 1973, 2019, BGH 23. März 1983, NJW 1983, 1903; OGH 27. Mai 1982, JBl. 1983, 29; OGH 21. Feb. 1985, JBl. 1986, 175.如果债务人应取得债权的受让人之要求而依据《戴利法案》(Loi Dailly)出具"接受"债权让与声明时,也是如此(《法国金融和货币法》第 L 313-29 条以及 Terré/Simler/Lequette no. 1302)。

缩略语

一、引用文献缩略语

Atiyah (-Smith)	Patrick Atiyah, An Introduction to the Law of Contract (6. Aufl. bearbeitet von S. A. Smith, 2005) ［英］P.S.阿狄亚:《合同法导论》(第6版,由S. A. 史密斯修订,2005)
Bork	Reinhard Bork, Allgemeiner Teil des Bürgerlichen Gesetzbuchs (3.Aufl. 2011) ［德］鲍克:《德国民法总论》(第3版,2011)
Carbonnier	Jean Carbonnier, Droit civil: Les obligations (22. Aufl. 2000) ［法］让·卡赫伯尼:《民法:债》(第22版,2000)
Cheshire/Fifoot (-Furmston)	G.S. Cheshire, C.H.S. Fifoot, Michael P. Furmston, Law of Contract (16. Aufl. 2012) ［英］G.S.戚希尔/C.H.S.法富特/迈克尔·p·弗姆斯顿:《合同法》(第16版,2012)
Coing	Helmut Coing, Europäisches Privatrecht, Band I: Älteres Gemeines Recht (1985), Band II: 19. Jahrhundert (1989) ［德］赫尔穆特·科英:《欧洲私法》,第一卷:《古典共同法》(1985);第二卷:《第19世纪》(1989)
Farnsworth	E. Allan Farnsworth, On Contracts, 3 vol. (1990) ［美］E·艾伦·范斯沃思:《美国合同法》(第三卷,1990)

（续表）

Ghestin	Jacques Ghestin, Traité de droit civil, La formation du contrat (3. Aufl. 1993) ［法］雅克·盖斯旦:《民事约定——合同的成立》（第3版,1993）
Larenz AT	Karl Larenz, Allgemeiner Teil des deutschen Bürgerlichen Rechts (7.Aufl. 1989) ［德］卡尔·拉伦茨:《德国民法总论》（第7版,1989）
Larenz Schuldrecht	Karl Larenz, Lehrbuch des Schuldrechts, Band I:Allgemeiner Teil (14.Aufl. 1987) ［德］卡尔·拉伦茨:《债法教科书》,第一卷:《债法总论》（第14版,1987）
Larenz/Canaris	Karl Larenz, Claus-Wilhelm Canaris, Lehrbuch des Schuldrechts, Band 2: Besonderer Teil, Halbband 2 (13. Aufl. 1994) ［德］卡尔·拉伦茨/C.W.卡纳里斯:《债法教科书》,第二卷:《债法分论》,下卷（第13版,1994）
Larroumet	Christian Larroumet, Droit civil, Vol. III: Les obligations, Le contrat, Teil 2: Effets (6. Aufl. 2007) ［法］克里斯蒂安·拉鲁梅:《民法》,第三卷:《债和合同》,第二部分:《法律效果》（第6版,2007）
Malaurie/Aynès/Stoffel-Munck	Philippe Malaurie, Laurent Aynès, Philippe Stoffel-Munck, Les obligations (6. Aufl. 2013) ［法］马洛里/洛朗·艾内斯/斯托菲尔-蒙克:《债法》（第6版,2013）
Mazeaud (-Chabas)	Henri und Leon Mazeaud, Jean Mazeaud, François Chabas,Leçons de droit civil, Vol. II 1: Obligations, Théorie générale (9. Aufl. 1998) ［法］亨利和莱昂·马泽乌德/弗朗索瓦·夏巴斯:《民法课程》,第二卷第一部分:《债法总则》（第9版,1998）
McKendrick	Ewan McKendrick, Contract Law (8. Aufl. 2009) ［英］伊万麦肯德里克:《合同法》（第8版,2009）

(续表)

Medicus	Dieter Medicus, Allgemeiner Teil des BGB (9.Aufl. 2006) ［德］迪特尔·梅迪库斯:《德国民法总论》(第9版,2006)
Starck/Roland/Boyer	Boris Starck, Henri Roland, Laurent Boyer, Droit civil, Obligations, Contrat et quasi-contrat, Régime général (5. Aufl. 1995) ［法］鲍里斯·斯塔克/亨利·罗兰/洛朗·博伊尔:《民法债法——合同和准合同制度》(第5版,1995)
Terré/Simler/Lequette	François Terré, Philippe Simler, Yves Lequette, Droit civil, Les obligations (13. Aufl. 2013) ［法］弗朗索瓦·泰雷/菲利普·森勒尔/伊夫·勒凯特:《民法债法》(第13版,2013)
Treitel (-Peel)	G. H. Treitel, The Law of Contract (13. Aufl., bearbeitet von Edwin Peel, 2011) ［英］特瑞泰尔:《合同法》(第13版,埃德温·皮尔修订,2011)
Zimmermann	Reinhard Zimmermann, The Law of Obligations, Roman Foundations of the Civilian Tradition (1990) ［德］赖因哈德·齐默尔曼:《债法——民法传统中的罗马法基础》(1990)

二、其他缩略语

德文缩写	德文全称	中文含义
aaO	amangegebenen Ort	在指定位置
ABGB	(Österreichisches) Allgemeines Bürgerliches Gesetzbuch	《奥地利普通民法典》
ABl.	Amtsblatt	官方公告
A.C.	Law Reports, Appeal Cases (seit 1891)	英国法律报告,上诉案例(自1981年起)

(续表)

德文缩写	德文全称	中文含义
AcP	Archiv für die civilistische Praxis	《民事法律实践档案》（德国法学期刊）
AEUV	Vertrag über die Arbeitsweise der Europäischen Union (2007)	《欧洲联盟运作条约》（2007）
AGB	Allgemeine Geschäftsbedin-gungen	格式条款
AktG	Aktiengesetz	《德国股份法》
All E.R.	All England Law Reports (seit 1936)	全英格兰法律报告（自1936年起）
Am.J.Comp.L.	The American Journal of Comparative Law	《美国比较法杂志》
Anm.	Anmerkung	评论
App.Cas.	Law Reports, Appeal Cases (1875–1890)	英国法律报告，上诉案例（1875至1890年）
Aranzadi	Aranzadi, Repertorio de Jurisprudencia (Spanien)	阿兰扎迪，《判例法汇编》（西班牙）
Ass.plén.	Assemblée plénière, Cour de cassation	法国最高法院全体会议
BAG	Bundesarbeitsgericht	德国联邦劳动法院
BayObLG	Bayerisches Oberstes Landesgericht	巴伐利亚州高等法院
BB	Der Betriebs-Berater (seit 1946)	《企业顾问》（自1946年起）（期刊）
BG	Schweizerisches Bundesgericht	瑞士联邦法院
BGB	Bürgerliches Gesetzbuch	《德国民法典》
BGBl.	Bundesgesetzblatt	《德国联邦法律公报》

(续表)

德文缩写	德文全称	中文含义
BGE	Entscheidungen des Schweizerischen Bundesgerichts	瑞士联邦法院判决
BGH	Bundesgerichtshof	德国联邦最高法院
BGHZ	Entscheidungen des Bundesgerichtshofs in Zivilsachen	德国联邦最高法院民事判决
BlZüRspr.	Blätter für Zürcherische Rechtsprechung	《苏黎世判例杂志》
Brüssel I-VO	Verordnung (EG) Nr. 44/2001 vom 22. Dez. 2000 über die gerichtliche Zuständigkeit und die Anerkennung und Vollstreckung von Entscheidungen in Zivil- und Handelssachen	《布鲁塞尔条例I》,即《欧盟理事会关于民商事诉讼管辖权与判决的承认和执行的第44/2001号(欧共体)决议》
Bull.cass.	Bulletin des arrêts de la Cour de cassation, chambres civiles	《法国最高法院民事审判部门的法律决定公报》
BVerfG	Bundesverfassungsgericht	德国联邦宪法法院
BW	Burgerlijk Wetboek	《荷兰民法典》
C.A.	Court of Appeal (England)	上诉法院(英国)
Cal.L.Rev.	California Law Review	《加利福尼亚法律评论》
Camb.L.J.	The Cambridge Law Journal	《剑桥法律杂志》
Cardozo L.R.	Cardozo Law Review	《卡多佐法律评论》
Cass.	Corte Suprema di Cassazione (Italien)	意大利最高法院

(续表)

德文缩写	德文全称	中文含义
CEC	Code Européen des Contrats, Accademia dei Giurisprivatisti Europei (Hrsg.), Livre premier (Mailand 2002)	《欧洲合同法典》,欧洲私法学者学院(Accademia dei Giurisprivatisti Europei)主编,第一卷(2002年,米兰出版)
CESL	Vorschlag einer Verordnung des Europäischen Parlaments und des Rates über ein Gemeinsames Europäisches Kaufrecht (Common European Sales Law) vom 11. Okt. 2011	2011年10月11日欧洲议会和欧洲理事会《欧洲共同买卖法提案》
Ch.	Law Reports, Chancery Division (seit 1891)	产权法庭法律报告(自1891年起)
Ch.D.	Law Reports, Chancery Division (1875-1890)	产权法庭法律报告(1875至1890年)
Ch.mixte	Cour de cassation, Chambre mixte	法国最高法院综合审判庭
CISG	Übereinkommen der Vereinten Nationen über Verträge über den internationalen Warenkauf (Convention on the International Sale of Goods) vom 11. April 1980	《联合国国际货物销售合同公约》
Civ.	Cour de cassation, Chambre civile	法国最高法院民事审判庭
C.L.R.	Commonwealth Law Reports (Australien)	《澳大利亚联邦法律报告》

(续表)

德文缩写	德文全称	中文含义
Col.J.Transnat.L.	Columbia Journal of Transnational Law	《哥伦比亚跨国法杂志》
Col.L.Rev.	Columbia Law Review	《哥伦比亚法律评论》
Com.	Cour de cassation, Chambre commerciale et financière	法国最高法院商事和金融庭
Cornell L.Rev.	Cornell Law Review	《康奈尔法学评论》
C.P.D.	Law Report, Common Pleas Division (seit 1876)	《普通诉讼部法律报告》（自1876年起）
Curr.Leg.Probl.	Current Legal Problems (seit 1948)	《当前法律问题》（自1948年起）
D.	Recueil Dalloz de doctrine de jurisprudence et de législation (1945–1964); Recueil Dalloz et Sirey de doctrine, de jurisprudence et de législation (ab 1965)	《达洛兹法学、判例和立法汇编》（1945至1964年）；《达洛兹法学和西雷法学的法学、判例和立法汇编》（自1965年起）
D.A.	Dalloz, Recueil analytique de jurisprudence et de législation (1941–1944)	达洛兹:《法律与法规分析汇编》（1941至1944年）
DCFR	Christian von Bar, Eric Clive, Hans Schulte-Nölke (Hrsg.), Principles, Definitions and Model Rules of European Private Law, Draft Common Frame of Reference, Interim Outline Edition (2008)	冯·巴尔、克莱夫、舒尔特诺尔克主编:《欧洲私法的原则、定义与示范规则:欧洲示范民法典草案中期大纲版》（2008年）
D.H.	Dalloz, Recueil hebdomadaire de jurisprudence (1924–1940)	达洛兹:《每周法律汇编》（1924至1940年）

(续表)

德文缩写	德文全称	中文含义
D.P.	Dalloz, Recueil périodique et critique de jurisprudence, de législation et de doctrine (1825–1940)	达洛兹:《法律、法规和学说周期性、批判性汇编》(1825 至 1940 年)
Dr.prat.com.int.	Droit et pratique du commerce international (ab 1975)	《国际商务法与实践》(自 1975 年起)
D.S.	Recueil Dalloz et Sirey de doctrine, de jurisprudence et de législation (ab 1965)	《达洛兹法学和西雷法学的法学、判例和立法汇编》(自 1965 年起)
EFSlg.	Ehe-und familienrechtliche Entscheidungen (Österreich)	《奥地利婚姻和家庭法律判决》
EG	Europäische Gemeinschaft	欧洲共同体
Eng.Rep.	English Reports (1307–1865)	《英国判例汇编》(1307 至 1865 年)
ERCL	European Review of Contract Law	《欧洲合同法评论》
EuGH	Europäischer Gerichtshof	欧盟法院
Eur.Rev.P.L.	European Review of Private Law	《欧洲私法评论》
EWGV	Vertrag zur Gründung der Europäischen Wirtschaftsgemeinschaft (1957)	《欧洲经济共同体成立条约》(1957 年)
Ex.D.	Law Reports, Exchequer Division (1975–1988)	《英国国库部门法律报告》(1975 至 1988 年)
Foro it.	Il Foro Italiano	意大利法院
Gaz.Pal.	Gazette du Palais	《巴黎法院公报》

(续表)

德文缩写	德文全称	中文含义
GlUNF	Sammlung von zivilrechtlichen Entscheidungen des Obersten Gerichtshofs, begründet von Glaser und Unger (Neue Folge, ab 1900)	《最高法院民事案件裁决汇编》(格拉瑟、乌格尔创立)(新系列,自1900年起)
GmbHG	Gesetz betreffend die Gesellschaften mit beschränkter Haftung	《德国有限责任公司法》
Harv.L.Rev.	Harvard Law Review	《哈佛法律评论》
HD	Högsta Domstola (Schweden)	瑞典最高法院
HGB	Handelsgesetzbuch	《德国商法典》
HR	Hoge Raad (Niederlande)	荷兰最高法院
HWB	Jürgen Basedow, Klaus J. Hopt, Reinhard Zimmermann (Hrsg.),Handwörterbuch des Europäischen Privatrechts, 2 Bände (2009)	巴塞道、霍普特、齐默尔曼主编:《欧洲私法手册》,两卷本,2009年版
IHR	Internationales Handelsrecht	《国际商法》
InsO	Insolvenzordnung	《德国破产法》
Int.Comp.L.Q.	The International and Comparative Law Quarterly	《国际法与比较法季刊》
Int.Enc. Comp.L.	International Encyclopedia of Comparative Law	《比较法国际百科全书》
IPrax	Praxis des Internationalen Privat- und Verfahrensrechts	《国际私法与诉讼实务》

(续表)

德文缩写	德文全称	中文含义
J.	Judge	法官
JBl.	Juristische Blätter	《法学期刊》
J.Bus.L.	Journal of Business Law	《商法杂志》
J.C.L.	Journal of Contract Law	《合同法杂志》
J.Cl.	Juris-classeur civil	法律档案分类民事版
J.L. & Ec.	Journal of Law and Economics (seit 1958)	《法律与经济杂志》（自1958年起）
J.L. & Soc	Journal of Law and Society	《法律与社会杂志》
J.Leg.Stud.	Journal of Legal Studies (seit 1972)	《法律研究杂志》（自1972年起）
J.O.	Journal officiel	官方公报
J.T.	Journal des tribunaux (seit 1881)	《法院杂志》（自1881年起）
JuS	Juristische Schulung	《法律培训》
JZ	Juristenzeitung	《法学家报》
K.B.	Law Reports, King's Bench (1901-1952)	《国王法院法律报告》（1901至1952年）
L.Ch.	Lord Chancellor	大法官
L.J.	Lord Justice	上诉法院法官
L.J.Ch.	Law Journal Reports, Chancery (1831-1949)	《法律期刊报告之产权法》（1831至1949年）
Lloyd's L.Rep.	Lloyd's Law Reports	《劳埃德法律报告》
LM	Nachschlagewerk des Bundesgerichtshofs, hrsg. von Lindenmaier/Möhring u.a.	林德马伊尔、默林等主编：《德国联邦最高法院参考书》

(续表)

德文缩写	德文全称	中文含义
L.Q.Rev.	The Law Quarterly Review	《法律评论季刊》
L.R.Ch.App.	Law Reports, Chancery Appeal Cases (1865–1875)	《法律报告之产权上诉案件》（1865 至 1875 年）
L.R.Ex.	Law Reports, Exchequer Cases (1865–1875)	《法律报告之国库部门案件》（1865 至 1875 年）
L.T.	Law Times Reports (1859–1947)	《法律时报报告》（1859 至 1947 年）
Mod.L.Rev.	The Modern Law Review	《现代法律评论》
M.R.	Master of the Rolls	首席法官
MünchKomm	Münchener Kommentar zum Bürgerlichen Gesetzbuch	《慕尼黑民法典评注》
N.	Fußnote	脚注
Ned.Jur.	Nederlandse Jurisprudentie	《荷兰法律实践》
New L.J.	New Law Journal	《新法学杂志》
N.J.A.	Nytt Juridiskt Arkiv	《瑞典新法学档案》
NJW	Neue Juristische Wochenschrift	《新法学周刊》
NJW-RR	Neue Juristische Wochenschrift, Rechtsprechungs-Report (seit 1982)	《新法学周刊之判例报告》（自 1982 年起）
N.W. (2d)	North Western Reporter (Second Series)	美国《北西报告者》（第二序列）
Nw.U.L.Rev.	Northwestern University Law Review	《西北大学法律评论》
OGH	Oberster Gerichtshof (Österreich)	奥地利最高法院

缩略语 513

(续表)

德文缩写	德文全称	中文含义
OGHZ	Entscheidungen des Obersten Gerichtshofs für die Britische Zone in Zivilsachen	《英国最高法院民事判决》
ÖJZ	Österreichische Juristen-Zeitung	《奥地利法学家报》
OLGZ	Entscheidungen der Oberlandesgerichte in Zivilsachen	《州高等法院民事判决》
OR	(Schweizerisches) Obligationenrecht	《瑞士债法》
Oxf.J.Leg.Stud.	Oxford Journal of Legal Studies	《牛津法律研究杂志》
P.	Law Reports, Probate Division (seit 1891)	《法律报告之继承法》(自1891年起)
Pas.	Pasicrisie belge	《比利时法律汇编》
P.C.	Privy Council	英国枢密院
P.D.	Law Reports, Probate Division (seit 1876)	《法律报告之继承法》(自1876年起)
PECL	Ole Lando, Hugh Beale (Hrsg.), Principles of European Contract Law, Parts I and II (2000); Ole Lando, Eric Clive, Reinhard Zimmermann (Hrsg.), Principles of European Contract Law, Part III (2003)	奥勒·兰多、休·比尔主编:《欧洲合同法原则(第一部分和第二部分)》(2000年);奥勒·兰多、埃里克·克莱夫、莱因哈德·齐默曼主编:《欧洲合同法原则(第三部分)》(2003年)

(续表)

德文缩写	德文全称	中文含义
PICC	International Institute for the Unification of Private Law (UNIDROIT) (Hrsg.), Principles of International Commercial Contracts (2010)	国际私法统一国际研究院主编:《国际商事合同原则》(2010年)
Q.B.	Law Reports, Queen's Bench (1891-1900,seit 1952)	《法律报告之女王法庭》(1891至1900年,自1952年起)
RabelsZ	Rabels Zeitschrift für ausländisches und internationales Privatrecht	《拉贝尔外国法和国际私法杂志》
R.D.C.	Revue des Contrats	《合同法评论》
Reformentwurf Catala	Pierre Catala (Hrsg.), Avant-projet de réforme du droit des obligations et de la prescription (2006, übersetzt von Hans J. Sonnenberger in ZEuP 2007, 633	皮埃尔·卡特拉主编:《债务和时效权法律改革草案》(2006年,由汉斯·J·索南贝格翻译,载于《欧洲私法杂志》2007年第633页)
Reformentwurf Terré	François Terré (Hrsg.), Pour une réforme du droit des contrats (2009)	弗朗索瓦·泰雷主编:《泰雷改革草案》(2009)
Rep.Foro it.	Repertorio Generale Annuale di Giurisprudenza del Foro Italiano	《意大利法庭年度总览案例法律杂志》
Rép.not. Defrénois	Répertoire du Notariat Défrenois	《Defrénois 公证法汇编》
Req.	Cour de cassation, Chambre de requêtes	最高法院审查庭
Rev.crit.jur.belge	Revue critique de jurisprudence belge	《比利时法律评论杂志》

(续表)

德文缩写	德文全称	中文含义
Rev.dr.unif.	Revue de droit uniforme	《统一法律评论杂志》
Rev.int.dr.comp.	Revue internationale de droit comparé	《国际评论法比较杂志》
Rev.trim.civ.	Revue trimestrielle de droit civil	《民法评论杂志季刊》
RG	Reichsgericht	德国帝国法院
R.G.A.T.	Revue générale des assurances terrestres	《综合土地保险评论杂志》
RGZ	Entscheidungen des Reichsgerichts in Zivilsachen	《帝国法院民事案例判决》
RL	Richtlinie	指令
Rn.	Randnummer	段落编号
Rom I-VO	Verordnung (EG) Nr. 593/2008 über das auf vertragliche Schuldverhältnisse anzuwendende Recht vom 17. Juni 2008	《罗马条例 I》，即《2008 年 6 月 17 日关于适用于合同之债准据法的第 593/2008 号欧盟法规》
Rom II-VO	Verordnung (EG) Nr. 864/2007 über das auf außervertragliche Schuldverhältnisse anzuwendende Recht vom 11. Juli 2007	《罗马条例 II》，即《2007 年 7 月 11 日关于适用于非合同之债准据法的第 864/2007 号欧盟法规》
Rs.	Rechtssache	法律事件
s.	Section	(英国法律中的)条
S.	Recueil Sirey (1791-1954, 1957-1964)	《Sirey 汇编》(1791 至 1954 年,1957 至 1964 年)

(续表)

德文缩写	德文全称	中文含义
S.Afr.L.J.	The South African Law Journal	《南非法律杂志》
Scand.Stud.L.	Scandinavian Studies in Law	《斯堪的纳维亚法律研究》
Sem.jur.	Semaine juridique	《法律周刊》
SJZ	Schweizerische Juristenzeitung	《瑞士法学家报》
Slg.	Sammlung der Rechtsprechung des Europäischen Gerichtshofs	《欧盟法院判例汇编》
Soc.	Cour de cassation, Chambre sociale	法国最高法院社会庭
Stb.	Staatsblad vanhet Konikrijk der Nederlanden	《荷兰王国国务公报》
SZ	Entscheidungen des österreichischen Obersten Gerichtshofes in Zivil- und Justizverwaltungssachen	《奥地利最高法院民事和司法行政案件判决》
T.L.R.	Times Law Reports	《泰晤士法律报告》
Trib.civ.	Tribunal civil	民事法庭
T.S.	Tribunal Supremo (Spanien)	西班牙最高法院
Tul.L.Rev.	Tulane Law Review	《杜兰大学法律评论》
U.Chi.L.Rev.	The University of Chicago Law Review	《芝加哥大学法律评论》
UCC	Uniform Commercial Code	《美国统一商法典》
U.Mich.L.R.	University of Michigan Law Review	《密歇根大学法律评论》

(续表)

德文缩写	德文全称	中文含义
Uniform L.R.	Uniform Law Review	《统一法律评论》
U.Pa.L.Rev.	University of Pennsylvania Law Review	《宾夕法尼亚大学法律评论》
U.Tor.L.J.	University of Toronto Law Journal	《多伦多大学法律杂志》
Va.L.Rev.	Virginia Law Review	《弗吉尼亚法律评论》
VersR	Versicherungsrecht	《德国保险法杂志》
Wis.L.Rev.	Wisconsin Law Review (seit 1920)	《威斯康星法律评论》（自1920年起）
W.L.R.	Weekly Law Reports	《每周法律报告》
WM	Wertpapier-Mitteilungen, Teil IV	《证券通报》（第四部分）
Yale L.J.	Yale Law Journal	《耶鲁法学杂志》
ZBJV	Zeitschrift des Bernischen Juristenvereins	《伯尔尼法律协会杂志》
ZEuP	Zeitschrift für Europäisches Privatrecht	《欧洲私法杂志》
ZfRvgl	(öst.)Zeitschrift für Rechtsvergleichung (seit 1960)	《奥地利比较法杂志》（自1960年起》
ZGB	(Schweizerisches) Zivilgesetzbuch	《瑞士民法典》
ZHR	Zeitschrift für das gesamte Handelsrecht und Wirtschaftsrecht (1858-1944, 1948 ff.)	《商法和经济法杂志》（1858至1944年,1948年以后）
ZvglRWiss	Zeitschrift für vergleichende Rechtswissenschaft (1878-1942, 1953 ff.)	《比较法杂志》（1878至1942年,1953年至今）

案例索引(普通法系国家法院)

(冒号后的数字为本书页边码)

A
Adams v. Lindsell (1818): 31
Adler v. Dickson (1955): 488
Aerial Advertising Co. v. Batchelor's Peas, Ltd. (1938): 150, 344
Alan & Co. Ltd. v. El Nasr Export and Import Co. (1972): 96
Albert v. Motor Insurers' Bureau (1972): 100
Alderslade v. Hendon Laundry (1945): 371
Allied Maples Group Ltd. v. Simmons & Simmons (1955): 392, 394
Amalgamated Investment & Property Co. v. John Walker & Sons (1977): 419
Archbolds (Freightage) Ltd. v. S. Spanglett Ltd. (1961): 181
Armagas Ltd. v. Mundogas S.A. (1986): 453 f.
Ashmore Benson Peace & Co. Ltd. v. A.V. Dawson Ltd. (1973): 179
Associated Japanese Bank (International) Ltd. v. Crédit du Nord S.A. (1988): 255, 244, 246 f.
Atlas Express Ltd. v.Kafco Ltd. (1989): 277
Attorney General v. Blake (2001): 396
Attorney General of Belize v. Belize Telecom Ltd. (2009): 147
Attorney General of Hong Kong v. Humphreys Estate Ltd. (1987): 127
Attwood v. Lamont (1920): 177

(续表)

Avon Finance Co. Ltd. v. Bridger (1985): 278
B
Backhouse v. Backhouse (1978): 165
Balfour v. Balfour (1919): 99
Barclays Bank Plc v. O'Brien (1994): 167, 268, 278
Barton v. Armstrong (1976): 273
Bedford Insurance Co. Ltd. v. Instituto de Resseguros do Brasil (1985): 178
Bell v. Lever Brothers (1932): 244
Bigos v.Bousted (1951): 187
Bisset v. Wilkinson (1927): 240
Blackpool Aero Club v. Blackpool Borough Council (1990): 52
Bolton Partners v. Lambert (1889): 451
Bowmakers Ltd. v. Barnet Instruments Ltd. (1945): 189
Box v. Midland Bank Ltd. (1979): 54
Bridge v. Deacons (1984): 175
Briess v. Woolley (1954): 268
Brinkibon Ltd. v. Stahag Stahl (1983): 31
British Bank for Foreign Trade Ltd. v. Novinex Ltd. (1949): 62
British School of Motoring Ltd. v. Simms (1971): 150
British Steel Corp. v. Cleveland Bridge and Engineering Co. Ltd. (1984): 48
British Westinghouse Co. v. Underground Electric Railways Co. of London Ltd. (1912): 384, 388
B.R.S. v. Arthur V.Crutchley Ltd.: 45
Brown v. Gould (1971): 64
Bunge Corp. v.Tradax SA (1981): 325

(续表)

Business Computers Ltd. v.AngloAfrican Leasing Ltd. (1977): 521 f.
Butler Machine Tool Co. Ltd. v.ExCell- O Corp. (England) Ltd. (1979): 45
Byrne v. Leon van Tienhoven & Co. (1880): 31
C
Caparo Industries Plc v. Dickman (1990): 92, 481
Carlill v. Carbolic Smoke Ball Co. (1892): 28
Casey's Patents, Re (1892): 87
Cehave N. V. v. Bremer Handelsgesellschaft m. b. H. (The Hansa Nord) (1975): 346
Central London Property Trust Ltd v. High Trees House Ltd. (1947): 95
Chamber Colliery Co. Ltd. v. Twyerould (1915): 144
Chapelton v. Barry Urban District Council (1940): 196
Chaplin v. Hicks (1911): 394
Chartbrook Ltd. v. Persimmon Houses Ltd. (2009): 138
Cobbe v. Yeomans' Row Management Ltd. (2008): 127
Coldunell v. Gallon (1986): 278
Collen v. Wright (1857): 456
Coombe v. Coombe (1951): 84, 96
Co- operative Insurance Society Ltd. v. Argyll Stores (Holdings) Ltd. (1998): 299 f.
Cory, Re (1912): 83
Couturier v. Hastie (1856): 220
Coward v. Motor Insurers' Bureau (1983): 100
Crabb v. Arun District Council (1976): 127
Craddock v. Hunt (1923): 135

(续表)

Cresswell v. Potter (1978): 165
D
Daniels v. White & Son (1938): 371
Darlington Borough Council v. Wiltshier Northern Ltd. (1995): 473
Davis v. London & Provincial Marine Insurance Co. (1878): 266
Davis Contractors Ltd. v.Fareham Urban DC (1956): 418
Dearle v. Hall (1828): 516
Derry v. Peek (1889): 254
Dibbins v. Dibbins (1896): 452
Dickinson v.Dodds (1876): 31
Dimmock v. Hallett (1866): 240, 266
Dimskal Shipping Co. S. A. v. International Transport Workers' Federation (1991): 273, 277
Drew v. Nunn (1879): 447
Dunlop PneumaticTyre Co. Ltd. v. New Garage and Motor Co. Ltd. (1915): 405
E
Ebrahim Dawood Ltd. v. Heath Ltd. (1961): 341
Elder, Dempster & Co. v. Paterson, Zochonis & Co. (1924): 488
Entores Ltd. v. Miles Far East Corp. (1955): 31
Esso Petroleum Co. Ltd. v. Harper's Garage (Stourport) Ltd. (1968): 173
Eurymedon, The (1975): 488
Evia Luck (No. 2), The (1983): 277
Eyre v.Measday (1986): 373
F

F.A.Tamplin Steamship Co. Ltd. v. Anglo- Mexican Petroleum Products Co. Ltd. (1916): 418
Farley v. Skinner (2002): 401
Foakes v. Beer (1884): 97
Freeman & Lockyer v. Buckhurst Park Properties (1964): 464
Frost v. Aylesbury Dairy Co. Ltd. (1905): 371
G
George Mitchell (Chesterhall) Ltd. v. Finney Lock Seeds Ltd. (1983): 197, 209 f.
G.H. Myers v. Brent Cross Service Co. (1934): 372
Giles Co. v. Morris (1972): 299
Goldsoll v. Goldman (1915): 177
Government of Newfoundland v. Newfoundland Railway (1888): 522
Grant v. Edwards (1986): 129
Gray v.Southouse (1949): 186
Greasley v. Cooke (1980): 127, 130
Great Peace Shipping Ltd. v.Tsavliris Salvage (International) Ltd. (2003): 244
Greaves & Co. Ltd. v.Baynham Meikle & Partners (1975): 150, 372
Gregg v. Scott (2005): 394
Griffith v. Tower Publ. Co. (1897): 503
H
Hadley v. Baxendale (1854): 378 ff.
Hamilton Jones v. David & Snape (2004): 400
Harbutt's »Plasticine« Ltd. v. Wayne Tank and Pump Co. Ltd. (1970): 388
Harris v. Watson (1791): 94

(续表)

Harrison and Jones v. Burton and Lancaster (1953): 244
Hedley Byrne & Co. v. Heller & Partners (1964): 55, 92
Helstan Securities Ltd. v. Hartfordshire County Council (1978): 508
Henderson v. Merrett Syndicates Ltd. (1994): 367
Heywood v. Wellers (1976): 400
Hillas & Co. v. Arcos Ltd. (1932): 59
Holman v. Johnson (1775): 184
Hong Kong Fir Shipping Co. Ltd. v. Kawasaki Kishen Kaisha Ltd. (1962): 326
Horwood v. Millar's Timber and Trading Co. (1917): 171
Household Fire & Carriage Acc. Ins. Co. Ltd. v. Grant (1879): 37
Howell v. Coupland (1876): 417
Hudson, Re (1885): 83
Hughes v. Metropolitan Railway (1877): 95
I
Interfoto Library Ltd. v. Stiletto Ltd. (1989): 196
Investors Compensation Scheme Ltd. v. West Bromwich Building Society (1998): 137 f., 141
Inwards v. Baker (1965): 127, 130
J
James Talcott Ltd. v. John Lewis & Co. Ltd. (1940): 520
Jarvis v. Swans Tours Ltd. (1975): 400
Johnson v. Gore Wood Co. (2002): 400
Jones v.Padavatton (1969): 99
K
Kaufmann v. Gerson (1904): 275

(续表)

Keighley, Maxstead & Co. v. Durant (1901): 451
Kemp v. Baerselman (1906): 503
Kennedy v. Panama, New Zealand and Australian Royal Mail Co. Ltd. (1867): 221
King v. Michael Faraday & Partners Ltd. (1939): 505
Kingsnorth Trust Ltd. v. Bell (1986): 268
Kiriri Cotton Co. Ltd. v. Dewani (1960): 186
Kitchen v. Royal Air Force Association (1958): 394
Kleinwort Benson Ltd. v. Malaysia Mining Corp. Ltd. (1988): 52
Krell v. Henry (1903): 418
L
Lake v. Bayliss (1974): 395
Langston v. Langston (1834): 143
Leaf v. International Galleries (1950): 244
Leage, The (1984): 518
Lewis Emanuel & Son Ltd. v. Sammut (1952): 417
Linden Gardens Trust Ltd. v. Lenesta Sludge Disposals Ltd. (1993): 508
Lister v. Romford Ice & Storage Co. (1957): 150, 157
Liverpool City Council v. Irwin (1977): 150
Lloyd's Bank Ltd. v. Bundy (1975): 167
Lombard North Central Ltd. v. Butterworth (1987): 325
Lombard Tricity Finance Ltd. v. Paton (1989): 64
London County Freehold v. Berkeley Property Co. Ltd. (1936): 268
Lucas (T.) & Co. Ltd. v. Mitchell (1974): 177
Luxor (Eastbourne) Ltd. v. Cooper (1941): 151

(续表)

M
Mahmoud and Ispahani, Re (1921): 179
Mannai Investment Co. v. Eagle Star Life Assurance Co. (1997): 141
Maskell v. Horner (1915): 273
Mason v. Provident Clothing & Supply Co. Ltd. (1913): 176
Matthews v. Kuwait Bechtel Corp. (1959): 150
McArdle, Re (1951): 87
McRae v. Commonwealth Disposals Commission (1951): 226, 389
Merrit v. Merritt (1970): 99
Moorcock, The (1889): 151 f., 156
Murphy v. Brentwood (1990): 484
Mutual Finance Ltd. v. JohnWetton & Sons Ltd. (1937): 275
N
Nash v. Halifax Building Society (1979): 182
National Westminster Bank v. Morgan (1985): 168
Nicolene Ltd. v. Simmonds (1952): 371
Nordenfelt v. Maxim Nordenfelt (1894): 175
North Ocean Shipping Co. v. Hyundai Construction Co. (1978): 277
O
Ocean Tramp Tankers Corp. v. V/O Sovfracht (1964): 420
Office of Fair Trading v. Abbey National Plc and others (2010): 205
Olley v. Marlborough Court Ltd. (1949): 196
Oscar Chess Ltd. v. Williams (1957): 244
P
Page One Records v.Bitton (1968): 299

Pao On v. LauYiu Long (1980): 87, 277
Paradine v. Jane (1647): 370
Pascoe v. Turner (1979): 127, 129
Patel v. Ali (1984): 304
Philipps Products Ltd. v. Hyland and Hamstead Plant Hire Co. Ltd. (1987): 210
Phoenix General Insurance Co. of Greece S.A. v. Halvanon Insurance Co. Ltd. (1987): 178, 180
Photo Production Ltd. v. Securicor Transport Ltd. (1980): 208
Pioneer Shipping Ltd. v. BTP Tioxide Ltd., The Nema (1982): 417, 419
Port Caledonia, The (1903): 274
Powell v. Brent London Borough Council (1987): 298
Printing and Numerical Registering Co. v. Sampson (1875): 10
Q
Queensland Electricity Generating Board v. New Hope Collieries Ltd. (1989): 64
R
Raffles v.Wichelhaus (1864): 142
Rainbow v. Howkins (1904): 457
Raineri v. Miles (1981): 371
Ramsgate Victoria Hotel Co. Ltd. v. Montefiore (1866): 30
Raven, The (1980): 521
Redford v. De Froberville (1978): 387
Redgrave v. Hurd (1881): 256
Reed v. Dean (1949): 150
Robinson v. Davison (1871): 417
Robinson v. Harman (1848): 386

(续表)

Rose & Frank Co. v. Crompton & Bros. Ltd (1925): 98
Routledge v. Grant (1828): 31
Royal Bank of Scotland v.Etridge (No. 2) (2001): 167
Ruxley Electronics and Construction Ltd. v. Forsyth (1996): 304, 387, 401
Ryan v. Mutual Tontine Westminister Chambers Ass. (1893): 299
S
Said v. Butt (1920): 463
Samuels v. Davis (1943): 372
Scally v. Southern Health and Social Services Board (1992): 151
Scammel v.Ouston (1941): 61
Schroeder Music Publishing Co. v. Macaulay (1974): 172
Schuler v. Wickman Machine Tool Sales Ltd. (1974): 138, 325
Scruttons Ltd. v. Midland Silicones Ltd. (1962): 488
Seager v.Copydex Ltd. (1967): 48
Shelley v. Paddock (1980): 187
Shirlaw v. Southern Foundries Ltd. (1939): 151
Simaan General Contracting Co. v. Pilkington Glass Ltd. (No. 2) (1988): 486
Simpkins v. Pays (1955): 101
Sky Petroleum Ltd. v. VIP Petroleum Ltd. (1974): 298
Smith v. Eric S. Bush (1990): 92, 481
Smith v. Hughes (1871): 143, 265
Smith v. Land and House Property Corp. (1884): 240
Soames, Re (1897): 83
Solnit, The (1983): 384
South Australia Asset Management Corp. v. York Montague (1997): 372, 381

(续表)

St. John Shipping Corp. v. Joseph Rank Ltd. (1957): 181
Stewart Gill Ltd. v. Horatio Myer & Co. Ltd. (1992): 211
Stilk v. Myrick (1809): 94
Sudbrook Trading Estate Ltd. v. Eggleton (1982): 64
Swain v. Law Society (1983): 473
Swan, The (1968): 459
T
Tailby v. Official Receiver (1888): 507
Taylor v. Caldwell (1863): 370, 416, 418
Taylors Fashions Ltd. v. Liverpool Victoria Trustees Co. Ltd. (1982): 129, 131
Thake v. Maurice (1986): 373
Thomas v.Thomas (1842): 86
Thornton v. Shoe Lane Parking Ltd. (1971): 196
Tinsley v. Milligan (1992): 183
Tito v. Waddell (No. 2) (1977): 387
Tolhurst v. Associated Portland Cement Co. (1903): 503
Transfield Shipping Inc. v. Mercator Shipping Inc. (2009): 381
Tsakiroglou & Co. Ltd. v. Noblee Thörl GmbH (1962): 420
U
Union Eagle Ltd. v. Golden Achievement Ltd. (1997): 337
Universal Steam Navigation Co. v. McKelvie (1923): 459
Universe Tankships Inc. of Monrovia v. International Transport Workers' Federation (1983): 273
V
Victoria Laundry (Windsor) Ltd. v. Newman Industries Ltd. (1949): 379

(续表)

W
Wales v. Wadham (1977): 266
Walford v. Miles (1992): 57
Ward v.Byham (1956): 84, 93
Warner Brothers Pictures Inc. v. Nelson (1937): 299
Watson v. Davies (1931): 451
Watts v. Morrow (1991): 401
Weir v. Bell (1878): 268
White v. Jones (1995): 481
Whitworth Street Estates Ltd. v. James Miller & Partners (1970): 138
William Lacey (Hounslow) Ltd. v. Davis (1957): 52
William Sindall Plc v.Cambridgeshire County Council (1994)l: 224
Williams v. Roffey Brothers & Nicholls (Contractors) Ltd. (1991): 96, 277
Williams v. Williams (1957): 84
With v.O'Flanagan (1936): 266
Wolverhampton Corp. v. Emmons (1901): 298
Wyatt v.Kreglinger (1933): 87
Y
Yianni v. Edwin Evans & Sons (1982): 481
Yonge v. Toynbee (1910): 456
Young & Marten Ltd. v. McManus Childs Ltd. (1969): 372

关键词索引[*]

(数字为本书页边码)

A

Abbruch von Vertragsverhandlungen 合同磋商的中断 50 ff., 55 ff., 423 ff.
Abtretung 债权让与 494 ff.
— Abtretungsverbote 债权让与的禁止 498, 508 ff.
— Form der Abtretung 债权让与的形式 511 ff.
— künftiger Forderungen 将来债权让与 498 f., 504 ff.
— Mehrfachabtretung 多重让与 508, 515 ff.
— Schuldnerschutz 债务人保护 519 ff.
— Sicherungsabtretung 让与担保 494, 498
— von Teilforderungen 部分债权让与 503 f.
— unabtretbare Forderungen 不可让与的债权 502 ff.
— Verständigung des Schuldners 通知债务人 497 f.
— Vorausabtretung 预期债权让与 506, 515 ff.
acquis commun 欧盟共同法 13
acquis communautaire 欧盟既有法 13, 19
action directe 直接诉讼 482 f.
Adäquanztheorie 相当因果理论 380
agency 代理人 432 f., 437 ff.
Äquivalenzprinzip 相当性理论/相当因果关系理论 161 ff.
Äquivalenzstörung 等值障碍 407
Allgemeine Geschäftsbedingungen (AGB) 格式条款 9, 147, 192 ff.
— Auslegung 格式条款的解释 197
— Einbeziehung in den Vertrag 格式条款订入合同 195 ff.
— bei Verbrauchergeschäften 消费者交易中的格式条款 199 ff.
— im Verhältnis unter Kaufleuten 商人之间的格式条款 200 ff.
Angebot 要约 25 ff.
Annahme des Vertragsangebots 合同要约的承诺 35 ff.
Annahmeverzug 受领迟延 334

---

[*] 在本书正文中,个别词语因翻译表述的需要,与本索引译法略有差异。——译者注

Anpassung des sittenwidrigen Vertrages 违背善良风俗合同的调整 170 f., 176 ff.
— bei nachträglicher Veränderung der Umstände 情势变更下的合同调整 410, 422 ff.
— des Vertrages bei ungültigen Vertragsbedingungen 合同条款无效情形下的合同调整 210 ff.
Arzthaftung 医生责任 369, 372 f.
assumpsit-Klage 损害赔偿之诉 70 f.
Aufhebung des Vertrages 合同撤销 316 ff.
— wegen Drohung 因胁迫撤销合同 271 ff.
— durch gerichtliche Entscheidung 通过法院判决撤销合同 321 ff., 330
— wegen Irrtums 因错误撤销合同 217 f.
— wegen mangelhafter Leistung 因瑕疵履行撤销合同 343 ff.
— Rückabwicklung des Vertrages 合同清算 348 ff.
— wegen Täuschung 因欺诈撤销合同 253 ff.
— wegen unvollständiger Leistung 因不完全履行撤销合同 339 ff.
— wegen Verspätung der Leistung 因迟延履行撤销合同 336 ff.
— wegen wesentlicher Vertragsverletzung 因重大违约撤销合同 308, 330
Aufklärungspflichten 说明义务/告知义务 12, 19, 241, 248 f., 257 ff., 283
Aufwendungsersatz 费用偿还 388 f., 395
Auslegung 解释 132 ff.
— Allgemeiner Geschäftsbedingungen 格式条款的解释 197
— Auslegungsmaximen 解释规则 143 ff.
— ergänzende Vertragsauslegung 合同的补充解释 11, 46, 51, 60, 146 ff., 151 ff., 171, 233 f., 247, 422

B

Befreiung des Schuldners wegen eines Leistungshindernisses 债务人因履行障碍而免责 374 ff., 421
Beschaffungsrisiko 购置风险 360 ff., 366, 371, 415
Bestätigung eines Vertragsschlusses 确认合同订立 42 f.
Bestimmtheit des Vertragsangebots 合同要约的确定性 26 ff.
— des Vertragsinhalts 合同内容的确定性 59 ff.
Bindungsfrist, Vertragsunwirksamkeit wegen zu langer Bindung 限制期限，因限制期过长导致合同无效 173
breach of contract s.a. Vertragsverletzung 违约（参见词条"违约"）369 ff.
Bürgschaftsverträge, Formbedürftigkeit 保证合同，形式要求 89, 118 ff.
— Benachteiligung des Bürgen 对保证人不利 166 ff.

C

causa 原因 71

cause 原因 72 ff., 159, 410

—— étrangère 外在原因,外部原因 364 ff., 371, 373

Chance, Haftung für entgangene Gewinnchancen 机会,对获利机会丧失的责任 392 ff.

clausula rebus sic stantibus 情势变更条款 408

Common European Sales Law (CESL)《欧洲共同买卖法》14 f.

consideration 对价 31, 77 ff., 277, 472

contempt of court 藐视法庭 300

contra proferentem-Regel 契约疑义优惠对方规则 145 f.

Convention on the International Sale of Goods (CISG)《联合国国际货物销售合同公约》17

culpa incontrahendo 缔约过失 50 ff., 130, 248

D

Darlehensverträge, Widerrufsrecht des Verbrauchers 贷款合同,消费者撤销权 282 f.

Deckungsgeschäft 替代交易 290 f., 298, 305 f., 313, 322 f., 389 ff.

deed 契约 77 ff., 112 f.

deliktische Ansprüche 侵权请求权

—— wegen Abbruchs von Vertragsverhandlungen 因中断合同磋商的侵权请求权 50 ff., 55 ff.

—— bei Doppelverkauf der Ware 多重买卖中的侵权请求权 313

—— im Falle der Täuschung 欺诈情况下的侵权请求权 270 f.

—— und Vertragsverletzung 侵权请求权与违约 155 ff., 367

—— zugunsten vertragsfremder Dritter 利益合同第三人的侵权请求权 477 f., 479 ff., 484 ff.

—— wegen Widerrufs eines Angebots 要约撤销的侵权请求权 32

disclosure s. Aufklärungspflichten 披露(参见词条"告知义务")

dispositives Recht 任意性规则 10 f., 148 ff., 307, 320, 347 f., 354

Dissens 异议 143

dolus s. Täuschung 欺诈

—— incidens 偶然欺诈 255 f.

Draft Common Frame of Reference (DCFR)《(欧洲私法)共同参考框架草案》13 ff.

Drohung 164, 271 ff. 胁迫

—— durch einen Dritten 第三人胁迫 278

—— mit erlaubtem Verhalten 以合法行为胁迫 273 ff.

—— mit der Nichterfüllung des Vertrages 以不履行合同进行胁迫 275 ff.
Duldungsvollmacht 容忍代理权 452 ff.
duress 胁迫 95, 272 ff.

E
effizienter Vertragsbruch 有效违约 311 f.
Einbeziehung Allgemeiner Geschäftsbedingungen 格式条款的订入 195 ff.
Einigungsmangel 合意瑕疵 60, 142 f., 246
Erfüllungsanspruch 履行请求权 289 ff., 353
—— Ausschluss des-s bei übermäßig hohem Aufwand 成本过高时履行请求权的排除 303 f.
Erfüllungsgehilfe 履行辅助人 359, 363 f., 479
Erfüllungsinteresse 履行利益 386 ff.
Erfüllungsverweigerung als Grund der Vertragsaufhebung 拒绝履行作为解除合同的理由 328, 335 f.
ergänzende Vertragsauslegung s. Auslegung 补充合同解释（参见词条"解释"）
Erklärungstheorie 表示主义 133 ff., 141 f., 219
estoppel 反言
—— promissory 允诺禁反言 95 f.
—— proprietary 所有权人 84, 129 ff.

F
Factoring 保理 494, 513
Fahrlässigkeit 过失 358 ff.
falsa demonstratio non nocet 误载不害真意 134 f.
Fernabsatzverträge, Widerrufsrecht des Verbrauchers 远程销售合同，消费者撤销权 283
Fixgeschäft 定期交易 309, 328, 336 f., 390
force majeure s. höhere Gewalt 不可抗力（参见词条"不可抗力"）
Forderungsabtretung s. Abtretung 债权让与（参见词条"让与"）
Formvorschriften 形式规定 68 ff., 106 ff.
—— bei der Abgabe eines Angebots 发出要约的形式规定 92 f.
—— bei der Abtretung 让与的形式规定 511 ff.
—— Unzulässigkeit der Berufung auf Formfehler 援引形式错误无效 124 ff.
Freizeichnungsklauseln s.a. Allgemeine Geschäftsbedingungen 免责条款（参见词条"格式条款"）
—— und Aufhebung des Vertrages wegen Irrtums 免责条款与因错误解除合同 223

—— zugunsten Dritter 利益第三人的免责条款 487 f.
Fristsetzung als Voraussetzung der Vertragsaufhebung 设置宽限期作为解除合同的前提条件 327 ff.
frustration 受挫, 受阻 370, 408, 416 ff., 423

G

Garantie 保证 361 f., 368
Gattungskauf s.a. Beschaffungsrisiko 种类物买卖（参见词条"购置风险"）
—— Entlastung des Verkäufers 种类物买卖中卖方责任的免除 360 f.
—— Erfüllungsanspruch 种类物买卖时的履行请求权 291 ff., 297, 302, 323
Gebrauchsüberlassungsverträge, Formbedürftigkeit 使用让渡合同, 形式要求 90 f.
Gefahrübergang beim Gattungskauf 种类物买卖的风险转移 302 f., 334 f., 417
Gefälligkeitsgeschäfte 情谊行为 97 ff.
Geldforderungen, Erfüllungsanspruch 金钱债权, 履行请求权 290, 296
Gemeinsamer Referenzrahmen s. Draft Common Frame of Reference 《（欧洲私法）共同参考框架草案》
Gemeinsames Europäisches Kaufrecht 《欧洲共同买卖法》 14 f.
Geschäftsbesorgungsverträge, Formbedürftigkeit 事务处理合同, 形式要求 91 f.
Geschäftsführung ohne Auftrag 无因管理 230
Geschäftsgrundlage, Wegfall 交易基础, 丧失 333, 408, 411 ff.
Gesetzwidrigkeit 违法性 72 f., 93, 158 ff, 178 ff.
Gewährleistung s. mangelhafte Leistung 担保（参见词条"瑕疵给付"）
Gläubigerverzug s. Annahmeverzug 债权人迟延（参见词条"受领人迟延"）
Grundsatzvereinbarung 基本协议 51 f.
Grundstückskaufverträge, Form 不动产买卖合同, 形式 121 ff.

H

Haftung 责任
—— Befreiung bei nachträglicher Veränderung der Umstände 嗣后情势变更情况下的责任免除 407 ff.
—— für entgangene Gewinnchancen 获利机会丧失的责任 392 ff.
—— auf Herausgabe des Gewinns 获利返还责任 394 ff.
—— für Hilfspersonen 对辅助人的责任 359, 363 f., 479
—— für immaterielle Schäden 对非财产损害的责任 396 ff.
—— für unvorhersehbare Schäden 对不可预见损失的责任 377 ff.
—— des Verkäufers bei Doppelverkauf 多重买卖中卖方的责任 312, 314, 395
—— für Vertragsverletzungen 违约责任 354 ff., 369 f., 407 ff.
Handlungsfreiheit, Beschränkungen 行动自由, 限制 171 ff.

Haustürgeschäfte 上门销售 9, 281 f.
Heilung des Formmangels durch Erfüllung 形式瑕疵通过履行得到纠正 117 f.
höhere Gewalt s.a. cause étrangère 不可抗力(参见词条"外部原因")
— Aufhebung des Vertrages 合同解除 332
— Ausschluss des Erfüllungsanspruchs 履行请求权的排除 294
— als Entlastungsgrund 不可抗力作为免责理由 361, 365

I

immaterieller Schaden 非财产损害 396 ff.
implied term 默示条款 147 ff., 220, 370
imprévision 情势变更 408 ff.
Informationspflichten s. Aufklärungspflichten 信息义务(参见词条"说明义务")
Inhaltskontrolle Allgemeiner Geschäftsbedingungen 格式条款的内容控制 197 ff., 206 ff.
injunction 禁止令 297 ff.
Insichgeschäft s. Vollmacht 自我交易(参见词条"意定代理权")
Internationales Warenkaufrecht《联合国国际货物销售合同公约》17
invitatio offerendi 要约邀请,邀约诱引 27 ff.
Irrtum 错误 217 ff.
— über Eigenschaften einer Sache oder Person 关于物之特性或人之身份的错误 228 ff., 249
— erkennbarer 明显的错误 241 f., 249
— gemeinsamer 共同错误 226, 243 ff., 249, 410, 413
— Grundlagenirrtum 基本错误 243, 413
— Motivirrtum 动机错误 232 ff., 238, 245
— bei Risikogeschäften 风险交易情形下的错误 236 ff., 245, 247, 250
— und Täuschung 错误与欺诈 253 f.
— veranlasster 被诱发的错误 220, 239 ff., 249, 253
— verschuldeter 有过错的错误 237 f., 245, 250, 256
— und vertragliche Ansprüche 错误与合同请求权 221 ff., 246
— über den Wert der Sache 对物之价值的错误 235, 245, 249
— Voraussetzungen der Aufhebung des Vertrages 合同终止的前提条件 251 f.

K

Kausalität s. Ursachenzusammenhang 因果关系(参见词条"因果关系")
Kollusion zwischen Vertreter und Drittem 代理人与第三人串通 443
Kommission für Europäisches Vertragsrecht 欧洲合同法委员会 4 ff.
Kommissionsvertrag 委员会合同 461 ff.

Kündigung 通知终止 318, 413

L

laesio enormis 非常损害 161 ff.
Leistungshindernis 履行障碍 374 ff.
— und Leistungserschwerung 履行障碍与履行难度增加 421 ff.

M

Mahnung 催告 356 f.
mangelhafte Leistung 瑕疵给付
— Schadensersatzpflicht des Verkäufers 卖方的损害赔偿义务 362 ff., 367, 371 f., 483 f.
— und Vertragsaufhebung wegen Irrtums 瑕疵给付与因错误终止合同 222 ff.
mailbox rule 邮箱规则 31 f., 37
Minderung des Kaufpreises oder der Vergütung 购买价款或报酬的减少 345
Missbrauch 滥用
— bei Einbeziehung Allgemeiner Geschäftsbedingungen 格式条款订入的滥用 195 ff.
— der Vertretungsmacht 代理权滥用 443 ff.
misrepresentation 虚假陈述 51, 220, 239 ff., 253
Missverhältnis von Leistung und Gegenleistung 给付与对待给付不成比例 160 ff.
Mitverschulden 与有过错，共同过错 379 ff., 390 f.
Modifikation 调整
— des sittenwidrigen Vertrages s. Anpassung 违背公序良俗合同的调整（参见词条"调整"）
— des Vertrages durch abweichende Annahme 被修改承诺之合同的调整 43 ff.
Motivirrtum s. Irrtum 动机错误（参见词条"错误"）

N

Nacherfüllung 事后补充履行 303, 306 ff., 345
— Nacherfüllungsanspruch des Verbrauchers 消费者的事后补充履行请求权 309 ff., 363
Nachfristmodell 宽限期模式 327 ff., 330, 336, 338, 356
nachgiebiges Recht s. dispositives Recht 相邻法（参见词条"任意法"）
Nichterfüllung des Vertrages 合同不履行 354 ff.
notarielle Beurkundung 公证文书 76 f., 113, 122

O

obligation de moyens und obligation de résultat 手段债务和结果债务 364 ff., 371

Offerte s. Angebot 要约(参见词条"要约")

ökonomische Analyse 经济分析
— des Vertragsrechts 合同法的经济分析 10 f.
— Allgemeiner Geschäftsbedingungen 格式条款的经济分析 194 f.
— des Anspruchs auf Erfüllung 给付请求权的经济分析 311 ff.

ordre public 公共秩序 159 f.

P

parol evidence rule 口头证据法则 139

Patronatserklärung 安慰函 52

penalty clauses 罚金条款 405

Preisvereinbarung 价格协议
— einseitige Festsetzung 单方确定价格的协议 64 ff.
— Vorbehalt künftiger Festsetzung 将来确定价格的保留 61 ff.

Principles of European Contract Law (PECL)《欧洲合同法原则》4 f.

Principles of International Commercial Contracts (PICC)《国际商事合同通则》5 f.

R

Rechtsbindungswille 受法律拘束的意思 61, 71, 97 ff.

Rechtsgeschichte und europäisches Recht 法律史与欧洲法 3 f.

Rechtsmissbrauch 权利滥用
— bei Berufung auf einen Formmangel 主张形式瑕疵情形下的权利滥用 128
— bei Berufung auf Wegfall der Geschäftsgrundlage 主张交易基础丧失情形下的权利滥用 414

Rechtsökonomie s. ökonomische Analyse 法经济学(参见词条"经济分析")

Rechtsvereinheitlichung in Europa 欧洲的法律一体化 15 ff.
— in Großbritannien 英国的法律一体化 18
— in den USA 美国的法律一体化 18 f.

Rechtsvergleichung und europäisches Recht 比较法与欧洲法 2 ff.

rectification 解释 135

Reduktion, geltungserhaltende, s. Anpassung 限缩,有效性限缩(参见词条"调整")

Risikoverteilung s.a. Beschaffungsrisiko, Garantie 风险分配(参见词条"购置风险""担保")
— und Irrtumsanfechtung 风险分配与错误撤销 235 ff.

— und Vertragsaufhebung 风险分配与合同终止 334 f.
— bei Wegfall der Geschäftsgrundlage 交易基础丧失时的风险分配 413 ff.

Rückforderung 请求返还
— des gesetz-oder sittenwidrig Geleisteten 请求返还违法或违背善良风俗的给付 182 ff.
— des Geleisteten nach Vertragsaufhebung 合同终止后给付的请求返还 348 ff.
— bei Mehrfachabtretung 多重让与中的请求返还 515 f.

Rücktritt s. Aufhebung des Vertrages 解除（参见词条"合同终止"）

S

Schadensersatzanspruch 损害赔偿请求权
— abstrakte und konkrete Berechnung 损害赔偿请求权的抽象和具体计算 389 ff.
— bei Doppelverkauf 二重买卖时的损害赔偿请求权 312 f.
— Minderung wegen Mitverschuldens 损害赔偿请求权因与有过错而减轻 381 ff.
— bei Nichterfüllung von Kaufverträgen 不履行买卖合同的损害赔偿请求权 389 ff.
— bei Schadenspauschalierung 损害总和化情况下的损害赔偿请求权 402 ff.
— gegen den Täuschenden 针对欺诈人的损害赔偿请求权 264 ff., 270 f.
— wegen Vertragsverletzung 违约的损害赔偿请求权 353 ff.

Schenkungsgeschäfte 赠与 76 ff.
Schriftform 书面形式 111 ff.
Schutzzwecktheorie 保护目的理论 380 f.
Schwarzarbeit 黑工 179 ff., 188
Schweigen als Annahme eines Vertragsangebots 沉默作为合同要约的承诺 39 ff.
Selbstbelieferungsklausel 亲自供货条款 361
Seriositätsindizien 确定性的认定标准 68 ff.
Sicherungsabtretung s. Abtretung 让与担保（参见词条"债权让与"）
Sittenwidrigkeit 违背善良风俗 72 f., 158 ff.
specific performance 特定履行,实际履行 296 ff.
Spendenzusage 捐赠承诺 82 f.
Stellvertretung s. Vertretung 代理（参见词条"代理"）
Sukzessivlieferungsvertrag 连续供应合同 342 f., 350

T

Täuschung 欺诈 164, 253 ff.
— durch einen Dritten 第三人欺诈 267

— keine - bei erlaubter Lüge 被允许的谎言不构成欺诈 256 f.
— Schadensersatzpflicht des Täuschenden 欺诈人的损害赔偿义务 264 ff., 270 f.
— durch Unterlassung gebotener Aufklärung 对应当说明的不作为的欺诈 257 ff.

Teilleistung, Vertragsaufhebung 部分给付，合同终止 339 ff.

Teilzeitwohnrechte, Widerrufsrecht des Verbrauchers 分时居住权，消费者的撤销权 282 f.

Transaktionskosten 交易成本 16 f., 146 f., 194 f., 201 ff., 207 ff.

Treuhand, Anspruch des Berechtigten 信托，权利人的请求权 314, 472, 497

trust s. Treuhand 信托（参见词条"信托"）

U

undue influence 不当影响 165 ff.

unentgeltliche Geschäfte, Formbedürftigkeit 无偿交易，形式要求 76 ff.

unerlaubte Handlung s. deliktische Ansprüche 侵权行为（参见词条"侵权请求权"）

ungerechtfertigte Bereicherung 不当得利
— bei Mehrfachabtretung 多重债权让与情况下的不当得利 517
— Rückforderung gesetz- oder sittenwidriger Leistungen 违法或违背善良风俗给付的返还 184 ff.

Unklarheitenregel 疑义规则 145 f., 197

Unmöglichkeit der Leistung 给付不能
— Ausschluss des Erfüllungsanspruches 给付请求权的排除 292 ff., 302 f.
— und frustration 给付不能与合同受挫 416 f.
— als Grund der Vertragsaufhebung 给付不能作为合同解除的理由 328, 331 ff.
— wirtschaftliche Unmöglichkeit 经济上的给付不能 411 f.

Unterhaltsversprechen 抚养承诺 83 ff.

Unterlassungsanspruch, Vollstreckung 不作为请求权，执行 294

Ursachenzusammenhang 因果关系
— zwischen Irrtum und Vertragswille 错误与合同意思之间的因果关系 231
— zwischen Nichterfüllung und Schaden 不履行与损害之间的因果关系 376 ff.

V

Verbandsklage 团体诉讼 213 ff.

Verbraucherschutz 消费者保护 9, 11 ff.
— bei Allgemeinen Geschäftsbedingungen 格式条款中的消费者保护 193 ff.
— durch Behörden 通过行政机关保护消费者 214 ff.

Verschulden 过错

— Verschuldensprinzip 过错原则 358 ff., 373, 375 f.
— bei Vertragsverhandlungen s. culpa in contrahendo 合同磋商中的过错（参见词条"缔约过失"）

Versicherungsvertrag als Vertrag zugunsten Dritter 作为利益第三人合同的保险合同 469, 472, 474 f., 492 f.

Vertrag 合同
— Aufhebung 合同终止 316 ff.
— Auslegung s. Auslegung 合同解释（参见词条"解释"）
— Form der Vertragsänderung 合同变更的形式 93 ff.
— Vertragsbedingungen s. Allgemeine Geschäftsbedingungen 合同条款（参见词条"格式条款"）
— Vertragsfreiheit 合同自由 8 ff.
— Vertragsgesetzbuch, europäisches 合同法，欧洲合同法 15 ff.
— mit Schutzwirkung für Dritte 保护效力及于第三人的合同 478 ff.
— »verknüpfte« Verträge "关联"合同 483 ff.
— zugunsten Dritter 利益第三人合同 468 ff.
— Zustandekommen 合同的成立 23 ff.

Vertragsstrafe 违约金 301, 401 ff.

Vertragsverhandlungen 合同磋商
— Haftung für Abbruch 中断合同磋商的责任 48 ff.
— über eine Vertragsanpassung 合同调整时的合同磋商 410, 423 ff.

Vertragsverletzung s.a. mangelhafte Leistung 违约（参见词条"瑕疵给付"）
— und Aufhebung des Vertrages wegen Irrtums 因错误违约及终止合同 225 f.
— effizienter Vertragsbruch 有效违约 311 ff.
— als Voraussetzung eines Anspruchs auf Schadensersatz 违约作为损害赔偿请求权的前提条件 354 ff., 369 ff.
— wesentliche – als Aufhebungsgrund 重大违约作为合同解除理由 324 ff.

Vertrauensinteresse 信赖利益 388 f.

Vertrauensverhältnis, unlautere Ausnutzung 信赖关系，不当利用信赖关系 165 ff.

Vertretung 代理 429 ff.
— gesetzliche 法定代理 435 f.
— Handeln ohne Vertretungsmacht 无代理权交易 450 ff.
— offene und verdeckte 显名代理和隐名代理 432 f., 458 ff.
— Vertretungsmacht s. Vollmacht 代理权（参见词条"意定代理权"）
— Wirkungen 代理的效果 457 ff.

Vollmacht 意定代理权
— und Auftrag 意定代理权与委托 434
— Außenvollmacht 意定代理权的外部授予 437 f.

— Erlöschen 意定代理权消灭 446 ff.
— Form 意定代理权的形式 439 ff.
— Insichgeschäft 自己代理 444 ff.
— Missbrauch 意定代理权的滥用 443 f.
— Stillschweigende Erteilung 默示授予意定代理权 438 f.
— Umfang 意定代理权的范围 441 ff.
— Unwiderruflichkeit 意定代理权的不可撤回性 448 f.
Vollstreckung des Erfüllungsanspruchs 履行请求权的强制执行 293 ff.
Vorausabtretung 预先债权让与 506 ff., 515 ff.
Vorhersehbarkeit des Schadens 损害的可预见性 379 ff., 397
Vorteilsausgleichung 利益补偿 387 f.

W

Währungsverfall, Vertragsanpassung 货币贬值,合同调整 409
Warnung und Drohung 警告与胁迫 272
Wegfall der Geschäftsgrundlage 交易基础丧失 243
Wettbewerbsverbot 竞业禁止 174 ff.
Widerruf 撤回,撤销
— eines Angebots 要约的撤回,要约的撤销 31 ff.
— einer Schenkung 赠与的撤回,赠与的撤销 81
Widerrufsrechte 撤回权 12, 19, 279 ff.
Willensmangel 意思瑕疵 219, 271, 273
Willenstheorie 意思理论 133 ff., 141 f., 219
Wucher s. Sittenwidrigkeit 暴利(参见词条"违背善良风俗")

Z

Zession s. Abtretung 债权让与(参见词条:"让与")
Zeugenbeweis, Unzulässigkeit des -es 证人证言,证人证言的不合法性 80, 114 ff., 122, 125, 139
Zugang einer Erklärung 一个意思表示的到达 29 ff.
Zurückbehaltungsrecht 留置权 317, 321
Zwangsvollstreckung s. Vollstreckung 强制执行(参见词条"执行")
Zweckvereitelung 目的受挫 407, 415 f., 418 f.

译后记

每个国家的合同法都带有自己独特的历史、政治、经济、文化传统等因素的烙印,欧洲各国的合同法亦是如此。但与其他国家和地区的私法不同,欧洲私法有着共同的根源,正如本书作者海因·克茨教授所言:"罗马法、宗教法和共同法提供的知识和理论框架,使有朝一日新的欧洲法律统一成为可能。"

正是基于"欧洲私法统一"这一宏观愿景,克茨教授在《欧洲合同法》一书中对合同的订立、效力和内容,合同的法律救济和第三人参与合同等合同法的核心问题进行了系统且深入的阐述。就这些合同法的核心问题而言,克茨教授尤其对大陆法系之下的德国法、法国法和普通法系之下的英国法以及国际统一立法中的相关规定进行了详实的比较研究。通过法教义学、法经济学、法政策学等多种研究方法,克茨教授使读者们可以深刻地认识到,尽管各国的合同法,特别是大陆法系和普通法系的合同法在法律原理方面有所不同,但其也存在相当的共通性,欧洲诸国的私法改革也体现了各国合同法适应国际交易规则的统一趋势。因此,这是一本跨越国界和法系的著作,本书不仅面向以合同法为研究方向的民法学者,也面向对合同法领域感兴趣的法学生。

全书的章节安排与原著保持一致。原著在正文中对部分关键词作了斜体处理,译文以加黑字体作了显示,并在其后括号中注明了原文词汇。为了更好地帮助读者理解,在正文的原文词汇前统一标明了国别。此外,本书的原版出版于 2015 年,为了使本书更好地反映欧洲各国合同法之现状,因此相应增补了克茨教授《欧洲合同法》英译本的新内容,并采用译者注的形式作了标注。通过此部分调整,使得全书的论述更加清晰或有力,以期使中文版译本能体现克茨教授的完整思想。

全书共分为十八章,其中第一章至第六章由李琳负责翻译,第七章至第十八章由张飞虎负责翻译。虽然在翻译的过程中译者已尽最大努力,但是面对如此耀眼的法学"巨著",译者的学识和能力终究有限,特别是本文内容丰富,作者旁征博引欧洲多国法律和国际立法,因此,译文中出现错误、鄙陋或词不达意之处恐在所难免,在此恳请读者不吝批评指正,欢迎和感恩任何意见和建议。读者可将批评和建议发送至:18252869394@163.com;feihu.zhang@outlook.com。最后,还要感谢李昊老师的信任,感谢在译稿校对过程中不辞辛苦反复校对的陆建华编辑和韦赛楠编辑,以及提出批评和建议的各位师友!

李琳、张飞虎

2024 年 6 月

Europäisches Vertragsrecht
2. Auflage

内容简介

本书将"欧洲合同法"定义为欧洲各国法律制度的共同准则：有效的合同如何成立？根据哪些规则判断合同一方当事人是否可以要求履行合同、退出合同、撤销或终止合同或者向另一方当事人主张损害赔偿？在合同法领域能否找到欧洲共同的结构？是否存在普遍接受的规则？考虑到《欧洲合同法原则》或《（欧洲私法）共同参考框架草案》的建议，应如何制定这样的规则？对于这些问题，本书详细论证了欧洲主要国家法律体系的解决方案，为比较法上的讨论和法学教育奠定了基础。作为一本开创性著作，原著入选2015年"德国年度法学图书"。

法律人进阶译丛

⊙ 法学启蒙

《法律研习的方法：作业、考试和论文写作（第10版）》，〔德〕托马斯·M.J.默勒斯 著，2024年出版

《如何高效学习法律（第8版）》，〔德〕芭芭拉·朗格 著，2020年出版

《如何解答法律题：解题三段论、正确的表达和格式（第11版增补本）》，〔德〕罗兰德·史梅尔 著，2019年出版

《法律职业成长：训练机构、机遇与申请（第2版增补本）》，〔德〕托尔斯滕·维斯拉格 等著，2021年出版

《法学之门：学会思考与说理（第4版）》，〔日〕道垣内正人 著，2021年出版

⊙ 法学基础

《法律解释（第6版）》，〔德〕罗尔夫·旺克 著，2020年出版

《法理学：主题与概念（第3版）》，〔英〕斯科特·维奇 等著，2023年出版

《基本权利（第8版）》，〔德〕福尔克尔·埃平 等著，2023年出版

《德国刑法基础课（第7版）》，〔德〕乌韦·穆尔曼 著，2023年出版

《刑法分则I：针对财产的犯罪（第21版）》，〔德〕伦吉尔 著，待出版

《刑法分则II：针对人身与国家的犯罪（第20版）》，〔德〕伦吉尔 著，待出版

《民法学入门：民法总则讲义·序论（第2版增订本）》，〔日〕河上正二 著，2019年出版

《民法的基本概念（第2版）》，〔德〕汉斯·哈腾豪尔 著，待出版

《民法总论》，〔意〕弗朗切斯科·桑多罗·帕萨雷里 著，待出版

《德国民法总论（第44版）》，〔德〕赫尔穆特·科勒 著，2022年出版

《德国物权法（第32版）》，〔德〕曼弗雷德·沃尔夫 等著，待出版

《德国债法各论（第16版）》，〔德〕迪尔克·罗歇尔德斯 著，2024年出版

⊙ 法学拓展

《奥地利民法概论：与德国法相比较》，〔奥〕伽布里菈·库齐奥 等著，2019年出版

《所有权的终结：数字时代的财产保护》，〔美〕亚伦·普赞诺斯基 等著，2022年出版

《合同设计方法与实务（第3版）》，〔德〕阿德霍尔德 等著，2022年出版

《合同的完美设计（第5版）》，〔德〕苏达贝·卡玛纳布罗 著，2022年出版

《民事诉讼法（第4版）》，〔德〕彼得拉·波尔曼 著，待出版
《德国消费者保护法》，〔德〕克里斯蒂安·亚历山大 著，2024年出版
《日本典型担保法》，〔日〕道垣内弘人 著，2022年出版
《日本非典型担保法》，〔日〕道垣内弘人 著，2022年出版
《担保物权法（第4版）》，〔日〕道垣内弘人 著，2023年出版
《日本信托法（第2版）》，〔日〕道垣内弘人 著，2024年出版
《公司法的精神：欧陆公司法的核心原则》，〔德〕根特·H.罗斯 等 著，2024年出版

⊙ **案例研习**

《德国大学刑法案例辅导（新生卷·第三版）》，〔德〕埃里克·希尔根多夫著，2019年出版
《德国大学刑法案例辅导（进阶卷·第二版）》，〔德〕埃里克·希尔根多夫著，2019年出版
《德国大学刑法案例辅导（司法考试备考卷·第二版）》，〔德〕埃里克·希尔根多夫著，2019年出版
《德国民法总则案例研习（第5版）》，〔德〕尤科·弗里茨舍 著，2022年出版
《德国债法案例研习I：合同之债（第6版）》，〔德〕尤科·弗里茨舍 著，2023年出版
《德国债法案例研习II：法定之债（第3版）》，〔德〕尤科·弗里茨舍 著，待出版
《德国物权法案例研习（第4版）》，〔德〕延斯·科赫、马丁·洛尼希著，2020年出版
《德国家庭法案例研习（第13版）》，〔德〕施瓦布著，待出版
《德国劳动法案例研习（第4版）》，〔德〕阿博·容克尔 著，待出版
《德国商法案例研习（第3版）》，〔德〕托比亚斯·勒特 著，2021年出版

⊙ **经典阅读**

《法学方法论（第4版）》，〔德〕托马斯·M.J.默勒斯 著，2022年出版
《法学中的体系思维与体系概念（第2版）》，〔德〕克劳斯-威廉·卡纳里斯 著，2024年出版
《法律漏洞的确定（第2版）》，〔德〕克劳斯-威廉·卡纳里斯 著，2023年出版
《欧洲民法的一般原则》，〔德〕诺伯特·赖希 著，待出版
《欧洲合同法（第2版）》，〔德〕海因·克茨 著，2024年出版
《民法总论（第4版）》，〔德〕莱因哈德·博克 著，2024年出版
《合同法基础原理》，〔美〕麦尔文·A.艾森伯格 著，2023年出版
《日本新债法总论（上下卷）》，〔日〕潮见佳男 著，待出版
《法政策学（第2版）》，〔日〕平井宜雄 著，待出版